L'ABBÉ CHALUDET
Curé d'Ytrac

YTRAC
dans le Passé

Notes & Documents

AURILLAC
IMPRIMERIE MODERNE

1903-1905-1908 1911

Ытrac dans le Passé

L'Abbé CHALUDET
Curé d'Ytrac

YTRAC

Dans le Passé

❈ NOTES & DOCUMENTS ❈

AURILLAC. - Imp. Moderne, J. SÉRIEYS, 6, rue Guy-de-Veyre

L'histoire est le témoin des temps, la lumière de la vérité, la vie de la mémoire, la maîtresse de la vie, la messagère de l'antiquité.

Historia testis temporum, lux veritatis, vita memoriæ, magistra vitæ, nuncia vetustatis.

Cicéron De Orat. II, 36.

Æmulatores estote paternarum traditionum... ut desiderantes discere, et illorum periti facti, magis magisque attendant animo et confirmentur ad legitimam vitam.

Ayez le zèle des traditions de vos pères... afin que ceux qui désirent apprendre étant instruits s'appliquent de plus en plus à leur devoir et s'affermissent dans une vie conforme à la loi de Dieu.

Saint Paul *ad Galat,* I, 14... *Eccles. in prologo.*

Plan primitif, en partie modifié
remplacé par un Clocher octogonal à flèche
Cf., p. 38

Vieux Clocher à démolir

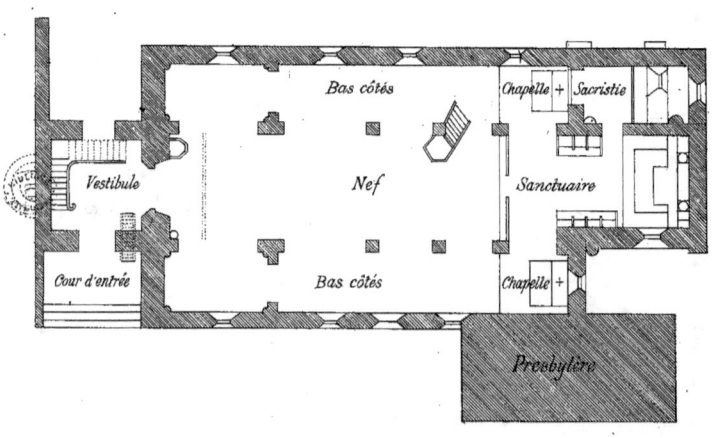

A SA GRANDEUR

Monseigneur LECŒUR

Évêque de Saint-Flour

———

> Humble hommage de profond respect et de filial dévouement.

ÉVÊCHE
DE
SAINT-FLOUR

23 Octobre 1912.

Monsieur l'Aumônier

En écrivant l'histoire d'Ytrac, vous avez bien mérité non seulement de cette Paroisse mais de tout le Diocèse.

Votre étude, fruit de onze années de travail, est un bon modèle à suivre. Elle fait honneur à votre foi et à votre piété autant qu'à votre conscience d'historien.

Il m'est agréable de joindre mon témoignage à celui de votre illustre paroissien Vermenouze, écrivant le 27 avril 1907, que

> .... grâce à la plume érudite
> De notre vénéré pasteur,
> Ecrivain et savant notoire
> Ce santuaire a son histoire
> Qui remonte à son fondateur

Je suis heureux, Monsieur l'abbé, de penser que vous aurez des imitateurs. Les notes recueillies par un grand nombre de nos excellents Prêtres, en vue de faire la monographie paroissiale demandée par le programme des conférences de 1912 permettront à l'historien futur du Diocèse de Saint-Flour de faire une œuvre sérieusement documentée en même temps que bienfaisante.

Ce n'est pas sans profit qu'on fait revivre le passé d'un pays surtout lorsque ce passé a été rempli de nobles vertus, d'actions généreuses et de fidélité à la Religion, comme ce fut le cas pour la Paroisse dont vous venez de raconter l'histoire.

Recevez, cher Monsieur l'aumônier, avec mes félicitations, mes sentiments affectueux et dévoués en N. S.

† PAUL
Evêque de Saint-Flour.

DÉDICACE

Je dédie à mes chers paroissiens, à ces familles bénies de Dieu, l'appui et la consolation du ministère pastoral, qui m'ont soutenu de leurs sympathies et de leurs encouragements, je dédie ces pages aussi complètes que possible sur l'Eglise paroissiale et les œuvres dont elle s'honorait.

On l'a dit: « L'histoire du pays natal est la seule où notre âme s'attache par un intérêt patriotique. Les autres peuvent nous sembler curieuses, instructives, dignes d'admiration; mais elles ne nous touchent pas de la même manière » (1). *Cette pensée est plus vraie encore quant aux sentiments du patriotisme local s'ajoutent ceux que font naître en nous et y enracinent les intérêts de notre foi religieuse.*

On doit aimer sa paroisse comme on aime son berceau, sa famille, son chez soi, sa patrie; on doit se sentir mieux là que partout ailleurs. J'estime qu'ils s'attacheront d'autant mieux à maintenir son bon renom de piété et de vertu qu'ils en connaîtront mieux les traditions et le passé.

Je leur offre donc cet essai de monographie, heureux si, en leur donnant cette preuve de mon dévouement, je puis leur être utile et les intéresser plus pour les choses dites que pour la manière dont elles seront dites.

---

(1) *Aug. Thierry.*

AVANT-PROPOS

C'est le 28 septembre 1900 que j'ai reçu de Mgr l'évêque le titre de curé, le 18 octobre que je suis arrivé à Ytrac, et le dimanche 21 que j'ai été installé par M^r l'abbé Boyer, curé-archiprêtre de Notre-Dame. Dès que j'eus pris possession de la paroisse confiée à ma sollicitude pastorale je m'appliquai à tout observer, à tout examiner, en un mot à la connaître. Je ne tardai pas à m'apercevoir des ressources multiples qu'elle offrait. Depuis cinq ans, après l'avoir parcourue dans tous les sens, je puis emprunter la parole de nos saints Livres: la terre que j'ai foulée est bonne, elle est excellente, Terram quam circuivimus valde bona est. A la considérer dans sa constitution physique c'est une plaine fertile, légèrement ondulée. Le ciel a multiplié en sa faveur les trésors de sa libéralité, les ruisseaux et la rivière qui sillonnent ses prairies et ses champs y versent l'abondance avec le tribut de leurs eaux.

Lorsqu'on la regarde en tournant le dos à la forêt d'Ytrac, du chemin ombragé du Bex, ou de quelque hauteur voisine, on aperçoit à l'horizon les ramifications lointaines des monts du Cantal. L'œil se repose avec complaisance sur cette plaine opulente, sur ce paysage si riche, si varié, où la vie déborde, surtout au printemps.

A la considérer dans sa vie religieuse, elle est encore plus digne d'envie: les habitudes de foi et de piété chrétiennes font sa richesse surnaturelle. Oui, cette terre est bonne, quoique le bien n'y soit pas sans alliage. Où n'y en a-t-il pas ? Il y a du mal, il y a des mauvais là comme partout. Mais le bien l'emporte de beaucoup ici, et j'ai pu constater combien la Providence m'avait traité avec bonté, en dressant ma tente sur cette terre bénie et privilégiée. Ce qu'elle est dans le présent me fit désirer savoir ce qu'elle était dans le passé. Aimer sa paroisse c'est la connaître dans son ensemble ; et rien n'incite mieux au soin de son avenir que la vue de ce qu'elle eut autrefois de bon et de beau.

« *Le premier lieu où l'on rencontre ceux que l'on aime c'est leur histoire. L'Histoire est le passé de la vie se survivant à lui-même dans un souvenir écrit. Il n'y aurait pas d'affection si la mémoire ne ressuscitait dans l'âme et n'y tenait présents ceux à qui nous avons donné notre cœur. Par elle les générations se rapprochent si pressées qu'elles soient dans leur cours et leur disparition* » (1). *C'est pour rencontrer ceux que nous devons aimer à tant de titres* (2) *que j'ai essayé d'esquisser la Monographie de cette paroisse, de faire revivre le passé plusieurs fois séculaire de nos ancêtres. Ne semble-t-il pas qu'en étudiant les événements auxquels ils ont été mêlés, on suive, dans ses péripéties à travers les âges, la goutte de vie qu'ils nous ont transmise.*

Ce n'était pas un travail facile. Ceux qui ont remué la poussière des vieux papiers savent combien est malaisée la découverte des documents qui peuvent servir à l'histoire d'une petite localité et les difficultés que présente la mise en œuvre de ces matériaux. Il fallait renouer la chaîne des temps, recueillir les traditions des âges anciens toujours si intéressants pour nous, quelquefois si glorieuses pour nos pères ; il fallait préparer, éclairer l'histoire des âges nouveaux et donner à l'avenir des éléments qui ne seront pas sans profit pour ceux qui viendront après nous. Déjà grâce à des plumes qui ont fait leurs preuves, plumes alertes et vaillantes qui ne font pas défaut dans le clergé sanflorain, plusieurs paroisses ont des monographies du plus grand intérêt, que le public a accueillies avec faveur et qui ont valu à leurs auteurs des distinc-

---

(1) Lacordaire, *Mélanges*, t. IX, p. 267.
(2) Dans notre première allocution, nous disions en citant un pieux et charmant écrivain : Entre les âmes auxquelles nous sommes envoyés et nous, il y a une sorte de parenté éternellement prévue et voulue. « L'harmonie préétablie » qui, en philosophie, n'est qu'une ingénieuse erreur, devient, dans l'ordre des choses surnaturelles, dans les rapports du prêtre avec les âmes, une réalité, une vérité.

tions méritées. Il m'a semblé que la nôtre ne devait pas rester en arrière. J'ai cru que le zèle et la bonne volonté suppléeraient au talent qui fait défaut.

Encouragé par ces nobles exemples, je me suis donc mis à l'œuvre avec ardeur et persévérance et j'ai recueilli au fur et à mesure que je les rencontrais dans mes diverses recherches sur d'autres sujets, les renseignements nécessaires pour atteindre le but que je me suis proposé.

Le tout n'est pas aussi complet que je l'aurais désiré ; mais l'ensemble suffit pour permettre de tracer à grands traits les vicissitudes principales de l'Eglise, du prieuré, de la cure ou vicairie perpétuelle, de la communauté des prêtres et de la vie paroissiale. Les faits consignés dans cette modeste étude, fruit de cinq années de patientes et consciencieuses recherches, ont été puisées aux sources les plus authentiques. Les voici :

Outre le Gallia Christiana ou la Gaule chrétienne, vaste et savant recueil publié par les Bénédictins de Saint-Maur; les Acta Sanctorum des Bollandistes ; le Pouillé des diocèses de Clermont et de Saint-Flour du XIV° au XVIII° siècle par M. Alexandre Bruel; le Nobiliaire d'Auvergne, par Bouillet; le Dictionnaire statistique du Cantal, ouvrage précieux mais qui ne doit être consulté que sous réserve ; la collection des Annuaires du Cantal et des Ordo diocésains, d'une grande utilité pour les amateurs d'histoire locale ; nous avons à citer plusieurs sources inédites :

1° Le Pouillé des bénéfices de l'Archiprêtre d'Aurillac, œuvre manuscrite, sans nom d'auteur, qu'un heureux hasard ou plutôt une aimable disposition de la Providence a mis en nos mains et qui nous a fourni des détails précieux.

2° Les registres de l'Etat civil ou de catholicité d'Ytrac. Les plus anciens ne sont pas antérieurs à 1648. Avant cette date, ou ils n'étaient pas tenus régulièrement ou s'ils existaient ils ont été anéantis ou dispersés. Outre la généalogie des familles, la liste complète des curés, vicaires, ils donnent plus d'un aperçu intéressant car on ne se contentait pas alors, comme aujourd'hui, d'une formule sèche et courte ne comprenant qu'un nom et qu'une date.

3° Les livres d'arpentement et de taille qui indiquent l'état du commerce, de l'industrie, la stabilité ou la transmission de la propriété.

4° Les cahiers des délibérations municipales, écrites naïvement, sans recherche, sans préoccupation d'aucune publicité, introduisant dans la vie intime d'une localité, dévoilant le caractère des habitants et de chacun des personnages mis en scène et font souvent de chaque séance un petit drame, quelquefois une petite comédie. Nous regrettons de n'avoir pu faire passer dans notre relation la sincérité, le patriotisme, un peu étroit peut-être, mais si ardent, la foi vive qui animent ces pages oubliées, mais dont nous espérons qu'on trouvera peut-être un reflet. En un mot les archives communales mises à notre disposition avec la plus grande complaisance.

5° Les archives de la Fabrique. Les registres de confréries qui reflètent la situation morale de quelques groupes de la population.

6° Quelques dépôts particuliers qui nous ont été ouverts avec une obligeance et une libéralité dont les possesseurs ne sauraient être trop remerciés. Celui de la famille Vermenouze, de Chaumont de Besse, véritables archives notariales non classées et non inventoriées, rangées quelquefois par liasses avec un petit précis de quelques lignes qui est encore attaché par une épingle ; de la famille Conthe, de Laslaudie ; de la famille Mercadier, d'Espinat ;

7° La tradition orale. Nous avons été aidé dans nos recherches par les vieillards qui avaient vécu dans leur jeunesse avec les générations contemporaines de la Révolution ; nous avons interrogé leurs souvenirs et contrôlé les uns par les autres les renseignements qu'ils nous donnaient ; nous avons ensuite confronté les traditions avec les monuments écrits, édités ou inédits, qui nous sont restés et dont ces traditions ont été un précieux commentaire.

8° Les Archives de l'évêché. Avant 1789 elles étaient conservées avec ce soin intelligent, minutieux, que les anciens évêques savaient donner au trésor de leurs *chartes. Mais les dépositaires modernes n'ont pas toujours montré ce souci. Transportées en 1793 au chef-lieu du département, quantité de papiers restèrent à Saint-Flour. Nous avons fait réintégrer 5 ou 6 volumes de registres d'*Insinuations ecclésiastiques, *quelques procédures curieuses et même peu édifiantes. Mais que sont devenus les procès verbaux de visites pastorales, les registres d'*Insinuations ecclésiastiques *que d'autres évêchés, celui de Clermont et de Rodez, par exemple, possèdent presque au complet pendant une période de plusieurs siècles. Nous les avons inutilement cherchés, demandés à tous les échos.*

9° *Les Archives départementales du Cantal, confiées aux soins d'un conservateur complaisant, exercé. Nous avons compulsé les minutes des notaires, (1) qui sont d'une grande richesse en documents inédits, nous leur avons fait les plus utiles emprunts; qu'il nous soit permis de remercier ici M. Esquer pour l'amabilité avec laquelle il a bien voulu nous autoriser à puiser à ces sources ; les conseils de son expérience ne nous ont pas fait défaut; il a même consenti à examiner avec nous telles pièces d'une lecture moins aisée.*

10° **Enfin**, *pour l'esquisse biographique de nos prieurs, curés, vicaires, communalistes même, nous avons fait appel au pays qui les vit naître ou les adopta : nous avons mis à contribution le savoir et l'obligeance de quelques membres du clergé, non seulement de St-Flour, (2) mais de Bordeaux (3), Cahors (4), Clermont, Rodez, Le Puy (5), nous enquérant auprès d'eux jusqu'à les lasser de nos lettres, et nous nous faisons un devoir d'exprimer nos sincères remerciements à ceux qui nous ont secondé dans nos recherches.*

---

(1) *Ces vieilles études de notaires commencent à s'ouvrir et n'ont pas encore livré tous leurs secrets.*
(2) M. le chanoine Soucher.
(3) M. l'abbé Lelièvre, archiviste diocésain.
(4) M. l'abbé Blanc, secrétaire de l'Evêché.
(5) Mgr Henri de Surrel, prélat de la Maison de Sa Sainteté, chapelain de Saint-Louis à Rome.

Nous avons pensé que la première qualité de ce petit travail devrait être la véracité; aussi nous sommes-nous appliqué à ne rien avancer sans nous appuyer sur de bonnes preuves, et quand quelque chose nous a paru douteux, nous ne l'avons donné que sous le bénéfice d'une vérification plus rigoureuse, à titre de simple renseignement. Quand, faisant nos recherches, nous avons trouvé dans nos devanciers quelque affirmation dont nous croyions avoir la preuve contraire, nous l'avons dit sans hésiter, sans prétention et sans acception de personnes ; Amicus Plato, sed magis amica veritas. *Au reste, en fait d'histoire, plus encore qu'en droit, la possession ne fait pas titre quand on a la preuve du contraire, ou quand une première affirmation a été émise sans fondement suffisant.*

On ne doit pas s'attendre à trouver ici ni épisode émouvant, ni biographie intéressante, ni une suite d'événements mémorables liés entre eux par une narration suivie, attrayante, capable de captiver l'attention de toute sorte de lecteurs. Cette petite chronique n'étant composée que de faits détachés, accomplis dans la localité ou les environs, n'offre évidemment qu'un intérêt restreint, mais suffisant, à ceux qui l'habitent. De là le titre que nous lui avons donné: YTRAC DANS LE PASSÉ, NOTES ET DOCUMENTS. *Ces notes, écrites pendant les rares loisirs que nous laissait le saint ministère, se ressentent de la précipitation avec laquelle elles ont été rédigées, mais il nous est interdit de limer nos phrases.*

De plus, ce travail a été créé de toutes pièces. Le public auquel nous l'adressons sera enclin à l'indulgence pour cet essai. Nous dirons avec Ovide (De Ponto, lib. III):

Da veniam scriptis, quorum non gloria nobis
Causa, utilitas officiumque fuit.

Nous n'avons pas reculé devant l'utilité qui s'imposait et le devoir qui nous semblait plus personnel en raison de notre titre et de notre charge pastorale. Si la joie du succès que nous n'ambitionnons pas ne couronne pas notre travail, il sera récompensé du moins par le sentiment du devoir accompli.

CHAPITRE I

L'Église et ses dépendances

I. *Titulaire de l'Eglise, Notice.* — II. *Eglise, Histoire.* — III. *Description de l'Eglise actuelle.* — IV. *Ses anciennes Chapelles.* — V. *Le Clocher.* — VI. *Les Cloches.* — VII. *Le Cimetière.*

I

Avant d'introduire le lecteur dans ce modeste édifice, il importe de lui faire connaître, par un abrégé rapide, la vie de saint Julien, titulaire de l'église et patron de la paroisse (1). Pourquoi cette préférence donnée à ce glorieux martyr plutôt qu'à un autre saint? Elle pourrait être justifiée par la dévotion particulière inspirée au fondateur de la paroisse, de l'Eglise. Il a pu arrêter son choix sur celui dont la fête, fixée au 28 août, pouvait mieux rappeler ou perpétuer le souvenir d'un événement joyeux ou triste qui lui était cher.

Nous croyons que la proximité de Brioude, qui garde son corps, suffit pour expliquer l'introduction de son culte dans notre localité, sans repousser ni invoquer les autres motifs. Son nom était précieusement conservé dans le martyrologe arverne depuis qu'il avait arrosé de son sang ce coin de terre. Dès le VIe siècle et dans tout le moyen âge, son héroïsme et ses miracles rendirent son culte populaire, universel. Après saint Martin, nul thaumaturge n'a été autant invoqué, autant célébré (2); nul autre tombeau n'a été autant fréquenté, (3).

---

(1) Le titulaire est le saint dont le vocable a présidé à la consécration ou à la bénédiction de l'édifice sacré. Le patron d'une église est le saint que l'évêque, le clergé et le peuple ont pris pour les protéger au ciel auprès de Dieu ; le décret du pape Urbain VIII du 23 mars 1630 en règle le choix. Le culte du premier est restreint à l'église, tandis que celui du second s'étend à toute la paroisse.
(2) *Inter martyres celebratissimus* (bréviaire).
(3) *Vix ulla celebrior. Gall. Christ.*

nul autre patronage autant recherché. Quel est le diocèse de France qui ne possède plusieurs paroisses dédiées à saint Julien ? Trente chefs-lieux ont été bâtis sous ce vocable immortel. Il ne reste plus de ce culte autrefois si florissant que quelques débris ; mais ces débris attestent l'incontestable splendeur, l'incomparable munificence dont jadis ce culte béni a été revêtu chez nos ancêtres.

Né à Vienne d'une riche et noble famille, (1) il avait, à la fleur de l'âge, embrassé la carrière militaire. A la naissance il joignait ces qualités d'esprit et de cœur qui lui assuraient un brillant avenir. Notre Bréviaire dit que ses parents, d'illustre origine, étaient plus illustres par la foi chrétienne qu'ils professaient. (2) La plus haute noblesse, en effet, est celle qui fait ses preuves au service de Christ : *Summa ingenuitas ista est in qua servitus Christi comprobatur* (3). Cependant, quelques auteurs présument, sur des conjectures fondées, qu'ils étaient idolâtres et que Julien avait eu le bonheur d'être converti au christianisme et conquis à l'Eglise par le tribun Ferréol (4). Il vivait ainsi dans une étroite liaison avec son compagnon d'armes. L'amour de Dieu avait formé, entretenu leur amitié ; elle s'était accrue par la communauté de leurs sentiments et des dangers qu'ils allaient courir. C'est dans leurs pieux entretiens qu'il trempa son âme pour la lutte héroïque qui allait en faire le premier martyr de l'Auvergne.

En 303, la persécution générale éclata. Dioclétien, le plus cruel ennemi du christianisme, imagina, pour le détruire d'un seul coup, *deleto nomine christiano*, la plus effroyable des persécutions qu'on ait jamais vue. Il y avait partout des traîtres pour dénoncer les chrétiens ; partout des juges pour les condamner sans les entendre, partout des bourreaux pour les mettre à mort sans pitié. Sur l'avis de son chef, qui était pour lui un père et un conseiller toujours écouté, il vint chercher en Auvergne un

---

(1) *Clarissimis ortus parentibus. Breviar Brivat.*
(2) *Sed fide Christi quam profitebantur illustrioribus.*
(3) Actes du martyre de sainte Agathe.
(4) Cf Mosnier, Les Saints d'Auvergne, tom. II, p. 210, note 4.

abri contre la persécution. Son attente ne fut pas trompée. Il y reçut une affectueuse hospitalité dans le hameau de Vinicelle, à une demi-lieue environ de Brioude.

Mais le proconsul Crispinus, qui prêtait au tyran le concours de sa férocité, instruit du départ de l'officier légionnaire, lança des satellites à sa poursuite. Les émissaires l'atteignirent près de Brioude. La courageuse chrétienne qui lui donne l'hospitalité veut le cacher; mais dans l'ardeur de sa foi, Julien se livre aux persécuteurs pour ne pas exposer ses hôtes à leurs coups; il sort de sa retraite et s'écrie avec une noble fierté : « Qui demandez-vous ? Qui cherchez-vous ? Me voici ; tournez sur moi la pointe de vos glaives. Je ne veux plus demeurer sur cette terre, désireux que je suis de m'unir à Jésus-Christ. Frappez, exécutez vos ordres et remplissez mes désirs » (1). Tant d'héroïque fermeté ne désarma pas les bourreaux qui, d'un coup, lui tranchèrent la tête, le 28 août de l'an 304. Les licteurs, abandonnant le corps tronqué, lavèrent la tête dans la fontaine voisine, depuis fréquentée et même vénérée par les populations, et la portèrent au consulaire Crispinus. Celui-ci se fit une joie barbare, après l'avoir exposée aux portes de la ville, de l'envoyer à Ferréol, pour l'avertir du sort qui lui était réservé.

Deux bergers, qui gardaient leur troupeau dans les champs voisins, avertis par un ange, ensevelirent le corps dans un lieu sur lequel on bâtit une église qui attira de nombreux pélerins. Vers le commencement du VIII° siècle, cette église ayant été détruite par les Sarrazins, le comte Bérenger la fit rebâtir à peu de distance de l'Allier, dans une situation plus retirée autour de laquelle les habitants fondèrent une nouvelle Brioude qui a eu sa célébrité constante dans la légende et dans l'histoire (2). Le comte institua également pour la défense du saint tombeau et des pèlerins une milice chevaleresque recrutée parmi

---

(1) *Quem poscitis, quem quæritis, en coram adsum, in me convertite ferrum, Vita S, Juliani Greg. Turon. attributa ; Nolo ultra commorari in hoc sœculo, quia Christum tota animi aviditate sitio... Ictus tantum exerite, et vestram devotionem meumque desiderium implete. Ibid.*

(2) *Vix ulla celebrior.* Gall. Christ.

la plus haute noblesse de la province. Lorsque le danger eut cessé, cette milice fut transformée en une grande aristocratie sacerdotale, un chapitre noble de chanoines comtes. Affranchi de la suprématie épiscopale il ne relevait pour le spirituel que du pape et pour le temporel que du roi de France. Les chanoines avaient le privilège de porter les insignes de la prélature, l'habit violet et d'officier avec la mitre et la crosse (1).

Un pèlerinage de premier ordre a été la suite et la conséquence de cette vénération, et non seulement les fils de la noble Auvergne sont accourus auprès de ce tombeau glorieux, mais les fidèles de la France entière sont venus porter sur ces lieux le tribut de leurs hommages et de leurs prières. Les souverains pontifes se sont plus, de tout temps, à seconder cet élan, ils ont accordé des faveurs sans nombre aux pèlerins de Saint-Julien, et nos vieilles églises ne manquaient pas d'ériger autrefois un autel en l'honneur de ce vaillant soldat.

La tombe de Saint Julien a dans chaque âge ses dates et ses annales. C'est Grégoire de Tours qui en commence le récit, les chroniqueurs le continuent du VII° au XV° siècle ; puis, dans les temps modernes, les historiens de Brioude et de l'Auvergne, avec leur consciencieuse érudition.

Nous avons dit que la tête de saint Julien avait été transportée à Vienne. Par une touchante inspiration de leur foi, les fidèles la placèrent dans le tombeau de Ferréol. La mort ne devait pas séparer ceux qu'une respectueuse affection avait unis et qui avaient cueilli dans le même lieu la palme du martyre (2). Plus tard on l'abrita dans une église plus spacieuse et plus belle que saint Mamert avait érigée en l'honneur de ces généreux enfants de la Viennoise immolés pour la foi. Saint Sidoine Apollinaire, l'un des premiers écrivains du V° siècle, les célébra dans ses hymnes et félicita Mamert d'avoir restauré le culte de

---

(1) Cf. Bouillet, *Nobil*. I.
(2) *Ibi utriusque beatum sanguinem terra suscepit. Acta S. Ferreoli,* 5, Grégoire de Tours. *De Miraculis S. Juliani.*

Heroas Christi geminos hæc continet aula
Julianum capite, corpore Ferreolum.

ces deux martyrs. « C'est à vous seul, lui écrivait-il, qu'il a été accordé dans le monde occidental, de faire la translation de la tête de notre Julien, cette tête que la main sanglante du bourreau rapporta jadis au féroce persécuteur. Nous vous avons donné un patron, nous avons le droit de réclamer votre patronage (1). » Vers le milieu du VIIIe siècle, Brioude réclama le prêt et l'obtint. C'était justice. L'église de Vienne se dessaisit en sa faveur d'une partie de la tête de saint Julien et d'un bras de saint Ferréol. Le transfert de ces restes se fit au milieu des transports de la piété populaire et une fête fut établie en l'honneur de cette translation (VIIIe siècle).

Le cadre restreint de cette notice ne permet pas de relater tous les sanctuaires qui ont en leur possession des reliques du saint martyr. Ses sacrés ossements, tombés pendant la Révolution aux mains des filles de la charité de Brioude, gardés avec une discrète et jalouse piété, reposent depuis 1860 dans le maître-autel de l'antique basilique. La chapelle particulière de l'hospice en conserve cinq ou six fragments assez considérables. La cathédrale de Nevers vénère depuis le XIIe siècle un os du bras ; la chapelle de l'Hôtel-Dieu de Paris possède un fragment notable du chef. En 1738, Mgr d'Estaing, évêque de Saint-Flour, emporta une part des reliques de notre patron, sans doute pour enrichir les églises de son diocèse, et la nôtre en eut une très petite parcelle.

Puisse cet illustre martyr, maintenir la foi, la prospérité spirituelle et temporelle de la paroisse, la sanctification des âmes confiées à notre sollicitude, et la pacification religieuse de notre pays.

II

Nous ne nous attarderons pas à faire une longue description de cette église, sans intérêt, et qui ne présente aucune particularité qui puisse servir à l'histoire de l'archéologie dans notre province. Nous croyons, avec l'auteur de

---

(1) *Tibi soli concessa est... in partibus orbis occidui martyris Ferreoli solida translatio, adjuto nostri capite Juliani quod istinc turbulento quondam persecutoris, manus retulit cruenta carnificis*, etc. Epistol. VII.

l'article sur Ytrac, (1) qu'elle fut d'abord bâtie dans le style roman, lourd et massif, qui caractérise la plupart de nos églises rurales du XIIe siècle. Son abside carrée, comme on les observe dans certaines églises peu développées dans la campagne, est tout ce qui reste de l'ancien édifice. Combien de temps at-t-il duré ? A quelle époque a-t-il disparu ? Aucun document n'est venu nous le dire. Nous sommes réduits à des conjectures. Nous nous bornons à les indiquer, laissant à de plus clairvoyants que nous le soin de résoudre le problème qu'elles proposent.

Peut-être eut-elle à souffrir des luttes longues et acharnées, causées par les excursions des Anglais, qui durèrent près d'un demi siècle (1356-1392). Les injustices, les désordres, les rapines, les pillages favorisés par une guerre qui semblait permanente se multipliaient partout. Les églises souffraient surtout de l'audace et de la cupidité de ces bandes armées qui sous le nom de *Routiers ou d'Ecorcheurs* répandaient dans les campagnes la désolation et l'effroi. A peu de distance du chef-lieu, à Lacarrière et au Quitiviers, on voit encore l'entrée d'une voie souterraine à laquelle la tradition locale donne le nom de *trou des Anglais*. L'église, cependant, ne subit pas une destruction complète ; le chevet resta debout. Lorsque les Anglais furent « boutés hors de France » elle se releva de ses ruines et au chœur roman on ajouta une nef gothique. Suivant une autre hypothèse, la voûte menaçant ruine ou s'étant peut-être effondrée, à l'époque ogivale, on la reconstruisit d'après le style du temps. On put voir sur la place publique pendant plusieurs années (1857-1889) des débris d'architecture ogivale ayant appartenu à l'ancien portail. Malheureusement on les a employés à empierrer le chemin.

Lors des guerres religieuses, cette partie eut sans doute le sort de l'ancienne. Les Huguenots qui, en 1569, saccagèrent Aurillac avec tant de furie, ne durent pas épargner les campagnes voisines.

---

(1) Cf. Diction. Statistique, t. V, p. 685.

Quittons le domaine des suppositions et entrons dans celui de l'histoire. Au commencement du XVIIe siècle, de grandes réparations étaient devenues nécessaires. Les habitants, par l'entremise d'un consul ou juré, invitent le prieur à les faire. Mais celui-ci croit devoir se refuser à cette exigence. On lui intente un procès qu'il perd en 1608 et l'oblige à se mettre à l'œuvre. Il donne la réparation à prix fait. Les charpentiers travaillent les bois au Bourlès et quand ils sont prêts, nouvel ennui pour le prieur. On le somme de les faire transporter par les paroissiens. On était au mois de juillet. Cette fois, les habitants font la sourde oreille et s'occupent de leurs travaux. Le prieur en sera quitte en dédommageant les ouvriers de la perte de temps et de travail.

La sommation qu'elle motiva de la part du mandataire du prieur en fera mieux connaître la nature et l'importance:

« Ce jourd'hui, dimanche sixiesme jour du moys de
« juillet, l'an mil six cent huict, après midy, au lieu
« et place publique d'Ytrac, et par-devant moy, notaire
« royal, et tesmoings bas nommés, a comparu en per-
« sonne sire Robbert Felgines, marchans, pour et au
« nom et estant chargé par religieuse personne frère An-
« thoine de Felzines, sacristain en l'esglize monastère
« saint Pierre de Maurs, et prieur du prieuré du présent
« lieu et paroisse d'Ytrac, lequel Felzines, aud nom et
« dressant ses parolles à Anthoine Fonrouge, du village
« de Donne de lad paroisse, un des jours d'icelle année
« présente, luy a dict et remoustré comme led sieur prieur
« par sentence de la cour du bailliage de la ville d'Auri-
« lhac a esté codempné à faire reparer l'esglise du présent
« lieu et paroisse, comme il ne peut ignorer, attendu que
« les poursuites en ont esté faictes à sa requête et des aul-
« tres habitants de la paroisse, de sorte que suivant se led
« prieur a bailhé lesd réparations à prix faict à des char-
« pantiers, et de tant que lad paroisse est tenue de faire
« les bouades et manouvres requises et nécessaires pour
« le port du boix et aultres matériaux, iceuls charpantiers
« ayant appresté lesd bois au lieu de Borelhes en lad pa-
« roisse ont sommé led prieur de faire apporter et char-

« rier les boix aux habitans de lad paroisse, et au def-
« fault de ce proteste contre luy de tous deppens, dom-
« maiges et intéretz, mesme à cause de tenir sejour et
« de leurs serviteurs qui sont sans besoigne et occupa-
« tions, attendu qu'ilz les avaient louez pour faire lesd
« réparations par eulz prinses à prix faict : C'est pour-
« quoi, attendu que c'est au corps commung de lad pa-
« roisse de faire en général le port dud boix et aux con-
« sulz et jurés en particulier de servir le charroy et aul-
« tres bouades nécessaires, il signifie aud Fonrouge,
« comme juré de lad paroisse, luy enjoignant de le faire
« savoir à ces consortz comme il est besoing de faire por-
« ter led bois promptement, attendu les susd poursuites,
« sommations et protestations faictes par lesd charpan-
« tiers, conformément auxquelles, il le somme de le faire
« sçavoir aux habitans d'icelle paroisse et de fournir les
« bœufz promptement, afin de faire led port du bois, et
« au deffault a protesté et proteste contre luy et aultres
« ses consortz en leur nom propre et privé de tous dep-
« pens, dommaiges et interetz que led sieur prieur pour-
« rait souffrir et endurer à faulte que led bois viendrait à
« se perdre ou se gaster, et aultrement pour le retarde-
« ment que pourrait arriver par leur faulte à fere lesd re-
« parations dont il m'a requis acte de tous ce que dessus
« pour servir et valloir aud sieur prieur en ce que de rai-
« son par devant qui il appartiendra. A quoy led Fon-
« rouge a faictes réponse que lesd réquisitions sont faic-
« tes à tort à cause de la saison, et que les habitants de la
« paroisse sont occupez à faire mitt..., joinct que se sont
« retirés aujourd'huy et n'a moyen de leur communiquer
« pour le présent ; et de sa response m'a pareillement re-
« quis acte, lequel j'ai respectivement octroyé auxd par-
« tyes pour leur servir et valloir à ce que de raison et à
« qui il appartiendra. Le tout faict en présence de hono-
« rable homme François de Gaultier, bourgeoix de la
« ville d'Aurilhac et Géraud Mary, habitans du village
« de Brayat, paroisse de Boisset tesmoings, led Fon-
« rouge et Mary, tesmoings ont dict ne sçavoir signer, de

« ce requis et led Felzines et Gaultier ont signé et moy.
« (1) ».   Laborie, notaire.

A partir de cette époque, nous n'avons à signaler que des réparations partielles ou d'entretien. En 1658, sous l'administration de M. Castel, curé, on fit réparer le couvert du clocher. En 1703, comme nous verrons plus loin, M. Abeil de Besse fit peindre la chapelle de saint Antoine, sur laquelle il avait des droits. Enfin, en 1782, Pierre-Louis Armandie de Branviel restaura à ses frais l'autel et le tableau de la chapelle de St-Blaise ou de Ste-Anne.

Le 14 octobre 1792, les officiers municipaux de la commune vinrent annoncer qu'en vertu des décrets du 10 septembre 1792, dont ils donnèrent lecture, ils allaient procéder à l'inventaire général des meubles et ustensiles en or et en argent employés au service du culte. L'opération commença par la visite de l'église et le procès-verbal déclare qu'on n'a « trouvé qu'un calisse, un sivoire, un soleil, le tout en argent (2) » On le voit, il n'y a rien de nouveau sous le soleil, et nos gouvernants francs-maçons ne sont que les plagiaires de leurs devanciers. Ce qui se fait aujourd'hui n'est que la répétition de ce qui s'est passé pendant la grande Révolution.

Durant la tourmente révolutionnaire, l'église fut dévastée (3), le clocher démoli, les cloches jetées en bas, les archives brûlées, les titres de propriété, de fondations dispersés, pillés ou brûlés. Pendant les jours de sanglante mémoire de la Terreur, l'église devint tantôt le siège de la société populaire, tantôt un lieu de réunions politiques et communales et, aux jours indiqués par le calendrier révolutionnaire, elle devenait le temple de la Raison. Sauf quelques vieilles statues perdues dans la poussière des

---

(1) *Archives du Cantal*, Minutes Laborie, notaire, fol. 272.

(2) Les inventaires de cette époque sont plutôt des fictions que des réalités. Ils ne mentionnent que les objets laissés à l'usage des prêtres de chaque église, quant à ceux qui devaient être centralisés au chef-lieu du district, il n'en est pas question.

(3) A une époque indéterminée elle devint le siège des assemblées municipales, tout en conservant son caractère d'édifice religieux. Sous la Terreur, lorsque l'exercice du culte eut été interdit, on fit disparaître « tous les vestiges du fanatisme ». Cf. Registre de 1794 p. 7.

greniers, la Fabrique actuelle ne possède pas une seule épave du mobilier destiné au culte remontant au siècle dernier.

Les théophilanthropes y célébrèrent leurs fêtes ridicules. On y convoqua plus d'une fois les partisans d'une religion qui finit par tomber sous les coups du bon sens et du mépris public. Pour la fonder, il aurait fallu, comme le disait Bonaparte à Laréveillère-Lepaux, que ses chefs « se fissent crucifier un vendredi et ressuscitassent le di- « manche suivant » ; ils n'avaient pas envie de mourir et ils étaient sûrs de ne pas ressusciter.

Après l'affreuse tempête qui avait tout bouleversé, M. Salarnier se hâta de ramasser les débris épars du sanctuaire. M. Verniols continua à réparer les désastres. Les fidèles et la commune lui vinrent en aide ; en peu de temps on recueillit une somme suffisante avec laquelle on put faire les réparations les plus urgentes (1809-1811) (1). En 1832 et en 1842, le conseil municipal et le conseil de fabrique, considérant que cette pauvre église n'était pas digne de sa destination et que quelques parties menaçaient ruine (2), eurent la pensée de lui faire subir, sinon une reconstruction, au moins une restauration presque complète. Toutefois, ces travaux ne furent exécutés qu'en 1844. On refit la façade, le clocher, la voûte de la nef, les deux chapelles, le mur latéral du nord et une partie de la toiture. Les dépenses s'élevèrent à 7.718 francs. Pour l'avenir de l'église, ce ne fut pas heureux : car cette restauration, faite à une époque qui n'avait pas la vraie notion du style religieux, a empêché plus tard de la reconstruire. Un riche mobilier et des embellissements considérables ont été l'œuvre de ces dernières années.

III

L'église d'Ytrac est un monument assez banal. C'est un bâtiment rectangulaire, composé d'une nef et de bas-

---

(1) *Archives municipales.*
(2) *Ibid.* La partie du vieux clocher qui n'avait pas été démolie, et le mur latéral du nord « boursouflé et surplombé en divers endroits ».

côtés. Elle est très basse et absolument dépourvue de caractère architectural.

1° *Façade*. — L'examen extérieur de cet édifice produit une impression peu favorable. La façade, ou pignon occidental, percée de cinq baies, surmontée d'un clocher octogone, est du plus médiocre effet.

2° *Portes de l'église*. — L'église a deux entrées : 1° la porte principale, de St-Julien (1), en ogive, située à l'occident. Elle était autrefois précédée d'un porche très vulgaire et très primitif, dans le genre de celui de Crandelles ou de Tessières-de-Cornet. Le porche a été remplacé, en 1844, par un perron sur lequel les petits enfants du bourg viennent trop souvent troubler par leurs jeux indiscrets le silence du sanctuaire et le recueillement de ceux qui y prient ; 2° la porte latérale, au midi, donnant accès sur la place publique et conduisant au presbytère. L'encadrement en pierre, avec ses moulures à angles vifs, paraît être du XVe siècle. Une autre porte, située à l'extrémité septentrionale, à la place des fonts baptismaux, près du grand portail, s'ouvrait sur l'ancien cimetière. Cette porte a été murée depuis longtemps.

3° *Intérieur*. — En entrant dans l'église, on est frappé de la clarté, de la simplicité, de la propreté qui y règnent. La longueur dans œuvre, c'est-à-dire depuis la porte principale d'entrée jusqu'au chevet, est de 26 mètres 13 centimètres ; sa largeur est de 11 mètres 8 centimètres ; et la hauteur, sous voûte, de 6 mètres 66 centimètres. L'orientation y est régulière comme dans les églises romanes (2).

4° *Piliers, bas-côtés*. — Deux rangs de piliers massifs sans chapiteaux et sans élégance, soutiennent le temple

---

(1) Le titulaire s'indique à la façade d'une église soit par une inscription, soit à l'aide d'un motif iconographique (peinture ou sculpture). Il n'est donc pas étonnant que la porte principale porte son nom.
Le titulaire est en possession de l'église entière et du Maître-Autel en particulier, qui ne peut être consacré sous un autre vocable.
(2) C'est une règle générale que les églises romanes étaient orientées.

et forment des arcades à plein-cintre assez irrégulières. Les bas-côtés sont moins élevés que la nef principale et moins larges ; ils sont aussi d'inégale largeur. Le collatéral nord mesure 2 mètres 28 centimètres ; le collatéral sud, 2 mètres 85 centimètres.

5° *Chevet*. — Le chœur, dont l'architecture romane est la partie la plus ancienne, un peu moins élevé que la nef centrale, mesure 3 m. 89 de largeur, 5 m. 20 de longueur, et jusqu'à la Table sainte, 8 m. 48.

Deux fenêtres l'éclairent : celle du milieu contient la verrière de saint Michel terrassant le démon ; l'autre est une fenêtre carrée qui lui donne au-dehors l'aspect d'une construction civile. Au fond de l'abside, il existe deux stalles en bois ornées de quelques sculptures gothiques. Elles sont placées de chaque côté du sanctuaire, et reliées par des sièges adossés au mur. — Autrefois, l'ancien autel, avec son rétable, était appuyé au mur oriental. Il était peint et doré dans toute son étendue. Le rétable était formé de quatre colonnes torses de style corinthien ornées de pampres de vignes d'où se détachaient des feuilles et des grappes de raisin. Entre les colonnes, les statues ou bustes de saint Julien et de saint Louis. Au milieu l'entablement était interrompu par la grisaille du chevet (1). Le tabernacle était décoré de colonnes, de niches et de statuettes : *Ecce Homo*, la Sainte-Vierge, saint Roch, saint Jean-Baptiste, etc. Au fronton, le Père Eternel resplendissait dans toute sa gloire.

En 1891, M. Lissat, curé, fit dans son église l'inauguration du nouveau maître-autel *à la romaine*, de style roman, tout en beau marbre blanc, orné de rinceaux dorés, mais d'un intérêt relatif à cause de sa moderne construction. Cet autel à rétable, tabernacle, dais à murs et tourelles crénelés, surmonté d'une pyramide élancée, est sorti des ateliers de M. Perier, du Puy. Il avait coûté quatorze cents francs, et Madame Jean Bessière avait contribué à son achat par un don de mille francs.

---

(1) Cette grisaille a été remplacée par le vitrail de St-Michel, don de Mme de Boschatel de La Martinie.

6° *Chapelles*. — 1° du côté septentrional, à droite, se présente la chapelle de la Vierge. L'autel, en marbre blanc avec gradins et tabernacle, à tourelles crénelées, est sorti des ateliers si chrétiens de M. Monna, de Toulouse. Le devant d'autel est formé de trois arcades cintrées à colonnes avec bases et chapiteaux. Les enfoncements de l'autel sont garnis au milieu d'une statuette polychromée de l'Immaculée-Conception, à droite et à gauche, d'un ange portant une banderolle. Sur le tabernacle, la Vierge mère tenant l'Enfant-Jésus sur son bras (1) ; six chandeliers romans complètent la décoration. L'autel et ses assessoires sont un don fait, en 1891, par Madame Azémar, à l'église d'Ytrac.

2° Du côté méridional, à gauche, la chapelle de Ste-Anne fait pendant à celle de Notre-Dame. L'autel, en marbre blanc avec gradins et tabernacle, finement ciselé, est l'œuvre de M. Julien, marbrier d'Aurillac. La statue polychromée qui le décore représente sainte Anne apprenant à lire à la sainte Vierge. Elle est debout sous un portique et ses pieds reposent sur le tabernacle. L'autel possède une ornementation en bronze doré, de style roman, aussi belle que riche. Ils ont été offerts, en 1892, par Madame Joseph Astorg.

3° La chapelle des Fonts baptismaux est à sa place normale, au nord, du côté de l'Evangile, près de la grande porte. Nous l'avons trouvée dans un état de délabrement complet, transformée en débarras où s'entassaient les décors funéraires et toutes sortes d'objets. Grâce au bienveillant concours de M⁀ le Maire, nous avons pu la restaurer, sinon avec la richesse et la décoration spéciale réglementaire (2), du moins d'une manière convenable. C'est une enceinte carrée (3) soigneusement close d'un

---

(1) Elle remplace une ancienne statue en bois doré et a été achetée par les enfants de Marie.

(2) Après la chapelle du Saint-Sacrement celle-là doit être plus ornée que les autres.

(3) Le carré signifie les quatre points cardinaux vers lesquels, en souvenir des quatre fleuves du paradis terrestre, le prêtre, lors de la bénédiction des fonts. jette l'eau baptismale : *Per Deum qui te de paradisi fonte manare fecit, et in quatuor fluminibus totam terram rigare præcepit. Missal Rom.*

chancel en bois, fermé à clef comme l'exige le Ritüel (1). Le monument qui la décore en chêne sculpté, style renaissance, fut placé en 1880 par Mr Puech. Le couronnement représente le Christ baptisé par saint Jean.

7° *Chaire à prêcher*. — La chaire, en bois, à pan coupés, que l'on voit dans la grande nef, est un ouvrage moderne, dans le style roman. Il a été placé, en 1880, par M. Puech, sculpteur à Salers. La rampe de l'escalier est formée d'arcatures romanes à jour, portées sur des colonnettes à base et à chapiteaux. Le tambour offre sur ses panneaux extérieurs les quatre évangélistes en relief. L'abat-voix est surmonté de tourelles et pinacle dans le même style. L'Esprit-Saint, sous la forme de la symbolique et traditionnelle colombe, placé sous l'abat-voix, au milieu de rayons célestes, domine le prédicateur, qu'il semble inspirer de son souffle. Cette chaire, adossée à un pilier du côté droit, est trop élevée au-dessus du sol ; la croix qui termine le couronnement touche la voûte, ce qui est disgracieux.

8° *Confessionnaux*. — Les confessionnaux, en bois de chêne sculpté, ont été exécutés en harmonie parfaite avec le reste du mobilier et de la construction.

9° *Tableaux et statues*. — Parlerons-nous des tableaux qui décorent le temple ? Il serait superflu de signaler la toile grossière qui représente la sainte Vierge donnant le rosaire à saint Dominique. — On voit appendu au premier pilier de la nef, du côté de l'Evangile, une Assomption de la Vierge, don de Mme Conthe, née Monraisse, de Cambian. — Entre le 2e et le 3e pilier, au-dessous de la chaire, un tableau représentant Noé au sortir de l'arche, don et M. et Mme Eugène d'Ouvrier, de Campan.

10° *Statues*. — Au chevet du sanctuaire, à droite, St Julien, en costume de soldat romain, tenant d'une main la palme, et de l'autre brandissant un glaive ; à gauche, St Louis, revêtu du manteau royal d'hermine, tenant un sceptre fleurdelysé et la couronne d'épines ; à l'entrée du

---

(3) *Rit. Rom. de Baptismo.*

chœur, deux grandes et belles statues polychromées du Sacré-Cœur, de saint Joseph, tenant une branche de lis (1). Dans la nef, du côté de l'Evangile, saint Antoine de Padoue, tenant un livre ouvert sur lequel est assis l'Enfant Jésus (effleurant sa joue) ; en face, la Vierge couronnée de Lourdes ; au dernier pilier, saint Roch, en costume de pèlerin, avec le bâton de voyage d'où pend le bourdon de pèlerin ; son chien le contemple avec amour, image de la fidélité dans l'abandon des hommes; lui, montre la plaie de sa jambe, regarde le ciel et semble dire : Ayez confiance ! Sur l'autre pilier, en face, sainte Philomène, couronnée de roses, tient d'une main son manteau, de l'autre une palme, et s'appuie sur une ancre.

11° *Sacristie*. — La porte ouvre sur le sanctuaire, dont elle est comme la dépendance et le prolongement. La vieille sacristie était étroite, les murs salpêtrés, et il était malaisé d'éviter la malpropreté que l'humidité engendre comme nécessairement après elle. A l'aide de largesses et d'un concours qui ne lui ont jamais fait défaut, M. Lissat sut provoquer l'assainissement et les agrandissements estimés nécessaires. Il en fit une pièce suffisamment vaste, bien aérée et pourvue de grands vestiaires. Nous y avons fait inscrire la date de la construction (1889) et le nom de la donatrice, (2) et nous l'avons entourée des portraits des curés.

IV

Tel est l'état actuel de l'église d'Ytrac. Après avoir fait, autant que cela nous a été possible, l'histoire de l'édifice, après cette description, un peu détaillée peut-être, d'un si modeste monument, nous voudrions, pour être complet, dire quelques mots de ses anciennes chapelles. Malheureusement, nous n'avons pu découvrir rien de précis, rien d'authentique, antérieurement à 1550.

Au XVIᵉ siècle, cinq autels et quatre chapelles rayon-

---

(1) Don de Mme Conthe, née Monraisse, de Cambian.
(2) Mme Conthe, qui contribua pour 1000 fr. à cette restauration.

naient autour de l'église, n'ayant entre elles aucune ressemblance, les unes plus élevées ou plus larges, les autres romanes ou gothiques. Ce manque d'uniformité semble indiquer qu'elles ont été le résultat de constructions successives, en dehors de tout plan préconçu. L'une d'elles, celle de la Vierge, fait partie des remaniements ou restaurations signalées au siècle dernier.

I. — *Maître-Autel*. — L'autel principal était dédié à saint Julien. Cela seul prouve que ce martyr fut dès l'origine titulaire de l'église du prieuré et patron de la paroisse. Le titulaire, en effet, comme nous l'avons déjà fait observer, a sous son vocable l'église entière et le maître-autel, ainsi qu'il résulte de la cérémonie même de la bénédiction ou consécration : *Ut hanc ecclesiam et altare ad honorem tuum et nomen sancti tui N. purgare et benedicere digneris* (1). Chez nous, comme en beaucoup d'autres lieux en France, le Patron de la circonscription territoriale n'est pas distinct du titulaire de l'église, puisqu'il serait facile d'établir que la fête de saint Julien a été célébrée immémorialement avec le culte qui convient à la fête patronale du lieu. C'est ainsi que l'a jugé le Saint-Siège lorsque, en 1801, il a décrété que la solennité des patrons des paroisses serait transférée au dimanche. (2).

II. — *Chapelles*. — Les quatre chapelles à l'extrémité des collatéraux, au moins celles d'en bas, doivent être étrangères au plan primitif, et n'ont rien de remarquable.

1° Notre-Dame. — La chapelle de la Vierge, du côté droit, tel que l'entend la Liturgie, et non à la droite du spectateur. C'est, sans aucun doute, le premier monument consacré au culte de Marie dans notre paroisse. Nous la trouvons citée dans un document qui, d'ailleurs, ne remonte pas au-delà du XVIe siècle. C'est le testament de messire Pierre Cros, curé de la paroisse. Entre autres dispositions, il lègue à l'autel de Notre-Dame et autres autels

---

(1) *Pont. Rom.*
(2) Décret du cardinal Caprara.

de l'église Saint-Julien la somme de cinq sols tournois. Elle est mentionnée dans les registres de la mairie à la date du 20 septembre 1688. Devant la chapelle de Notre-Dame, on enterra Jean Ch... (lacéré) « fermier du domaine de Foulan, du sieur Capmas ».

Cette chapelle abrite le tombeau de la famille Julhe, de Foulan. Cette assertion, non seulement se dégage, mais se trouve expressément dans un acte d'inhumation que nous transcrivons textuellement : « Le vingt-cinq aoust « mil sept cens cinquante deux, a été inhumé dans l'église « d'Ytrac et dans le tombeau de Mre Louis Juille, con- « seiller en l'élection d'Aurillac, situé entre les deux pi- « liers de l'arceau de Notre-Dame, en descendant la chai- « re, Guy-François Barrier, âgé de dix mois, fils légitime « à Guy Barrier, marchand, et à demoiselle Jeanne Con- « te, mariez, décédé le jour d'hier, au village de Foulan, « susdite paroisse en foy de ce ay signé: Cailar, curé. »

2° Ste-Anne. — A gauche, la chapelle de sainte Anne, la patronne des mères, l'auxiliaire de leurs entreprises, la protectrice de leurs foyers, la confidente de ces douleurs dont on ne parle qu'en priant. Nous la trouvons mentionnée dans divers testaments.

En 1782, Pierre-Louis Armandie, de Branviel, fit restaurer à ses frais l'autel et le tableau qui décorait la chapelle. Il représente un évêque debout, coiffé de la mitre. De la main gauche, il tient la houlette du pasteur ; de la droite, il bénit. Ce tableau, longtemps exposé dans l'église, dort depuis 1891, respectueusement roulé dans un grenier poudreux. Une inscription latine y atteste encore la piété du donateur : *Suis me simul et altare decoravit Dom. Petrus-Ludovicus Armandie e vico de Branviel. Anno Domini* 1782. Elle n'est plus rappelée dans les actes du XVIIe et du XVIIIe siècles.

3° Saint Blaise. — A droite, au fond de l'église, la chapelle de saint Blaise, évêque de Sébaste, miséricordieux thaumaturge, guérisseur des maux de gorge, auquel le diocèse confiant a dédié bien des temples. La seule mention qui se rattache à cette chapelle est le legs sus-visé de cinq sols tournois fait à l'autel de saint Blaise. Nous ne le trouvons plus cité dans la suite. Il est probable qu'une autre dévotion vint s'y adjoindre, celle de saint Antoine ou de saint Louis. Dès lors, le nouveau vocable occupa le premier rang ; l'ancien fut relégué au second plan ; et l'autel et la chapelle ne furent plus distingués dans les actes que sous le nom du second titulaire.

4° Saint Jean-Baptiste. — A l'opposite, dans le collatéral sud, la chapelle de saint Jean-Baptiste. Elle est comprise dans les libéralités de Pierre Cros au XVI° siècle et indiquée dans nos registres paroissiaux du XVII° et du XVIII° siècles.

Des données insuffisantes, mais non sans probabilité, laissent supposer que la chapelle de saint Jean-Baptiste était un baptistère ou chapelle des fonts baptismaux.

Quelle qu'ait été l'idée inspiratrice de cette érection, nous la trouvons, dans le cours des siècles, utilisée à des usages divers.

C'était, indubitablement, la chapelle des prêtres de la communauté ou du clergé paroissial. Ils ne pouvaient choisir un meilleur patronage que celui qui fut « le plus grand des enfants des hommes » au témoignage même de Jésus-Christ, et le type achevé des vertus qui sont et seront le secret et de la grandeur, et de la fécondité du saint ministère.

Elle a servi de chapelle sépulcrale. Elle garde les cendres de :

Jeanne Lavernhe, de Lavernhe, 4 août 1677 ;
Pierre Vieillevie, du moulin de Lacarrière, 10 mars 1695 ;
Françoise Suquet, d'Ytrac, 17 novembre 1711 ;
Rose Fouliau, d'Ytrac, 17 novembre 1753.

Au XVII° et au XVIII° siècles nous trouvons le même nombre de chapelles, mais deux dédiées à saint Antoine et à saint Louis.

Lorsque les autels d'une église ont un vocable invariable, soit en vertu d'un long usage et d'une dévotion établie, soit parce qu'ils l'ont reçu dans leur consécration, le concile de Trente autorise, en quelques cas, à établir des titres secondaires de ces mêmes autels ou chapelles.

(Sess. XXI, c. VII, de Reform.). Nos recherches nous ont conduit à reconnaître qu'il en fut ainsi pour nous, car le vocable de saint Blaise et de sainte Anne semblent s'effacer pour faire place à celui de saint Antoine et de saint Louis, ce qui revient à dire que ces chapelles furent placées sous un double patronage dont le second fit oublier le premier.

1° La chapelle de saint Louis, « ascétique et touché d'amour, armé de la croix contre les infidèles et de l'épée contre les ennemis de la France. » Au XVIe siècle elle ne devait pas exister car il n'en est pas question dans les pièces originales ou expéditions collationnées que nous avons compulsées. Elle est signalée pour la première fois en 1664. Au dire de la tradition locale, dont je n'ai pu contrôler l'exactitude, elle était située à gauche de la porte latérale, là où est placé le confessionnal de M. le Curé. L'autel faisait face à celui de sainte Anne, ce qui est contraire aux règles liturgiques.

Elle abrite la tombe de :

Pierre Limanhes, de Lacarrière, prêtre de la communauté, compétiteur de Louis Castel, ancien curé d'Ytrac, 6 juin 1654. Elle n'est indiquée ni par une pierre sépulcrale, ni par une inscription funéraire.

2° La chapelle de saint Antoine, instituteur de la vie cénobitique. Un acte obituaire du 26 décembre 1675 mentionne cette chapelle dans l'église paroissiale. Fondée par la famille Abeil de Besse, à une époque que nous ignorons, elle fut décorée en 1703 par un peintre Aurillacois, « dont le nom ne figure dans aucune biographie, connaissant son métier, mais sans grande originalité » (1). Il s'appelait Jean Fabri, et il est l'auteur des tableaux de la chapelle d'Aurinque et du presbytère de Riom. L'ornementation fut simple et sobre, car les frais qui furent payés par les propriétaires de la chapelle ne s'élevèrent qu'à 20 livres, non compris les fournitures, ainsi que l'atteste la quittance ci-après :

---

(1) G. Esquer : *Revue de la Haute-Auvergne.*

Je soubzsigné Jean Fabri, M^re pintre en la ville d'Aurillac, confesse avoir esté paié et satisfet, de Meral Abeilh de Chaumon de Besse de la somme de vingt livres et ce pour la pinture que j'ai faicte en la chapelle de sainct Anthoine, appartenant lad chapelle aud Meral Abeilh et aultre Meral Abeilh de Lavernhe, et avoir esté paié des mains, deniers propres et particuliers dud Abeil de Chaumon de Besse, et contans qu'il aie son remboursement de la somme susd par Meral Abeilh et Antoine Chaumon de Lavernhe comme ils ont promis de fere, comme aussi pour avoir fourni les étais ? pour le devant d'autel et marchepied, cloux, chaux, sable, tout fourni et porté sur le lieu par led Abeilh et Chaumon ensemble, d'avoir paié Lablanchère demeurant en la ville d'Aurillac, lesquelles fournitures (mot illisible) avons prins entre nous deux la somme de onze livres, laquelle somme a este aussi bailhée par led Méral Abeilh, de laquelle somme led Abeilh et Anthoine Chaumon se recognaissent debiteurs de la moitié des susd sommes, et led Meral Abeilh promet les tenir quitte jusques (mot illisible) en lui paiant la susd somme. Faict à Itrac en présence de M° Jean-François Cailar pbre et Meral Ray pbre soubzigné avec lesd Fabri et lesd Chaumon na su se signer. Faict à Itrac ce XV° décembre 1703.

Des peintures de la chapelle il ne reste plus trace : elles n'ont pu échapper au vandalisme révolutionnaire ou à celui de quelque badigeonneur officiel.

Dans cette chapelle furent inhumés :

Jeanne Leygonie, du Pontet, 26 décembre 1675 ;
Philippe Vigier, de Lavernhe, 13 mai 1754;
Jeanne Abeil, de Lavernhe, 22 février 1766.

V

Le vieux clocher n'était pas au-dessus de l'entrée de l'église comme aujourd'hui, mais au-dessus du chevet. Aucun dessin ne nous en a conservé la forme. Etait-il contemporain du chœur, remontait-il à une époque plus rapprochée de nous ? Points obscurs sur lesquels nos pièces et manuscrits ne projettent aucune lumière. On peut vraisemblablement supposer que c'était une tour carrée soutenue aux angles par des contreforts peu saillants comme on les voit dans les construction romanes. Et de fait, avant qu'on eût réparé, élevé la nouvelle sacristie, on apercevait encore, nous a-t-on dit, ces légers éperons.

Le 22 pluviose an II (10 février 1794) parut un arrêté du citoyen Bo, représentant du peuple dans le Cantal et le Lot, portant que « tous les clochers seront démolis à la hauteur des églises ». Le 15 floréal an II (5 mai 1794) la municipalité décide qu'il sera fait une estimation des matériaux provenant des démolitions du clocher, qu'ils seront abandonnés à l'entrepreneur pour une partie du montant de son adjudication, qu'une affiche sera posée à la porte commune pour qu'on puisse ensuite procéder à l'adjudication au rabais de ces hautes œuvres de la Révolution. Guillaume Martin, du bourg, se rendit adjudicataire pour la somme de 290 livres ; il s'engagea en outre à rendre compte des matériaux, à ne pas endommager le couvert de l'église, à élever sur le massif du clocher un carré long en charpente couvert de tuiles cannelées.

Les cloches furent descendues. On se contenta de prendre la moins forte qu'on transporta au chef-lieu du district pour être employée à la fonte des canons. La cloche Saint-Julien fut laissée sur place, conformément à la loi qui accordait à chaque commune une cloche « dégarnie de son battant » pour servir de timbre d'horloge (25 ventôse an II (15 mars 1793). Déjà un arrêté municipal avait ordonné la destruction des croix des chapelles et de tous les vestiges de la féodalité et du culte religieux. C'est l'origine de tous ces tronçons de croix mutilées que l'on rencontre sur les routes et aux abords des villages.

Vers la même époque on procéda au nivellement du clocher ; mais nous n'avons pu trouver la date précise de sa destruction. Ici se place un incident qui mérite d'être raconté. Nous ne résistons pas à l'envie de citer une délibération du conseil qui dédommagera le lecteur de l'aridité des détails précédents, et qui dépeint si exactement ou plutôt avec une si naïve sincérité les manifestations courageuses que provoquaient l'impiété et le vandalisme révolutionnaires.

Emeute à Ytrac. — Ce jourd'hui, vingt-sept prairial de l'an troisième de la République française, une et indivisible, environ sept heures du soir, il s'est élevé une émeute qui était composée de plusieurs fammes du Bourg d'Ytrac, lesdittes femmes ont été au lieu de Caumon arrêter trois charretées de pierres qui avaient été vendues par la commune de la demolicion du clocher, de là lesdittes fammes se transportèrent en foule à remettre les croix en place, après les deux oppérations elles se trournèrent vers l'arbre de la liberté et dirent à grands cris c'est toy j'en foutre qui nous fait mourir de faim et nottement c'était la famme du nommé Antoine Rongier dudit lieu et les servantes du nommé Pierre Jonquières et de Marc Moissinac et Marie Farges et la famme de pierre Bac, Marianne Bouisset, et autres se mirent en devoir d'arrencher l'arbre de la liberté et ne pouvent n'en venir à bout ledit Pierre Jonquières fils vint vers elles avec une coygnée, elles lui demandèrent ladite coygnié, il leur répondit qu'il ne voulait pas la leur confier creygnien qu'elles ne la lui gatasent et ledit Jonquières se voyant forcé par les susdites fammes il prefera de couper l'arbre de la liberté lui-même, à la suitte de cela le lendemain elles se transportèrent plusieurs delles à la maison commune pour demander au greffier la clef de la si devent Eglise, le greffier ne se trouvent pas à la maison commune, il leur fut impossible de pouvoir avoir laditte clef, à la suitte de se une de elles apporta une autre clef qui est la servante de Marc Moissinac quelles se servirent de laditte clef qui servait à la cave dudit Moissinac, ayant avec elle houverte la porte de la tribune de la si devent église elles firent decendre un anfent de Medard Vigier avec une corde pour lui faire houvrir les principalles portes de l'église, les portes houvertes elles entrèrent en grand foule, en arrancherent les Bancs de la sociétté populaire de la susditte commune en disant quelles ne veulent pas la le parc de moutons ou de parc de veaux ou de diables, à la suitte de cella elles semirent à Battre la caisse de la commune queles trouverent dans la ditte Egilse, voyent que le ressemblement naumantait pas une delles porta la caisse à la maison commune, ensuitte le jour de decadi d'apres elles firent un troisième rassemblement ou était ou étaient (sic) plusieurs fammes du lieu de lignhac et autres veinrrent en foule vers la municipalité pour demander qui étaient devenues toutes les decorations ou estatues de la si devent Eglise, alors le greffier de la municipalité leur répondit que les statues étaient a la cave de la ci devent maison curiale que l'abbe Labouygue avait la clef, à la suite de se l'abbe Labouygue leur houvrit laditte cave, elles prirent tout se qui était renfermé dans laditte cave et on commença a remettre lesdittes statues dans les lieux ou elles étoient auparavant, ensuite elles se rendirent mettresses de la clef de laditte église que cest anne Crueghe du Bourg quelle en ait la depositaire, en foy de ce nous maire et officiers municipaux de laditte commune dytrac avons dressé le présent proces verbal pour servir et valoir à telles fins que de raison, en la maison commune à Ytrac le jour mois et an que dessus. Suivent les signatures du maire, de l'agent et du secrétaire greffier de la municipalité (1).

Honneur à ces vaillantes chrétiennes, à ces catholiques obstinées qui défendaient leur religion contre l'impiété et forçaient les ravageurs des choses les plus sacrées et les plus chères à la conscience des peuples à compter avec leurs convictions et à respecter leurs autels.

Lorsque le Concordat inaugura en France une ère nouvelle, les cloches s'ébranlèrent de nouveau pour annoncer la délivrance de l'Eglise, après dix ans de morne silence. Le temple resté debout s'ouvrit aux fidèles, le culte reprit publiquement son exercice au milieu de la satisfaction générale.

---

(1) Cf. Registre de 1792, p. 35-36.

Dès lors on s'occupa de la restauration du clocher. Nous l'avons dit, ce ne fut tout d'abord qu'une charpente au-dessus de la toiture et formant cage où on plaça *l'unique cloche*.

Cette cloche avait été fêlée, cassée le premier décembre 1805. Des souscriptions généreuses permirent de la refondre avec une nouvelle cloche acquise de M. Delrieu, chaudronnier à Aurillac. La cérémonie de bénédiction fut faite le dimanche 25 août 1816 par M. Verniols, curé, avec la délégation spéciale de l'autorité diocésaine. Toute la paroisse était là, heureuse d'entendre le joyeux carillont dont elle avait été privée si longtemps (1).

La première cloche, du poids de 735 livres, et nommée Saint-Julien, eut pour parrain M. de Boschatel, chevalier royal et militaire de l'ordre de saint Louis, maire d'Ytrac, et pour marraine, Mme Catherine Elisabeth de Lagarde, femme d'Antoine Bos. Cette cloche avait été fondue une première fois aux frais des paroissiens, en 1665, sous le pastorat de M. Louis Castel.

La seconde, du poids de 351 livres, et nommée Ste-Marie et St-Michel, eut pour parrain M. Joseph Vigier de Saint-Paul, du Bourlès, qui fut représenté par M. Jean-Baptiste Bac, adjoint au maire, et pour marraine Demoiselle Anne-Marie-Julie Pradenhes, la future grand'mère du curé actuel. — Cette cloche, expédiée à Aurillac à l'époque révolutionnaire, venait de l'église de Rouffiac, canton de Laroquebrou (2).

Une inscription commémorative, placée en plusieurs lignes en relief autour du cerveau, porte la date de la bénédiction, l'invocation au saint patron, les noms du parrain, de la marraine, de M. le curé, du fondeur, etc..

Sur la première on lit : + Anno Domini 1816. Sancte Iuliane ecclesiæ vulgo Ytrac patrone ora pro nobis + Parrain M. Guillaume Boschatel chevalier de l'ordre royal et militaire de Saint-Louis, maire d'Ytrac. — Marraine Dame Catherine de Lagarde, femme du s^r Bos. +

---

(1) Cf. Registre 1816, août.
(2) Cf. Chabau : *Hist. des Pèlerinages*.

M. Jean Verniols curé desservant et Jean-Baptiste Bac, adjoint. Louis XVIII R. — L'ornementation de la cloche comprend, sur la robe: d'un côté, la scène du crucifiement; de l'autre l'effigie du Patron; Vive Jésus et vive Marie. — Antoine Dubois + fondeur Lorrain.

Sur la seconde: + Sancta Maria, Sancte Michael archangele orate pro nobis. Faites + aux dépens de la paroisse d'Ytrac; Parrain M. Joseph Vigier de St-Péaul ; +Marraine Dame Anne-Marie-Julie Pradenhes. M. Verniols, curé ; M. G^{me} + De Boschatel, chevalier de St-Louis, Maire. Baptiste Bac, adjoint Aurusses + Serieys. Pradel. Laudières, Conthe, Labouygues, Moissinac, Martin. L'an 1816. — Ornementation en relief sur la robe: d'un côté, la Vierge Marie, de l'autre St-Michel Archange. Vive Marie. Antoine Dubois, fondeur Lorrain.

D'après les règles liturgiques, l'inscription commémorative ne doit fournir que : la date de la bénédiction, le nom du donateur, ceux de l'évêque ou de son délégué, ainsi que du fondeur.

Il y avait une autre cloche plus petite et plus ancienne, placée après 1844 sous un léger clocheton au sommet du chœur, dont on se servait pour tinter les messes basses. On la descendit en 1890. Elle mesure 0 m. 25 de hauteur, 0 m. 30 de diamètre à sa base.

Sa forme d'aspect très simple est cependant des mieux proportionnées, n'étant ni trop évasée par le bas ni trop pointue par le sommet. Elle est divisée horizontalement par de légères baguettes circulaires en quatre zônes. La première et la troisième sont vides, sur la deuxième plus large on voit en relief d'un côté: une croix ornée de dessins assez difficiles à déterminer; de l'autre le monogramme du Christ soutenu par trois clous de la passion et sommé d'une croix dans une ovale entouré de rayons. La quatrième et dernière plus étroite porte en une seule ligne : l'inscription *Vive Jésus, Maria, Joseph*, le millésime de 1657, et des trèfles qui font le tour de la calotte. Le monogramme nous fait penser que cette cloche était celle de la chapelle des R. P. Jésuites de Besse qui ont pour armoiries les noms de Jésus J. H. S. d'or, dans une ovale de même, donnée par eux à leur départ ou par les acquéreurs de leur domaine à l'église paroissiale après la révolution.

VI

Les cloches ont leur place naturelle dans le clocher, ornement gracieux et nécessaire de l'église. Celui qui existait alors n'était réellement que la base d'un clocher élevé (1), détruit en 1794. Ce tronçon de clocher découvert, exposé pendant longtemps à toutes les intempéries des saisons, se dégrada rapidement. La foudre y ajouta sa part de destruction. Une reconstruction s'imposait. Nous n'avons nul souci d'appuyer sur les projets successifs (2) dressés par les architectes, les dispositions prises à ce sujet par le conseil ou les fabriciens, les souscriptions des fidèles. Nous dirons seulement qu'en 1844 on fit élever le clocher octogonal couvert d'un toit en forme de dôme avec clocheton, qui s'harmonisait si peu avec le reste de l'édifice. En 1885, le clocheton fut renversé et la toiture endommagée par un violent orage. Cette même année ou l'année suivante, sous l'administration de M. Labrunie, curé, on fit faire la flèche actuelle, terminée par une croix de fer, (3) signe sacré de notre rédemption, qui doit tout dominer et s'offrir comme une consolation et une espérance à tous les regards. Elle est surmontée d'un coq (4), symbole de la prédication et de la vigilance pastorale, ainsi qu'il résulte d'un manuscrit du XVe siècle (5).

---

(1) *Archives municipales.* Devis par L. Szumlansky, conducteur des Ponts et Chaussées
(2) 1832, 1842, 1843. Lacaze Archit. Szlumlansky.
(3) Cette croix de fer forgé est l'œuvre de M. Valens, d'Ytrac. De rigueur elle devrait être dorée. *Liturg.*
(4) Envoyé de Paris et donné par M. Gourdon, propriétaire à Montmège.

(5)
Multi sunt presbyteri qui ignorant quare
Super domum Domini gallus solet stare ;
Quod propono breviter vobis explanare
Si vultis benevolas aures mihi dare.

Gallus est mirabilis Dei creatura
Et rara presbyteri illius est figura
Qui præest parochiæ animarum cura
Stans pro suis subditis contra nocitura.

Chaque face a 1 mètre 55 de largeur sur 5 mètres de hauteur entre le cordon et la corniche. Les quatre faces principales sont percées de baies ogivales ayant 2 mètres 28 de hauteur sur 60 centimètres de largeur entre les deux tableaux. Au-dessus de chacune de ces ouvertures, on a pratiqué un œil-de-bœuf circulaire ayant 40 centimètres de diamètre.

Le clocher, une des parties les plus importantes de l'édifice chrétien, symbolise tout ce qui tient au cœur de l'homme. C'est le lien commun de tous les membres épars de cette grande famille qu'on appelle la paroisse. L'expérience démontre tous les jours que l'influence et le souvenir du clocher est un des anneaux de cette chaîne qui nous attache au pays. Quelque futile que cela puisse paraître à certains hommes occupés spécialement du côté matériel et qui ne s'élèvent pas au-dessus des considérations du bien-être physique, cet anneau n'est pas le moins solide de ceux qui nous enchaînent au sol qui nous a vu naître. Tout se trouve, a dit Chateaubriand, « dans les rêveries enchantées où nous plonge le bruit de la cloche natale : religion, famille, patrie, et le berceau et la tombe, et le passé et l'avenir. » Ah ! ce cher clocher de village, que de douces choses on en a dites, et toutes vraies. C'est vers lui que va la pensée de l'absent comme la colombe à son nid. C'est le nid de ses affections. Là, à son ombre, l'attendent un père, une mère ; là, une épouse parle de lui à ses enfants. Revendiquons comme une tradition honorable cet amour du clocher et de la famille, si commun autrefois, et qui commence à devenir si rare. C'était le trait caractéristique de nos vieilles mœurs et de notre religieuse Auvergne ; mais cet amour n'avait rien d'étroit ni d'exclusif, et on peut déjà s'apercevoir, dans l'étude de nos mœurs nouvelles, que ceux qui n'aiment ni leur clocher ni leur paroisse n'en sont pas plus sympathiques aux intérêts et aux douleurs de l'humanité. Leur cœur ne s'agrandit pas, il se contracte, il se resserre: c'est le règne et le triomphe de l'égoïsme.

VII

L'usage d'enterrer dans les églises est devenu général aux XIIIe et XIVe siècles. Plusieurs conciles concédèrent cette faveur aux patrons et bienfaiteurs des églises, aux seigneurs des paroisses, aux personnes d'une piété distinguée. Enfin, cette autorisation fut accordée indistinctement à tous les fidèles qui sollicitaient cet honneur *et payaient un droit de tombeau*. Il semblait à leur piété que dans la maison de Dieu, près de l'autel où coule chaque jour le sang théandrique, ils dormiraient d'un repos plus tranquille et plus saint et qu'au jour de la résurrection ils se lèveraient de la poussière avec plus de sécurité et une plus grande confiance dans la miséricorde divine. Aussi, aux XVIe, XVIIe et XVIIIe siècles, nos édifices religieux étaient-ils devenus de véritables nécropoles.

L'église paroissiale de St-Julien n'avait pas un coin de son sol qui ne fût occupé par des tombeaux. Nous avons retracé le lugubre inventaire de ces sépultures. On y voit figurer, entre autres : les de Vigier, de Prallat, de Roquemaurel, de Montreisse, de Montal, de Veyre, de St-Martin, de Gaignac, de Cornaro, de Toursac, d'Escorailles, de Pertuis, de Palas, de St-Martial, d'Ouvrier, de Boschatel. Peu de paroisses de campagnes possèdent des registres de catholicité aussi richement constellés de particules nobiliaires que ceux de l'humble église d'Ytrac. Dans la bourgeoisie : Larmandie, Lalande, Capmas, Guitard, Puechguery, Deaura, Vernhes, Peyri, Julhe, Boussaroque, Latour, Reyt, Serieys, Deconte, Laporte, Charmes. D'autres familles notables : Abeil, Andrieu, Bros, Cantuel, Carrière, Cantournet, Caumel, Crueghe, Chaumon, Conthe, Limanhes, Lacarrière, Mercadier, Maury, Vidal, Veirines, sans compter une infinité d'autres personnages, clercs ou laïques, roturiers ou seigneurs, qui reposèrent à leur tour dans la terre hospitalière et bénie du temple de Saint-Julien. Chacune de ces familles n'avait pas son tombeau réservé, c'était le privilège d'un très petit nombre. Le clergé paroissial, curés, vicaires, prêtres de la communauté, avaient leur sépulture à part ; celui des pasteurs de la paroisse près de la table sainte, devant le chœur. Il nous devient impossible de relever tous les noms. De 1648 à 1776, nous avons compté 26 sépultures d'ecclésiastiques et 503 de laïques.

Cet édifice était un véritable ossuaire sans cesse remué par la pioche du fossoyeur, et ce n'est qu'à l'accumulation successive de ces cercueils qu'est dû sans doute l'exhaussement du sol au-dessus du niveau primitif. Ce pavé que l'on foule avec tant d'insouciance s'est usé sur des tombeaux, pesant ou léger selon que le cœur qu'il presse était celui d'un juste parfait ou d'un pécheur impénitent. Toutefois, il n'y a ni pierre tombale, ni épitaphes, ni armoiries qui nous révèlent les noms et les titres de ceux qui reposent sous ces dalles, et l'on peut dire avec le poète :

> Les morts ici du moins n'ont pas reçu d'outrage ;
> Ils conservent en paix leur antique héritage.
> Leurs noms ne chargent point des marbres fastueux ;
> Un pâtre, un laboureur, un fermier vertueux
> Sous ces pierres sans art tranquillement sommeille ;
> Elles couvrent peut-être un Turenne, un Corneille,
> Qui dans l'ombre a vécu, de lui-même ignoré (1).

La dernière sépulture dans l'enceinte de l'église est du 30 mars 1776 (2). Cette même année, Louis XVI, ce roi martyr, allait recevoir l'onction sainte (11 juin).— Voulant prévenir les dangers qu'offraient à la santé publique de trop fréquentes inhumations dans les temples, ce pieux monarque signa une déclaration faisant défense d'enterrer désormais dans les églises ; en même temps, Sa Majesté affectait exclusivement les cimetières communs à l'inhumation des citoyens.

Les alentours, ou plutôt la partie du jardin du presbytère et du pré qui environnent l'église formaient autrefois le cimetière qui servait à l'ensevelissement des habi-

---

(1) Fontanes, poète et homme d'Etat. Le jour des morts dans une campagne.
(2) Pierre Capmas, âgé de 46 ans.

tants de la paroisse et de quelques étrangers qui désiraient y être reçus. L'emplacement en pareil lieu est d'ailleurs entièrement conforme aux anciennes coutumes de l'Eglise catholique : c'était presque toujours autour des édifices religieux, quand ce n'était pas dans leur enceinte même, qu'on ensevelissait les défunts. Nos pères aimaient à placer sous la protection du clocher et à l'ombre tutélaire de la croix ce lieu que la liturgie appelle, dans son langage si plein de poésie et d'espérance, un dortoir. Il en résultait plusieurs avantages : en le traversant, à l'entrée ou à la sortie du temple, les fidèles, continuellement avertis du souvenir des morts, allaient répandre leurs prières et leurs larmes sur leurs parents et amis disparus, couvrir de fleurs leur tombe si triste et si chère ; la pensée de la mort restant familière aux âmes chrétiennes leur devenait, contre les sollicitations au mal, un rempart protecteur ; tandis qu'il s'établissait un pieux commerce entre les générations écoulées et la génération présente, et tandis que les morts y trouvaient le rafraîchissement et la paix, les vivants y puisaient ce baume consolateur que donnent aux plus cruelles blessures les saintes espérances de l'éternité. Enfin cette clôture formait autour de la demeure des morts, de la prière et du sacrifice, comme une zône de recueillement et de respect.

Aujourd'hui que les cimetières ne sont plus à proximité de l'église, on entre dans le temple et on en sort sans que rien vous rappelle le souvenir des défunts.

Par suite de la suppression des sépultures dans l'église, son enceinte devint trop étroite pour une mortalité toujours croissante avec la population, et les rangs des cercueils si pressés qu'il fallait en déshériter avant le temps les premiers possesseurs pour faire place aux nouveaux hôtes que la mort se hâtait d'y précipiter (1). En 1791 les membres du conseil général de la commune sollicitèrent des administrateurs du Directoire l'autorisation de l'a-

---

(1) Tant les rangs y sont pressés, tant la mort est prompte à remplir ces places (*Bossuet*).

grandir aux dépens du pré de l'Abbaye qui appartenait au prieur et aux religieux de Maurs. Ce pré, ayant été confisqué comme tous les biens des couvents, fut vendu comme propriété nationale après qu'on en eut distrait la portion nécessaire pour l'agrandissement du cimetière. La délibération du conseil est assez curieuse pour que nous la reproduisions intégralement.

« Cejourdhuy douze juin mil sept cent quatre vingt onze, le conseil général de la comune de la paroisse d'Ytrac assemblés, le procureur de comune a représenté que la paroisse d'Ytrac était dune étendue considérable, et qu'il étoit mesme a présumer quelle seroit aumentée dans la nouvelle circonscription par la réunion de celle de Sansac-de-Marmiesse, que quand même cette réunion n'aurait point lieu (1), et que la paroisse seroit même diminuée, le simetière qui existe aujourd'huy seroit a tous egards insuffisant pour la sépulture des habitans, puisque d'apres lexpérience de plusieurs années on saperçoit qu'il na jamais peu fournir pendant trois années entières a l'hinumation se qui mest les fossoyeurs et meme les voisins dans un danger éminant pour leurs santé et pour leur vie quil se présente dans le momant une circonstance favorable pour lagrandir et lui donner une étendue suffisante en y joignant une partie du pré appartenent cy devant aux religieux de Maurs qui joint sans milieu led simetière actuel que cette réunion ne peut porter que très peu de préjudice a la nation la partie dud pré contigue aud simetière étant de très mauvaise qualité et faisant un faux angle dans led pre — qu'il requeroit en conséquance que sa représentation fut prise en considération par lassemblée — Sur quoi la matière mise en délibération Lassemblée a l'unanimité de voix a arrêté de demander a messieurs les administrateurs du directoire du district et dordonner avant de procéder a la vente du pré appelé de *Labadial* cy devant possédé par les religieux de Maurs il

---

(1) La paroisse de Sansac ne fut pas incorporée à la nôtre. Elle eut un curé et vicaire constitutionnels ; malheureusement l'un et l'autre prêtres de la communauté d'Ytrac.

seroit fait distraction du terrain nécessaire a l'agrandissement du simetière de la paroisse suivant laffixation qui en sera faite par tel expert qu'il leur plaira commetre en présence de tel commissaire quils voudront nommer a la charge par la communauté de fournir aux fraix nécessaires à la clôture du nouveau terrain qui sera accordé, alefet de quoi Lassemblée authorise les oficiers municipaux a envoyer la présente délibération a messieurs les administrateurs du directoire du district daurillac pour la faire homologuer et a donner tous les mémoires nécessaires pour parvenir a lobtention de leur petition ainsi qua la réunion de la paroisse de Sansac a celle d'Ytrac et ont les membres presants signés a l'exception de... qui a déclaré ne le savoir faire de ce requis. » Suivent les signatures que nous ne reproduisons pas, on en devinera facilement le motif.

En 1805, M. Riou, baron de Kersalaüm, préfet du Cantal, considérant que le lieu destiné aux sépultures n'est pas à la distance exigée par le décret impérial du 23 prairial an VII, qu'il se trouve placé dans l'enceinte du Bourg; qu'il peut en résulter de graves inconvénients, invite le Maire et la municipalité à opérer son déplacement, à choisir un lieu plus éloigné pour les sépultures (1). Mais l'autorité locale, partageant les pieuses susceptibilités de la population qui tenait à garder à proximité les restes sacrés de ses enfants, opposa longtemps la force d'inertie. Ce ne fut qu'en 1866 qu'eut lieu le changement réclamé par la prescription de la loi ; on le fixa à une petite distance des habitations ou du bourg. La bénédiction du nouveau cimetière eut lieu le 23 mai de la même année, avec le concours des prêtres du voisinage et de toute la population. M. Réveilhac, curé-archiprêtre de Notre-Dame aux Neiges, vint bénir cette terre et lui imprimer par la vertu des prières de l'Eglise un caractère sacré qui la sépara des champs voisins mieux encore que le mur d'enceinte qui l'environne.

---

(1) Lettre du 11 fructidor an XIII.

Avec l'instinct chrétien qui a dirigé ses résolutions, l'administration municipale a su concilier et ménager tous les intérêts, ceux des vivants en ne négligeant pas le côté hygiénique ; ceux des défunts en plaçant le champ du repos dans un endroit où il peut être aperçu de la plupart des habitations. Les fidèles, suivant l'impulsion de leur foi et les attraits de leur cœur, peuvent aller prier sur des tombes aimées, et quand ils sont empêchés de faire ce funèbre pèlerinage, ils envoient de loin une pensée affectueuse, une fervente prière à leurs chers disparus ; la piété envers les morts est vivement sentie à Ytrac. C'est la meilleure preuve que la foi vit encore profondément enracinée dans les âmes et que si parfois elle se trouve malheureusement couverte par les cendres des préoccupations et des passions humaines, elle est du moins susceptible de se réveiller et de refleurir, en face de ces grands et importants horizons de l'éternité.

La Fabrique a eu l'heureuse idée de transformer le cimetière supprimé en jardin et en pré qui devint, partie propriété de la commune, partie annexe du nouveau presbytère élevé aux frais de la paroisse en 1890 et 1891 et qui remplaçait avantageusement les appartements étroits que les curés occupaient dans le corps de logis affecté ensuite à la mairie et aujourd'hui détruit. Il serait convenable d'indiquer l'ancienne destination par l'érection d'une croix, avec une inscription commémorative.

Il serait bon aussi de faire la séparation effective du terrain destiné à la sépulture des enfants décédés sans baptême et des personnes mortes hors de la communion de l'Eglise, ce terrain doit être séparé par un petit mur ou du moins une haie vive.

Enfin il a été sillonné par des chemins sablés qui permettent de le traverser sans passer irrespectueusement sur les tombes.

CHAPITRE II

Chapelles privées ou Oratoires domestiques

I. Bargues ou St-Avit de Marmiesse. — II. Hautevaurs. — III. Campan. — IV. Belbex. — V. La Martinie. — VI. Reyt. — VII. Pont-Neuf. — VIII. Besse. — IX. Leybros. — X. Espinassol.

On distingue trois espèces de chapelles.

1° Les Chapelles qui font partie d'une église ; nous avons dit un mot de celles de notre église paroissiale.

2° Les chapelles isolées ou édifiées par des particuliers, qui ne sont ni paroissiales, ni priorales, et qui, dans leur construction, sont des diminutifs d'église. La fondation en est due à la piété des fidèles, et l'érection en est motivée par une raison de dévotion, un accident, un crime à expier, un vœu fait au milieu du danger, la reconnaissance pour un bienfait reçu. Facilement, elles sont presque en tout assimilées aux églises. — Il n'en existe pas ici de ce genre.

3° Enfin celles qui dépendent d'un château, d'une maison particulière, et qui sont à proprement parler des oratoires. — L'usage des chapelles privées ou oratoires remonte à la plus haute antiquité.

Outre l'église priorale, Ytrac renfermait une foule de petites chapelles ou oratoires semés çà et là, qui constellaient son territoire, si j'ose ainsi parler, et lui formaient comme une espèce de cordon sanitaire. C'étaient les chapelles de saint Avit à Bargues ; de l'Annonciation à Haute-Vaurs; de saint Martin à Campan; de la B.V. Marie à Belbex ; de saint Pierre-ès-liens à La Martinie; de Reyt; du Pont-Neuf ; des RR. PP. Jésuites à Besse; de Leybros; de St-Jean-Baptiste à Espinassol.

Ces chapelles, établies dans l'enceinte d'un château, quand ce n'était pas dans l'habitation elle-même, étaient accessibles à tout un voisinage qui représentait parfois un groupe de cinq, dix et quinze foyers. En réservant seulement les principales fêtes, nous croyons qu'il était accordé, non seulement aux habitants et familiers de la maison, mais aux fidèles circonvoisins, la faculté de remplir le précepte de l'audition de la messe dans ces oratoires; nous ignorons si l'évêque était autorisé à y permettre la réserve du Saint Sacrement. Mais vu la distance du cheflieu, plusieurs de ces chapelles privées devenaient équivalement pour le clergé de Saint-Julien, des Annexes qui, entretenues et desservies aux frais des particuliers, facilitaient en même temps des exercices et des actes du saint ministère, dans l'intérêt de toute une section paroissiale.

Les souvenirs du vieux temps s'unissent à ceux de la piété pour attirer notre attention sur ces ouvrages de nos pères. Nous avons cherché, nous avons trouvé quelques renseignements sur les vicisssitudes qu'ils ont subies, sur leurs débris, sur leur état actuel. Trois de ces chapelles se sont conservées : elles ont traversé l'époque des démolitions sacrilèges. D'autres ont été détruites.

Nous allons consigner ici *le peu* que nous savons sur chacune d'elles, et en faire la répartition selon l'ordre topographique et non selon les différentes catégories d'importance ou de mérite qu'elles pouvaient avoir.

I

A peu de distance de Bargues, enfoncé dans une gorge profonde au bas de laquelle coule la Cère, s'étend en demi-cercle un ruban vert de prairies entourées de collines boisées. A droite de cette sorte d'oasis, sur un petit monticule, protégé contre les vents par des rochers abrupts et des pentes boisées, on est surpris et charmé à la fois de retrouver des ruines, des pans de murailles enfouis sous les lichens, les églantiers ; c'est tout ce qui reste du vieux *Castrum* de Marmiesse.

Un peu au-dessous de ces ruines, on aperçoit des débris de fondations, quelques pans de mur entourant un petit jardin, ce sont les vestiges de l'ancienne chapelle du château de Marmiesse.

Comme la plupart des édifices du moyen âge, elle avait

son entrée au midi et le chœur au levant. Sa longueur dans œuvre était de 7 mètres sur 4 m. 70 cent. de largeur.

Cette chapelle fut fondée dans la seconde moitié du XIVe siècle par Avit de Marcenat, seigneur de Marmiesse, auréolé d'un lustre spécial en Haute-Auvergne, peut-être le même que nous trouvons chanoine-comte de Brioude en 1370 (1). Elle était sous le vocable de Saint Avit-des-Croix et avait le titre de prieuré (2). —

Les collateurs ou collatrices de ce petit bénéfice étaient naturellement le seigneur ou la dame de Marmiesse qui furent au XIVe siècle les de Marcenat ; au XVe, les de Lapanouze ; au XVIe, les de Gouzel ; aux XVIIe et XVIIIe les de Beauclair, de Noailles et de Peyronenc.

Nous avons pour ce prieuré deux sources particulières d'information :

1° Le Pouillé des bénéfices de l'Archiprêtré d'Aurillac le mentionne en ces termes : Dans la paroisse de Sansac existe un château appelé de Marmiesse, et dans l'enceinte une chapelle dédiée à Saint Avit. La présentation de la chapelle appartient au seigneur ou à la dame du château, auxquels le curé de Sansac présente un candidat, et le curé lui-même est présenté au seigneur évêque de Saint-Flour (3).

La dotation consistait en dîmes et valait 110 setiers de seigle reposant : sur Bouriergues, Cassaniouze, Madunhac, Lacassagne, Mastrebourg, Bancou. Aux XVIIe et XVIIIe siècles, le prieuré s'affermait 800 livres. (4)

---

(1) On sait qu'il fallait justifier, pour y être admis, d'une descendance noble de quatre générations, paternelle et maternelle.

(2) Saint Avit un des descendants de cette illustre famille des Avitus qui fournit à la Gaule des préfets, et à l'Occident un empereur, occupa le siège épiscopal de Clermont de 571 à 594. Il fut enseveli dans l'église de N. D. du Port qu'il avait fondée, laissant une mémoire chère à tous les fidèles qu'il édifia par ses vertus, aux captifs dont il brisa les chaînes et aux Juifs que ses touchantes exhortations ramenèrent à la vérité. On montrait jusqu'en 1791, la chasuble avec laquelle il célébrait les saints mystères, l'étole qui fut le signe de sa douce autorité, et la croix qui lui avait appartenu.

(3) Infra præfatam ecclesiam de Sansaco est quoddam castrum nuncupatum de Marmyesse, juxta quod castrum capella sancti Avitii, cujus quidem præsentatio dictæ capellæ spectat ad dominum sive dominam dicti castri, cui domino sive dominæ presentat curatus dicti loci de Sansaco, et curatus præsentatur [a] domino episcopo sancti Flori.

(4) Pouillé Mss. de S. G.

Seulement il y avait les charges qui grevaient les revenus et les réduisaient presque d'un quart. Outre les réparations de la chapelle, les frais du culte, les impositions et les décimes, le titulaire avait à payer annuellement : 1° 52 livres au chapelain chargé du service religieux ; 2° 55 livres au chapitre cathédral de St-Flour ; 3° 15 livres pour les réparations à l'église d'Ytrac et contribution à la congrue du Curé, ainsi qu'il appert de diverses quittances et d'un traité entre les religieux de Maurs et Jacques de Cambefort, prieur de Saint-Avit. (1)

2° Les papiers de la famille Calvinhac de Bargues qui nous ont été communiqués avec la plus aimable obligeance vont nous permettre d'établir une liste ininterrompue des prieurs depuis la fin du XVIIe siècle jusqu'à la Révolution.

Antérieurement à cette époque, nous n'avons que deux noms à citer :

1476. — Pierre Goulette, recteur de la Ségalassière. (2)

1557. — Antoine Monloubou, prêtre de Roanne, nommé le premier octobre. (Mercier, notaire).

1674. — François Delort, docteur en théologie, aumônier du Cardinal de Noailles, prieur de Cannes, chanoine de Saint-Géraud. En 1701 il demeurait à Paris, dans la cour de l'Archevêché (3). En 1710, il fut nommé abbé de Valette au diocèse de Tulle, et en 1714 prieur de Saint-Avit. Issu d'une famille qui occupait un rang honorable dans la Bourgeoisie, il était le cinquième des dix enfants de Jean de Lort, lieutenant-général au bailliage et siège présidial d'Aurillac. Le 23 mai 1726, *in infirmitate corporis constitutus*, il déposait sa démission du prieuré de Canne, au diocèse d'Agen, entre les mains du pape à condition qu'il aurait pour remplaçant Me Pierre Delzon, son neveu, bachelier en théologie, de la Faculté de Sorbonne, résidant à Paris. Il portait : *d'azur, à une fasce d'or, accompagnée de trois roses d'or tigées et feuillées de même, deux en chef et une en pointe.*

---

(1) Archives du Cantal. Fonds de l'Abbaye de Maurs.
(2) Cf. Diction. statis. T. V. p. 312.
(3) Cf. Inventaire des Archives. S. C., p. 117.

1726. — François de Salmon de la Cousinière, docteur de Sorbonne, abbé de Valette, aumônier de Mgr le duc de Noailles, pair de France et Grand d'Espagne, succéda, en 1726, à M. de Lort. En juillet 1728, il fit refaire la toiture de la chapelle dévastée par un orage, et fit l'acquisition d'un missel, de nappes et de parements d'autel. M. de Salmon vivait paisiblement à Paris, à l'Hôtel de Noailles, et pour lui son prieuré était comme il l'avait été pour ses prédécesseurs, une sorte de fief, dont il cherchait à tirer le meilleur parti possible. Toutes ses affaires se traitaient par correspondance ; M. Molinier, greffier du Présidial à Aurillac, était son fondé de pouvoir et lui rendait compte. Le payait-on mal ou inexactement, il écrivait des lettres, se plaignait et pressait le fermier retardataire. D'autre part, il ne manquait pas de témoigner sa reconnaissance aux personnages qui lui avaient rendu service ou pouvaient user de leur influence à son profit. « Je ne sais si vous avez eu la bonté de rendre à M. Delort, lieutenant-général d'Aurillac, les 26 livres qu'il a bien voulu avancer pour ma prise de possession ; je vous prie de le faire incessamment, et d'y joindre quelques perdrix ou quelques poulardes ou quelque autre chose semblable, que vous lui présenterez de ma part, comme à l'un des plus honnêtes hommes qu'il y ait au monde ; je vous prie aussi de faire quelque petit présent semblable à M. des Martes, chanoine, vicaire général ». Fermons ici la parenthèse. Il mourut en 1740. Il avait des armes parlantes : *de gueule, au poisson ou saumon en pal d'argent, alias d'or*.

1740. — Après le décès de M. de Salmon, Mgr le duc de Noailles donna ce petit bénéfice à Mᵉ Guillaume Verdier, prêtre de la doctrine chrétienne, du collège de Brive. Il était sans doute proche parent de Jean-Baptiste Verdier de Puycastel, conseiller du roi, lieutenant général, commissaire enquêteur et examinateur au bailliage d'Auvergne. Aucun acte utile, aucun souvenir ne s'attache à son nom. Il paraît n'avoir connu ce bénéfice que de nom ; il réglait ses intérêts par correspondance avec ses mandataires, ainsi qu'on fait avec les intendants des domaines éloignés et abandonnait le service à des chapelains. Le 27 juillet 1742, il avait cessé de vivre.

1742. — Libérat-François Salviac, du diocèse de Limoges, résidant à Paris, Hôtel de Noailles, rue Saint-Honoré, paroisse de Saint-Roch, devint prieur de Saint-Avit le 17 juillet 1742. Le 29 du même mois, Mre Raymond Calvinhac, prêtre agrégé de la communauté de Notre-Dame, prit possession en son nom. M. Salviac conserva ce titre jusqu'à sa mort, arrivée en 1765.

1765. — Jean-Baptiste de la Roque de St-Chamarand, sous diacre, s'installa solennellement le 19 octobre 1765 et mourut l'année suivante.

1766. — Jean-Baptiste de Cambefort, sous-diacre, chanoine honoraire de Saint-Géraud, investi le 15 mars 1766, prit possession le 17 par Mre Raymond Calvinhac, son fondé de pouvoirs, et décéda quelques mois après.

1766. — A sa mort, le prieuré échut, le 6 juin 1766, à un de ses parents : Jacques de Cambefort, licencié en droit de la Faculté de Paris, prieur du prieuré royal de Maintenon, chanoine de Saint-Géraud. La prise de possession eut lieu le 17 du même mois par Mre Alexis Trenty, curé de Tessières-de-Cornet, son procureur. Il s'éteignit en janvier 1789.

1789. — Le dernier titulaire fut Bernard Picard, originaire d'Hautevaurs, qui professa avec distinction la Rhétorique au collège d'Aurillac. Il reçut ses provisions le 28 janvier 1789. Il survécut à la destruction du prieuré et prolongea sa carrière jusqu'en 1807.

Nous arrivons à la date lugubre qui inaugura chez nous l'ère des révolutions et vit sombrer toutes nos gloires locales. La chapelle de Bargues avait subsisté pendant plus de quatre siècles. Bientôt nous n'y rencontrerons plus que des ruines et les souvenirs du passé. Subissant le sort des autres édifices religieux, il est à croire qu'elle fut inventoriée, violée et saccagée. Les événements marchaient. Exposée en vente comme domaine national au plus offrant et dernier enchérisseur, après estimation préalable de deux experts, elle trouva preneur pour la somme de 234 livres, le 3 messidor an IV (21 juin 1796).

Cette chapelle surmontée, au pignon occidental d'une petite cloche, perdit sa destination en 1793, qu'elle reprit en 1797, et après le Concordat. Les anciens du village se souviennent d'avoir entendu parler d'une redevance qu'on appelait la redevance de Saint Avit. Elle ne servit que rarement aux offices divins. Lors du partage du domaine de Bargues, en 1841, elle fut convertie en écurie, destination éphémère qui ne devait pas la sauver d'une ruine complète. Après avoir échappé au vandalisme révolutionnaire, elle a été victime de celui de son dernier propriétaire, M. Brioude, du moulin de Bargues (1884). Mais si cet oratoire a été détruit, du moins la vénérable statue de saint Avit a été sauvée : elle a trouvé comme un nouveau sanctuaire dans la maison de Mesdemoiselles Calvinhac où on la conserve avec un pieux respect.

Nous ne voulons pas terminer cet article sans offrir à nos lecteurs une explication qui sera en même temps une excuse. Plus d'un sans doute fera observer que cette chapelle, située dans l'enceinte du château de Marmiesse, aurait mieux sa place dans la monographie de Sansac. Nous sommes de cet avis. Mais voici les motifs qui nous ont porté à l'insérer ici : 1° elle est désignée dans les actes comme dépendance du village de Bargues et de la paroisse d'Ytrac, notamment dans les lettres de provisions et dans la vente déjà relatée de 1796 ; 2° la fréquente mention qui se trouve dans nos registres relative aux mariages de la paroisse qui y furent célébrés ; 3° nos prêtres communalistes étaient ordinairement désignés pour remplir les charges du titulaire et prenaient le nom de chapelains de Saint-Avit. Que faut-il de plus pour la considérer comme une annexe de l'église principale

II

Hautevaurs est un village de douze feux avec un beau château près de la Cère et du Pont de Cabrières, à 8 kilomètres d'Ytrac.

Dans le manoir existait une chapelle, dédiée à l'Annonciation de la Sainte-Vierge, qui a laissé peu de traces dans l'histoire. Nous ne la trouvons mentionnée qu'une seule fois dans nos registres, et encore ce n'est qu'en 1785.

Evidemment son érection ne remonte pas à une date lointaine, et il n'y aurait pas trop de témérité à en faire honneur à M. le vicomte de Peyronnenc. (1), seigneur d'Hautevaurs, Murat, Marmiesse et coseigneur de Maurs, dont le nom resté populaire est vénéré comme s'il existait encore, parce qu'il sut être bon et généreux envers tous.

Le vicomte et la vicomtesse voulurent avoir dans leur château, pour eux et leur domesticité, le service religieux, qu'une heure et demie de distance du bourg et des chemins impraticables, surtout pendant la mauvaise saison, leur rendaient inaccessible.

Dans la partie neuve (2) du manoir agrandi en 1780, ils transformèrent donc une pièce en chapelle et la dotèrent de tous les objets nécessaires au culte. Elle ne servit pas seulement pour le service religieux du château. On y célébra aussi des mariages. Le 17 février 1785, avec l'agrément de l'ordinaire et du vicomte, Pierre Aurusse, curé de Roannes, y donna la bénédiction nuptiale à Guillaume Aurusse, docteur en médecine, et à Marie-Anne Bar, du Bex.

Le document le plus détaillé sur cet oratoire, aujourd'hui désaffecté, est un procès-verbal d'inventaire dressé en 1792 par François Boudier, administrateur du district, commissaire nommé par le Directoire. Voici les circonstances qui le motivèrent.

Une loi rendue par l'assemblée constituante avait confisqué au profit de l'Etat les biens possédés par les émigrés et les avait déclarés *biens nationaux*. Ces dispositions furent appliquées immédiatement. Donc, le 17 septembre 1792, le commissaire délégué, accompagné de deux officiers municipaux d'Ytrac, se présenta à 8 heures du matin au château d'Hautevaurs. Mlle Marie-Anne de Peyronnenc s'y trouvait seule. Elle déclara que son père n'avait point émigré, qu'il résidait depuis le mois d'avril à Cailus, dans le Lot, témoin l'attestation délivrée par la

---

(1) D'une famille des plus distinguées, originaire du Quercy, nommé inspecteur des haras de la Haute-Auvergne en 1773, président de l'assemblée de l'élection d'Aurillac en 1787, chevalier de saint Louis en 1788, émigré en 1792, mort en 1814.
(2) L'ancien corps de logis fut construit en 1757.

municipalité de Cailus. Cependant, elle se soumit, à cette mesure vexatoire et laissa tout inventorier.

Le procès-verbal de cet inventaire, qui existe encore aux archives départementales (1), nous apprend qu'il y avait dans la chapelle : « Un autel en bois et à tombeau, un tableau représentant l'Annonciation de la Vierge, deux chandeliers cuivre, une pierre sacrée, une nappe et un tapis, deux sazubles vieilles de différentes couleurs et un surplis ».

Vint ensuite un nouveau décret de l'Assemblée nationale du 17 frimaire an II (18 mars 1794) ordonnant le séquestre des biens des émigrés. En conséquence, un commissaire délégué du district d'Aurillac eut ordre de se transporter à la maison de M. de Feyronnenc, de se faire ouvrir tous les appartements, d'établir un état sommaire et descriptif de tous les meubles, effets, etc., et d'y apposer les scellés sans délai. Cette mission rigoureuse fut exécutée à Hautevaurs le 18 mars 1794 par M. Joseph Dupuy, accompagné de deux officiers municipaux de la commune, en présence de Pierre Coste, établi régisseur provisoire. Une expédition du procès-verbal des opérations fut déposée à Aurillac le 15 thermidor an II (3 août 1794). L'oratoire était convenablement meublé, on l'a vu. Cette fois on y trouva seulement: « un tableau de famille avec son cadre doré, un devant d'autel garni d'une toile fond blanc à petits bouquets. » Qu'étaient devenus les objets inscrits sur le premier état ? Ils avaient été confisqués ou pillés.

Curieuse, mais en même temps fatale ressemblance. Nous assistons au réveil sournois de lois injustes et liberticides : l'année 1906 a vu se renouveler ces inventaires qui ont suscité de légitimes et héroïques protestations, parce qu'ils rappellent trop l'inventaire fait avant la confiscation révolutionnaire. Tant il est vrai que l'histoire n'est qu'un perpétuel recommencement. Qu'il y a donc peu de choses nouvelles, mon Dieu !

Le service religieux y cessa au fort de la Révolution, et après la tourmente il fut affecté à une destination profane

---

(1) S. Q. N° 193.

et séculière. — Le château et le domaine furent vendus. Cédés par le premier acquéreur à M. Déjou, en 1829, revendus par celui-ci à M. Roux en 1845, ils passèrent à titre héréditaire, en 1884, à Mme et à M. Mizon, d'Aurillac.

III

Du village d'Hautevaurs, passons par le Bex et le Bourg et arrivons à Campan, minuscule hameau avec ferme et manoir, à 2 kilomètres d'Ytrac. Ce fief, qui appartenait en 1454 à Guillaume de Campan : *Guillelmo de Campalm, mansi de Campalm, parochie Ytraci* (1), fut dévolu dans la suite aux Vigier et aux d'Ouvrier.

Tout près de Campan, sur la terre de la Garrouste, s'élevait un Hermitage ou modeste chapelle (2) couverte en tuiles rouges cannelées (3). Elle était érigée sous le vocable de saint Martin, le plus illustre des confesseurs et des thaumaturges, le patron et le défenseur de notre patrie. Près de quatre mille églises lui sont consacrées en France, et sa popularité est universelle.

A quelle époque et par qui fut introduit chez nous le culte de saint Martin ? Par qui fut fondé l'Hermitage de Campan ? Quelles raisons de piété, de gratitude ou de pénitence ont motivé sa construction ? Sur toutes ces questions il est impossible de donner une réponse précise. La chronique suivie de la paroisse n'a été écrite par personne, et les titres constitutifs de ces oratoires bouleversés par la Révolution demeurent encore à trouver. Une de ces chartes est tombée entre nos mains, elle est du mois de

---

(1) Arch. dép. Minutes Vigery et Fortet. L'Assertion du Dictionnaire Topographique de France est en désaccord avec mon texte. Il y a en cet endroit, de la part de M. Emile Amé confusion de village. El Capmas désigne le village del Capmas ou de Lacarrière et non de Campan.

(2) Tout le monde sait que la chape de St-Martin ayant donné son nom à l'oratoire de nos rois, le mot *chapelle*, si usité dans la langue de l'Eglise, est venu de là.

(3) Arch. dép. S. E., 890.

novembre 1682 ; c'est une fondation de chapellenie dans l'ermitage.

Ce modeste édifice existait bien antérieuremennt à cette date. En 1682, il avait subi quelque peu les ravages du temps, car le collateur le fit remettre en bon état pour le service religieux qu'il allait y établir.

Le 3 novembre 1682, Jean-Joseph Vigier, sieur de Campan, bourgeois d'Aurillac, où il résidait ordinairement, fonda une chapellenie ; vingt deux messes basses pour le repos de son âme, de ses parents et bienfaiteurs. Il se réserva le droit de patronage, c'est-à-dire le droit de désigner le titulaire de son choix, « un prêtre idoine et capable », mais toujours pris parmi les prêtres de la communauté de Saint-Julien. Le premier nommé par le fondateur lui-même fut M. Cailar, curé de la paroisse, qui devait acquitter les messes aux jours marqués par le sieur de Campan, à l'exception des six principales fêtes de l'année, réservées par Monseigneur l'évêque de St-Flour, et du troisième dimanche du mois, jour « de dévotion particulière dans l'église paroissiale. »

La chapelle était dotée d'un revenu annuel de onze livres, payable d'avance de six mois en six mois, « pour le payement duquel il hypothéqua tous ses biens meubles et immeubles, et particulièrement le fief et domaine de Campan. L'acte fut reçu par Mᵉ Lagarrigue, notaire royal, en présence de Mᵉ Jean de Mole, procureur, et Géraud Bonnefons, greffier du bailliage (1).

Dans cette chapelle furent célébrés plusieurs mariages, parmi lesquels il faut citer : celui de messire Géraud d'Ouvrier, écuyer, sieur de Lacassagne, fils de Pierre et de Jeanne Burg, habitant du village de Papus, paroisse de la Ségalassière, avec demoiselle Agnès Cavanac, fille de maître Ignace Cavanac, notaire d'Aurillac, et d'Agnès Lintilhac. Le mariage fut béni, le 11 novembre 1749, par Mʳᵉ Pierre Lintilhac, agrégé de la communauté de Notre-Dame d'Aurillac ; de Pierre Limanhes de Lacarrière et damoiselle Marie-Anne Fournier. La bénédiction nup-

---

(1) Arch. dép. Minutaire Lagarrigue, 1682, fol. 413.

tiale leur fut donnée par Pierre Lacarrière, vicaire de la paroisse, le 3 septembre 1715. (1).

A quelques pas de l'oratoire, dans le pré de l'Ermitage, se trouve une source qui porte le nom de saint Martin. Souvent on venait de loin puiser à cette fontaine une eau à laquelle la vieille foi attribue une merveilleuse efficacité. Les mères, toujours pleines de confiance, y portaient leurs enfants qui ne pouvaient marcher (2), et leur lavaient les jambes avec cette eau. On y jetait aussi quelquefois des pièces de monnaie. On en a retrouvé du siècle dernier.

L'asile révéré de saint Martin, si fréquenté par les fidèles d'Ytrac et des environs, soit qu'il n'ait subi d'autres injures que celles du temps, soit qu'il ait souffert du vandalisme révolutionnaire (3), a été abattu et rasé jusqu'au sol. Dans ces derniers temps, en 1903, en défonçant la terre de la Garrouste, on a découvert les fondations, qui mesurent environ dix à douze mètres de longueur.

C'est le sort d'un grand nombre de monuments en l'honneur du grand Thaumaturge des Gaules. Selon la remarque de l'illustre cardinal Pie, on dirait que l'impiété s'est acharnée avec plus de rage, et ce semble, avec le plus de succès, contre le culte de cet éminent serviteur de Dieu; qu'il a été donné pour un temps à l'esprit infernal de se venger et de réagir contre la mémoire d'un des saints qui a le plus troublé son empire (4). Il n'y a pas eu jusqu'au nom de Martin, qui n'ait été tristement profané, sacrilègement détourné en de vulgaires significations, et marqué d'une assez grande défaveur pour que notre délicatesse moderne ait rougi de le porter.

Si le moment ne semble pas venu de nous occuper du sanctuaire consacré à saint Martin, de le reconstruire avec plus de générosité, de léguer aux générations futures les

---

(1) Registres de la Mairie.

(2) Les petits enfants cagneux, désignés sous le nom de *sainmartinaïrès*, ce qui veut dire, sans doute, voués à la dévotion envers St-Martin.

(3) Nous avons déjà parlé d'une délibération du conseil municipal prise en vertu d'un arrêté de Châteauneuf-Randon, qui ordonne la démolition de toutes les croix et *chapelles éparses dans les champs*. Registre 1794, p. 7.

(4) Œuvres, t. II, 575-576.

débris restaurés de la pitié de nos pères ; il attend au moins une inscription commémorative qui puisse sauver ses vieux souvenirs. Que ce puissant Thaumaturge continue à nous défendre contre les barbaries qu'il a combattues et qui, aujourd'hui, se réunissent plus envenimées dans les barbaries révolutionnaires.

IV

De Campan montons directement, en passant par Antuéjoul, à Belbex, village populeux, à 7 kilomètres de l'église paroissiale. De temps immémorial, Belbex appartenait à notre paroisse. Ce n'est qu'en 1807 qu'il en fut démembré et annexé à la paroisse de Notre-Dame aux Neiges (1).

Il en est souvent question dans les anciens titres qui le désignent en ces termes : *loci de Bellovidia parochia ytraci,* 1462 et 1464 (2). Il relevait de l'abbaye de St-Géraud et possédait un château fort, *castrum de Ballovidere,* 1277, (3) détruit par les Huguenots. La grande hérésie du seizième siècle, qui fit tant de ruines à Aurillac, n'épargna pas plus ce château qu'elle ne respecta celui du bon Comte. Cet antique manoir féodal était bâti sur un monticule qui domine une immense étendue, où, montagnes d'un côté, riche et gracieuse plaine de l'autre, prodiguent leurs beautés aux regards. L'abbé d'Aurillac y entretenait un capitaine avec une garnison.

Près du château, *prope castrum*, s'élevait une chapelle dont la fondation remonte à une époque assez indécise. A en juger par le ton de vétusté de la pierre qui en compose les assises, la solidité et l'épaisseur du mur oriental, 1 m. 80, on la croirait contemporaine du château.

Elle était sous le patronage de la Bienheureuse Vierge. Au nombre des bénéfices de l'abbaye, figure, en effet, « la chapellenie ou véritable église de la bienheureuse

---

(1) Registres des délibérations municipales, p. 364.
(2) Minutes Vigery, notaire, années indiquées, fol. 173, 213.
(3) Arch. mun. d'Aurillac, S. FF., p. 15.

Marie de *Bellevidedo* dans la paroisse d'Ytrac. » (1) La qualification de véritable église ne saurait s'appliquer à un édifice d'une si médiocre ampleur et sans aucun caractère d'architecture. Peut-être a-t-on voulu indiquer par là l'importance relative qu'il avait, soit parce qu'il était une dépendance de l'abbaye, soit parce qu'on y avait fondé plusieurs chapellenies. L'orientation était régulière.

Cette chapelle, couverte en tuiles rouges, cannelées, mesurait cinq toises et demi de longueur sur trois moins un pied de largeur. Le droit d'entrée issue et servitude comprenait environ cinquante toises. Ses confronts étaient au couchant et au midi « le couderc ou commun du village, au nord les bâtiments du citoyen Poudéroux », aujourd'hui à ses descendants. (2)

Les patrons ou collateurs étaient les abbés d'Aurillac. L'un d'eux ayant été le fondateur de bénéfice, ce droit de nomination passait à ses successeurs comme un héritage de famille.

La dotation de la chapelle consistait en dîmes qui s'affermaient ordinairement en froment sept à huit setiers, en seigle dix-sept setiers. Le 17 mars 1622, par acte passé devant Barata, notaire royal, elle fut affermée par an à trois setiers de froment, et à treize setiers de seigle.

Nous avons recueilli les noms de quelques titulaires sans chercher à en dresser la liste complète. Les voici dans l'ordre chronologique :

1597. N. Mérals, prêtre, chanoine, desserviteur de la chapellenie de Saint-Antoine. Le 21 mars 1597, devant Barata, notaire, il se démet, entre les mains du cardinal de Joyeuse, abbé d'Aurillac, en faveur de Géraud Castel.

1597. Géraud Castel, prêtre, succéda à Mre Mérals, dans la desservance de cette chapellenie. (3)

1616. Pierre Mazic, nommé le 3 juin 1616 par Charles de Noailles, abbé d'Aurillac, évêque de Saint-Flour, se fit installer le 23 juillet suivant. (4)

---

(1) Extrait des registres du Parlement fait le 6 avril 1753.. Ms. provenant des papiers appartenant à M. Delpy, Président à la Cour d'appel de Riom, communiqué par M. Albert Rengade, juge au tribunal d'Aurillac, avec une obligeance et un empressement dont nous ne saurions lui être trop reconnaissant.

(2) Arch. départ. S. G.

(3, 4) Pouillé Ms. des bénéfices de l'archiprêtré de St-Géraud.

1728. Pierre de Seguy, prêtre, écuyer, sieur de la Roquette, prit possession, le 26 novembre 1728, d'une chapellenie de Belbex, en vertu des provisions données par le cardinal de Gesvres, abbé de Saint-Géraud. (1)

1744. Victor Barruel, prébandier de la collégiale, fut pourvu par le chapitre, en 1744. (2)

1753. Le P. Bouchineau, de la Compagnie de Jésus, principal du collège d'Aurillac, desservait la chapellenie de Saint-Antoine en 1753. Elle valait alors vingt-quatre livres. (3).

1781. Antoine Laparra. — Né à Escouder, paroisse de Saint-Paul, le 6 mai 1736, prébendé du Chapître, proposé, le 29 novembre 1781, par Jean Serieys, chanoine de la collégiale, vicaire général de l'abbé d'Aurillac, prit possession de son titre le 22 du même mois. Pourvu de l'Aumônerie du Buis, en 1782, porté, comme tel, sur la liste des émigrés en 1791, enfermé dans la maison de réclusion du District, du 18 novembre 1794 au 30 juin 1795, demanda le 22 septembre 1798 un passeport pour l'Espagne en vertu de la loi du 19 fructidor an VI. Avec lui finit la série des chapelains de Belbex. (4)

Cet oratoire est mentionné dans nos registres de la paroisse aux dates suivantes : 12 février 1657; 7 juillet 1657; 10 mars 1658 : 2 mai 1742; 5 février 1742; 29 avril 1755; 30 janvier et 19 février 1760. Le clergé paroissial, aux jours indiqués, y célébra des mariages, à la grande satisfaction des habitants trop éloignés du chef-lieu.

A une époque plus ancienne, elle a servi de caveau ; on y avait rangé des sépultures qu'une piété fervente avait ambitionnées; ces tombes étaient-elles celles de personnes ecclésiastiques ou séculières ? C'est une question que je n'ai point à trancher ici, et qui ne le sera probablement jamais. Ce qui est incontestable, c'est qu'au siècle dernier,

---

(1, 2) Archives de l'évêché, Registres d'Insinuations, fol. 115 et 123.

(3) Champeval, Notes Paroissiales, *Croix Cantalienne* du 6 octobre 1901.

(4) Renseignement fourni par M. Jean Delmas qui met ses livres et ses notes à la disposition des chercheurs avec une complaisance aussi inépuisable que son érudition. Registre d'insinuation ; arch. nat. F 4984 ; arch. départ. Série L.

en creusant le sous-sol pour y construire une cave, on y a trouvé trois crânes et des débris d'ossements humains. On nous a fait voir cette cave, et l'ossuaire pratiqué dans le mur où ont été respectueusement enfermés ces débris humains. D'autres, moins pénétrés de la religion des tombeaux, auraient laissé ces restes mêlés à la terre et les auraient transportés avec elle, ce dont nous avons été quelquefois le témoin attristé ; mais ici le propriétaire gardait intact le culte traditionnel de la paroisse envers les morts ; il l'a exprimé par le respect avec lequel il a recueilli ces ossements et par la décence qu'il a su mettre à leur conservation.

Hélas ! qui ne le sait, des jours néfastes vinrent dans lesquels ce qui avait été l'objet de la vénération unanime des siècles fut livré aux profanations et aux outrages de l'impiété. Les sacrés mystères interrompus, les anges gardiens de ce sanctuaire en furent chassés pour n'y plus rentrer ; l'antique oratoire de la Bienheureuse Marie *de Bellovide* fut voué à une perpétuelle déchéance, à des usages terrestres et vulgaires. Il fut vendu, comme tant d'autres édifices religieux, le 6 messidor an IV (24 juin 1796) après une estimation préalable des citoyens Rames et Lafage, experts, qui eut lieu le 28 prairial même année (16 juin 1796). M. Paul Bonnefon, négociant, habitant du village de Lintilhac, paroisse de Saint-Paul-des-Landes, en devint adjudicataire pour la somme de 180 livres, calculée conformément à l'article 6 de la loi du 28 ventose an IV (1). Elle passa ensuite à M. Garouste, qui la laissa en héritage au propriétaire actuel, M. Laborie, son gendre.

V

De Belbex, descendons à La Martinie, délicieux hameau, composé de deux foyers, d'une maison et d'un châ-

---

(1) Arch. du C. Série G. Sommier des ventes des biens nationaux n° 5 C 16. Le domaine de Belbé, appartenant à l'abbé d'Aurillac, lui fu adjugé pour la somme de 61.000 livres. Archives du Cantal, S. Q. Registre contenant les procès-verbaux des enchères et adjudications des bien nationaux du 14 décembre 1790, au 6 mars 1791, fol. 55.

teau, presque à égale distance d'Aurillac et d'Ytrac. Il est rarement parlé dans nos minutaires, du moins à notre connaissance, du *mansus de La-Martinha* (1592).

Nous avons eu beau fouiller, dans les archives et les bibliothèques locales, il nous a été impossible de découvrir des indications précises. Nous manquons ici d'un genre de documents qui n'est pas toujours des plus précieux au point de vue de la valeur archéologique ou artistique des oratoires, mais qui donne du moins l'énumération assez complète avec quelques descriptions du mobilier qui décore ces chapelles. Nous voulons parler des procès verbaux de visites pastorales. Aucun n'est venu à notre connaissance. D'autre part, sur notre demande, le chartrier du château a été ouvert à nos investigations avec la plus grande courtoisie. Plusieurs pièces relatives à notre étude, dont on nous avait parlé, n'y étaient plus ! Il ne nous reste donc qu'à nous résigner et à déplorer la disparition de documents qui privent les habitants de notre localité de pouvoir se complaire dans les souvenirs de sa vieille existence paroissiale.

Le château de La Martinie, gracieusement situé sur une éminence d'où le regard embrasse l'opulente plaine d'Ytrac, est une superbe habitation seigneuriale du XVe siècle. Les cartes postales en ont mis le dessin sous tous les yeux.

La chapelle, bâtie en même temps que le manoir, est une pièce voûtée du rez-de-chaussée. A la clef de voûte sont les armoiries parlantes des Ollier, fondateurs de la chapelle et du château : *de... à quatre O de... mis en croix ou posés 1, 2, 1 liés de... au chevron de... brochant sur le tout.*

Elle mesurait 6 mètres 55 de long sur 5 mètres de large. On l'avait dédiée à saint Pierre ès liens (1). Contrairement à la tradition de l'Eglise, elle n'était pas orientée ; l'autel se dirigeait vers la porte d'entrée, qui est au levant.

---

(1) Renseignement fourni par M. Bouygue de La Martinie.

C'est au-dessus de cet autel que se trouvait le tableau qui décore actuellement une des vieilles salles du manoir. Il représente saint Pierre en prison, délivré par un ange qui brise ses chaînes. On connaît le miracle qui fut pour ces liens sacrés le point de départ des plus grands honneurs.

On voyait encore appendus aux murs d'autres petits tableaux d'un bel émail : l'*Ecce Homo;* le Sauveur du monde, la main gauche posée sur un globe ; la Vierge voilée et nimbée ; les douze apôtres ; le Christ en croix et sainte Madeleine à genoux.

Les deux seules mentions qu'on nous ait conservées de cet oratoire remontent, l'une à la seconde moitié du XVIIe siècle, au 13 janvier 1658; l'autre, à la seconde moitié du XVIIIe siècle, au 6 juin 1753. Durant ce laps de 95 ans, nos registres s'en taisent.

Mais le temps marche, et l'année 1789 s'annonce sous des auspices fâcheux ; un hiver des plus rigoureux entraîne avec lui la disette, la misère commande alors d'abondantes aumônes aux riches ; mais leur noble dévouement et leur généreuse abnégation ne leur épargnera pas la confiscation et l'ostracisme. L'orage grandissait toujours. Le seigneur de Lamartinie (1), frère de quatre émigrés (2), eut moins à souffrir que les seigneurs de son voisinage. S'il n'expia pas dans l'exil le crime de sa foi comme de sa naissance et de sa fortune, ses meubles et effets furent mis sous séquestre (septembre 1793) ; lui-même fut incarcéré à la maison d'arrêt de Saint-Joseph d'Aurillac ; mais il obtint son élargissement et la levée des scellés (16 novembre 1794). Il n'eut pas la douleur de voir ses biens tomber dans le domaine de la na-

---

(1) Guillaume de Boschatel, né le 16 octobre 1746, Lieutenant des Gardes du corps en 1790, chevalier de l'ordre royal et militaire de Saint-Louis, maire d'Ytrac de 1813 à 1832, décédé au château de la Martinie le 4 décembre 1832, dans la 86e année de son âge.

(2) Jean-Joseph de Boschatel, curé de Pomerval, chanoine de l'insigne Eglise collégiale de Beaune, nommé curé de Rouziers le 20 juin 1804, mort chanoine de Dijon. — Jean-Baptiste, prêtre, pensionnaire de l'Etat, mort retiré à Aurillac le 19 septembre 1828, âgé de 73 ans 3 mois. — Etienne, ordonné prêtre en 1784. — Etienne, bourgeois.

tion et la chapelle du manoir retourner à ce que l'Eglise appelle l'ignominie de l'état séculier.

Quand la religion sortit des catacombes sanglantes où on l'avait reléguée elle n'eut pas besoin d'être restituée à la sainteté de sa première destination ou de son emploi légitime. Les abbés de Boschatel, à leur retour de l'émigration, y célébrèrent plus d'une fois les saints mystères interrompus pendant plusieurs années.

Vers la fin du siècle dernier, les châtelains actuels ne sentant pas la nécessité d'un oratoire où depuis longtemps ne s'accomplissait plus le service divin, restaurèrent magnifiquement cette pièce et lui donnèrent la forme aimable et luxueuse de nos salons modernes. Cette transformation eut lieu en 1895.

VI

Franchissons la petite distance qui sépare La Martinie de Reyt. Reyt de Viers est une ferme avec manoir à quatre kilomètres d'Ytrac. Elle est ainsi nommée depuis la réunion des deux fermes de Reyt et de Veyrines.

La famille Reyt figure parmi les plus importantes de la localité aux XVIIe et XVIIIe siècles. Il est à supposer qu'elle tirait son origine de Marc-Antoine Reyt, natif d'Aurillac, qui dans son émigration et son négoce en Espagne où il est mort, fit une immense fortune, et légua des sommes considérables pour les bonnes œuvres (1). Elle a donné des prêtres à l'Eglise: Mre Jean Reyt, docteur en médecine, prêtre de la communauté de Notre-Dame et chapelain de Grépiac (1683), des consuls à notre ville et des représentants dans les charges judiciaires (2).

Elle appartenait à la bonne bourgeoisie si tant est qu'elle ne fut pas anoblie. Sur l'imposte extérieur de la tour carrée de l'ancien manoir, aujourd'hui agrandi et restauré dans le goût moderne, on voit un écu plein sans indication de métal ni d'émail, ayant pour supports

---

(1) Cf. Pouillé, Mss. de St-Géraud, bien des fois cité.
(2) Cf. Inventaire des Archives communales de la ville d'Aurillac.

ou soutiens deux colonnes. Entre les colonnes, au bas de l'écu, les initiales P. C. Au-dessous, sur deux lignes, la date de la construction de la tour en capitales romaines et chiffres arabes: LE. IO. IVIN. 1659.

Il est à croire que la chapelle installée dans le château fut fondée au moment de la plus grande prospérité de cette maison au XVIe ou XVIIe siècle. Nos registres paroissiaux en font huit fois mention. La plus ancienne est du 25 août 1733 et la dernière du 12 août 1766.

Ce même jour fut célébré dans cette chapelle de Viers le mariage de Dominique Aimar du village de Pouzol, paroisse de Saint-Santin-de-Maurs et de Philiberte-Dorothée Reyt, fille de feu Jacques Reyt, greffier de l'élection générale d'Aurillac. Mr Crozet d'Hauterive, curé, reçut leurs serments. Les témoins furent Jean-Baptiste Labro, procureur au bailliage et siège présidial, Mre Charmes, praticien, etc.

Un des ascendants fonda dans cet oratoire une chappellenie ou vicairie sans charges d'âmes ; elle n'imposait au titulaire d'autre obligation que celle de célébrer à certains jours les saints mystères, pour les intentions des pieux fondateurs (1).

Quelle était la dotation de cette vicairie ? Les documents que nous avons sous les yeux s'en taisent. Le livre d'Arpentement fait en 1739, nous apprend seulement que le domaine du sieur Jacques Reyt, bourgeois d'Aurillac, était grevé d'une « pension viagère de cinq cents livres, ou en obits et fondations » mais il ne dit pas si cette rente était affectée à une chapellenie desservie dans l'église paroissiale ou dans l'oratoire de Viers, ce qui paraît certain.

---

(1) Si le souvenir d'un événement triste ou douloureux a pu motiver cette fondation pieuse, ne faudrait-il pas le voir dans ces deux morts inopinés survenues en février 1655 ? Le vingtiesme dudict mois et an moururent François Reyt et Astorgt Reyt son fils, tous deux dans un quart d'heure en une mesme maison à Leinhac. Mais s'il parait naturel de les rattacher à la famille Reyt de Viers, il est difficile de l'établir avec preuves à l'appui. Nos actes de catholicité ne remontant qu'en 1648, impossible de dresser la généalogie.

En 1745, M. Delteil était prêtre obituaire de Reyt, c'est-à-dire désigné pour acquitter les messes et, en cette qualité, légalement investi, comme usufruitier, des immeubles sur lesquels reposait la fondation. C'est le seul chapelain connu.

Cette chapelle privée n'existe plus aujourd'hui. Dans le siècle dernier elle reçut une nouvelle destination, fut détournée de son emploi légitime et transformée en Bibliothèque ou en une chambre vulgaire. Les propriétaires actuels ignoraient même son existence et le lieu qu'elle occupait. Ils la croyaient établie dans une vieille tour voisine du château; mais cette tour n'était « qu'une fournial et un pigeonnier ». C'est ce qui résulte de la déclaration consignée dans le *Livre d'arpentement* d'après laquelle le manoir couvert en tuile cannelée était composé d'une cuisine, salon, cave, écurie, trois chambres, (1). Il n'y est pas question de l'oratoire ; mais un écho lointain de la tradition et un renseignement dont la provenance nous garantit l'exactitude nous autorisent à dire quelle occupait la grande chambre du pavillon nord-est.

VII

De Reyt au Pont-Neuf, le trajet est court.
Pouniou ou le Pont-Neuf est un domaine avec moulin et habitation adjacente à six kilomètres du Bourg. Le plus ancien titre où nous le trouvons mentionné est de 1620 (2). Le nom de ce village apparaît encore dans une nommée au prince de Monaco.

Dans le XIXe siècle le domaine et l'habitation de *Pouniou* a passé successivement à trois acquéreurs. Le possesseur actuel M. Péchaud de Ferval, malgré son désir de nous obliger, n'a pu nous fournir aucun document utile. Antérieurement et depuis de longues années c'était la propriété des Déaura, rameau détaché de la tige des sieurs d'Entraygues de Boisset. Le dernier

---

(1) Archives municipales d'Ytrac, Registre d'Arpentement.
(2) Archives municipales d'Aurillac, S. H. r. 15.

survivant de cette race a eu l'honneur d'être porté sur la liste des suspects (1) et de traverser la Révolution sans faiblesse. Les papiers de famille ont passé à ses héritiers ou par sa descendance féminine à d'autres maisons dont nous ne suivons plus la trace.

C'était une famille de haute bourgeoisie que les Déaura et par dssus tout une famille foncièrement chrétienne dont les deux branches, celle d'Ytrac, comme de Boisset, ont donné des ecclésiastiques de mérite à l'Eglise.

M^ra Antoine Déaura, procureur du Roi, greffier de de l'officialité diocésaine en l'Archiprêtré d'Aurillac, voyait avec peine « son père bourgeois et sa mère infirmes, une tante fort âgée, privés souvent d'entendre la messe, ne pouvant s'y rendre à cause de l'éloignement, des chemins, d'une rivière et d'un ruisseau difficiles à frayer et à guéer surtout lorsque la rivière déborde ». Voir pièces justificatives.

Dans les premiers mois de l'année 1767, il sollicite de l'évêque de St-Flour l'autorisation d'ériger un oratoire domestique. Le prélat s'empressa d'obtempérer à la demande de son fidèle diocésain. Ils firent donc bâtir un appendice ou aile de maison, parallèle au canal du moulin et à quelques pas de la route, dans lequel fut établi l'oratoire. C'est un édifice de petite dimension, sans style, qui mesure dans œuvre 4 m. 60 de long, 2 m. 65 de large et 5 m. de haut. La porte s'ouvre à l'occident et l'autel se trouvait ainsi orienté selon les règles canoniques et liturgiques (2). Il fut béni et inauguré en 1767.

Cette chapelle n'était pas réduite à ne servir qu'aux besoins domestiques des sieurs Deaura. Les registres de nos anciennes archives, où nous avons puisé des détails demeurés jusqu'ici inconnus, signalent des cérémonies religieuses qui y furent accomplies sans préjudice des droits paroissiaux et de la juridiction canonique. Voici, par exemple, la célébration de trois mariages : de Jacques Broussouze et de Marie Abeil (17 janvier 1775); de Pierre Bos et d'Anne Lacoste (21 février 1775); de Jo-

---

(1) Registre des délibérations de 1792 et Reg. 1793.
(2) Ferraris Biblioth., verb. Eccles. ; Rubr. missal, v, 3.

seph Trepsat et de Catherine Mercadier, fille de Pierre et de Marie-Anne Deaura (10 décembre 1785). Ce fut probablement un des derniers actes religieux dont furent témoins ces murs bénis.

Ils ont survécu à la Révolution et sont encore debout dans un bon état de conservation. Après 1800 on coupa en deux la chapelle par un plafond plat avec poutres apparentes et on en fit trois pièces exiguës, aujourd'hui inoccupées. Pour s'approprier à des usages vulgaires, elle a été détériorée, dénaturée ; sauf le bénitier en pierre du pays qu'on aperçoit à droite en entrant, rien ne rappelle sa destination religieuse.

VIII

Besse est un village distant de six kilomètres d'Ytrac. Il en est question dans des actes de la première moitié de XIVe siècle : *mansus de Bessa* 1328, du XVIe et du XVIIe comme nous allons le voir.

Par transaction du 26 juillet 1566, le domaine de Besse, divers héritages et 1.800 livres de créances, provenant de la donation de Jeanne de la Treille, veuve de Fernando de Villeneuve, bourgeois d'Aurillac, avaient été attribués à la fondation d'un collège. Il fallut attendre des temps meilleurs pour la réalisation de cette œuvre si importante (1). Charles de Noailles, évêque de Saint-Flour voulant relever les ruines accumulées par le protestantisme, conformément au vœu du Concile de Trente, appela à Aurillac, en 1619, pour leur confier l'éducation de la jeunesse les membres de la compagnie de Jésus. En 1620, les PP. vinrent prendre possession du collège déjà fondé et entrèrent en jouissance du domaine de Besse.

C'est une maison de campagne des plus agréables. Elle

---

(1) En 1610 M. Lépiaut, curé de Crandelles, en avait la direction, en 1615, M. Louis Bac, docteur en théologie, prêtre et curé de Teissières de Cornet ; en 1619, Antoine Boussac, prêtre de Marmanhac. C'était alors une maison de plein exercice.

domine la gracieuse vallée de Jussac, sillonnée par la rivière d'Authre, semée de prairies, de collines, de bois, de châteaux, et à l'occident la vue s'étend sur un des plus beaux panoramas qu'on puisse contempler.

Soit pour la gestion de leurs affaires, soit pour s'y récréer, s'y délasser de leurs travaux les PP. Jésuites y venaient souvent, pendant les vacances. Elle était pour eux un délicieux séjour. Aussi s'empressèrent-ils d'y ériger une chapelle privée. A quelle époque cette chapelle avait-elle été établie, nous ne saurions le préciser ; nous la trouvons inscrite dans le livre des mariages en 1658, ce qui ne veut pas dire qu'elle n'existait pas avant. La date de sa fondation se place entre 1620 et 1658. Nous sera-t-il permis de hasarder une conjecture. L'idée nous est venue, en étudiant l'histoire locale de cette époque, qu'elle fut érigée pendant les années où la peste sévissait si cruellement à Aurillac, c'est-à-dire de 1628 à 1629. Serait-ce trop s'aventurer de croire que, pour échapper à la contagion, quelques Jésuites se retirèrent en leur maison des champs et transformèrent en oratoire une pièce de leur habitation à trois étages ? Tout contribue à rendre vraisemblable cette supposition : Le collège avait été licencié. Il ne fut rouvert qu'en 1629. Tous les Pères firent héroïquement leur devoir, mais tous ne furent pas employés aux soins des pestiférés.

Ce qui n'est pas douteux, c'est que, malgré plusieurs procédures dirigées contre les propriétaires d'alentour (1), ils entretenaient des relations de bon voisinage avec leurs fermiers, les fidèles de l'endroit, avec le clergé paroissial et leur oratoire privé s'ouvrit plus d'une fois pour des cérémonies publiques qui n'ont lieu d'ordinaire que

---

(1) Dans ces pièces de procédure, conservées dans les archives particulières de la famille Alary et Buchmuiller de Besse, mises à notre disposition avec le plus obligeant empressement, nous avons relevé le nom de quelques Pères. Dans le XVIIIe siècle : Jean de Massé, Pierre Peyrou, Jean de Maltraict, Grégoire Clavilier, Géraud Fargues, Raymond Danguiral. Gabriel Alire, Julien Defiz, Jean Davignon, Bouchandy, recteur, Claude Menet, Jean de Montréal, Jean de Vallat, Jean Mouret, recteur, Pierre Métivier. Dans le XVIIIe siècle : Chabanacy, Bouygue, Antoine Vigier, recteur, Bernard Deviers, Pizon, Cavart, Jobert, Chauvart, prédicateur.

dans l'église principale. C'est ainsi que le 28 mars 1655, M. Jean Castel, et le 12 juin 1662, M. Jean de Roquemaurel, vicaires, allèrent y bénir le mariage de paroissiens de Besse.

Après la suppression des Jésuites en 1762, le collège confié à des prêtres séculiers, confirmé par lettres patentes de mars 1764, fut mis en possession de ses biens par arrêt du Parlement du 29 janvier 1765. Les années s'écoulèrent paisiblement jusqu'en 1790. Mais déjà le cours normal et régulier commençait à être troublé.

Les biens du collège, atteints par les destructifs décrets de la Révolution, vendus aux enchères publiques, en 1797, Besse fut définitivement acquis par M. Alary en 1810. La tradition ne nous a conservé aucun souvenir de la chapelle depuis l'exil des Pères. De l'habitation primitive il ne subsiste plus rien. Entièrement transformée vers 1840 elle a été démolie en 1892, sur son emplacement on a élevé une maison moderne plus spacieuse et plus confortable.

IX

Le fief et château de Leybros, à cinq kilomètres du bourg, sont ainsi désignés dans les vieilles chartes : *La Broa*, 1483 ; *des Broas*, 1561 ; *Leybros* 1655 (1). Lorsque les seigneurs de Grifeuilhe ou leurs ascendants eurent fixé leur résidence à Leybros, ils y firent construire un château qui leur servit en même temps de demeure et de défense. Cette construction date du XIVe siècle. C'est un édifice carré appuyé au couchant de deux tours dont l'une sert de cage à l'escalier. Au premier une grande salle ou chambre voûtée avec nervures en ogive ; la cheminée est énorme et n'a rien de commun avec nos foyers étriqués où trois personnes peuvent à peine se chauffer ; une petite chambre circulaire secondaire a été aménagée dans la grosse tour. Même répétition aux deuxième et troisième

---

(1) Min. Vigery, notaire, min. Carrière, notaire, Archives municipales.

étage; mais ici au lieu de ces voûtes toujours coûteuses on s'est contenté d'avoir un plafond qui ne fait qu'un avec le plancher du *solier* ou de l'étage supérieur: un solivage et de grosses poutres au-dessus.

Selon l'habitude de l'époque une chapelle fut établie dans le château pour l'accomplissement des devoirs religieux de ceux qui l'habitaient. L'existence de cet oratoire est suffisamment prouvée par l'invariable coutume des seigneurs du moyen âge. Mais à cette démonstration appuyée sur les données de l'histoire générale viennent se joindre des preuves locales. Un document de nos archives municipales établit la vérité d'une manière indubitable. C'est un acte obituaire qui n'est pas sans intérêt, et nous ne saurions mieux faire que de le transcrire exactement :

« Le trente et uniesme dudit mois et an (Janvier 1665) « mourut Anthoinette Vigier, jadis religieuse sœur à « monsieur de Leybros et feust ensevelie le premier de « febvrier dans *la chapelle de Leybros.* »

Ce document, l'unique que nous possédions, établit d'une manière péremptoire l'existence de la chapelle, mais ne dit rien de son emplacement. En serrant de près ce texte, et après examen des lieux, il est naturel de croire qu'elle était située ou aménagée dans la grande tour.

Les papiers de la famille Fortet de Leybros mis à notre disposition avec autant de bonne grâce que de libéralité nous ont fourni de précieux documents, mais aucun relatif à la chapelle.

Le sort ultérieur de cet oratoire, l'époque de sa désaffectation nous sont inconnus. Mais nous ne pouvons qu'applaudir à l'inspiration pieuse de Madame Gondinet qui pour faire revivre les traditions du passé va établir un autre oratoire dans le nouveau château qui vient d'être ajouté à l'ancien par un architecte scrutateur consciencieux des édifices du moyen âge et pénétré de l'esprit qui les a conçus (1). Un goût pur et la plus rigide unité en ont réglé les détails et mêlé, si je peux ainsi dire, çà et là

---

(1) M. Lemaigre, arch.

quelques sourires à la sévère gravité de l'ensemble. Le 16 août 1906, nous avons sanctifié par les prières et les ablutions liturgiques le manoir qui porte l'empreinte de tant de siècles si heureusement transformé et nous avons demandé au Seigneur « de bénir la maison tout entière avec les personnes et les choses; d'octroyer l'abondance des biens spirituels et éternels à l'égal de ceux d'ici-bas ; de rendre cette bénédiction durable, permanente, afin que le vent des révolutions ne vienne point détruire ce qui a été si bien édifié (1). » Dans un moment de trouble, notre pays, autrefois poussa ce cri sauvage : *Guerre et mort aux châteaux, paix aux chaumières*. Qu'il répète : paix aux chaumières, mais qu'il dise aussi: Paix et respect aux châteaux. Comme tous ceux qui l'entourent celui de Leybros est à la fois une providence et un modèle.

X

Espinassol est un village de six feux, à trois kilomètres au nord d'Ytrac. On le trouve fréquemment mentionné dans les actes notariés (2). Le domaine était le plus considérable du district par son étendue et son rapport. Ce fief appartenait depuis le XVIe siècle aux seigneurs de Roquemaurel.

Le château qui subsiste encore est un corps de bâtiment rectangulaire flanqué au milieu de sa façade d'une tour de 30 mètres d'élévation, servant de cage à l'escalier, et précédé d'une cour close de murs. Construit au XVe siècle, restauré au moins partiellement au XVIIIe siècle (3) il a le grand air des demeures féodales. Un admirable encadrement de verdure et de prairies, de beaux arbres qui le baignent de leur ombre, une belle avenue de chênes, d'ormeaux qui viennent jeter la fraîcheur presque sous ses fenêtres en font une des plus agréables résidences.

De par la Nation et la loi, selon la formule de l'époque, le château d'Espinassol et toutes ses dépendances

---
(1) Ritual roman. Benedictio domus novæ.
(2) Min. Spinassol, n^{re} ; min. Vigery, n^{re} ; Delarmandie, n^{re}.
(3) 1767, date gravée sur la porte de la tour.

furent, au district d'Aurillac, mis en vente, à vil prix, par plusieurs portions séparées. Le manoir et une attenance de plusieurs lots furent adjugés à Antoine Desprat, négociant à Aurillac. Il acquit l'autre partie de la comtesse Charlotte de Cardaillac née de Roquemaurel, le 23 germinal, an XII (12 avril 1804).

Ce domaine passa le 30 août 1814 aux mains de M. Joseph Delfour, négociant à Aurillac, puis de M. Lapeyre, en 1883, et de M. Marmoiton, en 1890. Celui-ci le vendit aussitôt en parcelles à divers particuliers. M. le Duc de La Salle devint propriétaire de la grande prairie, et M. Garric de l'enclos et du manoir. (1)

Dans l'enceinte du château se trouve une chapelle, englobée, en 1850, dans une construction moderne, ou plutôt reliée par ce corps de logis au manoir féodal. Il est difficile de déterminer une époque architecturale par les caractères d'un édifice de si peu d'importance. Ces édicules n'ont pas ordinairement pour auteur un maître de l'art. Le plus piètre maçon a pu présider à leur construction, si toutefois ces pauvres gens méritent le nom de constructeurs. Il serait puéril d'y vouloir chercher des données classiques d'une époque pour fixer la date de leur fondation. Son origine paraît aussi ancienne que celle du château.

Cet oratoire, placé sous l'invocation de Saint-Jean-Baptiste, mesure 9 m. 48 de long sur 5 mètres de large. Il était coupé en deux compartiments par une grille ou chancel. Dans le premier étaient le chœur et la place réservée aux châtelains. Le second était destiné à la domesticité et au public. La voûte en berceau conserve quelques restes de peintures mal tracées. Elle ne recevait qu'un jour avare par deux étroites baies ou fenêtres pratiquées dans le mur du levant. Celle du chœur mesure 0 m. 60 de haut sur 0 m. 40 de large ; celle de la nef 0 mètre 85 sur 0 mètre 58. Le chœur de la chapelle était au midi, la porte d'entrée au nord. En 1763 on fit refaire cette porte en pierre de taille

---

(1) Gracieuse communication de M. Jalenques, notaire à Aurillac ; Minutes Boudier, Charmes et Périer, notaires.

et sur le linteau on fit en lettres cursives ce simple mot : *silentium*, entre deux croix hautes potencées ; au-dessous, entre un cœur percé de deux flèches et un cœur d'où sortent des flammes la date de cette restauration : 1763.

Ce sanctuaire a été témoin de nombreuses fêtes religieuses qui réunissaient à Espinassol des familles nobles. Comme plusieurs de leurs voisins qui aspirèrent à passer pour de grands seigneurs, ils se donnèrent le luxe de se marier dans la chapelle du château. Voici sur ce point quelques extraits des registres paroissiaux d'alors :

6 novembre 1651. — Le sixiesme novambre mil six cens cinquante ung et dans la capelle despinassol, après dispance à moy baillée, laquelle j'ay vérifiée, moy jay conjoint en mariaige par parolle et presance noble Alexandre de Milhau, seigneur de lacam avec damoiselle Cybille de Roquemaurel dud espinassol en foy de ce ay signé le presant certifficat. Crueghe, vicaire.

29 mars 1783. — Le 29 mars 1783, dans la chapelle d'Espinassol..., mariage de messire Joseph, marquis de Cardaillac, seigneur de La treyne, fils légitime de feu messire François Emmanuel, marquis de Cardaillac, et dame Jeanne de Montalembert, habitant en son château de La Treyne, paroisse de Mayraguet, diocèse de Cahors ; et damoiselle Marie-Anne Charlotte de Roquemaurel, seigneur d'Espinassol, la Nouaille, etc., et de dame Jeane de Roquemaurel, habitant au château d'Espinassol dans notre paroisse d'Ytrac... ont été présents à la solennité messire Antoine de Plas, seigneur de la Grasselie, St-Jean Lespinats, Vielfoy et autres places, chevalier de l'ordre royal de Saint-Louis, habitant en son château de Montal, paroisse de St-Jean Lespinats ; messire Pierre François de San Marsal, comte de Conros, marquis d'Esternay, Messire Antoine, vicomte de Payronenq de St-Chamarand, Lieutenant de MM. les maréchaux de France, seigneur de Sansac, Marmiesse, coseigneur de la ville de Maurs et autres places, et Mre Guillaume Caumel, p^{tre} communaliste de lad. p^{sse} d'Ytrac soussignés avec les époux, les principaux parents et nous.

Les registres de baptême relatent l'ondoiement

de demoiselle Marie de Roquemaurel, le 3 septembre 1758; mais le 7 du mois de novembre suivant on la porta à l'église, où les cérémonies du baptême furent suppléés par Messire Guillaume de Fontanges, licencié en droit civil et canon, ancien comte de Brioude, doyen de l'église collégiale de Saint-Géraud d'Aurillac. C'est un brillant cortège qui l'accompagne à l'église, dames, chevaliers et seigneurs de haut lignage : dame Marie de la Roque de Beaumont en Perigord, demoiselle Marie de la Tour du Fayet d'Engraisse ; Messire Etienne de Cardaillac, ancien prieur de Lafage en Limousin, Géraud d'Ouvrier, écuyer.

Mais le temps des fêtes et de la prospérité d'Espinassol avait fui ; l'époque de l'épreuve et de la persécution arrivait ; les de Roquemaurel, à cause même du grand bien qu'ils avaient fait, réduits à s'expatrier pour éviter la mort, allaient disparaître de cette paroisse sous les coups de la Révolution. Le pillage des églises et chapelles commença dès l'année 1791. C'est surtout dans les deux années qui suivirent, 1792 et 1793, que se commirent les plus iniques spoliations.

L'ordre fut donné d'inventorier les biens des émigrés.

En voici le procès-verbal, tel que nous le trouvons dans la série Q, des Archives du Cantal.

Du 6 juin 1792, l'an 4ᵉ de la liberté. Nous, Jean-Baptiste-Louis Devèze, procureur syndic du district d'Aurillac, l'un des commissaires nommés par le directoire du district pour procéder à l'état et inventaire sommaire des meubles et effets des émigrés, conformément à la loi du 8 avril dernier, nous nous sommes transportés en la maison ou château d'Espinassol, situé dans la paroisse d'Ytrac où étant arrivés à huit heures du matin et en présence de NN. maire de lad. paroisse d'Ytrac et NN. officiers municipaux de lad. paroisse, avons annoncé à dame Jeanne de Roquemorel, épouse du sʳ Jean de Roquemaurel, le sujet de notre transport, laquelle nous a dit que soit elle soit son mari ont fait donation dans leur contrat de mariage du sʳ Roquemorel leur fils et en sa faveur de leurs biens presens et avenir sous les clauses et conditions insérées dans la donation et notamment sous la réserve de leur habitation dans le château d'Espinassol et autres énoncées dans led Contrat, en conséquence avons procédé à l'état et inventaire sommaire du mobilier ainsi qu'il suit :

Dans la Chapelle.
Un autel en bois et à tombeau,
Un tableau représentant saint Jean-Baptiste,
Différents petits cadres,
Trois chandeliers détaim,
Une pierre sacrée, deux nappes et un tapis,
Deux jasquettes violet, vieilles en soye, une autre bleue en soye, une autre en laine noire, une bleue en soye, une autre soye rayée fonds blanc, le tout très usé,
Deux nappes, deux aubes, une soutane, un missel, un tegitur (Te igitur ou Canon).

Ce procès-verbal fut envoyé au département le 11 août 1792 (1).

Quatre mois plus tard, nouvel inventaire, mais cette fois par le conseil général de la commune (2). Le 14 octobre 1792, « pour se conformer à la loi du 10 septembre 1792 qui ordonne que tous les meubles et effest ustencilles or et argent employez au service du culte dans les égliges conservées sont de pure ostentation et ne conviennent nullement à la simplicité qui doit accompagner le service » après avoir fait la visite de l'église paroissiale se présentèrent au château d'Espinassol. Le procès verbal déclare « que dans la chapelle du citoyen Roquemaurel il y avait un calice et une patene ». (3)

Nous l'avons déjà dit, les inventaires de cette époque, étant plutôt des fictions que des réalités, ne font pas mention des objets qui devaient être centralisés au chef-lieu du district. On peut encore se demander si quelques-uns

---

(1) Arch. du Cantal, S. Q.
(2) A cette époque le conseil municipal s'appelait *conseil général*, il était composé d'un maire, d'un procureur syndic, d'officiers municipaux et de notables en nombre variable ; à Ytrac, ils étaient de neuf à douze.
Le procureur-syndic s'appela peu après *agent national*. Il était représentant du gouvernement.
(3) Extrait des procès-verbaux des délibérations municipales.

n'étaient pas oubliés involontairement. Comme aujourd'hui ces inventaires étaient regardés comme le prélude de la spoliation, et les fidèles attristés de voir églises et chapelles dépouillées de leurs plus précieux objets, mirent en lieu sûr ce qui pouvait l'être sans trop d'inconvénient. Ils ne purent voir ces attentats aux droits de la propriété sans faire entendre au pouvoir des protestations qui furent aussi éloquentes qu'énergiques.

Le lecteur voudra bien nous pardonner ces détails, qui doivent aux circonstances des temps où nous sommes un intérêt de plus. Il est probable que la chapelle eut le sort du château, qu'on tenta d'incendier, et qui fut plus d'une fois enfoncé et pillé (1).

Mise en vente comme bien national, elle tomba entre des mains profanes qui, dans le cours du XIXe siècle, l'utilisèrent à d'autres usages. Elle sert aujourd'hui de cave et rien ne rappelle son ancien et légitime emploi, sinon deux bénitiers en pierre fruste, placés l'un au midi, l'autre au nord.

Des diverses chapelles d'autrefois, celle d'Espinassol est une des rares qui subsistent. Elle est debout encore, mais nue, pauvre, désolée, couverte des cicatrices du siècle qui s'était plu aux ruines comme d'autres s'étaient plu dans l'édification.

Ainsi disparurent ces petits monuments, ennoblis par la piété de nos aïeux, qui formaient autour du sanctuaire principal comme une guirlande de chapelles vouées au culte de la Vierge Marie ou de nos Saints les plus aimés. Pendant dix ans, la Religion fut obligée de retourner aux catacombes avec le sacerdoce proscrit ; la prière, cette vie des âmes et des peuples, n'eut qu'une place secrète dans des cœurs glacés par la Terreur. Tout se taisait autour de cette tyrannie scélérate ; on n'entendait plus que le gémissement des victimes et le silence des tombeaux.

Nous nous sommes assis sur les pierres dispersées des chapelles effondrées, et, comme Jérémie, nous avons gémi à la vue du temple détruit et des lieux de prière aujourd'hui envahi par le lierre et les plantes parasites.

---

(1) Arch. du C. S. A.

CHAPITRE III

Le Prieuré

I. Indications sommaires sur les origines de l'abbaye de Maurs. — II. Fondation du prieuré d'Ytrac, son annexion à la sacristie du monastère de Maurs. — III. Le prieur ses ressources ou revenus. — IV. Ses charges. — V. Ses prérogatives et droits honorifiques. — VI. Tableau chronologique des prieurs. — VII. Succintes Notices.

Le prieuré d'Ytrac, nous l'avons déjà dit, était placé sous le vocable de saint Julien, le premier martyr de l'Auvergne, qui était aussi le titulaire de l'église et le patron de la paroisse. C'était un petit bénéfice dépendant du monastère de Saint-Pierre de Maurs. Pour déterminer approximativement l'époque de sa fondation, il faut jeter un coup d'œil rapide, et faire quelques recherches sur les origines de cette abbaye gracieusement située sur les bords de la Rance, dans la vallée d'Arcambre, aux confins de l'Auvergne, du Quercy et du Rouergue.

Recherchons donc avec l'intérêt qu'inspirent les institutions religieuses, la naissance, dans cette belle vallée, du monastère bénédictin.

I

Nous voyons le nom de l'Abbaye de Maurs apparaître pour la première fois dans l'histoire en 1080, et non en 1095, comme l'a écrit M. l'abbé Mosnier, dans la Vie des *Saints d'Auvergne* (1). Le plus ancien monument

---

(1) T. II. p. 344.

où il en soit fait mention est une bulle de saint Grégoire VII, l'intrépide défenseur des droits de l'Eglise, donnée à Rome et datée du 12 avril 1080. Il exige la restitution à l'abbaye d'Aurillac du *monastère de Maurs avec ses dépendances* et d'autres terres et possessions *justement concédées* jadis à la dite abbaye et qui depuis lui avaient été ravies ou grevées de mauvaises servitudes : *Monasterium autem Mauzicense cum omnibus sibi adjacentiis... nec non terras et possessiones... ablatas, seu malis consuetudinibus oppressas, monasterio Aureliacensi scriptis sive testibus olim juste concessas præcipimus restitui* (1).

Maurs, voulant s'affranchir de cette tutelle, en appela de la sentence de saint Grégoire à Urbain II. Mais ce pape par une bulle donnée à Crémone, datée de la huitième année de son pontificat (19 avril 1096), adressée à l'abbé d'Aurillac, confirme la décision de son illustre prédécesseur. Il nous apprend que les églises de *Maurs*, en Auvergne, et de *Poliniac*, en Agenois, appartenaient depuis peu au monastère d'Aurillac, auquel, en vertu de son autorité apostolique, il en confirme à perpétuité la possession : *ut Maurzis et Polinnacum noviter adquisita... jure perpetuo deinceps possidenda concedimus, et hac nostra apostolica auctoritate confirmamus* (2). Quand le Pape écrivait : Maurs et Poliniac nouvellement acquis, il avait en vue, selon toute probabilité, la bulle de 1080. Quoi qu'il en soit, ce texte établit avec évidence que les moines d'Aurillac n'ont ni fondé, ni possédé à l'origine le monastère de Maurs qui d'ailleurs ne devait pas tarder à recouvrer son entière indépendance.

Ce qui semble légitimer les revendications de l'abbaye du bon Comte sur celle de Maurs, c'est que celle-ci avait été bâtie sur un alleu de saint Géraud inféodé aux vicomtes du Carladès. Il est permis en tous cas de voir dans Béranger, vicomte de Carlat et de Milhau, le fondateur de l'abbaye ; et tout nous incline à croire qu'il

---

(1, 2) Chaix de Lavarène Monumenta pontificia Arverniæ, p. 34-56.

n'y eut pas un grand laps de temps entre la fondation et la bulle de 1080.

D'où venaient les Bénédictins appelés par Béranger ? Les chroniqueurs Quercynois ont dit : Le monastère naissant fut peuplé par des moines envoyés de Souceyrac qui, préférant le séjour de Maurs, se fixèrent dans cette dernière localité. (1) Les chroniqueurs auvergnats, suivis par Mgr Bouange et M. Elie Jalenques, ont soutenu que cette pieuse colonie bénédictine venait d'Aurillac. Il faut avouer que sans le texte précis de saint Grégoire, le voisinage de ces deux localités était une forte présomption en faveur de cette opinion. N'était-il pas rationnel de penser que notre prieuré, si près des bénédictins de Saint-Géraud, avait été érigé par eux et cédé ensuite au monastère de Maurs ?

D'autres enfin prétendent, avec vraisemblance, qu'elle avait été envoyée par l'abbaye de Saint-Victor, alors à l'apogée de sa gloire, si bien qu'on se disputait l'avantage de posséder quelques religieux formés à la vie claustrale dans ce monastère.(2) Sur quels motifs s'appuient les tenants de cette opinion ? Les voici :

Deux frères de Béranger, Bernard et Richard, avaient renoncé au monde pour endosser les livrées de la religion dans la célèbre abbaye marseillaise. Ils la gouvernèrent successivement de 1065 à 1107, et furent appelés aux suprêmes honneurs de l'Eglise (3). Il est tout naturel que Béranger, ayant bâti un monastère dans ses domaines, ait demandé les premiers Bénédictins à l'abbé de St-Victor. Ce serait donc dans la seconde moitié du XIe siècle, entre 1065 et 1080, qu'ils vinrent en prendre possession. Il fut placé, comme celui de Saint-Victor, sous le vocable de saint Pierre, prince des apôtres.

Telles sont les opinions relatives à l'origine de l'abbaye de Maurs. Nous sommes loin d'avoir la prétention d'apporter de nouvelles lumières sur ce point obscur d'histoire locale qui peut exercer la sagacité des plus érudits.

---

(1) Hist. Générale du Quercy par G. Lacoste. T. II. p. 288.
(2) Abbé Chabau, vic. de St-Césaire.
(3) Hugues Dutems I. p. 339.

Ce qui résulte avec certitude de la tradition et des documents écrits, c'est que cette abbaye fut fondée dans le XIe siècle, et que la ville de Maurs dut son existence, son développement et sa prospérité à cet établissement monastique. L'indifférence des temps modernes tend à ensevelir dans l'oubli ces souvenirs glorieux pour la religion ; mais l'histoire impartiale, au défaut de la reconnaissance, ne saurait laisser périr entièrement la mémoire du passé.

Le monastère prit de rapides accroissements, devint une ruche qui répandit au dehors d'industrieuses abeilles qui consacraient leurs soins au service des âmes, suivant une belle expression de nos livres liturgiques : *apes argumentosœ Deo desservientes*

L'abbé les envoyait desservir les églises appartenant au monastère, ou créer de petits prieurés, des *celles,* suivant le langage du temps, habités par deux ou trois moines. Le supérieur s'appelait prieur (prior, premier). D'abord amovibles, à la volonté de l'abbé et du couvent, ils devinrent, dans la suite, de vrais prieurs qu'on ne pouvait forcer à résigner leurs bénéfices. Au reste, ces religieux n'étaient pas complètement séparés de leurs frères; ils devaient assister au chapitre général, qui se tenait sans doute à la fête de saint Césaire, et venir au couvent toutes les années faire leur semaine, comme les autres moines, aux dimanches qui leur étaient assignés. Nous n'avons pu trouver la liste de ces hebdomadiers forains. (1)

Ils commençaient par bâtir la chapelle, dont le clocher était pour les pauvres gens du voisinage le symbole de la charité, du refuge, de la Providence descendue parmi les hommes. Ils étaient non seulement les architectes, mais encore les maçons de l'édifice.

Sans cesse en contact avec les populations qu'ils attiraient par leurs bienfaits, se rapprochant d'elles par la frugalité de leur vie, par la simplicité de leurs mœurs, possédant la supériorité de la piété, de l'instruction, de

---

(1) Ces inductions sont tirées de la règle de saint Benoît et des coutumes des monastères bénédictins.

l'exercice des bonnes œuvres, ils devinrent les représentants par excellence de la vie évangélique. On s'adressait à eux pour obtenir, dans les infirmités corporelles et dans les besoins de l'âme, des secours et des consolations.

Combien de paroisses du diocèse, de l'Auvergne, qui ont eu pour berceau un monastère, un prieuré ! Le nombre est plus grand qu'on ne pense, nos *Pouillés* en font foi. Pour dresser approximativement cette intéressante statistique, il n'y aurait qu'à les consulter ou à voir dans le savant ouvrage de M. Branche : *Histoire des Ordres Monastiques* en Auvergne, la curieuse liste des villes et bourgs qui sont nés à l'ombre du cloître et à l'abri du gouvernement paternel des moines. Fatigante énumération à coup sûr ! Ceux qui écriront ou liront l'histoire de nos jours n'auront pas à craindre de lassitude pareille. Arrêtons-nous à ces indications sommaires. Il nous serait impossible, à moins de changer le plan que nous avons adopté, d'entrer dans tous les détails que comporte cet intéressant sujet, et qui trouveront mieux leur place dans l'Histoire de l'Abbaye que prépare notre érudit confrère de Riom-ès-Montagnes.

II

L'abbaye de Maurs devint donc un centre d'où rayonnèrent les religieux pour aller desservir les églises voisines ou fonder des prieurés, les uns dans le Lot, les autres dans le Cantal.

Ytrac eut la bonne fortune de fixer un de ses choix. Mais à quelle époque remonte ce prieuré bénédictin ? Si l'on tient à s'en rapporter uniquement à des témoignages écrits, nous sommes obligé d'avouer qu'ils font défaut. En l'absence de tout document, il est malaisé de l'établir avec exactitude. Cependant il n'est pas téméraire d'en fixer la date, sinon à la fin du XIe siècle, au moins au XIIe siècle. On sait, en effet, qu'il y avait à Ytrac, une église avec ce type d'architecture particulier aux bénédictins, une église romane du XIIe siècle. (1)

---

(1) Dict. statist. t. v. p. 685.

Les moines desservirent la chapelle récemment construite et présidèrent aux destinées religieuses de la paroisse, car c'était l'usage alors que les religieux remplissent les fonctions curiales dans les terres de leur dépendance. Le premier document véritablement original qui fait mention de notre chère paroisse est du 11 août 1266 : *parochia ecclesic d'Aitrac*. En 1365 elle comptait « quatre vins huit feux » (1).

Au commencement du XIII° siècle, un concile général ordonna aux moines de céder la place au clergé séculier pour se renfermer dans la paix de l'étude et du cloître. Ils souscrivirent, avec une édifiante humilité et un grand désintéressement, aux mesures que le pape Innocent V, le premier dominicain qui reçut et honora la tiare, prit, en 1276, par rapport aux ordres religieux et aux Congrégations. La jurisprudence adoptée plus tard par le Concile de Trente n'était pas encore en vigueur, et c'est sans y être forcé par le droit, qu'ils s'engagèrent à recommander de payer les dîmes, de tester en faveur des paroisses, de se faire inhumer dans les paroisses ; à n'exercer le saint ministère qu'avec la permission des curés, à recommander de se confesser aux prêtres séculiers. — La sécularisation des paroisses ne s'accomplit pas tout d'un coup. Commencée vers la fin du XIII° siècle, continuée dans le XIV°, elle prit des proportions considérables dans le XV°.

Cette transition dans le régime paroissial s'opéra principalement dans notre diocèse au XIV° siècle. En 1326, Archambaud tint une importante assemblée à laquelle assistèrent la plupart des sommités ecclésiastiques diocésaines, chanoines, prieurs, recteurs, vicaires et chapelains, et arrêta divers règlements au sujet de la discipline ecclésiastique et monastique. Les ordonnances qu'il promulgua offrent un incontestable intérêt, et nous paraissent être d'une grande importance pour quiconque cherche à connaître la discipline de l'église de Saint-Flour au quatorzième siècle. On y voit, par exemple,

---

(1) *Documents Historiques sur la vicomté de Carlat* publiés par de véritables érudits, cette publication a la valeur des manuscrits eux-mêmes.

que le prélat enjoint aux moines d'abandonner la direction des églises paroissiales : *In ecclesiis parochialibus ubi monachi habitant populus per monachos non regatur, nec per eos animarum cura exerceatur*, etc. (1). Archambaud fait visiblement sur toute la ligne acte de réformateur. Clergé séculier, comme clergé régulier, il veut ramener tout le monde à la stricte observance du devoir.

Moine bénédictin lui-même, comprenant mieux que tout autre la difficulté de concilier les obligations de la vie monastique et l'exercice du ministère paroissial, il fit cesser un état de choses trop préjudiciable à l'esprit religieux. Mais les monastères n'entendirent pas renoncer aux revenus, dîmes, et fruits des cures qu'ils étaient obligés de céder. Le prieur rentra dans son monastère, il est vrai, il conserva cependant son titre de *curé primitif* et confia l'administration de la paroisse à un prêtre délégué qui prit le nom de *vicaire perpétuel*.

A partir de cette époque, c'est-à-dire au commencement ou au plus tard à la fin du XIVe siècle, le prieur n'eut plus que la jouissance de l'ancien établissement monastique sans aucune juridiction sur la paroisse. Le prieuré fut séparé de la cure et demeura annexé à la sacristie de Maurs. A quelle époque peut-on faire remonter cette annexion Aucun titre ne révèle les circonstances dans lesquelles s'accomplit cet événement. Il est postérieur à 1080 et 1095, et antérieur à 1300. On trouve, en effet pour la première fois, à cette date, Gérald de Laurence figurant avec son titre de sacristain du monastère et de prieur d'Ytrac. Entre la lettre de Grégoire VII en 1080 dont nous avons déjà eu l'occasion de parler et la transaction de 1300 où intervient Gérald, il faut attendre qu'un nouvel instrument jette quelque lumière

---

(1) Biblioth. nat., ancien fonds latin, n° 1595, in 4° vélin. Ce manuscrit précieux de l'année 1342 a sept pouces de hauteur sur quatre de largeur. Il est rempli d'abréviations qui en rendent la lecture souvent très difficile ; plusieurs feuillets sont d'ailleurs traversés par l'encre, dont les teintes sont quelquefois trop affaiblies pour se distinguer nettement. A certains endroits du manuscrit ces teintes présentent un reflet verdâtre. Johannes de Mazeleyras, *presbiter propria manu sua scripsit, anno M° CCC° X L.II°, et in vesperis Pentecostes perfescit.*

sur cette question. L'abbé de Maurs conserva le droit de présentation au prieuré et le prieur le droit de nomination à la cure. Ce droit fut aussi dévolu à l'évêque de Saint-Flour.

Le droit de nomination ou de collation, comme on disait alors, au prieuré et à la cure de Saint-Julien d'Ytrac, possédé par les Bénédictins de Maurs, qu'ils ont exercé jusqu'à la Révolution, prouve bien qu'ils en furent les vrais fondateurs. Malgré l'obscurité qui couvre l'origine de ce prieuré, l'ignorance où nous sommes de la date de sa fondation, le silence des écrits des XIIe et XIIIe siècles qui n'y font aucune allusion, c'est cependant à eux qu'Ytrac en fut redevable. Oui, cela seul prouve manifestement qu'ils étaient venus dans ces contrées couvertes de forêts pour arracher par la culture ces terres à l'état sauvage ; pour initier peu à peu les colons à ces méthodes trop dédaignées des modernes, jadis source de richesse ; pour former par l'enseignement chrétien un foyer de régénération sociale, et justifier ainsi les appréciations de M. Taine. Au cours de ses études sur *Les Origines de la France contemporaine*, il consacre plusieurs pages au rôle glorieux et bienfaisant des moines. Il s'acquitte de cette tâche avec une impartialité digne de tous éloges. *C'est un écrivain dont le témoignage ne saurait être suspect.* Paix à sa tombe pour la loyauté qu'il a mise à le rendre.

III

Il ne sera pas inutile de présenter ici quelques notions sur les ressources destinées à la subsistance du prieur. Les principales étaient la dîme et les biens fonciers.

1° Les dîmes étaient, comme on le sait, un des revenus les plus importants des églises. Instituées par Moïse, afin de subvenir aux besoins des prêtres et des lévites, elles n'avaient pas été renouvelées par le Christ, qui se contenta de déclarer que les ministres de l'Eglise devaient être nourris par les fidèles. Durant les trois premiers siècles, les dons volontaires pourvurent à l'accomplissement de ce précepte. Les Pères de l'Eglise les plus autorisés, saint Jérôme, saint Jean Chrysostôme, saint Augustin, saint Césaire d'Arles, rappellent aux chrétiens avec autant de délicatesse que d'instance, le devoir qui s'impose à eux à ce sujet. Payées depuis exactement par les fidèles, elles tombèrent peu à peu en abandon. Charlemagne les jugeant indispensables à la subsistance du clergé qui ne pouvait se livrer à un travail manuel ou mercantile, et à l'entretien des églises qui ne possédaient pas toujours des propriétés productives, en fit le premier, dans ses Capitulaires, une institution civile. Il s'efforça, avec une persistante volonté, d'en généraliser l'usage. Il les déclara obligatoires pour toutes ses terres. Les fidèles qui refusaient de les payer après avoir été admonestés par les évêques ou les prêtres étaient sévèrement réprimandés. Les rois, les princes, les magistrats, interposèrent leur autorité afin de contraindre les laïques rebelles à leur acquittement et de les empêcher de les usurper, tandis que, de leur côté, les conciles en rappelèrent l'obligation morale (1). — En 1215, un canon du quatrième concile général de Latran déclara que la dîme est due de droit divin à l'Eglise (2), et décida, sous peine d'excommunication, que tout seigneur et propriétaire paierait dorénavant la dîme due aux Eglises quand ses terres y seraient sujettes.

Les dîmes se prélevaient sur le produit de la terre, sur celui des animaux, sur le travail de l'homme. De là la distinction entre les grosses dîmes perçues sur les blés, les foins, le vin, le gros bétail, et les petites dîmes perçues sur le menu bétail, les peaux d'animaux, les volailles, la laine, le lin, les fruits, les légumes, etc. Comme on le voit, elles suivaient les fluctuations de la pros-

---

(1) *Thomassin, Vetus et Nova Ecclesiæ disciplina*, in f°, t. III, p. 11 à 24. *Van Espen, Jus Eccles*, univ., in f°, t. II, p. 29 et suiv.

(2) Sur la question du droit divin de la dîme ecclésiastique voir Suarez, *de Legibus* l. IX, c. 11, n° 1. *De hac re satis dictum est Tr. II de Relig.* l. 1, c. 10, *ubi ostendimus, illud præceptum legis veteris, qua parte positivum erat, scilicet quoad quotam decimarum, cessasse quoad obligationem suam, relictum vero esse quasi exemplar, ad cujus instar Ecclesia potuit similem legem statuere ; hoc enim prohibitum non est, ubi nullum periculum scandali aut falsæ significationis imminet.* Cf. S. Thomas, II, 2æ, quœst. LXXXVII.

périté des paroisses et augmentaient dans la proportion de l'amélioration des terres. Il faut observer que les paroisses fournissaient des dîmes de nature différente, selon la variété des productions du pays, et que tous les produits n'étaient pas grevés de cette redevance. La dîme du foin ou des vins n'était perçue que dans les paroisses où les récoltes étaient importantes. Il est bon de remarquer que les arrérages des dîmes n'étaient jamais exigibles. Telle était l'organisation de la dîme, dont les déclamations envenimées des ennemis de la Religion ont fait un épouvantail qui trouve toujours les masses populaires si inflammables.

Les dîmes du prieuré atteignaient les blés, les agneaux, la laine, le charnage, les chevreaux, les fromages, les petits porcs et les petits animaux ; *bladorum, agnorum, lanarum, carnalagiorum* (1), *edorum, cazeorum, porcellorum, pullorum* (2). Elles reposaient sur les villages de Donne, Caraizac, Le Bourlès, Espinat, Cambian, Lacarrière, Le Bex et Vialles (3). Le prieur les faisait prélever par ses fermiers. Voici les formalités qui précédaient ces conventions d'affermage. Des publications étaient faites pendant trois dimanches consécutifs, des affiches apposées à la porte de l'église priorale « et ez portes, coins, carrefours et autres lieux accoutumés » de la ville d'Aurillac, qui annonçaient la ferme des dîmes pour un nombre déterminé d'années : un an, six ans, neuf ans. Le troisième dimanche venu, à l'issu de la grand'messe ou des vêpres, on se réunissait, au son de la cloche, sous l'arbre *Espit* et l'on procédait à l'extrousse, c'est-à-dire à l'adjudication, et la ferme était donnée « au plus haut metteur » ou enchérisseur. Tantôt, comme en 1680 par exemple, il y avait un fermier par village, tantôt, comme en 1773, toutes les dîmes

---

(1) Archives du Cantal. Minutes Guil. Brozat, notaire,, 14 fol. XII, XIII, XIV.

(2) Statuts d'Archambaud, 1326.

(3) Bail à ferme de la disme de la paroisse d'Ytrac, à la réquisition de messire Ignace Courboulès, prieur d'Ytrac, par Larmandie, notaire royal, dimanche 6 juillet 1680.

étaient données à un seul ou à deux fermiers (1). Les prétendants ou soumissionnaires étaient quelquefois des nobles ou des bourgeois. (2).

Quel était le revenu des dîmes du prieuré ? Les baux à ferme répondent à cette question. En 1773 il était évalué à 1800 livres quitte de toutes charges ; en 1782, 3100 livres, mais les obligations restaient à la charge du titulaire (3). En somme, le prieuré rapportait 3.000 livres, si l'on considère que la situation économique de notre pays n'avait pas subi les changement qui sont survenus, et que le numéraire n'avait point perdu comme aujourd'hui la moitié de sa valeur, le bon marché des vivres et la facilité des moyens de subsistance, c'était un assez beau revenu.

2° Outre la dîme qu'il faisait prélever par ses collecteurs, fermiers ou commis, il avait encore la propriété des biens fonciers qui constituaient le patrimoine de la cure. Autrefois, en effet, presque toutes les cures avaient une *manse* qui comprenait des terres, des prés, des maisons, etc. Cette faible portion de terre est reconnaissable encore aujourd'hui par le nom qu'elle a conservé même sur les lèvres de ses nouveaux propriétaires : le pré de Labadial ou de l'abbaye, Terre de l'Eglise, etc. S'il possédait d'autres biens fonds, aucun terrier n'est venu les énumérer, nous dire les terroirs où ils étaient situés, et l'étendue de chacun d'eux.

3° En plus des dîmes, des biens fonds ou de minuscules possessions rurales, ce bénéfice était doté de cens ou de rentes annuelles assignées sur certaines terres. Ainsi qu'il appert du *Livre d'Arpentement* en 1739, le domaine de Jean Crueghe d'Ytrac rapportait au prieur 1 setier, 3 punières seigle, 1 géline, 7 sols, 6 deniers en argent ; le bien de Pierre Jonquières du bourg, 5 punières de seigle ; celui de Jean Maury, de la même localité,

---

(1) Bail à ferme du prieuré d'Ytrac, par Jean Auriac, prieur à Pierre Cruèghe et Louis Farges, manans du lieu d'Itrac. Acte reçu par Geneste, notaire royal 1773.
(2) Nous citerons entre autres : Hector de La Salle, Fraissi, avocat, Carrière, notaire ; de Tourdes ; de Lapanouze ; Calvinhac, etc.
(3) En 1562, il valait 1000 livres ; en 1568, 1200 livres tournois.

11 sols en argent ; la propriété d'Antoine Figeac, aîné de Leinhac, 2 setiers seigle, 28 sols en argent.

Remarquons que cette ferme des revenus auxquels s'ajoutait cette insignifiante propriété était grevée de charges de diverses natures.

IV

Le prieur, en qualité de gros décimateur ou de curé primitif, avait une triple charge :

1° *Entretenir le chœur de l'église.* On connaît l'origine de cette obligation. Les églises de campagne, *plebanæ ecclesiæ*, desservies par les religieux, n'étaient d'abord que des oratoires, parfois d'assez belle structure, mais très exigus. Le peuple assistait primitivement aux offices en plein air ; bientôt il adjoignit à l'oratoire devenu chœur un humble édifice simplement couvert en chaume, ou construit avec plus d'art selon les ressources. De là vient que l'entretien du chœur échut à la charge du prieur. Il avait à réparer et à entretenir le chœur, le gros œuvre du clocher, élevé au-dessus du chœur. La nef de l'église et tout ce qui n'était pas attribué au prieur regardait les fidèles. La fabrique y employait la portion disponible de ses revenus, et à leur défaut, une partie des revenus de la commune. Ces dispositions nous expliquent pourquoi, dans beaucoup d'églises de campagne, le chœur est d'une architecture plus soignée que la nef. Les ressources des fidèles étaient loin d'être aussi abondantes que celles du gros décimateur. Si le prieur était riche, l'église se ressentait de sa munificence. Si, au contraire, il ne l'était pas, si les paysans tenus à la dîme, mettaient toute leur habileté, peut-être même toute leur mauvaise foi en jeu pour la refuser ou payer le moins possible, il se montrait récalcitrant pour remplir ses obligations. Nous avons fourni un exemple dans notre premier chapitre, p. 19-21.

2° *Fournir* les vases, les linges, les ornements sacrés et tout ce qui importait au besoin et à la décence du culte, en cas de pauvreté de la Fabrique. Que le peu d'empressement ou de bonne volonté pour acquitter cette charge aient été cause de conflits ou de litige entre le curé primitif et le vicaire perpétuel, rien de plus vraisemblable. Toutefois, cette supposition n'est établie d'une façon formelle par aucun document.

3° *Assurer la portion congrue* au curé qui remplissait avec ses vicaires les fonctions spirituelles de la charge pastorale. Le chiffre de cette pension alimentaire varia beaucoup selon les temps et les lieux. En 1571, la portion congrue était de 120 livres, elle monta successivement à 200 et à 300 livres. On la ramena à son chiffre primitif pour plaire aux décimateurs ; en 1686, un nouvel édit l'éleva à 300 livres pour les curés et 150 livres pour leurs vicaires amovibles. En 1768, la portion congrue est fixée à 500 livres pour les curés et à 200 pour leurs vicaires ; à 700 livres en 1786, payable de quartier en quartier et par avance. — Quand le curé percevait le quart des dîmes paroissiales et que celles-ci équivalaient à la portion congrue, il avait lieu de se tenir pour satisfait. C'est ce qui existait chez nous en 1616, 1679 et 1680. En 1773, le prieur donnait au curé 585 livres en argent, cent bottes de paille de seigle et cinquante de froment ; au vicaire deux cents livres. La portion congrue donna lieu à de graves désaccords, à des procès entre le curé et le prieur. Nous citerons entre autres celui qui fut pendant à la cour du baillage d'Aurillac en 1775. Jean Auriac, en sa qualité de prieur, avait fait assigner le curé. Il lui contestait le droit de percevoir les novales (1) dans l'étendue de sa paroisse. M. l'abbé Salarnier invoquait des titres et voulait être maintenu dans ce droit. Pour éviter les frais d'une longue et coûteuse procédure, ils consentirent à un arrangement amiable. Le curé abandonna tous ses droits de novales moyennant la somme de 350 livres que le prieur s'obligea à lui payer au même temps que la portion congrue, et à

---

(1) Dîmes portant sur les terres nouvellement mises en culture, et appartenant toujours au curé. Chéruel, dictionnaire historique des Instit. de la France, t. II, p. 879.
La portion était exempte d'impôts et augmentée des offrandes du casuel et des novales.

lui laisser la jouissance du jardin et pré appelé *Labadial*. L'acte constatant la transaction fut signé le 19 juillet 1775 (1).

Ces obligations, il est vrai, étaient un peu diminuées par la contribution des codécimateurs aux charges du prieur : ainsi le titulaire de Saint-Avit de Bargues donnait quinze livres pour la portion du curé et du vicaire suivant le contrat passé sous seing privé entre M. de Cambefort et les religieux de Maurs le 20 avril 1781 (2). Le curé de Saint-Paul des Landes donnait vingt-trois livres pour les portions et réparations de l'Eglise (3).

A ces trois principales charges s'ajoutaient pour le prieur encore certaines redevances accessoires. Pour des services religieux spécifiés il fallait payer annuellement au chapelain de Saint-Georges de Maurs (4) vingt-quatre setiers de seigle et deux setiers de froment, mesure d'Aurillac, le tout évalué à la somme de 120 livres ; il fallait payer au fisc les tailles, cens et autres impositions dont le chiffre variait chaque année ; ces obligations incombaient ordinairement aux fermiers qui les acquittaient en sus de leurs baux ; enfin les décimes qui s'élevaient à 419 livres, 6 sols, 8 deniers.

V

Mais s'il avait des charges il était gratifié de certaines prérogatives : il jouissait de droits honorifiques auxquels on attachait autrefois beaucoup d'importance. Le prieur avait le droit : 1° de présider ou de célébrer les offices divins aux quatre grandes fêtes de l'année et le jour de saint Julien, patron de la paroisse et titulaire de l'Eglise. Tenir l'office aux jours désignés, prendre à ces mêmes fêtes la moitié des oblations, soit en cire, soit en argent tels étaient les droits honorifiques et les attributions restreintes du prieur. La coutume et les ordonnan-

---

(1, 2, 3) Arch. du Cantal. Fonds de l'abbaye de Maurs.
(4) Chapelle de Saint-Georges dans le monastère de Maurs. Cf. Pouillé, mss. de l'Archiprêtré de Saint-Géraud.

ces royales lui avaient enlevé le droit d'assister aux assemblées de fabrique, de conserver le dépôt des archives, d'en retenir les clefs, d'administrer les sacrements, de choisir les prédicateurs, d'occuper pendant les sermons la première place au banc d'œuvre (1). 2° Le prieur avait aussi le droit de désigner ou de présenter le curé ou *vicaire perpétuel*, l'évêque gardant celui d'instituer le titulaire ainsi élu ; mais ce droit lui fut plus d'une fois contesté et tantôt exercé par l'ordinaire, tantôt par l'abbé de Maurs. (2)

3° Enfin son titre lui donnait le privilège d'avoir un sceau particulier de forme ovale, ogivale ou orbiculaire qui le représentait avec les marques de sa dignité, ou figurait l'image de son patron, ou celui de son église, ou ses armoiries. Il scellait en son nom personnel, ou au nom du prieur seul, ou avec son titre seul. Nous conservons dans nos papiers plusieurs pièces originales, signées par nos prieurs, mais aucune n'est scellée.

Nous allons maintenant dérouler la suite des prieurs, et, bien que leur vie se soit déployée sur un tout autre théâtre que celui sur lequel nous amenons le lecteur, dire en deux mots ce que furent ces dignitaires ecclésiastiques préposés successivement pendant plus de cinq siècles à la tête du prieuré. Depuis sa fondation jusqu'à 1300 leur nom est ignoré. N'ont-ils pas été plus fidèles à la règle de leur fondateur en suivant cette voie silencieuse et régulière ? Toutefois, malgré leur désir de rester inconnus, les archives du Vatican, ou les *schedœ* de Garampi, et les minutes de notaires nous ont appris les noms, jusqu'ici ignorés, d'un grand nombre de ces titulaires.

---

(1) Nos archives n'ont pas conservé le nom des prédicateurs qui ont évangélisé notre paroisse ; mais nous y avons trouvé un manuscrit du XVIIe siècle, recueil de cantiques spirituels des P. P. Capucins, sur le Pater, l'Ave Maria, le Credo, les Commandements de Dieu, le pêcheur converti, qui laisse supposer que ces apôtres, ces Démosthènes du peuple, comme les appelle le P. Lacordaire donnèrent des missions à Ytrac.
(2) Min. Delolm, 1642 ; Pouillé, mss. de l'Archiprêtre de St-Géraud.

Avant d'esquisser une notice, forcément très sommaire, sur chacun d'eux nous allons en dresser le tableau par siècle. Cette liste n'est pas complète ; il y a des lacunes à combler, plusieurs anneaux manquent à la chaîne, surtout pendant le XVI° siècle où les troubles de religion agitèrent et bouleversèrent si profondément notre diocèse. Nous les plaçons par ordre chronologique, mettant à côté de chaque nom les dates extrêmes des titres sur lesquels nous les avons relevés quand nous n'avons pu découvrir les dates certaines de leur entrée en fonction et de leur trépas.

Qu'il nous soit permis de signaler un fait qui pourrait passer inaperçu et qui ne manque pas d'un certain intérêt. Pendant le XV° siècle le prieuré d'Ytrac resta comme l'apanage de la même famille et devint entre ses mains comme un fief religieux dont ses fils furent pourvus. Son nom apparaît trois fois dans ce catalogue, si le priorat de Guy de La Salle présente, non de sérieuses apparences de vérité, mais le caractère de la certitude.

Union du Prieuré d'Ytrac à la sacristie du monastère de Maurs

La monographie d'Ytrac que j'ai publiée, a paru en octobre 1912. Sept ans après, mois pour mois, en octobre 1919, j'ai découvert aux archives départementales du Puy-de-Dôme l'acte authentique, trouvé trop tard, portant annexion du prieuré d'Ytrac à la sacristie de l'abbaye de Maurs, opérée par Bernard 1er, abbé de ce monastère, le mardi avant la fête de Saint-Michel archange, mardi qui tombait cette année là le 23 septembre 1298. Ce même jour, tous les moines du couvent, au nombre de onze, dénommés dans l'acte, qui avaient été les instigateurs de cette union, réunis en assemblée capitulaire, y donnèrent leur consentement. L'abbaye était immédiatement soumise à la juridiction de l'Ordinaire. Jean Aycelin, évêque d'Auvergne, en vertu de son autorité diocésaine, ratifia la mesure par lettres ou vidimus données à Bourges où il se trouvait, le lendemain de la fête de Saint Luc, évangéliste, c'est-à-dire le 19 octobre 1298. A cause de son importance et de l'intérêt particulier que présente ce document original pour mon modeste travail dont il comble une lacune, je crois bien faire d'en reproduire le texte intégral et de le citer *in extenso*.

Les motifs de cette union sont ceux presque toujours invoqués en pareil cas, la détresse, la pauvreté du sacriste qui ne peut pourvoir aux frais du culte, frais du luminaire, frais du vestiaire ou des vêtements sacerdotaux et autres objets indispensables. De là la nécessité de se créer des ressources pour améliorer cette situation et donner au culte plus de décence, ou même une certaine splendeur. Mais je n'insisterai pas sur ce point.

De ce fait et de la teneur même de la pièce, trois conclusions se dégagent qui ne doivent pas rester insoupçonnées ou inaperçues et qu'il est bon de mettre en évidence :

1° La certitude de mieux en mieux établie de la fondation

du prieuré et paroisse d'Ytrac par les bénédictins de Maurs. [1] Ainsi qu'il appert du texte même, c'est l'abbé de Maurs qui procède directement de sa propre autorité à cette incorporation. L'évêque n'intervient que pour approuver, confirmer l'acte accompli. Or, n'est-il pas de toute évidence que si la fondation, le patronage de ce bénéfice à charge d'âmes n'avaient point appartenu aux moines, l'abbé de céans n'aurait eu ni qualité ni pouvoir pour accomplir ou réaliser ce projet ? Il n'aurait pu qu'adresser une humble requête à l'évêque, le suplier de déférer à sa demande et attendre sa décision.

2° Désormais, à dater de 1298 jusqu'à leur extinction en 1789, le prieuré d'Ytrac et la sacristie de Maurs reposeront sur la même tête, le titulaire de l'un devenant en même temps le titulaire de l'autre. Dès qu'un moine bénédictin est pourvu de l'office claustral de sacristain de l'abbaye du Saint-Pierre, il l'est conséquemment par le fait même du prieuré de St-Julien. Il a la collation et le patronage de la cure ; il en a les avantages matériels, les prérogatives honorifiques et les charges.

3° Ce titre original, sur le parchemin, nous montre Gérald de Laurence en possession du prieuré d'Ytrac. S'il ne l'était déjà de l'office de la sacristie, il en fut investi, prêta serment sur les saints évangiles de payer, selon l'usage antique, une redevance annuelle de dix livres cahorsines pour le vin de l'abbaye et l'albergue et de rendre compte à l'abbé des fruits ou revenus du prieuré ou bénéfice susdit. On a trouvé ce titulaire ou prieur mentionné dans un acte de 1300, daté du jeudi après la Pentecôte ; mais d'après le document cité on est obligé d'avancer et de reporter son entrée en fonction avant le mois d'octobre 1298. Il tenait le bâton pastoral en 1298 et, vraisemblablement, le conserva jusque vers 1316 où Guillaume paraît lui avoir succédé : le dernier avait été nommé abbé de Beaulieu, diocèse de Limoges, mais cette promotion resta sans effet.

Voici le texte de ce document :

Nos Johannes, miseratione divina, Arvernorum episcopus. Notum facimus universis quod nos vidimus, tenuimus, legimus de verbo ad verbum et diligenter inspeximus quasdam litteras sigillo religiosi viri domini Bernardi, Dei gracia abbatis monasterii Maurcii, Clarmontensis diocesis, ordinis Sancti Benedicti, nobis immediate subjecti, ut apparebat prima

---

(1) Cet acte, établit en même temps par induction, de façon positive, l'origine monastique d'un grand nombre de nos paroisses que nous voyons siège d'un prieuré. (N. D. L. R.).

facie sigillatas, cancellatas, non abolitas, nec in aliqua sui parte corruptas, quarum tenor talis est :

Nos frater Bernardus, divina permissione humilis abbas Maurcii, Clarmontensis diocesis. Notum facimus universis presentibus pariter et futuris, quod totus conventus noster, videlicet fratres nostri, R. La Rosia, prior claustralis, G. de Murato, operarius, Poncius Martori, P. de Ruppe, B. Laborgada, Michaël Maurini, G. de Broas, B. de Cornaco, Hugo, Gedafre, G. de Gedor, Hugo de Camla, monachi nostri monasterii, nobis humiliter et concorditer intimarunt quod redditus officii sacristie sunt tenues et exiles in tantum quod propter paupertatem dicti officii non potest sacrista, tam in luminaribus, tam in vestimentis ecclesiasticis, tam in aliis necessaris, divino cultui monasterii providere ut deceret, proptereque nobis humiliter et concorditer supplicarunt quod prioratum nostrum de Ytraco et redditus ejusdem, dicte diocesis Claromontensis, anexare dicto officio sacristie dignaremur. Unde nos, dictus abbas, justis postulationibus inclinati, dictum prioratum de Ytraco et redditus ejusdem de voluntate et consensu expresso dicti conventus nostri, officio predicto sacristie ex causis supra scriptis et aliis legitimis anexamus, volentes et concedentes quod quare cito facultas se obtulerit fructus et redditus dicti prioratus, prout dominus Geraldus de Laurensas nunc percipiat, cum suis juribus et pertinenciis universis habeat, levet et percipiat perpetuo officium sacristie predicte, salva et retenta nobis et monasterio nostro predicto pensionne antiqua decem librarum ad opus vini conventus nostri, prout antiquitus extitit observatum, et etiam aliis juribus, dominiis et juridictionibus, et alberga annua quam consuevimus recipere a priore, et retentis nobis seu voluntario nostro quibusdam aliis decimis per ante predecessorem nostrum acquisitis in parochia ecclesie de Ytraco ; et ita ordinamus, statuimus ad requisitionem et supplicationem conventus nostri perpetuo observari, conditionem nostri monasterii in hoc meliorem facientes, et predicta facimus ad hoc ut ordo et religio et divinus cultus in mellius reformetur et etiam augmentetur; et quia necessitas id exposcit et communis utilitas, statuimus et ordinamus quod sacrista qui nunc est et qui pro tempore fuerit, habita possessione pacifica dicti prioratus et fructuum ejusdem, juret, ad sancta Dei evangelia a se corporaliter tacta, se soluturum et redditurum nobis et successoribus nostris pensionem predictam decem librarum caturcensium annis singulis in festo Pentecostes, prout dictus dominus Geraldus, prior qui nunc est, promisit juramento interposito corporati. — Actum in capella nostra, in presentia totius conventus nostri, die martis ante festum sancti Michaelis archangeli, anno Domini M° CC° nonagesimo octavo. In cujus rei testimonium sigillum nostrum presentibus, litteris duximus apponendum.

Nos vero dictus episcopus ad supplicationem dictorum abbatis et conventus nobis factam ex parte ipsorum attendentes quod in huyusmodi statuto, ordinatione et unione versatur non minima monasterii utilitas, predictam ordinationem, statum seu unionem authoritate nostra diocesana ratificamus, approbamus et ex certa scientia confirmamus, et presentis scripti patrocinio comunimus, et predictis omnibus et singulis præstamus nostrum consensum pariter et assensum. In quorum testimonium presentibus litteris sigillum nostrum duximus apponendum Actum et datum apud Bituricas, die dominica in crastino festi beati Luche evangeliste, anno domini M° CC° nonagesimo octavo.

Chanoine CHALUDET.

Tableau chronologique des prieurs d'Ytrac

SIÈCLES	NOMS	DATES DES PRIORATS		
XIIIᵉ	.. ..			
	.. ..			
	Gérald de Laurence ..	1300		
XIVᵉ	Guillaume de Lalo ..	1320		1328
	Pierre Fabri	1328		
	Géraud de Murat	1329		
	Pierre de Trémouille		+	1350
	Jean Labourgade	1350		1357
XVᵉ	Astorg de Vallon	1404		1408
	Guillaume Reguaffredi	1418		
	Jordan de La Salle..	1429		1472
	Jean de La Salle ..	1472		1492
	Guy de La Salle ? ...			
XVIᵉ	Guy de Motpeyros ..	1496		1530
	.. ..			
	Guy Badail	1560		1562
	François de Montal ..	1562		156 ?
	Antoine Daude..........	1568		1572
	.. ..			
XVIIᵉ	.. ..			
	Antoine Felgines	1608		1627
	Jean Vermenouze ...	1633		163 ?
	Gabriel de Roquemaurel	1642		1677
	Ignace de Courboulès	1679		1698
XVIIIᵉ	Pierre Lacarrière	1698		1734
	Pierre Lacarrière	1735	+	1750 27 ᵇʳᵉ
	Louis Sabatier	1750		1754
	Pierre Martin	1754	+	1772
	Jean Auriac	1772		1790

Suppression du prieuré · 1790

1300. — **Gérald de Laurence.** — Le premier religieux de l'Abbaye de Saint-Pierre de Maurs dont le nom soit parvenu jusqu'à nous, sans laisser aucun doute sur son titre de Prieur d'Ytrac, s'appelait Gerald de Laurence. Nous ne possédons aucun renseignement ni sur sa famille et son pays d'origine, ni sur les actes et la durée de son priorat. On le voit servir de témoin dans une donation, faite sous le sceau du juge de l'Evêque de Clermont dans les Montagnes, par le seigneur de Naucaze au curé de Saint-Julien-de-Toursac, de tous les droits sur la moitié des dîmes du blé, de la laine et du charnage (*carnalagium* des agneaux et des pourceaux dues par le mas de La Roussinque et le chef-mas d'Allet, paroisse de Saint-Julien, sauf par les jardins dont le revenu appartient à Gérauld de Laurence, prieur d'Ytrac, et à Mre Etienne de Naucaze, clerc. Témoins: Gerald de Laurence, prieur d'Ytrac, « *domino Geraldo de Laurensas, priore d'Ytrac* », Me Etienne de Naucaze, Raymond Lacombe, Géraud de Montagnac. L'acte fut passé le jeudi après la fête de la Pentecôte de l'an 1300 (1). Le même jour, il est présent à un acte notarié par lequel le curé de Saint-Julien, s'engage à faire, tous les ans, le 23 juillet, pour le seigneur de Naucaze et ses parents, un anniversaire avec trois prêtres (2).

1320-1328. — **Guillaume de Lalo.** — L'existence de ce dignitaire nous est révélée par deux documents authentiques : une charte conservée aux archives du Cantal (3), et les *schedæ* inédites de Garampi (4). La charte n'indique que son nom et son titre : elle est lacérée ou plutôt rongée par les rats à l'endroit où se trouvait écrit son nom patronymique; mais heureusement les *schedæ* le donnent intégralement. — Il était religieux profès de Gaillac. Jean XXII le transféra de ce monastère à l'abbaye de Maurs pour y remplir l'office de sa-

---

(1) Archiv. du C. S. E., 817.
(2) Communication de M. l'abbé Lafarge, papiers de Bournarel, à Quézac.
(3) Fonds de l'abbaye de Maurs.
(4) Archives du Vatican.

criste et par là même de prieur de Saint-Julien, par bulles données à Avignon le 10 des Calendes de Janvier, 23 décembre 1320. A la même époque, Elie de Malafayda, abbé de Beaulieu, passa à Ebreuil. Cet abbé, dit Baluze, suivi par le *Gallia*, était accusé de simonie par ses religieux, crime condamné avec grande raison par les canons des conciles et poursuivi rigoureusement par les souverains pontifes. Guillaume, nommé pour lui succéder, ne paraît pas avoir pris possession (1). En 1324, il fit partie de l'assemblée capitulaire, dans laquelle Adhémar, abbé de Maurs, détermine le nombre des religieux qui composeront le couvent ; il le réduit à quinze, nombre suffisant pour remplir les offices et accomplir les observances monastiques ; nombre en même temps en rapport avec les ressources matérielles. En restant dans ces limites on n'aura pas à craindre l'insuffisance des revenus 30 janvier 1323, *vieux style,* ce qui veut dire 1324. Quatre ans plus tard, Guillaume termina sa sainte carrière.

1328-1329. — **Pierre Fabri**. — La succession de Guillaume de Lalo lui échut. Il fut nommé par le pape Jean XXII, le 17 janvier 1327, — c'est-à-dire, d'après notre comput, 1328. — Voici la substance de l'acte pontifical : Collation de la sacristie de Maurs de l'ordre de saint Benoît, au diocèse de Saint-Flour, et du prieuré d'Ytrac, du même ordre et du même diocèse, annexé à cet office, et maintenant vacant par le décès de Guillaume de Lalo. Donné à Avignon, le 16 des Calendes de février, etc. *Collatio sacristiæ Maurcen ordinis S. Benedicti S. Flori diœc per obitum quondam Guillelmi de Lalo apud sedem aplicam defuncti vacantis cum prioratu de Ytraco ordinis et diœc prædictorum eidem of-*

---

(1) *Helias de Malafayda qui simoniæ et aliorum criminum insimulatus a fratribus cum diu adversus eosdem in curia Romana litigasset usque ad annum V Johannis XXII, hoc anno translatus est ad abbatiam Ebrolii, cique successit eodem anno Guillelmus sacrista moanasterii Maurentii (de Maures) diœc S. Flori ex Baluzio ; at hæc fortasse tum translatio, tum in ejus locum substitutio effectu caruit. Gall. Christ, Animads. Col. XVIII.*

ficio annexo, pro Petro Fabri dicti monasterii monacho. Datum Avenione 16 kalend. februarii. — C'est la seule mention qui se réfère à ce prieur. Il ne tint le prieuré qu'un an et six mois, et fut remplacé par le suivant :

1329 .... — **Géraud de Murat.** — Le château de Murat l'Yole, alias la Guiole, dont une partie subsiste encore dans la commune de Saint-Etienne de Maurs, fut le berceau de cette noble et ancienne famille qui tient une place honorable dans l'Histoire d'Auvergne. On lui confia les principales charges de l'Abbaye. En 1317, Géraud, ouvrier du monastère, fut présent avec Guillaume de Cornac et Géraud d'Enfabre à l'hommage rendu par Guy de Murat à Hugues de Castelnau, baron de Saint-Santin, à raison de ce château. La prestation se fit dans la chapelle du manoir (1). Entre temps, il devint cellérier, c'est-à-dire chargé du pain, du vin, du linge, des literies et de tout ce qui pouvait être nécessaire aux visiteurs, mission importante qu'il échangea pour celle de sacristain. Son titre lui donnait le prieuré d'Ytrac. Le 22 août 1329, il en était titulaire, ainsi que l'attestent les bulles de provision de la cellérerie accordées à Guillaume de Trémouille : *Mandatum pro cellerariæ monasterii de Maurcio... Sancti Flori diœc per assecutionem a Geraldo de Murato factam de officio sacristiæ ejusdem monasterii ipsi per Pontificem collato pro Guillelmo de Tremolhis monacho monasterii Sti Victoris, etc.* (2). En quelle année Géraud céda-t-il le pouvoir ou mourut-il ? Nous l'ignorons.

.... 1350. — **Pierre de Trémouille.** — Devait être sinon le frère, au moins le proche parent de Guillaume de Trémouille, moine de l'abbaye de Saint-Victor de Marseille, cellérier de Maurs en 1329, abbé en 1345, enfin vicaire général de Mgr d'Estaing en 1361. Ce prieur ne vivait plus le 3 juin 1350, comme nous le verrons à l'article suivant : *per Petri de Tremolhii obitum*. C'est

---
(1) Dict. stat. t. III, p. 282.
(2) Regestes du Vatican.

la seule mention qui signale son passage. La succession de Géraud paraît lui être échue sans interruption. Il est regrettable qu'une lacune existant dans les *schedæ* ne nous ait pas permis de relever l'époque exacte de son entrée en fonction. Impossible de la fixer, même approximativement. Toute conjecture serait ici plus que hasardée.

1350-1357. — **Jean Labourgade.** — C'est au mas du même nom, dans le voisinage de Maurs, que la Providence avait placé le berceau de notre prieur. Son père Hugues était un pieux et généreux chrétien ; Douce, son épouse, était digne de lui. — De cette union sortit une famille nombreuse. Deux filles nommées Esclarmonde et Marcebille se consacrèrent à Dieu dès leur jeunesse dans le monastère de Leyme, au diocèse de Cahors. Une autre fille, Irlande, vécut dans le monde. Bertrand et Sobeyrand ne nous sont connus que par leur nom. Géraud et Jean embrassèrent la vie cénobitique dans l'Institut bénédictin.

Soit qu'il eût un désir ardent de mener une vie plus parfaite et plus détachée en s'éloignant de sa famille et de son pays, soit que l'abbaye de Maurs se vît obligée de refuser l'admission de novices pour ne pas dépasser le chiffre fixé ou ne pas compromettre les ressources du couvent, Jean prit l'habit et fit profession dans l'abbaye de Mozat, près Riom, une des plus anciennes de France. — En 1350, Clément VI, par bulles pontificales données à Avignon le 3 des Calendes de juin (30 mai 1350), le pourvut de la dignité de sacriste de Maurs et de prieur d'Ytrac laissée vacante par le décès du titulaire Pierre de Trémouille, avec obligation de se transférer et de résider à l'abbaye de Maurs (1).

Nous le trouvons mentionné pour la première fois dans le testament d'Hugues Labourgade ou de la Tour, son père, qui l'institue son exécuteur testamentaire et lui fait un legs d'argent (22 janvier 1346). Ce testament

---

(1) *Schedæ*, Arch. du Vatican.

est remarquable par l'abondance des legs pieux. L'amour de la Religion et sa tendre affection pour sa famille en avaient dicté toutes les dispositions (1). Le 19 juin 1357, noble Bernard Dumas, damoiseau de Maurs, cède à frère Jean Labourgade, sacristain du monastère, tous les droits qu'il possédait sur les biens de Pierre Moysseti et de Françoise Moysseti. L'acte notarié, passé le jeudi avant la fête de la translation de saint Benoît, en présence de Pierre Lacrotz, Pierre Maymet, Jean Dauricosta, fut rédigé par Géraud Goylas, notaire de la chambre ecclésiastique ou officialité de Maurs (2). C'est le dernier acte qui nous permette de suivre ses traces. Cette date extrême, 1357, relevée sur le document susrelaté, ne préjuge rien quant aux limites de son priorat.

1404-1408. — **Astorg de Valon**. — descendait d'une de ces nobles familles où se sont perpétuées les nobles traditions de devoir et d'honneur qui font les races fortes et respectées. A quelle branche appartenait-il, à celle du Rouergue, du Quercy ou de l'Auvergne ? C'est ce que les actes que nous avons pu consulter ne nous permettent pas d'établir. Ce que nous savons plus sûrement, c'est qu'il se sentit enclin à la vie religieuse.

Il est fait mention de ce titulaire dans l'accord entre l'abbé et les moines de Maurs. La subsistance des religieux avait suscité des difficultés entre eux et l'abbé. Guillaume, évêque de Conserans, issu d'une famille de Maurs, que nous croyons être celle des du Breuil, se trouvant alors dans sa ville natale, interposa sa médiation et pacifia la querelle. Pour cimenter l'union et la paix, il fut convenu que l'abbé donnerait tous les jours une ration de vin et de pain plus convenable. Le surcroît de fatigue occasionné par les observance claustrales, la longueur des offices, explique le supplément de nourriture accordé aux religieux. Cet acte fut passé le 5 mai 1404 et reçu par

---

(1, 2) Arch. du C. S. H. Fonds de l'abbaye de Maurs.

Etienne Bernardy, curé de Leinhac, notaire de la chambre ecclésiastique de Maurs. Parmi les témoins se trouvaient Jean du Breuil (*Joanne de Brolio*), Gosserand de Vinzella, damoiseaux, Jean Rebeyrols, prêtre de Pers, Pierre Moureyre (*Petro Moreyros*), clerc du diocèse de Rodez. Jean Colrat (*Joannes Colrati*), prêtre et juge de Maurs pour le vénérable Chapitre, le siège épiscopal vacant, y apposa sur cire verte le sceau de la dite cour ou officialité. Ce document fournit des détails aussi circonstanciés qu'intéressants sur l'alimentation et les conditions de la vie claustrale dans ce couvent et mérite d'être consulté. (1)

Le 23 octobre 1408, Astorg de Valon était au nombre des moines qui transigèrent avec l'abbé en présence de Jean Labrousse, vicaire général de l'évêque de Saint-Flour, lors de sa visite dans les églises de Maurs. Les dates que nous donnons en tête de cette notice se réfèrent aux documents que nous avons découverts sans préciser d'une manière positive l'époque de son entrée et la cessation de ses fonctions.

1418 .... — **Guillaume Reguaffredi**. — Reguaffredi alias Regaffredi. C'est une forme latinisée du nom de Reguaffrède. Peut-être aussi indique-t-il une origine italienne ; mais c'est une simple conjecture qui ne s'appuie sur aucun fait précis. Il avait un parent, Raymond Regafredi, qui habitait Maurs et qu'on voit servir de témoin à l'arrangement dont il est question à l'article précédent. Les trois chartes latines, en parchemin, qui le mentionnent, nous apprennent qu'il remplissait, en 1404, les fonctions de pitancier ; en 1408, celles de prieur de Saint-Georges en Agenais, de syndic du couvent, c'est-à-dire chargé de l'administration temporelle, et de régent de l'infirmerie ou préposé à tout ce qui intéressait la salubrité du monastère et la santé des moines. En 1418, il cumulait avec ces fonctions celles de sacriste du

---

(1) Arch. du C. Fonds de l'abbaye de Maurs.

couvent et de prieur d'Ytrac (28 juillet 1418) (1). Cet acte est le dernier que nous ayons trouvé dans lequel paraît le nom de Guillaume, avec son double titre qu'il conserva, sans doute, jusqu'en 1429.

1429-1472. — **Jordan de La Salle.** — Le pape Léon XIII, dans le Bref qui confère à notre distingué paroissien, le Comte de la La Salle de Rochemaure, Chambellan de Sa Sainteté, le titre ducal héréditaire, a voulu rappeler les origines et la haute illustration de la maison de La Salle. — Elle brilla d'abord en Espagne, au diocèse d'Urgel, à qui elle a donné plusieurs de ses pontifes. Aux premières expéditions de Palestine, nombre de vaillants guerriers de cette famille, marqués de la croix du Rédempteur, ont défendu son sépulcre de la servitude des infidèles. Bernard de La Salle, généralissime des armées pontificales, après avoir mis en fuite les hordes ennemies, ramena en triomphe, en cette cité reine du monde, Grégoire XI, dernier Pape d'Avignon. Cette famille enfin, répandue en diverses provinces de France, notamment en Auvergne et en Champagne, distinguée toujours dans ses représentants par la piété, l'éclat des hauts faits militaires, la constante fidélité d'une dévotion héréditaire à la chaire de saint Pierre, donnait des abbés, des chanoines, des évêques, des *religieux*, des chevaliers et commandeurs d'ordres militaires signalés par la vertu et la sainteté.

Jordan était issu de la dixième branche cadette qui forma le rameau des seigneurs d'Ytrac. Son père Michel de La Salle, seigneur de Monthély, possesseur du fief d'Ytrac en 1430 et 1459, avait eu six enfants : Pierre, l'aîné, vivait à Ytrac en 1460 et 1473 ; Marguerite, mariée en 1406 à Christophe de Conquans, à qui elle apporta le fief de Monthély ; Jacques, moine de la Chaise-Dieu, prieur de Chambon ; Hector, bourgeois d'Aurillac, *burgensis Aurelhaci*, marié à Anne de la Buissonnière ; Jordan, religieux de Maurs et prieur d'Ytrac ;

---

(1) Arch. du C. S. H. Fonds de l'abbaye de Maurs.

Guillaume, Docteur en décret, licencié ès lois, lieutenant général du bailli des Montagnes, abbé commendataire de Saint-Chinian, qualifié dans nos titres de : *scientificus vir, venerabilis et egregius vir*.

On peut fixer approximativement sa naissance au commencement du XVe siècle. En 1529 il était religieux profès, titulaire de la sacristie de Maurs et de son annexe. Nous le voyons figurer, comme tel, dans la transaction par laquelle les moines promettent de payer dix écus d'or pour continuer les réparations commencées au monastère. Le 28 février 1442, il assiste à un traité intervenu entre l'évêque de Saint-Flour et l'abbé de Maurs. Arrivons ensuite au 28 octobre 1456 et nous verrons Bertrand, abbé, et Jordan de La Salle transiger au nom des autres religieux avec Bégon de Bertrand au sujet d'un legs de 60 sous tournois fait par Barras de Cornac. Cet accord, dû à l'intervention de quelques amis communs, fut reçu par Antoine Canhac, notaire.

Le 28 mai 1463, il quittançait Hector de la Salle, son frère, des sommes d'argent, des dîmes de blé, laine, agneaux, charnage et autres émoluments relatifs à son prieuré. De ce fait il ressort qu'Hector de La Salle était fermier des dîmes du prieuré ou le fondé de pouvoir pour en percevoir les revenus au nom du prieur. La quittance comprenait les arrérages du passé. Ces conventions faites, Jordan de La Salle, la main droite posée sur les saints évangiles, prêta serment de les observer fidèlement. Tout cela se fit avec une grande solennité et avec toutes les formalités voulues. Guillaume Brozat, clerc, notaire, dressa l'acte, sous le sceau de Jousselin Dubois, bailli des Montagnes, en présence de Pierre Lalo, Géraud La Salle, marchand, de discrète personne maître Jacques La Salle, prieur de Chambon, de Jean Serres, bourgeois de Rodez.

Trois ans après, en 1466, Jordan était malade ou absent, car il ne figure pas dans la pièce en parchemin cotée liasse B, n° 11, où sont dénommés les dignitaires et religieux, à l'exception du sacristain. Etait-il mort ? Non, car c'est le 5 septembre 1472 que Jean fonda l'obit ou anniversaire de son oncle. Or, la raison aussi bien qu'un instinct de délicatesse nous oblige à admettre que cette fondation fut faite quelques jours après son trépas et non six ans après son décès. — Jordan rendit son âme à Dieu le lendemain de la fête de saint Césaire, 28 août 1472, et il fut enterré dans la salle du chapitre, ou dans la partie du cloître voisine de la salle capitulaire, ainsi qu'on peut le déduire d'une charte dont nous donnerons l'analyse à la notice suivante.

1472-1492. — **Jean de La Salle.** — Neveu du précédent par les liens du sang, frère par ceux de la religion, lui succéda dans la charge de sacriste et de prieur. Jean était fils puîné de Pierre de la Salle et de damoiselle Léone Lavaissière. Il avait trois frères : Rigal, chevalier, seigneur d'Ytrac, qui épousa Marguerite de Montal-Yolet qui lui apporta en dot la terre et baronnie d'Yolet ; Guy qui mourut sans descendance ; Antoine, dont l'existence, jusqu'ici ignorée, nous est révélée par la donation qu'il fit à son oncle Guillaume de tous ses droits héréditaires sur le Château et place d'Ytrac. Lors de la mort de leur père, survenue à une époque ignorée, ils étaient encore jeunes. La tutelle fut attribuée à Guillaume de La Salle, docteur en droit, qui fit rééditier à ses frais le manoir d'Ytrac, où il consent une vente le 18 novembre 1494, au nom de ses neveux. Ce château est un vaste corps de logis flanqué de trois tours dont deux aujourd'hui découronnées. C'est encore malgré les mutilations qu'il a subies une belle habitation, mais qui demande de grandes réparations.

Le premier acte que nous connaissons de lui est l'obit qu'il fonda le 15 septembre 1472. A l'heure de tierce tous les moines sont capitulairement assemblés au son de la cloche, et Jean promet de leur donner huit écus d'or pour la fondation à perpétuité d'une messe de *Requiem alta voce* pour le repos de l'âme de frère Jordan de La Salle, moine du monastère, son oncle, et prédécesseur dans l'office et bénéfice de prieur : *pro anima... fratris Jordani La Sala, nunc vita functi, monachi dicti monasterii avunculi et predecessonis in dicto officio et beneficio dicti fratris Johanis la Sala.* Il veut que cette messe soit célébrée le lendemain de la fête de saint Césaire, à l'autel du Chapitre, et qu'après la messe les religieux aillent dire les répons des morts sur la tombe de son oncle, c'est-à-dire y faire l'absoute. Les témoins appelés par le fondateur sont discrètes personnes maîtres Bertrand Carays, Guillaume Lavidia, prêtres de Maurs, et Guillaume Brozat, clerc, notaire qui rédigea la charte de fondation. Les détails que nous venons de donner y sont exactement consignés. On voit que la clôture n'était pas très rigoureuse, puisque le notaire et les témoins sont admis dans la salle du Chapitre.

Dix années s'écoulent sur lesquelles il n'est resté aucun souvenir. Arrivé au mois de mars de l'an 1482, sa présence est constatée dans un acte de procuration donné par les moines de Maurs, passée sous le sceau de Jousselin Dubois, seigneur de Chabanet, bailli des Montagnes, reçu par Beranger Falvelli, clerc, notaire et juré dudit scel. Cet acte nous permet de corriger une erreur bien excusable de M. Mirande. Il restreint la durée de ses fonctions de 1475 à 1480. La vérité est que son priorat, commencé en 1472, se prolongea au moins jusqu'à l'année 1492 (1).

Le tirage de cette feuille à peine fait, le hasard a mis sous nos yeux des chartes qui servent à rectifier, à compléter cette notice et les suivantes. — Le 4 mars 1490, c'est-à-dire 1491, vénérable frère Jean de La Sala se trouvait à Aurillac comme il conste d'un acte passé devant Radulphi, notaire. Il arrenta à Géraud et François Clavières, marchands de la ville, moyennant le prix de 106 livres tournois, les dîmes et biens du prieuré pour l'année 1493. — Le 10 mai 1491, il déclare par acte notarié,

---

(1) Pour ces deux notices, Cf. Généalogie de la maison de la Salle Rochemaure, magnifique in-4° illustré que nous devons à la générosité de M. le Duc de La Salle ; Arch. du C. Série E. 851 ; minutes Guillaume Brozat, 1463, 1504. Minutes Carrières 3e regist. fol. 159. Minutes Radulphi. Série H. Fonds de l'Abbaye de Maurs.

avoir reçu de François Comart huit livres tournois en complément de la somme de 112 livres à laquelle s'élevait l'ascence du prieuré. — La même année encore et le 31 mai, notre prieur déclare avoir reçu de Géraud et François Clavières 29 livres tournois en déduction de l'arrentement de 1493.

Bien qu'il ait survécu au siècle qui le vit naître, il ne crut pas devoir conserver si longtemps son bénéfice. Dans l'intervalle qui s'écoula entre 1492 et 1496, sans pouvoir préciser bien au juste, il abdiqua en faveur de Guy de Montpeyroux, en se réservant toutefois une pension annuelle que ce dernier lui payait encore le 29 juin 1503'. — A cette dernière date il ne siégeait plus depuis neuf ans.

Guy de La Salle. — Nom hasardé, prieur imaginaire cité par le *Dictionnaire Statistique du Cantal*. Nous avions été bien avisé de regarder non seulement sa dignité, mais son monachat lui-même comme fort douteux, d'inscrire ici son nom, à titre strictement documentaire et sous le bénéfice d'une vérification plus rigoureuse. Aujourd'hui, pièces en main, nous le rayons du catalogue de nos prieurs.

La période qui va s'ouvrir avec le XVIe siècle, moins riche en documents, offre des lacunes nombreuses et quant au nom des prieurs dont nous ne pouvons suivre toute la série, et quant aux détails de leur administration. A peine évoqués par leurs noms, ils disparaissent dans une sorte de pénombre obscure qui ne permet pas de distinguer leur physionomie respective. Avançons cependant, profitant des moindres souvenirs que nous ont laissés les trop parcimonieuses chroniques.

1496-1530. — **Guy de Montpeyroux.** — Résignataire du précédent. — Nous avons plusieurs documents émanés de lui ou qui le mentionnent ; nous allons les analyser dans l'ordre chronologique :

Par le 1er, du 20 juin 1496, Guy de Montpeyros,

---

(1). Arch. Dép. Minutes Brozat.

sacrista Maurcii, avait ascencé comme mandataire de Jean Seguy, recteur, les prés de la cure de Naucelles moyennant le prix de trente livres ; et commis Pierre Delclaux, prêtre de Naucelles, pour administrer pendant quatre ans ladite cure. Dans le 2°, du 28 novembre 1499, il figure avec son titre en qualité de témoin à une vente faite par Christophe de Conquans et Marguerite de Lasalle, sa femme : *Guidone priore d'Ytraco*. Le 3°, du 29 juin 1503, est une quittance de pension que lui délivre le démissionnaire. Le 4° et le 5°, sont des quittances de droit de lods à l'occasion de ventes qu'il consentit concurremment avec les prêtres de Notre-Dame d'un pré (10 novembre 1503), d'une terre (27 février 1504), sis à Campan et dépendant pour un tiers du prieur d'Ytrac. Tous ces actes sont tirés des minutes de Jean Radulphi, notaire.

Le 6° est l'homologation de la vente d'une terre sise à Campan, consentie devant Vincent Brozat, notaire, le 22 juin 1504, au profit de Jean Brepmar, prêtre du village de Foulan, résidant alors au couvent des frères mineurs de la ville d'Aurillac. — Il en fut investi par le mandataire du prieur, Christophe de Conquans, seigneur de Monthély. — *Coram Vincentio Brozat, clerico, notario, apud Aurelhacum personaliter constitus nobilis vir Christoforus de Conquans dnus de Monteygli, ut procurator nomine procuratorio venerabilis et religiosi viri fratris Guidonis de Motpeyros prioris prioratus de Ytraco*, etc. Pendant la période du régime féodal le droit voulait que l'acquéreur d'une parcelle de terrain n'en devînt régulièrement propriétaire qu'à la condition d'avoir été investi par le seigneur de la terre dont dépendait cette parcelle à titre de fief. L'acte par lequel le seigneur suzerain conférait, et assurait la propriété de ce domaine s'appelait *investiture*. Elle se fit par la tradition d'une petite pierre que ledit de Conquans tenait entre ses mains : *et investitum fore voluit per traditionem parvi lapidis quem pro tunc dictus de Conquans in suis tenebat manibus*. Après quoi le mandataire du prieur le quitte de droit de lotz. Le droit de lotz avait quelque rapport avec nos droits d'enregistrement d'aujourd'hui. On déclame souvent contre la dîme, les cens et rentes du moyen âge ; les impôts modernes sont bien plus lourds, mais ils ont changé de nom et cela suffit pour qu'on les estime plus légers.

Le 7ᵉ document où il figure est une vente que les bénédictins de Maurs consentirent, en 1517, à noble Nil Hermen, seigneur de Quézac (1). Le dernier acte où il en est question est un procès-verbal d'enquête relative à l'élection de Jean de Montal, abbé de Maurs, dressé par Guillaume Pailhès, official de l'évêque de Saint-Flour. Il nous apporte la preuve : 1° de la fin de Guy de Montpeyroux, arrivée avant le mois de novembre 1530 ; 2° de la vacance qui suivit le décès de ce prieur et qui durait encore au mois de juin 1532.

1560-1562. — **Guy Badail.** — Primitivement Badailh. — Probablement d'une ancienne famille bourgeoise de Mauriac, remontant au XVᵉ siècle, éteinte au siècle dernier. Il existe une lacune de 30 ans entre Guy de Montpeyroux et Guy Badail. Peut-être quelque chercheur de l'avenir, plus heureux que nous, pourra-t-il la combler par la découverte de nouveaux documents. Notre prieuré lui fut donné avec la sacristie de Maurs dont il était l'apanage par une bulle de Pie IV de l'an 1ᵉʳ de son pontificat (29 mai 1560). Il prit possession le 29 septembre suivant dudit bénéfice par l'intermédiaire de Pierre Laboigue, prêtre communaliste, son procureur, en présence de Pierre Veyrine, vicaire, et d'un grand nombre de paroissiens. Un procès-verbal fut dressé à cet effet par le ministère de Jean Carrière, notaire de la ville d'Aurillac, en présence de Jean Laurens, Pierre Lacarrière, prêtres filleuls. Le 4 octobre de la même année, Jean Parizot, licencié en décret, fit enregistrer les bulles de provision du nouvel élu au greffe des *insinuations ecclésiastiques*, en vertu d'une procuration passée le 24 septembre

---

(1) Papiers Bournarel, à Quézac.

1560 devant Mre Pierre Céalin, notaire royal de la ville de Bort. Soit qu'on lui eût donné un autre emploi, soit qu'il eût terminé sa carrière, il avait cessé ses fonctions en 1562. Par un bonheur inespéré au moment où ce fascicule allait paraître nous avons trouvé deux noms à ajouter à la série des prieurs dans le XVIe siècle : François de Montal et Antoine Daude.

1562-156? — **François de Montal**. — Est simplement dénommé dans un bail à ferme dont voici l'analyse : Le 11 mai 1562, suivant acte dressé par Barata, notaire, Amaury Sarrauste, chanoine de Saint-Géraud « procureur exprès de François de Montal, sacristain de Maurs, et pour raison dudit office prieur d'Ytrac » amodia à Pierre Fraissi, avocat, et Jean Carrière, notaire royal, les dîmes du prieuré pour le prix de 1.000 livres tournois que ledit Sarrauste reçut en écus sol, écus pistole, ducats et autres monnaies. Il était, selon toute probabilité, parent collatéral de Jean, abbé de Maurs (1532-1568), et appartenait à une branche cadette de la grande maison de Montal dont le blason est : *d'azur, à trois coquilles d'argent, au chef d'or.*

1568-1572. — **Antoine Daude**. — C'est encore à deux « ceddes » du même notaire que nous empruntons le nom de ce prieur, nous nous contenterons de les résumer.

La première est un bail par lequel, Amaury Sarrauste, chanoine, mandataire d'Antoine, fit acenser les dîmes d'Ytrac à Me Jean Carrière et Guillaume de Tordes, moyennant le prix de 1.200 livres tournois. — La seconde est un contrat qui prouve que son ministère ne fut pas inactif. Le 14 juillet 1572, il confia à Jean Peyri du Bourlès « la charge de rediffier et remetre lesglize et temple d'Ytrac en telle et même forme, qualité, et estat quelle était auparadvant ces *derniers troubles* (1) bien et deub-

---

(1) Causés par les Huguenots, 1569.

ment faire excepté la cloche et le tenement des cloches lequel ledit Peyri ne sera tenu de faire que le couvert semblable à celui questoit de devant et excepté aussi les vitres, trailis, regès et hautelz... pour la somme de 1.150 livres ».

Le prieur en paya les trois quarts et le curé un quart.

1608-1627. — **Antoine Felgines.** — Une induction plausible fait présumer qu'il était originaire du village de Felgines, paroisse de Cassaniouze, où résidait un de ses parents, nommé Robert Felgines, vraisemblablement son frère, qui devint, en 1608, fermier d'une partie des dîmes du prieuré et, en un cas particulier, son procureur ou fondé de pouvoir.

M. l'abbé Lafarge croit pouvoir le rattacher à la famille féodale de Felzins, barons de Montamat, à laquelle appartenait le bienheureux Adhémar, gardien des frères Mineurs de Figeac, en 1310, et Balthazard, gouverneur de la ville de Maurs pendant les troubles de l'Auvergne. Mais cette filiation nous semble plus hypothétique que solidement établie.

Le premier titre où nous avons trouvé des traces authentiques de ce prieur est du 6 juillet 1608. Par l'entremise de ses commissaires François Gaultier, bourgeois d'Aurillac, Etienne Cros, marchand, il fit acenser les dîmes du Bex, de Caraizac, et de Serres, et le 14 novembre la moitié des dîmes du prieuré (1). Cette même année il eut un procès avec les habitants de la paroisse et fut condamné par sentence de la cour du Bailliage à faire réparer l'église. Ce ne fut pas le seul désagrément. Il donna les réparations à prix fait. Quand les bois furent prêts, les charpentiers et leurs manœuvres n'entendaient pas perdre du temps et souffrir des dommages. Robert Felgines, au nom du prieur, fit signifier à Antoine Fonrouge, juré, de sommer les habitants de charrier les bois du Bourlès à Ytrac. Ils ne paraissent pas s'être exécutés de bonne

---

(1) Minutes Laborie, notaire.

grâce. Quoi qu'il en soit des charpentiers et leurs ouvriers qui urgent les travaux, les habitants d'une paroisse chargés de fournir les bœufs et de faire transporter les matériaux, cela suppose des réparations importantes et confirme ce que nous avons déjà dit (p. 19), que notre église eut beaucoup à souffrir des guerres religieuses. Ce fut à cette époque, sans doute, que fut refaite une partie de la charpente qui subsiste encore aujourd'hui. (1)

Nous trouvons Antoine Felgines, prieur, mentionné en 1614, dans le *Dictionnaire statistique* qui, selon son habitude, n'indique pas la source utilisée, et dans un acte capitulaire, du 2 janvier 1625, par lequel les bénédictins de Maurs « accordent aux frères Escudier le droit de sépulture dans la chapelle de Notre-Dame du Cœur estant dans lesglise dudict monastere a cousté du grand autel ». — Un érudit d'un peu d'imagination et de bonne volonté ne pourrait-il pas soutenir que Maurs dispute à Aurillac l'honneur d'avoir donné naissance au culte ou à la dévotion du Saint Cœur de Marie ? (2)

Nous le voyons figurer pour la dernière fois avec son titre de prieur, en 1627, suivant acte reçu par Dommergue, notaire à Maurs, (3). Ce qui ne veut pas dire qu'il ne le fut pas encore plus tard. — Les relations qu'il entretint avec les seigneurs de Roquemaurel, l'élection de domicile qu'il fit en leur château pour la perception des revenus au prieuré (4) nous font penser qu'il désirait garder son bénéfice jusqu'à ce que Gabriel de Roquemaurel fût en âge de lui succéder ; mais soit qu'il ait été victime de la maladie contagieuse qui décima l'Auvergne en 1628 et 1629, soit pour tout autre motif, on ne sait, cette cession n'eut pas lieu, car, le 13 juin 1633, il y avait un nouveau titulaire.

---

(1) Minutes Laborie, notaire.
(2) Arch. du C. S. H. Fonds de l'Abbaye de Maurs.
(3) Communication de M. l'abbé Lafarge.
(4) Minutes Laborie, notaire.

1633 ... **Jean Vermenouze**. — Ce nom patronymique se trouve, au XVIIe siècle, à Capmas et à Vielles (1), deux localités de notre paroisse. Il est difficile de dire à laquelle des deux appartenait notre prieur. Les détails qui suivent suffisent à établir l'ancienneté de cette famille encore honorablement représentée dans les rangs du commerce, du clergé (2) et des lettres (3). Le prieur Jean Vermenouze était issu du mariage qu'autre Jean, son père, avait contracté avec Jeanne de Conhaguet. Il résidait habituellement à Vielles. C'est là, sans doute, qu'il était né dans la seconde moitié du XVIe siècle.

Après sa promotion au sacerdoce, il fut agrégé à la communauté séculière des prêtres filleuls. Il est mentionné sous cette qualification pour la première fois, à notre connaissance, dans le procès-verbal de délibération municipale dressé le 22 décembre 1619 où il apposa sa signature. De concert avec les consuls, les prêtres et les notables de la paroisse, il fut appelé à délibérer sur les moyens à prendre pour réparer le pont de Lacarrière, à fixer la contribution pécuniaire de chaque habitant nécessaire pour l'exécution des travaux. (4)

Dans la suite il sortit des rangs du clergé séculier pour entrer dans l'Institut bénédictin de Maurs. Nous avons découvert dans les minutes de Me Delom, notaire royal à Aurillac, la preuve de son priorat. Nous n'hésitons pas à la reproduire presque dans son entière teneur, avec l'orthographe primitive, pour en mieux conserver la physionomie originale :

---

(1) On trouve un Louis Vermenouze, curé de Tessières-de-Cornet, sans doute de la même famille qui fit des dons considérables, en 1687, pour l'établissement d'un séminaire à Aurillac ; mais ce projet ne fut pas réalisé dans cette ville Cf. Dict. stat, t. v.

(2) M. l'abbé Léopold Vermenouze, chanoine honoraire d'Oran, curé doyen de Relizane.

(3) M. Arsène Vermenouze, « notre grand poète Auvergnat », majoral du Félibrige, lauréat de l'Académie Chevalier de Saint-Grégoire-le-Grand. Nous sommes de ceux qui pensent qu'après les saints, il n'est rien de si voisin de Dieu que les Poètes Catholiques.

(4) Papiers personnels.

« L'an 1633 et 3 juin après midi à Aurillac et maison de Mᵉ Raimond de Vigier personnellement estably Mᵉ Jean Vermenouze, prêtre sacrestan (sic) de Maurs, habitant du villaige de Vielle paroisse ditrac, lequel de gré confesse avoir receu de Jeanne Limanhes, veuve de Pierre Vigier et héritière médiatement de Pierre Vermenouze, habitant du villaige del Capmas, présent et acceptant la somme de douze cent livres de légat faict par ledict Vermenouze à feu Jean Vermenouze, père dudict Mᵉ Jean et duquel il est héritier en son dernier testament reçu par Grimal, notaire, le 14 août 1576... (1). Dans cette quittance son titre de prieur n'est pas exprimé, mais il n'en est pas moins incontestable ; on sait, en effet, qu'à l'office de sacristain de l'abbaye était attaché notre prieuré. On s'étonnera peut-être de voir un moine vivre hors du cloître, et habiter son village natal ; mais il ne faut pas oublier qu'à cette époque un fléau terrible, — la peste, puisqu'il faut l'appeler par son nom, — obligea les religieux de Maurs à s'exiler temporairement de leur monastère.

Trois ans après, on le voit figurer dans une reconnaissance en emphitéose et perpétuelle pagésie consentie par Jean Rossignol à Antoine de Roquemaurel, seigneur d'Espinassol en 1636 (2).

C'est la dernière trace que nous avons recueillie de ce dignitaire ; sa destinée ultérieure nous est inconnue, ainsi que la date à laquelle il fut remplacé par son successeur direct.

1642-1677. — **Gabriel de Roquemaurel.** — appartenait à une des plus nobles et des plus illustres familles du pays dont l'origine, dit Bouillé, comme celle de pres-

---

(1) Minutes Delom, registre 1633, fol. 252.
(2) Papiers de la famille Rentière.

que toutes les maisons de vieille chevalerie, se perd dans la nuit des temps. — Elle comptait parmi ses illustrations religieuses : un abbé de Moissac (1410), Aymeric, mort évêque de Montauban en 1449 ; deux abbés de Figeac, Bégon (1413-1441) et Antoine (1526-1536), qui méritèrent l'estime et la confiance des Souverains Pontifes ; deux abbés de Saint-Marcel : Antoine. grand archidiacre (1543-1601); Jacques, prévôt du Chapitre de Montauban 1543-1561) ; un prieur de Bredom, Jean, (1434-1461) ; une chanoinesse de l'ordre de Malte à Beaulieu-Issindolus, Jeanne (1651-1679), reçue sur preuves régulières d'une descendance noble de quatre générations paternelles et maternelles.

Antoine de Roquemaurel avait épousé en premières noces, en 1597, Anne de Reilhac, et en secondes noces, le 24 février 1611, Louise de Caissac. De ce dernier mariage vint, entre autres enfants, celui qui fut notre prieur. On lui donna au baptême le nom de Gabriel, nom de religion, de force et de vertu qui parut plus tard si bien justifié. La noblesse et l'opulence de sa famille lui assuraient un brillant avenir. Aux attraits du monde il préféra les rigueurs de la profession monastique. Il prit une position éminente dans la communauté. Les offices de sacristain et de prieur d'Ytrac, de prieur claustral lui furent successivement et même simultanément confiés.

Le premier document dans lequel il figure, avec sa double qualité, est de l'an 1642. A cette année se rapporte le procès qu'il eut avec Pierre Lalande, prieur de Saint-Georges et de Saint-Santin de Maurs, et l'accord amiable intervenu entre les parties intéressées, le 18 mars, par lequel Gabriel de Roquemaurel s'engage à donner tous les ans au prieur de Saint-George 24 setiers de seigle et 2 de froment. Avant cette époque, à une date qui flotte entre 1633 et 1642, il avait pourvu à la vacance de la cure d'Ytrac, dont le titulaire, Antoine de Roquemaurel, son oncle ou son frère du côté maternel, s'était démis « purement et simplement » entre les mains de l'ordinaire. Pierre Limanhes, nommé sur sa présentation, avait pris possession.

Il assista, en 1674, à l'intronisation de François de la Vieuville, abbé de Maurs, et souscrivit, en qualité de témoin, au procès-verbal d'installation.

Dans l'intervalle de ces divers actes, Dom Gabriel faisait de fréquents voyages à Ytrac où l'appelaient ses affections et les devoirs de sa charge. Les registres de la mairie font plusieurs fois mention du séjour du prieur dans cette belle paroisse, au château d'Espinassol, dont la seigneurie appartenait à sa famille, où pour lui se reportaient si volontiers les premiers et les plus agréables souvenirs de l'enfance. Ils relatent qu'il fut parrain de Gabriel Courboulès (16 août 1648) de Marguerite Bouygues (20 mars 1654), de Catherine Bos (25 juillet 1656) ; qu'il tint sur les fonts, sa nièce Françoise de Roquemaurel (19 décembre 1659) et fut témoin au baptême de Jean, son neveu (7 septembre 1667), issus l'un et l'autre d'Alexandre et de Catherine de Veyre. Nos registres le désignent en ces termes : noble Gabriel de Roquemaurel, écuyer, prieur d'Ytrac et sacristain de Maurs.

C'est par ses soins que la Chapelle de Saint-Césaire fut restaurée ou même entièrement refaite. Son blason gravé à la clef de voûte et un acte de 1674 en font foi. Il survécut encore quelques années. Comme si d'ailleurs il n'eût pas voulu quitter la terre avant d'avoir revu le manoir paternel, il y revint en 1677. La maladie et la mort l'y attendaient au retour. Il essaya de placer son bénéfice entre les mains de Jean de Veyre, clerc tonsuré, chanoine et infirmier de la collégiale Saint-Géraud, au moyen d'une procuration *ad resignandum*, passée le 9 septembre 1677, devant Delarmandie, notaire ; mais l'abbé de Maurs, usant de son droit de collation, se hâta de nommer à la place vacante de crainte d'être prévenu par le Pape. Ici s'épuise la série des actes peu importants sans doute de Dom Gabriel ; mais leur peu d'importance même n'est-elle pas la preuve de notre minutieuse attention à transmettre par ordre chronologique ce qui concerne nos prieurs. — Nous n'avons pas trouvé son acte obituaire, mais il semble résulter d'une sentence dont nous donnons le texte à l'article suivant qu'il fut inhumé dans la chapelle du château d'Espinassol. Ses armes étaient : *d'azur à trois roc d'échiquier d'or au chef d'argent chargé d'un levrier courant de sable.*

1677-1698. — **Ignace de Courboulès**. — Fut choisi par l'abbé François de la Vieuville pour succéder à Dom Gabriel. Nous n'avons pas la pièce officielle de cette nomination ; mais elle est surabondamment prouvée par ce qui suit. Il descendait d'une noble et ancienne famille fixée de temps immémorial au château de Monjolie, dont elle a fini par prendre le nom. Les registre de catholicité de St-Martin-Valmeroux ne remontant qu'à 1680, il est impossible de fixer la date de sa naissance. — D'autre part, il dut recevoir pour ses ordinations des lettres dimissoires émanées de l'évêque de Clermont ; mais ce genre d'actes était insinué au diocèse d'incorporation et non au diocèse d'origine. Or, la plupart ou plutôt la presque totalité de ces volumes ont disparu de nos archives, nous sommes ainsi privé de précieux documents relatifs à ce personnage.

Nous avons dit à la notice précédente qu'il eut un concurrent qui lui disputait la place, dans la personne de Jean de Veyre, parent des de Roquemaurel, Ignace de Courboulès, à peine installé, se trouvait déjà en rivalité avec les seigneurs d'Espinassol, et troublé dans la jouissance des fruits de son bénéfice. Personne dans ce temps-là n'entendait sacrifier de ses droits, aussi y avait-il de perpétuels conflits. Ils se terminaient souvent par un arrangement, mais le différend était quelquefois porté devant l'officialité, le bailliage, et même le Parlement. Ignace porta ses plaintes au Présidial de Clermont. Un très bienveillant érudit Clermontois, M. René de Ribier, ancien conseiller général du Cantal, nous a transmis un extrait de cette plainte qui contient des détails curieux et reflète les mœurs de l'époque. En voici les préliminaires:

« 19 juillet 1680, plainte par Ignace de Courboulès, sacristain de Maurs, prieur d'Ytrac deprésent à

Clermont, contre Catherine de Veyre, veuve d'Alexandre de Roquemaurel, demeurant à Espinassol, frère de Gabriel de Roquemaurel dernier titulaire de la sacristie de Maurs, mort en septembre 1677 au château d'Espinassol.

Catherine de Veyre (dit-il), garde et recèle son corps afin de pouvoir faire admettre à temps en cour de Rome la résignation qu'elle avait exigée dudit défunt de son office de sacristain en faveur de Me Jehan de Veyre, chanoine, infirmier de l'Eglise de Saint-Géraud, frère de ladite Dame (1), sous le nom duquel ladite Dame trouble le sieur Courboulès en la jouissance de la sacristie et dudit prieuré, duquel il est canoniquement pourvu, et, en effet, il a obtenu arrêt du 17 juin dernier du grand conseil par lequel il est maintenu en la possession dudit office et du prieuré, et ledit sieur de Veyre condamné à la restitution des fruits et les fermiers a vider leurs mains en celles dudit Courboulès... Nonobstant Catherine de Veyre a assemblé une vingtaine d'hommes armés de pistolets et de fusils, conduits par un vallet d'Espinassol avec deux paires de bœufs et carettes qui vers minuit enlevèrent à la lueur des chandelles les gerbes réunies par le sieur Courboulès qu'ils transportèrent à Espinassol (2).

Ce conflit ne pouvait pas durer, et Ignace resta paisible possesseur de son bénéfice. Les actes de son administration connus sont deux beaux à ferme consentis par lui ou par Antoine de Montjoli, son frère, devant Delarmandie, notaire à Foulan, les 9 juillet 1679 et 7 juillet 1680. Pendant les dix-huit ans qui s'échelonnent, à partir de cette époque, il ne reste pas trace de son passage dans la paroisse. Il abdiqua ses fonctions, le 31 janvier 1698, moyennant une pension viagère de 250 livres. Cette rente fut stipulée

---

(1) On sait que ce fut dans un but de police religieuse que les ordonnances royales établirent les registres de paroisse : par là, la date des décès des bénéficiers ecclésiastiques ne pouvait être dissimulée par ceux qui, pour leur succéder, s'adressaient en Cour de Rome et sollicitaient du Pape l'emploi de son droit de prévention sur les collateurs ordinaires.
(2) Arch. du P. de D. Présidial de Clermont, liasse 624, cote 1.

payable moitié le jour de saint Jean-Baptiste, moitié le jour de Noël. L'acte passé devant Delom, notaire apostolique, n'indique pas les motifs de cette démission.

1698-1734. — **Pierre Lacarrière.** — D'origine plus modeste que les précédents, né à Lacarrière, d'une excellente et patriarcale famille, Pierre, le quatrième des huit enfants de Germain et d'Anne Abeil, fut baptisé le 28 juin 1654, par M. Bros, vicaire de la paroisse, et tenu sur les fonts par Pierre Figeac et Marie Lacarrière. La foi, l'honnêteté chrétienne, les bonnes mœurs qui étaient héréditaires dans cette maison favorisèrent sa vocation ecclésiastique.

Le 16 juin 1679, Antoine, son frère aîné, exécuteur testamentaire des suprêmes recommandations de leur père, en date du 4 mai 1677, lui constitua son titre clérical devant Delarmandie, notaire (1). De plus le constituant s'engagea à payer tous les frais du séminaire et à lui donner une chambre meublée « de tous les meubles nécessaires ».

Clerc tonsuré en 1679, ordonné prêtre vers 1684, il fut incorporé à la communauté de prêtres de St-Julien dont il partagea les travaux pendant quatorze ou quinze ans.

En 1698 et le 31 janvier Ignace Courboulès résigna le prieuré d'Ytrac « en faveur de Pierre Lacarrière, prêtre séculier de la paroisse d'Ytrac, chapelain des chapellenies fondées l'une par Jean Lacarrière, curé de Roffiac (2), l'autre par Antoine Lacarrière », ses parents, à condition : 1° qu'il prendrait l'habit religieux dans le monastère de Saint-Pierre de Maurs ; 2° qu'il paierait au démissionnaire une rente annuelle, sa vie durant, de 250 livres (3).

Les bulles de provisions données à Rome le 5 des Calendes d'avril, vérifiées le 3 mai par les banquiers expéditionnaires, furent revêtus du visa épiscopal le 6

---

(1) Papiers personnels.
(2) Ruffiac en Agenais.
(3) Minutes Jh. Delom.

juin. En vertu de ces bulles Mre Lacarrière prit possession de la sacristie de Maurs et du prieuré d'Ytrac le 16 juin 1698, dont acte lui fut octroyé par Mre Delom, notaire, en présence de François de Roquefeuil, écuyer, sieur de Lacoste, habitant de Prunet, et Guillaume Bonhore, avocat à Aurillac. Il entra donc à l'abbaye, y fit profession et y vécut de longues années sous l'habit monastique. Entre temps il fit quelques apparitions à Ytrac, on le voit figurer dans quelques actes comme témoin et signataire, notamment aux époques suivantes : 10 juillet 1698 ; 1er août 1700 ; 28 octobre 1704 ; 13 septembre 1711 ; 24 août 1735 ; 8 août 1736 ; 13 juillet 1738.

Le 29 avril 1735 il se démit de son bénéfice en faveur de son neveu, Pierre Lacarrière, religieux profès du même monastère, mais sous la réserve expresse d'une pension viagère, payable de six mois en six mois, à dater du jour de la prise de possession du résignataire. Cette pension, qui lui fut assignée sur les revenus du prieuré devait être franche de toutes charges ordinaires et extraordinaires. L'acte fut passé devant Boussaroque, notaire d'Aurillac. Les témoins et signataires étaient : François Martin, prêtre, bachelier en théologie, curé de Sansac, et Me Pierre Besse, procureur au baillage et siège présidial d'Aurillac. Le 30 septembre 1741 suivant acte reçu par le notaire sus nommé, il fit donation à son neveu et successeur d'une rente de 200 livres consentie en faveur de Marie Lacarrière par Escuroux de Pradeirol, paroisse de Boisset, et dont cette dernière lui avait fait cession le 16 septembre 1729, devant Darses, notaire à Maurs. (1).

Une fois démis il passa dans la retraite et les bonnes œuvres les derniers jours de sa vie, aidant de ses épargnes et de ses biens aux besoins du monastère. Ce pieux cénobite avait une dévotion particulière à saint Césaire. Il augmenta le luminaire de sa chapelle et consacra les revenus d'un bois sis à Germès, paroisse de Maurs, qu'il avait acquis de Catherine Cébié d'Ytrac, à l'entretien d'une lampe qui devait brûler jour et nuit pendant l'oc-

---

(1) Registres d'Insinuations.

tave de saint Césaire, et tous les dimanches depuis les premières jusqu'aux secondes vêpres. Bien plus il en fit don à l'Abbaye à condition que les sacristains, ses successeurs, se chargeraient d'entretenir cette lampe à perpétuité (1). Il mourut, nonagénaire, à bout d'âge et d'influx vital, après 36 ans de priorat et 45 de vie religieuse. Personne n'a mieux mérité que lui l'application du verset répété si souvent dans les saintes Ecritures, sur le tombeau des patriarches : Il est mort plein de jours et de mérites dans une heureuse vieillesse : *Mortuus est in senectute bonâ, plenus dierum.*

1735-1750. — **Pierre Lacarrière**. — Deux religieux de la même localité, du même prénom et du même nom, l'oncle et le neveu, furent successivement prieurs d'Ytrac. Le second dont il est question ici reçut du pape Clément XII la bulle d'institution canonique, datée du dix des Calendes juin, la cinquième année de son pontificat (23 mai 1735) revêtue du visa de l'évêque de Saint-Flour, le 28 juillet suivant. Bientôt après le nouvel élu soumettait ses lettres à l'enregistrement du greffe des insinuations ecclésiastiques et se faisait installer solennellement les 2 et 3 août 1735.

Assisté du notaire apostolique tenant en main ses provisions, Dom Lacarrière a été introduit dans l'église, a baisé l'autel, touché le livre des Evangiles, fait sonner la cloche, et « s'est mis en la vraie, réelle actuelle et corporelle possession du prieuré d'Ytrac, annexé à la sacristie de Maurs, des fruits, profits, revenus et émoluments, honneurs, prééminence et prérogatives en dépendant. » Cette cérémonie eut lieu en présence de Jean François Cailar, curé, et de plusieurs habitants de la paroisse. Le lendemain il demandait acte notarié de cette prise de possession, et Antoine Boussaroque le lui octroyait en présence de Guy Passefons, du

---

(1) Arch. du C. S. H. fonds de l'abbaye de Maurs.

sieur Carbonnat de Carbonnat, paroisse d'Arpajon et de Jean Vigier d'Ayrens (1).

Ses fonctions le tinrent éloigné de sa paroisse natale où il ne vint qu'à de rares intervalles; cependant il y assista au baptême de Pierre Larmandie le 8 août 1736; fut parrain de Pierre Jonquières le 16 avril 1736; de Pierre Establie, le 17 août 1737; de Marie Lacarrière, sa nièce, le 27 septembre 1738; de Pierre Salettes, le 20 mai 1740 (2). Les canons de l'Eglise, les ordonnances synodales d'Archambaud, évêque de Saint-Flour, (1326) (3), d'Antoine de Lévis (1552) (4), le Rituel romain défendent aux religieux de tenir des enfants sur les fonts sacrés (5). On voit avec quelle facilité des permissions étaient accordées à cet égard, surtout lorsque des liens de parenté les unissaient à la famille du baptisé.

Pendant les dix années qui suivent il n'est plus fait mention de lui dans nos registres. Il s'enferma dans la paix et la solitude du cloître, consacrant son temps aux observances de la vie cénobitique. Le 23 août 1750, il résigna volontairement ses fonctions; mais il avait eu la précaution de faire passer le prieuré sur la tête de Pierre Martin, son neveu.

Il vécut ainsi sans autre emploi jusqu'au 2 octobre 1750, date de sa mort.

1750-1754, — **Louis Sabatié**. — Né à Camp, baptisé dans l'église de Saint-Sulpice de Maurs, le 12 novembre 1703, par un vicaire du nom de Valette, fils de Jean et

---

(1) Registres d'Insinuations.
(2) Registres de la Mairie.
(3) *Prohibemus etiam ne in patrinum regularis aliquis admittatur.*
(4) *Prohibomus tamen cunetis baptizantibus sub pana emende arbitrarie ne religiosos professos cujuscumque ordinis fuerint ad levandum infantes de sacris fontibus admittant, cum eisdem ex regula ipsorum prohibeatur et de jure. Item... omnibus presbyteris nostre diocesis... nisi de sua sint parantela sine nostra aut officialis nostri licentia.*
(5) Rit. Rom. tit. II. N° 26.

de Marie Dommergue, entra dans l'abbaye de Saint-Pierre où il fit profession. Antoine Redon de Fontenille, abbé commendataire, lui donna la succession de Pierre, par lettres de provision du 5 octobre 1750.

Son priorat, de courte durée, dont nous avons beaucoup moins à tenir compte que de celui de son concurrent, fut marqué par les rivalités auxquelles il donna lieu. Il prit possession en personne avec l'assistance de Jean Establie, notaire apostolique d'Aurillac, mais au moment où il allait se retirer se présenta Pierre Martin, clerc tonsuré, du village de Cambian, paroisse d'Ytrac, qui « s'opposa fortement à la prise de possession, déclarant qu'il était pourvu en cour de Rome sur la résignation faite le 23 avril dernier par défunt Lacarrière, son oncle. » Après avoir consigné cette protestation au procès-verbal les parties se transportèrent le lendemain, 10 octobre, à Ytrac, où l'installation de Louis Sabatié eut lieu, après midi, avec les mêmes incidents, c'est-à-dire une vigoureuse opposition de la part de son compétiteur. Un mois plus tard Dom Sabatié s'opposait non moins énergiquement à l'installation de Pierre Martin. Le conflit se prolongea pendant plusieurs années, chacun des candidats s'opiniâtrant dans ses prétentions. Fut-il porté devant l'officialité diocésaine ou la cour présidiale ? Nous n'en savons pas davantage. Dans tous les cas Louis Sabatié ne resta pas longtemps en fonctions car dès l'année 1755 il figure comme prieur claustral de l'Abbaye. Cette élection mit fin aux débats qu'avait fait naître cet état de chose.

---

(1) Même après les réformes opérées par le concile de Trente, il y avait dans la possession des bénéfices ecclésiatiques de singuliers usages dont on a assez de peine à se rendre compte de nos jours. Les résignations avec réserves et retours les permutations, et autres procédés de ce genre, avaient introduit une multitude d'abus choquants, auxquels il est impossible de ne pas se heurter quand on parcourt l'histoire de ces temps. Rien de plus commun alors que de voir un titulaire résigner à un parent un bénéfice dont il gardait les revenus, sauf une faible part et même le titre.

Sa carrière commencée au temps des malheurs de Louis XIV et finie avant l'époque des désastres de Louis XVI ne fut point attristée, assombrie, par le pressentiment des terribles commotions qui allaient ébranler le sol de la France. Il mourut après avoir rempli les charges de sacristain et prieur d'Ytrac, de prieur claustral ; plus heureux que quelques religieux de l'Abbaye, il eut la double consolation de voir ses frères lui fermer les yeux et de ne pas survivre à la ruine de sa pieuse solitude.

1756-1772. — **Pierre Martin**. — Né à Lacarrière, baptisé en l'église de Saint-Julien d'Ytrac, le 27 juillet 1727, était le quatrième des onze enfants de Jean Martin et de Catherine Lacarrière, mariés le 8 février 1723. A cause de la profession de ses parents, il résida, dans le principe, à Lacarrière et, dans la suite, à Cambian. Il se voua de bonne heure à la vie ecclésiastique et fut élevé à la prêtrise en 1754.

Pierre Martin avait été pourvu par le pape, le 14 septembre 1750, de la dignité de sacriste laissée vacante par la résignation que le titulaire en avait faite aux mains de Benoit XIV. Grâce à son oncle qui s'était volontairement démis en sa faveur, Martin avait été nommé, à 21 ans, avant même d'avoir fini ses études, simple clerc qui n'est pas *in sacris*. C'était, pour répéter un mot de Sainte-Beuve (1), « un séculier non régulier, un moine amateur et hors du froc ».

En vertu du visa de l'évêque de Saint-Flour, du 17 novembre, il s'installa solennellement à Maurs le 24, à Ytrac le 26 du même mois, et malgré l'opposition de Dom Sabatié qui se « déclare canoniquement pourvu », suivant procès-verbal dressé par Jean Establie, notaire. Aux termes de la bulle pontificale, pour jouir de son bénéfice, il devait entrer dans l'ordre de Saint-Benoit, mais, en dépit de ses instances réitérées, il ne fut admis à la

---

(1) T. V. p. 66 note 1.

vêture qu'en 1756, et son noviciat se prolongea jusqu'en 1765. Tous les ans il demandait à faire profession, mais en vain ; entre autres griefs, on lui reprochait de se donner ses aises à l'endroit de la règle, de la sobriété, de l'obéissance aux supérieurs, du port du costume religieux, des obligations de sa charge, etc., etc. ; on le déclarait indigne de la profession, tant qu'il n'aurait pas terminé un procès intenté à Dom Chaule, religieux profès de l'Abbaye. N'insistons pas davantage sur ces documents inédits dont le principal intérêt est d'offrir un tableau des mœurs ecclésiastiques à cette époque. Après avoir réformé sa vie sinon scandaleuse au moins peu édifiante pour un religieux, donné à ses supérieurs des marques non équivoques de sa régularité et de sa bonne conduite, il est à supposer qu'il fut appelé à prononcer ses vœux, à prendre sa place dans l'Ordre. J'ai idée que la crainte d'un procès ruineux « pour de pauvres religieux et que pouvait soutenir Dom Martin qui jouissait d'un revenu de plus de cent louis d'or » ne fut pas étrangère à son admission.

Nos archives ont conservé la trace de ses pèlerinages au lieu de ses prédilections. Il y vint souvent pour rendre visite à sa famille, pour percevoir les revenus de son bénéfice, jouir des privilèges honorifiques attachés à son titre. Nous avons de lui : une liasse de quittances délivrées au sieur Calvinhac, fermier des dîmes du prieuré, et une lettre autographe qui prouve bien qu'il fit passer avant les besoins de sa parenté ses besoins personnels ou plutôt ceux de l'Abbaye. Il vint aussi pour prier et pleurer sur des tombeaux. De grands deuils lui étaient réservés : celui de son père (14 mai 1761) ; de sa plus jeune sœur (4 mars 1765) ; il essuyait une nouvelle perte bien sensible encore, celle d'un de ses frères, mort à Cambian, le 12 avril 1772. Un peu plus tard, il descendait lui-même dans la tombe, âgé à peine de 45 ans (septembre 1772).

1772-1790. — **Jean Auriac.** — Nous touchons au dernier anneau de cette chaîne priorale qui est à la veille de se briser pour ne plus se rejoindre : insensiblement le relâchement, les abus qui en étaient la suite inévitable n'avaient-ils pas aidé à amener le châtiment qui frappa le clergé de France et qui lui valut plus tard les honneurs d'une si grande et si noble expiation ?

Originaire de Maurs, d'une famille de notaires honorablement connus dans la contrée (1), Jean quitta le monde pour le cloître. Les registres d'insinuations ecclésiastiques, plus sobres de détails sur ce dignitaire que sur son devancier, nous ont fourni les renseignements suivants :

Antérieurement à 1756 il fut pourvu de la camérerie et plus tard nommé syndic du couvent. Il abdiqua ses fonctions entre les mains du seigneur abbé François de Sénezergues, le 12 septembre 1772. Celui-ci lui donna des lettres de collation en vertu desquelles il prit possession effective de son titre le 14 septembre 1772, en présence de Jacques de Baudières, seigneur d'Entraigues, de Joseph de Mellet, sieur de Lestang, de Mre Antoine Jalenques, avocat, Antoine Papon, collecteur des actes, de Pierre Boutaric, écuyer. Il se transporta ensuite à Ytrac où la même formalité s'accomplit, devant Louis Geneste, notaire apostolique, en présence de cinq témoins.

Nous avons entre les mains deux titres authentiques émanés de son administration : 1° un bail à ferme du prieuré qu'il consentit, le 10 juin 1773, moyennant, outre les charges et redevances, le prix de 1800 livres en argent ; — 2° une transaction amiable, au sujet des dîmes novales qu'il conclut avec M. Salarnier, curé de la paroisse, pour assoupir un procès pendant devant la cour du Bailliage d'Aurillac. Par suite de ce concordat, M. Salarnier abandonna son droit de novale pour la somme annuelle de 350 livres. Quinze années s'échelonnent ensuite de 775 à 1790 sur lesquelles il n'est resté aucun souvenir.

Jean fut le dernier bénéficiaire, et s'il vivait encore en 1786, bénéficiaire dépossédé, car le 20 septembre

---

(1) Depuis la fin du XVIe siècle jusqu'à la Révolution elle exerça « l'estat et office de tabellion royal dans les seigneuries et ressorts de Maurs ». (Communication de M. l'abbé Lafarge).

1785 Mgr de Ruffo décréta la suppression de l'abbaye de Maurs et l'union du prieuré d'Ytrac au séminaire de Saint-Flour pour l'établissement de pensions en faveur des vieux prêtres. Ce décret, pour avoir force exécutoire, fut approuvé par lettres patentes de sa Majesté en octobre 1785, et confirmé par arrêt du Parlement le 30 janvier 1786. Les habitants de la localité protestèrent et s'opposèrent à l'enregistrement des lettres patentes, et tant que leurs oppositions ne furent pas jugées par le Parlement ou le Grand Conseil, l'affaire fut arrêtée. Mais la Révolution, qui s'avançait à grands pas, consomma, sans retour, l'œuvre commencée ; le prieuré disparut dans cet épouvantable cataclysme où s'abîmèrent toutes nos grandeurs locales.

CHAPITRE IV.

La Cure ou Vicairie perpétuelle

Définition. — Curé primitif, vicaire perpétuel. — Nomination et installation. — Habitation. — Moyens de subsistance. — Occupations. — Droits et prérogatives. — Vertus, Science. — Longs pastorats. — Chronologie des curés. — Notices sommaires.

Nous avons exposé de notre mieux, dans la pénurie des documents où nous sommes, les origines du prieuré, et tout ce qui concerne le prieur; il est temps maintenant de parler de la vicarie perpétuelle. Une explication préliminaire est ici nécessaire. Ce titre suppose une Cure séparée en deux bénéfices distincts, l'un attribué au curé primitif, l'autre à un prêtre délégué sous le nom de vicaire perpétuel. Le curé primitif, retiré dans son monastère, ne relevant que de son supérieur, jouissait des revenus du bénéfice et des honneurs qui ne sont point attachés au service spirituel dont il se trouvait déchargé sur un vicaire. D'abord simple desservant temporaire, révocable à volonté, le concile de Trente, le 3 mars 1547, dans sa VIIe session en fit un vicaire perpétuel. Le concile provincial de Bourges, s'empressa de mettre en vigueur la discipline nouvelle, l'édit de Louis XIII, du mois de janvier 1629, la généralisa en France (2). Le vicaire perpétuel, ne

---

(1) *Beneficia ecclesiastica curata... quæ ecclesiis vel monasteriis perpetuo unita et annexa reperiuntur ab Ordinariis locorum singulis annis visitentur qui sollicite providere procurent ut per idoneos vicarios etiam perpetuos... ibidem deputandos, animarum cura laudabiliter exerceatur. Conc. Trid. Sess. VII. Cap. VII.*

(2) Que « toutes les cures unies aux abbayes, prieurés... soient dorénavant tenues à part par un vicaire perpétuel, sans qu'à l'avenir les dites églises puissent prétendre sur les dites cures d'autres droits que les honoraires, tout le revenu demeurant au titulaire. Cité par les *Conférences d'Angers*, édit. Gauthier, t. 18, p. 358.

jouissant que d'une modique rétribution, remplissait les fonctions curiales, avait tout le poids des responsabilités ; curé, à lui d'avoir soin des âmes, *curare;* pasteur, à lui de paître le troupeau, *pascere* ; recteur, à lui de le régir, *regere,* et de le gouverner sous l'autorité de l'évêque qui ne peut le transférer ou le destituer que pour des raisons canoniques. Les vicaires perpétuels étaient donc de vrais curés ayant tous les devoirs, tous les droits de ces derniers.

I.

On a fait des portraits poétiques et fantaisistes du curé de campagne : Lamartine et avant lui Chateaubriand (1) et Rousseau (2) ont monté leur luth à sa gloire. Assurément il y a de belles parties dans ces tableaux de maître ; mais la netteté et la précision du trait n'y égalent pas la richesse du coloris. Le vrai curé ne fut jamais le prêtre de leur imagination.

Lamennais, dans son *Essai sur l'Indifférence* (3), le P. Gratry, (4) Louis Veuillot, dans un de ses nombreux chefs-d'œuvre (5), Armand de Pontmartin, dans ses *Causeries littéraires* et parmi les contemporains, Jules Lemaître, ont tracé un splendide idéal du prêtre plus facile à admirer qu'à réaliser.

Le curé peut être défini : un prêtre catholique, chargé d'un temple particulier et d'une portion de territoire et de population pour y gouverner en qualité de propre prêtre, les affaires de la Religion et en répandre les bienfaits ; — ou bien encore : le prêtre légitimement député pour distribuer avec obligation de le faire et en son propre nom, la parole de Dieu et les sacrements à un nombre déterminé de diocésains qui, à leur tour, sont tenus, dans une certaine mesure, de recevoir de lui les choses sacrées *(Bouix, Tractatus de Parocho,* p. 184).

---

(1) *Génie du Christianisme*. Livre III. Chap. II. p. 129.
(2) *Emile* Tome II, livre IV.
(3) Tom. I, p. 366 (Garnier, éd., Paris-).
(4) Cité par Mgr Gibier, Apostolat opportun p. 41, 42.
(5) Historiettes et Fantaisies.

On a été jusqu'à dire que les curés sont les successeurs des soixante-douze disciples au même titre que les évêques le sont des apôtres. Nous nous en tenons au canon du concile de Trente (Sess. 23 c. 6) qui distingue la hiérarchie de juridiction de la hiérarchie d'ordre. La prêtrise qui se rattache à celle-ci est divine et non la charge de curé qui se rapporte à celle-là. Aller plus loin c'est tomber dans l'opinion des Jansénistes et des Gallicans, qui considéraient le *Parochiat* comme un troisième ordre dans l'Eglise de droit divin et même de droit naturel.

II.

Les romanciers et les poètes ont aimé à peindre la maison du prêtre. Ils se sont plu à décrire ce petit coin de terre encore inexploré. Lamartine en a saisi tous les côtés pittoresques, et s'il n'avait parfois mêlé à ses descriptions, certaines fictions regrettables, il faudrait recommander ses beaux vers. Toutefois, les romanciers, en forçant les couleurs, ont manqué le tableau. Le presbytère n'est point tout à fait ce qu'ils ont dit.

C'était toujours autrefois auprès du temple confié à sa garde, de la demeure des morts dont il surveille la cendre, qu'était la propre résidence du curé, « la maison presbytérale ». De temps immémorial, Ytrac vit s'élever à l'ombre de sa vieille église la maison du recteur ou vicaire perpétuel, ainsi qu'il appert de la déclaration ci-après : « Nous, consuls de la paroisse d'Ytrac, déclarons que..... la maison presbytérale dans laquelle le sieur curé fait sa demeure a esté de tout temps, et que nous n'avons aucune connaissance quelle ayt été acquise depuis le 14e aoust 1641, laquelle déclaration nous affirmons véritable et en cas dobmission nous nous souzmettons aux peines portées par led arrest (arrêt du conseil d'Etat du 23 janvier dernier). En foy de quoy nous avons signé et fait signer. Le septième avril mil six cens quatre vingt onze. »

Comme l'aspect d'une maison, sa forme, et son ameublement donnent une idée exacte des mœurs de ceux qui l'habitent, on peut dire que le clergé de l'ancien régime revit dans ses vieux presbytères. La disposition de ceux-ci nous initie aux conditions de l'existence du curé, de ses goûts et de ses habitudes. Bien différente des constructions modernes, si la maison curiale n'était pas élégante, elle était solidement bâtie. On peut dire sans la calomnier qu'elle était quelque peu écrasée et lourde. Les pièces n'y étaient pas multipliées, mais bonnes et saines. Au rez-de-chaussée, une cave et une écurie; à l'étage supérieur une large cuisine, une salle à manger et une chambre à coucher complétaient l'habitation. Au-dessus un vaste grenier. Une cour, un jardin et une remise en formaient la dépendance. On savait alors combien l'espace et le grand air importaient à la santé, vu la vie solitaire et retirée du prêtre.

L'ameublement était simple, sévère, plutôt pauvre. Pour être à même de bien juger cette simplicité et cette austérité de vie, il faut lire les testaments de nos curés et filleuls où on voit indiqué tout ce qui composait alors le mobilier de leur chambre: un *châlit,* quelques sièges en bois, une table rabotée par le menuisier du pays, une armoire vulgairement nommée garde-robe, une pinte, quelques écuelles et assiettes en étain; dans l'âtre deux landiers en fer, telle était à peu près la physionomie de tout le logement sacerdotal; les agencements nécessaires à une confortable installation étaient inconnus. Un nouveau document confirmatif portant la date de 1793, c'est l'inventaire, qu'on trouvera plus loin, des meubles délaissés par M. Salarnier, lorsqu'il se vit dans la nécessité de fuir pour échapper au couperet de la guillotine. Ce digne pasteur occupait, depuis plus de 14 ans, le siège curial lorsqu'il retracta du haut de la chaire le serment qu'il avait prêté dans la bonne foi, mais que plus tard sa conscience lui reprochait comme inique et sacrilège. Cette déclaration fut enregistrée comme une démission et on lui enjoignit de sortir du territoire de la paroisse (13 février 1792). Depuis lors la maison des curés cessa de leur appartenir, je me trompe, un intrus n'y fut installé que pour bientôt en sortir sous le poids de la honte. Après avoir été occupée par une intrusion schismatique, elle servit de lieu de réunion pour les séances du Conseil général et du comité de surveillance selon une délibération du 5 germinal an II de la République (25 mars 1794), et ne tarda pas à devenir l'habitation de l'instituteur communal (24 mai 1796) (1). Les dépendances du presbytère savoir: « une écurie avec son grenier à foin, petits bâtiments et curtils, un pré, un jardin chenevrier, généralement tout ce qui provient de la cy devant cure d'Ytrac, à l'exception, seulement de la cy devant maison presbytérale et jardin potager réservés pour l'instituteur dans l'arrêté de lad administration du département du 5 prairial dernier», déclarés propriétés nationales, furent vendus au nom de l'Etat et adjugés presque pour rien à Jacques Sérieys, notaire et à Jean-Baptiste Brieu, ex-avoué d'Aurillac (14 juillet 1796) (2). L'instruction devient le grand moyen pour faire disparaître le fanatisme et l'instituteur le ministre exclusif de cette religion ; c'était sur lui qu'ils comptaient pour guider les citoyens vers la lumière. Les thermidoriens décidèrent dès le 27 thermidor (13 août 1794) que les presbytères seraient à l'avenir affectés au logement des maîtres d'écoles : c'étaient eux seuls qui seraient à l'avenir les pasteurs des âmes ; il convenait donc qu'ils occupassent les maisons curiales.

Après dix ans et plus de sécularisation et aussi de détoriorations de tout genre, elle fut restituée à ses légitimes propriétaires qui n'ont rien épargné pour lui rendre un aspect aussi satisfaisant qu'à aucune phase du passé. Ils l'habitèrent jusqu'en 1865 où elle se trouva ne plus suffire à leurs besoins. On vit alors le pasteur de la paroisse quitter la modeste enceinte de la maison appuyée au sanctuaire primitif pour venir s'abriter dans une demeure bâtie au flanc méridional de l'ancien presbytère qui demeura affecté à un service public jusqu'à l'époque de sa démolition en 1892.

Ytrac avait alors un digne représentant dont la mort récente a été une leçon de foi, de douceur et de résignation qui honore sa mémoire et sert d'exemple. Homme de sens et de délicatesse, il a voulu que la demeure du prêtre, sans s'élever aux proportions d'un palais eut le

---

(1) Archives municipales. Registres des délibérations 1794.
(2) Archiv. du Cantal S. Q. n° 51 et n° 272.

caractère d'un édifice, et l'architecte, chargé d'exécuter ses intentions, les a dignement interprétées. Il était impossible de faire un emploi plus intelligent et plus fécond, soit de l'autorité dont il était le dépositaire, soit des deniers publics dont il exerçait la gestion sous le contrôle de l'Etat. Grâce à lui, grâce aussi au pasteur de la paroisse dont l'intelligente et discrète activité a su se mêler avec autant de succès que de convenance aux délicates négociations chargées de conduire cette affaire au but que son zèle désirait, Ytrac a des droits certains à se glorifier de son presbytère. Nous avons pensé qu'il ne serait pas sans intérêt pour nous de nous remettre en mémoire l'historique de ces lieux.

III.

Alors la collation des titres ecclésiastiques, la nomination aux cures s'accomplissait d'une toute autre manière qu'aujourd'huy. De fait le pape avait le pouvoir d'y nommer le premier, mais il n'était jamais averti à temps que lors de la résignation du titulaire en faveur du remplaçant qu'il désignait. L'Evêque trouvait, dans son diocèse, près de lui une concurrence autrement redoutable que la prévention lointaine, et le plus souvent tardive, du souverain pontife. Son pouvoir était partagé entre les chapitres, les abbayes, les bienfaiteurs ou fondateurs des églises paroissiales. La prévention du pape; les droits des patrons ecclésiastiques ou laïcs; les graces expectatives accordées aux gradués (1); l'usage si fréquent des résignations, permutations ou pensions ne laissaient alors au libre arbitre de l'évêque, aujourd'hui maître incontesté des cures de son diocèse, que très peu de situations à donner (2). C'est ainsi que le prieur d'Ytrac était nommé

---

(1) Par gradué, on entendait celui qui ayant étudié dans une Université, en avait obtenu un diplôme constatant sa capacité. Le gradué faisait signifier ses titres par notaire devant témoins aux collateurs ecclésiastiques disposant de plusieurs bénéfices avec injonction d'avoir à lui conférer le premier bénéfice vacant.

(2) Dans le diocèse de Saint-Flour, sur 209 cures, l'évêque nommait à 61; sur 185 chapelles ou chapellenies, il disposait de 7 seulement; sur 52 prieurés, il avait la collation de 6; sur 17 prieurés unis à d'autres bénéfices, d'un seul. Cf. Pouillé du diocèse; Calendrier d'Auvergne pour 1765.

par l'abbé de Maurs, et le curé par le prieur ou l'abbé; seulement la promotion n'était valable que sous le *visa* ou l'approbation de l'Ordinaire qui donnait l'Institution canonique.

Une grande solennité présidait à l'installation du nouveau titulaire. Un acte notarié constatait toujours la prise de possession.

Il subsiste là-dessus, contenant de curieux détails, nombre de procès-verbaux dans les anciennes minutes notariales de l'arrondissement d'Aurillac, aujourd'hui conservés aux archives de la préfecture du Cantal; et nous ne saurions mieux faire que d'en citer quelques-uns dans nos notices, — ces documents n'ayant d'ailleurs été utilisés par personne avant nous, — nous les donnerons, selon notre habitude, aussi exactement que possible, afin de ne rien enlever à ces vieilles chartes de leur piquante originalité.

A nos yeux, ces cérémonies avaient une signification imposante. Il nous semble qu'elles disaient au nouveau pasteur de la paroisse qu'il se devait tout entier à ses devoirs et à son église, qu'il était comme une garde avancée aux frontières de la vie pour recevoir ceux qui entrent et ceux qui sortent de ce royaume des douleurs pour les conduire du berceau à la tombe, de la vie du temps à la vie de l'éternité.

IV.

Que possédait-il en biens fonds? Un petit jardin attenant à la maison curiale, un pré, quelques parcelles de terre, qui lui donnaient plus d'agrément que de profit. En dehors de ce petit enclos dont il n'avait d'ailleurs que la jouissance, et de quelques redevances sur quelques domaines que possédait-il? Rien. Les seuls moyens d'existence du curé étaient la dîme toujours odieuse, impopulaire, ou la portion congrue, le casuel souvent aléatoire, et les offrandes des fidèles.

1° La dîme n'était pas toujours, il s'en faut, la dixième partie ou portion des fruits. La part proportionnelle du curé et les matières dîmées variaient suivant les paroisses, les usages et les traditions. Nous l'avons déjà dit:

il y avait les dîmes appelées *inféodées* qui revenaient aux laïques et auxquelles le clergé n'avait pas de part.

La dîme était impopulaire, ce qui acheva de la rendre odieuse, exécrable, ce fut l'établissement de la dîme personnelle et l'accroissement de la dîme réelle. La dîme novale, droit sagement concédée au curé pour en faire un propagateur plus ardent de l'extension des terres arables, vint, en effet, peser sur les terres nouvellement défrichées qui, depuis quarante ans étaient sans culture, et par conséquent ne payaient rien.

Comment s'étonner de l'irritation du petit paysan chargé d'une nombreuse famille sans autre ressource que son travail, forcé de voir une part importante de sa récolte passer à des mains étrangères. Ce partage était d'autant plus intolérable que le pauvre fermier avait à en supporter d'autres. Sur la même récolte, en effet, s'exerçaient souvent le prélèvement du seigneur et la part du propriétaire. Cette part, désignée par un nom particulier, était d'ordinaire un cinquième ou un quart. Enfin le collecteur arrivait à son tour pour lever l'impôt royal et l'impôt local. Quand les années étaient mauvaises, quand les moissons avaient été dévastées par la grêle ou la gelée, quand il avait subi d'autres exactions, la charge était si lourde que plus d'une fois le débiteur préféra abandonner la culture de son champ, et, comme l'écrit l'intendant Le Blanc, on ne voit dans les paroisses que des domaines délaissés.

Ce tribut prenait un caractère odieux aux yeux des fidèles et affligeait le curé. Au XVIIIe siècle, Voltaire disait : « Je plains le sort d'un curé de campagne, *obligé* de disputer une gerbe de blé à son malheureux paroissien, de plaider contre lui, la dîme des pois et des lentilles, de consumer sa misérable vie en querelles continuelles » (1). Il fut attribué au prêtre chargé des fonctions curiales, un quart de la dîme. Les curés d'Ytrac la perçurent jusqu'au XVIIIe siècle, comme il est facile de le constater par les baux à ferme qui sont dans nos archives particulières. Cependant elle n'apportait guère à la cure que la gêne et la pénurie.

---

(1) *Dictionnaire philosophique*. Art. Curés de campagne.

Ce quart étant parfois insuffisant, on donna aux curés qui le demandaient, et pouvaient l'exiger, ce qu'on appelait la *congrue,* c'est-à-dire une rétribution suffisante et convenable. La congrue fixée en argent suivit la marche successive de la dépréciation des monnaies ; ainsi elle fut portée dans les derniers temps de 300 à 500 et à 700 francs.

Ces améliorations ne firent pas cesser les difficultés et les souffrances des curés. Nous avons vu M. Salarnier dans la nécessité d'exercer une action judiciaire contre le gros décimateur, c'est-à-dire contre le prieur lui-même. Voltaire n'ignorait pas ces tribulations lorsqu'il écrivait : « Je plains encore d'avantage le curé à la portion congrue, obligé, pour un mince salaire, d'aller pendant toute l'année à plusieurs mille de sa maison, le jour, la nuit, au soleil, à la pluie, dans la neige, au milieu des glaces, remplir les fonctions les plus pénibles et les plus désagréables ». La vie des prêtres de campagne, dit Gasquet, passait pour fort misérable ; elle l'était en effet, et cependant il n'était de membres du clergé dont l'existence fût plus laborieuse et le ministère plus utile (1).

2° Le *Casuel* venait s'ajouter à la dîme comme moyen de subsistance. Il comprenait ce qu'on appelait alors « le *creux* de l'Eglise », c'est-à-dire les droits perçus à l'occasion du baptême, du mariage, des enterrements, du droit de tombeau et des messes pour les défunts. Dans les grandes villes il assurait au curé des honoraires supérieurs. Des règlements du XIIIe et du XIVe et du XVIIIe siècles, en font foi. Leur importance avait excité l'esprit satirique du bon Lafontaine. Qui n'a lu la fable du *Curé et du mort,* et le calcul de messire Jean Chouart, sur les bénéfices d'un enterrement. Mais dans les campagnes le casuel représentait une valeur insignifiante. En 1560, l'ordonnance d'Orléans laissait à la discrétion de chaque fidèle la faculté de donner ce qu'il voudrait. L'ordonnance de Blois rétablit le tarif auquel on ne toucha plus jusqu'en 1789. Nous savons par une liasse de quittances de diverses époques, et aussi par celles d'aujourd'hui, com-

---

(1) *Institutions politiques de l'ancienne France,* T. II, p. 59.

bien les honoraires du clergé rural se réduisent à peu de chose quand il en a fait le partage avec la Fabrique et le Bas-chœur. Le total annuel ne montait guère au-dessus de cinquante livres et descendait quelquefois à vingt. D'ailleurs le casuel était souvent aléatoire, les curés étaient fréquemment amenés à ne rien exiger des paroissiens appauvris ; alors, comme aujourd'hui, le casuel était impopulaire ; le clergé lui-même n'y recourait qu'à contre-cœur.

3° Les *oblations* et les *dons* librement consentis constituaient une autre source de revenus. Les fidèles, plus généreux et d'une foi plus vive, aimaient autrefois à offrir à leur curé les prémices de leurs fruits. Il y avait dans l'intérieur de l'église un grand plat, appelé le *bassin*, destiné à recevoir les oblations de toute nature apportées par la piété des fidèles. Mais ces faibles offrandes étaient insuffisantes pour lui assurer une existence convenable. Il lui fallait d'autres ressources, il les trouvait dans les donations, les legs pieux et les fondations comme nous le verrons en parlant de la communauté séculière des prêtres filleuls, *nés* et *renés* (c'est-à-dire baptisés) dans la paroisse. La multiplicité des sources de revenus n'apportaient à nos curés ni la richesse, ni l'*aurea mediocritas* dont parle le poète. Ne plaignons pas leur sort parce qu'il fut modeste, car presque tous appartenant à la noblesse ou à la bourgeoisie, trouvèrent dans l'opulence ou l'aisance de leur famille de quoi suppléer à cette médiocrité providentielle.

V

Nos curés n'étaient pas désœuvrés.

Un laborieux ministère absorbait presque tout leur temps. La paroisse possédait les villages de Belbex placé, en 1807, dans la circonscription de Notre-Dame aux Neiges ; Le Bex, Bargues, Hautevaurs qui ont formé l'annexe vicariale du Bex (25 octobre 1829) érigée en succursale en 1844 ; Bregmarou, Bremmac, Cassanhes, Delasolz, Delborn, Delauriola, Las Cayrouses, La Malpelie, Lascombes, Moles, qui ont disparu ; Conhaguet, Laborie, qui appartiennent aujourd'hui à St-Paul-des-Landes (1) ; les hameaux de la Baraque de Cambian, du Buron de Bargues, de l'Etang-de-Bessanès, de Leysous, de la Maison du Thauron qui n'existent plus (2). Alors, les enfants d'un même père étaient nombreux ; il était assez ordinaire de compter à la fois huit ou dix rejetons autour d'une même tige, quelquefois quinze ou dix-sept. Si les parents aimaient tous leurs enfants, ils ne les idolâtraient pas, et les habitudes d'éducation étaient aussi sévères que les notres sont aujourd'hui relâchées. De grands changements se sont accomplis dans la constitution et les rapports intimes de la famille, comme dans les couches profondes de la société. Les fidèles n'avaient pas banni la pratique des sacrements de leurs habitudes religieuses ; même au XVIII° siècle, après les infiltrations sourdes et hypocrites du Jansénisme, qui s'insinuait partout, les chrétiens pratiquants étaient beaucoup plus nombreux : c'était la totalité des paroissiens à quelques exceptions près. Les fêtes, les offices étaient beaucoup plus multipliés qu'aujourd'hui. Le curé n'avait-il pas en outre les catéchismes, les malades, les mariages, les obits, les services trentenaires et annuels pour les défunts, rites pieux trop négligés aujourd'hui, destinés à rappeler aux prières des vivants les morts d'ordinaire si vite oubliés ? On ne connaissait pas alors ce rationalisme moderne qui a fait succéder l'honneur rendu aux morts à la prière pour les morts, et qui met tout en œuvre pour éloigner la pensée de la mort et le souvenir de ceux que Dieu a déjà appelés devant Lui. Il faut vraiment ignorer les fonctions d'un curé dans une paroisse chrétienne et où les fidèles pratiquent leur religion pour confondre et identifier ce que le peuple distinguait si bien alors, la cure de la sinécure.

N'oublions pas qu'en dehors des fonctions curiales, le curé, sous l'ancien régime, avait sans cesse à intervenir

---

(1) Ces noms de villages ont été relevés sur les registres de catholicité, sur le livre d'arpentement, sur des minutes du XV° siècle ; des notaires : Gard, Matharas, Radulphi, Sabatier, et la plupart ne sont pas mentionnés dans le *Dictionnaire topographique* de M. Amé.

(2) *Dictionnaire statistique du Cantal*, T. V, 687, 689.

dans les détails de la vie civile. Il se faisait gratuitement le Maître d'école des familles pauvres désireuses de faire donner un peu d'instruction à leurs enfants. En cas d'épidémie, il devait accourir des premiers pour donner ses soins aux malades et ses consolations aux affligés. En cas de désordre, il avait à reprendre les paroissiens scandaleux. Les familles le prenaient pour secrétaire, pour conseiller, pour arbitre et l'appelaient sans cesse pour leurs affaires domestiques. Il exerçait une vraie magistrature en première instance. Sans avoir un rang marqué dans la société, il appartenait à toutes les classes : aux classes inférieures par la simplicité de sa vie, et souvent par l'obscurité de sa naissance ; aux classes supérieures plus élevées par la supériorité de son éducation de son savoir, la noblesse de ses sentiments, la grandeur du caractère sacerdotal qui l'élevait si fort au-dessus de toutes les dignités terrestres. C'est là ce qui lui permettait d'intervenir avec succès dans les affaires les plus délicates, et de maintenir parmi son troupeau l'ordre, la paix et l'harmonie.

Le curé rédigeait les testaments de ses paroissiens. Au XIIe siècle, Alexandre III (1) et au XIIIe siècle, plusieurs conciles ordonnèrent que les testaments seraient reçus par le curé ou son vicaire, assisté de deux témoins (2). Les mêmes décrets imposaient aux évêques, à leurs officiaux de surveiller cette matière délicate. A d'autres époques et plus particulièrement aux XIVe, ainsi qu'il appert des statuts d'Archambaud, 3e évêque de Saint-Flour, aux XVe et XVIe siècles la présence du prêtre à la rédaction des testaments était rigoureusement nécessaire. Ces mesures ont laissé des traces jusqu'à la fin du XVIIIe siècle. Nos rois de France avaient respecté cette pratique générale et très ancienne de l'Eglise. Aussi rien de plus fréquent que l'intervention des curés ou prêtres d'Ytrac dans la rédaction des testaments de leurs paroissiens. Cette intervention avait un double avantage : rappeler l'efficacité des prières après la mort ; assurer, sous un nom plus honorable, la restitution peut-être depuis

---

(1) Décrétales, cap. *cum. esses.*
(2) Conciles d'Arles, 1236 ; de Béziers, 1246 ; de Bourges, 1286.

longtemps imposée à la conscience des mourants: *Sacerdotibus parochialibus precepimus ut parochianos suos moneant quod in confectione suorum testamentorum presentiam ipsorum sacerdotum advocent et requirent ut per ipsos inducantur ad esmendas et restitutiones et ad legandum pias helemosinas et causas et alia prout eorum saluti viderit expedire; nam secundum canonicas sanctiones que in testamentis coram presbitero parochiali et duobus vel tribus testibus, pro salute anime relinquuntur, obtinere debent perpetuo firmitatem.* Liber synodalis sancti Flori ab episcopo Archambaldo promulgatus 1326. De testamentis et ultimis voluntatibus.

A l'inverse de ce qui se passe aujourd'hui, on ne s'en reposait point sur la loi du soin de répartir ses biens; et puis le père tenait à laisser à ses enfants, avec ce souvenir de lui, ses suprêmes recommandations. Entreprenait-on un voyage en Espagne, à Paris, à Bordeaux et même moins loin, on faisait son testament. On le recommençait souvent parce que des changements survenaient dans la vie. Quelquefois l'officier ministériel était éloigné, on craignait qu'il arriva trop tard. Quelquefois il était présent; mais on ne voulait pas recourir à son ministère « et non obstant que le notaire de lad paroisse feust en icelle ladite testatrice ne la voulu employer pour luy estre suspect. » Quelquefois il transportait ailleurs ses services et recourir à un notaire étranger n'était pas souvent possible; mais le prêtre était toujours là, il avait qualité pour instrumenter. Son acte sera reconnu valable s'il l'a écrit en présence de témoins qui n'avaient, avec lui, aucune attache de domesticité, qui pouvaient voir le testateur entendre ses dispositions, assister à la signature; s'il en a fait la lecture à haute voix en présence du testateur, s'il a fait signer les témoins et signé lui-même avec le testateur. Il était tenu, aussitôt après le décès de celui-ci, s'il ne l'avait fait auparavant, de déposer l'acte minuté chez un notaire de l'endroit. Nous avons dans nos archives, le procès-verbal d'une action judiciaire intentée par le notaire de Foulan, contre M. Cailar, curé de la paroisse, pour avoir négligé de remplir cette formalité. La cour du Baillage le condamna par défaut (1693).

Nos archives particulières contiennent un grand nombre de testaments reçus par nos curés, vicaires ou communalistes. Ceux du XVe et du XVIe siècles sont en parchemin, d'une belle calligraphie agrémentée de curieux méandres. A partir de la fin du XVIe siècle, ils ne sont plus qu'en papier, mais ils remplissent de nombreuses pages. Là revivent en naïves formules et en legs pieux, la foi et la charité de nos pères. De tous les documents privés qui nous viennent du passé il n'en est pas de plus touchants. Touchants par l'air de foi simple et profonde qu'ils respirent. La piété éclate et s'épanouit dans ces titres que l'on serait tenté de croire si décolorés et si arides. Touchants par le parfum d'humilité qui s'en exhale : prêtres, nobles et roturiers, ils ne se préoccupent que du rachat de leurs péchés et de l'apaisement du juge redoutable devant lequel ils vont comparaître. Touchant par l'esprit de famille et de sainte prévoyance qui les a dictés : ils parlent de leurs prédécesseurs près desquels ils veulent reposer ; s'ils font couler le sang de la divine victime c'est pour la rédemption de leur âme, et pour l'âme d'un père vénéré, d'une mère bien-aimée, d'une épouse chérie autant que vertueuse, et pour l'âme d'enfants enlevés à la fleur de la vie. Ils expriment cette intention dans les termes les plus émouvants. Mais l'explosion de la charité est le caractère principal de ces pièces éminemment chrétiennes. Je ne m'étonne pas qu'on y prescrive le paiement de toutes les dettes : c'est là un acte de vertu fort naturelle. Une pensée plus méritoire préoccupe les testateurs : c'est celle des pauvres, des donations à faire à l'église, aux curé et prêtres de la paroisse. Ces aumônes s'expliquent par l'intelligence alors universelle de la mort et de l'expiation.

C'est le curé qui examine, revise le livre des recettes et des dépenses des luminiers et marguilliers de la paroisse, en présence du procureur de l'évêque ou de son délégué. Nous n'apprendrons rien aux érudits, en observant qu'ici l'histoire de la luminerie a deux périodes distinctes. Aux XIVe et XVe siècles, les luminiers étaient des administrateurs pris en dehors des consuls ; au XVIIe siècle, les luminiers étaient choisis parmi les consuls. Les administrateurs sortants rendaient un compte exact de leur gestion. A leur entrée en fonction, ceux qui leur succédaient faisaient le récolement de l'inventaire du mobilier de concert avec les administrateurs sortants, recevaient de ceux-ci les clés du trésor, promettaient de veiller à la conservation des objets inventoriés et de fournir le luminaire.

Les statuts synodaux d'Antoine de Lévis, évêque de Saint-Flour, qui sont les premiers statuts imprimés du diocèse, magnifique plaquette en caractères gothiques, éditée à Lyon en 1551, règlent ainsi la matière : « *Statuimus ut curati audiant computa luminatorum presente ad hoc procuratore nostro aut aliquo ab eo deputato.* » Cent vingt ans plus tard, Mgr de La Mothe-Houdancourt, s'exprime à peu près dans les mêmes termes, dans ses Constitutions synodales de 1671 : « Nous ordonnons que les luminiers lèveront grains, revenus et deniers de la luminaire et autres droits de l'église, qu'ils en rendront conte devant le curé huict jours après être sortis de charge. » C'est le curé qui tient le livre des « *reinages* (1) et des *frairies* », y inscrit le nom de baptême et de famille des associés, leur donne une direction éclairée et soutenue, reçoit leur compte annuel, surveille l'administration, règle l'mploi des fonds et revenus pour qu'ils ne soient pas détournés de leur destination.

Il tient aussi, ce qui est plus ignoré, le registre des excommuniés : *De registro excommunicatorum*. Ce privilège nous montre le fréquent usage qu'on faisait alors de l'excommunication. On sait par les vieux récits des historiens, quels prodigieux effets l'excommunication produisait sur la population, au moyen âge, à cette époque de foi vive. Ce mot qui rappelle de si pénibles souvenirs paraissait vieilli et la chose tombée en désuétude parmi nous. A la vue des actes que notre malheureux pays déplorera longtemps, sans pouvoir se les expliquer, peut-on

---

(1) Les reinages le mot l'indique, mettaient en honneur ceux qui dans les processions portaient la croix, les bannières, les statues des saints. Cet honneur coûtait quelquefois très cher par lutte d'amour-propre ou de jalousie. Le curé les publiait un dimanche, aux enchères, du haut de la chaire. Cet usage n'existe plus aujourd'huy que dans quelques localités et il tend chaque jour à disparaître.

douter qu'il n'y ait en France, à l'heure qu'il est, et en plus grande quantité qu'on ne se l'imagine, des Français, des catholiques frappés d'excommunication. Le premier règlement diocésain connu sur cet objet est un article des *statuta synodalia*, déjà cités d'Antoine de Lévis qui enjoint aux curés de tenir le registre des excommuniés, d'y inscrire leur nom, prénom, d'en faire la lecture chaque dimanche, de les *déclarer* aux curés des autres paroisses, et de les exclure des divins offices. Il leur interdit, sous peine d'amende, de le communiquer, de le livrer ou d'en laisser prendre copie aux officiers des Seigneurs temporels, sans son autorisation expresse ou celle de son official.

Item precipimus ut nomina et cognamina excommunicatorum scribantur in registro, et singulis diebus dominicis recitentur. Et in villis in quibus sunt plures parochie curati nomina parochionorum suorum excommunicatorum suorum communicent, ut omnibus parochiis ejusdem ville tales excommunicati denuncientur nec ad divina recipiantur. Item prohibemus omnibus curatis et aliis viris ecclesiasticis ne registra excommunicatorum apud ipsos existentia, nec ipsorum copiam officiaris quorumcumque dominorum temporalium tradere aut communicare sine nostra et officialis nostri licentia præsumant sub pena emende arbitrarie. Et si præfati domini temporales aut eorum officia eosdem curatos ad hoc compellere, illorum conatibus juris remediis obviare procurent. Et nihilominus illud procuratori nostro intiment et insinuent.

Statuta Synodalia Rev. in X[to] Dni de Levis, etc., fol. XIIII-XV.

Voici qui est plus important, c'est le curé qui dresse tous les actes concernant ses paroissiens qui témoignent de leur baptême, de la légitimité de leur union et de leurs enfants, de leur mort au sein de l'Eglise. Le premier règlement connu sur cette matière est le décret du Synode, de Séez (1524). Il y est ordonné aux curés, sous peine de 50 sous d'amende, de faire à l'avenir *bon registre* des baptêmes pour y écrire les noms et surnoms de l'enfant, du père et de la mère, des parrains et des marraines. François 1er, par article de son ordonnance de Villers-Coterets (1579) généralisa la tenue de ces livres dans un but de police religieuse, pour entraver les manœuvres des aspirants bénéficiers qui dissimulaient la mort du titulaire pour avoir le temps de se pourvoir en Cour de Rome. Mgr de la Mothe-Houdancourt, en prescrivant, en 1671, la tenue exacte correcte « des registres de baptême, mariages et mortuaires » en fulminant l'excommunication contre les héritiers des curés, notaires et greffiers qui s'appropriaient les papiers et registres appartenant aux églises, ou qui refusaient de les rendre s'ils se les étaient par mégarde attribués, n'a fait qu'exécuter les décrets du plus illustre de tous les conciles, du saint concile de Trente. Nous trouverions les mêmes prescriptions dans le *Manuale Curatorum* du XVIe siècle et le rituel de Charles de Noailles au XVIIe. Les plus anciens registres ouverts dans notre église, dont il nous reste la trace, sont de 1648; mais il y en avait qui remontaient beaucoup plus haut comme il appert de plusieurs extraits baptistaires et mortuaires qui sont dans nos archives. C'est là, dans ces vieux cahiers, si précieux à tant de titres, où sont résumés en un style laconique, les événements importants : contagions, crues d'eau, inondations, sécheresses, morts tragiques, qu'on peut lire, au jour le jour, l'histoire du village. Le curé était donc chargé des registres de l'état-civil; le 9 avril 1736, le chancelier d'Aguesseau donna l'ordre de les établir en double. Six semaines au plus tard, après l'expiration de l'année, il était obligé de porter un exemplaire au greffe du Bailliage dans le lieu où l'Eglise était située. Le greffier lui en donnait décharge et recevait de la Fabrique un modeste honoraire : cinq sous pour le Juge et moitié pour le greffier.

Le curé présidait aux actes les plus importants de la vie de ses enfants; ils étaient des actes essentiellement religieux qui relevaient du prêtre : c'était la consécration solennelle des droits de Dieu sur toute créature. Ces attributions grandissaient le rôle et l'autorité du curé dans la paroisse, elles le tenaient en communication fréquente avec ses paroissiens qui l'appelaient ou se présentaient à lui aux heures les plus importantes, tristes ou joyeuses de leur vie. Ceux-ci, dit Elie Méric, ne voyaient pas s'élever comme deux citadelles rivales dans l'enclos étroit d'un même village l'église et l'école; ils n'avaient pas la pensée de se rendre successivement, pour l'accomplissement d'un devoir sacré, devant l'officier civil et en présence de leur curé; ils ne séparaient pas ce que Dieu a uni; la concorde fondée sur l'unité de croyances et sur les sentiments religieux, régnait entre tous les habitants de la paroisse, soumis à la direction paisible d'un même pasteur.

Enfin plusieurs édits de nos rois en firent les organes de la publication de leurs ordonnances et déclarations, et les rendirent même responsables du défaut de publication.

VI

Ce titre comportait certaines prérogatives honorifiques, et certains droits particuliers.

Il se trouvait avoir au-dessus de lui le curé primitif ou prieur; mais il était regardé comme le supérieur de la communauté des prêtres. A *l'église paroissiale*, à raison de son titre, il paraît toujours au premier rang, et personne ne peut occuper la stalle spécialement réservée pour lui; il a la première place au chœur, à la procession, au-dessus de tous les prêtres, même du plus ancien d'entre eux. Le curé a juridiction ordinaire et non pas seulement déléguée. Il enfante à la vie spirituelle par le baptême, il ouvre le ciel par l'extrême-onction, il nourrit les fidèles par l'eucharistie, il juge leurs fautes au tribunal de la pénitence, il assure l'avenir de la société chrétienne par le mariage, il instruit en chaire. Aucune de ces fonctions essentielles ne peut être accomplie s'il ne l'accomplit lui-même, que sous son contrôle et avec son autorisation. Les solennelles bénédictions lui reviennent ainsi que les solennels offices. Il a béni le berceau, il bénit la tombe. Les autres églises ou chapelles situées dans la paroisse sont soumises à sa surveillance comme tous les ecclésiastiques qui y sont institués.

Comme nous l'avons expliqué ailleurs (1) il a le droit

---

(1) *Notice Sigillographique sur les évêques de St-Flour* p. *35*.

d'avoir un sceau propre : *Ut quilibet sacerdos habcat suum sigillum*. Ces sceaux, que nous n'avons pu retrouver, portent ordinairement l'image de leur patron ou celui de leur église, ou leurs emblèmes et attributs. On y doit inscrire le nom de la paroisse et non celui du curé, autrement il faudrait le changer à chaque mutation.

Il avait le droit : d'assister aux assemblées de Fabrique, de garder les archives et d'en retenir les clefs, de choisir les prédicateurs, d'occuper au sermon la première place au banc d'œuvre ; — de choisir lui-même ses auxiliaires dans le ministère qui lui était confié, des vicaires amovibles agréés et reconnus d'ailleurs par l'Ordinaire. Les canonistes (1) en donnaient ces raisons ; le pouvoir des curés dans leur paroisse doit ressembler, en cette matière, à celui des évêques auxquels personne ne conteste la nomination d'un vicaire général dans leurs diocèses. Les vicaires sont destinés à vivre avec leurs curés, à travailler avec eux et sous eux, il est de toute nécessité qu'il règne entre eux la paix et la parfaite harmonie dans l'intérêt des âmes et pour la bonne édification ; or il est évident qu'on s'exposerait à compromettre cette harmonie, cette cordiale entente si nécessaire au bien, si l'évêque déniait au curé, qui, d'ailleurs assure les moyens d'existence à ses collaborateurs, la faculté de les choisir. Cette charge de curé était lourde et ce n'était pas trop de deux vicaires pour le suppléer à raison du grand nombre de villages et de l'éloignement considérable de quelques-uns d'entre eux.

VII.

Dieu merci ! les bons prêtres ne sont pas rares dans l'Eglise ; j'en appelle à cet égard des déclamations irritées des hommes à leur expérience. Rien de plus habituel dans le monde que d'entendre parler du clergé, même par des personnes qui se piquent de convenance, sur le ton du malaise empreint de sévérité, tempéré, toutefois, par ces ré-

---

(1) Van-Espen Part. II, lit. 6 cap. 6. De l'état actuel du clergé en France, p. 12.

serves : Je ne parle point d'un vieil ecclésiastique d'autrefois qui me fit faire ma première communion, celui-là était un vrai prêtre de Jésus-Christ ; ni du curé de ma paroisse, « de chez nous » qui catéchise aujourd'hui mes enfants et qui est un excellent homme. Mais cette exception faite, — c'est toute celle de l'expérience réelle et personnelle, — l'inexorable jugement reprend son empire, sous l'inspiration et la pression des haines aveugles qu'on lui suggère.

Laissons, au monde hostile à Jésus-Christ et à son Eglise, cette sévérité qui est un bel hommage rendu à l'idéal du sacerdoce catholique, et essayons de lui montrer par de nombreux exemples, qu'il ne trouvera ici rien à reprendre. J'ai cherché, fouillé, sondé quantité de sources inexplorées, compulsé des masses de documents inédits, d'où j'ai extrait nombre de noms et renseignements, jusqu'ici ignorés, eh ! bien, je n'ai pas trouvé un méfait, une tâche, une ombre, et, à ma connaissance du moins, il n'existe pas de ces physionomies, pas toujours séduisantes ni édifiantes comme on en trouve ailleurs. Par contre, si on ne trouve rien à reprendre, on trouve beaucoup à louer.

On connaît l'austérité relative de leurs habitudes au presbytère, leur dignité de vie, l'usage de leurs modestes ressources au profit des malheureux. Le poète a dit : « Le superflu, chose si nécessaire », ils surent dire le nécessaire, chose si superflue. Cette fonction de charité qui rentre si bien dans les devoirs de leur charge, ils la remplirent envers les déshérités, les délaissés et les opprimés de leur paroisse, avec ce tact éclairé qui discerne les vraies misères ; cette activité vigilante et empressée qui ne s'endort pas sur des souffrances qu'on peut immédiatement secourir, et par dessus tout ce véritable esprit de charité sacerdotale qui se garde bien d'oublier l'âme en soulageant le corps, mais qui s'efforce par tous les moyens de réveiller dans des cœurs souvent flétris encore plus par le péché que par la misère, des pensées de foi, de confiance et de retour à Dieu.

Ajoutons qu'ils ne furent pas non plus des ignorants comme on affecte de le dire pour nous frapper de la sorte de défaveur qui s'attache à cette qualification. Nous ne nierons pas que le clergé rural ne fut inférieur sous le rapport de la science à celui des villes, dont les candidats étaient choisis parmi les diplomés. La nomination aux cures rurales n'offrait pas les mêmes garanties de savoir. Cependant les titres de maître-ès-art (1), de bachelier, de licencié, de docteur en théologie qui accompagnent les noms de quelques-uns de nos prêtres, la réitération de leurs grades, la notification ou la présentation de leurs lettres par notaire et devant témoins, à des époques déterminées, aux collateurs ecclésiastiques, disposant de plusieurs bénéfices, établissent péremptoirement qu'ils avaient suivi les cours supérieurs de théologie, dans une des quatorze universités de France. Deux au moins remplirent les fonctions d'official de l'évêque de Saint-Flour et de l'abbé d'Aurillac. Or, qui ne le sait, pour être official il fallait être gradué. Les premiers en date n'apparaissent dans les documents qu'à la fin du XVIe siècle et les plus nombreux dans les deux siècles suivants. Quand nous disons les plus nombreux, nous n'avons pas la prétention de faire croire que nous avons eu une légion de gradués. Les cours de ce haut enseignement n'étaient accessibles qu'à ceux qui appartenaient à des familles opulentes ou qui étaient déjà en possession d'un bénéfice dont les revenus pouvaient leur permettre de faire face aux dépenses onéreuses imposées par une résidence de plusieurs années dans une ville, siège d'une Université. Voilà ce que furent nos curés sous l'ancien régime, et depuis la révolution, c'est avec un légitime orgueil qu'elle cite les noms de M. Verniols et de M. Baduel, ces deux ecclésiastiques de pieuse et savante mémoire, pour ne parler que des morts.

VIII

Toutes les paroisses offrent dans la série de leurs pasteurs, une grande variété de caractères, de vertus, de mérites qui se succèdent sans se ressembler, et qui se complètent l'un par l'autre. Un curé succède à un autre pour

---

(1) Ce grade correspondait, en fait, à notre baccalauréat-ès-lettres.

continuer son ouvrage, cultiver le même champ, avec la même mission et le même désir d'être utile. Mais les qualités pastorales se présentent sous divers aspects, les besoins de la paroisse varient selon les circonstances et chacun se porte, selon les nécessités du jour, à l'endroit où Dieu l'envoie pour faire son œuvre. Il y a toujours de ce champ tel coin où les ronces et les épines commencent à étouffer la bonne semence. Ici c'est la foi à conserver, les bonnes mœurs à soutenir, les confréries, les associations pieuses à restaurer, l'édifice spirituel à étayer; ici c'est le presbytère délabré à rebâtir, le temple matériel à restaurer, les écoles à surveiller; là, c'est le culte extérieur qui demande plus d'ordre, de dignité, de splendeur. Chacun vient à son temps, fait son œuvre et laisse à un successeur, d'ordinaire inconnu, le soin de la reprendre, de la corriger, de la compléter. Voilà pourquoi les longs pastorats ont toujours été considérés comme des bienfaits surtout dans les grandes paroisses. C'est là qu'il faut que le curé ait le loisir de tout voir, de tout connaître afin de diriger son action sur tous les points les plus essentiels, d'entreprendre les œuvres nécessaires avec prudence et discrétion, de les soutenir avec persévérance, de les perfectionner avec le temps, complice des œuvres de l'homme et de la grâce de Dieu, selon la belle expression du P. Lacordaire. Par un dessein de la miséricordieuse Providence, ce bienfait n'a pas été refusé à notre paroisse. Sans parler de Pierre Cros qui la régit pendant trentre-trois ou trente quatre ans; Louis Castel, pendant trente ans; les deux Cailar tinrent ce bénéfice pendant près d'un siècle, exactement soixante dix-neuf ans. Ce fut encore par un trait de la bonté divine que le pastorat de M. Salarnier eut, en des temps périlleux et troublés, une durée de trente années. Voilà pour l'époque antérieure au concordat. Après le concordat, viennent MM. Verniols, Vigier et Labrunie, avec vingt-deux, vingt-huit et vingt-neuf ans de pastorat. Quant à ceux qui ne la régirent qu'un court espace de temps, nous dirons que leur histoire se fait par leurs actions et non pas leurs années.

IX

La chronologie de nos recteurs, vicaires perpétuels ou desservants s'échelonne tout le long de cinq siècles. On ne sera pas étonné de la voir remonter moins haut que celle des prieurs, si on veut bien se souvenir que ces derniers, en qualité de *curés primitifs,* exercèrent les fonctions de la charge pastorale jusqu'au milieu et peut-être même jusqu'à la fin du XIVe siècle. Ils furent donc jusqu'à cette époque les vrais et seuls curés de notre paroisse.

Sauf de rares lacunes, dans le XVe et le XVIe siècles, il m'a été donné d'établir d'une manière presque ininterrompue leur succession quelquefois avec la date précise de leur promotion, celle de leur mort, démission ou translation.

Toutefois, il est à remarquer que les dates données ici ne sont pas absolues; elles se réfèrent aux actes extrêmes que nous avons découvert, dans lesquels figurent les personnages dont nous nous occupons, mais ne doivent pas être considérées comme définitives.

Souhaitons que quelque chercheur de l'avenir, reprenant ce travail pour le compléter et le perfectionner, soit plus heureux.

X

Dans les nombreux minutaires que nous avons compulsés, nous avons rencontré non seulement le nom du plus grand nombre des pasteurs qui régirent notre église, mais encore des éléments biographiques suffisants pour consacrer à chacun d'eux un article spécial.

Les documents, devenant plus précis et plus abondants à mesure que l'on descend vers les temps modernes, projettent un jour beaucoup plus grand sur le théâtre de leur ministère et nous font connaître d'une manière plus distincte leur caractère et leur physionomie morale.

Néanmoins, la plupart des notices comprises dans cette *Monographie* seront forcément très sommaires comme l'indique un sous-titre de ce chapitre. Ce n'est point une histoire, mais plutôt une sorte de nomenclature historique.

Et cependant, sous cette forme abrégée elle-même, quel intérêt ne s'attache pas au tableau qui va s'offrir à nos yeux? On sent qu'il y a, sous cette esquisse à peine ébauchée, tout un monde que la pensée se plaît à parcourir. On y découvre à chaque pas des figures de prêtres modestes sans doute, mais d'hommes de vertu et de science, qui furent nos maîtres, nos guides dans la foi ou dans la civilisation. On peut dire d'eux qu'ils ont brillé sur notre sol comme des étoiles *qui erudiunt multos fulgebunt sicut stellæ,* et ont répandu, par leurs rayons bienfaisants, la lumière et la fécondité. Inclinons-nous donc avec respect devant chacune d'elles, à mesure qu'elles vont passer devant nous. Comme des fils reconnaissants, donnons à ceux qui furent nos pères dans la foi un souvenir de vénération et d'amour.

Que la paroisse de Saint-Julien d'Ytrac, leur soit toujours chère, qu'ils la bénissent d'un séjour meilleur, lui méritent de surpasser les autres en vertu, et d'avoir à sa tête, dans le présent comme dans l'avenir, un prêtre, image vivante du bon pasteur et du bon curé; qu'ils lui composent de leurs bénédictions et de leurs mérites une force qui l'aide à les imiter dans le temps et à les rejoindre dans la gloire de l'éternité.

Tableau chronologique des Curés d'Ytrac

XV⁰	....		
	....		
	Jean Deschamps..................	1436	1452
	....		
	Guy de La Salle..................	1474	1491
	Pierre Dellac..................	1492	?
XVI⁰	Pierre Delom..................	1520	
	Pierre Cros..................	1526	1554
	Jean Cros..................	1554	1556
	Durand Peyri..................	1556	1558
	Jacques Gache..................	1558	1578
	Hugues de Montmèghe.....	1578	1581
	Guillaume Cuèlhe..................	1581	1590
	Antoine de Veyre..................	1583	15
XVII⁰	Antoine Parizot..................	1609	1616
	Antoine de Roquemaurel....	163?	?
	Pierre Limanhes..................	163?	1641
	Louis Castel..................	1642	1672
	Jean Lalande..................	1672	1674
	Pierre Delmas..................	1674	1680
	Jean-François Cailar........	1680	1724
XVIII⁰	Jean-François Cailar........	1725	1759
	Pierre-Jean Crozet Delbouys.	1759	1774
	François Salarnier..........	1774	1805
	Jacques Degouth, curé constitutionnel	1792	1794
XIX⁰	Jean Verniols..................	1805	1828
	Antoine de Chazelles.......	1828	1834
	Blaize Vigier..................	1834	1862
	Jean-Claude Baduel........	1862	1867
	Pierre Labrunie..................	1867	1888
	Pierre Lissat..................	1888	1895
	Jean-Marie Lizet..................	1895	1898
	Louis Gibiard..................	1898	1900
	M. D. Arthur Chaludet.....	1900	

1436-1452. — Jean Deschamps. — *Honestus vir Johannes de Campis rector parochialis ecclesie de Ytraco.* Ce prénom et ce nom qu'on voit figurer dans le minutaire de Guillaume Conthe : *Johannes de Campis licenciatus in legibus,* et dans les cartons municipaux de la ville : *Vidimus* par Jean Deschamps, lieutenant général de Jousselin Dubois, bailli des Montagnes, nous font présumer qu'il était originaire d'Aurillac et appartenait à une famille de bonne bourgeoisie. On trouve aussi dans les actes du même notaire, 13 juin 1501, un Jean Deschamps, prêtre de Lenta, paroisse d'Arpajon ; mais nous n'avons pu l'identifier.

Le *Dictionnaire Statistique* du Cantal (T. V. p. 686) affirme qu'il était en fonction en 1436 ; mais, comme il ne donne aucune référence, il n'est pas possible de contrôler ses recherches ordinairement exactes et consciencieuses, et que, pour ce motif, nous avons acceptées sans hésitation.

Le 10 mars 1451 (vieux style c-a-d. 1452) il constitue le notaire d'Aurillac et maître Martin Dal Cassanhe, ses procureurs, pour toutes les causes concernant sa rectorerie et ses autres affaires. Il leur donne plein pouvoir de comparaître en jugement. Les témoins de cette procuration notariée furent Louis Bovési, de la paroisse de St-Projet et Jacques Voltoyre, d'Aurillac.

En 1453, au mois d'août, il eut la douleur de voir son église profanée, pillée, et, par un juste châtiment providentiel, le profanateur, qui était un archer de la compagnie de Joachim Rouault, mourir quelques instants après d'une mort tragique. Voici comment. Il était allé chez « Yvonnet Carrachat, griffonnier (fontainier, chercheur de sources) natif du pays de Bretagne, à présent demourant au village de *la Carriere,* en la paroisse de Ytrac, près Orilhac... Et incontinent se partit d'illec et ala à l'église dud lieu d'Ytrac rompre les verroils, fermeures et fermailles de la porte de lad église et de certains coffres, estheuz (étuis) et armoises (armoires) qui y estaient et y pilla et y prist ce que bon lui sembla » ; et après cela il revint à l'hôtel du fontainier qui « leur donna à boire et à manger, leur mist la table et fit bonne chière, et pour leur donner à souper et les tenir bien aises, leur envoya quérir à ses dépens un quartier de mouton, quatre pains blancs, une livre de chandelles et autres vivres, leur mit rôtir le gigot dud mouton et le surplus bouillir... Et après que led archier, ses valets et chamberière eurent soupé, led archier qui était de mauvaise vie plein de sa voulonté dit qu'il voulait encore souper avant de se coucher; et de fait fit mettre rôtir par led suppliant (Yvonnet Carrachat) deux poletz (poulets). » Après boire, ivre de vin et de luxure, il se prit de querelle avec son hôte qui, voyant qu'il ne pouvait s'enfuir, « et aussi qu'il était blecié, pour obvier à la mort en son corps défendant, de chaude cole, frappa de son espée ledit archier... A l'occasion du quel coup icelui archier, peu de temps après ala de vie à trepassement » (1).

1474 — 1492 — Guy de La Salle. — prêtre de haut lignage, frère de Jean de la Salle, prieur d'Ytrac, qui prit l'habit monastique à St-Géraud, passa avec la dignité de sacristain à l'abbaye de Maurs, et revint terminer ses jours au berceau de sa vie religieuse : *dnus Guido La Sala, pbr..... ut procurator et ut conjuncta persona dni religiosi viri fratris Johannis La Sala, ordinis sancti Benedicti monasterii Aureliaci, sacrista maurcii,... eius fratris.* Nous l'y rencontrons assez souvent à la fin du XVe siècle. Guy, ne se sentant pas de vocation pour le cloître, resta dans les rangs du clergé séculier.

Il se manifeste pour la première fois le 3 juin de l'an 1461. On le voit à Vic, pendant un séjour qu'il y fit accidentellement, servir de témoin à la donation faite par Raymond Delmas (*Raimundus de Manso*) prêtre de la paroisse de Vic à Jean Delmas sous-diacre, son frère, de tous ses biens meubles et immeubles et en particulier de l'affar et moulin sis à Marfons, paroisse de Polminhac, acquis de Pierre et autre Pierre Mercadier, père et fils. (Minutes Brunicar fol 2 et 3.) A cette époque il était déjà entré dans la cléricature. *Presentibus nobili Guidone La*

---

(1) Arch. du Cantal, Minutes Conthe, notaire, registre in-8· de 1451 à 1468, fol. 20 verso ; Cf. *Inventaire des Archives communales* de la Ville d'Aurillac par M. Gabriel Esquer. p. 413 ; *L'Auvergne Historique, Littéraire, Artistique.* Extrait du *Trésor des Chartes* depuis Charles VI jusqu'en 1567. D'après les manuscrits Crouzeix. p. 259-262.

Sala alias de Montaygly et Geraldo Combard clericis commorantibus Vico.

Les minutes de Jean *Clerici,* de Jean *Obreri* et de *de Rivo* nous fournissent quelques actes qui le concernent et d'autres où il figure comme témoin, et où il est nommément désigné avec son titre : *Discretus vir dnus Guido La Sala, presbiter, rector seu curatus ecclesie parrochialis de Ytraco.* On lui donnait du *nobilis et discretus vir* réservés aux gens d'église bien nés. Il était en possession de son bénéfice au mois de novembre 1474, et, sans doute avant cette date, mais nous n'avons aucun argument en faveur de cette antériorité.

Cette famille était prédestinée au service de l'Eglise, et quand Guy devint prêtre et la cure vacante, il parut tout naturel de lui en confier l'administration comme à l'homme le plus capable de contenter tout le monde ; à quoi il semble qu'il réussit bien que le proverbe interdise aux prophète de l'être en leur pays. Il y fut aidé par l'influence et la haute vertu de son oncle, Guillaume de La Salle, décoré de tous les qualificatifs d'une science, d'une piété et d'un prestige exceptionnels, et du prieur Jean, son frère.

Guy paraît pour la seconde fois, mais alors comme titulaire de St-Julien, en 1474, dans une reconnaissance faite en faveur des enfants absents d'Antoine Consort, en son vivant, secrétaire de son excellence le prince duc de Nemours, et de Françoise de La Salle, sa femme, représentés par leurs tuteurs ou curateurs : Vincent Calonzon, curé d'Arpajon, Bernard Salesse, Georges Servières, bourgeois de la ville d'Aurillac. Il se déclare débiteur d'Antoine Consort, à raison d'une ascence passée devant les notaires Pierre Dommergue et Jean Holorier *Holorerii* d'une somme de 50 écus d'or, chaque écu de la valeur de 27 sous, six deniers ; de 70 seterées de blé de seigle, mesure d'Aurillac, qu'il s'oblige à payer aux termes suivants : 1° six écus et un quart d'écu d'or, de la valeur susdite chaque année à la fête de Noël jusqu'à complète extinction de la dette ; 2° 26 seterées de seigle, chaque année, à la fête de St-Michel jusqu'à épuisement. Noble Rigald, seigneur de Monteyli et Jean de La Salle, ses frères se constituèrent ses répondants et ses fidèjusseurs. Engagements réciproques furent pris par serment solennel sur les saints évangiles dans le cabinet de maître Clerici en présence de Jean Merceyrol, de Jean Laparra témoins requis. L'acte fut passé sous le sceau du Baillage, tenu par Jousselin Dubois, seigneur de Chabanetz et de Montmorillon.

Il intervint, le 12 juillet 1476, dans la transaction qu'il conclut, en son nom et au nom du prieur Jean, son frère, avec Barthélémi de Serre, au sujet des dîmes du village de Serre dont le prélèvement donnait lieu à des contestations entre les intéressés. Il fut stipulé que le curé et le prieur percevraient à l'avenir, comme c'était leur droit, la dîme de ce hameau.

Il sut revendiquer les droits temporels de son bénéfice, comme l'établissent, entre autres preuves, les deux accords qu'il fit, le 22 juillet et le 18 août 1477. Le premier avec Pierre Goutel, curé de la Ségalassière et prieur ou chapelain de St Avit. L'acte qui met fin à leurs débats spécifie d'une manière très précise les terres de la paroisse d'Ytrac et de Sansac qui seront dîmées par Guy et Jean de la Salle et celles qui seront dîmées par le prieur de St-Avit. Nous ne croyons pas utile de donner un extrait de cette longue énumération. Le deuxième avec Jean Montmège au sujet des dîmes du manse du même nom. Par l'intermédiaire d'amis communs, il fut stipulé, comme plus haut, que le dit Montmège sera quitte pour l'année présente. Jean et Guy, l'un en qualité de prieur, l'autre en qualité de curé, recevront au *prorata* de leurs droits la dîme des terres et mas de Montmège.

Quinze années s'écoulent, pendant lesquelles il disparaît des actes de nos archives. Il faut arriver jusqu'au 2 mars de l'an 1492 pour retrouver sa trace. A cette date il figure dans le bail à ferme du domaine de Monteyli consenti par Christophe de Conquans à Géraud et François Dellaurens, marchands de la ville d'Aurillac. En outre de l'énumération des biens dont se compose le fief de Monteyli, cet acte renferme des détails circonstanciés, curieux à recueillir, puisqu'ils concernent notre curé et notre prieur. Il y est spécifié : 1° qu'en l'absence de Christophe de Conquans les réparations nécessaires ne se feront qu'en présence du curé et du prieur ; dans le cas où Jean de La Salle voudrait occuper la moitié de la maison de Monteyli, y séjourner, les preneurs seront tenus de lui donner les aliments; de deux ans en deux ans, une veste fourrée *vestam folloratam,* une robe *unam giponem,* une paire de souliers et deux paires de chaussures : *unum par caligarum et duo par sotulanorum super solatorium;* si au contraire il ne veut pas y élire son domicile où y faire son séjour, ils seront tenus de lui fournir chaque année pour sa pension annuelle 6 seterées de seigle, et 3 de froment mesure d'Aurillac, 27 sous 6 deniers pour l'achat d'un porc salé *pro uno bacone,* plus les vêtements et les aliments susmentionnés, ce qui sera à déduire sur le prix des 200 livres de fermage. De quoi le dit bailleur et les preneurs ont requis acte notarié auquel fut apposé le sceau royal tenu par Guillaume Fromentalis, en présence de Pierre Saletz et Pierre Bolhanars, prêtre d'Aurillac, témoins légalement appelés.

Le nom de Guy figure dans une sentence d'arbitrage, au sujet de l'héritage de Rigal de Conquans. Les arbitres choisis furent pour Hugues de Conquans, seigneur de Boisset, François Chalme, licencié ès lois; et pour Christophe de Conquans, seigneur de Monteyli, Géraud Palhès, bachelier ès lois. Les colitigants s'en rapportèrent à la décision des arbitres qui mit fin à leurs contestations et prétentions réciproques sur le dit héritage.

Le 26 du même mois nous le rencontrons à Vèzac, présent à un arrangement passé devant de Rivo, notaire, entre Jean Vershuc et Jean Coyne du mas de Lascaras, au sujet d'une vigne appelé *de la Rigaldi.* Cet acte est, à notre connaissance, le dernier qui le mentionne avec son titre de recteur; peut-être faut-il sous-entendre le mot démissionnaire car un document authentique du même jour et de la même année désigne le suivant comme titulaire de la cure ou vicairie perpétuelle. Dès lors il rentre dans l'ombre de l'Histoire. Guillaume de La Salle, son oncle, survécut plusieurs années au siècle qui le vit naître; Rigald, son frère aîné, écuyer et seigneur d'Ytrac *sentifero et dnô de Ytraco,* vivait encore en 1513; Jean de La Salle, ancien prieur du lieu, était sous cellerier de l'abbaye de St-Géraud en 1514, et nous ne croyons pas qu'on puisse contester l'identification de cet officier claustral, avec notre prieur résignataire depuis 1494. Guy le plus jeune les aurait-il précédés dans la tombe, et notre église serait-elle la gardienne de sa sépulture ? Nous laissons ce point à élucider à de plus compétents, nous bornant, pour cause, à ce fragment de *curriculum vitæ*, d'un personnage notre compatriote, que nous savons, depuis peu de temps, avoir été titulaire de la cure.

1492. — **Pierre Dellac**. — *Discretus vir dnus Dellac, pbr, rector seu curatus ecclesie parochialis de Ytraco*. Le successeur de Guy appartenait au diocèse de Clermont qui comprenait alors tout l'arrondissement de Mauriac annexé à Saint-Flour en 1802. Fontanges était le berceau de sa famille. Son père s'appelait Jean ; le nom de sa mère est resté inconnu. Il avait deux frères et une sœur : l'aîné prénommé comme lui, marchand à Fontanges, *mercator Fontangiarum*, vint dans la suite se fixer à Aurillac ; le second Jean ne vivait plus en 1482 ; sa sœur Esclarmonde, épousa à une date inconnue Jean Vacheyron, et était décédée avant 1492.

Orphelin de père et de mère, dès sa plus tendre enfance, son frère aîné pourvut à tous les frais de son éducation secondaire et cléricale. Il lui fournit, en outre, les sommes nécessaires pour obtenir du Saint-Siège les bulles de provision de son bénéfice comme nous le verrons bientôt.

De l'analyse d'une minute d'Obreri, notaire royal de la ville, il ressort que notre recteur était déjà prêtre en 1482, *personaliter constituto petro Dellac seniore, mercatore Fontangiarum... pro se et pro dnô petro Dellac, presbitero et Johanne Dellac eius fratibus absentibus*. Cette pièce nous apprend encore : 1° qu'une association commerciale s'était formée entre Pierre Dellac et Géraud La Treille marchand de la ville d'Aurillac ; 2° qu'en 1468 les trois Dellac avaient remis à Géraud 1899 écus d'or de 18 sous et 8 deniers tournois, à condition d'en partager les bénéfices *alquart denier* c'est-à-dire que chacun aurait un quart du gain ou des revenus qui, après dix ans, s'élevèrent à 1020 écus d'or, toutes déductions faites. Or, le 13 novembre 1482, en son nom personnel et au nom de ses deux frères, Pierre Dellac quittançait du principal et de l'intérêt, les tuteurs de Jeanne de la Treile, *filia impuberi Marguarite et Geraldi,* mariée ensuite à noble Fernand de Villeneuve et fondatrice du Collège d'Aurillac. Ces tuteurs étaient: Marguerite de Veyre, sa mère, Pierre Bodoy, bourgeois de la ville. Dans cet acte notarié on ne lui donne pas d'autre titre que celui de prêtre, ce qui nous incline à croire qu'il était alors simple communaliste de sa paroisse natale.

Au début de l'année 1492, il fut investi par bulles pontificales d'Innocent VIII de la vicairie perpétuelle ou cure d'Ytrac. Le 26 de cette même année Pierre Dellac, *rector seu curatus ecclesie parochialis de Ytraco,* en témoignage d'affection fraternelle, reconnaissance et paiement des grandes sommes que son frère aîné a déboursées pour le tenir aux écoles et aux études, pour payer ses bulles: *tenendo, in scolis et in studio, ac pro obtinendo in curia romana bullas virtute quarum dictam curiam seu beneficium obtinuit magnas pecuniarum summas, etc.,* il lui fait donation entre vifs de tous droits sur la succession de son père et de sa mère, sur la maison paternelle et autres maisons, granges, bories, c'est-à-dire domaines de culture conquises sur les bois et les bruyères, près, paccages, bois, cens, rentes et autres possessions de feu Jean Dellac leur père, de toute sa part, portion légitime et freresche *frayreschiam, escarenciam*? de tous les biens *maternis, fraternis, et sororinis,* sauf et réserve de sa part sur l'héritage de défunte Esclarmonde, femme de Valentin Vascheyron, sa sœur: *exceptis et reservatis parte et portione sua in et superhereditate deffuncte Esclarmonde Dellac, uxoris Valentini Vacheyron.* Il se réserve, en outre, dans la grande maison d'Aurillac, un grenier pour mettre son grain et toutes choses nécessaires: *unum de tribus orreis sue graneris magne domus sue dicti donatorii site in villa Aurelhaci.* Acte en fut dressé par le notaire Clerici en présence de Maître Hugues de Clavières, licencié-ès-lois, Jacques Masson, notaire de la ville, et Aymeric Noyrit de Cavanhac, paroisse de Giou, témoins requis.

Seize jours après, (16 avril 1492) on le rencontre à Aurillac. Il assiste, en qualité de témoin, à la procuration donnée par Mʳᵉ Antoine Montelh, notaire de la ville à Pierre Veyre, bourgeois d'Aurillac, pour vendre la borie ou domaine de La Cabanes comprenant un cazal, un pré, un champ, situé à Saint-Santin de Maurs. Acte enregistré par Mʳᵉ Radulphi, en présence du recteur précité *petro delacu, pbro, rectore de Ytraco,* Guy Mauria alias Comblat, habitant de la ville d'Aurillac. témoins nécessaires, pour légaliser la mise à exécution de ce mandat.

A quelle classe sociale appartenait la famille de Pierre Dellac. Il nous a été donné de l'entrevoir dans les documents précités. C'était une famille d'honnêtes et aisés sinon riches commerçants. C'est pour le moment tout ce que nous avons pu recueillir sur son compte.

1520. — **Pierre Delolm**. — On trouve beaucoup moins sur celui-ci. C'est un de nos pasteurs les moins connus : un nom, une date, c'est tout ce qu'on sait de lui, et encore n'en est-on pas bien sûr. Le « *Dictionnaire statistique* du Cantal » le désigne comme ayant été curé de notre paroisse en 1520; mais il ne dit pas sur quel fondement repose cette assertion. Dans le portefeuille des notaires de ce temps-là (1), il existe bien des titres qui mentionnent le recteur de notre église, mais ils taisent son prénom et son nom patronymique. Nous n'avons pu relever nulle part le court et précieux texte qui serait le certificat authentique de son existence. Peut-être quelque heureux chercheur de l'avenir exhumera-t-il de la poussière des archives une pièce qui le mettra en possession de cette découverte. Pour nous, nous n'avons, à son usage, aucune indication propre à l'y conduire. Les limites de ce pastorat et du précédent ne sont pas définies; mais les dates sont assez rapprochées pour permettre de croire qu'ils se sont succédés sans interruption.

1526-1554. — **Pierre Cros**. — Le Dictionnaire statistique prétend qu'un Louis Castel était curé d'Ytrac en 1543. Cette assertion manque d'un contrôle suffisant, n'étant accompagnée d'aucune preuve; elle est manifestement

---

(1) *Arch. du C*. Minutes des notaires Espinassol et Vigerü.

erronée, car le siège curial fut rempli de 1526 jusqu'en 1555 par Pierre Cros.

Il naquit au Bourret, village de la paroisse de Crandelles. La date de sa naissance est incertaine. On peut toutefois la fixer approximativement de 1480 à 1490. Sa famille y jouissait d'une honnête aisance, jointe à une parfaite honorabilité. Son oncle resta titulaire d'une des études notariales de la ville d'Aurillac depuis le commencement du XVIe siècle jusqu'en 1560. Quelle fut son éducation, et comment se prépara-t-il à la mission qui devait lui être confiée, les documents ne le disent pas.

Ordonné prêtre, il fut envoyé en qualité de vicaire à Ytrac. Il exerçait ces modestes fonctions en 1515 et il les continua jusqu'en 1526. Nous en avons la preuve dans le testament de Mre Antoine Lacarrière, prêtre du village de ce nom, qu'il reçut le 30 mai 1515, et dans deux minutes de Pierre Cros, notaire du 5 avril 1521, et du 18 juin 1523 ; *Petrus Cros, presbiter mansi Delboret, parochie Carandelle vicarius Ytraci.*

Un acte du 18 avril 1526 le désigne comme titulaire de la cure d'Ytrac. Nous le voyons figurer comme tel dans des lods, ventes et achats du 4 août 1543 ; 24 juillet 1545 ; 10 août et 19 octobre 1550.

Il se démit de son bénéfice en 1554. La maladie et les infirmités attristèrent sa vieillesse. M. Cros avait fait son testament le 5 novembre 1556 ; il y ajouta un codicille le 25 février 1558 ; suivi d'un autre testament le 11 janvier 1559 (vieux style) et d'une donation entre vifs le 15 mars 1559 (ancien comput). Ses actes successifs portent l'empreinte de ses sentiments de haute et sincère dévotion.

Dans la plénitude de son intelligence et de sa liberté, il recommande pieusement son âme à Dieu, à la très sainte Vierge, et à ses saints protecteurs. Il fait élection de sa sépulture dans l'église de Saint-Julien, au tombeau de ses prédécesseurs, devant le chœur ; il veut qu'on appelle quarante prêtres, y compris ceux d'Ytrac, à ses fêtes d'enterrement, neuvaine et bout d'an ; que le jour de la sépulture, quand son corps sortira de la maison au chant du *Salve regina,* les prêtres présents reçoivent chacun six deniers tournois (1); qu'il y ait quatre pauvres et qu'à chacun d'eux soient distribués deux aunes de drap du pays; il lègue à chaque prêtre qui assistera, à ses obsèques, sa neuvaine et son anniversaire, cinq sols tournois; à messieurs les curés et prêtres de l'église paroissiale cinquante livres tournois pour la fondation de 24 messes; 5 livres tournois pour la fondation à perpétuité d'un répons sur son tombeau, le dimanche à l'issue de la messe paroissiale; 10 sols au sacristain pour la sonnerie des cloches; au bassin des âmes du purgatoire 20 sols; à ceux de Ste Anne et de Notre-Dame 5 sols chacun; pour le luminaire de chacun des autels de Notre-Dame, Ste Anne, St Blaise, St Jean-Baptiste, 3 sols tournois; à la frairie du Saint Esprit, 10 livres. Le testateur institue pour ses héritiers universels : Pierre Cros, notaire royal de la ville d'Aurillac, son oncle, et Antoine Cros, prêtre et vicaire de Crandelles, son neveu. L'acte fut dressé par Jean Carrière, notaire et Pierre Castel, juge au baillage des Montagnes d'Auvergne, y fit apposer le scel royal.

Sa mort suivit de près; elle eut lieu entre le 15 mars et le 31 septembre de l'année 1560, ainsi qu'il appert d'un acte précité et d'une quittance de ses héritiers. On lui fit de magnifiques funérailles. Quarante ecclésiastiques, accourus autour de son cercueil, lui apportèrent le tribut de leurs prières. On l'ensevelit, comme il l'avait demandé, au milieu de l'église du prieuré, non loin de l'autel où il avait si souvent célébré le saint sacrifice (2).

1554-1556. — Jean Cros. — Les registres de Jean Carrière, notaire royal et greffier des *Insinuations ecclésiastiques* du diocèse de Saint-Flour, nous font connaître le titulaire qui succéda à Pierre Cros. La similitude de nom fait vraisemblablement supposer une parenté entre ces deux prêtres; mais nous n'avons pas la preuve néces-

---

(1) Il en est de la présence des prêtres et des fidèles aux obsèques comme de la sonnerie des cloches; leur grand nombre n'est pas un honneur, mais fait espérer plus de prières.

(2) Cf. Pouillé Mss. St-Géraud, Archives du C. Minutes Cros, Minutes Carrière.

saire pour que ce degré de parenté soit mis hors de doute.

On peut, il est vrai, supposer une erreur de plume dans le prénom, de la part du copiste; mais cette interprétation n'étant pas suffisamment fondée, on doit, à notre avis, et jusqu'à preuve du contraire, s'en tenir à la lettre des anciens textes, et admettre qu'il occupe légitimement sa place dans la liste ou chronologie de nos pasteurs.

Les lignes qui précèdent venaient d'être imprimées, lorsque nous avons découvert dans les minutes du même notaire des actes qui prouvent avec évidence qu'il n'y a pas eu d'altération ou d'erreur. Nous avions donc bien jugé et notre critique n'est pas en défaut.

M° Jean Cros fut institué canoniquement curé ou vicaire perpétuel par le pape Jules III, et installé solennellement, le 17 juin 1554, par M° Pierre Lacarrière, prêtre de la communauté, recteur d'Artis, diocèse de Cahors. Après la cérémonie, au prône de la messe, devant l'assemblée des fidèles, Pierre Viguier, vicaire, publia la prise de possession et la fulmination des Bulles, faite par vénérable maître Benoît Bastide, chanoine, chamarrier de l'Eglise collégiale de Saint-Paul de Lyon.

Le jour même de son installation, le nouveau curé amodia ou acensa à divers fermiers les dîmes de la paroisse ainsi qu'il suit: les dîmes d'Ytrac, pour 117 setiers de seigle, mesure d'Aurillac; les dîmes du Bex pour 100 setiers; les dîmes de Serre pour 70 setiers; les dîmes de Caraizac pour 142 setiers; les dîmes de Dône pour 162 setiers; les dîmes d'Espinat pour 120 setiers, toujours mesure d'Aurillac. — Le même jour encore il fit cession à M° Pierre Cros, ancien titulaire, de 232 setiers 2 cartes de seigle, pour la part des dîmes de l'année présente. L'acte fut passé en présence de M° Antoine Cros, notaire royal, et de Géraud Mayhonnal, prêtre de N.-D.; habitants de la ville d'Aurillac.

En dehors de ces actes qui le concernent, il est rappelé dans plusieurs chartes dont la première porte la date du

---

(1) Dictionnaire statistique, T. V, p. 686.

8 mars 1555 ; la seconde celle du 14 juin 1555, elle est relative à la vente faite en faveur des filleuls, du pré de la *planta* sis au terroir de Veyrines. La 3ᵉ du 6 avril 1556, le mentionne comme démissionnaire. Quelques mois avant cette date, probablement en janvier, il s'était désisté en faveur de son successeur. Son rectorat n'avait pas atteint deux ans, exactement 21 mois 16 jours.

1556-1558. — **Durand Peyri.** — Où placer son endroit d'origine? Où demeurait sa famille? On trouve des Peyris, connus dans l'exercice du négoce, bourgeois et anoblis à Aurillac et au Bourlès d'Ytrac. Nous craindrions d'être trop affirmatif en désignant l'une ou l'autre de ces localités comme le vrai berceau de celui dont nous voulons parler.

Investi de ce bénéfice, sur la cession du précédent, par bulles pontificales de Paul IV, fulminées par Martial Benoît, official de Limoges, il en prit possession le 1ᵉʳ avril 1556. Le prêtre installateur fut encore Mᵉ Pierre Lacarrière. Il fit toucher au nouvel élu l'anneau de la grande porte de l'Eglise, le fit entrer, lui présenta l'aspersoir, lui donna les clefs des reliques, des fonts baptismaux, lui fit toucher le calice, le missel, sonner la cloche, enfin lui ouvrit la maison presbytérale avec les clefs dont il était porteur et l'y fit entrer. La cérémonie était terminée. Le notaire en donna acte et déclara Durand Peyri installé dans sa cure. Le 6 avril qui était le lundi de Pâques, son procureur, Mᵉ Jean Jonquières, prêtre communaliste, publia au prône de la messe paroissiale qui réunissait une assistance nombreuse les bulles de provision et la prise de possession (1).

Dans le testament de Jeanne de Balsac, baronne de Montal, dame de La Roquebrou et d'Ytrac, du pénultième de décembre 1557, entre autres témoins, il est fait mention de Durand Peyri, curé d'Ytrac. Mention trop brève, qui ne nous apprend rien sur les efforts qu'il fit pour préserver son peuple de l'erreur, sur les vertus du prêtre dont la car-

---

(1) Minutes Carrière.

rière pastorale ne devait durer que deux ans et quatre mois.

Il n'eut pas la douleur de voir les jours mauvais qui éclairèrent les triomphes de l'hérésie dans l'arrondissement d'Aurillac, et par suite, la ruine partielle de son église. La mort le surprit l'année suivante, et son décès est constaté au mois d'octobre 1558.

1558-1578. — Jacques Gache. — La première chose qu'il nous faut faire en commençant cet article, c'est de rectifier, preuves en mains, ce nom que nos devanciers (1) ont altéré, et de le lui rendre tel qu'il l'a porté pendant sa vie. Si on a continué jusqu'ici à nommer ce curé, *Gaze,* tandis que tous les documents qui contiennent son nom ou celui des membres de sa famille emploient le mot Gache, c'est qu'on l'a mal lu. Nous ne connaissons aucune pièce qui lui donne le premier nom et l'on n'en a jamais cité aucune ; nous en avons au contraire un bon nombre où se trouve le second et quelques-unes revêtues de sa signature (2). Il y a donc ici une méprise que rien ne justifie et la rectification que nous en avons faite s'impose nécessairement. Que ce soit une question vidée.

Clerc du diocèse de Rodez, *clericus diocesis Ruthenensis,* il appartenait à la famille de Gache, originaire de la ville d'Aurillac, établie avant 1543 à Mur-de-Barrez et qui a pour armoiries : *Parti, au 1er de gueules à trois coquilles d'argent, 2 et 1; au 2e d'azur à deux étoiles d'or en chef et une fleur de lis de même en pointe.* L'aisance matérielle de sa famille lui permit de suivre les cours de l'Université de Toulouse où il obtint le grade de bachelier en droit canon : *in jure canonico baccalarius, gradus per ipsum adimptus in alma universitate Tolosaci.* Nos recherches nous ont fait rencontrer, aux archives du Cantal, quelques actes relatifs à son administration. Ils sont presque tous tirés des registres du notaire Jean Carrière.

Le 26 février 1555, *in quadragesima,* il fit notifier ses

---

(1) Dictionnaire statistique, t. V, p. 686.
(2) Minutes Carrière.

grades à Mgr l'abbé d'Aurillac, pour se faire attribuer le premier bénéfice, dignité ou personnat du Chapitre qui viendrait à vaquer. En désespérance de cause, onze ans plus tard (18 juillet 1556), nous le voyons requérir (1) auprès de Pierre de Saint-Marsal, vicaire général de l'abbé, le prieuré de St-Illide; mais cette réitération fut infructueuse comme la première. Ce prieuré échut à Antoine Bayanne, bachelier en droit civil, prêtre du diocèse de Clermont.

La place laissée vacante par le décès de Durand Peyri: *per obitum deffuncti Durandi Peyri,* lui fut attribuée par le collateur ordinaire, le prieur d'Ytrac ou l'abbé de Maurs, car les concurrents n'avaient pas eu le temps de recourir à Rome. Antoine de Lévis, évêque de St-Flour, donna le *visa* et l'institution canonique.

Muni de ces pièces indispensables, il se fit installer le 25 octobre 1558, par Jean Jonquières, prêtre d'Ytrac, dont acte lui fut délivré en présence de Me Pierre Puech, communaliste, et d'Hugues de Gache, praticien de la ville de Mur-de-Barrez.

En 1556, conjointement avec Amaury Sarrauste, chanoine de Saint-Géraud, fondé de pouvoir du prieur d'Ytrac, il passa un compromis avec Jean Calvet et Jean Laborie, maîtres-maçons de la ville d'Aurillac. Aux termes de ce contrat, ils étaient tenus, entre autres choses, de réédifier la chapelle de Saint-Blaise (aujourd'hui chapelle de Sainte-Anne), d'y faire une voûte et une arête en pierre de taille, y percer une fenêtre, refaire celle qui est au soleil levant, y ouvrir une porte de communication pour lesdits prieur et curé, enfin à rebâtir en pierre de taille le pilier de la chapelle de Sainte-Anne qui soutient le clocher. Ce qui fut fait au prix convenu de « neuf vingt livres tournois », c'est-à-dire 180 livres tournois dont le prieur paya 135 livres et le curé 45 livres tournois. Le 5 octobre 1561, il assiste, comme tel, à une permuta-

---

(1) Ayant des lettres *de Quinquennium* il était *gradué pour posséder et pour requérir,* selon le langage du temps, c'est-à-dire qu'il pouvait posséder les bénéfices dont les titulaires devaient être gradués, mais il pouvait les requérir comme un droit.

tion ou échange fait entre noble et puissante dame Jeanne de Montal, dame de la terre de Drignac et d'Ytrac et noble Annet de Veyre, seigneur des Broas (de Leybros). Le 6 juin 1565, il est témoin d'une reconnaissance en emphitéose et perpétuelle pagésie du domaine du Peyrot faite à noble dame Jeanne de Balsac par Pierre et Jean Branviel, du bourg, au cens annuel de 10 sols, 6 deniers, 8 setiers de seigle, 5 d'avoine, mesure d'Aurillac, et une géline. Le 27 août suivant. il est présent à une revente consentie par la même Dame en faveur de maîtres Laurens et Puech, prêtres de la communauté, pour le prix de 30 livres tournois.

Il présida aux destinées de notre église dans les circonstances les plus difficiles. L'hiver de 1569, comme celui de 1544, fut extrêmement rigoureux. La disette, la misère, la persécution firent souffrir des maux extrêmes. C'était le présage de plus affreuses calamités.

C'était le temps où la réforme religieuse s'acclimatant dans nos contrées, cherchait par toutes les ressources de la ruse, du zèle et de l'audace à s'étendre au sein du haut pays. Nous touchons à l'invasion des Huguenots, ces farouches dévastateurs dont le souvenir est marqué dans notre histoire par des traces sanglantes ; leurs noms est encore en horreur dans nos campagnes. Leurs cruautés y ont effacé le souvenir de tous les malheurs précédents.

Cette même année (1569), les religionnaires ravagèrent et ruinèrent complètement le château et la chapelle, du village de Belbex, qui appartenait à l'abbé d'Aurillac, mais faisait partie de notre paroisse. Notre église fut sacagée par eux et le clergé eut particulièrement à souffrir. Je ne parle pas d'autres ravages dans le pays. Ils sont aussi certains qu'il est difficile d'en marquer exactement la date et tous les détails.

Nous l'avons vu plus haut, p. 108, en 1572, le curé et le prieur travaillèrent de concert à réparer de leur mieux les désastres de l'église occasionnés par les protestants. Ils y employèrent 1,150 livres, ce qui était une somme importante pour l'époque.

Procédant par dates chronologiques, nous arrivons à

l'année 1575, sans trouver aucun acte dans la vie de notre curé. Cette année fut marquée par une vente peu importante.

Le 11 janvier 1577, il avait revendu en qualité de mandataire de son frère, suivant acte passé devant le notaire Barata, à Jean Boissou du bourg, le pré, terre et boigue appelé de Lespinasse au prix de 87 livres, 10 sols. C'est une expédition collationnée ou plutôt une copie informe de titre conservée dans mes archives particulières, qui sans avoir la valeur d'une pièce authentique et originale, ne peut laisser aucun doute sur les faits qui y sont relatés.

C'est un des derniers actes où nous retrouvons la présence de notre recteur ou curé. Le 17 septembre de l'année suivante, il donna sa démission en faveur d'un prêtre, jeune encore, mais qui devait parcourir une longue carrière, non comme curé, mais comme communaliste.

Ce démissionnaire survécut-il longtemps encore ? Nos archives s'en taisent. Mais il est bien légitime de croire qu'il fut enterré dans l'église de Saint-Julien dont il avait été le restaurateur.

1578-1581. — **Hugues de Montmèghe**, était né à Montmèghe et habitait le village dont il portait le nom.

Jeune encore il avait perdu son père, aussi ce fut son frère Pierre « fils à feu Jean » qui, le 19 mars 1557, lui assigna pour titre presbytéral, sa vie durant : huit setiers de seigle, mesure d'Aurillac, rendus à la St Julien ; trente sols tournois payables à la St André ; une maison et quelques parcelles de jardin et de près du domaine de Montmèghe. De plus ledit constituant s'engage à lui donner « quand il chantera l'évangile », c'est-à-dire quand il sera promu au diaconat, une robe et fanon de partenans ; quand il célèbrera sa première messe, robe, fanon, bonnet rond et chausses de brunete de bon drap, et à dater de cette époque de quatre en quatre ans un robe de drap de partenans. Deux jours après, le 21 mars, Hugues cédait à son frère un des deux chais ou celliers de sa maison, par acte reçu, également par Mᵉ Jean Carrière.

Promu au sacerdoce en 1558, il fut incorporé à la

communauté des prêtres de sa paroisse natale. Nous le voyons figurer avec son titre de prêtre et de communaliste dans un certain nombre d'actes, entre autres dans le testament de M. Cros, curé, du 11 janvier 1559.

Il devint titulaire de la cure par la résignation qu'en fit en sa faveur Jacques Gaches, le 7 septembre 1578. Son passage fut de courte durée. Il ne siégea que deux ans, après lesquels il se démit lui-même de son bénéfice, en faveur du suivant. L'acte de procuration pour se démettre fut signé à Aurillac dans l'étude du notaire Barata, le 14 janvier 1580 — ancien style correspondant à 1581 — en présence d'honorable homme Isaac de Cayrol, Pierre Laborie, d'Aurillac. Nous n'entrerons pas dans le détail de ce qu'il fit après sa démission ; il nous suffira de dire qu'il demeura simple filleul et s'occupa avec une grande activité des intérêts de la communauté. Le 20 février 1587, il se trouvait, après-midi, à Cologne, paroisse de Naucelles. Il fut témoin d'une reconnaissance en emphytéose et perpétuelle pagésie, faite en faveur de puissant seigneur Robert de Lignirac du domaine et bouriage de Chaumont de Besse : par Douce de Crueghe, femme de Jean Abeil et Antoinette de Crueghe, veuve de Jean Cavanac. L'acte fut reçu par Varet, notaire, et revêtu de la signature de Guillaume d'Escorailles, seigneur de Mazerolles et d'Hugues de Montmèghe.

Quatorze ans plus tard, il fut pourvu du prieuré de Pleaux, relevant de l'abbaye poitevine de Charroux, vacant par le décès de Jacques Dannois, suivant procès verbal d'installation, dressé le 4 octobre 1595, en présence de Simon Sagiraud, curé de Pleaux et Guillaume de Scorailles, seigneur de Nozerolles. Il en conserva probablement le titre jusqu'à l'avènement de Jean Charrou qui se désista, à son tour, en 1621, en faveur d'un membre de la famille de Lignirac pour laquelle ce prieuré était une sorte d'apanage héréditaire (1).

Le 4 novembre 1612, il s'emploie en qualité de syndic de « lesglise parochielle », de concert avec Etienne Albussac,

---

(1) Arch. du P. de D. *Insinuations ecclésiastiques* de Clermont. Regist. XXIX, p. 194r Communication de M. René de Ribier.

baile, et Antoine Parizot, curé d'Ytrac, à régler un litige qui s'était élevé au sujet de la vente d'un pré et des fermages échus qu'il s'appliqua à recouvrer. Deux sentences furent rendues par la cour du baillage d'Aurillac contre Antoine Labouygue, du village de Lacarrière et Antoine Vigier, président en l'élection du Haut-Auvergne. Pour éviter de plus grands procès, ils en vinrent à un accomodement. Voici les trois clauses arrêtées entre les parties : 1° Le syndic s'engage à revendre le pré susdit dès qu'il en sera requis moyennant la somme de 120 livres tournois ; 2ᵉ Antoine Labouygue, tant qu'il en gardera la jouissance paiera, chaque année, 12 livres tournois ; 3ᵉ de plus, ledit Labouygues paie comptant en pièces de seize sols 80 livres tournois pour les frais et dépens du procès qui restent à la charge de Labouygue et de Vigier.

Cette notice serait trop copieuse si nous voulions résumer tous les documents qui ont un rapport direct ou indirect avec le personnage, dans lequel il n'est que nommé, comme la souscription d'un titre, la présence comme témoin à un acte, achat, vente, contrat, etc. On n'a qu'à compulser les registres des notaires Barata, Boissadel, Varet, Fournols, aux années cy après : 1583, 1584, 1587, 1598, 1600, 1602, 1605, 1608.

Le dernier document qui le mentionne est de 1619. Il parvint à extrême vieillesse et mourut presque monagénaire.

1581-1590. — **Guillaume Cuelhe**. — Hugues avait désigné pour lui succéder, même de son vivant, Guillaume Cuelhe, prêtre d'Aurillac, et par cela même membre de la communauté de N.D. de cette ville, une des plus florissantes du royaume. *Discretus vir Guillelmus Cuelha pbr aurelhaci rectorque de Ytraco.*

Il appartenait à une famille de bonne bourgeoisie, connue dans l'exercice des charges municipales et qui donna, dans ce même siècle, des prêtres à l'Eglise. Elle possédait, de temps immémorial, le domaine et hameau de Cuelhe presque à mi-chemin d'Ytrac et d'Aurillac où elle avait fondé plusieurs Chapellenies.

La première année de son rectorat fut marquée par les tentatives renouvellées des Huguenots : les ravages qu'ils exercèrent dans sa paroisse comme dans celles des environs sont aussi certains qu'il est difficile d'en marquer exactement tous les détails. Ce fut, sans doute à cette époque désastreuse que fut détruite, par les Huguenots, la partie gothique de notre église, plus tard remplacée par la nef et les bas-côtés actuels, complètement dépourvus d'architecture. On la répara ensuite tant bien que mal et plutôt mal que bien.

On discerne à peine son existence par quelques actes épars, dans les minutes de notaire ; le premier est celui de son entrée en fonctions (1581) ; le second celui de sa sortie. Le 20 février 1590, il donna sa procuration *ad resignandum* devant Me Barata, notaire d'Aurillac. Il n'eut pas la jouissance paisible de son bénéfice : il trouva un concurrent dans Me Antoine de Veyre, qualifié de curé d'Ytrac dans des actes authentiques de 1583, 1584, 1587. La compétition dura près de dix ans. Nous verrons, au XVIIe siècle un exemple de compétition à peu près semblable entre Pierre Limanhes et Louis Castel.

1583-159? — **Antoine de Veyre**. — Issu du mariage de Jean Veyre avec damoiselle Gaillarde de Chalvet, frère du vaillant et glorieux libérateur d'Aurillac Guy de Veyre, dont les lettres de noblesse, accordées par Henri III, le 23 décembre 1582, ont reçu une consécration sanglante ; de Charles de Veyre, archiprêtre d'Aurillac, de Nicolas de Veyre, chanoine de Montsalvy et prieur de Saint Amans de Ginolhac, au diocèse de Rodez.

Antoine passa de la vie du monde à la vie monastique dans la célèbre abbaye de Saint-Géraud d'Aurillac. Il clôt la série des religieux et ouvre celle des chanoines de la collégiale. Tout porte à croire qu'après la sécularisation de l'abbaye, en 1561, il fut du nombre des moines qui conservèrent encore le costume bénédictin. Il apparaît pour la première fois dans un acte de vente du 20 avril 1560, où Marie de St-Nectaire, abbesse du Buis, investit l'acheteur et le quitte du droit de lotz. Présent à ce frère Antoine

Veyre, religieux du monastère St-Géraud d'Aurillac (1).

Il était chanoine et infirmier de la collégiale lorsqu'il fut appelé à régir notre église. Il s'appliqua à préserver son peuple de la contagion de l'erreur, à conserver la foi et n'épargna rien pour mettre les affaires de sa paroisse dans le meilleur état.

Soucieux des intérêts spirituels des fidèles, de tout ce qui pouvait contribuer à entretenir la religion, M. de Veyre ne l'était pas moins de ses droits curiaux, des intérêts temporels de son bénéfice. C'est ainsi qu'en 1587, après avoir préalablement établi qu'il est curé d'Ytrac, qu'il a fait le divin service en la dite église au gré et contentement de tous les habitants et paroissiens — quel est le curé qui pourrait en dire autant? — et sans aucun intervalle depuis qu'il a été pourvu; il revendique des héritiers de Pierre Viers dit Pédrou et d'Agnès de Chaumon, les droits qu'il avait sur la terre Labadias (l'abbaye) et la maison qui venait d'y être bâtie, sur la terre de Lacoste del curtinel près du ruisseau du Quitivier. Il s'en fit payer les revenus au cens annuel d'un setier de seigle et cinq sols tournois en argent. De plus, il fit dresser par acte notarié un nouveau titre avec reconnaissance de ses droits de directe, de justice, haute, moyenne et basse ainsi que le portait un ancien titre fait en 1550, en faveur d'un de ses prédécesseurs, maître Pierre Cros (2).

Son administration qui avait commencé à la fin du XVI° siècle, ne se prolongea pas dans les premières années de l'âge suivant. A une date inconnue, mais toujours avant 1597, l'autorité diocésaine lui confia la direction de l'importante cure d'Arpajon avec les fonctions d'official de l'Archiprêtré d'Aurillac, et lui donna en même temps le titre honorifique de vicaire général.

On ne s'étonne pas de voir les pasteurs d'Arpajon revêtus d'un tel titre, à l'exclusion des curés de la ville d'Au-

---

(1) Il avait un parent, oncle ou neveu, nommé Antoine de Veyre, fils de Pierre, seigneur des Broas (Leybros, paroisse d'Ytrac), et de Marie de la Volpilière, bénédictin du monastère de Saint-Géraud, encore novice, le 11 octobre 1543. Arch. du C., Minutes Dumolin.

(2) Papiers personnels.

rillac, si l'on sait que cette dernière exempte de juridiction épiscopale, ne relevait que de l'autorité de l'abbé de Saint-Géraud, qui conserva, même après la sécularisation du monastère, tous les privilèges dont le Souverain Pontife l'avait enrichie. A côté de cette autorité indépendante, il fallait à l'ordinaire un représentant de son autorité pour expédier les affaires les plus urgentes; il l'établit à Arpajon. D'ailleurs, l'éloignement de St-Flour, la difficulté des routes, dans ce temps-là, rendaient sa présence nécessaire.

1606-1616. — **Antoine Parisot**. — Comme Antoine de Veyre, son prédécesseur, ce curé était originaire d'Aurillac et chanoine de la collégiale. Il descendait d'une noble et ancienne famille qui donna plusieurs membres à l'Eglise, et eut des représentants dans les charges judiciaires. Le premier titre qui le mentionne est une acquisition faite par Anne de Teissières et Catherine de Trieuf, dame de la Force, en présence de Maitre Antoine Parizot « escollier » d'Aurillac (1562).

Il entra dans l'Eglise où il fut pourvu de bonne heure d'une prébende de choix. D'abord chanoine de St-Géraud, il s'éleva sucessivement aux dignités d'official et de vicaire général de l'abbé d'Aurillac. Le 8 juin 1594 il reçut la chapellenie de St-Benoit, dépendant du doyenné de Mauriac. Il obtint ses provisions du doyen Pierre de Vialle Soubrane. Enfin il cumula avec ces fonctions celles de curé de notre paroisse, au moins depuis 1606, sinon avant. C'est ce qui nous a été révélé par une quittance de ses droits sur la dîme de Dône, qu'il revêtit de sa signature, le 23 décembre 1606, et dont l'afferme avait été donnée par le prieur, Antoine Felgines, le 9 juillet de la même année. Le 27 janvier 1609, en qualité d'héritier de Jean de Veyre et de Jean d'Angle, devant Pierre Laborie, notaire, il céda, à Antoine Cavanhac de Chaumon, au prix 30 livres tournois la terre appelée de la Coste-Vitanque, située à Besse. Dans cet acte il est qualifié de chanoine de l'église collégiale de Monsieur saint Géraud, official, vicaire général du seigneur abbé, et curé d'Ytrac. Le 4 novembre 1612, noble Antoine de Parizot, intervint, avec les titres sus énoncés, en qualité de « curé de l'esglise parochielle dudit Ytrac », à l'accord passé devant Fournols, notaire, entre les prêtres filleuls représentés par Hugues Montmeghe, syndic, Etienne Albussac, baile, leurs mandataires, et Antoine Labouygues de Lacarrière au sujet de l'acquisition du pré del Counez.

Il continua par d'utiles transactions l'œuvre de ses devanciers. Ne passons pas sous silence deux actes de son administration. L'un est l'homologation (15 août 1614) de la vente faite par Pierre Jonquières, à son frère, prêtre et vicaire de la paroisse d'un pré appelé *del Ritier*, contenant une œuvre et demie, située à Bessanès; la perception du droit de lods, sans préjudice pour lui et les curés ses successeurs du cens annuel de 17 livres, 6 deniers. L'autre est l'ascensement fait le dimanche 3 juillet 1616, à noble Géraud de Lapanouze, des dîmes de Done pour 30 setiers de seigle, mesure d'Aurillac, qui doivent être portés en sa maison de ville, à la Saint Michel.

Marguerite de Parizot, veuve de Jean Sabatier, testa en 1621. Antoine son frère est rappelé de ce testament mais on ne lui donne plus le titre de curé. Il en est de même l'année suivante où un gentilhomme du pays, Annet de Selve, seigneur de Montvert, chanoine et princier de l'église collégiale de Sainte-Foi de Conques, demeurant alors à Branviel sur notre paroisse, lui fait un présent d'une grande valeur. En considération de l'amitié qu'il lui porte, en reconnaissance des services qu'il en a reçus et qu'il espère recevoir encore, il lui fait donation du domaine de Branviel. Deux charges étaient imposées au donataire: 1° de payer les rentes et cens annuels dudit domaine aux héritiers de feu Isaac Olier seigneur de la Martinie; 2° et dans les six mois la somme de 1200 livres dues à Catherine de Cabrespine. Il révoque toutes les autres donations qu'il aurait pu consentir, même celle faite en faveur de noble Antoine de Selve, seigneur de la Magdeleyne, son frère, chanoine de l'église cathédrale de Rodez (1). Maître Parizot accepta cet acte de libéralité et le titre en fut dressé par Maître Boissadel, notaire, en pré-

---

(1) Minutes Cailar.

sence de noble Antoine de Sabatier, chanoine de Saint-Géraud, prieur de la Ségalassière et de Jean Cailar 27 octobre 1622).

162?-163? — **Antoine de Rauquemaurel**. — Né au château d'Espinassol, appartenait à une famille distinguée par la noblesse de son origine, l'importance de sa fortune et le mérite personnel de ses membres. Le nom de la famille de Roquemaurel apparaît fréquemment dans l'histoire de notre contrée et les annales de l'Eglise.

Etait-il fils de Gabriel de Roquemaurel qui épousa en 1572 Marguerite d'Espinassol ou d'Antoine de Roquemaurel marié, en 1597, à Anne de Reilhac de l'olmie? Les généologies imprimées ou manuscrites que nous avons pu consulter sont trop confuses et trop incomplètes pour que nous puissions les invoquer en faveur de l'une ou de l'autre hypothèse.

Un document du minutaire Delom nous apprend qu'il fut curé d'Ytrac, qu'il résigna sa cure entre les mains de l'Ordinaire, qu'il fut le prédécesseur immédiat de Pierre Limanhes; malheureusement les dates ne sont pas indiquées. Ce ne fut toutefois qu'entre 1620 et 1641.

D'autre part nous voyons dans le fonds de l'abbaye de Maurs, qu'Antoine Felgine, pitancier, avait succédé dans cette charge à Antoine de Roquemaurel (acte du 1er octobre 1627). Cela donne matière à réfléxion. Antoine aurait-il abandonné le froc, se serait-il sécularisé pour occuper son bénéfice? ou bien titulaire antérieurement à 1627 aurait-il ensuite revêtu la coule bénédictine? Nos habitudes de prudente réserve nous défendent de rien affirmer à cet égard. Nous convenons qu'il y a pour l'une ou l'autre conjecture de fortes apparences aussi posons-nous le problème sans prétention de le résoudre.

163?164? — **Pierre Limanhes**. — Né à Lacarrière tout près du chef-lieu. Le 19 décembre 1631, Jean Limanhes de Lacarrière, « confesse debvoir à discrète personne Mre Pierre Limanhes du même village, présent, stipulant et acceptant la somme de 90 livres ». Malheureusement ne croyant pas avoir besoin de cette pièce je n'en ai pas pris la cote.

L'inscription de Pierre Limanhes sur la liste de nos curés ne préjuge en rien la légitimité de ses titres ni son droit à y figurer. En fait, il a occupé quelque temps, entre 1631 et 1641, le siège curial, mais il lui a été vivement disputé. Il en fut pourvu par Gabriel de Roquemaurel, prieur d'Ytrac, sans doute, avec l'assentiment de l'abbé de Maurs qui avait droit de patronage et de présentation. Mais il trouva un compétiteur sérieux avec M. Castel investi par l'évêque de ladite cure et vers la même époque. Pour éviter des procès et vivre en paix l'affaire se termina par un accommodement (20 janvier 1642) : Pierre Limanhes se désista moyennant un avantage temporel : la réserve, sa vie durant, de la dîme du village de Caumon. Louis Castel s'engagea à lui payer cette pension annuelle. La dîme de ce village n'excédait pas 12 setiers de blé, mesure d'Aurillac : *cuius fructus non excedunt duodecim sextarie saliginis mensure aurellaci*. L'original de ce traité, conservé aux archives du Cantal, est revêtu de la signature des parties, de Mre Jean Dulaurens, conseiller du roi, d'honorable homme Philippe de Vigier, bourgeois d'Aurillac et de Mre Delom, notaire.

Après sa démission, il vécut encore 12 ans, faisant toujours partie de la petite congrégation sacerdotale. Sa mort est marquée au 6 juin dans le nécrologe de la paroisse et sa sépulture dans la chapelle de Saint-Louis.

« Le sixième juin mourut le messire Pierre de Limanhes, prestre de lesglise d'Ytrac et feut ensevely à la chapelle St Louys. »

1642-1672. — **Louis Castel,** Docteur en théologie. —Aurillac est la patrie de Louis Castel ; il y naquit, y fut baptisé, y commença ses études, son ministère et y termina sa vie. La ville qui eut son berceau eut aussi sa tombe.

Issu d'une famille qui tenait, aux XVIe et au XVIIe siècles, une place honorable dans la bourgeoisie d'Aurillac, Louis était fils de Jacques Castel et damoiselle Catherine d'Ouvrier. Son titre clérical, que son père lui constitua le 22 décembre 1622, devant Cailar, notaire, reposait sur un domaine que possédaient ses parents à St-Etienne de Ca[pels] ou de Carlat.

Après son élévation au sacerdoce (1626), il fut inco[r]poré à la communauté des prêtres de sa ville natale. Il n[e] tarda pas à être décoré de palmes doctorales de Sorbonn[e.] C'était un ecclésiastique distingué et qui fit bonne figur[e] parmi les prêtres ses contemporains. Il exerça le saint mi[-]nistère pendant plusieurs années en qualité de vicaire d[e] la paroisse de Notre-Dame, au moins de 1630 à 1639.

Vers cette même époque il eut conflit avec ses collè[-]gues qui obtinrent « deux arrêts du parlement de Pari[s] contre Louys Castel, prestre qui prétendait estre promo[-]teur de l'officialité diocésaine ou abbatiale et rester en la dite communauté. Or un des articles des statuts portait que tout communaliste pourvu d'un bénéfice ou promu [à] une dignité, en dehors de la dite Eglise, cessait par le fai[t] même d'être du conseil et de participer aux distribution[s] de casuel et autres émoluments (1).

Le 20 Janvier 1642, il devint paisible possesseur de l[a] cure de St-Julien par la remise que lui en fit son prédéces[-]seur. Nous avons vu à quelles conditions cette cession eu[t] lieu. Dès lors il se donna généreusement à ses fidèles e[t] leur consacra trente années de sa vie.

Une paroisse riche comme est la nôtre en sentiment[s] chrétiens devait fournir une belle floraison d'association[s] pieuses ; on en comptait alors au moins sept dont les docu[-]ments affirment l'existence et dont nous aurons à parle[r] ailleurs. Le zèle de M. Castel le porta à s'en occuper acti[-]vement. Mais, peut-être, eut-il le tort de se réserver exclu[-]sivement l'administration des revenus. Les consuls en pri[-]rent ombrage. En 1665, ils le prièrent de rendre compt[e] de 13 ou 14 ans de gestion ; de dresser l'inventaire des pa[-]piers de l'église, de les mettre ainsi que la cire provenan[t] des confréries dans un coffre à trois clés dont l'une serai[t] gardée par le curé ou l'un des prêtres de la Communauté[,] l'autre par les consuls et la troisième par un baile élu l[e] même jour que les consuls ou échevins. D'abord il consen[-]

---

(1) **Arch.** de N.-D. Livre des Obits.

tit à tout; mais lorsqu'on vint le prier de publier au prône du dimanche le nom du baile élu qui était Jean Abeil, il s'y refusa, déclarant qu'il n'en avait pas besoin. D'où un procès qu'il perdit sans doute ou qu'il empêcha, car en 1657 nous voyons le même élu remplir ses fonctions sous le contrôle minutieux du Curé.

Pendant trois dimanches du mois de mars de l'an 1657 il publia le monitoire de l'évêque pour provoquer la révélation de ceux qui dans un but d'usurpation, avaient déplacé les bornes, abattu les tertres, coupé les arbres et enfoncé le portail du domaine des P. P. Jésuites à Besse. Et huit jours après, personne ne se présentant, il fulmina l'excommunication.

Les sollicitudes pastorales ne l'empêchaient pas de remplir d'honorables emplois dans sa ville natale. C'est ainsi qu'on le trouve en 1663 et 1666 directeur temporel de l'Hôtel-Dieu. Il sut en promouvoir les intérêts spirituels, en acceptant une donation de 300 livres pour la fondation d'un salut tous cinquièmes dimanches de l'année, faite par M. Fortet, vicaire général et official; les intérêts temporels, en plaidant contre les P. P. Jésuites pour obtenir que les biens qui avaient été attribués à leur collège, fissent retour à l'Hôtel-Dieu.

En cette année 1666, il était vice-gérant de l'officialité de l'Abbaye et provicaire général de l'abbé Hercule de Manziéri. En 1668, en qualité de syndic de l'Hôtel-Dieu, et de vice-gérant de l'abbaye d'Aurillac, il rend hommage à Louis Ier, prince de Monaco, des cens et rentes qu'il possède en fief mouvant du comté de Carladez (1).

En même temps il était Directeur des religieuses de la Visitation. Les fêtes de la canonisation de saint François de Sales se firent au monastère d'Aurillac avec un éclat et une pompe inaccoutumés. Il faut lire les circulaires ou relations de l'année 1666 pour se faire une idée de l'allégresse et de l'enthousiasme avec lesquels furent célébrées ces fêtes. Elles durèrent du mercredi 20 juin jusqu'au jeudi 28 octobre. Le premier jour eut lieu la pro-

---

(1) Saige et de Dienne : *Hist. du Carladez*, T. I, p. 721.

cession générale de toute la ville. La bannière fut portée par M. Castel, docteur en théologie et directeur des religieuses, vêtu d'une riche chappe de brocard d'argent et accompagné de deux diacres en dalmatiques. Le dimanche, il officia à Vêpres et, après un éloquent panégyrique du P. Hyacinthe de Fonvielle, dominicain, il donna la bénédiction du très saint-sacrement.

Enfin nous épuisons la liste des actes qui le concernent, en citant la procure qu'il donna, le 30 décembre 1671, à Pierre-Ignace-Ouvrier, prêtre de l'église de Notre-Dame, pour la Chapellenie de Dugono, en faveur de Jean Castel.

C'est le dernier acte signé par lui. Sa fin était proche. Elle est fixée au 13 janvier par l'obituaire de Notre-Dame. « Le 4 janvier 1672 a esté enterré en la chapelle des Religieuses de la Visitation par M. le curé la pnt ville, assisté des prêtres de la communauté de l'église paroissiale Notre-Dame de la pnt ville Mre Louÿs Castel, ptre et curé d'Ytrac décédé à 1 heure du matin, muny des sacrements de l'église dans sa maladie. »

Nous nous sommes demandé pourquoi ce vénérable pasteur avait son tombeau dans la chapelle des Visitandines A défaut d'autres documents, nous croyons en trouver l'explication dans l'article 50 des constitutions données par saint François de Sales à cet ordre. « On ne recevra aucune sépulture de dehors que de ceux qui par quelque signalé bienfait auront obligé le monastère, ou auxquels la dévotion singulière méritera cette exception avec permission néanmoins et dispense de l'evesque. »

Après cela nul doute que ce curé n'ait été le bienfaiteur du couvent. Serait-il téméraire de penser que M. Castel est cet « honeste et vertueux ecclésiastique dont la modestie et l'humilité oblige à taire le nom qui avec beaucoup de dépense et d'empressement fit faire le balustre qui sépare l'église du sanctuaire et une belle tribune avec ses ornements nécessaires (1) ».

---

(1) Arch. de la Visit. : Relation des fêtes de la canonisation de Saint-François de Sales à Aurillac.

1672-1674. — **Jean Lalande**. — M. Castel laissa à son successeur la paroisse dans un état de prospérité religieuse. Ce successeur fut un de ses vicaires : Jean Lalande. Il y avait alors des familles de ce nom sur le territoire de Sansac-de-Marmiesse et d'Ytrac. A laquelle appartenait-il ? Nous· pencherions pour celle de notre paroisse qui, vraisemblablement, n'était qu'un rameau détaché de celle de Sansac. Mais nous n'avons aucun acte authentique pour étayer avec solidité notre sentiment.

S'il ne faut pas attribuer sa promotion à la position de son frère Annet qui possédait le domaine et l'étude notariale de Branviel, on peut croire qu'elle n'y fut pas absolument étrangère. C'est entre le 10 et le 19 janvier qu'on peut fixer la date de sa nomination et de sa prise de possession.

La physionomie de la population que M. Lalande était appelé à diriger, nous paraît facile à dessiner : quelques familles nobles, de bonne extraction ; quelques familles bourgeoises anciennes ou récemment parvenues ; deux ou trois notaires ; des commerçants dont la plupart émigraient en Espagne ; des cultivateurs formant la majorité des habitants ; une communauté de prêtres déjà bien réduite ; tels étaient les éléments de cette paroisse. Les enfants étaient nombreux, en ce temps où la fécondité des familles était souhaitée comme une bénédiction. On ne redoutait pas alors comme une charge, presque comme un fléau, de voir le foyer peuplé de berceaux et la table commune entourée d'une couronne d'enfants. On avait la foi vive, des mœurs pures, de l'économie et beaucoup de bon sens. Les paysans à l'aise n'étaient pas rares ; il y avait pourtant un certain nombre de *brassiers*. c'est-à-dire de journaliers ; mais les autres qualificatifs apparaissent avec beaucoup plus de fréquence dans les registres de l'état civil.

M. Lalande fit jouir les fidèles de l'expérience du ministère qu'il avait acquise sous la direction de M. Castel pendant six années de vicariat (1666-1672). Mais ce fut pour peu de temps, exactement, dix-neuf mois. Dieu le rappela prématurément à lui, le 9 septembre 1674. Son corps repose dans l'église comme il conste par l'acte de décès :

« Le neufviesme du mois de septembre XVIᵉ septante et quatre, environ les neuf heures du soir moureust maistre Jean Lalande, curé de lesglise parrossielle Sainct Julien d'Ytrac et feust ensevely le unze dudict mois dans lesglise dudict Itrac. En foy de quoy me suis signé : Puech, vicaire. »

1674-1680. — **Pierre Delmas** — Né au petit château de Lamarque, paroisse de Giou-de-Mamou, d'une famille aisée qui eut des alliances honorables dans la bourgeoisie et la petite noblesse ; sa sœur, damoiselle Marguerite Delmas avait épousé, le 20 mars 1656, François de Montal, écuyer, qui devint seigneur de Lamarque.

Ses antécédents ont échappé à toute recherche, et nous ne connaissons rien de plus des années qui ont précédé sa nomination. Il fut présenté pour la cure, par noble Gabriel de Roquemaurel, prieur du lieu, et Mgr de la Mothe Houdancourt donna le visa le 10 septembre 1764. La prise de possession eut lieu le dimanche 16 à dix heures. Le prêtre installateur fut Pierre Pélissier, vicaire de l'église collégiale de Saint-Géraud et les témoins : François Delmon, prébendé du chapitre, Philippe Delmas, premier huissier audiencié et Antoine Camps d'Aurillac. Cette installation présente une particularité à noter. Après les cérémonies d'usage qui consistaient à introduire l'élu dans l'église, « à lui faire baiser l'autel, sonner les cloches, chanter solennellement la messe et faire le prône » il est dit que le prêtre installateur et le titulaire « sont entrés dans la maison presbytérale qui leur a été ouverte par Mᵉ Lalande, notaire, frère de deffunct Lalande, dernier curé ».

L'année qui suivit son installation fut attristée par le malheur qui frappait une famille de sa paroisse. Le soir du 18 juillet 1875, Mᵉ Jean de Gaignac, curé d'Anglards de Salers, en visite au château d'Hauvaurs, pris d'un grand vomissement de sang, mourut presque subitement. Le corps du vénéré défunt fut transporté à Aurillac et inhumé dans le caveau de famille, dans l'église des P.P. Cordéliers.

Les affaires matérielles de la commune ne le laissèrent pas indifférent. En 1678, le 4 décembre, on le vit siéger dans l'assemblée des notables et des administrateurs municipaux. Voici ce dont il s'agissait : Les consuls d'Ytrac avaient reçu l'ordre de sa Majesté d'imposer sur les habitants de la paroisse la somme de 7.660 livres d'une part et de 23 livres de l'autre pour l'excédent de fourrage fourni à la compagnie de cavalerie de Montauban, « en quartier dans la généralité de Riom. » Pour se soustraire à cette charge, plusieurs même des plus riches avaient intenté procès aux consuls de l'année précédente et obtenu une diminution considérable, voire même la radiation de leur taxe, d'autres avaient transféré leur domicile ailleurs. Il est évident, qu'en tenant compte de cet état de chose, l'impôt devenait bien lourd pour le reste des habitants. Aussi, après mûre délibération, il fut décidé qu'on ne procéderait à la répartition de la taxe ou de l'impôt qu'après avoir obtenu l'annulation de ces procès (1).

Le 28 février 1680, il fut appelé conjointement avec son oncle, Pierre Delmas, de Lamarque, prêtre, à régler à Pierre Fontrouge, du village du Croizet, paroisse de Notre-Dame, les droits qu'il avait sur la succession de Marguerite Delmas, sa sœur. Nous signalons cette pièce parce qu'elle renferme des indications précieuses sur l'alliance de cette famille avec les de Montal (2).

Le 7 juillet 1680, ainsi que nous l'avons vu plus haut p. 116, il « accense concurremment avec le prieur Ignace Courboulès, les dîmes du prieuré et de la paroisse. Le notaire De Larmandie procéda « à l'extrousse » c'est-à-dire à l'adjudication et rédigea le bail qui fut ensuite revêtu de la signature des donneurs et preneurs.

Il garda sa cure un peu moins de six ans. Le nécrologe de la paroisse marque l'heure et le jour précis de son décès. « Le même jour — (quatrième du mois d'aoust 1680) — entre cinq et six heures du soir moureust maistre Pierre Delmas, curé de nostre esglise et feust ensevely le cinq. en foy de quoy ay signé : Puech vicaire. »

---
(1) Papiers personnels.
(2) Arch. du C., Minutes J. Delom; Bouillet, Nobiliaire, T. IV, p. 220.

1680-1724. — **Jean-François Cailar**. — Autant le gouvernement de Pierre avait été court, autant celui de Jean-François, son successeur, fut remarquable par sa longue durée.

Il sortait d'une famille qui avait rang de bourgeoisie, possessionnée dans la commune de Lascelle, mais qui faisait sa résidence habituelle à Aurillac. Il avait pour frères Jacques Cailar, curé de Sansac-de-Marmiesse, Louis Cailar d'Aurillac, Jean Cailar procureur du roi à Vic, en Carladez, Paul Cailar, avocat, et Joseph Cailar. (Arch. du C. S. E. 894).

De quel emploi passa-t-il à la charge curiale, nous ne pouvons le dire. La date de sa prise de possession est assez indécise ; elle n'eut pas lieu plutôt que le 6 août ni plus tard que le 15 septembre 1680.

En 1689, M. Delarmandie, notaire royal de Foulan, et Antoine Delarmandie son fils, lui firent un procès pour l'obliger à déposer dans leur étude les minutes des testaments qu'il avait reçus .Nous l'avons déjà dit, sous l'ancien régime,les curés et vicaires avaient le droit de dresser des testaments, et ces dispositions testamentaires étaient reconnues valables, à condition de se conformer aux coutumes et ordonnances et de remplir les formalités exigées. Les débats se prolongèrent pendant plusieurs mois. En vain M. Cailar fit valoir qu'il en avait délivré des expéditions collationnées, qu'il avait offert de déposer les pièces originales ; en vain invoqua-t-il l'incompétence de la cour civile et le recours au tribunal de l'officialité diocésaine ; il fut condamné par sentences du 4 mai, du 3 août et du 20 août 1689.

Chose curieuse, dans un acte de baptême du 4 mai 1693 où il figure comme parrain de François Lalande, fils de Guillaume et de Mademoiselle Anne Cailar, de Branviel, il est qualifié « de très digne curé de Saint-Sac et d'Ytrac. » Preuve évidente qu'il fut pendant quelque temps chargé de la direction de ces deux paroisses.

Le 8 octobre 1693, l'official et vicaire général de l'Ordinaire lui adressa un monitoire. Il signalait une soustraction de papiers, faite au notaire précité, un vol considérable, tout l'or et l'argent déposé dans un coffre de noyer qui fut enfoncé, plus de mille livres, tous les bijoux, une croix d'or, un diamant, deux anneaux, et quatre bagues d'or ; la vaisselle d'étain, 30 setiers de seigle, 10 de froment, deux pièces d'étoffe, une de camelot, l'autre de raize, les outils d'agriculteur, tous les effets de la succession de Me Pierre Vidal prêtre, et d'Antoinette Vidal sa sœur, or, argent, meubles ». M. Cailar publia ce monitoire pendant trois dimanches consécutifs et fulmina l'excommunication contre ceux qui, connaissant le voleur, ne viendraient pas le révéler dans la huitaine. De pareilles menaces, malgré leur solennité, n'étaient pas toujours efficaces pour engager les usurpateurs au repentir, réparer leurs torts, et les fidèles à les dénoncer. Les titres et les objets d'or volés furent-ils restitués, rien ne l'indique.

Nous voici à une époque mémorable. L'année suivante, se déchaînait la guerre avec l'Espagne dont le duc Anne-Jules de Noailles, pair et maréchal de France, fut un des principaux chefs. C'est le temps où la France « se meurt de misère au chant du *Te Deum*. » Ces guerres-là ou ces victoires n'allaient jamais sans des excès de tailles et de surtailles. C'est toujours le peuple qui paie *quidquid delirant principes*. La paroisse fut imposée par ordre du roi pour la somme de 9.117 livres. L'accablement était si grand que plusieurs habitants abandonnèrent leurs familles, leurs biens, et passèrent à l'étranger. Les consuls et les notables s'assemblèrent le dimanche 12 décembre pour remédier aux inconvénients déjà signalés en 1678, et aviser aux moyens d'une répartition équitable. Au milieu de tant de calamités et de misères, l'âme compatissante du curé ne put que s'ouvrir à tous les maux, à toutes les misères dont il était le confident et le témoin. Avec cette charité qui semble avoir été de tout temps la vertu héréditaire de nos pasteurs, il s'apitoyait sur le sort des malheureux, et cherchait à y porter remède par tous les moyens en son pouvoir. Il se prodiguait lui-même et multipliait ses ressources pour les égaler aux besoins.

Le 23 avril 1697, il fut parrain de Gabrielle Cailar, sa nièce, qui naquit à Lascelle pendant le séjour qu'y faisait accidentellement sa mère, car le jeune ménage s'était fixé à Aurillac. Il ne put assister à la cérémonie et s'y fit représenter par son frère Jacques Cailar, curé de Sansac. Le 14 mai suivant, messire Charles de Saillans d'Estaing, abbé commendataire de Saint-Vincent de Senlis, prieur de Chast? (sic) de Chassaigne et de Polminhac le nomma son procureur, et le 28 juin, il alla prendre possession au nom du titulaire du prieuré de Saint-Rémy de Prunet en présence de Jean Daniquel, curé de Prunet et de Bernard Laporte, praticien d'Aurillac. (Minutes Jh. Delon, notaire apostolique.)

L'année d'après, le 12 mars 1698, Jacques Cailar, curé de Sansac, l'institua son héritier et son exécuteur testamentaire, stipulant qu'il ne pourrait rien exiger pendant la vie de Jean Cailar, son frère, procureur du roi à Vic, des droits que ledit testateur avait sur l'hérédité de feu Marguerite Cailar, femme de Pierre Lafon, du village de Cambon, paroisse d'Arpajon. Peu après, il tomba gravement malade, et ne laissa bientôt plus à son frère l'espoir de le conserver. Ce fut du moins une consolation pour l'un de le revoir encore, de recueillir son dernier soupir et lui donner les marques suprêmes de son affection fraternelle et sacerdotale.

En 1723, il travailla à l'ornementation de la chapelle de Sainte-Anne, comme il avait travaillé en 1703 à la restauration de la chapellle de Saint-Antoine. Pour l'une comme pour l'autre, la générosité d'un de ses paroissiens mit la dernière main à l'ouvrage.

Le 12 janvier 1722, il assista avec M. Joseph Chastelain, prieur de Saint-Paul des Landes, aux obsèques de son ancien vicaire, Guy Caumeil, curé de Crandelles, décédé la veille.

Enfin vaincu par l'âge et les infirmités *in infirmitate corporis constitutus,* il se démit de sa charge le 7 juillet 1724. Le démissionnaire ménageait à la paroisse qu'il cessait de diriger la nomination à ce bénéfice de son neveu, moyennant un avantage pécuniaire: une pension annuelle de 100 livres.

Dans sa solitude, il ne resta pas inactif. Aussi, le vit-on rester le collaborateur bénévole de son successeur, prêter son précieux concours et signer divers actes avec la mention ancien curé. Après 12 ans de pieuse retraite, entouré de la vénération de son neveu et de ses paroissiens, le 28 février 1736, il alla rejoindre sous les dalles de l'église et dans la même tombe ceux de ces antécesseurs qu'on y dit ensevelis (1).

1725-1759. — **Jean-François Cailar,** neveu du précédent, reçut du pape Benoit XIII des lettres d'investiture canonique, datées du 8 août 1724. Le visa épiscopal se fit attendre; il ne fut signé que le 22 février 1725. Le 4 mars suivant, il fut mis en possession dans les formes ordinaires. Le prêtre choisi pour procéder à l'installation conduisit le récipiendaire à l'église, où il lui fit d'abord toucher le verrou de la grande porte, le fit entrer, lui donna le goupillon pour l'aspersion d'eau bénite, lui fit baiser le maître-autel, lire l'évangile, visiter les fonts baptismaux, le fit asseoir sur le stalle du curé, et sonner la cloche, le tout en présence des prêtres de la communauté. (Acte reçu par Delon, notaire royal apostolique.)

On sait peu de chose de la vie du second Cailar. L'histoire n'enregistre pas les actions ordinaires d'un curé. Célébrer le culte divin dans l'église, initier les enfants à la doctrine chrétienne, administrer les sacrements, porter aux malades les consolations de la religion, aux pauvres les secours de la charité, bénir au nom de Dieu toute la vie humaine depuis le berceau jusqu'à la tombe : ces œuvres s'accomplissent dans le silence et en dehors de toute publicité. On cite dans un pastorat trois ou quatre choses marquantes; dans celui-ci, en dehors des détails journaliers du saint ministère, quelques dates qui ne nous apprennent rien sur son caractère, sur la direction imprimée par lui à la paroisse.

Nous le rencontrons à Saint-Paul des Landes, le 16 juin 1729. Il y tint sur les fonts baptismaux François Establie, né à Escouder, de Michel et de Françoise Cailar, sans doute un de ses parents.

A ce gouvernement remonte l'établissement de la croix

---

(1) Etat-civil d'Ytrac, Saint-Paul-des-Landes et Crandelles; papiers personnels; Arch. du C., Minutes Delom.

de pierre qui fut placée sur le bord de la route à la limite du village d'Espinat et que le travailleur saluait pieusement au détour de chaque sillon. Elle consacre probablement le souvenir d'une mission qui eut lieu à Ytrac, ou peut-être encore la délivrance de quelque fléau qui pesait alors cruellement sur le pays. Grâce à la piété et aux soins des habitants du hameau, elle s'élève encore sur son piédestal de pierre à la bifurcation du chemin d'Espinassol, de Saint-Paul et d'Aurillac, et laisse voir le millésime de 1757. Puisse ce signe auguste protéger longtemps le village et la paroisse tout entière !

C'est le 16 janvier 1759 qu'il abdiqua sa charge en faveur de Pierre Jean Crozet Delbouys. Cette abdication motiva deux actes notariés. L'un pour donner sa procure *ad resignandum* dressé par Maître Mabit, notaire apostolique ; l'autre passé devant Louis Sérieys, notaire, pour révoquer sa procuration et déclarer qu'il était fermement décidé à conserver son bénéfice. Il ne tarda pas à retirer ou à annuler cette révocation, car, le 8 avril, son remplaçant prit possession de son titre.

En cédant sa cure, M. Cailar se réservait une pension de 200 livres, qui devait lui être payée par M. Delbouys ou ses successeurs. Il figure pour la dernière fois dans un acte de baptême revêtu de sa signature, à la date du 27 février 1759. En mars ou au commencement d'avril, il quitta Ytrac et se retira dans sa famille à Jaulhac, commune de Lascelles, où il vécut encore 24 ans. Il s'éteignit paisiblement le 10 février, à 10 heures du soir, à l'âge de 89 ans et quelques mois. Le surlendemain on l'inhuma dans l'ancien cimetière de Lascelles. Il n'y a ni monument ni inscription qui indique sa tombe placée sans doute à l'ombre tutélaire de la croix.

1759-1774. — **Pierre-Jean-Crozet Delbouys**, docteur en théologie. — A la vacance ouverte après la démission de M. Cailar, la cure fut donnée à un prêtre qui n'appartenait pas au clergé sanflorain, mais à celui de Rodez. Il était né à Cassos, commune de Roussy, canton de Thérondels, d'une souche très recommandable par sa noblesse et en possession de la seigneurie d'Hauterive ou de Coste.

L'aisance matérielle de sa famille lui permit de développer les qualités d'esprit et de cœur dont il était doué. Nous ne savons à quelle université il fut envoyé pour terminer ses études ; mais il est certain qu'il suivit les cours de ce haut enseignement, puisqu'il conquit le grade de Docteur en théologie.

Après avoir passé par tous les degrés de la cléricature, ordonné successivement sous-diacre et diacre, il n'eut pas plus tôt reçu la prêtrise qu'il fut établi vicaire de la paroisse de Laussac, dépendant de la partie rouergate de la vicomté de Carlat et perdue dans les gorges de la Truyère ; ce qui lui fournit l'occasion de se fortifier dans la science de la théologie, à laquelle il continuait de donner une application toute spéciale.

En 1758, la cure de Saint-Illide devint vacante par le décès du titulaire. Le chapitre de Saint-Géraud d'Aurillac avait droit de présentation et de nomination. M. J.-B. Catin du Basset y nomma M. Crozet ; c'était son tour d'y pourvoir. Cette nomination dûment enregistrée au greffe des insinuations le 15 décembre, Mgr de Ribeyre conféra l'institution canonique le 19 et dès le 21 il en avait pris « la vraye, réale, actuelle et corporelle possession. »

Il fut transféré à la cure de Saint-Julien d'Ytrac par bulles de Clément XIII, données près Sainte-Marie-Majeure, datées du 13 février 1759, visées par l'Ordinaire le 3 avril suivant. Son installation eut lieu le 8 avril, à 8 heures du matin, selon le cérémonial accoutumé, en présence de plusieurs paroissiens. Le notaire Jean Mabit dressa l'acte de prise de possession et lui en octroya une copie.

Les quatorze ou quinze années de son ministère ne furent marquées par aucun événement, aucun acte important, du moins à notre connaissance. Il était à Ytrac depuis six ans seulement quand il désira, nous ignorons pour quelle cause, échanger son titre pour celui de prieur de Laussac. Sans doute, le ministère paroissial n'avait pas beaucoup d'attrait pour lui. A la vie active, agitée du presbytère, il préférait le calme, le silence, la régularité de la vie monastique, de la vie de communauté.

Ce prieuré était toujours attribué à un religieux profès de Montsalvy. Le titulaire Jean Crozet, son oncle, chapelain de la chapelle et domerie de Saint-Egide de Bilier, paroisse d'Arpayrac, avait démissionné en sa faveur. Les provisions expédiées de Rome, le 22 octobre 1765, vérifiées à Paris le 14 mars 1766, revêtues du visa de l'évêque de Rodez le 10 avril suivant, M. Crozet prit possession le 14 du même mois. Mais les bulles pontificales portaient pour clause l'admission à la vêture. Notre curé se présenta donc au monastère de Montsalvy, demanda à revêtir l'habit des chanoines réguliers de saint-Augustin, mais en vain. Las de supplier respectueusement, il s'adressa le premier octobre 1766, à l'évêque de Saint-Flour, mais sans plus de succès. Le prélat répondit qu'il ne pouvait obtempérer à sa requête, la bulle de sécularisation du chapitre étant déjà expédiée de Rome et sur le point d'être fulminée (1).

Qu'advint-il de cette affaire ? Rien ne répond à cette question. Quoiqu'il en soit, M. Crozet quitta Ytrac en 1774 et devint définitivement prieur-curé de Laussac. Il y termina sa carrière, en 1789, à l'âge de 64 ans, d'après des notes que j'ai dans mes cartons, puisées aux archives municipales de Rodez, et obligeamment communiquées par M. le chanoine Touzéry.

1774-1805. — François Salarnier. — Le tableau de cette existence si féconde en tribulations mérite d'être fidèlement présenté dans ses détails. Nous n'en tracerons ici qu'une esquisse, en indiquant seulement les circonstances principales de sa vie de 1790 à 1805, date de sa mort. Nous y ajouterons quelques indications sommaires sur les années qui précèdent.

Né à Polminhac, François Salarnier était fils d'Antoine, modeste tailleur d'habits, et de Marguerite Julhe. François Julhe et Marie Combe le présentèrent au baptême le 9 juin 1735. Il fut, à cause des facilités d'éducation qu'offrait le voisinage d'Aurillac, envoyé par ses parents au collège de cette ville que dirigeaient les Pères

---

(1) Arch. de l'évêché : *Insinuations ecclésiastiques*, aujourd'hui aux Arch. du C.

de la Compagnie de Jésus. Ses études terminées, il entra au grand séminaire, y acheva ses études théologiques et reçut la prêtrise, en 1762, des mains de Mgr de Ribeyre.

Après la dispersion des Jésuites, nous le voyons débuter par le professorat, dans ce même Collège où il avait passé ses jeunes années. Il fut installé comme professeur de quatrième, aux appointements de 240 livres, le 2 avril 1762, en même temps qu'un autre de ses collègues, Bernard Picard, prenait possession de la chaire de rhétorique (1).

Après dix ans employés dans l'enseignement, où il vit son sacerdoce et son apostolat entouré du respect qui lui était dû, l'autorité ecclésiastique l'appela à recueillir l'héritage spirituel de M. Crozet Delbouys, devenu titulaire du prieuré de Laussac (2). M. Salarnier prit possession de son poste en novembre 1774; le premier acte qu'il enregistra est du 18 novembre de cette année. Celles qui suivirent s'écoulèrent dans les travaux obscurs du saint ministère et ne furent marquées que par un seul événement, dont nos archives ont conservé le souvenir. En 1783, il eut l'honneur et la consolation de recevoir le nouvel évêque de Saint-Flour, Mgr de Ruffo, et lui paya 17 livres pour son droit de visite.

Tandis que ce vertueux prêtre remplissait avec un dévouement tout sacerdotal son laborieux ministère, l'Assemblée nationale poursuivait à Versailles les réformes qui allaient produire en France de si étranges bouleversements. Elle venait de décréter (24 août 1790) la Constitution civile du Clergé à laquelle tout ecclésiastique, ayant titre de bénéfice ou de fonction, fut obligé de prêter serment, sous peine de destitution par le seul fait. Bientôt (29 novembre 1791), le refus de ce serment entraîna la suspension de tout traitement et l'internement dans la ville que l'Administration départementale devait assigner. Enfin, le 26 mai 1792, les prêtres non assermentés furent condamnés à la déportation. On sait de combien de tris-

---

(1) Obligeante communication de M. Jean Delmas.
(2) Prieuré fondé par saint Gausbert, sur les bords de la Truyère, au diocèse de Rodez, et annexé à l'abbaye auvergnate de Montsalvy, aujourd'hui paroisse du canton de Mur-de-Barrez, arrondissement d'Espalion.

tes défections ce serment fut l'occasion pour l'Eglise de France.

Pressé par les événements, le 20 mars 1791, M. Salarnier prêta le serment exigé, sur la nature duquel il n'était pas suffisamment renseigné, mais sa conscience lui en ayant fait les plus vifs reproches, il comprit qu'il s'était trompé ; aussi avons-nous hâte de l'annoncer, dès le commencement de la persécution, le bon curé, un instant égaré, consola son troupeau par une rétraction publique et un retour généreux, le dimanche 12 février 1792.

Le lendemain, dès huit heures du matin, le Conseil général de la commune réuni en séance extraordinaire, « arrête que MM. les Administrateurs du Directoire du département seront priés et sollicités : 1° D'enjoindre au sieur Salarnier, curé, non seulement de sortir de la maison presbytérale, mais encore du territoire de la paroisse et Municipalité d'Ytrac dans le délai de vingt-quatre heures avec inhibition et défense de ne plus faire aucun office ni fonction sacerdotale dans l'église, même de n'y plus rentrer sous quelque prétexte que ce soit, à peine de punition exemplaire.....

« 2° D'ordonner audit sieur Salarnier de rendre compte des revenus de la Fabrique et autres par lui perçus consistant en cire, argent, titres, papiers, ornements, documents, dont il était comptable.... que la Municipalité sera autorisée à lui faire saisir tous ses biens meubles et immeubles jusqu'au paiement ou remboursement dont il se trouvera redevable ;

« 3° De plus, accorder aucun traitement ou pension audit Salarnier, l'obliger au contraire à restituer ce dont il a impunément pris ;

« 4° Enfin, attendu que la paroisse est vaste et peuplée, qu'un seul prêtre n'est suffisant pour faire le culte divin qu'il sera incessamment élu un vicaire régent au vœu et désir du Corps municipal ; lequel vous prie, Messieurs, de leur accorder le sieur Fulgence Jacques Degouth, résidant à Aurillac ».

On ne tarda pas, en effet, à expulser M. Salarnier du presbytère. Il dut subir l'inexorable nécessité d'abandonner cette demeure hospitalière, si souvent ouverte à tous les besoins et à toutes les infortunes. Quelques familles charitables consentirent à recevoir les épaves de son mobilier.

Nous manquerions à la reconnaissance que mérite un tel dévouement si nous ne faisions connaître les personnes qui, dans ces jours incertains, s'employèrent à remplir ce charitable et compatissant devoir. C'étaient, à Ytrac : les citoyens Pierre Bos, Pierre Cruèghe; à Vielle : Jean Conthe; à Lavergne : Louis Lalande et la veuve Marie Vigier. Ils furent plusieurs fois troublés, inquiétés par des perquisitions domiciliaires et même par la visite des patriotes. Les documents de cette époque signalent particulièrement la veuve Marie Vigier.

Un jour, une bande de forcenés, ou plutôt de pillards, venus de diverses directions, envahit la maison de cette courageuse femme et voulut la forcer à livrer le vin du ci-devant curé. Calme et ferme, elle tint tête à l'orage jusqu'à l'arrivée des officiers municipaux, du maire et de la garde nationale qui essaient d'interposer leur autorité. Mais en vain s'efforcent-ils de les calmer, de les ramener au respect des lois, de la propriété privée; en vain veulent-ils leur persuader qu'une telle conduite est indigne de véritables patriotes. Ces sages et fermes remontrances, loin d'être entendues, ne firent que les exaspérer. Les officiers municipaux qui ne sentaient aucun goût pour le martyre, s'esquivèrent prestement devant les menaces et les vociférations de ces énergumènes « qui n'en veulent qu'au vin de l'ex-curé dans lequel, disent-ils, ils vont ensevelir le fanatisme qu'il savait si bien leur prêcher et qu'il commençait à introduire parmi eux ».

Après sa rétractation solennelle et publique, M. Salarnier, réputé démissionnaire, fut remplacé par un assermenté et intrus, nommé Degouth, qui fut installé le 18 mars 1792.

Alors commencent pour le pasteur légitime les douleurs d'un exode qui ne sera pas sans retour. Obligé de quitter son troupeau pour avoir obéi à sa conscience, il fixa son séjour dans sa paroisse natale à Polminhac. De ce lieu situé dans la vallée de Vic, il continuait selon son pouvoir à diriger sa paroisse grâce à des hommes d'un dévouement à toute épreuve qui, messagers volontaires et intrépides, entretenaient les rapports entre le pasteur et ses ouailles. Il n'eut, nos lecteurs le comprendront, aucune relation ni avec l'usurpateur, ni avec son vicaire. Telle était, du reste, l'instruction que l'évêque partant pour l'exil, avait intimée aux fidèles et, à plus forte raison, aux prêtres.

Contradiction étrange et pourtant explicable: sous l'empire de la crainte, entraîné par l'exemple de quelques prêtres de la communauté urbaine, le 25 mars 1792, M. Salarnier prêta de nouveau le serment dans l'église de Notre-Dame d'Aurillac. Mais il rougit de sa faiblesse et désavoua un acte qu'il n'estimait pas avoir accompli librement; car nous le verrons dans la suite, porté sur la liste des insermentés et incarcérés à la Maison du Buis. Quoiqu'il en soit, ce fut à ce serment qu'il dut d'échapper momentanément à la réclusion dans les circonstances que voici:

Le 28 février 1793, la brigade de gendarmerie de Vic vint arrêter M. Salarnier à Polminhac et le conduisit avec trois autres ecclesiastiques à l'administration du département. Il put produire le certificat délivré par la Municipalité d'Aurillac du serment prêté le 25 mars 1792; pour cette fois, cette pièce devint sa sauvegarde et il fut élargi sur le champ.

Au bout de quelques mois, nouvelle crise. Un décret d'arrestation avait été porté par les autorités du district contre le ci-devant curé d'Ytrac. Mais ceux qui étaient chargés de l'exécution le trouvèrent gravement malade et ne crurent pas qu'il fut possible de lui faire faire le voyage jusqu'au chef-lieu du département. Le 18 brumaire, an II (8 novembre 1793), il adressa lui-même une pétition aux Corps constitués dans laquelle il expose que son état de santé ne lui permettant pas de se rendre en la Maison de Justice ni auprès de l'administration, il les prie d'avoir égard au certificat des citoyens Vanel et Durat Lassale, officiers de santé, qui constatent ses infirmités (1). Le Conseil général

---

(1) Arch. départ., L, 25.

du département arrête que le susdit sera reclus à la *Maison du Buys,* mais qu'il sera sursis à son internement jusqu'à ce que ses infirmités lui permettent de se rendre dans la maison de réclusion, qu'en attendant ses biens seront confisqués et qu'en retour il recevra une pension alimentaire de 400 livres.

Cette mesure de rigueur en ce qui concerne la confiscation ne tarda pas à être exécutée. Le 3 floréal, an II (22 avril 1794), furent vendus à Ytrac tous les biens que l'ex-curé possédait à Polminhac : grange, champs, pré, affermés 350 livres payables en deux termes. Cela fut donné à un prix dérisoire. Le 7 floréal, (26 avril), le liquidateur déclara n'avoir touché que 337 livres 8 sols, et le 4 fructidor suivant (21 août 1794), 45 livres provenant d'une quittance sur Jacques Salarnier, son frère. Du total de cette somme il faut défalquer les frais de vente qui s'élevèrent à 43 livres 9 sols 6 deniers. Le lecteur voudra bien nous pardonner ces détails ; ils doivent aux circonstances du temps où nous sommes un intérêt de plus.

M. Salarnier dut prendre à cette époque le chemin de la réclusion du Buis ; il demeura jusqu'au mois de juin 1795. Sa captivité fut dure et rigoureuse : empêché de dire la sainte messe, témoin du dénuement, des souffrances des paroissiens spoliés et détenus comme lui (1), il fut réduit à une gêne poignante, par suite de la confiscation de ses biens, de ses dernières ressources que le Gouvernement avait fait saisir. Il nous l'apprend lui-même dans la pétition qu'il adressa aux administrateurs du district dont voici la teneur :

« Citoyens, François Salarnier, prêtre, cy-devant curé d'Ytrac, reclus à la maison du Buis, vous explique que ses effets ayant été vendus en partie dans la commune d'Ytrac au profit de la nation et les autres saisis à Polminhac dans la maison de son frère où il a fait sa résidence pendant un an, il n'a aujourd'hui pour son usage le plus nécessaire que des habits d'emprunt. En conséquence, il vous prie de lui accorder la main-levée de ladite saisie en tout ou en partie et par exprès de ses hardes, du linge, d'une

---

(1) Parmi lesquels MM. de Roquemaurel et de Boschatel.

commode à trois tiroirs, le seul meuble qui lui restait pour contenir ses petits effets. L'exposant ose espérer que vous voudrez bien avoir égard à sa situation et attend cette grâce de votre humanité ».

Ce qu'une telle situation comporte de souffrances, il n'est que trop aisé de le comprendre. L'Administration fit droit à la demande le 11 pluviose, an III (30 janvier 1795). Elle avait parfois des mouvements de pitié; ils sont si rares qu'on est heureux de les enregistrer quand ils se rencontrent. Pendant ce temps, la paroisse d'Ytrac devait à sa bonne renommée le privilège de donner asile à des prêtres et à des religieuses.

Parmi ces dernières était une de mes arrières grand-tantes, sœur Marie Pradenhe (1), d'Haute-Serre. Elle donna un solennel démenti à ceux qui affectaient de la représenter comme victime des préjugés et de la plus effroyable des tyrannies. Quand on lui demanda le serment, elle refusa fièrement, disant qu'elle préférait prendre le chemin de la prison; elle persévéra dans sa sainte vocation, continua d'observer la règle autant qu'elle le pouvait, et par sa généreuse fermeté, elle rendit à la religion un témoignage qui l'honorait ainsi qu'elle même. Elle fut d'un précieux secours dans ces temps difficiles.

A ce nom que je ne pouvais taire, il faut joindre celui des prêtres fidèles, M. Pierre Fonrouge (2) et Charles Célery (3) qui, malgré les menaces suspendues sur leur tête, paraissaient la nuit au chevet des malades comme des anges consolateurs, administraient dans l'ombre les sacrements de l'Eglise, et, en toute occasion, soutenaient le courage des uns, ranimaient la foi des autres, rappelaient à tous que la religion est immortelle, qu'après les jours de deuil elle verrait enfin luire l'heure de son triomphe.

M. Salarnier fut libéré de la maison de réclusion du Buis avec huit de ses confrères, par arrêté de l'Administration centrale du 7 messidor, an III (25 Juin 1795) (4). Le 15 thermidor suivant (2 août), il se présenta devant le Corps

---

(1) Clarisse du monastère d'Aurillac.
(2) Curé de Crandelles après le Concordat, mort le 23 octobre 1809.
(3) Décédé vicaire de Saint-Géraud le 6 septembre 1808.
(4) Arch. départ., L, 30.

municipal d'Ytrac, en assemblée publique, et déclara en conformité de la loi du 11 prairial précédent (30 mai 1795), son intention de reprendre l'exercice du culte catholique ; il fit sa soumission aux lois avec cette clause restrictive : « en tout ce qui n'est pas et ne sera pas opposé aux lois de Dieu et de l'Eglise ». Mais cette formule ayant déplu à nos Jacobins de village, il dut la renouveler purement et simplement le 28 fructidor, an III (6 septembre 1794). Le Conseil de la commune, sur sa réquisition, lui octroya acte de cette soumission qui devint le signal de déclarations semblables, et le curé d'Ytrac se remit à l'œuvre avec un zèle accru par la grâce de la persécution.

Malheureusement, la paix accordée à l'Eglise fut de courte durée. Ce ne fut qu'une éclaircie au milieu de la tempête. Bientôt le despotisme des plus mauvais jours fut ressuscité contre les prêtres. La loi du 7 vendémiaire, an IV (29 septembre 1795) imposa la prestation d'un nouveau serment dit de souveraineté dont la teneur était celle-ci : « Je reconnais que l'universalité des citoyens est le souverain et je promets la soumission aux lois de la République ». Tout prêtre y était astreint sous peine d'amende, de prison et même de bannissement.

Il ne manqua pas de prêtres fidèles du diocèse de St-Flour qui crurent sage de faire la promesse demandée dans l'espoir de désarmer les persécuteurs. Parmi ces prêtres, il faut citer M. Salarnier. Il se présenta devant la Municipalité d'Ytrac le 28 vendémiaire, an IV (18 octobre 1795) et souscrivit la formule sus relatée. Dans cette pièce, il est dit habitant de la commune, preuve évidente qu'il ne l'a pas quittée depuis sa sortie du Buis. Sous le bénéfice de cette soumission, il put sans danger continuer l'exercice du culte quelques jours encore. Mais le 12 brumaire, an IV (4 novembre 1795), il fut renfermé de nouveaux à la maison de réclusion du Buis, pour n'en sortir qu'une année plus tard (1).

Rentré presqu'aussitôt dans sa paroisse, M. Salarnier en fut chassé une fois de plus par le 18 fructidor ; l'Auver-

---

(1) *Ibid.*, L, 31.

gne n'ayant pas joui d'une liberté plus grande que les autres provinces pendant cette époque néfaste qui va du 18 fructidor, an V (4 septembre 1797), au 18 brumaire, an VIII (9 novembre 1799), et au cours de laquelle toutes les lois contre les prêtres furent impitoyablement remises en vigueur.

Fructidor apporta au clergé un nouveau serment, celui de « haine *à la royauté,* à l'anarchie, d'attachement et de fidélité à la République et à la Constitution de l'an III », avec pour sanction la déportation à la Guyanne qu'on a justement dénommée la Guillotine sèche. Terrible alternative pour un cœur de prêtre : s'exposer à cette déportation ou s'expatrier de nouveau et abandonner le service des âmes au moment où les besoins spirituels du troupeau étaient plus pressants que jamais. Aux yeux de la religion, les formes politiques sont en elles-mêmes indifférentes ; elle commande la soumission à l'ordre établi. Mais en faisant un précepte de l'obéissance et de la charité, elle défend la haine, et c'est un sentiment qui ne peut jamais se rencontrer dans un cœur chrétien. L'héroïque curé d'Ytrac ne l'ignorait pas. Il refusa de se soumettre, quitta la paroisse où il était encore le 28 août 1797, et alla chercher un asile et des ressources ailleurs.

Pour plus de sécurité, il demande le 16 floréal an VI (5 mai 1798), à demeurer auprès de sa famille dans la commune de Polminhac (1). De telles requêtes faites à l'administration par un prêtre âgé, inoffensif, malheureux, pouvaient être entendues. Il fut autorisé à y rester, mais sous la surveillance la plus sévère de la municipalité. Cela ne l'empêcha pas durant trois ans d'exercer dans cette localité et dans les paroisses voisines son noble et périlleux ministère ; de nombreux actes de baptême et de mariage dressés par lui à cette époque l'attestent formellement.

Qui nous dira maintenant les souffrances de ces prêtres espionnés à tout instant, réduits souvent à chercher un refuge dans les greniers et dans les caves, à errer de maison en maison afin de mieux dépister la police, toujours sous le coup d'une arrestation imminente, de la déporta-

---

(1) Arch. départ., L, 32.

tion ou de la mort. Ces alarmes continuelles à l'époque douloureuse de notre premier kulturkampf, firent composer des cantiques en forme de complaintes et des prières que l'on chantait dans les églises, pour se rendre le ciel propice. Le suivant, qui reflète la pensée et les sentiments des prêtres qui l'eurent sur les lèvres, a été tiré d'un vieux cahier et porte la date du 6 septembre 1792 :

Calmez votre colère,
Seigneur apaisez-vous,
Vous êtes notre père
Ayez pitié de nous.
Rétablissez en France
La vraie religion
Et la même croyance
Parmi la Nation.

Nous arrosons de larmes
Le pain que nous mangeons,
Toujours dans les alarmes
Faut-il que nous vivions !
Finissez cette guerre,
Sans vous nous périssons ;
Exaucez la prière
Que nous vous adressons.

O Fils de Dieu fait homme,
Mort sur la terre pour nous,
Le salut du royaume,
Seigneur, dépend de vous.
Le schisme nous déchire,
Pasteur venez à nous,
Sauvez ce grand empire
De la gueule du loup.

Le feu de la discorde
S'allume tous les jours,
Dieu de miséricorde
Arrêtez-en le cours.
Vos serviteurs fidèles
Pour soutenir la foi
Sont en butte aux rebelles
Qui changent votre loi.

Touchez de votre grâce
Le cœur de ces ingrats,
Qu'elle soit efficace
Et ne permettez pas
Qu'en se perdant eux-mêmes
Ils fassent leurs efforts
Pour nous perdre nous-mêmes.
Ah ! plutôt mille morts !

Soutenez le courage
Du fidèle troupeau,
Qu'il surmonte leur rage
Grand Dieu jusqu'au tombeau,
Et que toutes leurs armes
Et leurs deffensions
Soient en versant des larmes
A la résignation.

Ce n'est que le 16 août 1799 que M. Salarnier revint à son poste et y exerça par intermittence le saint ministère. Le coup d'Etat de brumaire (9 novembre 1799) et la loi du 21 nivôse an VIII (11 janvier 1800) le plaça en présence d'une nouvelle déclaration exigée de tous les prêtres qui acceptèrent des fonctions publiques : *la promesse de fidélité à la Constitution*. Cette promesse était bien différente du serment schismatique de 1791 et jamais le Saint-Siège n'a fait entendre à cet égard aucune réclamation. Notre curé saisit avec empressement cette heureuse occasion de reprendre ses fonctions régulières qu'il devait poursuivre jusqu'en 1805, et de travailler avec sécurité au salut des âmes depuis longtemps délaissées.

Il reprit officiellement possession de son église le 22 novembre 1803, époque où Mgr de Belmont, récemment nommé évêque de Saint-Flour, réorganisait son clergé et rétablissait le culte catholique dans son diocèse. Eglise délabrée à mettre en état, tableaux, ornements, vases sacrés à acheter avec un maigre budget, œuvres pieuses à reconstituer, enfants à catéchiser, unions à légitimer, schisme constitutionnel à éteindre, haines mal assoupies à calmer, tel fut le pénible travail qui incomba au vénérable pasteur rentré dans sa paroisse. La situation devenait plus délicate encore pour lui qui, ayant eu gravement à souffrir des excès révolutionnaires, se trouvait en face de ses spoliateurs et persécuteurs.

Mais ce digne prêtre joignait à un grand zèle une vertu éprouvée; il sut pardonner aux uns, ménager les susceptibilités des autres, désarmer les passions politiques où fermentait le vieux levain révolutionnaire. Il n'omit rien pour réparer les désastres qu'avait subis l'église confiée à ses soins. De généreux fidèles le secondèrent dans cette œuvre de restauration, et au moyen d'une quête on recueillit une somme convenable avec laquelle on fit les réparations les plus urgentes. Le Jubilé de 1804, en favorisant le retour des esprits aux pratiques chrétiennes, communiqua à la religion un nouvel essor. M. Salarnier procura à son troupeau le bienfait d'une grande mission. Grâce à la parole convaincue, ardente, d'hommes véritablement apostoliques, un immense réveil religieux se produisit dans toutes les classes de la société. D'une voix unanime, les habitants demandèrent qu'un acte de solennelle réparation fût accompli pour faire oublier dix années de sang et de ruine.

Cet acte de réparation fut la grande croix élevée sur le piédestal qui porte le millésime de 1804; la cérémonie de clôture et de plantation témoigna encore une fois de la grande piété des fidèles envers le signe auguste de notre Rédemption.

Un des meilleurs résultats de cette mission fut de ranimer dans les cœurs la dévotion au saint sacrement de l'autel. La confrérie qui jadis lui était consacrée n'avait pas disparu, mais était tombée en oubli pendant la révolution. M. Salarnier la rétablit sur des bases très solides. Près de 80 hommes lui donnèrent leur nom qui rappellent ceux de toutes les classes de la société. Notons d'ailleurs qu'avant la révolution, elle était encore plus florissante : en 1784, elle comptait 114 hommes.

C'est ainsi que le curé d'Ytrac posa les premières bases de l'organisation paroissiale et prépara, quoique d'une manière incomplète, la voie dans laquelle ses successeurs, aidés par de précieux concours, obtinrent de légitimes succès.

Cette œuvre couronna le long et difficile ministère de M. Salarnier. Il était vaincu par l'âge et les infirmités, épuisé par les travaux et les souffrances morales qu'il avait endurées pendant la Terreur et les jours de rigoureuse captivité. D'ailleurs, il pouvant chanter son *Nunc dimittis;* il avait vu la paroisse restaurée par ses soins, le rétablissement du culte catholique, le triomphe de Dieu. Il rendit sa belle âme au Seigneur le 22 avril 1805. Il était âgé de 70 ans et avait gouverné 31 ans la paroises d'Ytrac. Ses funérailles eurent lieu le 24 avril et furent présidées par les prêtres des paroisses environnantes. On l'ensevelit au pied de la croix du vieux cimetière qui entourait l'église (1).

1792-1794. — **Jacques Dégouth,** *curé constitutionnel.*

On l'a vu, Ytrac eut un curé constitutionnel, un prêtre assermenté prit la place du pasteur légitime. Cet intrus avait nom : Fabien, Claude, Gordien, Fulgence, Jacques Dégouth. Si nous lui donnons une mention dans ce chapitre, il est bien entendu que ce ne sera pas une mention honorable.

Ce personnage, dont on retrouve plus d'une fois le nom,

---

(1) *Indications des Sources utilisées* : Archives municipales de Polminhac, d'Ytrac et d'Aurillac. Archives paroissiales — Archives départementales, L. 25, 30, 31, 32. Registre des émigrés et biens confisqués — Arch. nat. D, XIX, 21 — Archives de l'Evêché.

appartient à notre pays qui n'a aucune raison d'en être fier, et qu'on ne peut juger que sévèrement. Fils de Jean, marchand, et de Marie Veyrines, mariés le 21 février 1759, il naquit à Aurillac, dans cette ville que recommandent de si glorieux souvenirs, le 29 juillet 1765. Le lendemain, il fut baptisé par M. l'abbé Lacroix, vicaire, en l'église paroissiale de Notre-Dame, démolie au commencement du dernier siècle, et remplacée par l'Hôtel-de-Ville actuel. Il eut pour parrain Jacques Veyrines, oncle maternel et pour marraine Marguerite Degouth, tante paternelle qui lui donnèrent sur les fonts sacrés le seul prénom de Jacques.

Tout ce qu'on a pu recueillir de ses premières années, de ses études vraisemblablement faites au collège de sa ville natale, de ses débuts dans la vie monastique, c'est qu'il devint jeune encore, recollet du couvent de Verdun-sur-Garonne, diocèse de Montauban, et y fit ses vœux à une date inconnue. Il est permis de conjecturer avec probabilité qu'il choisit ou plutôt qu'il reçut à sa veture où à sa profession, les quatre noms précités de Fabien-Claude-Gordien-Fulgence; mais ces prénoms ne figurent que dans les actes schismatiques ou publics de la révolution, c'est-à-dire de 1790 à 1795. Dans la suite, il ne porta habituellement que le nom de Jacques, son patron de baptême et sans doute de prédilection. Ce n'est pas à Toulouse qu'il reçut les ordres car il n'est pas mentionné dans les registres d'insinuations de l'archevêché, conservés aux archives de la Préfecture de la Haute-Garonne, minutieusement compulsés. Ce fut donc Mgr l'évêque de Montauban, Anne-François-Victor. Le Tonnelier de Breteuil qui les lui conféra; toutefois, une lacune qui existe dans les *Insinuations ecclésiastiques* empêche de l'établir avec certitude. Il était depuis huit ans en religion aux débuts de la Révolution.

En 1790, il déclara vouloir quitter la vie de communauté, sortir du cloître et jouir en liberté de sa pension. Il se retira à Aurillac. Il avait alors 25 ans et non 29 comme le porte une pièce des archives nationales. Le 25 mai 1791, par passion plutôt que par entraînement, et sans doute aussi par cupidité afin d'occuper des places que les insermentés allaient être obligés de laisser vacantes, il vint prêter le serment civique dans l'église de Notre-Dame. Il dut, à cet acte de félonie, d'être nommé provisoirement vicaire constitutionnel de Notre-Dame.

En 1792, lorsque M. Salarnier, après une rétractation courageuse, eut vidé, dans les 24 heures, la maison presbitérale, remis aux officiers municipaux les clefs de l'église, de la sacristie, etc., ceux-ci avaient demandé, aux agents du district, Dégouth, comme vicaire régent. Quelques jours après, le 25 mars, les électeurs se réunirent pour le choix du curé. L'abbé Dégouth obtint la pluralité des suffrages. L'élection eut lieu dans l'église de Notre-Dame, et le résultat proclamé, il fut aussitôt prévenu. Il accepta avec empressement une place que peut-être il avait briguée. Le 3 avril suivant, il se rendit à Saint-Flour où, en présence de son conseil, le fameux Thibault l'examina sur sa capacité, sa doctrine, ses mœurs. Sa profession de foi faite, il reçut la confirmation canonique et partit pour Ytrac.

Ici je me trouve particulièrement en mesure de lui assigner sa vraie place dans l'Histoire de notre église ayant manié la plupart des documents auxquels se rattachent son nom et son action.

Le dimanche, 8 avril 1792, la municipalité d'Ytrac, prenait communication de l'acte soi-disant canonique, par lequel l'évêque schismatique du Cantal instituait le sieur Jacques Dégouth, prêtre, ex-récollet, comme curé de la paroisse de Saint-Julien d'Ytrac. A 10 heures du matin, on se rendit en cortège à l'église paroissiale. Accompagné du prêtre qu'il avait pris ou plutôt qu'on lui avait donné pour assesseur, escorté des officiers municipaux, du Procureur de la commune, de quelques révolutionnaires exaltés, l'intrus fit son entrée, et dit, sans doute, quelques paroles de théologie novatrice qui ne nous ont pas été conservées. Après quoi, il prononça la formule officielle du serment, prit possession du siège curial, et la messe fut célébrée sans qu'aucun incident vînt troubler le sacrifice du jureur. Quelques mauvais catholiques y assistèrent, les bons restèrent chez eux, versant des larmes sur l'insolent triomphe du parjure, sur cette fête du mensonge et de l'impiété.

Triomphe éphémère! La déconsidération et le mépris public le condamnèrent à un isolement presque absolu. Il n'était entouré le plus souvent dans son église solitaire, que des autorités constituées, d'un nombre très réduit de gens attachés à leurs services ou d'indifférents qui ne pouvant s'accoutumer à se passer d'office, le dimanche, pas plus que du cabaret les jours de décadi, venaient à l'église en demandant pardon à Dieu d'aller entendre le *jureur*. Les vrais chrétiens faisaient plusieurs lieues pour recevoir les sacrements ou entendre la messe d'un prêtre catholique, célébré sur une crédence rustique dans quelque grange ou au fond de quelque réduit obscur. Le schisme est un nuage sans eau que le vent emporte. C'est ce qui est arrivé en 1792; c'est ce qui est arrivé aux *vieux catholiques* de la Suisse et aux rares schismatiques de nos jours, les Villate, les Roussin à Paris, les Thers (1) et les Duc (2) en Auvergne, et autres. Il y a quelque chose de consolant pour la morale publique dans le cours de la Révolution: c'est que les bassesses, les compromissions, les défaillances ne portèrent bonheur à personne. L'Histoire seule en a profité.

Pour le consoler de cet échec, on l'élut membre du conseil général de la commune. Son collaborateur avait été élu scrutateur en même temps que M. Salarnier, le ci-devant curé, le 13 novembre 1791.

La persécution continuant un décret du 15 août 1792, obligea tous les prêtres de ratifier par un nouveau serment celui qui avait été exigé en janvier 1791. C'est ce qu'on appela le serment de *Liberté-Egalité*. Dégouth et son collaborateur s'empressèrent de faire ce nouveau pas vers l'apostasie; l'intrus prononça ce serment le 23 septembre 1792, ainsi que son vicaire, et ensuite la municipalité leur en donna acte.

Il y avait à mettre en pratique la loi du 20 septembre de la même année. Cette loi faisait passer définitivement l'état-civil des familles entre les mains laïques et remettait

---

(1) Curé schismatique de Saint-Hilaire-la-Croix.
(2) Curé schismatique des Ancizes.

au conseil des communes les choix des officiers publics désormais chargés de recevoir et de conserver les actes de naissance, de mariage et de décès (1). Le conseil se réunit le 15 novembre 1792 pour procéder à cette élection. Le citoyen curé, élu à la pluralité absolue des voix, accepta ces fonctions qu'il remplit jusqu'au dix pluviose, an II, c'est-à-dire jusqu'à ce qu'on vint le déposséder, en procédant à l'élimination de deux membres du conseil.

Le 9 mars 1793, il comparut devant l'autorité municipale et se fit délivrer un certificat de non émigration, de résidence ininterrompue dans la commune, de bonne conduite, de payement des contributions et de civisme. Il passait à bon droit pour un excellent patriote; il s'était prêté à toutes les fantaisies germées dans les cerveaux républicains les plus exaltés. Le lendemain, dimanche, il publiait à la première messe, le décret de la convention nationale sur le mode de recrutement, et la délibération du Conseil convoquant les citoyens à se rendre au chef-lieu de la commune, à l'issue de la grand'messe, pour l'exécution du susdit décret.

Cela n'alla pas sans difficulté. Les réfractaires armés de bâtons opposèrent un vive résistance, cette résistance prit les proportions d'une émeute. La colère que la Révolution, par ses excès, avait accumulée au fond des âmes, débordait enfin. Quatre gendarmes, envoyés d'Aurillac ne réussirent pas à la comprimer. Ils eurent beau parlementer, menacer du sabre, bousculés, hors d'état de résister, ils se réfugièrent dans la maison du citoyen curé. Le presbytère fut aussitôt cerné; ils ne purent sortir qu'en faisant usage des baïonnettes. Rentrés chez eux, les autorités averties, envoyèrent un détachement de 100 hommes, deux brigades de gendarmerie et un canon (2). Il fallut céder à des forces supérieures. Nous fermons ici la parenthèse qui nous a

---

(1) Elle aboutissait à l'abolition des droits de l'église relativement au sacrement de mariage; les curés n'avaient plus le droit de refuser la bénédiction nuptiale aux divorcés, ni même aux prêtres qui voudraient se marier; les publications de bans étaient supprimées, et les dispenses n'avaient plus de raison d'être.

(2) Archives du Cantal. Série L. Délibérations du Directoire, Registre 155.

permis de signaler, en traits rapides, cette échauffourée, provoquée par l'indignation populaire. On pourra lire, aux pièces justificatives, le récit détaillé de ces scènes douloureuses, tracées par des témoins oculaires avec une naïve et piquante originalité (1).

A cette époque de délire, encore trop peu éloignée de nous, et qu'on s'efforce de faire revivre, des hommes se rencontrèrent, qui s'étaient promis d'introduire la révolution dans le temps comme ils la faisaient dans les lieux en y détruisant tout vestige de christianisme : les jours saints tombaient avec les temples.

La semaine et le calendrier gardaient encore l'empreinte de la ci-devant religion catholique ; on changea le calendrier, on abolit la semaine ; le décret du 5 octobre 1793 opéra cette révolution. L'article second de ce décret, d'une rédaction d'ailleurs assez leste, porte ces mots : « L'ère vulgaire est abolie pour les usages civils ». Et le VIIIe article ajoute : « Chaque mois est divisé en trois parties égales de dix jours chacune et qui sont appelées *décades* ». Le décret du 5 octobre fut confirmé par celui du 4 frimaire suivant ; on retrouvera le texte fort développé au tome XXVI des *Procès-verbaux* de la Convention. C'est alors qu'apparaît le mot si élégant de *décadi*. « Les fonctionnaires n'auront de repos que le *décadi*... » (2)

---

(1) Arch. municip. et paroissiales.

(2) Les législateurs, après ce beau décret se retirèrent, enchantés sans doute de cette riche besogne et persuadés que la postérité n'aurait pas assez de fleurs pour honorer leurs tombes. Mais ô délicieuse surprise, les législateurs ont annexé à leur décret le nouveau calendrier, qui, de génération en génération, est condamné à avoir désormais un succès de fou rire. On a fait tout naturellement disparaître les noms des ci-devant saints, comme on a aboli la ci-devant semaine. Loin, bien loin, les héros de l'Eglise, les troupes glorieuses des martyrs, des confesseurs, des Vierges ; Loin, bien loin ces vrais amis du peuple, ces modèles de toutes les vertus, ces réparateurs de tous les maux, ces consolateurs de toutes les larmes ! Loin bien loin toutes ces gloires ! Nous voulons plus ; nous avons mieux que cela.

Et voici ce qu'imaginèrent les hommes du temps, ce que la France avait alors de plus spirituel, de plus intelligent, de plus profond pour remplacer le calendrier chrétien. Prenons comme exemple, dans le calendrier *officiel* de la République, les vingts premiers de jours de vendémaire ; voici à quels saints étaient consacrés ces vingts jours

Cette institution sacrilège, qui s'entourait dans son calendrier, d'emblèmes inoffensifs; qui croyait se faire une parure avec les noms des fruits et des fleurs, naquit dans les larmes et dans le sang.

Ytrac suivit le mouvement. Le 8 pluviose an II (27 janvier 1794) un arrêté de la municipalité interdit de chômer le dimanche, sauf à se reposer le décadi. Cette défense ne produisit pas tout l'effet qu'on en attendait : On ne venait pas au temple de la Raison, à la lecture des décrets faite sans doute par le citoyen curé. Une délibération du Conseil invitait tous les citoyens à s'y rendre, déclarant que, quiconque s'y refuserait serait regardé comme suspect et traité selon la rigueur des lois.

Voulant porter un coup décisif, en finir avec la superstition, le 17 prairial, an II (5 juin 1794), elle prit un nouvel arrêté pour forcer le peuple à célébrer le décadi, et à travailler le dimanche. Elle déclara que les contrevenants qui ne favorisaient pas les travaux de l'agriculture, « des cy-devant jours de fête et de dimanche, seraient rangés dans la catégorie des suspects et traités comme tels ». Tout était passé à l'état ci-devant. Les aubergistes qui donnaient à boire, « à tout citoyen en activité de travail pour l'agriculture » les jours de dimanche et de fête, étaient frappés d'une amende de quinze livres ; en cas de récidive, l'amende était doublée.

« Raisin, safran, châtaigne colchique, *cheval*; balsamine, carotte, amarante, panais *cuve*. Pomme de terre, immortelle, potiron, réséda, *âne*; belle de nuit, citrouille, sarrasin, tournesol, *pressoir*, etc., etc.

Et l'Eglise, *dans le même espace de temps*, parmi des milliers d'autres bienheureux, offre ces figures célestes à notre vénération : Saint Maurice et ses compagnons modèles et patrons du soldat chrétien ; saint Léon pape et martyr, imitateur de saint Pierre dans sa vie et dans sa mort ; saint Marc, disciple des apôtres ; saint Michel, le chevalier du ciel ; le grand saint Jérôme, docteur de l'Eglise, flambeau du monde ; saint Remy, convertisseur des Francs ; les saints anges gardiens qui ne cessent de marcher à nos côtés comme de célestes défenseurs ; le très glorieux François d'Assise, l'amant opiniâtre de la pauvreté évangélique ; saint Bruno, père des Chartreux, qui veillent et prient pour nous ; saint Denis, l'aréopagite, l'apôtre de la France et tant d'autres.

Et maintenant comparez, comparez les deux cultes en comparant les deux calendriers. Grands de la terre, c'est à vous surtout que cette é... de peut profiter : *Et nunc erudimini qui judicatis terram.*

Mais les inhibitions, les mesures de rigueur restaient impuissantes à endiguer le torrent à comprimer la résistance ; nos laboureurs répondaient à ces injonctions impies *que leurs bœufs connaissaient le Dimanche* et qu'ils refusaient ce jour-là à courber la tête sous le joug. Ils se dérobaient à la surveillance des prêtres de la décade, se réfugiaient dans l'intérieur des maisons, des caves, des greniers, où, près d'un autel improvisé, le dimanche reparaissait quelquefois, et, dans ces retraites, ils attendaient. La décade éternelle ne dura pas dix ans.

La révolution continuait sa marche désastreuse, elle n'avait accepté le schisme que comme une mesure transitoire ; son véritable but était la destruction de toute religion, de tout culte. On avait compris, comme on le comprend aujourd'hui, que selon la parole de Mirabeau : « *Pour révolutionner la France il faut la décatholiser* ». Les prêtres assermentés virent bientôt la rage se lever contre eux et à leur tour ils durent fuir ou renoncer à leurs fonctions. Comme toutes les autres églises, la nôtre fut spoliée et les statues, les ornements relégués dans la cave de la cure où ils gisaient sans honneur comme on l'a vu plus haut, Chap. I, p. 21 et 22.

Afin de sauver sa vie, l'intrus descendit encore plus bas dans sa chute et ne tarda pas à donner le spectacle de la plus révoltante défection. Le 15 pluviose an II (3 février 1794), il renonça à ses fonctions, livra ses lettres de prêtrise, signe visible et complément de son apostasie. Le conseil applaudissant à la démarche civique du citoyen Dégouth, le procureur de la commune entendu, lui donna acte de sa remise. Cette abdication lui valut de traverser, sans être autrement inquiété, le reste de la période révolutionnaire. Disons-le cependant, il ne mit pas le sceau au scandale par un mariage public.

A partir de ce jour, il disparaît des documents jusqu'au début du siècle suivant. J'ignore où il se réfugia.

Après le Concordat, il se fit relever de ses censures, répara, par sa conduite, le scandale de son apostasie et de ses erreurs. Le nouvel évêque de St-Flour le mit au nombre des ecclésiastiques chargés d'administrer, sous l'autorité de

M. Lolier, curé de St-Géraud, l'église des Cordeliers érigée en succursale de la première paroisse (1). De fait, dans les registres de Notre-Dame aux Neiges, de 1802 à 1803 quelques actes signés par lui portent cette mention : Dégouth, prêtre desservant l'église du Chapitre sous la direction de M. Lolier, ou simplement Dégouth, prêtre (2). Du 7 décembre 1803 au 18 juillet 1807 il ne figure plus dans les registres. Le livre des *excorporations* conservé à l'évêché, dit qu'il remplit pendant plusieurs années les fonctions de vicaire dans le diocèse, mais ne dit pas où. Le 18 Juillet 1807, il demanda et obtint facilement de Mgr de Belmont, un *exeat* pour le diocèse de Cahors : *Dilecto nobis in xto magistro Degouth. Tibi per presente licentiam concedimus exeundi ex nostra diœcesi et commorandi in diœcesi Cadurcenci. Insuper attestamur nullo suspensionis interdicti aut excommunicationis vinculo innodatum... Nec non et cum laude pietatis et doctrine perplures annos in nostra Diœcesi munia vicarii obiisse. Datum Sanflori... anno Domini 1807 die mensis julii decima octava.*

Grâce à cette pièce révélatrice, il nous a été donné de le suivre jusqu'au terme de sa carrière dans ses pérégrinations dans le Quercy. Les recherches que nous avons fait faire par de bienveillants et très compétents érudits, n'ont pu nous fixer sur l'emploi de ses premières années dans son diocèse d'adoption. Jeune et dans la force de l'âge, — il n'avait que quarante deux ans — tout m'incline à penser, sans que j'ai pu vérifier le fait, qu'on lui fit faire dans quelque modeste vicairie l'apprentissage de la vie pastorale.

Le 4 décembre 1811, Mgr Cousin, de Grainville, le nomma à la succursale d'Assier, vacante par le décès du titulaire, M. Cages, et confia à M. Prat, doyen de Livernon, le soin de l'y installer solennellement, ce qui eut lieu quelques jours après (3). Il conserva dix-sept ans la direc-

---

(1) Cf. Bouange : *La divine Libératrice*, p. 59.
(2) Arch. paroissiales de Notre-Dame-aux-Neiges.
(3) Archives de l'évêché de Cahors. Lettre de M. l'abbé Edmond Albe, curé de Notre-Dame de Cahors, l'un des érudits les plus distingués et les mieux versés qui soient dans l'Histoire religieuse de son diocèse. Je le remercie sincèrement de ses renseignements et de la pièce qu'il a bien voulu me communiquer.

tion de cette paroisse pendant lesquels il se fit remarquer par l'austérité de sa vie et une grande sévérité de principes. Il fut secondé dans son ministère par une pieuse fille de Sainte-Agnès, qui s'attacha à ses pas comme les saintes femmes aux pas de Notre-Seigneur, s'appliquant partout à instruire et à catéchiser les enfants.

En 1828, il se retira à Saint-Vincent près de Saint-Céré, où il avait acheté un petit domaine (1). Il y jouit jusqu'à la fin de l'estime et de la considération publique, et entretint avec le clergé de Saint-Vincent et de Saint-Céré, de cordiales relations. Le 9 juin 1834, sur la présentation de M. le curé de Saint-Vincent, Mgr d'Hautpoul le nomma membre du conseil de Fabrique, fonctions qu'il remplit avec dévouement jusqu'à la fin de sa vie. Le 24 février 1884, à dix heures du matin, son âme quitta ce monde pour entrer dans la région des éternelles réalités et paraître devant celui qui est tout à la fois l'infinie justice et l'infinie miséricorde. Il était âgé de soixante dix-neuf ans.

Ses obsèques furent célébrées le 26 février et ses dépouilles mortelles portées dans la fosse commune où aucun monument ni inscription funéraire ne marque sa sépulture.

Il laissait par donation, entre vifs, son domaine à Mlle Salès, mais avec cette clause restrictive que ses héritiers verseraient cinq mille francs à l'Hôpital de St-Céré pour l'entretien d'un infirme de la commune de Saint-Vincent. Succursaliste, prêtre habitué, il laissa partout et emporta dans la tombe la réputation d'un prêtre très bon et très charitable (2).

La seconde partie de son existence répara noblement la première partie de sa vie. Il appartint successivement à trois diocèses : à Saint-Flour par sa naissance, sa jeunesse et son intrusion ; à Montauban par les prémices de sa vie monastique ; à Cahors par son ministère pastoral.

---

(1) Renseignements fournis par M. l'abbé Landes, curé d'Assier.
(2) Lettre de M. l'abbé Labrousse, curé de Saint-Vincent, du 27 novembre 1908, particulièrement détaillée ; feuille de nomination de membre du conseil de Fabrique, et pièces signées par Jacques Dégouth, tirées des Archives de Saint-Vincent qui établissent son identité ; acte de décès de l'Etat-civil.

Nous nous sommes étendus sur cette notice biographique et la précédente, plus que sur les autres, parce qu'elle retrace les principaux épisodes de la révolution à Ytrac(1).

1805-1828. — Jean Verniols. Né au hameau de Lavergne, fut baptisé le 18 mars 1765, dans l'église de St-Victor, canton de Laroquebrou. Une éducation solidement chrétienne le prépara au sacerdoce.

Mais à l'époque où on était alors, c'était moins les honneurs que le martyre que les jeunes ordinands pouvaient rêver. Ce spectacle si propre à décourager les plus intrépides affermit au contraire sa vocation.

Il fit ses premières armes dans le feu même de la tourmente révolutionnaire. D'une contenance exemplaire, il ne prêta aucun des serments exigés, se cacha quelque temps dans les bois et les rochers de St-Victor où ses parents lui portaient sa nourriture, et, plusieurs années durant, sous la conduite de M. Jalenques, curé de Boisset, il exerça son ministère en secret, comme il put laborieusement, nuitament, déguisé sous un costume d'emprunt, protégé contre des alertes ininterrompues par la bienveillance et le dévouement de quelques fidèles. Un noviciat marqué par tant d'épreuves devait laisser des traces profondes dans la vie.

Devenu pasteur de notre paroisse, en 1805, M. Verniols n'omit rien pour développer et continuer l'œuvre commencée. Malgré les efforts de son prédécesseur, tout était encore à faire. Il se mit courageusement à l'œuvre, secondé par le concours de ses paroissiens qui ouvrirent une souscription d'abord pour lui assurer son traitement, ensuite pour aider à la restauration matérielle de l'église et du culte. Au lendemain d'une crise fromidable l'Eglise renaissait à peine de ses ruines ; l'Etat appauvri par les révolutions et par la guerre, était réduit aux expédients pour équilibrer son budget. Du 14 juin 1814, au mois de janvier 1818, il desservit seul la paroisse qui malgré la distraction du village de Belbex, depuis 1807, comp-

---

(1) Sources utilisées : Arch. municipales d'Aurillac, d'Ytrac ; Arch. de N.-D. aux Neiges ; Arch. nat. D., XIX, 12 ; Arch. de l'évêché de Saint-Flour ; Arch. de l'évêché de Cahors ; Arch. paroissiales d'Assier ; Arch. paroissiales et municipales de Saint-Vincent.

tait alors 1650 âmes. M. de Rochebrune, vicaire capitulaire, voyant le vénérable curé plier sous le poids de sa lourde charge, lui donna pour auxillaire M. Cornégère, natif de Saint-Simon.

Le dimanche, 26 août 1816, fut un jour de joie pour la paroisse. En vertu d'une délégation spéciale, il bénit les deux cloches fondues grâce aux dons des principales familles (voir p. 36, 37). Avant de procéder à la cérémonie, il eut quelques paroles heureuses pour en fixer le but et la portée.

L'année 1820 fut marquée par un événement et par une date importante : la naissance du duc de Berry. M. Verniols la célébra par le chant du *Te Deum,* le conseil en corps assista à la cérémonie, la paroisse prit part à la joie publique par le joyeux carillon des cloches, des *salve* de mousqueterie, par un feu de joie et une distribution d'aumônes aux pauvres (1).

Toujours soucieux de ce qui pouvait ranimer la foi et la piété des fidèles, il fit donner une mission à son peuple. La mission, dirigée par M. Abeil, prêtre d'un zèle tout apostolique, eut les meilleurs résultats.

Tout ce qui est capable de ranimer la foi et la piété, assurer l'avenir de la paroisse et le salut des âmes trouva en lui un homme de dévouement. M. Verniols excellait, dit-on, dans les diverses formes de l'enseignement pastoral. Il était fort instruit, zélé et bienfaisant. Il fut regretté de ses paroissiens lorsqu'il mourut le 18 mars 1828, jour anniverssaire de sa naissance et de son baptême, à l'âge de 63 ans. C'est au milieu du cimetière sous la grande croix qui dominait le champ funèbre que son cercueil a été placé comme s'il devait veiller sur les morts, après avoir veillé sur les vivants.

1828-1834. — **Antoine de Chazelles.** — L'administration épiscopale ne tarda pas à donner un successeur à M. Verniols ; son choix se fixa sur M. l'abbé de Chazelles.

Né le 1ᵉʳ janvier 1792, à Laveissière, dans la paroisse

---

(1) Archives municipales et paroissiales.

de Raulhac, il appartenait à une de ces nobles familles qui ont traversé la révolution en butte aux vexations pour leur sincère attachement à la religion. Quand il fut fait enfant de Dieu et de l'Eglise, le baptistère était fermé, et l'eau sainte coula sur son front dans le secret du manoir paternel, des mains d'un prêtre fidèle. Il est à regretter que le nom de ce prêtre ait fini par être oublié. On ne sait pas non plus d'une manière certaine quels furent ses parrain et marraine. On peut penser que ce furent les témoins de la présentation de l'enfant devant l'officier civil. Elevé à un foyer qu'avivaient les plus purs rayons de la foi chrétienne, il se sentit de bonne heure enclin à la vie religieuse.

Pendant la vacance du siège, Mgr de Mons, évêque de Mende, lui donna la tonsure et les ordres moindres le 24 mai 1816; Mgr de Dampierre, évêque de Clermont, le sous-diaconat le 26 mai 1818; Mgr de Mons, le diaconat, le 8 novembre 1818 et la prêtrise le 25 avril 1819, *extra tempora*.

Les paroisses, de Labeserette à laquelle il fut attaché le 1er juillet 1819; d'Ytrac où il fut transféré le 1er mai 1828 l'ont chéri, la première comme un bon vicaire, la seconde comme un excellent curé.

La révolution de 1830, si fatale à d'autres prêtres, ne ruina pas le crédit de M. de Chazelles. L'effervescence des esprits amena quelques rixes sanglantes; mais, si la politique n'y fut complètement étrangère, elles furent surtout occasionnées par la vive opposition des habitants à l'érection d'un chapelle vicariale au Bex.

Sa principale préoccupation fut d'assurer aux enfants pauvres le bienfait d'une instruction suffisante et d'une éducation solidement chrétienne. M. de Chazelles avait été frappé de l'abandon dans lequel étaient laissés les enfants, errant dans les rues du bourg et des villages, ou obligés d'aller chercher à grands frais l'instruction dans les paroisses voisines (1). Les yeux du bon pasteur ne pouvaient se reposer longtemps sur ce triste spectacle. Il conçut

---

(1) La Révolution et les guerres de l'Empire avaient désorganisés les écoles et tué l'enseignement.

le dessein de donner aux jeunes filles et aux petits garçons de sa paroisse une école chrétienne et des maîtres éprouvés. Dans ce but, il écrivit une lettre fortement motivée à M. le Maire, multiplia les démarches, appela une institutrice de son choix, et fit pour les deux écoles de sages règlements que nous avons sous les yeux. Le conseil, après avoir lu dans sa séance du 9 novembre 1828 « la lettre de M. le Curé qui expose très judicieusement l'état fâcheux de l'école primaire, lui vote des remerciements pour son zèle à surveiller et à protéger les deux écoles » et s'engage à fournir un local convenable. Bien plus, en 1834, sur la présentation de M. Guy Pradenhes, mon grand oncle, alors maire (1) il fut nommé membre et président du comité paroissial de surveillance de l'Instruction primaire (2).

M. de Chazelles le méritait bien. Il se servit de son influence pour faire plus de bien encore à la paroisse et aux membres de l'administration civile. Pendant cinq ans et six mois il avait donné des preuves nombreuses d'une piété, d'un dévouement et d'un zèle intelligent. Le pasteur de l'Evangile donne sa vie pour ses brebis. Celle de M. de Chazelle, fut prématurément emportée le 13 novembre 1834 par une maladie contagieuse contractée, dit-on, en remplissant avec dévouement son ministère pastoral. Il n'avait que 42 ans. Ses funérailles furent célébrées le lendemain et sa dépouille déposée, comme celle de ses prédécesseurs, au pied de la croix du cimetière, derrière le chœur de l'église.

1834-1862. — **Blaise Vigier**. — Après la mort de M. de Chazelles, Mgr Cadalen mit à la tête de la paroisse St-Julien, un prêtre austère, pieux et zélé.

Le nécrologe sacerdotal fixe sa naissance au 8 août 1795. On n'a pu retrouver l'acte de baptême qui, peut-

---

(1) Guy Valentin Pradenhes, d'Haute-Serre, succéda à M. de Boschatel et fut maire d'Ytrac de 1833 à 1838.

(2) Sous la Restauration on fit de grands efforts pour l'extension de l'Instruction primaire. Par ordonnance du 9 février 1816 le Roi avait établi dans chaque chef-lieu de canton un comité chargé d'avoir l'œil sur tout ce qui regardait l'enseignement.

être, lui fut conféré dans les demi ténèbres d'une grange convertie en église. Il sortait d'une famille d'honnêtes propriétaires du village de Lacombe, paroisse de Teissières-de-Cornet, dans laquelle se sont maintenues les traditions de piété et de vertu. Il passa son enfance au milieu des ruines de la révolution et de la réorganisation du culte, fit ses études au séminaire diocésain, alors dirigé par les sulpiciens, et les couronna par le sacerdoce qu'il reçut, le 23 décembre 1820, des mains de Mgr de Salamon, intronisé depuis peu à St-Flour.

Pendant la longue vacance du siège, Mgr de Mons, évêque de Mende, venait faire au séminaire les ordinations. Il lui donna la tonsure le 24 avril 1819, les ordres moindres le 15 avril 1820, le lendemain il l'ordonna sous-diacre et diacre sept jours après.

Envoyé comme vicaire à Saint-Cernin en 1821, il passa onze ans dans l'apprentissage des vertus pastorales. Nommé curé de Teissières-les-Bouliès, le 15 octobre 1532, il échangea cette paroisse contre celle d'Ytrac, le 17 novembre 1834. M. Vigier montra dans ses différents postes, une austérité d'anachorète, un zèle ardent et une grande fermeté.

Il sut être énergique pour déraciner et réprimer les abus. Il fit cesser l'usage du pain et du vin aux enterrements ; on se rappelle encore la décision qu'il prit au sujet des chaises de la Fabrique qu'il annonça en chaire et qu'il fit exécuter avec fermeté. Il s'éleva avec force contre les danses et fit disparaître ce désordre de sa paroisse. Il rétablit l'ancienne coutume de sonner l'*Angelus* à midi et non à onze heures.

Le zèle dont il était animé pour la beauté de la maison de Dieu, le porta à faire quelques acquisitions importantes : celles d'un dais « en tout semblable à celui de saint Vincent d'Arpajon ». Dais rouge, peu conforme aux prescriptions liturgiques peu connues ou peu en honneur à cette époque ; de la grande croix processionnelle (1842) ; de l'ostensoir en vermeil qui coûta 800 francs, cette acquisition faite, aux frais de la Fabrique, en 1844, fut provoquée par Mgr de Marguerie lorsqu'il vint faire sa visite pastorale et donner la confirmation dans notre église. Il contribua par son influence à reconstruction du clocher, s'il ne put rien faire pour le vaisseau de son église, il put, du moins, l'orner et la meubler à sa convenance. Il revêtit les pilliers et les murs de l'église de boiseries en chêne verni, enrichit le sanctuaire d'une table de communion. Lustres, linges, ornements, il renouvela tout, sinon avec un goût parfait du moins aussi bien qu'il put.

L'année 1861 fut marquée par la restauration de la croix de la place. En 1862, fatigué par l'âge, et surtout par les travaux d'un long ministère, il renonça à la direction de notre paroisse, se retira à Aurillac où il devint locataire de M. Bouygues de la Martinie. C'est là que Dieu lui fit entendre l'appel suprême le 22 août 1866. J'ose penser qu'il dut subir l'épreuve sans épouvante, car il était de ceux pour lesquels la mort est le seuil des éternelles espérances. Ses funérailles commencées à Aurillac le lendemain, se sont achevées à Teissière-de-Cornet, où il avait demandé à être enterré. Il me semble que cette place convenait bien à cet homme de Dieu. Du pied de la croix du vieux cimetière où il repose, il voit l'église paroissiale qui fut le berceau de sa vie spirituelle et la maison de sa famille où il laissait ce qu'il aima le plus sur la terre (1).

10 décembre 1862- 16 septembre 1867. — **Jean-Claude Baduel**. — Voici l'un des prêtres dont notre église peut le plus légitimement s'enorgueillir. Ses connaissances philosophiques et théologiques le rendaient l'oracle de ses confrères. D'autre part, ses éminentes qualités d'esprit et de cœur le désignaient d'avance pour les postes élevés.

Il naquit, le 25 avril 1825, à Fayprat, sur le territoire de la commune de St-Clément ou de Pailherols, canton de Vic. Sa famille était une de ces familles aux mœurs antiques qui vivent dans les travaux de l'agriculture et conservent, dans ce milieu salutaire, les traditions chrétiennes. Il eut le bonheur de trouver la piété dans l'âme et sur les lèvres de sa mère, et un prêtre selon le cœur de Dieu pour le préparer à sa première communion. Il entra

---

(1) Archives de l'évêché : Registres de délibérations de la Fabrique.

alors au petit séminaire de Clermont et y poursuivit ses études avec succès. Après de brillantes humanités couronnées par l'obtention du grade de bachelier il commença son noviciat ecclésiastique à St-Sulpice où il suivit pendant toute une année le grand cours (1) et vint le terminer à Saint-Flour.

Tonsuré et minoré en 1847, sous-diacre le 17 juin 1848, diacre le 2 juin 1849, il reçut l'onction sacerdotale, le 21 septembre 1850, des mains de Mgr de Marguerie.

Dès le début de son sacerdoce on lui proposa un préceptorat dans la famille du marquis de Miramon à Riom-ès-Montagne; il remplit cet emploi depuis le 1er décembre 1850 jusqu'au 1er octobre 1851 où il fut désigné pour occuper la chaire de philosophie au petit-séminaire de St-Flour alors dirigé par le vénérable M. Bec, et qui comptait parmi le personnel des professeurs de jeunes prêtres distingués qui ont fourni une honorable carrière. Il la tint pendant onze ans. Avec quelle conscience, quel talent et quelle clarté il donnait ses leçons. Il possédait les deux qualités qui font le mérite d'un grand maître : le savoir et le dévouement. Ses élèves en reçurent une empreinte ineffaçable. De 1855 à 1862, il professa en même temps les sciences physiques et mathématiques. Quelque succès qu'il eût obtenu dans l'enseignement, un pareil théâtre était insuffisant au déploiement de son zèle.

Par décision du 10 décembre 1862, Mgr l'évêque le nommait à la succursale d'Ytrac en remplacement de M. Vigier démissionnaire. Le dimanche suivant 15 décembre, eut lieu la cérémonie d'installation présidée par M. Buchmuiller, archiprêtre de St-Géraud, son ancien supérieur. Le nouveau curé ne tarda pas à conquérir sa paroisse par l'action et l'exemple de ses vertus. Sa charité à l'égard des pauvres, des ouvriers de la ligne du chemin de fer alors en construction, des malheureux fut aussi délicate que généreuse. Il la pratiqua jusqu'au dépouillement et lui fit opérer des prodiges : les traits qu'on en a recueillis formeraient une belle page de sa vie. Il l'exerça encore, dans une

---

(1) Communications de M. l'abbé Geindre qui les tenait de M. Baduel, dont il avait été le vicaire à Saint-Cernin.

sphère plus élevée, dans la direction des âmes qu'il sut pousser efficacement à la perfection chrétienne. Ses deux œuvres importantes, accomplies l'une et l'autre avec l'intervention du Maire et de la municipalité, furent : 1° l'acquisition au prix de 4.500 francs de l'immeuble de la maison Lacan destinée à remplacer l'ancienne demeure curiale, en attendant que la Fabrique, mieux inspirée fît bâtir le nouveau presbytère ; 2° la translation du cimetière « sur un terrain élevé, sain, ni trop éloigné ni trop rapproché du bourg » pour l'achat duquel la Fabrique donna 400 fr. et dont la bénédiction solennelle eut lieu le 23 mai 1866, comme nous l'avons déjà dit à la page 44 de ce volume.

Mgr de Pompignac, l'orgueil et l'amour de l'Eglise de St-Flour, l'appela au Doyenné de St-Cernin le 16 septembre 1867, et pour récompenser ses services autant que pour l'honorer lui donna le titre de chanoine honoraire de sa cathédrale, le 17 janvier 1873. Il reçut plus tard, de Mgr Bouange, évêque de Langres, la même marque d'estime et d'honneur. Il devait passer dans ces fonctions dix-sept années, c'est-à-dire la plus grande partie de sa vie sacerdotale.

C'est là que Mgr Baduel, de pieuse et douce mémoire, qui avait su apprécier ses grandes qualités vint le prendre, le 1er janvier 1884, pour lui confier une des premières charges du diocèse, la cure de Saint-Géraud laissée vacante par le décès du vénérable M. Clauset. Grâce au précieux commencement d'initiative de son prédécesseur, grâce aussi à ses propres mérites et à l'intelligence de son zèle il eut la joie immense de rencontrer de la part des personnages les plus marquants de la paroisse et des plus humbles un concours aussi empressé que généreux. Prêtre instruit, M. Baduel garda toujours quelque chose du professeur ; il n'était pas ce qu'on est convenu d'appeler un orateur ; il eut à lutter contre la rudesse de son organe, et ses efforts n'engendraient qu'un débit assez monotone ; mais à l'encontre de certains prédicateurs, même très brillants. il y avait plus de profit à le lire que de charme à l'écouter. On a dit de lui que son cœur devait souffrir du voisinage de son esprit : dans l'entrain de sa conversation vive, spirituelle, il lui échappait des saillies piquantes. Une légère contraction des lèvres que parcourait un rapide sourire annonçait que le trait allait se décocher et partir. Mais au fond de cette exubérance d'esprit il n'y avait jamais de fiel : en réalité le cœur dominait en lui les autres facultés et, à mesure qu'il avançait dans les degrés de la hiérarchie sacerdotale, chaque paroisse où il passait créait à son cœur des affections nouvelles, sans rien retrancher des anciennes.

De graves et douloureuses préoccupations, la création et le soutien des écoles libres, minèrent sa santé. Une maladie cruelle fit des dernières années de son existence un véritable martyre ; au milieu de ses souffrances il ne voulut rien relâcher de ses travaux ; tant qu'il put marcher, il alla visiter les malades ; tant qu'il put se tenir debout, il continua de célébrer le Saint sacrifice ; il ne s'arrêta que lorsque le mal l'eût terrassé. Purifié comme l'or dans le creuset de cette suprême épreuve, M. Baduel est retourné saintement à Dieu, dimanche 10 mai 1891, dans l'après-midi, à l'âge de 66 ans.

La cérémonie des obsèques fut célébrée le mercredi 13 mai avec un grand concours de prêtres et de fidèles, parmi lesquels on distinguait MM. les vicaires généraux, des magistrats, des officiers, de nombreux amis du vénéré défunt qui escortèrent le cercueil jusqu'au cimetière où il fut déposé dans le caveau destiné à la sépulture des curés de la ville. La chaire se tut, c'était la règle, mais l'oraison funèbre était sur toutes les bouches et les regrets sur tous les visages.

1867-1888. — **Pierre Labrunie.** — La succession de M. Baduel fut dévolue, dès le 16 octobre 1867, à M. l'abbé Labrunie. Pierre Labrunie appartenait par son âge à cette période connue dans l'histoire sous le nom de *Restauration ;* par sa naissance, à la ville d'Aurillac ; par sa famille, à d'honnêtes artisans et de bons catholiques. Son père était un humble cordonnier qui, sans doute, n'aurait pas songé à faire de lui un prêtre si la Providence ne l'eût doucement incliné vers le sanctuaire.

De bonne heure il fréquenta le collège de cette ville

(1829-1836), qui, à cette époque, était dirigé dans un sens très chrétien et fournissait chaque année un contingent de jeunes clercs au grand séminaire. Il y fut admis à la fin de l'automne 1837. Ce fut Mgr de Marguerie qui reçut les premiers vœux du jeune lévite. Il lui donna la tonsure le 22 décembre 1838, les moindres le 25 mai de l'année suivante l'éleva au sous-diaconat le 28 juin 1840, au diaconat le 5 juin 1841, et lui imposa l'onction sacerdotale le 21 mai 1842.

Par un rare privilège il débuta par un poste de canton, la vicairie de Pleaux (15 août 1845) d'où il passa successivement à St-Mamet le 15 novembre 1845; à St-Cernin le 5 avril 1848; à St-Mamet de nouveau le 6 avril 1848; à Salers le 20 juin 1849; à Vic le 15 octobre 1849.

Seize années passées dans l'apprentissage du saint ministère lui donnaient tous les titres à devenir le pasteur d'une paroisse. Celle de St-Jacques lui fut offerte le 31 octobre 1858, il la refusa à cause de la rigueur du climat. Destiné à Cayrols le 4 août 1860, il fut transféré à St-Cirgues le 21 du même mois et de la même année. Le 16 octobre 1867 il quitta St-Cirgues pour Ytrac. Son installation eut lieu le dimanche 27 octobre.

Pendant vingt ans il se dévoua tout entier, sans trêve ni merci, au salut et à l'honneur de sa nouvelle paroisse. Parmi les travaux qui signalèrent son administration il faut citer: les fonts baptismaux et la chaire qu'il fit exécuter en 1879; la porte principale de l'église en 1881, les réparations au clocher commencées par l'initiative d'un de ses prédécesseurs, M. Vigier; il avait fallu prendre le parti d'ouvrir une souscription. La souscription fut ouverte avec élan et générosité; les obstacles aplanis, le succès de l'œuvre assuré (1885), sans parler d'autres réparations partielles moins importantes d'acquisitions, telles que celles d'un calice, etc.

En 1888, M. Labrunie sentant bien que son âge et sa santé ne lui permettaient plus de supporter les fatigues ni de remplir les obligations de son ministère fit agréer à Mgr Baduel son désir de retraite et alla habiter au deuxième étage du numéro 36 de la rue de Lacoste près de la Chapelle d'Aurinques. Ce ne fut pas sans douleur qu'il quitta son peuple. Au moment où il allait franchir les confins de sa paroisse on dit qu'il tourna vers elle ses yeux en pleurs et lui donna sa bénédiction. Cette séparation usa ses dernières forces. Une congestion violente, vainement combattue, l'emporta dans la nuit du 17 septembre 1889, dans la 71ᵉ année de son âge.

En l'Eglise de Notre-Dame fut célébré le service funèbre. Le cortège s'est rendu ensuite solennellement au cimetière et son corps a été inhumé dans le terrain réservé à la sépulture des ecclésiastiques de la ville.

Les notes laissées par M. Labrunie sur un livret de poche en chagrin vert, les délibérations du conseil de Fabrique ont fait presque tous les frais de cette notice.

1898-1895. — **Pierre Lissat**. —. M. Lissat ajoute un nom vénéré au nécrologe sacerdotal déjà si long. La presse locale a rendu un bien bel hommage à ce prêtre qui honorait le ministère sacerdotal et la chaire chrétienne. M. l'abbé Prolhac, vicaire général, dans un article très remarqué et très ému, s'est rappelé l'ancien condisciple, a pleuré le vieil et fidèle ami, peint « le vicaire, l'aumônier, le curé d'inoubliable mémoire que fut le chanoine Lissat ». La courte notice que nous faisons aujourd'hui servira peut-être à fixer quelques dates, à rafraîchir quelques souvenirs.

Né à Escouder, le 4 juillet 1846, aux portes de Saint-Paul des Landes, berceau de sa vie spirituelle, Pierre Lissat était l'aîné de trois enfants dont deux grandirent pour l'autel et l'autre pour la vie religieuse. Ses parents étaient d'une condition modeste, liés à un travail journalier assez pénible, mais soutenus par la probité et la piété. D'Escouder, ils passèrent à Espinassol, à Freix-Anglards où Pierre fit sa première communion, et se fixèrent à Aurillac.

Les lazaristes, remarquèrent cet écolier pieux et sage ; ils l'appelèrent près d'eux, le fixèrent auprès de l'autel dans les cérémonies sacrées, et c'est ainsi que sans effort l'amour du sacerdoce prit naissance et se développa dans l'âme du jeune adolescent. Il avait fréquenté l'école des bons Frères des écoles chrétiennes et le collège de la ville avant d'être admis au grand séminaire où il fit son entrée, à l'âge de vingt ans, en octobre 1866. Il fut successivement appelé à tous les ordres ecclésiastiques : à la tonsure le 15 juin 1867 ; aux quatre ordres mineurs le 6 juin 1668 ; au sous-diaconat le 22 mai 1869 ; au diaconat le 11 juin 1870 ; à la prêtrise le 3 juin 1871.

Ce fut à St-Cernin qu'il porta les prémices de son ordination en qualité de prêtre auxiliaire ou de vicaire intérimaire. Cet intérim dura trois mois après lesquels l'autorité ecclésiastique l'envoya au petit séminaire de St-Flour en qualité de maître d'études (1871-1872) ; il y passa l'année scolaire.

Il fut fait vicaire de Siran le 3 août 1872 ; de Boisset le 15 avril 1877 ; de Murat le 3 mars 1878. Là il eut pour collègue de vicariat M. l'abbé Prolhac, actuellement grand vicaire demeuré toujours pour lui depuis cette époque l'ami fidèle que la Sainte-Ecriture appelle « un remède de vie et d'immortalité ». En quittant Murat, le 25 août 1878, il fut placé comme aumônier à l'Ecole Supérieure devenue plus tard Saint-Eugène : son âme s'attacha à cette maison et pendant dix années (1878-1888) il se livra avec le même zèle et le même succès à ce ministère qui le mettait en contact avec la jeunesse et aussi avec une nouvelle catégorie d'âmes, des âmes religieuses, les fils du B. de la Salle. Ces dix années peuvent compter parmi les plus laborieuses de sa carrière sacerdotale.

En septembre 1888 il fut mis à la tête de la paroisse d'Ytrac et en prit possession le 10 octobre. Son talent de prédicateur, sa voix sonore, claire et vibrante, sa bonté, sa franchise plurent à tout le monde. Il fut bien vite de notoriété publique que les paroissiens étaient fiers de leur curé comme le curé était enchanté de ses paroissiens.

La première œuvre de M. Lissat fut, en 1889, la construction de la sacristie, local sans style, mais assez spacieux et qui permit de donner aux vases sacrés et aux ornements de l'église un abri plus digne que le précédent. Il le fit élever sur l'emplacement de l'ancien et sur la partie du cimetière qui confinait au chœur et à la chapelle de la Vierge. Mme Conthe, née Monraisse, de Cambian, l'aida par un don gracieux de mille francs. (Voir plus haut, **page 27**).

En 1891 et 1892 il sut profiter des circonstances particulièrement heureuses et qui ne se seraient pas présentées plus tard, pour travailler à l'ornementation de l'église. Il la fit décorer de trois magnifiques autels en marbre blanc, de confessionnaux en bois de chêne avec toutes les grâces du style roman et la dota ainsi d'un mobilier qui serait digne d'un plus beau sanctuaire. Cf. p. 24, 25. 26.

En même temps il prenait un soin spécial de la construction et de l'aménagement de la maison curiale. Il lui donna une ampleur et un confortable qu'on trouve rarement au même degré. Cf. p. 132. Les travaux furent poussés avec activité et l'inauguration du nouveau presbytère fut faite en 1893. La *truelle* était son goût dominant et on pourrait lui donner le surnom de curé *constructeur*. Il avait à peine achevé que d'accord avec M. Monraisse, maire, qu'on ne saurait trop louer ici pour l'intelligence et l'activité de son administration, il caressait le rêve de construire une église qui fût plus digne de l'importance de la population et surtout de son esprit de foi. Son activité, son savoir-faire lui auraient permis de mener cette entreprise à bonne fin si la Providence lui en avait donné le temps. M. Lissat eut ici toutes les consolations que peut souhaiter un bon prêtre ; il fit fleurir dans cette terre excellente la foi et la piété ; bâtir une sacristie, un presbytère, restaurer et embellir l'église, et éleva sa chère paroisse au rang des mieux dotées et des plus enviables.

Ce ne fut pas sans de vifs regrets qu'il s'arracha à l'affection et à la reconnaissance des habitants d'Ytrac pour obéir à son évêque et venir gouverner, le 12 février 1895, la paroisse d'Arpajon vacante par le décès de M. l'abbé Odilon Puech. Mgr Lamouroux lui donna une marque plus haute encore de sa confiance, le 26 décembre 1899, en le nommant chanoine honoraire du Chapitre cathédral.

Il quitta Arpajon pour accepter, le 15 décembre 1900 l'Aumônerie de la Sainte Famille, théâtre suprême de son zèle et de son dévouement. Mais ce ne fut qu'en passant qu'il donna son temps et ses soins à ses humbles filles et à leurs élèves. Il résigna ses fonctions le 15 août 1905.

Ses dernières années furent attristées par une longue et douloureuse maladie, avec des alternatives qui faisaient tantôt espérer, tantôt trembler pour sa vie. Le 20 décembre 1908 il avait dicté à un de ses meilleurs amis ses dispositions testamentaires et confié à son frère M. le curé de St-Martin-Valmeroux le soin de les exécuter. Né pauvre, il voulut mourir pauvre et disposa du peu qu'il avait en bonnes œuvres. Il laissa 300 francs aux pauvres d'Ytrac, 300 fr. aux pauvres d'Arpajon, 500 fr. à la Propagation de la Foi, 500 fr. aux sœurs de charité de St-Géraud 1.000 francs à la Congrégation des Lazaristes, 1.000 fr. aux écoles libres d'Aurillac, 2.000 francs à sa sœur, 300 fr. à sa domestique et 2000 pour messes. — Il mourut la prière sur les lèvres et la croix sur le cœur, le samedi 6 février 1909, à 10 heures du soir.

Ses obsèques eurent lieu le mardi, 9, dans l'antique abbatiale. M. l'abbé Chapsal, curé de St-Géraud, chanta la messe entouré du clergé de la ville et de la banlieue; M. l'abbé Prolhac, vicaire général fit les prières de l'absoute. Nous l'avons accompagné au cimetière d'Aurillac où il vint reposer à son tour à côté de ses deux antécesseurs. M. Labrunie y a été enterré le 20 septembre 1889, et M. Baduel, curé de St-Géraud, le 13 mai 1891.

1895-1898. — **Jean-Marie Lizet**. —. Né le 30 avril 1839, d'une famille recommandable qui s'honore d'avoir donné un premier président au parlement de Paris, un archiprêtre de Mauriac (2), un curé d'Anglards (3), fit de sérieuses études au petit-séminaire de Pleaux, puis sa théologie à St-Flour.

Ses ordinations eurent lieu aux dates suivantes: Réception de la tonsure, le 25 mai 1861; des ordres mineurs, le 15 mars 1862; du sous-diaconat, le 29 juin 1862; du diaconat, le 30 mai 1863; de la consécration sacerdotale, le 21 mai 1864.

---

(1) Pierre, l'implacable adversaire des protestants et de Théodore de Bèze, né en 1472, mort abbé de Saint Victor le 7 juin 1554.

(2) Pierre, frère cadet du précédent, chanoine de N.-D. de Paris et prieur de Chamilly, décédé vers 1550..

(3) Antoine, frère de l'archiprêtre, mort le 15 août 1558.

Ordonnée prêtre, l'abbé Lizet fut nommé professeur au petit séminaire de Pleaux (1864-1874), où il enseigna successivement en 5ᵉ, 4ᵉ et 3ᵉ, puis vicaire à Saint-Géraud d'Aurillac (1874-1884). La paroisse de Saint-Géraud était alors dirigée par un prélat éminent en science, et dont le nom est resté entre tous, comme un type de douceur, de piété et de fermeté épiscopales. Nous voulons parler de Mgr Bouange devenu évêque de Langres en 1877. Le vénérable prélat honora son ancien vicaire en lui donnant des lettres de chanoine honoraire de sa cathédrale. Ces lettres écrites en entier de la main de Mgr avec ce beau latin de la cour romaine dont il avait l'habitude, empreintes d'une particulière bienveillance, sont datées du 19 octobre 1879. Il devint curé de Saint-Simon (1884-1895), d'Ytrac le 1ᵉʳ mars 1895. Pendant trois ans et sept mois M. Lizet se trouva l'objet de l'estime et de l'affection universelles. On ne surprit aucune trace de mésintelligence entre le curé de St-Julien et ses paroissiens, rien ne troubla l'accord profond dans lequel ils vécurent ; tant le premier sut mettre de tact, de prudence et de charité dans sa direction, tant les seconds surent le comprendre et le suivre avec docilité. Pour arriver à ce résultat, M. Lizet n'eut qu'à se renfermer dans l'accomplissement rigoureux de ses devoirs de pasteur. La régularité dans la célébration des offices paroissiaux, l'exactitude au tribunal de la pénitence, l'assiduité au chevet des malades, le respect et l'amour de la maison de Dieu, ces signes d'une âme vraiment sacerdotale marquèrent son ministère.

La retraite de M. l'abbé Delpuech, curé de Marmanhac laissait vaquer une grande paroisse ; l'administration diocésaine, par décision du 1ᵉʳ octobre 1898 y transféra le curé d'Ytrac.

En 1907, l'affaiblissement de sa santé, la crainte que lui inspiraient les responsabilités de plus en plus lourdes de la charge curiale lui firent donner sa démission. Au mois d'octobre il se retira à Marmanhac et en avril 1909 à Aurillac.

Pour ne pas laisser de lacune dans la liste chronologique de nos pasteurs nous y avons inscrit le nom d'un survivant ; mais voulant nous conformer aux désirs très accentués qui nous ont été exprimés, nous sommes bornés à énumérer ses états de service. Sa vie s'est déroulée sous nos yeux ; nous espérons que de longtemps encore il ne sera donné à personne de l'écrire.

1898-1900. — **Louis Gibiard.** — Né à Cambourieu le 21 septembre 1846, baptisé le 22 dans l'église de Saint-Cernin, M. Gibiard suivit au séminaire de Pleaux le cours ordinaire des études classiques et fit sa théologie au séminaire de Saint-Flour. On le jugea, de bonne heure, propre au ministère si pénible et si délicat de l'enseignement, et Pleaux lui ouvrit ses portes, en 1869, lorsqu'il n'était encore que diacre. Il succédait à un maître distingué dans la chaire de la langue anglaise et des sciences physiques et mathématiques, M. l'abbé Géraud, aujourd'hui curé de Bucharest, prélat de la maison de Sa Sainteté et qui alla poursuivre sous un autre ciel les destinées de son sacerdoce. M. Gibiard ne tarda pas à se faire une réputation de botaniste. Il excellait à chercher les plantes inconnues et il réussissait à les découvrir. Ses collections de botanique et de minéralogie ont dû rester, en partie du moins, à l'établissement. Il reçut la prêtrise le 34 septembre 1870 et les grâces de son ordination rendirent le succès de sa tâche plus sensible encore.

De 1883 à 1886 il remplit les fonctions de précepteur chez M. le comte d'Humières, à Marcolès. Là, on apprécia la facilité et l'agrément de son commerce, sa conversation pleine d'esprit, la sûreté de son jugement et la délicatesse de son cœur.

Après dix-sept années employées dans l'enseignement, l'autorité épiscopale l'appela au vicariat de Notre-Dame aux Neiges où il passa à peine un an, du 1er janvier au 15 décembre 1887.

En quittant Aurillac, sa vie s'est partagée entre la paroisse de Méallet qu'il a occupée de 1887 à 1898 ; d'Ytrac qu'il a dirigée de 1898 à 1900 ; de Saint-Illide dont il a été huit ans curé. Il laissa partout le souvenir d'un excellent pasteur. La mort cacha ses approches et le frappa soudainement le 25 septembre 1908. Elle était subite pour lui, mais non pas imprévue. Il s'y était préparé par une application assidue à la prière, et en célébrant le matin même avec autant d'édification que de dignité le saint sacrifice de la messe.

Ses funérailles eurent lieu le surlendemain, lundi, à 10 heures du matin. M. l'abbé Capel, doyen de St-Cernin, fit son éloge dans le cours de la cérémonie. Il peignit avec une éloquence simple et forte, une émotion à peine contenue, le coup si rapide et si fatal qui venait de nous ravir M. Gibiard. Il loua sa foi, sa piété, sa bonté, sa douceur, faisant de ces vertus comme les gardiennes de cette âme qui venait de sortir de ce monde. C'était une exception à la règle mais que justifiaient assez ce coup foudroyant, les regrets si profonds qu'il excitait et les instances que lui firent ses confrères. Il avait, durant sa vie, témoigné le désir accentué d'être un jour enseveli dans le tombeau de sa famille. Suivant ce vœu, ses dépouilles mortelles furent portées auprès de celles de ses parents au cimetière de Freix-Anglards.

CHAPITRE V

Les Vicaires d'Ytrac

Généralités ou Notions préliminaires. — Liste chronologique. — Brèves Notices.

I

On entend ici par *vicaire* le prêtre désigné pour aider le curé ou le suppléer dans les fonctions paroissiales. On l'appelait aussi *secondaire* parce qu'il était chargé de seconder le curé dans les devoirs du saint ministère.

Dans les paroisses rurales, étendues, populeuses, en outre des *prêtres habitués,* ce n'était pas trop d'un ou deux vicaires pour collaborer avec le curé. Comme nous l'avons déjà vu p. 145, celui-ci avait le droit de les choisir et même de les destituer, mais seulement avec l'approbation de l'évêque qui est libre de limiter leurs pouvoirs ou de les appeler à de nouvelles fonctions. Voilà pour le passé.

Dans le présent, bien que topographiquement et numériquement, la paroisse soit moins importante, cette collaboration n'est pas moins indispensable. Un curé et un vicaire trouveront suffisamment de quoi s'occuper, en prenant le ministère des âmes en détail, et au vif, comme il faut faire à une époque où *conserver* n'est presque rien si l'on ne *reconquiert* et où il ne s'agit plus seulement de veiller sur un bercail rempli, mais de rechercher au loin et de ramener dans le bercail, un troupeau presque entièrement dispersé ; à une époque où il faut pour cette multitude de fidèles qui, dans la pratique de la religion ont adopté le « *système du moins possible* » ; de chrétiens qui vivent sans le christianisme, *sine Christo, sine Deo in hoc mundo* (1) ; il faut de nouvelles industries, un nouveau zèle,

---

(1) Saint Paul, Eph. X, 12.

des moyens plus larges et plus puissants d'influence, et comme le disait un éloquent évêque « des efforts comparables à ceux des premiers fondateurs de nos églises.»

.

Sous l'ancien régime, leur situation était fort précaire. Ce n'est qu'en 1634 qu'on s'occupa d'améliorer leur position temporelle. On augmenta de 100 livres la *congrue* du curé qui avait un vicaire. Puis on alloua aux vicaires eux-mêmes, une portion congrue de 150 livres en 1686 ; de 200 livres en 1768, et enfin de 350 livres en 1786, pour empêcher le délaissement de fonctions trop peu rémunérées. Malgré cette dernière augmentation, la situation des vicaires n'avait rien d'opulent. Il faut ajouter à ce traitement fixe les oblations des fidèles, le petit casuel des convois, des obits et ce que leur attribuait la communauté dont ils étaient ordinairement membres ; sur les vingt vicaires inscrits dans notre catalogue qui va du XVIe siècle à la Révolution, douze sûrement et plus probablement 14 furent pris dans les rangs des communalistes. Avec cela, le vicaire n'était pas trop au large et comme celle du curé sa situation était plus que médiocre. La fortune ne les visita jamais. Ne soyons pas surpris qu'ils aient conservé l'assiduité au travail. Ils savaient mesurer leurs désirs à la modestie de leurs ressources. Dans un temps où l'Eglise était riche, ils n'en connurent guère que l'austérité.

.

Il ne faut pas confondre un vicaire avec un délégué, dit Bergier, dans un de ces ouvrages où la prodigieuse fécondité de l'érudition s'allie à la clarté et à la précision du langage, celui-ci n'a le pouvoir de faire légitimement que la fonction pour laquelle il est député nommément, il ne peut pas déléguer un autre pour la remplir à sa place. Un vicaire n'est pas député à une seule fonction, mais à toutes : *ad universalitatem causarum* selon l'expression des canonistes.

Ses pouvoirs, ses droits et ses devoirs sont nettement définis . Délégué comme suppléant du curé, il peut le remplacer dans toutes les fonctions du ministère mais sous sa direction et avec son agrément. En dehors des droits qui découlent immédiatement du ministère sacerdotal, il ne saurait jamais s'ingérer dans les affaires qu'entend se réserver le chef de la paroisse. Son devoir est de l'aider dans la mesure de ses forces avec autant de discrétion que de dévouement.

Un sectaire romantique et un poète sentimental ont fait des descriptions imaginaires du vicaire comme du curé de village. Mais qui en cherche le type accompli ne le trouvera ni dans le *Vicaire Savoyard* de Rousseau, « qui n'a pris le parti « *de faire le métier de prêtre* » que pour mener une existence plus douce, qui dit dévotement la messe et prononce les *mots sacramentaux* sans y croire »; ni dans le Jocelyn de Lamartine ce lévite mélancolique, plus ami de la botanique, de courses dans la forêt et d'aventures que zélé pour le salut des âmes. Nous préférons ce qui sera peut-être moins du goût de nos jeunes modernisants, le portrait esquissé par nos vénérés Directeurs de grands séminaires, nos prédicateurs de retraites ecclésiastiques, ou d'éminents prélats. Contentons-nous de citer ces paroles du grand évêque d'Orléans : « Nous nous appliquons à leur faire considérer qu'ils ne seront encore que des écoliers, des novices quands ils sortiront du séminaire pour aller travailler sous vos ordres; nous ne voulons pas qu'ils aient la détestable présomption de se regarder presque comme vos égaux, quand nous leur ferons l'honneur de les envoyer pour servir à côté de vous, dans l'œuvre des âmes. Nous ne voulons pas qu'ils se considèrent alors comme vos collaborateurs et vos vicaires. Nous voulons qu'ils se regardent humblement comme vos enfants dans la vie sacerdotale et pastorale, comme vos disciples dans la science du ministère sacré; et par conséquent qu'ils vous respectent et que, selon la loi de cette belle subordination qui tient tout uni dans l'Eglise de Dieu, le vicaire ne fasse rien sans son curé, comme le curé ne doit rien faire sans son évêque, ni l'Evêque lui-même sans celui qui est le prince des Evêques, le vicaire de Jésus-Christ sur la terre et à qui tout le troupeau doit obéir ». Instruction pastorale à MM. les Curés et MM. les vicaires du diocèse d'Orléans, sans date.

*
* *

La liste chronologique de ces auxiliaires du curé ne remonte pas au-delà du XVIe siècle. Essayer de les énumérer tous, serait une tâche non seulement difficile, mais impossible. Un grand nombre n'ont laissé dans l'histoire ou plutôt dans la poussière des archives, aucun nom sous lequel on puisse les désigner ; ils n'ont été connus que de leurs contemporains ou de leurs compatriotes qui ont joui du bienfait de leur ministère.

Malgré la multiplicité des actes passés sous nos yeux, l'analyse de nombreuses pièces originales, nous n'avons pu étendre plus loin cette nomenclature. Est-ce à dire que des documents nouveaux ne viendront pas préciser des dates extrêmes, apporter des noms nouveaux et fournir des indications plus circonstanciées ? Nous sommes persuadés du contraire, et nous le souhaitons, dans notre désir de connaître, d'une manière définitive, la suite et la série de ces modestes et humbles auxiliaires.

II

Liste chronologique des Vicaires d'Ytrac

XVIᵉ	Pierre Cros	1515	1525
	....	......	......
	Pierre Viguier	1554	1564
	Pierre Radais.............	1587	159?
	Guillaume Jonquières......	1597	1614
XVIIᵉ	Pierre Lintilhac...........	1616	1648
	Pierre Cruèghe............	1648	1664
	Jean-Antoine Bros	1654	1656
	N. Bonhomme.............	1656	1657
	Jean de Roquemaurel......	1656	1663
	Jean Castel	1657	1666
	Jean Lalande..............	1666	1672
	Antoine Puech.............	1672	1683
	Pierre Gazars..............	1672	1674
	Pierre Lacarrière..........	1681	1698
	Pierre Maury	1693	1707
XVIIIᵉ	Antoine Malrous...........	1700	1707
	Guy Caumeilh.............	1707	1712
	Pierre Lacarrière..........	1712	1741
	Pierre Vieillevie...........	1741	1766
	Jean-François Lescure.....	1758	1793
XIXᵉ	Jean-François Labouygues...	1803	1811
	Charles Bardy.............	1811	1814
	Géraud Cornôgère	1818	1830
	Antoine Bonnave..........	1830	1831
	Jean-Baptiste Garcelon.....	1832	1834
	François-Alexandre Bouquier	1834	1844
	Jean-Baptiste Laborie......	1845	1846
	Antoine Damaison.........	1846	1847
	Jean-Baptiste Touzery	1847	1848
	Pierre Broussouze.........	1847	1848
	François Bouange.........	1849	1850
	Géraud Ouvrier	1850	1857
	Jean-Flavien Bourbouze....	1858	1868
	Jean-Baptiste Barbet.......	1868	1884
	Jean-M.-Jh. Armandie......	1884	1886
	Louis-Ant. Marisson.......	1886	1891
	Henri-Charles Puéchavy....	1891	1894
	Jean-Marie Lesmarie.......	1894	1896
	Louis-Eugène Pons.........	1896	1898
	Jean Chassanie............	1898	1900

III

1515-1525.—Pierre Cros.—D'abord vicaire, puis recteur. Voir sa notice, p. 159-161.

1554-15?—Pierre Viguier.— Originaire de Caraizac *né et rené* sur la paroisse, par conséquent membre de l'association sacerdotale, remplissait, en 1554, l'emploi de vicaire. Il n'est pas possible de déterminer présentement l'époque de son entrée et la date de la cessation de ses fonctions. Ce qui est incontestable, c'est que le 17 juin 1554, il assista, en cette qualité, conjointement avec les autres filleuls à l'installation solennelle de Mᵉ Jean Cros.

Après la cérémonie, au prône de la messe de paroisse, en présence des prêtres et des fidèles, il déclara à haute et intelligible voix, Mᵉ Jean Cros, canoniquement pourvu en vertu de la résignation consentie par le titulaire à son profit et acceptée en sa faveur par notre Saint-Père le Pape. On le trouve encore cité, mais sans son titre, dans plusieurs actes du minutaire de Jean Carrière. On peut voir en particulier les registres des années 1552-1558-1554-1559.

En dehors des dates ci-dessus relatées, l'intervention de Pierre Viguier comme vicaire de la paroisse nous est révélée par le procès-verbal d'installation de Guy Badail. Retenu ailleurs, il confia à Pierre Laboigne, prêtre filleul, le soin de prendre pour lui possession du prieuré, en vertu d'une procuration passée le 24 septembre, devant maître Céalin, notaire à Bort. Celui-ci s'acquitta de sa mission le 29 du même mois. Il se présenta au devant de la porte principale de l'Eglise où il fut reçu par Pierre Viguier qui, après avoir lu les lettres de provision, procéda à la cérémonie en la manière accoutumée et, par l'intermédiaire de son fondé de pouvoir, mit Guy Badail en la vraie, réelle corporelle possession des fruits, revenus et émoluments de son bénéfice.

Les derniers documents qui nous permettent de suivre sa trace sont: 1° l'accord intervenu entre les prêtres filleuls et les héritiers de Pierre Viers, prêtre, Armand Viers et Antoine Rodayre, communalistes eux aussi. Le différend, qui avait pour objet un titre constitutif de fondation de messes, fut porté devant la cour du bailliage et appel avait été interjeté au Parlement de Paris. Le 23 octobre 1564, seize communalistes, parmi lesquels Pierre, réunis dans l'église en assemblée solennelle, terminèrent ce procès par une transaction amiable en présence d'Annet de Veyre, seigneur de Leybros, et Jean Payri, marchand du Bourlès 2° Une vente consentie par lui le 23 février 1565 et revêtue de sa signature. Nous n'avons pu découvrir la date du décès de ce vicaire. (Min. Carrière, grand régistre d'insinuations, et 4° registre, fol. 20-22, 279).

1587-159? — **Pierre Radais**. — portait le nom du modeste hameau qui lui donna le jour. En 1560 il est déjà honoré du sacerdoce ainsi que l'atteste un acte du 8 décembre de cette année dressé par Jean Carrière, notaire « es présence de maistre Pierre Radays pbre du vilaige de Radays paroisse de Sainct Pol des landes tesmoing à ce appelez ».

En 1665, il reconnaît tenir à titre emphytéotique de Bertrand Laplaze, magistrat présidial, divers affars, au cens d'une carte et demie de seigle, une carte et demie d'avoine, un poulet et dix deniers d'argent (Arch. du C. S. E. 994). D'après les lois règlant cette espèce de contrat, le cédant ou ses successeurs pouvaient faire reconnaître leurs droits chaque fois qu'ils le jugeaient à propos, et les cesionnaires ou leurs successeurs ne pouvaient refuser cette reconnaissance sous peine de se voir dépouiller de l'objet cédé. L'Emphytéote faisait ses déclarations sous la foi d'un serment solennel et en présence de plusieurs témoins; il déclarait la nature des propriétés qu'il tenait : — maison, terre forêt, — les conditions auxquelles il les avait reçues, les redevances qu'il devait payer, et son intention d'accomplir exactement ses obligations de bon et fidèle emphytéote. Le maître, de son côté, promettait avec serment de laisser l'emphytéote jouir en paix des choses reconnues et dénombrées. Un notaire dressait acte de ces déclarations réciproques.

En 1587, il est vicaire d'Ytrac et souscrit en cette qualité une vente consentie par Geraud Montmèghe en faveur de Pierre Jonquières devant maître Boissadel, notaire (28 Janvier 1587). Il avait un parent prêtre, Jean Radays, mentionné pour un legs d'argent dans le testament de Pierre Cros, sus énoncé. Le 4 mars 1508, il était déjà dans la cléricature : *presentibus Johanne Radays clerico parochie S. Pauli de Landis*. Devenu prêtre il remplit l'office de notaire dans le mandemant de Saint-Paul : *magistro Johanne Radays notario et pbro sti Pauli de Landis*. Arch. du C. Minutes Gard ; fol. 594. Minutes Dadoly, notaires.

1597-1614. — **Guillaume Jonquières**. — Probablement originaire du bourg, mais sûrement de la paroisse puisqu'il fit partie de la Communauté des filleuls, qu'il était prêtre en 1592 et remplissait alors les fonctions de baile (Minutes Barata).

Son titre clérical, constitué par son père le 1er juin 1591, était une pension annuelle et viagère de six setiers de blé, de seigle, six livres tournois en argent payable à la St Michel et une robbe de la valeur de 20 livres de six ans en six ans. (Acte reçu par Leigonie, notaire).

On trouve le nom et la signature de Guillaume Jonquières : 1° au bas d'un contrat de mariage passé le 10 juin 1600 par le notaire Géraud Boissadel ; 2° d'une subrogation de vente reçue, en 1605, par le même notaire, et conclue par « honorable homme Jean Gard de Fortet en faveur de noble Antoine de Roquemaurel ». ; 3° dans des testaments de 1605, 1607, qui sont dans nos archives particulières ; 4° de l'approbation et homologation de la vente du pré *del Ritié*, situé à Bessanès, faite 10 avril 1614, par Antoine Parizot, curé de la paroisse, dont l'acte fut dressé par le notaire Caylar.

Il fut obligé de citer Pierre son frère aîné devant la cour du bailliage pour se faire payer sa pension cléricale. Le 21 juin 1614, il conclut avec lui un accommodement en vertu duquel les arrérages de 1602 à 1614 étaient évalués 100 livres pour laquelle somme Pierre lui céda le pré *del Ritier* dont il vient d'être parlé.

Il résulte de ces divers titres qu'il fut vicaire de 1597 à 1614. Il ne vivait plus en 1618 ainsi qu'il appert d'un acte minuté par Constrastin, notaire (16 février 1618).

1616-1648. — **Pierre Lintilhac**. — Il apparaît pour la première fois avec son nom et son titre, comme témoin requis pour en certifier l'authenticité, à l'ascence des dîmes de la paroisse faite par le notaire Boissadel le 3 juillet 1616; et la dernière fois au contrat de mariage d'Antoine Bonnet avec Marguerite Laparra, passé à Espinat devant Delarmandie notaire à Foulan, le 25 février 1648. — La date inscrite dans cette pièce démontre clairement la longue durée du vicariat de Pierre Lintilhac.

Il est connu par deux attestations qu'il délivra l'une le 24 octobre 1638, l'autre le 14 septembre 1643, par des extraits baptistaires qui font partie de nos papiers. — Il figure encore dans les actes émanés des notaires Boigue, Riassol, Delarmandie, Lintilhac? de 1619, 1620, 1621, 1630, 1635, 1638. Nous allongerions démesuremment cette notice sommaire si nous tentions de les analyser. Il suffit de les indiquer pour quiconque désirerait de plus amples renseignements.

1648-1654. — **Pierre Cruège**. — Les papiers conservés ici ne disent rien de sa famille ni du lieu de sa naissance. Il a commencé son ministère en mai 1648, et célébré, le 6 novembre 1653, dans la chapelle d'Espinassol, le mariage de noble Alexandre de Milhaud, seigneur de Lacan, avec demoiselle Cybille de Roquemaurel. Les autres actes relatés sont 186 baptêmes et 45 mariages. Il est mort le 29 janvier 1654; ses restes reposent dans l'église suivant l'acte de décès. « Le 29ᵉ Janvier 1654 mourut M Pierre Crueghe vicaire de lesglise dYtrac et fut enseveli le 30ᵉ au devant du confessionnal. »

19 mars 1654-11 avril 1656 —**Jean-Antoine Bros**. presque toujours désigné du seul prénom de Jean, le deuxième des huit enfants de Pierre Bros et d'Hélène

Trémouille, est né, vers 1601, à Leybros, village de la commune de Saint-Santin. Dès le 20 août 1623, il est prêtre et sans aucun doute agrégé à la communauté séculière de sa paroisse. Du mois de mars 1654 au mois d'Avril il remplit la vicarie d'Ytrac. — De 1656 à 1671, on perd sa trace. En 1671 il devint titulaire de la cure de sa paroisse natale et posséda ce bénéfice jusqu'en 1696. Il s'endormit pieusement dans le seigneur, le 25 juin de cette année, et fut inhumé dans la chapelle de Notre-Dame. — Il eut pour frère Jean Bros, marié à Marguerite Montreysse, consul à Ytrac, collecteur de sa commune et de celle de Crandelle, mort en 1687 et enseveli dans notre église (1).

30 avril 1656-22 mars 1657. —**M. Bonhomme.**— Le court passage de cet auxiliaire est signalé du 30 avril 1656 au 22 mars 1657 par 10 sépultures, 30 mariages, 40 baptêmes. Son premier baptême fut celui de Louyse de Crueghe de Montal fille légitime de monsieur Jean de Montal de Crueghe, escuyer et damoiselle Rose de Roquemaurel du lieu del Bourlès ». Plus aucun renseignement pour déterminer son prénom, sa destinée ultérieure, le lieu de son berceau et de sa tombe.

1656-1663. — **Jean de Roquemaurel.** —Tout fait penser qu'il était issu du second mariage d'Antoine avec Louise de Caissac. Sa naissance n'était pas sans éclat: il comptait de nombreuses illustrations dans la lignée paternelle et maternelle. On le louera d'avantage d'avoir renoncé au monde pour entrer dans la cléricature. La noblesse de la foi, la **noblesse de la vertu**, voilà bien la noblesse véritable, la noblesse durable. *Etenim familiæ hominum splendore generis nobilitantur, animarum autem clarificatur gratia splendore virtutis* (2).

Chose curieuse à noter, il paraît avoir débuté dans

---

(1) Registres d'Ytrac et de St-Santin.
(2) St Ambroise, Brev. Dom. Sexag. Lect. VI.

la carrière ecclésiastique par la cure de St-Santin de Maurs. Il en était titulaire en 1642 d'après une minute du notaire Joseph Delom, et à partir de 1653 les registres paroissiaux sont fréquemment revêtus de sa signature et les actes rédigés de sa main. En 1656, sans doute, pour se rapprocher de sa famille et vivre dans le manoir paternel, il permute ce bénéfice pour la modeste vicairie de sa paroisse natale.

Une prudente réserve me défendait d'être trop affirmatif à cet égard. M. l'abbé Chassanie, dont la compétence n'est pas douteuse, a partagé ma conjecture, en face des écritures très fermes et très caractéristiques qu'il a examinées aux archives municipales avec le soin le plus minutieux, son sentiment a naturellement beaucoup fortifié ma pensée d'identification. Aujourd'hui plus de doute, le vicaire d'Ytrac est bien le même personnage que le curé de Saint-Santin.

Son vicariat s'étend de l'année 1656 à l'année 1663. Dans cet intervalle il a conféré le baptême à 57 enfants, béni 15 mariages, donné la sépulture à 44 personnes.

L'obituaire de la paroisse porte à la date du 9 avril 1663 la mention suivante : « le neufviesme jour du mesme mois (avril) mourut noble messire Jean de Roquemaurel, prêtre de la paroisse en foy de ce ay signé ». Neuf jours après noble Marguerite de Roquemaurel le suivait au tombeau, comme s'il l'eût appelée auprès de lui et qu'elle se fût fait, jusqu'à la dernière heure, un devoir de lui obéir. L'anniversaire de Jean avait lieu 12 fois par an.

20 mars 1657- 14 septembre 1666. —**Jean Castel.**— Probablement neveu de Louis Castel, curé d'Ytrac, comme lui originaire d'Aurillac et prêtre de la communauté de cette ville, remplit pendant cinq ans les fonctions de vicaire. Le premier acte de lui, mentionné dans les registres, est du 20 mars 1657, le dernier, du 14 septembre 1866. Après cinq ans d'exercice du saint ministère il revint à Aurillac et continua à faire partie de l'Importante communauté de Notre-Dame ainsi qu'il appert de deux pièces tirées de nos cartons.

Ce Jean différe-t-il de celui que M. Jean Delmas a porté sur la liste des prêtres de la paroisse de Notre-Dame d'Aurillac décédés au cours de l'épidémie de 1693. Malgré nos minutieuses recherches nous n'avons pu arriver à l'identifier.

1666-1672. — **Jean Lalande**. — Titulaire de la vicairie, le devient bientôt de la cure, voir p. 179.

28 janvier 1672- 8 septembre 1683. — **Antoine Puech**. — Natif d'Hautevaurs, était clerc tonsuré en 1669. Le 2 janvier 1970, Jean Puech, son père, se rendit à Foulan et lui constitua, devant Delarmandie, notaire, pour titre clérical, une rente viagère de 60 livres par an, s'engagea à payer les frais du séminaire, et à lui donner, dans sa maison d'Hautevaurs une chambre meublée selon sa qualité. Après son élévation à la prêtrise et son admission dans la société des filleuls, il fut nommé, en 1672, secondaire, et exerça ses fonctions jusqu'au 2 mai 1700. Il vécut ensuite sans autre emploi, jusqu'au 15 avril 1708, date de sa mort, ainsi que l'atteste l'acte suivant:

Ce 15e avril 1708 a été enseveli par moi vicaire soubné, Mre Antoine Puech, du village d'Autebau, paroisse ditrat prêtre de la communauté du susdit Itrat après avoir receu tous les sacremens de lesglise. — Caumeil.

23 août 1672-26 janvier 1674. — **Pierre Gazars**. — Né à Besse vers 1646, reçut la tonsure en 1668, le sous-diaconat en 1669, la prêtrise en 1670. Cette même année, Jean, son frère aîné, lui constitua son titre presbitéral qui consistait en une pension annuelle sa vie durant de 60 livres qu'il hypothéqua sur son domaine de Besse. Son incorporation à la communauté est de 1670 et son vicariat va du 23 août 1672 au 26 janvier 1674. Après cette date il ne figure pas et ne signe pas sur nos registres. Il mourut prématurément, le 4 septembre 1676 et fut inhumé dans l'église.

1681-1698. — **Pierre Lacarrière.**— Devint moine bénédictin, sacristain de Maurs et prieur d'Ytrac. Voir p. 117-119.

6 mai 1693-22 août 1707. — **Pierre Maury.** — Né à Caumon le 15 octobre 1654 du mariage de Jean et de Marguerite Albussac. Dans l'acte de Constitution de son titre clérical (15 juin 1679) il est qualifié simplement clerc tonsuré et prêtre dans deux quittances qu'il consentit le 4 juillet 1694 et le premier février 1693.

Ses débuts dans l'exercice de ses fonctions de vicaire datent de cette époque. Il administra les derniers sacrements à noble Jean de Montal du Bourlès et assista à ses obsèques le 6 mai 1693. En Novembre de cette même année, voulant favoriser le mariage d'Anne Maury, sa nièce avec Jean Delarmandie, fils de Pierre Delarmandie, possesseur de l'étude notariale de Foulan, il lui fit donation de la moitié de tous ses biens, meubles et immeubles. De nombreux actes de catholicité sont revêtus de sa signature. Appelé à la vicairie dans les premiers mois de 1693 il la conserva jusqu'à la fin décembre 1699. On ne voit pas ce qu'il devient ensuite.

18 juillet 1700-27 septembre 1707. **Antoine Malrous.** — Venu on ne sait d'où, peut-être de Maurs où ce nom était très répandu, fut placé, en 1700, dans notre paroisse avec le titre de vicaire. En dehors des actes de naissance, mariage et décès qu'il a rédigés dans les livres paroissiaux (320), les faits parvenus jusqu'à nous sont rares et d'une importance insignifiante: Le jour de Noël 1704, il se rendit à Belbex et reçut «ez absence du notaire de la paroisse» le testament de Jean Mauran, après lui avoir administré les sacrements. Son ministère inauguré en 1700 se termina en 1707. Nous ignorons quels furent les emplois qu'il fut appelé à remplir les années suivantes, la date de son décès et le lieu de sa sépulture.

9 octobre 1707-4 septembre 1712. — **Guy Caumeil**.
— Originaire d'Aurillac? fit son cours de théologie à la faculté de Cahors, et y prit le grade de bachelier. Après son ordination sacerdotale, il fut pourvu, en 1707, de la vicairie de notre paroisse qu'il occupa jusqu'en 1712.

En quittant Ytrac, il fut appelé à recueillir la succession de Mre Jean Antoine Monteil, curé de Crandelles, pieusement endormi dans le seigneur, le 29 novembre 1711. Il fit une courte apparition à Crandelles, en mars 1712 ; mais il continua à résider à Ytrac jusqu'au commencement de septembre (1712). Pour quel motif ? Nous l'ignorons. Toujours est-il qu'il eut pour le suppléer dans les fonctions pastorales Guillaume Cros, communaliste de Saint-Paul des Landes qui dans les actes indique toujours cette suppléance.

Guy cumula plusieurs bénéfices : il était en même temps chapelain de la chapellenie de St-Jean de Boutonnet. desservable dans l'église abbatiale de Saint-Géraud, et curé de Saint-Sulpice de Maurs. Le 2 avril 1715, devant Me Joseph Delom, notaire apostolique, il résigna ce dernier bénéfice en faveur de son frère Pierre Caumeil, maître ès-art de la faculté de Cahors qui habitait à Aurillac. A partir de cette époque on le voit remplir sans interruption les fonctions curiales à Crandelles, jusqu'au jour de son décès survenu le 11 janvier 1722, ainsi qu'il **résulte** de l'acte ci-après :

« Le onzième Janvier 1722 est décédé Mre Guy Caumeil prêtre et curé de cette paroisse, a été inhumé dans le cimetière de l'église le 12, ont assisté à son enterrement Mre Jean-Joseph Chatelain prieur de St-Paul, et Mre Jean-François Cailar, prêtre et curé d'Ytrac, Limanhes vicaire ».

23 septembre 1712- 8 novembre 1741. — **Pierre Lacarrière.** — Nous avons déjà, au cours de ces notes, relaté le nom de plusieurs membres de cette admirable famille : Durand Lacarrière 1461 ; Armand Lacarrière 1498 ; Antoine Lacarrière 1515 ; Jean Lacarrière, fondateur de

la chapellenie de Capmas, 1526; Guillaume Lacarrière 1526; Pierre Lacarrière, sacristain de Maurs, 1698-1735; Pierre Lacarrière 1735; Pierre Lacarrière, vicaire, qui fut le huitième peut-être, le dixième honoré du sacerdoce.

Est-il beaucoup de familles qui puissent se glorifier d'avoir pendant près de deux siècles, fourni sans interruption des prêtres à l'Eglise, et quelquefois deux en même temps. La véritable aristocratie, la voilà. La plus haute noblesse de la terre, c'est celle qui a fait ses preuves au service du Christ: *summa ingenuitas ista est in qua servitus Christi comprobatur* (1) L'honneur, la force d'un pays, ce sont ces familles qui s'efforcent de faire revivre et continuer la glorieuse tradition des plus mâles vertus et des plus nobles mérites.

Né à Lacarrière le 28 février 1683, Pierre était le fils d'Antoine et de Jeanne Puech. Il eut pour parrain, M. Pierre Lacarrière, vicaire de la paroisse, qui devint ensuite prieur. Son titre clérical constitué par son père consistait en une rente de 100 livres reposant sur dix œuvres de pré et vingt seterées de terre du domaine paternel. Après son élévation à la prêtrise et son agrégation à la communauté séculière, il fut nommé vicaire de sa paroisse natale. Les documents conservés dans nos dépôts privés laissent voir le rôle actif qu'il y joua pendant les 29 ans de son vicariat.

Nous n'entrerons pas dans le détail de ce qu'il fit, nous nous contenterons de citer le trait saillant de son ministère. Au temps où vivait l'intendant Rossignol, en 1739, il fit le dénombrement de tous les biens qui composaient son domaine et moulin de Lacarrière. Il ressort de cette déclaration qu'il jouissait d'une honorable aisance; mais une partie de sa fortune devint le patrimoine des pauvres.

Son testament est une preuve touchante de sa piété et de sa charité. « Je soussigné M° Pierre Lacarrière, prêtre agrégé de la communauté de Saint-Julien d'Ytrac, en

---

(1) Breviar. rom. in festo Ste Agath., V, februar.

forme de codicille sans déroger en aucune manière aux légats pies que j'ai fait dans mon testament olographe, le premier juillet 1752 ; je donne et lègue à l'Hôpital sive Hôtel-Dieu d'Aurillac les rentes constituées ci-dessous énoncées : — suit l'énumération des rentes faisant un total de 2464 livres au revenu annuel de 120 livres 14 sols — à condition que ledit hospice sera obligé de recevoir annuellement un pauvre de la paroisse d'Ytrac tel et au choix de M. le Curé d'Ytrac et à perpétuité ; telle est ma volonté ; fait au village de Lacarrière, paroisse d'Ytrac, ce septième novembre mil sept cent cinquante deux ; signé : Pierre Lacarrière prêtre ».

Comme il fallait s'y attendre, pendant et après la Révolution les volontés du testateur furent méconnues : l'administration civile de l'Hospice tenta de se libérer vis à vis de la commune tout en gardant les rentes affectées à cette œuvre charitable. Mais la municipalité qui avait alors à sa tête M. de Boschatel sut faire prévaloir ses droits. M. Verniols en 1827, M. Vigier en 1831 n'eurent pas de peine à faire accepter le pauvre de leur choix. Depuis la sécularisation de la société et la laïcisation de toutes les œuvres de bienfaisance on n'a point pris l'avis du curé, et nous ne croyons pas que les pasteurs de la paroisse aient été appelés à désigner le bénéficiaire de la rente.

Il serait intéressant de connaître les legs pies que fit encore l'abbé Lacarrière. Son testament olographe fut déposé dans l'étude de M° Antoine Delarmandie ; nous avons dépouillé avec soin les minutes de ce notaire et ne l'avons pas trouvé.

Il vécut encore six mois et finit ses jours dans l'exercice des œuvres de piété et de charité le 26 mars 1753, dans la 70° année de son âge et la 45° de son sacerdoce. Ses funérailles eurent lieu le lendemain ; ses restes mortels furent déposés dans l'église.

13 juin 1741-19 août 1766. — **Pierre Vieillevie.** — Né à Lacarrière, au sein d'une modeste famille d'agriculteurs, fut baptisé le 6 juin 1697. Après des études préparatoires, il entra, en 1721, au grand séminaire diocé-

sain. Toutes ses ordinations eurent lieu à St-Flour de 1721 à 1725.

A son retour il fut admis dans les rangs du clergé paroissial en qualité de prêtre filleul et de vicaire. Il fut aussi chapelain de saint Avit de Marmiesse, de 1729 à 1735 et probablement encore dans les années suivantes. Le 13 septembre 1756, il acquit du vicomte de Peyronenc, seigneur de Veyrières, « vingt-trois setérées de terrain du grand bois de la forêt de Marmiesse ». La vente fut passée devant M⁰ Verdier, notaire, en présence de Jean Bros et d'Antoine Bouquet, bachelier en droit.

Par acte testamentaire du 3 octobre 1763, reçu par le notaire Delarmandie, en présence de M. Pierre-Jean Crozet, docteur en théologie, curé d'Ytrac, de Louis Breu, docteur en médecine de la ville d'Aurillac, il institua son frère Géraud, son héritier universel, légua au curé et prêtres de la paroisse 100 livres, aux pauvres 50 livres, et demanda à être inhumé au pied de la croix du cimetière.

Trois ans après, il s'endormit dans la paix du Seigneur, le 8 septembre 1766, dans la 69ᵉ année de son âge, le 41ᵉ de son sacerdoce. Le corps de Pierre Vieillevie fut inhumé, selon son désir, dans le cimetière.

1758-1792. — **Jean-François Lescure**. — Né le 27 septembre 1727, fut présenté à l'église par Jean-François Prince, d'Aurillac. Elève du collège, puis du grand séminaire, il prit la tonsure et les autres ordres, de 1750 à 1753. Reçu dans les rangs des Filleuls, syndic de la communauté en 1788, il consentit, comme tel, un acte devant Delsuc, notaire.

Pourvu, en 1758, de notre vicairie, il occupait ce poste, quand la révolution éclata. Son attitude fut déplorable. Elu membre du conseil général le 3 novembre 1791, trésorier de la commune le 15 novembre 1792, il fut remplacé dans la première charge, le 7 pluviose an II (26 janvier 1794) et dans la seconde le 10 pluviose an II (29 janvier 1794). Le 12 février 1792, il fut invité à rétracter du haut de la chaire le serment schismatique qu'il avait prêté le 20 mars 1791.

Cédant à la crainte, il le reitéra publiquement, au prône, le dimanche suivant, et laissa seul son digne chef dans l'accomplissement de ce périlleux devoir.

Après l'installation du curé constitutionnel, il se fit son auxiliaire et partagea avec lui le mépris de la population. A son premier serment il en joignit un autre dès qu'il lui fut demandé : celui de *liberté-égalité,* le 23 septembre 1792.

On le vit encore abdiquer ses fonctions, déposer ses titres ecclesiastiques, le 15 pluviose an II (3 février 1794), se retirer ensuite dans sa maison. Il quitta la vie le 30 avril 1799, plein des tristes images du désordre et de confusion qui régnaient partout. Nous ne savons pas si, pour ce malheureux, le remords engendra le repentir. C'est un secret que seul aurait pu nous révéler le fidèle abbé Charles Célery, son voisin, et qu'il a emporté dans la tombe. On peut voir au registre de l'état-civil son acte de décès trop long pour être inséré ici.

1803-1811. — **Jean-François Laboygue**. — Nè à Vielle le 7 septembre 1760, fut baptisé le 8 par M. l'abbé Vieillevie et levé des fonts par M. l'abbé Lescure, l'un et l'autre vicaires de la paroisse. Le collège d'Aurillac et le grand séminaire diocésain le virent tour à tour sur leurs bancs. Il reçut la tonsure le 1er août 1784, les ordres moindres le 8 décembre 1784, le sous-diaconat le 12 mars 1785.

Devenu prêtre en 1787, il débuta par la vicairie de Sansac-de-Marmiesse (1787-1792). Pendant la tourmente, il passa par intrusion à celle de Saint-Paul-des-Landes, prêta les serments exigés ; renonça à ses fonctions, livra ses lettres de prêtrise le 14 pluviose an II (2 février 1794), n'échappa à l'exil et à la mort, que parce qu'il fut envoyé à Aurillac (16 juin 1794) « s'instruire dans l'art de la fabrication du salpêtre » qu'il vint ensuite extraire dans sa commune (9 messidor an II, 27 juin 1794).

Le 28 messidor an III (16 juillet 1795), tenant pour non avenue sa renonciation, il déclara devant la municipalité qu'il voulait reprendre les fonctions qu'il avait abdiquées dans un moment de terreur et d'affolement.

Son repentir dut être bien sincère, sa rétraction bien éclatante, son expiation bien généreuse, car après le concordat, Mgr de Belmont, de sainte mémoire, n'hésita pas à lui donner le titre de vicaire de sa paroisse natale.

En 1811, l'administration capitulaire le transféra à la cure de Lacapelle-del-Fraysse. Démissionnaire en 1837, il resta à Lacapelle et y mourut en 1842, à l'âge de 84 ans, si nous avons relaté des défaillances regrettables avec leurs circonstances atténuantes, c'est que l'équité le commande. L'histoire n'est pas un panégyrique. Ses fautes, qui peuvent s'expliquer sinon s'excuser, furent celles d'un prêtre plus timide que perverti.

1811-1814. — **Charles Bardy.** — Né à Mourjou le 23 mai 1782, presque à la veille des grandes commotions qui allaient changer la face du monde, ses yeux d'enfants furent témoins des persécutions sacrilèges et sanglantes dont nos contrées furent le théâtre. Elles n'ébranlèrent pas sa vocation. Après avoir reçu de Mgr de Belmont les ordres mineurs le 14 mars, le sous-diaconat le 22 mars, le diaconat le 23 mai 1807, dans la chapelle du grand séminaire, il fut ordonné prêtre par Mgr de Mons, dans la cathédrale de Mende.

Etabli vicaire de notre paroisse en 1811, il y séjourna jusqu'en juin 1814. A cette époque, il se fit agréger au diocèse de Bordeaux. Le maire de Génissac, lui écrivit des lettres pressantes, pleines de courtoisie, pour l'engager à venir remplacer un prêtre, originaire d'Ytrac, Jean Monraisse, décédé le 4 mars 1814, âgé de 89 ans, après avoir tenu 52 ans la cure de Genissac. Mgr d'Aviau, de sainte mémoire, ne ratifia pas ce choix ; mais il le nomma successivement desservant d'une paroisse du canton de Branne en 1815, de Cenon en 1821, et curé-doyen de St-Médard-en-Jalle en 1824. Le cardinal de Chéverus lui conféra le titre de chanoine honoraire de la métropole.

Il donna sa démission en 1830 ; vécut encore 21 ans dans la retraite et mourut le 28 février 1851 dans la

69ᵉ année de son âge, d'après le nécrologe du clergé bordelais (1).

1818-1830. — **Géraud Cornégère** — Fils de Jean et de Toinette Lacoste, du village d'Aiguesparses, reçut le baptême le 25 mai 1769, dans l'église de Saint-Simon. Ses études commencées au collège d'Aurillac se terminèrent au séminaire épiscopal dirigé par les Lazaristes et remplacés par des prêtres assermentés en 1791. Il reçut la tonsure cléricale, les ordres mineurs et le sous-diaconat le 17 décembre 1791, le diaconat et la prêtrise le 2 juin 1792 des mains d'Anne-Alexandre Thibault, qui voulait, en abrégeant les interstices des saints ordres, organiser plus vite l'église constitutionnelle dans le Cantal.

On le nomma aussitôt vicaire à Crandelles où il fut témoin à une sépulture le 4 juin et fit un enterrement le 26 août. Il passa en qualité de 2ᵉ vicaire à Saint-Simon et signa son 1ᵉʳ acte le 7 octobre 1892. Après avoir prêté les serments schismatiques, sous la Terreur, il abdiqua ses fonctions (8 pluviôse an II, 2 janvier 1794).

La rétractation qu'il fit en messidor an IV (1796) de ses serments et de son abdication, le fit comprendre sur la liste des prêtres insermentés qui devaient être écroués au Buis. Le 4 ventôse an IV (22 février 1796) il demanda, à cause d'une maladie grave, à rester dans sa famille. Le 7 ventôse (25 février) il envoya une pétition à l'administration centrale pour lui exposer que les expressions dont il s'est servi dans la déclaration de messidor dernier l'ont fait comprendre sur la liste des insermentés. L'administration lui accorda de rester dans sa famille.

Sur quoi donc s'est basé M. Reyt, pour écrire dans sa « *Vie de l'abbé Noyrit* », p. 133, cette phrase qui contient autant d'erreurs que de mots : à Aurillac, l'abbé Noyrit trouva des amis tels que : « M. Cornogère, ancien vicaire d'Ytrac où il montra le plus grand courage aux jours de l'épreuve ». Evidemment le bon chanoine écri-

---

(1) Arch. de l'évêché de St-Flour, de l'archevêché de Bordeaux, Renseignements fournis par M. le chanoine H. Lelièvre, archiviste diocésain ; par M. Carteau curé de St-Médard.

vait avec son imagination, ce qui est fort joli et part d'un bon naturel.

En vendémiaire, an X (septembre 1802) : « M. Cornegières *(sic)* vicaire, résidant à Saint-Simon, insoumis, est porté par M. Riou, préfet, sur l'état nominatif des prêtres du département du Cantal que le gouvernement peut employer ». Après le Concordat il passa quelque temps à Aurillac. Pendant son vicariat à Polminhac 1805-1808, à Marmanhac 1809-1815, à Ytrac 1818-1830, il fut un prêtre exemplaire. Il refusa de devenir succursaliste, donna sa démission le 1er juillet 1830, et se retira dans sa maison natale. Prédicateur disert et persuasif, ses confrères l'appelaient souvent dans leur paroisse. Il fut frappé d'une apoplexie foudroyante en prêchant la fête de Saint Clair à Teissières-de-Cornet (1er juin) et reçut la sépulture dans le cimetière de cette paroisse, au pied du crucifix, signe de miséricorde et d'espérance (3 juin 1834) (1).

1830-1831. — **Antoine Bonave**. — Né à Vieillespesse, commune de Saint-Projet-de-Salers, le 25 octobre 1804. Toutes ses ordinations eurent lieu à Saint-Flour du 20 décembre 1828, date de sa tonsure, au 5 juin 1830, date de sa promotion au sacerdoce, à la fin de l'épiscopat de Mgr Salamon et au début de celui de Mgr de Gualy.

Il ne remplit dans le diocèse que les modestes fonctions de vicaire. Placé à Ytrac le 1er juillet 1830; il fut transféré à Menet le 1er janvier 1832; à Cros-de-Montvert le 26 décembre 1836; à Labesserette le 9 octobre 1840.

En 1845, il se fit incorporer au clergé de Bordeaux et devint desservant de Saint-Sulpice de Pommiers, canton de Sauveterre. Il occupa ce poste jusqu'au mois de mai 1873. Il se retira alors à Bordeaux et y mourut le 22 septembre de la même année, à l'âge de 69 ans, emporté par une maladie qui le minait depuis longtemps.

1832-1834. — **Jean-Baptiste Garcelon**. — Né à Chambre, baptisé au Vigean, le 25 vendémiaire an XII (15 octobre 1803), étudia au collège de Mauriac et au

---

(1) Extrait du registre pontifical de Thibault par M. Serre ; Arch. nat., F. 19. 866; Arch. du C. L. 158 311. Communications de M. Jean Delmas.

grand séminaire de Saint-Flour. Tonsuré et minoré le 20 mai 1826, sous-diacre le 9 juin 1827; diacre le 22 mars 1828; prêtre le 20 décembre 1828, il fut tour à tour vicaire d'Anglards, de Salers et d'Ytrac.

Ses débuts dans la carrière sacerdotale n'eurent pour lui qu'amertume et tristesse. Sous le poids de ses déboires il perdit courage et abandonna le ministère.

Il alla à Paris, rue de Picpus, sans doute pour faire un essai de vie religieuse (1834 à 1838). Dans l'intervalle il fit une apparition à Valfleury près de Lyon; en septembre 1838, il se réfugia à la Trappe de Notre-Dame de Port de Salut, située sur la paroisse d'Entrammes, canton de Laval (Mayenne). Mais soit hésitation de la part du novice, soit hésitation de la part des supérieurs, il la quitta dix-huit mois après, le 2 mars 1840. Le 9 avril 1840, il entra à la Trappe de Melleray (Loire-Inférieure), y revêtit l'habit de l'ordre le 29 du même mois, fit profession le 2 mai 1841, troisième dimanche après Pâques, et mourut le 29 novembre 1843. La dépouille du Père Dorothée (Jean-Baptiste Garcelon) repose dans le cimetière de l'Abbaye (1).

1834-1844. — **François-Alexandre Bouquier.** — Fut ondoyé le jour même de sa naissance, le 2 septembre 1808. Le supplément des cérémonies du baptême eut lieu le 3 octobre suivant dans l'église de Calvinet. Formé dès son bas âge à la piété, le jeune François reçut des inspirations religieuses qui se fortifièrent avec le temps et excitèrent sa vocation pour l'état ecclésiastique.

Après d'excellentes études au collège d'Aurillac il entra au grand séminaire. Mgr de Gualy lui conféra successivement tous les saints ordres : la tonsure et les ordres mineurs le 18 décembre 1830; le sous-diaconat le 28 mai 1831; le diaconat le 17 décembre 1832; la prêtrise le 1er juin 1833.

On le nomma d'abord vicaire à Ytrac, le 28 février 1834, puis à Labrousse, où il suivit son frère, le 10 octobre 1844;

---

(1) Archives du Vigean d'Ytrac, de l'évêché de St-Flour et de l'abbaye de Melleray. Lettre de M. l'abbé Marisson, curé de St-Projet.

mais attiré par Mgr Lacarrière, de pieuse et d'éloquente mémoire, il partit avec son frère pour la Guadeloupe. Il ne tarda pas à prendre une position éminente dans le clergé. Mgr Forcade, mort archevêque d'Aix, le nomma chanoine honoraire et lui confia la paroisse de la cathédrale. Il eut l'honneur de représenter son évêque au concile provincial de Bordeaux tenu à Périgueux, du 3 au 10 août 1856. Mais après un séjour de trois ans à peine, sa santé était ébranlée par le climat brûlant des Antilles. Arrivé à Aurillac il succomba, le 12 septembre 1856, après quelques jours de maladie seulement, et fut inhumé dans le cimetière de la ville. Le service religieux fut célébré dans l'église de Notre-Dame (1).

M. l'abbé Bouquier « était un poète et un félibre », dit notre Vermenouze, et M. le Duc de la Salle lui consacre un article dans son bel ouvrage « *Les Troubadours Cantaliens* ». Il en fait, par erreur, un curé d'Ytrac et de Leinhac (T. II, p. 72-73).

1845-1846. — **Jean-Baptiste Laborie.** — Né à Carlat le 23 février 1815, fit ses humanités au collège d'Aurillac, sa théologie à Saint-Flour, et fut élevé à la prêtrise le 23 juin 1840.

Il occupa successivement la vicairie de Polminhac 1840-1844; de Saint-Paul-des-Landes pendant quelques mois en 1844; d'Ytrac du 10 octobre 1844 au 18 août 1845; de Saint-Martin-Valmeroux de 1845 à 1857.

Il devint curé de Saint-Remy de Salers en 1859; de Parlan en 1862. Les infirmités et la diminution de ses forces, l'invitant au recueillement et à la solitude, il se retira à Carlat en 1883 et y décéda le 12 mai 1888, âgé de 73 ans.

1846-1847. — **Antoine Damaison.** — Né à Anglards de Salers le 11 mai 1813, fit ses études classiques au collège de Mauriac, suivit le cours de théologie au grand séminaire, et fut consacré prêtre le 22 mai 1858.

Etabli vicaire de Saint-Martin-Valmeroux le 1er oc-

---

(1) Archives paroissiales de Calvinet, d'Ytrac et d'Aurillac ; archives de l'évêché ; Fisquet. évêque de Nevers, p. 123

tobre 1838; il fut installé à Ytrac le 1ᵉʳ octobre 1845; puis transféré à Marcolès le 19 novembre 1847.

Après avoir successivement dirigé avec zèle les paroisses de Parlan (15 octobre 1854); de Velzic (18 février 1862); de Saint-Remy de Salers (30 octobre 1864), M. Damaison dut se plier aux exigences d'une santé délicate et venir prématurément à Aurillac.

Il occupa ses loisirs à préparer des élèves pour nos petits séminaires, et jeta ainsi les premières bases de la maîtrise, plus tard fondée par Mgr Réveilhac. Il rendit son âme à Dieu le 8 juillet 1878, dans la 65ᵉ année de son âge. Ses funérailles eurent lieu à Notre-Dame aux Neiges, le 9 juillet, et son corps fut inhumé dans le terrain destiné à la sépulture des prêtres de la ville.

1847-1848. — **Jean-Baptiste Thouzéry**. — Né à Chaudesaigues en 1811, fut élevé au collège ou au Petit Séminaire de St-Flour. Ses études théologiques commencées à St-Flour s'achevèrent au grand séminaire de Clermont-Ferrand où Mgr Féron lui imposa les mains en 1840.

Après son ordination sacerdotale il revint dans son diocèse pour y remplir de nombreux postes de vicaire : de la Chapelle-Laurent en 1841; d'Apchon en 1842; de Moissac en 1844; de Faverolles en 1844; d'Ytrac, du 1ᵉʳ décembre 1847 au 30 juin 1848; de Salers en 1851. En quittant Ytrac il séjourna quelque temps à Aurillac en qualité de prêtre habitué. En 1848 il se présenta à la députation et écrivit de nombreux articles dans les périodiques du Cantal signés : l'Ami du Peuple. Il est aussi l'auteur d'une brochure sur Notre-Dame de Lorette de Salers.

En 1852, il fut investi de la cure de Sansac-Veinazès; de celle de St-Jacques-des-Blats de 1858, jusqu'en 1863. A cette époque, à la suite de quelques difficultés avec l'évêché, il se retira à St-Flour et se montra toujours d'une régularité exemplaire. L'autorité diocésaine, jugeant ses torts suffisamment expiés, le nomma en 1862 curé de Chazelles où il resta jusqu'à son décès, survenu le

2 avril 1867. La fin de ses jours fut encore troublée par certains procès qu'il eut avec ses paroissiens (1).

1848-1849. —**Pierre Broussouze.**— Etait fils de Jean et de Catherine Cheymol de St-Martin-Valmeroux où il naquit le 9 juin 1809. Il fut une preuve de la puissante influence d'une éducation chrétienne. Après ses études classiques faites au petit séminaire de Pleaux, il séjourna quatre ans au grand séminaire de St-Flour. Dans cet intervalle (1831-1836) deux prélats, Mgr de Gualy et Mgr Cadalen, lui conférèrent les saints ordres.

Pour le préparer à la charge curiale, Dieu le fit passer par quatre postes où il exerça les modestes fonctions de vicaire; à Condat en 1838; à St-Cernin en 1846; à Ytrac du mois de juillet 1848 au mois de mars 1849; à Laroquebrou en 1850.

Mgr Lyonnet lui confia la cure de Sauvat en 1854, et Mgr de Pompignac la cure de Chalvignac en 1859. L'affaiblissement de ses forces l'obligea à déposer la charge curiale et à se retirer, en 1877, dans sa paroisse natale où il est décédé, le 10 septembre 1881, à l'âge de 72 ans.

1849-1850. —**François Bouange.**— Né à Aurillac le 23 avril 1815, eut le bonheur de trouver, à l'aurore de la vie, au foyer de famille, les premiers enseignements de la religion, les leçons et les exemples des vertus chrétiennes. Son éducation commencée chez les Frères, continuée au Collège de la ville, s'était achevée au Séminaire. Il avait reçu des mains de Mgr de Marguerye, la tonsure cléricale le 23 décembre 1837, les ordres mineurs le 3 juin 1838; les ordres majeurs le 28 mai 1839 et le 23 juin 1840; la consécration sacerdotale aux Quatre-Temps de décembre 1840.

Mgr l'appela à s'occuper de la maîtrise de la cathédrale comme professeur (1840-1842), puis comme Directeur (1843-1845); il le nomma ensuite à une des chaires du

---

(1) Communications du vénéré M. Nicolaux, ancien professeur de morale au Grand Séminaire.

petit séminaire de St-Flour (1845-1846) ; l'appela plus tard à remplir les fonctions su saint ministère d'abord comme vicaire à Villedieu (1847-1848), puis comme aumônier de la Ste-Famille (1848-1849). En mars 1849, il le retira de la Ste-Famille pour l'envoyer à Ytrac et lui confia en 1850 l'aumônerie de l'Ecole Supérieure des Frères, à Aurillac ; ce fut son dernier emploi dans le diocèse qu'il remplit pendant 28 ans avec un inlassable dévouement. Le 24 mai 1856 Mgr Lyonnet lui avait conféré la dignité de chanoine honoraire de sa cathédrale.

En 1878, Mgr Bouange lui donna des lettres de chanoine et de grand vicaire d'honneur. Il suivit à l'évêché de Langres ce frère vénéré et bien aimé pour lequel il voulut dépenser les derniers restes d'une vie qui s'éteignait dans la souffrance. Après des crises violentes supportées avec la plus édifiante résignation, il expirait en pleine connaissance le 3 janvier 1884. Ses obsèques eurent lieu à la cathédrale de Langres et son inhumation au cimetière d'Aurillac, dans la tombe de famille, le 6 janvier.

1850-1857. — **Géraud Ouvrier**. — Né à Lagarde, paroisse de Reilhac, le 7 octobre 1813, fut élève du petit séminaire de Pleaux et du grand séminaire de St-Flour. Voici son *curriculum vitæ :* Ordonné prêtre en 1840, il fut tour à tour vicaire à La-Capelle-Viescamp ; précepteur dans la famille de Labeau, à Dône ; vicaire à Ladinhac en 1843 ; à Calvinet en 1849 ; à Ytrac en 1850.

En 1887 il fut pourvu de la cure d'Aubespeyre. M. l'abbé Ouvrier, que son nom semblait prédestiner à une création quelconque, entreprit aussitôt la restauration ou plutôt la construction de la Chapelle. Pendant neuf mois il se fit quêteur et parcourut les principales villes de France. Impossible de dire tout ce qu'il eut à souffrir de rebuts et d'humiliations, pendant cette longue pérégrination. Mais la Ste Vierge sut lever tous les obstacles et le pasteur eut la joie de lui élever un gracieux sanctuaire d'un beau et pur style gothique.

Forcé, par son état de santé, de quitter le ministère

en 1864, il devint prêtre habitué à Reilhac. En 1869, sa santé s'étant rétabli, il fut nommé curé de St Jean de Dône et, en 1877, curé d'Aubespeyre de nouveau où il revint pour compléter l'œuvre commencée; il fallut que la même main qui avait jeté les fondations, couronnât l'édifice. C'est là qu'il s'endormit dans la paix du Seigneur le 12 mai 1888, à l'âge de 75 ans. Partout où il a passé, M. Ouvrier a laissé le souvenir d'un prêtre pieux et zélé.

1858-1868. — **Jean Flavien Bourbouze** — Né à Montvert, le 27 décembre 1827, d'une famille aisée et honorable chez qui la religion était héréditaire, fut confié, dès son bas âge aux soins d'un oncle, pieux et respectable ecclésiastique (1) qui lui enseigna les premiers éléments de notre langue, lui donna les premiers principes du latin, et inclina doucement ses désirs vers les études du sanctuaire. C'est au Petit-Séminaire de Pleaux qu'il fit sa première communion, le 24 mai 1838, et continua ses études secondaires.

Son cours de théologie eut lieu au Grand Séminaire de Saint-Flour. Mgr de Marguerie lui conféra la tonsure à Noël en 1846, les ordres moindres à Noël en 1847, le sous-diaconat en juin 1849, le diaconat le 25 mai 1850. Peu de temps après avoir reçu les ordres sacrés, il remplit les fonctions de précepteur dans la famille du comte de Montbron, au château de Chaufailles, paroisse de Bonneval près de Limoges. C'est à Limoges qu'il reçut l'onction sacerdotale, le 23 décembre 1850, des mains de Mgr Bernard Buissas, évêque de cette ville.

Nous n'avons pas le dessein de retracer ici l'ensemble de la vie de M. l'abbé Bourbouze, nous devons nous contenter d'indiquer suffisamment les dates les plus mémorables. Rappelé par son évêque (Mgr de Marguerie) dans son diocèse d'origine, il y occupa les postes suivants : la vicairie de La Capelle-Viescamp, du mois de juin au 1er dimanche de l'Avent de la même année; la vicairie d'Ay-

---

(1) M. Bourbouze desservant de Bassignac, décédé en octobre 1837, âgé de 43 ans, Cf. Ordo 1838, p. 58.

rens, du 3 décembre 1851 au jour de la Pentecôte 1857, la vicairie d'Ytrac, du 1er juin 1857 ou 23 juin 1868; la succursale de St-Cirgues-de-Jordanne du 23 juin 1868 au 19 septembre 1881; enfin celle d'Arnac du 22 septembre 1881 au 22 septembre 1904. Son séjour à Arnac fut de 23 ans. Les habitants de cette paroisse et de celles qu'il avait précédemment occupées gardent et garderont longtemps le souvenir de cet excellent pasteur qui passa en faisant le bien et laissant partout l'exemple des vertus qui honorent le prêtre et lui concilient tous les cœurs.

Lorsque après 54 ans de ministère, et dans la 77e année de son âge, M. Bourbouze crut que l'heure de la retraite avait sonné pour lui, il demanda et obtint de Mgr Lecœur la permission de se retirer à Montvert, lieu de sa naissance, qui lui était resté toujours cher et où il était assuré de trouver de précieuses sympathies et des soins dévoués. C'est là que passe ses dernières années dans la méditation paisible des vérités éternelles ce vénérable ecclésiastique qui demeure parmi nous comme un des derniers témoins d'une génération qui s'en va et qui ne compte plus que quelques rares représentants. Telles sont les phases principales de sa longue carrière; nous avons été heureux de transcrire ici, pour en transmettre et conserver le souvenir, les notes que nous avons prises pour ainsi dire sous la dictée même de ce vétéran du sacerdoce. †

1868-1884. —**Jean-Baptiste Barbet.**— Issu d'une famille modeste mais chrétienne, le 25 décembre 1841, dans cette ville d'Aurillac que recommandent de si glorieux souvenirs, il entra dans le clergé par une vocation sérieuse, étrangère à tout motif d'intérêt personnel.

Successivement élève des Frères, du collège de sa ville natale, et du grand séminaire, il prit la tonsure à la fin de son cours de philosophie en 1861; les ordres mineurs dans le cours de l'année suivante. Après avoir fait les vœux du sous-diaconat le 12 mars 1864, il fut élevé au diaconat trois mois après, et ordonné prêtre le 11 juin 1865.

De même que durant ses études classiques et théologiques il n'avait cessé de satisfaire ses maîtres et d'édifier ses condisciples, il fut pendant son vicariat à Junhac (1865-1867), à Crandelles (1867-1868), à Ytrac (1868-1884) un modèle de bonne volonté, de docilité et de dévouement apostolique. Non content de façonner à la vie chrétienne les âmes dont il avait la direction, il se préoccupait avec zèle, de préparer des vocations sacerdotales. Formé par ses soins, élevé à son école, nous savons, mieux que nous ne saurions le dire, ce que nous devons à ses exemples autant qu'à ses leçons.

Nommé succursaliste au Trioulou, en février 1884, M. Barbet se concilia l'estime, le respect et l'affection de ses ouailles. Mais il avait l'instinct des arts et le goût du beau. En 1885, il se donna vacance et partit pour Rome où il arriva le 5 novembre. Il alla « recueillir dans les réalités visibles de Rome chrétienne, l'empreinte, et, pour ainsi dire, le portrait de son essence spirituelle ». Ses monuments sacrés, les confessions avec leurs reliques, les tombeaux sans nombre, les peintures sans prix, les mosaïques immortelles des absides, des autels, des pavés, le Colisée en ruine, les catacombes occupèrent ses loisirs d'érudit. Il dut à ses études et à son séjour à Rome une année remplie d'une douceur sérieuse.

A son retour, en octobre 1886, le vénérable M. Laborie, curé de Quézac se l'attacha en qualité d'auxiliaire d'abord (1886), de vicaire (1887), puis de pro-curé en 1888. Il inspira tant de confiance que son confessional fut assiégé et beaucoup d'âmes aimèrent à se placer sous sa direction. Appelé en 1893 à la succursale de St-Constant, M. Barbet, révéla, dès son arrivée, toutes les qualités qui distinguent le bon prêtre. Depuis 17 ans qu'il est à la tête de cette paroisse, il n'a jamais cessé de faire tout son devoir et de le faire avec un élan, avec un zèle toujours aussi vif, toujours aussi ardent. Aussi, partout il a vu naître autour de lui des sympathies qui ne l'ont jamais trahi. A Crandelles, à Ytrac, comme dans les divers postes qu'il a occupés, son souvenir y est aussi vivant que s'il datait d'hier. Nous sommes heureux de le constater et de nous rendre ainsi compte de l'action salutaire et durable que peut exercer un saint prêtre sur les destinées d'une paroisse. Qu'il lui soit donné de continuer longtemps encore son laborieux et fécond ministère. ✝

CHAPITRE VI

La communauté séculière des Prêtres Filleuls

I. *Origine et existence.* — II. *Statuts.* — III. *Moyens de subsistance ou ressources diverses.* — IV. *Administration.* — V. *Organisation et mode de recrutement.* — VI. *Education et formation.* — VII. *Importance numérique.* VIII. *Occupations.* — IX. *Emigration.* — X. *Ordre et classement.* — XI. *Réponse à une objection.* — XII. *Tableau chronologique.* — XIII. *Tableau topographique.* — XIV. *Notices sommaires.*

Nous n'aurons pas seulement bien avancé, mais presque terminé l'Histoire religieuse d'Ytrac lorsque nous aurons parlé de la communauté séculière des prêtres libres établie sur le territoire de la circonscription paroissiale. Pour comprendre le sérieux intérêt qu'inspire une étude de la nature de celle-ci, il faut complètement s'abstraire du mouvement d'idées qui domine notre époque. Nous nous reportons, ne l'oublions pas, à un état social tout différent du nôtre; différent par les mœurs, par les lois, par les coutumes, par les croyances. Il est donc nécessaire pour l'apprécier sainement de se placer dans le milieu où s'exerçait son action. Ce que nous nous proposons dans ce chapitre, c'est de rechercher quels étaient l'origine, les règles, les ressources, le mode de recrutement et de formation, l'expansion au dehors, etc. de cette association rurale, les prêtres qu'elle a produits ou qu'elle a donnés à notre église. Nous donnerons une notice brève, mais précise autant que possible, sur chacun d'eux, et enfin nous consacrerons un chapitre spécial aux dignitaires qui sont sortis de son sein. En retraçant ainsi à grands traits son histoire, nous ne saurions nous empêcher de donner quelques regrets à la disparition de ces pieuses confraternités.

I

Il n'y aurait peut-être pas de témérité à attribuer l'origine de ces associations séculières, de ces confraternités sacerdotales à des besoins de prières pour les défunts et leurs familles, à la multiplicité des fondations faites en ces époques de foi vive, qui demandaient pour être acquittées la présence simultanée d'un certain nombre de prêtres. D'autre part, un concile de 1059 prescrit aux ecclésiastiques de mettre en commun les offrandes faites par les fidèles. Dès lors, dans nombre de paroisses, une sorte de régime de communauté s'organisa au regard des fondations et des sources de revenus constitués au profit des prêtres qui desservaient la paroisse. Ce régime, toutefois, ne semble pas s'être étendu aux revenus leur distribution une fois faite, car chacun de ses membres pouvait disposer à son gré de la part qui lui était afférente.

A quelle époque celle d'Ytrac eut-elle cette organisation et devint-elle ainsi une véritable communauté ? Il est difficile de fixer l'année de sa création par l'absence même de documents et le manque de précision de ceux qui nous sont parvenus ; de semblables doutes se présentent à l'esprit pour assigner leur date à la plupart des confraternités similaires des régions environnantes. Mais si l'époque de sa fondation est incertaine, nos documents établissent avec certitude son existence. Des titres authentiques nous la montrent en plein fonctionnement dans la première moitié du XVe siècle. Le 13 décembre 1439, Guibert Campalm, du lieu Campalm, fit son testament nuncupatif, c'est-à-dire écrit sous la dictée du testateur et renfermant le résumé de ses dispositions exprimées de vive voix, par lequel il lègue aux prêtres filleuls de l'église d'Ytrac : *presbiteris filiis ecclesie de Ytraco*, deux florins d'or de monnaie courante, au mouton d'or, compté pour 24 doubles : *duos florenos monete currentis mutoni auri computato pro viginti quatuor duplis*. En outre, il veut que douze prêtres assistent à sa sépulture et à son anniversaire : *in die sepulture mee intersint presentes duodecim presbiteri et duodecim in capite annate* (Min. Pierre Clerici). Nous trouvons encore la communauté des prêtres de notre église mentionnée pour un legs de dix livres dans le testament de Durand Capmas, reçu le 10 septembre 1450 par M⁰ Vigerii, notaire royal de la ville d'Aurillac.

II

Des statuts élaborés par la communauté, c'est à peine si quelques légers fragments nous ont été conservés. Ces dispositions réglementaires sont rappelées dans un testament du XVᵉ siècle et dans un titre clérical du siècle suivant. Un article des plus essentiels signale les conditions indispensables pour entrer dans la corporation. Il fallait : 1° être prêtre, 2° être né dans la paroisse et y avoir été baptisé, 3° y avoir son domicile et sa résidence : *presbiteris filiis parochie sti Juliani de Ytraco.* Un autre article, moins important, est relatif au droit d'entrée à payer par le récipiendaire, mais ne précise pas le montant de la somme à verser (Min. Carrière, titre presbyteral de Geraud Reyt). Le récipiendaire faisait le serment solennel *super sancta Dei evangelia tacta,* de se conformer aux us et coutumes de la communauté, puis avait lieu la réception proprement dite qui s'achevait par un festin offert aux anciens par le nouveau venu.

En 1760, Mgr de Ribeyre, de grande et de charitable mémoire, y ajouta des règles très sages. — Nous défendons aux curés et communautés de paroisses d'agréer dans leurs sociétés les nouveaux prêtres et de leur faire part des revenus et émoluments attachés à la qualité soit de communaliste, soit de prêtres filleuls, s'ils n'ont travaillé en qualité de vicaires, pendant trois ans, dans des paroisses autres que la leur, à moins qu'ils n'aient obtenu une permission signée de nous ou de nos vicaires généraux, et dans le cas de dispense il en sera fait mention dans le registre où sont insérés les noms de ceux qui sont reçus.

Nous ordonnons que dans toutes les communautés sans exception, et dans tous les chapitres de la campagne, il soit nommé un d'entre les prêtres pour recevoir l'honoraire des messes, et qu'il les distribuera à chacun d'eux par égale portion. Que pour cet effet il tiendra un registre, et à la fin de chaque mois il leur rendra compte du nombre des messes qu'il aura perçues et qu'il leur aura distribuées, afin qu'on voye s'il a conservé l'égalité.

Défendons à tous Prêtres desdits chapitres et communautés sous peine de suspense encourue par le seul fait, de recevoir aucune rétribution de messe, à moins de la remettre à celui qui sera établi pour les recevoir et les enregistrer ; n'entendons comprendre au présent article les curés et les vicaires...

... Nous ordonnons que toutes les messes hautes de dévotion, et toutes les messes de fondation soient célébrées à tour de rolle par les Curés, prêtres communalistes et vicaires, quand même les derniers ne seraient point originaires de la paroisse ou qu'ils ne seraient point agrégés à la communauté, et que les vicaires auront part aux offrandes, tant du jour des morts qu'autres qui sont partagées entre les communalistes ou prêtres filleuls.

Nous ordonnons à tous prêtres communalistes ou prêtres filleuls d'assister à la messe de paroisse et aux vêpres des Fêtes et Dimanches en surplis, quand même il n'y aurait aucune rétribution attachée, et sous peine pour chaque office d'une mulcte de trois sols qui leur seront retenus dans le temps de la distribution de leurs revenus, et sans que cette peine puisse être réputée comminatoire.

Nous leur recommandons très spécialement de se tenir à l'égard de leurs Curés dans le respect et la subordination qu'ils leur doivent, de concourir en tout avec eux pour se rendre utiles dans leurs paroisses autant qu'il dépendra d'eux, de se préserver par l'étude des écueils de l'oisiveté, et de se mettre à couvert de tout soupçon par une vie édifiante et digne de leur état. Nous défendons aux communautés des paroisses d'emprunter dans aucun cas, et de créer sur leurs biens des rentes constituées, si ce n'est en vertu d'un délibératoire raisonné et par Nous homologué.

III

Les ressources étaient multiples et provenaient d'origines diverses suivant leur nature. Les unes étaient fixes et assurées, les autres variables et éventuelles.

1° RESSOURCES ASSURÉES.— A. *Titre clérical.* — Chaque ecclésiastique possédait des biens patrimoniaux, au moins ceux qui lui avaient été assignés par son *titre clérical.* Primitivement on entendait par ce mot le droit à un bénéfice ecclésiastique sans lequel nul ne pouvait être initié à l'ordre sacerdotal. Ainsi l'avaient impérieusement exigé les Conciles pour l'honneur du sacerdoce, afin qu'aucun prêtre ne fût réduit à une mendicité honteuse pour son caractère : *Ne cogeretur mendicare in opprobrium cleri.* Mais quand, à une époque donnée, il y eut plus de prêtres que de bénéfices, il fallut leur assurer par d'autres moyens une honnête subsistance, puisque les canons leur interdisaient de se livrer au négoce et aux professions séculières. Le deuxième concile général de Latran, qui couronna glorieusement le pontificat d'Alexandre III et s'ouvrit au mois de mars 1179, statue que si un évêque ordonne un prêtre ou un diacre sans lui constituer un titre certain dont il puisse subsister, il devra lui donner de quoi vivre jusqu'à ce qu'il lui assigne un revenu ecclésiastique, à moins que le clerc ne puisse vivre de son patrimoine. C'est le premier canon qui parle de patrimoine ou de titre patrimonial, comme on a dit depuis, au lieu de titre ecclésiastique. Le concile de Trente, qui concentre tous les affluents des traditions qui l'ont précédé, décréta que, parce qu'il ne convient pas qu'un ministre des autels mendie ou exerce quelque profession honteuse où il fasse quelque gain sordide, nul clerc ne serait promu aux ordres majeurs à moins d'avoir un bénéfice ecclésiastique, un bien patrimonial, ou une pension suffisante pour vivre. Ce bénéfice ne pourra être résigné, ni ce patrimoine aliéné, ni cette pension éteinte sans la permission de l'évêque. *Cum non deceat eos, qui divino ministerio adscripti sunt cum ordinis dedecore mendicare, ant sordidum aliquem quæstum exer-*

cerc, ... statuit sancta synodus ne quis deinceps clericos ad sacros ordines promoveatur nisi prius legitime constat, cum beneficium ecclesiasticum quod sibi ad victum honeste sufficiat. Id vero beneficium resignari non possit, etc. (Conc. Tr. Sess. XXI. De Reformatione Cap. II). Enfin l'Eglise finit par exiger que tous les clercs, avant leur promotion aux ordres sacrés, fussent dotés d'un patrimoine personnel, soit par leurs parents, soit par toute autre personne préoccupée de favoriser les vocations ecclésiastiques et le recrutement du sacerdoce. Cette dotation fut désignée sous le nom de *titre clérical* ou *presbytéral*. Il consistait ordinairement en une chambre *bonam usque ad clavem*, garnie d'un mobilier très simple et dont on ne rafraîchissait guère les couleurs, le bois de chauffage, les herbes potagères du jardin, les frais nécessaires pour être élevé au sous-diaconat, au diaconat et à la prêtrise; quelques-uns y ajoutaient l'entretien d'une cavale et de son poulain (1), d'une vache et de son veau (2), tous une pension annuelle et viagère payable à des époques déterminées. Ces revenus annuels devaient être fondés sur un immeuble ou une rente perpétuelle et viagère. Le notaire qui dressait l'acte devait prendre tous les moyens suggérés par la prudence, pour s'assurer que ces biens n'étaient pas contestés et revenaient au titulaire francs de toute charge ou hypothèque. Divers conciles, celui de Sens en 1528, de Narbonne en 1551, de Bordeaux en 1614, en avaient déterminé la quotité. Les cahiers des remontrances de la Chambre ecclésiastique aux Etats généraux, convoqués à Paris, en 1614, exigèrent 60 livres de rentes constituées « *sur bons et suffisants fonds non litigieux et déchargés de toutes les hypothèques* ». Dans notre diocèse de Saint-Flour, aux XVIIe-XVIIIe siècles, le titre clérical n'était pas inférieur à 60 livres, aucun ne s'élevait à 100 livres. Primitivement cette pension se paya en nature, et dans la suite en argent. Le titre clérical, en principe toujours exigible, de fait n'est plus

---

(1) Cf. **titre clérical** de Géraud Altaserra.
(2) Cf. **titre clérical** de Jacques Boriet.

exigible depuis le décret de 1810, porté sur les **réclamations du cardinal Caprara**. On sait, en effet, que les articles organiques demandaient au moins 300 francs de revenu annuel pour les ordinands. Cette clause adoptée serait devenue un grand obstacle au recrutement du clergé.

B. — Un revenu fixe et annuel était produit par les *biens fonciers* acquis par la communauté ou à elle donnés par les seigneurs et les bonnes gens de l'endroit. A notre connaissance, la communauté n'a jamais été propriétaire d'aucun domaine proprement dit, mais elle possédait bois, prés, terres, etc. Rien de plus fréquent dans les actes du XVe et du XVIe siècles que les contrats d'acquisition ou d'échange faits par elle. Il serait long et fastidieux d'énumérer tous ceux que nous avons relevés dans les minutes de notaire, en particulier dans les 3e et 4e registres de Jean Carrière. Nous aurons à en signaler plusieurs, au cours de ce chapitre, en parlant de nos communalistes. Les ventes n'étaient pas moins fréquentes ; aussi bien au XVIIIe siècle, d'après la déclaration des consuls, présentée en 1739 à l'intendant Rossignol (1), elle ne possédait plus que le pré *Delacan*, contenant deux aunes et demie, pré médiocre dit la déclaration. A l'époque de la Révolution il fut vendu nationalement, attribué d'abord au commissaire, vu qu'il n'y eut pas d'acquéreur, puis mis aux enchères « pendant cinq feux » et finalement dévolu, au prix de 1.200 livres, à Géraud Joseph Nauthonier, expert d'Aurillac (2).

C. — Une autre source de revenu était le *service des chapellenies* fondées dans l'église d'Ytrac ou les divers oratoires de la paroisse. On sait que la chapellenie était une prébende à laquelle étaient attachées des rentes en espèces, des redevances en nature, à la charge de célébrer des messes, des offices, de dire des prières aux époques et lieux déterminés par ses fondateurs. Pour n'en citer que

---

(1) Les intendants étaient des magistrats armés de pouvoirs discrétionnaires pour faire exécuter dans les provinces les ordres du roi et de son conseil et par qui réussit à s'établir en France la centralisation administrative et le pouvoir absolu.
(2) Arch. du C. G. G. Registre des procès-verbaux des enchères et adjudications des biens nationaux fol. 11.

quelques exemples, mentionnons les chapellenies de Saint-Avit à Bargues, del Capmas dans l'église paroissiale, de St-Martin de Campan, de La Martinie et de Reyt, etc.

D. — Il était produit par *les fondations*. Les fondations innombrables qu'a fait disparaître d'un coup le grand effondrement de la fin du dernier siècle, s'expliquent par l'intelligence alors universelle du mystère de la mort et de l'expiation. Une famille faisait une offrande à l'Eglise ou aux prêtres dans l'espérance très fondée que Dieu imputerait à l'âme de ses défunts le bien qui se ferait à leur occasion sur la terre. Les vivants devançaient fort souvent l'instant où, devenus impuissants à satisfaire par eux-mêmes à la justice de Dieu, ils n'auraient plus d'autres moyens d'expiation que les prières de l'Eglise; par leurs offrandes ils créaient, pour quelques-uns de leurs frères, une obligation perpétuelle de se souvenir de leurs besoins et de s'employer à les soulager.

Il y avait les fondations de messes basses; les fondations de grand'messes *alta voce*; les fondations de messes avec diacre et sous-diacre. Nous avons dans nos papiers des fragments de tableaux de ces fondations : je ne puis résister au désir d'en rapporter quelques actes. — Le 9 mai 1526, Jean Lacarrière, prêtre, fonde une messe basse à perpétuité chaque semaine; — Le 30 mai 1515, Antoine Lacarrière fonde cinq messes basses des morts; — Le 3 novembre 1682, Jean-Joseph Vigier, sieur de Campan, vingt messes à dire dans la chapelle de l'Ermitage de Saint-Martin de la Garrouste (Cf. Pouillé, mss. de Saint-Géraud, p. 26, 27, 272, 273) ; — En 1688, Géraud Salesse d'Espinat fait une fondation de quatre messes hautes de *Requiem,* à 20 sols par messe (Registre de catholicité). Antoine Moureisse, prêtre, crée à perpétuité des messes avec diacre et sous-diacre (1565). Tableau des fondations, etc., etc. Comme on le voit, ces messes étaient assignées pour chaque semaine, chaque mois ou à la fête de tel saint qui, parfois, avait plusieurs messes consécutivement chantées en son honneur et fondées par diverses personnes, surtout celles qui faisaient partie des confréries placées sous leur vocable et protection.

La dotation de ces fondations avait été constituée par un capital une fois versé, soit par une rente ou une redevance annuelle assignée tantôt sur certaines terres, tantôt sur certains particuliers qui, à leur décès, la passaient à leurs héritiers, de sorte que ceux-ci leur succédaient dans la charge comme dans l'héritage.

Nous avons relevé sur le livre ou registre d'*Arpentement* le tableau de ces rentes, le nom de leurs débiteurs et les biens sur lesquels elles reposaient. Les voici dans l'ordre où elles sont :

Ytrac. — 1° Sur le bien de Jean Cruèghe, 1 rente obituaire de 40 sols par an ; 2° sur la propriété de Géraud Limbertie, 1 rente de 19 livres en faveur de M. Lacarrière, vicaire ; 1 obit de 5 livres, 9 sols.

Caumon. — Sur le bien d'Antoine Armandie, 1 rente obituaire de 6 livres, 15 sols envers l'église d'Ytrac.

Leinhac. — Sur le bien d'Antoine Figeac, aîné, 1 rente obituaire de 5 livres par an.

Leyraldie. — Sur le bien d'Hugues Conthe, 1 obit de 10 livres au fond et capital de 200 livres envers les prêtres de la communauté d'Ytrac.

Vielle. — 1° Sur le bien de Christophe Conthe, 1 rente obituaire de 10 livres, 16 sols ; 2° sur la propriété de François Lafon, 1 rente obituaire de 20 sols.

Lavergne. — Sur le bien d'Antoine Abeil, 1 rente de 12 livres.

Espinassol. — 1° Sur le bien et propriété de Jean Combes, 1 rente de 40 sols ; 2° sur le domaine d'Espinassol, 1 obit de 86 livres.

Besse. — 1° Sur le bien de Jean Noël, 1 rente obituaire de 7 sols, 6 deniers ; 2° sur le bien de Louis Fonrouge, 1 obit de 300 livres.

Donc. — Sur le bien de Jean Caumel, 1 rente obituaire de 7 livres.

Reyt. — Sur le domaine de Jacques Reyt, bourgeois d'Aurillac, 1 rente de 500 livres de pension viagère ; mais ces obits ne furent pas toujours acquittés par les prêtres de la communauté. En 1745, c'était Pierre Delteil, prêtre filleul de Naucelles, du village de Vaureilles, qui en jouissait. (Registre de Catholicité, acte du 10 juin 1745.)

E. — De plus, il y avait des fondations perpétuelles de prières liturgiques, de litanies, d'offices chantés ou récités, et surtout de Répons ou d'Absoutes sur les tombeaux et à la mémoire des défunts. Signalons celle qui se faisait chaque dimanche à l'issue de la grand'messe, à l'entrée du chœur, sur la tombe du curé Cros; le *Libera* qu'on chantait pour Jean Abeil après la messe haute avec diacre et sous-diacre.

2º RESSOURCES ÉVENTUELLES. — Elles provenaient :

A. — *Du casuel ordinaire* des sépultures, des offices consécutifs, du *Salve regina* qu'on psalmodiait à la levée du corps et pour lequel chaque prêtre recevait un modeste honoraire. Il était rare que le service funèbre, enterrement, neuvaine et bout d'an, suivant l'expression usitée, ne fût suivi de quelque distribution de numéraire qui variait suivant les facultés ou la générosité du défunt. Pierre Cros donna par prêtre six deniers pour le *Salve regina* et pour l'office six sols tournois aux quarante prêtres qui lui firent cortège. Il y avait aussi un *droit de tombeau* lorsque la sépulture avait lieu dans l'église; mais la quittance que nous avons dans nos cartons, délivrée le 4 décembre 1693, à Pierre Delarmandie, notaire, ne dit pas à combien s'élevait ce droit. Un titre trouvé depuis et cité plus loin p. 455 le porte à cinq livres.

B. — Les *fondations temporaires* de messes, les trentenaires fournissaient quelques moyens de subsistance à nos prêtres communalistes. Pour n'en citer qu'un exemple : Pierre Fonrouge, d'Ytrac, donne dix messes hautes et cinquante basses de *mortuis*, et vingt pour ses parents défunts à acquitter dans un temps déterminé; 25 août 1646, testament reçu par Cailar, notaire royal, et clos par la signature du testateur.

C. — Les *legs pieux* apportaient encore leur contingent de ressources à la communauté. Personne alors, si pauvre fût-il, à moins de mourir *ab intestat,* ne quittait ce monde sans avoir fait quelques legs à l'Eglise et aux prêtres de Monseigneur saint Julien. S'il y avait des legs à perpétuité, il y en avait aussi de temporaires. Les prêtres bénéficiaient de diverses libéralités. Il était d'usage, dans ces temps de foi, d'affecter dans les testaments quelques valeurs aux filleuls. Ces dispositions étaient regardées comme le complément indispensable des volontés du défunt et comme le signe d'une mort chrétienne. On ne pensait pas qu'une âme pût espérer quelque miséricorde de Dieu, si elle ne présentait dans la balance, à côté du poids de ses péchés, des charités faites aux ministres de l'autel et à la communauté. On en rencontre dans les archives du Cantal et dans nos archives les preuves nombreuses et touchantes. Voici un aperçu, d'après une feuille d'inventaire conservée dans nos dossiers, de ces libéralités à titre perpétuel.

Armand Carrier, de Vielle, par son testament du 29 mai 1664, leur lègue le revenu annuel d'une somme de 100 livres; Méral Abeil, de Lavergne, par acte testamentaire du 24 août 1672, un revenu de 30 sols; Alexandre de Roquemaurel, seigneur d'Espinassol, par son testament nuncupatif du 23 août 1676, une rente de 10 livres; Géraud Puechlergue, une somme de 100 livres portant fondation d'un revenu annuel de 5 livres; Catherine Veyrine, une rente de 20 sols sans date, mais antérieure à 1661, puisqu'elle fut enregistrée par M. Delarmandie, décédé cette même année; Antoine Lalande, de Branviel, une rente de 5 livres pour un obit, par testament du 25 septembre 1683. Ce serait nous engager dans une énumération sans fin que de citer les noms des fidèles ou des familles qui firent de pieuses libéralités. Cet aperçu est bien suffisant pour établir que nous n'avançons rien à la légère. Les notices nous fourniront encore leur appoint.

D. — Les *donations* par contrat ou entre vifs, inspirées par des sentiments particuliers de reconnaissance, de charité ou de pénitence. Elles avaient pour but d'appeler sur les donateurs et leurs familles les prières des prêtres et de mériter cette participation à leurs bonnes œuvres qui fait du dogme chrétien de la réversibilité des mérites et des récompenses, le lien le plus élevé de la fraternité humaine. Dans une foule de circonstances de la vie privée, voyages, maladies, aussi bien que sur le salut de la vie future, on avait recours aux prêtres que l'on regardait comme des intermédiaires entre le ciel et la terre. Si grande que fut la foi qui inspirait ces donations, elle n'excluait pas tout calcul de prudence. Queques-unes sont faites avec réserve d'usufruit pendant la vie des donateurs ou celle de leurs enfants ; mais, afin de se dépouiller de quelque chose, ils grèvent quelquefois cet usufruit d'une rente consistant en setiers de blé, ou bien en une redevance en argent payable à une époque déterminée. D'autres sont subordonnées à la mort des héritiers naturels du donateur, ou à un événement incertain ; d'autres stipulent la faculté de rédimer.

De ces ressources il faut défalquer la taxe du *don gratuit* qui venait légèrement amoindrir la part afférente à chaque membre de l'association rurale. Nous trouvons, en effet, la communauté des Filleuls mentionnée au département des décimes. Les décimes étaient un impôt perçu sur le clergé de France et les maisons religieuses. La *dîme saladine*, exigée par Richard Cœur-de-Lion et Philippe-Auguste, en 1189, paraît avoir été la première taxe levée sur le clergé. Depuis, le clergé paya fréquemment les décimes ; le pape autorisait le roi à les imposer, de même que le roi à son tour, permettait au pape d'en lever à son profit. Toutefois, après le grand schisme d'Occident, le roi seul usa de ce droit. A partir du colloque de Poissy, on distingua la décime ordinaire, levée tous les dix ans et affectée au payement des rentes de l'Hôtel de Ville de Paris, et les subsides extraordinaires. Les décimes n'étaient pas toujours le dixième du revenu, comme le nom paraît l'indiquer. Le clergé leur donnait le nom de *dons gratuits*.

Ces différentes sortes de revenu ne constituaient pas assurément une fortune pour chacun des membres du clergé paroissial. Mais leur éducation au sein d'une population rurale, la modestie de leur tenue, la simplicité de leurs goûts, la frugalité de leurs repas, repas peu coûteux dont l'étable, le jardin ou le verger faisaient tous les frais et qui n'étaient assaisonnés que de grand air ou d'appétit, la dépense toujours mesurée sur les ressources, la prévoyance de l'avenir, l'habitude de vivre au hameau sous le toit de leurs parents ou de paysans qui savaient respecter leur caractère sacré, les mettaient à l'abri du besoin tout en leur permettant de faire figurer dans leur testament quelques-uns de ces legs pies qui étaient pour nos pères l'indispensable trait de cet acte suprême.

IV

Pour l'administration de ces biens temporels, pour la gestion des intérêts matériels, l'on nommait chaque année deux membres de la communauté, désignés sous le nom de *bailes* ou *syndics*, chargés de supputer les revenus, les rentes et les censives, de percevoir le casuel et d'assigner à chacun ce qui lui revenait, de payer les employés de l'église, d'acquitter les notes des ouvriers, les mémoires des fournisseurs. En toutes choses, dans les contrats comme dans les tribunaux, ils représentaient la communauté, agissaient validement en son nom et d'une manière irrévocable. Ils tenaient un registre des recettes et des dépenses et, au jour venu, les faisaient approuver par le curé ou par l'un d'eux délégué à cet effet. Nos archives ne conservent aucun de ces registres « de receptes et dépances » où nous aurions trouvé relatés de curieux détails. C'est sous la direction du Curé et sous la haute surveillance de l'évêque ou de son official ou de tout autre ecclésiastique délégué par lui qu'ils s'occupent du temporel paroissial.

L'élection des bailes, syndics ou procureurs, se faisait à la pluralité des suffrages : une fois élus, ils prêtaient serment sur les saints évangiles et entraient en fonction. C'est devant le curé, agissant au nom de la communauté, que ce serment était prêté ou devant son délégué, s'il ne pouvait le recevoir lui-même. Elus pour un an, ils étaient rééligibles à l'expiration de leur mandat, et de fait, il en est qui reprennent leurs fonctions pendant deux, trois et plusieurs années consécutives.

En vertu de leur charge ou de leur obligation, on leur confiait le soin et la conservation des archives ; ils devaient tenir en bon ordre chartes de donations, titres de propriété, de rentes, de fondation ; procès-verbaux d'élection, de réception, d'installation, actes de procédure, taxe des redevances afférentes à l'association, aux chapellenies, etc. Toutes ces pièces importantes étaient déposées dans un coffre fermé à trois clés dont ils étaient avec le curé les gardiens vigilants et fidèles. Quel intérêt offrirait pour notre histoire cette riche collection de parchemins et de manuscrits ! Malheureusement, de ce précieux dépôt saccagé par le protestantisme d'abord et par la Révolution ensuite (1), il ne reste rien ; car ce n'est rien, en effet, que les débris épars que nous avons pu recueillir dans les études de notaire, dans les papiers ou les greniers de famille.

Ils avaient aussi la garde du sceau de la communauté qu'ils devaient apposer aux actes les plus importants, et dont nous n'avons pu retrouver ni la matrice ni aucune empreinte ; soit que les pièces scellées fussent peu nombreuses, soient qu'elles aient disparu par suite du vandalisme des ignorants ou le fanatisme révolutionnaire. Le *Dictionnaire Heraldique de l'Auvergne*, par Bouillet, donne les armoiries de douze prieurés et de douze communautés de prêtres du diocèse de Saint-Flour ou du Cantal ; mais la communauté des prêtres de Saint-Julien d'Ytrac n'y figure pas. Il n'en est point parlé non plus dans la *Sigillographie* de l'Auvergne (XIIe-XVIe siècles) par Philippe de Bosredon.

V

On sait que ces communautés prenaient le nom de prêtres *filleuls* ou de prêtres communalistes, suivant le mode de leur recrutement. Les communautés de prêtres filleuls étaient exclusivement composées de prêtres *nés et renés* dans la paroisse, suivant l'expression usitée alors, c'est-à-dire nés sur le territoire de la paroisse et baptisés dans l'église paroissiale. Ces deux conditions leur valaient le titre de *prêtres filleuls* de l'église de leur pays d'origine. Les communautés de prêtres communalistes acceptaient dans leurs rangs des prêtres nés et renés dans la paroisse

---

(1) Cf. Notre notice sigillographique des évêques, p. 18.

et aussi ceux d'origine étrangère. On peut donc dire que tous les filleuls étaient communalistes, c'est-à-dire membres d'une communauté, mais tous les communalistes n'étaient pas filleuls.

Comment se recrutaient les prêtres et clercs de Saint-Julien d'Ytrac? Cette communauté séculière avait le droit de choisir et de nommer ses membres; une condition pourtant était mise à son choix, c'est que ceux-là seuls devaient être admis qui étaient nés dans la paroisse et avaient reçu le baptême sur les fonts baptismaux de l'église d'Ytrac.

Cette règle ne souffrit dans le cours des âges que de très rares exceptions, disons même une seule à notre connaissance, et ce fut, en tout cas, la dernière. Le 8 mars 1555, dans l'élection de Jean Laurens, la communauté déroge à cette clause. Ce candidat, né et baptisé à Aurillac, *oriundus parochie et ville aurelhaci, et fuit baptisatus in fontibus baptismalibus ecclesie parochialis aurelhaci,* fut néanmoins admis parce que ses parents habitaient depuis dix-huit ans la paroisse *decem et octo annis,* sa naissance n'ayant eu lieu dehors que par suite de circonstances accidentelles, en quelque sorte. Mais que de mesures prises et de conditions mises à cette agrégation. La communauté reconnut par acte public que c'était de sa part une pure concession de laquelle on ne pourrait rien conclure à l'avenir contre ses droits toujours existants : *absque et eo quod trahatur in consequentiam et pro hac vice dumtaxat.* Elle lui demanda une somme de 40 sous d'or pour alimenter les fonds communs : *in augmentum dicte ecclesie;* mais cette somme ayant paru exagérée et au-dessus des facultés du récipiendaire, elle se contenta de 45 livres tournois. Il fut convenu que le jour de la célébration de sa première messe il donnerait à ses confrères le *prentaculum* et le *prandium* d'usage en pareille circonstance, 20 deniers tournois à chaque prêtre qui sera tenu de célébrer une messe pour ses ancêtres et bienfaiteurs défunts; en outre, il est expressément stipulé qu'il ne pourra être élu baile ou procureur, ni gardien des clés du trésor et des titres de l'église; et s'il venait à être élu baile, un autre prêtre élu sera le dépositaire du trésor et le gardien de cette clé : *et non poterit esse procurator seu baiulus et claviger...*

altero presbitero (électo) tenebit clavem thesauri ecclesie et titulorum einsdem et non dictus Laurens. (Min. Carrière).

S'il fallait indiquer avec précision la classe sociale qui a fourni à notre clergé paroissial ses plus abondantes recrues, en tenant compte de l'importance numérique de chaque caste, ce serait malaisé et nous aurions quelque embarras. Nous avons rencontré, il est vrai, peu de prêtres appartenant à la noblesse; mais les familles féodales furent à toutes les époques en nombre restreint dans la paroisse (1) Celles qui y firent meilleure figure, les de la Salle, les de Roquemaurel, les de Veyre, les de Tourdes, les de Selve, les de Boschatel, ont leur nom inscrit dans les diptyques sacrés. La bourgeoisie — classe intermédiaire entre la noblesse et les gens de métier, artisans et laboureurs qui formaient ce qu'on appelait *le commun* — donna aussi son appoint. La classe populaire des petits paysans, des cultivateurs, à coup sûr de beaucoup plus nombreuse, fournit aussi son large contingent, et nous ne serions pas éloigné de penser que c'était la classe sociale dans laquelle notre clergé se recrutait le plus abondamment. Presque toutes les familles qui possédaient quelque bien foncier ou une certaine fortune terrienne eurent des enfants au service des autels. Au total, nous avons relevé près de 150 noms de famille dans l'état du clergé recruté sur la paroisse.

VI

Après la question du recrutement se présente celle de l'instruction et de la formation des clercs. Ici il faut distinguer deux époques : celle qui précède la fondation du collège des Jésuites, en 1621, et celle qui a suivi la création du collège favorisée par Charles de Noailles, évêque de Saint-Flour.

Il paraît acquis que nos prêtres, particulièrement ceux du bourg, firent de l'enseignement et surtout de l'enseignement ecclésiastique, une de leurs principales occupations. Il paraît également acquis que la formation et

---

(1) Voir p. 40.

l'instruction des clercs s'achevait le plus souvent dans la paroisse. On leur enseignait la lecture, le chant, les cérémonies de l'église où ils remplissaient les fonctions du culte en rapport avec leur âge. On leur enseignait aussi les arts libéraux, c'est-à-dire les connaissances nécessaires, indispensables pour être reçus graduellement aux divers ordres qui précèdent le sacerdoce et enfin au sacerdoce lui-même. Voici, dans le procès-verbal d'agrégation de Jean Laurens, le précieux texte qui vient à l'appui de notre assertion : *Dictus Laurens dixit quod... decem et octo annis commoratus fuit in dicto loco Ytraci serviendo domino petro de Cros Olim rectore dicte ecclesie de Ytraco sub quo et aliis instructus fuit in artibus liberalibus precipue ad legendum et cantandum quare nunc desiderat promoveri ad sacros ordines... in tempore tradito quo servierat dicte ecclesie sub dicto duo Petro Cros* (Min. Carrière, actes du 8 et 11 mars 1555). Dans le XVe et le XVIe siècle, il n'est pas rare de trouver des clercs figurant comme témoins dans les actes notariés. Ces clercs ne pouvaient être que des étudiants se préparant au sacerdoce sous la direction des prêtres de la paroisse. Ils se faisaient volontairement maîtres d'école et préparaient, à défaut de séminaires, dans les enfants confiés à leurs soins des héritiers de leur sacerdoce. Leur vie était la même avec cette différence alors bien sentie qui séparait le commandement de l'obéissance, et qui faisait voir le maître dans son autorité, le prêtre dans sa grandeur. La même table servait aux repas et aux études, et, quand le soir était venu, la même lampe éclairait d'une lumière un peu terne le bréviaire du prêtre, le rudiment de l'écolier et quelque pauvre roupe, *ropam* que rapiéçait non sans peine l'humble ménagère du logis assise entre le curé ou le communaliste et l'écolier. C'était comme un tableau vivant où la pauvreté décente faisait ressortir avec éclat la nécessité du travail. Heureux l'enfant qui grandissait dans cette école improvisée du presbytère ou d'une chambre de village. Il demeurait jusqu'à la fin sobre, laborieux, sévère à lui-même, content de peu et il n'oubliait ni son vieux curé, ni sa modeste origine.

L'année 1621, qui marque le commencement d'une

nouvelle ou seconde période, vit se transformer complètement les questions d'éducation et d'enseignement dans notre pays. En appelant les Jésuites à Aurillac pour la fondation du collège qu'il leur donna à diriger, Charles de Noailles rendit un immense service à la province et spécialement aux localités environnantes, parmi lesquelles la nôtre n'était pas des moins importantes. Les étudiants de notre paroisse accoururent vers ce nouveau foyer de lumière. Nos prêtres continuèrent d'enseigner le rudiment et de donner des leçons aux enfants appelés de Dieu à se dévouer au ministère des saints autels. A l'âge de quatorze, quinze et seize ans ils entraient au collège et débutaient par les classes de quatrième ou troisième et quelquefois par les cours d'humanité ou de rhétorique.

Ils avaient donc commencé leurs études dans la paroisse sous la direction du clergé. Les salutaires règlements du Concile de Trente et du Concile de Bourges qui en pressa l'exécution, amenèrent la création des séminaires. Celui de Saint-Flour, dont Mgr Jacques de Montrouge avait fait les premiers essais en 1653, fut définitivement fondé par Mgr de La Mothe-Houdancourt en 1673, deux saints prélats qui ont acquis un droit sacré à l'éternel souvenir du clergé et du diocèse (1). Après avoir reçu l'éducation simple et forte du collège chrétien, nos jeunes aspirants au sacerdoce allaient s'asseoir sur les bancs du séminaire pour étudier la théologie et compléter leur formation cléricale. Quelques-uns allaient suivre les cours des Universités, ils étaient peu nombreux, car il fallait de la fortune pour s'installer à Paris, à Toulouse, etc. ; les fils de riches bourgeois eux-mêmes y renonçaient souvent à cause des dépenses que nécessitait le séjour dans ces grandes villes.

VII

Si quelqu'un nous demandait quelle fut l'importance numérique de cette communauté séculière, de cette con-

---

(1) Arch. du grand séminaire.

fraternité sacerdotale, nous sommes en mesure de satisfaire, en partie du moins, sa légitime curiosité. Sans doute il serait difficile de faire connaître ses divers effectifs à travers les âges : il est des siècles durant lesquels se fait encore sentir la pénurie de documents, mais à mesure que l'on descend ils deviennent un peu plus abondants. Le XVᵉ et le XVIᵉ siècles furent marqués dans notre paroisse par une efflorescence merveilleuse de vie dans la tribu et la milice sacerdotale. Que disent les minutaires de cette époque, la seule source de renseignements qui nous reste. Ils regorgent de noms de prêtres, ceux-ci appelés comme signataires, ceux-là comme témoins, les uns choisis comme arbitres, les autres agissant tantôt comme vendeurs, tantôt comme acheteurs. Il est vraiment curieux et intéressant de voir défiler cette légion sacerdotale et on pourrait la prendre comme terme de comparaison pour apprécier le courant de vie religieuse transmis de génération en génération. Mais combien sont-ils ? et quel est le chiffre exact, celui qu'on peut affirmer sans exagération aucune ? Voici un document qui a toute la précision d'un acte administratif et auquel on ne peut rien opposer. C'est le procès-verbal, déjà cité, de l'admission et prise de possession de Jean Laurens.

Nous espérons être agréable à nos chers paroissiens en transcrivant ici les noms mentionnés sur ce titre, en faisant observer que bien peu nombreuses étaient les familles qui n'avaient pas quelques-uns de leurs membres enrôlés dans la milice sainte : Jean Lavernhe, Jean Veyrines, Jean Bordes, Henri Leyraldie, Pierre Lavernhe, Pierre Viguier, Pierre Jonquières, Jean Bargue, Jean Jonquières, Guillaume Lafon, Guillaume Lacarrière, Armand Viers, Pierre Lacarrière, Pierre Cruèghe, Pierre Viers, Guillaume Reyt, Jean Capmas, Berald Conhaguet, Antoine Monreisse, Jean Monreisse aîné, Jean Monreisse jeune de Calmon, Antoine Lavernhe, Pierre Bru, Antoine Combe, Pierre Cavanhac, Antoine Borelles, Etienne Altaserra, Pierre Cruèghe de Chaumon, tous prêtres filleuls de l'église d'Ytrac, *pbrorum filiorum baptismalium eiusdem ecclesie de Ytraco*. En y ajoutant le nom du curé, supérieur de l'association, mentionné plus bas, cela fait vingt-neuf prêtres. Et ils ne sont pas tous désignés ; la communauté n'était pas au complet, car le texte ajoute qu'ils forment la majeure et la plus saine partie des prêtres de l'église ou de la paroisse, *ibidem, congregatos formantes maiorem et saniorem partem presbiterorum eiusdem ecclesie*. Ils n'étaient pas 40, puisqu'en 1560 Pierre Cros demande l'assistance de 40 prêtres à ses funérailles, y compris ceux d'Ytrac. Mais en y joignant ceux qu'on trouve à la même date mentionnés isolément, on peut dire que la communauté était composée de 35 membres. Si elle ne comptait pas autant de sujets que celle de Notre-Dame, « la plus belle du royaume », dit Piganiol de La Force, ni que celle de Raulhac et de certaines paroisses populeuses, elle se distinguait par des caractères plus accentués d'autonomie et de confraternité (1).

C'était néanmois une communauté florissante en pleine prospérité au XVIe siècle. Le XVe et le XVIe siècles furent les meilleures époques de sa vie. Le XVIIe siècle ne suit pas une progression ascendante, l'épanouissement des vocations y subit un arrêt qui ne s'explique que trop après les guerres de religion et les ravages du Protestantisme. On y fait encore de bonnes recrues, mais une diminution sensible apparaît dans le chiffre des communalistes. Nous manquons de preuves documentaires pour permettre une exactitude, même approximative, mais on peut affirmer que ce chiffre est réduit de la moitié au début du siècle et de plus de deux tiers à son déclin. Enfin le XVIIIe siècle est encore moins abondant ; ce siècle tant décrié sous le rapport religieux fut une nouvelle époque de décadence. La communauté était alors bien réduite en nombre, ce fut une conséquence du jansénisme, cette hérésie hypocrite qui couvrait d'un faux respect sa révolte contre le Saint-Siège, et d'un froid rigorisme ses attaques contre les saintes espérances et les nobles libertés de la piété chrétienne. En 1760, elle ne comptait guère que six membres, y compris le curé. La Révolution et le vandalisme né de ces excès n'ont laissé de cette association

---

(1) En juillet 1547 la communauté de St-Paul-des-Landes comptait de 23 à 25 membres. Cf. Pouillé mss. de s. Géraud. p. 35.

rurale, de cette confraternité sacerdotale qu'un nom et un souvenir qui s'effaçaient chaque jour.

Telle est la statistique que nous avons pu établir ; cette statistique forcément incomplète prouve plus que besoin n'est l'importance numérique de la communauté de Monsieur Saint-Julien. Presque toutes les époques, presque tous les villages, presque toutes les familles donnent des prêtres et l'on n'en compte pas moins de 150 en trois cents ans. Si l'on tient compte de ces lacunes, résultat forcé des documents trop disséminés, incomplets ou disparus, si à côté des noms mentionnés nous pouvions aligner les noms échappés à nos investigations et qui dorment dans la poussière des parchemins, y aurait-il présomptueuse témérité à dire que pendant trois siècles (XVe, XVIe, XVIIe), le nombre des prêtres donnés à l'Eglise par notre paroisse atteint presque celui des années.

Pour parler des temps modernes et contemporains, le XIXe siècle est moins fécond, il se présente avec un contingent de neuf prêtres, cinq ayant vécu dans ses limites et trois qui l'ont dépassé (1). Qu'en sera-t-il du XXe siècle, et notre paroisse dans laquelle le sanctuaire avait fait dans le siècle précédent de si estimables recrues n'est-elle pas visiblement atteinte de lassitude et de découragement ? D'où vient que le souffle d'en haut n'allume plus le feu sacré dans le cœur de nos enfants. C'est parce qu'il y est souvent éteint par la famille ou par l'école, car la vocation ecclésiastique y est systématiquement contredite ou combattue comme la vocation religieuse des jeunes filles ; c'est parce qu'on ne fait rien pour l'exciter. Et pourtant, il faut en ce moment, dans l'intérêt de la chose publique autant que de la religion, un sacerdoce jeune, éclairé, pieux, apte aux vocations les plus diverses, mis en rapport avec les besoins particuliers de l'époque. Mais alors que les parents en concluent que la vocation sacerdotale doit être encouragée et soutenue, qu'ils doivent offrir à l'Eglise leurs enfants. Et que les riches en concluent qu'ils doivent faire la charité avec plus de largesse pour aider l'Eglise

---

(1) M. Vigier, décédé en 1902 ; M. l'abbé Abeil ; M. l'abbé Vermenouze.

à faire des prêtres, et qu'ils sachent que dans ce cas c'est à eux-mêmes, à leurs âmes qu'ils la font, tout en procurant, de la façon la plus intelligente et la plus sûre, l'honneur de Dieu et l'avènement de son règne sur la terre.

VIII

Leur service n'était ni difficile ni fatigant. Ils avaient l'obligation de dire leur messe dans l'église ou dans les chapelles de la paroisse, mais n'étaient tenus ensuite qu'à assister aux grands offices des dimanches et des solennités religieuses, afin de donner plus d'éclat aux cérémonies. Ces prêtres étaient nécessaires pour acquitter les *obits* (1), les trentenaires, les messes de fondation, faire les offices des multiples confréries, aider dans leur ministère le curé et les vicaires.

L'instruction sollicitait avec raison l'attention de notre clergé rural. Nous l'avons déjà dit p. 271, dans la solitude de leur demeure nos prêtres recueillaient les jeunes aspirants au sacerdoce qui les assistaient chaque jour dans les fonctions sacrées et se formaient ainsi aux habitudes de la vie cléricale : *in tempore tradito quo servierat dicte ecclesie sub dicto duo Petro per decem octo annos* (2). Ils leur enseignaient la prononciation du latin, le plain-chant, poussaient jusqu'au séminaire les plus intelligents de leurs écoliers, ou les envoyaient achever et perfectionner leurs études au collège, au séminaire, ou dans quelque ville siège d'une université. Ils ne s'occupaient pas avec moins de zèle de l'instruction des enfants du pays. Dans ces écoles où le socialisme ne germait pas, on apprenait la grammaire, le calcul, l'écriture. Nous ne sommes nullement en progrès encore à cet égard. Nos jeunes paysans n'ignoraient pas :

> .... *cet art ingénieux*
> *De peindre la parole et de parler aux yeux.* (3)

---

(1) On désignait souvent sous le nom d'*obit* une chapelle ou chapellerie possédée à titre de bénéfice, d'autres fois une fondation de messes ou de prières
(2) **Min. Carrière,**
(3) Brébœuf, traducteur de Lucain.

Ils savaient écrire. On voudra nous en croire. Nous avons de bons documents. S'il était permis de juger du soin apporté à cette instruction par l'écriture de quelques-uns de nos gentilshommes (1), prêtres, ou même simples journaliers, artisans, laboureurs qui furent certainement instruits par nos communalistes, on peut dire avec assurance que la culture intellectuelle fut ici l'objet d'une sollicitude très louable. Les actes de toute nature portent, en effet, des signatures très bien formées qui dénotent un art calligraphique nullement arriéré. Devant ces signatures apposées d'une main ferme et sûre, parfois ornées de paraphes qui ressemblent à des arabesques, n'est-on pas bien fondé à supposer un certain degré d'instruction chez les hommes qui savaient ainsi tenir la plume. Ce serait une erreur de croire que la proportion des illettrés fut, avant la Révolution, aussi élevée qu'aujourd'hui (2). Quiconque prend la peine de compulser les registres de baptême constate, avec assez d'étonnement, qu'au XVIe, XVIIe, XVIIIe siècles, les actes sont presque tous signés par les parents, parrains et marraines. Ainsi donc, on savait lire, écrire et signer et la nation qui n'était pas « plongée dans la boue » n'était pas non plus plongée dans l'ignorance (3). On voulait comme aujourd'hui connaître tout ce qu'il est possible d'apprendre et quelquefois on y réussissait mieux.

Entre temps, en dehors des heures consacrées à l'ensei-

---

(1) Combien de fois n'a-t-on pas cité et ne cite-t-on pas encore cette célèbre formule des actes du moyen âge, où le notaire, dit-on, rapporta que *messire* un tel, en sa qualité de gentilhomme, a déclaré ne savoir signer. Or, il faut savoir que cette formule n'a été trouvée nulle part. Voir notre *Notice Sigillographique des Evêques de Saint-Flour*, p. 36, 37, les témoignages fort serieux que nous avons cités de M. La Borderie. M. de Mas Lastrie, professeur à l'Ecole des Chartes, de M. Léopold Delisle.
(2) Voici une déclaration qui n'est pas suspecte : M. Buisson disait à la Chambre des Députés : « Aujourd'hui en France il y a un nombre trop considérable de conscrits illettrés dans l'armée », séance du jeudi 16 juin 1910. Voir dans *La Liberté* du dimanche 10 juin 1910, l'article intitulé « La Faillite de la laïque. Un tableau suggestif !... le nombre des conscrits illettrés. »
(3) Voir les remarquables travaux : 1° de M. l'abbé Aulagne : « *Réforme catholique au XVIIe siècle dans le Diocèse de Limoges* », les pages consacrées à l'instruction primaire en Limousin ; 2° de M. l'abbé Sicard, du clergé de Paris : *L'Education morale et civique en France avant et pendant la Révolution* (1700-1800.)

gnement, à la prière, ils visitaient les malades du hameau, catéchisaient les enfants, administraient les sacrements et s'adonnaient à la prédication. Deux d'entre eux étaient choisis comme vicaires ou secondaires du curé ; mais les autres n'étaient pas pour cela exclus du service religieux, ne vivaient pas dans le désœuvrement, car, à cette époque, la paroisse comptait plus de 60 villages ou hameaux, un ermitage, des oratoires privés et plusieurs chapellenies.

Au besoin, pour échapper à la misère, ils se livraient à d'humbles travaux manuels ; ils ne dédaignaient pas, en effet, se souvenant de l'exemple des apôtres et de saint Paul, de tresser des paniers ou de raccommoder leurs outils ; ils n'hésitaient pas à se livrer à tous les travaux agricoles. Personne ne se scandalisait de les voir à l'œuvre, leur inaction eut bien davantage étonné. Ils exploitaient leurs petits domaines fonciers, affermaient de petites métairies, achetaient des prés, des terres qu'ils faisaient valoir. « On est d'autant plus surpris, dit l'abbé Bosc, de ce nom-
« bre prodigieux d'ecclésiastiques, qu'ils avaient autrefois
« moins de ressources pour subsister. Aussi un grand
« nombre vivaient-ils des arts mécaniques... Ceux des
« campagnes se livraient aux travaux champêtres, et sou-
« vent les mêmes mains qui le matin avaient traité les
« choses saintes sur les autels chrétiens, étaient souillées le
« soir des immondices de la terre » (1), ou, comme l'a chanté notre illustre poète :

La terre des labours brunit encore leurs doigts.

Et ailleurs :

. . . . . placides et puissants
Ont les doigts sillonnés de ces larges gerçures
Qui sont les durs baisers pareils à des morsures
Dont la terre meurtrit la chair des paysans (2).

C'est aussi ce que firent les prêtres exilés pendant la Révolution. La nécessité fit tomber tous les scrupules. Un grand nombre vivaient de leur talent ou de leur industrie.

---

(1) *Mémoires pour servir à l'Histoire du Rouergue.*
(2) *Mon Auvergne*, p. 5, 10.

D'autres exerçaient un métier manuel et étaient brodeurs, horlogers, etc., commis dans les magasins ou même ouvriers dans les champs. Une trentaine d'ecclésiastiques avaient pris à bail une grande propriété de l'île Jersey; d'autres faisaient de la culture dans le Dorsetshire. On en rit d'abord, puis on admira (1).

Et comme l'Histoire n'est qu'une éternelle recommenceuse, n'est-ce pas ce que l'on voit aujourd'hui ? On a publié dans ces derniers temps de nombreux articles sur les métiers exercés par les prêtres privés de ressources par la loi de séparation (2). Rien de plus louable que de trouver pour le prêtre, en dehors de son ministère spirituel, des occupations rémunératrices. C'est le retour aux traditions apostoliques. Sous l'ancien régime comme pendant la Révolution, il y eut parmi les habitudes apostoliques un élément que nos prêtres eurent grandement à cœur de faire revivre : le contentement dans la pauvreté : *habentes alimenta et quibus tegamur his contenti sumus;* le vivre et le couvert, un régime simple, ils n'en demandèrent et nous n'en demandons pas plus.

Nos communalistes ne se mêlèrent au maniement des affaires publiques de la commune que dans une mesure très restreinte. Nous trouvons le nom de six d'entre eux dans le procès-verbal d'une assemblée municipale en 1612, dans un moment où les finances étaient en détresse ; mais ils ne figurent pas dans les listes consulaires. Leur rôle se bornait ordinairement à publier au prône de la messe de paroisse la convocation aux séances du conseil, les mesures de police prises dans ces réunions générales, et les placards émanés des autorités supérieures se rapportant aux intérêts généraux de la localité. Nous pouvons affirmer cependant que, selon l'exigence des circonstances, ils surent se dévouer au bien public et faire acte de bons citoyens.

---

(1) Cf. Abbé Sicard. L'ancien clergé de France, t. III, chap. I.
(2) *La Vie catholique*. Art. Les prêtres travailleurs. Œuvres d'un curé, Les métiers possibles du prêtre de demain, par l'abbé Ballu.

IX

Chose étonnante qui contraste avec nos progrès et nos mœurs contemporaines, c'est qu'à peu près tous les prêtres originaires d'Ytrac restaient dans leur paroisse. L'*Egredere de terra et cognatione tua* était peu connu et pratiqué chez nous. Ceux qui émigraient au loin étaient en très petit nombre et ils ne manquaient pas de revenir au pays natal dès qu'ils le pouvaient. Nous éprouvons tous une tendresse jalouse pour ce sol, ce soleil, ce ciel, ces contours familiers où nous croyons voir flotter les ombres de nos pères, tandis que leurs cendres se mêlent à la poussière que foulent nos pas. Ovide, ce poète de tant d'esprit et d'un esprit si agréable, a dit du sol qui nous a vu naître :

Nescio quâ natale solum dulcedine cunctos
Allicit, immemores nec sinit esse sui.

Je ne sais quelle douceur secrète s'attache au sol natal, en remplit tous les cœurs et ne permet à personne de l'oublier. Sidoine Apollinaire, l'un des premiers écrivains du Ve siècle, a dit aussi : *Summas in affectu partes jure sibi usurpat terra quæ genuit.* La terre qui fut notre berceau prend à juste titre la première place dans nos affections (1). Mais ce charme, cet attachement ont pour les âmes d'élite quelque chose de plus entraînant encore. C'est l'ombre et le souvenir de leurs premières vertus qu'elles cherchent comme à leur insu dans les lieux chers à leur enfance et à leur jeunesse, elles n'ont rien à faire oublier, leur présence n'a rien d'importun, elle ne ranime que la joie, elle n'inspire que le devoir et l'honneur. Un prêtre connaît comme un autre homme les émotions du foyer domestique. Là où il demeure le centre des affections, il y a encore des esprits qui s'entendent et des cœurs qui s'aiment. Là où il revient le foyer n'est pas éteint, les vieux portraits ne se couvrent pas d'ombre et de poussière et la tradition s'impose aux générations nouvelles sous la figure majestueuse du sacerdoce paré de cheveux blancs.

---

(1) Sidon. Apollin. Epist.

Aussi bien, non seulement nos communalistes se souvenaient, mais ils revenaient volontiers à ce coin de terre chanté par Horace : *Ille terrarum mihi præter omnes angulus ridet* (1) ; où le soleil est plus doux, l'air plus pur, les fleurs plus odorantes, où, suivant l'expression du P. Lacordaire, il y a une nuance de lumière, de chaleur et d'air qui ne se reproduit dans aucun autre (2) ; où « c'est là qu'on est le mieux pour vivre et pour mourir ». Quel est celui d'entre nous qui ne sent pas résonner au fond de son souvenir l'écho de ces beaux vers sortis du cœur du poète de *Mon Auvergne* :

Nulle part les fleurs n'ont le parfum de ses fleurs,
Ni les eaux la fraîcheur de ses sources courantes.
....

Et voilà ce que j'ai chanté : la joie exquise
Quand la jeunesse a fui d'aller s'ensevelir
Sous le toit qu'ont bâti les aïeux, d'y vieillir
....

D'y remuer ensemble et la cendre de l'âtre
Et dans son cœur éteint la cendre du passé (3).
....

Un seul pays est vraiment beau.
Celui qui nous voit naître, aimer et souffrir, vivre
Et qui lorsque la mort clémente nous délivre
Offre à notre dépouille un maternel tombeau (4).

Ces habitudes de fixité n'étaient pas seulement dues à l'amour du sol natal (5). Dans ces temps de foi toutes les paroisses fournissaient leur clergé. Il est généralement difficile à un prêtre d'obtenir dans sa paroisse natale

---

(1) Horace. Le viel Homère aussi a de beaux vers sur les charmes de la terre natale (Odiss. IX, 17, IX, 34, I, 57)
(2) Sermons. Instructions, Allocutions, t. II, p. 61.
(3-4) *Mon Auvergne*. p. 5. 10
(5) Le plus harmonieux de nos poètes modernes, Lamartine, dans ses vers consacrés à *Milly* sur la *Terre natale*, dit aussi :
   Chaumière où du foyer étincelait la flamme,
   Toit que le pèlerin aimait à voir fumer ;
   Objets inanimés vous avez donc une âme
   Qui s'attache à notre âme et la force d'aimer ?

l'ascendant que ses qualités naturelles lui donnent partout ailleurs. On oublie facilement ce qu'il est pour ne se souvenir que de ce qu'il a été. Pour les uns, il est l'enfant qui a grandi sous leurs yeux ; pour les autres, le camarade qui, hier encore, partageait leurs plaisirs, le condisciple qui prenait part à leurs études. Il n'est aucun des paroissiens qui ne le connaisse, lui, les siens, sa famille, son passé, ses mœurs, son caractère, à qui son nom et ses traits ne soient familiers, qui ne lui soit uni par quelque relation de parenté, de voisinage ou de services mutuels. De là une intimité périlleuse en raison même de sa douceur, et devant laquelle s'amoindrit le respect dû aux fonctions sacrées. Ces inconvénients n'existaient pas alors. Le proverbe qui interdit aux prophètes de l'être chez eux n'avait point cours ici. La proximité du foyer de famille, les relations de chaque jour avec ses membres étaient un sûr garant de la bonne vie et des mœurs sacerdotales. Quelques-uns ayant une fortune terrienne, presque tous des biens patrimoniaux, l'exploitation de leurs propriétés, la surveillance de leurs intérêts temporels étaient facilités par la résidence dans le lieu d'origine. Ordinairement ils habitaient sous le toit de leurs parents, ce qui diminuait les frais alimentaires. Tous ces motifs expliquent surabondamment le fait relaté.

Si nous cherchons à les suivre dans leur émigration, nous les trouvons exerçant le saint ministère tantôt en qualité de vicaire, tantôt en qualité de curé, dans les diocèses d'Agen, de Bordeaux, de Cahors, de Clermont, de Rouen et de Paris. Les chapitres de Saint-Géraud, de Conques, de Notre-Dame de Rodez, de Beaune, de Rouvres, les prieurés de Pleaux, d'Ytrac fournirent quelques prébendes aux clercs de Saint-Julien. Les Ordres religieux eurent peu de recrues chez nous : les Bénédictins et les Cordeliers ou Franciscains sont les seuls qui nous aient pris quelques sujets. Epris d'une véritable passion pour la vie solitaire et méditative, quelques-uns embrassèrent la vie érémitique ; mais en si petit nombre, qu'on n'en citerait guère que trois ou quatre exemples. Quant à ceux, assez rares, qui, sortis de nos rangs, parvinrent à des dignités, à de hauts emplois dans l'Eglise, nous leur consacrerons un chapitre spécial.

X

Les gens d'église qui forment la population de cette biographie ou histoire locale, peuvent être classés diversement. Ils peuvent être classés et répartis selon l'ordre alphabétique ou selon leur mérite. Le premier ne met pas assez en relief les dates ou la chronologie ; quant au mérite par lequel ils sont signalés, nous nous abstiendrons d'un classement, d'abord parce que cela est très difficile et très embarrassant, ensuite parce qu'il sied de laisser au lecteur le soin de porter une appréciation, *ex informata conscientia,* sur la valeur morale des personnages dont les faits et gestes connus passent sous ses yeux.

Ils peuvent être considérés à un double point de vue : 1° pour l'époque où ils ont vécu ; 2° pour leur origine. Nous allons en faire la répartition selon l'ordre chronologique et topographique.

Nos communalistes, grands ou petits, recueillis par nous sont échelonnés tout le long de six siècles, depuis le XIVe jusqu'à nos jours, en observant que leur nombre va *crescendo* dans le XVe et le XVIe siècles et *decrescendo* dans les âges suivants. Le plus ancien de nos compatriotes connus est Guillaume Calmon qui vivait en 1369. Après lui, il y a une lacune de près d'un siècle pour arriver au suivant qui vécut en 1439.

Pour quelques-uns, le lieu de naissance est ignoré ; pour quelques autres on ne le connaît que d'une manière approximative. Cette table est instructive : elle nous permet jusqu'à un certain point une étude comparative sur le plus ou moins de fécondité et de stérilité des différents lieux de la paroisse. Bellevue, Bessanès, Labrunie, Les Quatre-Chemins, Serre, Le Vert n'ont pas fourni un seul nom. Ce sont les villages de Lacarrière et d'Espinat qui en comptent le plus.

XI

Nous avons recueilli avec un soin pieux, dans le dédale et le fouillis des archives publiques et particulières, principalement des trois derniers siècles, le nom de nos prêtres filleuls; nous les avons suivis à la trace de manière à établir la série, souvent incomplète il est vrai, de leurs faits et gestes, et pour quelques-uns à reconstituer leur physionomie.

Néanmoins, on ne doit pas s'attendre à trouver ici des biographies développées, bien fouillées; elles doivent être et elles seront forcément très succinctes. Cette multiplicité de notices, d'extraits, de références, de documents, de citations latines ne produit-elle pas une sorte d'accablement? une étude sèche, fastidieuse, d'autant plus monotone que nous manquons totalement du talent de narrateur qui sait dissimuler, pour l'agrément du lecteur la masse des matériaux, du talent d'écrivain et d'érudit qui sait en coordonner les éléments et les mettre en œuvre d'une manière intéressante? Nous le savons mieux que personne.

Qu'on veuille bien ne pas l'oublier : Le travail que nous nous sommes imposé était aride et ingrat par sa nature; la lecture, l'analyse, la vérification des minutes de notaire, c'est une œuvre qui ne donne rien à l'éloquence, rien à l'imagination; là tout est positif et prosaïque. Notre tâche a été âpre et longue; il a fallu toujours marcher dans des sentiers non battus, au milieu des ténèbres et de l'obscurité des âges que nous explorions. Mais ce sera là notre excuse et notre justification : nous avons été soutenu par la pensée d'être utile à quelques familles, de les intéresser en leur rappelant des noms, des titres, des souvenirs oubliés, ou peut-être ignorés. Si quelqu'un des noms que nous avons cités, pour humble qu'il soit, a réveillé de pieux souvenirs ou causé quelque joie, ne voudra-t-on pas nous excuser? D'autre part, cette fatigante énumération, cet entassement d'achats, de ventes, d'échanges, de contrats de toutes sortes, nous initiera aux habitudes, à la vie de notre clergé sous l'ancien régime.

Pour conclure ces généralités, et rendre à sa mémoire un dernier hommage, nous avons le plaisir et la satisfaction de dire que ni les archives, ni la tradition n'ont conservé le souvenir d'aucune défaillance, d'aucun reproche sérieux contre sa conduite. Aussi, en tout temps, fut-il en possession de l'affectueuse vénération et de la respectueuse estime du peuple qui le suit avec filiale docilité dans la voie du devoir, prenant sa vie pour miroir, imitant ses exemples : *in eos tanquam speculum reliqui oculos conjiciunt ex iisque sumunt quod imitantur* (1), acceptant sa doctrine, s'enrôlant dans de pieuses confraternités établies par son zèle. Ce que nous avons dit, ce qui va suivre, en particulier le chapitre de la vie paroissiale en sera la démonstration et la preuve.

XII

XI^a	.... 1075. — Géraud du Bex. ....
XIVe	.... 1367. — Guillaume Calmon. 1367. — Jean Delcros. ....
XVe	1429. — Jordan de La Salle. 1439. — Jean Campalm. 1440. — Bernard Lassanhe. 1440. — Bernard Lassanhe. 1456. — Guy Desbans. 1461. — Géraud Altaserra. 1464. — Pierre Jonquières. 1464. — Durand Lacarrière. 1465. — Bernard Guitard. 1465. — Michel Fabri. 1466. — Guillaume de Lassalle. 1467. — Antoine Desgrefeuilh. 1469. — Jean Fabri.

---

(1) Concil. Trid. Sess. XXII, cap. I.

XVᵉ
- 1472. — Jean de Lasalle.
- 1474. — Guy de Lassalle.
- 1476. — Pierre Lassanhe.
- 1481. — Pierre Rodayre.
- 1482. — Jacques Boriet.
- 1492. — Jean Albussac.
- 1493. — Jean Boriet.
- 1494. — Antoine Chaumon.
- 1495. — Jean Carrière.
- 1495. — Armand Lavernhe.
- 1496. — Jacques Boriet.
- 1496. — Guy Boriet.
- 1496. — Jean Maury.
- 1497. — Guillaume Veyrine.
- 1497. — Jean Lacarrière.
- 1497. — Pierre Boysso.
- 1497. — Géraud Altaserra.
- 1498. — Armand Lacarrière.
- 1499. — Jean Boysso.
- 1499. — Géraud Frayssines.

XVIᵉ
- 1501. — Pierre Despinassol.
- 1504. — Jean Brepmar.
- 1504. — Guy Bru.
- 1506. — Pierre Cruèghe.
- 1507. — Jean Bargue.
- 1508. — Pierre Brepmar.
- 1508. — Guillaume Chaumon.
- 1508. — Jean Done.
- 1508. — Pierre Bru.
- 1509. — Raymond Cruèghe.
- 1511. — Géraud Del Betz.
- 1512. — Pierre Vachan.
- 1512. — Durand Lavernhe.
- 1513. — Etienne Altaserra.
- 1513. — Guillaume Done.
- 1514. — Géraud Despinassol.
- 1515. — Antoine Lacarrière.
- 1516. — Géraud Madunhac.
- 1516. — Guillaume Bargue.
- 1524. — Pierre Bru.
- 1526. — Guillaume Lacarrière.
- 1526. — Guillaume Lacarriere.

XVIe

1533. — Jean Veyrine.
1543. — Pierre Conhaguet.
1543. — Pierre Viers.
1550. — Pierre Lacarrière.
1551. — Durand Payri.
1551. — Jean Laurens.
1552. — Géraud Bru.
1553. — Jean Figeac.
1553. — Pierre Lavernhe.
1554. — Pierre Viguier.
1555. — Durand Borelle.
1555. — Jean Puech.
1555. — Pierre Puech.
1555. — Jean Borde.
1555. — Henri Leyraldie.
1555. — Pierre Jonquière.
1555. — Jean Bargue.
1555. — Jean Jonquières.
1555. — Guillaume Lafon.
1555. — Armand Viers.
1555 — Pierre Cruèghe.
1555. — Guillaume Reyt.
1555. — Jean Capmas.
1555. — Bérald Conhaguet.
1555. — Antoine Monreisse.
1555. — Jean Monreisse.
1555. — Jean Monreisse.
1555. — Antoine Lavernha.
1555. — Antoine Combe.
1555. — Pierre Cavanhac.
1555. — Antoine Borelle.
1555. — Etienne Altaserra.
1556. — Etienne Reyt.
1556. — Géraud Vaisseyra.
1557. — Hugues Montmège.
1557. — Philippe Carrière.
1557. — Jean Bargue *junior*.
1559. — Guillaume Jonquière.
1560. — Pierre Laboigne.
1560. — Antoine Rodaire.
1561. — Géraud Ray.
1561. — Antoine Vernhes.
1563. — Guillaume Reyt.
1598. — Etienne Albussac.

— 288 —

XVIIe
- 1606. — Géraud Laborie.
- 1619. — Jean Jonquière.
- 1619. — Antoine Boussac.
- 1632. — Jean Abeil.
- 1633. — Jean Vermenouze.
- 1633 ? — Antoine de Roquemaurel.
- 1642. — Pierre Limanhes.
- 1648. — Pierre Cruèghe.
- 1649. — Pierre Besse.
- 1654. — Jean Capmas.
- 1655. — Etienne Andrieu.
- 1656. — N. Bonhomme.
- 1656 — Jean de Roquemaurel.
- 1658. — Guillaume Vachan.
- 1658. — Jean Rossinhol.
- 1663. — Pierre Albussac.
- 1664. — François Belmon.
- 1665. — Jean Vidal.
- 1666. — Jean Lalande.
- 1667. — Jean Deaura.
- 1669. — Géraud Abeil.
- 1669. — Géraud Albussac.
- 1672. — Antoine Puech.
- 1672 — Pierre Gazars.
- 1677. — Jean Vidal.
- 1677. — Jean-François Deaura.
- 1680. — Pierre Lacarrière.
- 1680. — Pierre Vouriolles.
- 1682. — Médard Ray.
- 1689. — François Caumeil.
- 1693. — Pierre Maury.
- 1697. — Pierre Cruèghe.
- 1699. — Géraud Abeil.

XVIIIe
- 1712. — Pierre Lacarrière.
- 1716. — Pierre Cantournet.
- 1716. — Guillaume Caumel.
- 1725 — Pierre Vieillevie.
- 1730. — Pierre Cros.
- 1734. — Pierre Fonrouge.
- 1735. — Pierre Lacarrière.
- 1758 — Jean-François Lescure.
- 1760. — Jean-François Laboigue.

XVIIIe
- 1723. — Raymond Calvinhac.
- 1726. — François Calvinhac.
- 1731. — Pierre Cruèghe.
- 1733. — Philippe Cantuel.
- 1745. — Charles Céléry.
- 1748. — Jean-Joseph de Boschatel.
- 1755. — Jean-Baptiste de Boschatel.
- 1757. — Bernard Picard.
- 1760. — Etienne de Boschatel.
- 1763. — Antoine Abeil.

XIXe
- 1793. — Guillaume Abeil.
- 1798. — François Bac.
- 1800. — Pierre Bois.
- 1809. — Louis Daguzon.
- 1820. — Pierre-Mathieu Moissinac.
- 1828. — Jean-Louis Trin.
- 1829. — Géraud-Julien Vigier.
- 1846. — Pierre-Emile-Antoine Abeil.
- 1847. — Antoine-Léopold Vermenouze.

XIII

ALBUSSAC

Jean Albussac,
Géraud Albussac,
Pierre Albussac.

ANTUEJOUL

Pierre Bru.

BARGUES

Guillaume Bargues.
Jean Bargues,
Jean Bargues,
Jean Bargues,
Raymond Calvinhac.
François Calvinhac.

BELBEX

Géraud Frayssines,
Jean Boysso,
Guillaume Reyt,
Géraud Vaysseyra.

BEX (LE)

Géraud du Bex,
. . . .
Guy Boriet,
Jacques Boriet,
Jean Boriet.
Jacques Boriet,
Géraud Delbetz,
Géraud Madunhac,
Guillaume Abeil,
Pierre-Emile Abeil.

BRANVIEL

Annet de Selve,
Antoine de Selve.

CAMBIAN ET DELBORN

Jean Veyrines,
. . . .
Pierre Martin,
Pierre Cros.

CAMPAM

Jean Campalm.

CARAIZAC

Durand Borelles,
Antoine Borelles,
Jean Figeac,
Henri Leyrraldie,
Pierre Viguier.

CAUMON

Guillaume Calmon,
Antoine Monreisse,
Jean Monreisse,
Jean Monreisse,
Pierre Maury,
Jean-François Bac,
Géraud-Julien Vigier.

CHAUMONT-DE-BESSE

Antoine Chaumon,

. . . .

Pierre Cruèghe,
Jean Abeil,
Géraud Abeil,
Géraud Abeil.

DONE

Jean Done.
Guillaume Done.
Pierre Lavernhe,

ESPINASSOL

Pierre Espinassol,
Géraud Despinassol,
Jean Capmas,
Antoine de Roquemorel,
Gabriel de Roquemorel,
Jean de Roquemorel.

ESPINAT

Pierre Bru,
Pierre Boysso,
Pierre Cavaniac,
Pierre Bru,
Pierre Cruèghe,
Géraud Ray,
Médard Ray,
François Caumel,
Guillaume Caumel,

Pierre Cantournet,
Jean-François Lescure,
Charles Céléry.

FOULAN

Armand Lavernhe,
Pierre Brepmar,
Jean Brepmar,
Antoine Boussac,
Jean Vidal,
Jean Vidal.

HAUTE-SERRE

Géraud Haute-Serre (Altaserra).
Géraud Haute-Serre,
Etienne Haute-Serre,
Etienne Haute-Serre.

HAUTEVAURS

Jean Bordes,
Antoine Combe,
François Belmon,
Antoine Puech,
Bernard Picard.

LACARRIERE

Durand Lacarrière,
Jean Lacarrière,
Antoine Lacarrière,
Armand Lacarrière,
Jean Capmas,
Guillaume Lacarrière,
Guillaume Lacarrière,
Philippe Carrière,
Pierre Limanhes,
Pierre Lacarrière.
Pierre Lacarrière.
Pierre Lacarrière.
Pierre Lacarrière.
Pierre Vieillevie.

LASLAUDIE

Henri Leyraldie,
Géraud Ray.

LAVERGNE

Géraud Laborie,
Louis Daguzon.

LEINHAC

Jean Maury.

LEYBROS

Pierre de Tourdes,
Antoine de Veyre.
....
Pierre Fonrouge.

LAMARTINIE

Bernard Lassanhe,
Bernard Lassanhe,
Pierre Lassanhe,

....

Jean-Joseph de Boschatel,
Jean-Baptiste de Boschatel,
Etienne de Boschatel.

MONTMÈGHE

Hugues Montmèghe.

LA MONTADE, LE PONT-NEUF, LE PONTET

Pierre Cruèghe,
Pierre Cruèghe,

Antoine Rodaire,
Guillaume Vachan,
Jean Deaura,
Jean-François Deaura,

Géraud Bru,

Antoine Abeil,
Philippe Cantuel.

REYT-DE-VIERS

Pierre Viers,
Armand Viers,
Pierre Reyt,

Guillaume Veyrine,
Etienne Reyt.

VIELLE

Antoine Lavernhe,
Antoine Vernhe,
Jean Vermenouze,
Etienne Albussac,
Etienne Andrieu,
Jean-François Laboigne,
Léopold Vermenouze.

YTRAC

Jordan de Lasalle,
Guillaume de Lasalle,
Pierre Jonquière,
Jean Fabri,
Jean de Lasalle,
Guy de Lasalle,
Pierre Cruèghe,
Guillaume Chaumon,
Pierre Jonquière,
Jean Jonquière,
Jean Laurens,
Pierre Puech,
Pierre Besse,
Jean Rossinhol,
Jean-Louis Trin.

PRÊTRES MENTIONNÉS SANS NOM DE VILLAGE

Jean Delcros,
Guy Desbans,

Michel Fabri,
Bernard Guitard,
Pierre Rodaire,
Raymond Cruèghe,
Durand Lavernhe,
Pierre Vachan,
Guy Bru,
Pierre Conhaguet,
Guillaume Lafon,
Durand Borelles,
Pierre Laboigue,
Jean Puech,
Jean Lavernhe,
Pierre Cruèghe,
Jean Monreisse.

XIV

1367- . — **Guillaume Calmon ou Caumon**. — Du village dont il portait le nom. Le premier document qui nous révèle son existence est une charte du mercredi, fête de saint Michel, de l'an 1367, par laquelle Pierre de Selves, damoiseau, seigneur de Saint-Victor et Jean son fils donnent l'investiture du pré d'Antraygues, situé à Caumon, confrontant avec l'affar de Bessanès et autre pré *desdits seigneurs : investiverunt dno Guillelmo Calmon presbitero porochie de Ytraco... pratum vocatum d'Antraygues ipsorum domicellorum*. On sait que les de Selves étaient possessionnés dans les paroisses de Montvert, Saint-Victor et Ytrac. Il est rappelé dans une minute notariale de Brugeti, en 1495, au sujet de la vente d'une maison et d'un jardin, sis à Caumon, et qui lui avaient appartenu autrefois. Mais il ne vivait plus alors. (Min. J. Capial, fol. 14 ; Guill⁰ Brugeti, fol. 55).

1367- . — **Jean Delcros**. — N'était que clerc en 1367. Il fut appelé à servir de témoin avec Guibert Caumon et Jean Deprini, prêtre d'Aurillac, à l'acte susmentionné enregistré par le notaire Jean Capial. *Testibus Johanne Delcros clerico dicte parochie de Ytraco*. Nous ne savons plus rien de lui.

1429-1472. — **Jordan de la Salle**, prieur, cf. chap. III, p. 163.

1439- . — **Jean Campalm (Campan)**. — Fils de Guibert et d'Agnès, du hameau de Campan, nous est connu par le testament de Guibert Campalm, son père, reçu, le 13 décembre 1439, par le notaire Pierre Clerici, si touchant par les dispositions qu'il contient que nous serions tenté d'en donner la teneur : Moi Guibert Campan, je veux que douze prêtres assistent à mon office de sépulture et d'anniversaire ; je lègue à l'autel de l'église *unum coppellum olei* un coupel d'huile ; au curé ou recteur, trois doubles de monnaie courante, monnaie d'or comptée pour vingt-quatre doubles ; aux prêtres filleuls, deux florins d'or de monnaie courante, le mouton d'or compté pour vingt-quatre doubles ; pour la réparation de l'église paroissiale, un mouton d'or ; pour la réparation de la chapelle de Saint-Martin de la Garrouste, un mouton d'or ; mention précieuse qui nous fait connaître l'antiquité de l'ermitage de Campan et de sa chapelle... Je lègue à Mre Jean Campan, prêtre, mon fils, un écu d'or. *Item lego dno Johanni Campalm, presbitero, filio meo unum scutum auri...* Jean avait trois sœurs : Jeanne, mariée à Guillaume Auzols, savetier d'Aurillac ; Agnès, mariée à Louis Lafon, tisserand de la ville d'Aurillac ; Marguerite, mariée à Jean Lavernhe, de la paroisse d'Ytrac et un frère : Guillaume qui fut institué héritier universel.

1440. — **Bernard Lassanhe.** — Fils de Pierre, du hameau de La Martinie, *mansi de La Martinia*. Nous le rencontrons à Aurillac le 29 juin 1440. Il fut témoin à un bail à ferme de la borie ou affar de Belbex, *Bellividere prope Aureliacum*, consenti par Cécile Lavaissière à Jean Lavaissière, de la paroisse d'Ytrac, moyennant 12 grosses d'or. Le bail, passé pour une durée de 6 ans, stipule que, en outre de la somme fixée pour prix du fermage, le preneur ou fermier sera tenu de payer à l'abbé d'Aurillac le cens annuel dudit affar, à savoir : 4 setiers de froment, 3 cartes et demie de seigle ; 3 setiers et demi d'avoine, 4 sous d'or et une géline. Il y revint le

30 juillet suivant pour assister, en qualité de témoin, à une vente d'animaux faite pour le prix de 12 écus d'or à Bernard Labugue, de Prunet. Enfin, le 20 octobre de la même année, nous le trouvons dans sa résidence de La Martinie où son père lui fait don de 4 florins d'or pour la part qui lui revient de son frère Bertrand. *Petrus Lasanha.. dedit... duo Bernardo eius filio quatuor florenos... et hoc in sua parte portionis Bertrandi Lasanha filii dicti donatoris.* Il eut trois frères : Guillaume, Jean et Bertrand. (Minutes Clerici, Registre in-8°, n° 50.)

1440-14 ? — **Bernard Lassanhe.** — C'est ce Bernard dont nous ne connaissons guère que le nom qui se trouve dans la donation de quatre florins faite au lieu de Lamartinie par Pierre Lassagne à Bernard Lassagne, fils de Guillaume. Il est désigné dans cet acte, le seul qui parle de lui, avec la qualité de prêtre : *et dedit dicto Guillelmo, duo Bernardo eius filio presbitero quatuor florenos eidem petro donatori debitos.* Rien n'indique à quelle époque il fut engagé dans les ordres ecclésiastiques. Présent : Bernard Lassagne, prêtre, qui nous paraît distinct du donataire ; s'il en était autrement, nous aurions fait une confusion et un double emploi de nom. Nul doute qu'il y ait entre eux une autre parenté que celle du nom : c'était peut-être l'oncle et le neveu. (Min. Clerici, registre déjà cité *in finem.*)

1476-   . — **Pierre Lassanhe** — Neveu ou parent du précédent, résidait comme lui à La Martinie. Les chartes ne nous ont transmis que son nom et son titre de prêtre ou de communaliste. Sa présence est constatée à des actes des 8 et 12 février 1475 (ancien comput, c'est-à-dire 1476) et du 11 janvier 1476 (vieux style, c'est-à-dire 1477) qu'il serait superflu d'analyser. Il n'est plus question de lui dans les documents que nous avons compulsés. (Min. Hugues Gard, fol. 143, 144, 146.)

1456-   . — **Gui Desbans.** — Il y a quelque apparence qu'il était originaire du village d'Esbans. On trouve son nom dans une quittance de Jean Lacarrieyra en faveur de Barthélemy Lacarrieyra, de la paroisse de Jussac, sous la date du 4 février 1456. Il devint ensuite ermite et desserviteur de la chapelle de Saint-Curial, sur la montagne, au nord-ouest de Vic, au milieu des vacheries et non loin du village d'Alquier. A côté de cet ermitage existe un précipice affreux creusé par les eaux d'un impétueux torrent. L'œil embrassait de là un paysage d'une beauté admirable. A l'Est, au delà des vallées de la Cère et de Dienne, dans le lointain, apparaissent les monts du Cantal, au midi et au couchant une suite de coteaux couronnés de châteaux-forts s'élève en amphithéâtre. *Presentibus duo Guidone Desbans, presbitero oriundo parochie de Ytraco, nunc heremita et desservitore Capelle Sancti Quiriaci parochie de Vico sti Flori diocesis,* etc... (Min. Vigerii, fol. 16, 18). On ne trouve plus mémoire de lui.

1464- . — **Pierre Jonquières**. — Le premier acte qui fait mention de Pierre Jonquières, prêtre, natif du bourg, est le contrat de mariage de Florette, sa sœur, avec Durand d'Espinassol, daté du 27 janvier 1464, c'est-à-dire 1465. On le voit intervenir conjointement avec ses deux frères Pierre et Jean et lui constituer pour dot : 31 livres de bonne et forte monnaie, chaque livre de la valeur de 27 sous et 6 deniers tournois, puis un trousseau comprenant le vestiaire et la literie ; le détail de ces donations, dont l'objet et la forme ne varient guère, deviendrait fastidieux, il suffit de le signaler. Ce contrat fut rédigé par le notaire Hugues Gard, en présence de l'abbé Durand Lacarrière, du bourg, et de Jean Gart, du village ou hameau Delauriola, paroisse d'Ytrac. Le 30 septembre 1467, Pierre de la Salle, seigneur et habitant d'Ytrac, lui vendit et lui fit l'investiture du terrain nécessaire pour la reconstruction d'une maison, à la charge par l'acquéreur de payer audit seigneur le cens annuel de vingt sous tournois et la taille due *et ad thaliam debitam*. (Min. Hugues Gard, fol. 90). L'année 1495 fut marquée par l'assoupissement d'un procès. Guillaume de La Salle, agissant en qualité de tuteur de noble Rigald, lui avait vendu un jardin contigu à la maison de Guillaume Lacarrière habitée par son fils l'abbé Jean Lacarrière, exempt de toute servitude, et cependant on y avait fait ouvrir une fenêtre et établir un aiguier ou conduit pour l'écoulement des eaux dans le jardin : sur quoi il y eut un grand différend entre lui et ledit Guillaume Lacarrière, qui fut enfin terminé par un accommodement qui portait : 1° que ledit Lacarrière ne pourrait ouvrir qu'une fenêtre de dimensions déterminées, sans vue sur le jardin et avec une grille ou grillage en fer : « *ferro inclotato in dicta fenestra de Raghat menut* » ; 2° que Pierre ne pourra bâtir dans le jardin de maison de manière à fermer la fenêtre ni l'appuyer du mur du voisin, mais garder les distances prévues par les usages locaux de la ville d'Aurillac. Cet accord conclu devant Me Matharas, notaire, le 8 août 1495, grâce à la médiation de noble Almaury Labroa, eut pour témoins Jean de Tourtoulou, prêtre de Reilhac, et frère Jean de La Salle, de l'ordre Saint-Benoît, habitant d'Aurillac. Guillaume de La Salle y assistait aussi comme répondant.

Le 8 août 1509, comme procureur de noble Rigald de La Salle, seigneur d'Ytrac et d'Yolet, il approuva la vente d'une terre située à Velzic, consentie par Adhémar Boigue, de Lascelle, au profit de Pierre Delzongle, de Laroquevieille. L'acte d'homologation fut dressé par le notaire Géraud Delvernh.

Le 10 novembre, le même Pierre fut témoin de la vente d'un pré consentie par Jean de Tourtoulou, prêtre de Reilhac, au profit de Guy Laribe, son parent du village de Tourtoulou. *Presentibus dnis Petro Jonquières pbro, dict Lolucquay, loci d'Ytraci*. (Min. Garric, 1er Regist., fol. 5). Le notaire J. Garric le désigne par un sobriquet très particulier que nul n'avait dit avant lui et que bien peu ont répété : Il l'appelle Lolucquay, sans doute comme on dit l'éclaireur : *Dno Petro Jonquières presbitero dict Lolucquay*.

1464. — **Durand Lacarrière.** — D'une famille qui tire son nom du village de Lacarrière, aujourd'hui éteinte, une de ces familles que nous appelons patriarcales dans notre langue d'Auvergne, parce qu'elles n'ont cessé de fournir des lévites au sanctuaire. Durand paraît comme témoin, le 27 janvier 1464, à la constitution de dot de Florette Jonquières, et à la quittance d'une partie de cette dot délivrée par Guillaume d'Espinassol, du village d'Espinassol. Il reconnaît avoir reçu 15 écus d'or ; deux robes, une de drap d'Olivete, une de palmele : *duas raupas unam cotam Olivete et unam gonelam palmelc*. Il y est qualifié de prêtre, habitant du lieu et paroisse d'Ytrac : *Dnô Durando Lacarrieyra, pbrô habitatore loci et parochie de Ytraco*. Le 2 septembre 1465, son frère Durand Lacarrière, qui habitait à Aurillac, voulut lui donner un témoignage de sa reconnaissance pour tous les bons services qu'il ne cessait d'en recevoir. Il lui déguerpit la moitié d'une maison et d'un jardin — l'autre moitié appartenait au donataire — et la maison confrontait avec le chemin qui va d'Ytrac à Lacarrière et avec le mur du cimetière placé autour de l'église. Le même jour, Pierre de La Salle, en qualité de seigneur du lieu et en vertu de son droit de directe, approuva et homologua cette donation, à condition que le donateur lui paierait le cens annuel d'un denier. Par le ministère de Mre Hugues Gard, la donation et l'homologation furent consignées dans deux actes publics, à la date du 2 septembre 1465. (Registre, fol. 71, 74, 76). Une induction plausible laisse croire qu'il ne vivait plus en 1495 et que la maison qu'habitait à cette date l'abbé Jean Lacarrière était celle de Durand laissée par lui en héritage à sa famille.

1461-1483. — **Géraud Alteserre.** — Né à Haute-Serre, vers 1440, d'une famille qui, en deux générations, a donné quatre prêtres à la paroisse. En 1461, il était déjà dans la cléricature, ce qui nous a permis de fixer approximativement la date de sa naissance. En effet, le 2 avril de cette année, Pierre Magro, de Besse, et Barthélémy Masolier, de Jussac, lui firent (1) une reconnaissance d'un écu d'or, consignée dans un acte public. (Min. Brunicard. Regist. unique, fol. 15.)

---

(1) A Géraud Alteserre, clerc de la paroisse d'Ytrac.

Nouvel Augustin, il eut son Adéodat, et le livre de ses confessions c'est l'acte notarié par lequel il répare l'injustice et la faute commise. Le 29 juin 1471, il consent une obligation de 8 livres et demie, l'écu d'or compté pour 27 sous 6 deniers, reste de la somme de 12 livres que, d'après les conventions faites entre eux, il s'était engagé à payer à titre de réparation *ad causam déflorationis* à Antoinette Bermonde, de Madunhac, paroisse de Roanne. *Anthonie de Bermondo, mansi de Madunhae, parochie Rohane… quam defloraverat acde ipsa unum puerum habuerat ut ibidem dictum fuit per contrahentes et confessum fuit per dictum Geraldum.* (Min. Taveighe, Registre cote 56, fol. 100 et 101). Nous n'avons pas besoin d'ajouter qu'il n'était pas alors dans les ordres. A ceux qui seraient tentés de nous reprocher de n'avoir pas laissé dans l'ombre ces défaillances regrettables, je réponds: 1° avec Léon XIII, « que la première loi de l'histoire est de ne pas oser mentir; la seconde de ne pas craindre de dire le vrai »; 2° avec Ozanam : La gloire de Dieu ne fut jamais intéressée à cacher les fautes des justes. Les incroyants peuvent s'en réjouir, les faibles s'en étonner, les esprits fermes dans la foi en prennent sujet d'admirer la supériorité du christianisme qui jamais n'imagine ses saints comme les stoïciens voulurent leurs sages, comme des hommes impassibles, sans passions et sans faiblesses, et les conçoit tels que la nature les a faits, passionnés, faibles, mais capables d'effacer en un jour de repentir plusieurs années d'erreurs. (Ozanam, *Œuvres complètes,* tome V, p. 153-154.)

C'est ce qui advint pour Géraud Alteserre. Il ne fit ses premiers vœux qu'après une longue épreuve et après avoir donné des marques sérieuses d'une sincère conversion, d'une généreuse expiation. Nous ne savons au juste en quelle année il fut promu au sacerdoce; mais il n'est mentionné dans les actes avec sa qualité de prêtre qu'en 1480. Le 15 février de cette année, il acquiert de Jean Laborie d'Hautevaurs, moyennant le prix de 15 sous tournois, un pré situé aux appartenances du village d'Hautevaurs. (Min. Obreri, fol. 14). Le 24 mars suivant, il figure comme témoin à une vente faite par Jean Condamine, marchand d'Aurillac, à Astorg Barau, du Rieu, paroisse de Vézac. Enfin, le 21 octobre 1482, il achète de Pierre Carayghat, alias Dejean, du village de Caraizac, pour la somme de 33 sous et 4 deniers tournois, la terre *dels Cladiers,* située à Caraizac. (Min. Obreri, Registre 1481-1483, fol. 14, 112, 201). Ce contrat est le dernier acte authentique où nous le voyons comparaître, à moins qu'il ne faille lui attribuer ceux que nous aurons à signaler à l'article d'un autre prêtre de même nom et de même prénom et dont le titre clérical date de 1497.

Puisque nous nous sommes déterminé à prononcer des paroles qui jettent une ombre sur cette vie, notre devoir était au moins de placer la défense sur les circonstances atténuantes en regard de l'accusation.

1465- . — **Bernard Guitard**. — Le 20 mai de cette même année, Guillaume Laborie, du village du même nom fit son testament. Le vicaire de St-Paul-des-Landes reçut, dans un acte public, les dernières volontés de son paroissien. Parmi les témoins se trouvaient: Michel Fabri, Bernard Guitard, prêtres, et Geraul Altaserra, de la paroisse d'Ytrac : *Requiro vos amicos meos dnôs Miquaelem Fabri, Bernadum Guitardi presbiteros, Geraldum Altaserra, parochie Ytraci.* Cet acte, déposé dans les minutes du notaire *Vigerii,* ne donne aucune indication du village d'origine.

1465- . — **Michel Fabri.** — Prêtre filleul ou enfant baptismal de la paroisse, se trouve expressément désigné parmi les témoins du testament sus-mentionné reçu par Pierre Laborie (?), vicaire de Saint-Paul-des-Landes, et enregistré par le notaire précité. (20 mai 1465, fol. 72.)

1466-1505. — **Guillaume de la Salle**, Cf. chap. VII pages 403-408.

1467- . — **Antoine Desgrefeuilh.** — Une conjecture qui ne paraît pas aventurée nous fait rattacher ce prêtre à la famille de Griffeuilhe, depuis longtemps en possession du manoir féodal et fief de Leybros. Les de Griffeuilhe sont les premiers propriétaires connus de ce fief et c'est peut-être à eux que l'on doit la construction du château. L'identité des noms ne serait pas une preuve suffisante pour affirmer que ce filleul appartenait à la noble maison de Leybros. Il y a des personnes qui portent le même nom sans être unies par les liens du sang. Mais, au fait de la similitude de nom, on peut ajouter l'appui d'un fait fourni par les archives locales : c'est qu'on ne trouve pas d'autres familles de ce nom ; et dès lors, l'hypothèse d'une même origine noble attribuée à Antoine présente sinon le caractère de la certitude, du moins les apparences de la vérité. Le 10 janvier 1466 (vieux style, pour 1467), Jean Delcoudray, sergent royal d'Aurillac, reconnaît devoir à Astorg Dugano, marchand de la ville, la somme de 15 écus d'or, de bon or et de bon poids, au coin du roi de France. Antoine Desgreffeuilh est le témoin du contrat avec Guillaume Frigide, d'Aurillac : *Testes sunt dnus Antonius Desgrefeuilh, presbiter parochie de Ytraco et Guillelmus Frigide.* (Min. Clerici, regist. oblong, fol. 2 et 3.)

1469- . — **Jean Fabri.** — Parent de Michel Fabri, rappelé plus haut, né au bourg où il résidait. Pierre de La Salle, avait cédé quelques biens à titre emphytéotique à Jean Grimal. Jean Fabri servit de témoin à ce contrat d'emphytéose et perpétuelle pagésie. *Presentibus dnô Joanne Fabri, presbitero loci et parochie de Ytraco.* Hugues Gard, notaire royal, reçut cet acte qui porte la date du 5 octobre 1469 (fol. 105, verso et recto).

On trouve un Jean Fabri, curé de Saint-Cirgues de Malbert en 1460 (Minutes Radulphi, fol. 62), fondateur d'une Chapellenie, desserviable dans l'église de Saint-Paul des Landes, probablement originaire de cette paroisse. (Pouillé Mss. de l'Archiprêtré d'Aurillac p. 36).

1472-1506. — **Jean de la Salle,** Cf chap. III, p. 103.

1474-1496. — **Guy de la Salle,** Cf. chap. IV, p. 153.

1481- . — **Pierre Rodayre.** — Ne nous est connu que par un contrat de vente dressé par le notaire

Vigerii, le 23 décembre 1481, et consentie par Géraud (nom illisible) du village de Vaurs, paroisse de Naucelles, en faveur de Raymond Lacarrière, du village de Veyrières, de la même paroisse. *Presentibus Dnô Petro Rodayre presbitero parochie Ytraci.* Ce titre est le premier où nous voyons paraître le nom de Pierre Rodayre; quant au village qui fut son berceau, il le laisse ignorer. Nous savons seulement qu'il y avait une famille de ce nom au Pontet ou au Pont-Neuf.

1482- . — **Jacques Boriet**, — Il résulte d'une minute notariale de Pierre Obreri : 1° que Jacques, né au Bex, était fils d'Almaury Boriet; 2° que son titre clérical, constitué par son père devant le même notaire, à une date que l'acte précité laisse ignorer, statuait : A. qu'il aurait le vivre et le couvert à la maison paternelle; B. que dans le cas où il ne pourrait s'accorder et vivre en bonne harmonie avec sa famille, son titre consisterait en huit setiers de seigle, un porc de la valeur de 25 sous tournois et la jouissance des fruits ou revenus d'un journal de pré; C. qu'il ne pourrait jouir de cette pension viagère qu'à la condition de faire sa résidence dans la paroisse d'Ytrac; 3° Or il advint que le 14 janvier 1482, c'est-à-dire 1483 d'après notre comput, Jacques, prêtre depuis quelques années, dut renoncer à son patrimoine ou titre clérical, parce qu'il faisait alors son séjour à Vic, soit en qualité de vicaire, peut-être même de desserviteur de la chapelle ou ermitage de Saint-Curial, succédant à un de ses compatriotes, Guy Desbans. Mais ce sont là de pures hypothèses, car la pièce en question n'en dit rien.

1492- . — **Jean Albussac**. — Du village dont il avait pris le nom. C'est à Aurillac que nous le rencontrons pour la première fois, le 20 mars 1492. Il assiste au contrat de vente d'une maison et d'un jardin situés à Vernuéghol, paroisse de Saint-Cernin, consentie pour 2 écus d'or, par Bertrand Conort à Jean Delsobayras. Témoin : Jean d'Albussac, prêtre d'Ytrac (Min. Manhal, registre 1494-1496, fol. 25). — Il devint plus tard curé de Saint-Illide, au diocèse de St-Flour. C'est ce que prouve un déguerpissement de biens, dont nous donnons plus loin le détail, fait, le 14 février 1497, par Géraud Vaissier, de Saint-Illide, à vénérable et égrège personne Guillaume de La Salle, qui habitait alors à Aurillac, *habitore Aureliaci*. Jean Albussac y est qualifié de prêtre d'Ytrac et de curé de Saint-Illide. *Presentibus dno Johanne Dalbussac, presbitero d'Ytraco, rectore Sancti Illidi...* (Min. Radulphi, registre in-8°, fol. 103, 104.)

Nous ne connaissons qu'un seul acte de son administration. Les même jour et an que dessus, il fit faire un acte notarié pour notifier à Guillaume Verdier qu'il ne l'avait jamais établi vicaire de Saint-Illide et chargé de régir sa cure, que dans le cas où il l'aurait fait son vicaire, et que ce soit en son nom, soit au nom de Bertrand de La Salle, son antécesseur, il aurait eu la régie de ladite cure, il révoquait son consentement et lui interdisait à l'avenir tout acte d'administration. Jean d'Albussac et Géraud Vayssier, paroissien de Saint-Illide, sans doute comme mandataires du curé, demandèrent un instrument public de cette déclaration et révocation. Ce qui fut fait par l'intermédiaire du notaire Radulphi, en présence de Mre Jacques Consort, Pierre Consort et Armand de La Salle, habitants d'Aurillac. (*Ibid.*, fol. 106.)

1493. — **Jean Boriet**. — Du même village et de la même famille que le précédent. Son nom figure au bas d'une vente faite à Jean Revelhas, alias Albusso, enregistrée par le notaire Géraud Manhal, à la date du 14 mars 1493 : *Presentibus Johanne Boriet presbitero mansi Delbetz...* (Registre 1491-1494, fol. 68). Nous ne possédons aucun autre détail sur sa vie.

1494-1496. — **Antoine Chaumon**. — Sa naissance et son éducation ne sont pas connues. Il reçut son titre clérical le 9 mars 1494 (1) et fut élevé à la prêtrise sous l'épiscopat de Charles de Joyeuse. Le second renseignement que nous ayons sur ce filleul date du 23 avril 1496

---

(1) Cf. Min. Clerici, Obreri, ou Vigerii.

et nous le montre à Aurillac. Il fut régulièrement requis par Géraud Malzaras, peut-être Matharas, notaire de la ville, pour servir de témoin à une transaction conclue par Géraud Laparra, de La Capelle-en-Vézie, avec autre Géraud Laparra, du Bousquet, paroisse d'Arpajon. Cette pièce lui donne la qualification de prêtre d'Ytrac : *Presentibus Domino Antonio Chaumon, presbitero parochie Ytraci.* (Min. Obreri. Registre 1495, sans pagination.)

1495-1526. — **Jean Carrière.** — Né à Lacarrière, était fils de Guillaume, premier de nom. Aucun texte ne nous montre Jean exerçant les fonctions sacerdotales avant 1495, c'est-à-dire celui déjà cité à l'article Pierre Jonquières. Il faut aller jusqu'au 10 octobre 1510 pour trouver une nouvelle mention de lui. A cette date, on le voit à Aurillac où il intervient comme témoin de l'approbation d'une vente donnée par François Dellaurens, agissant comme tuteur de François de Baldeil, seigneur de La Calmette, de Saint-Cirgues de Jordanne et autres lieux. Jean y est qualifié de prêtre d'Ytrac et de curé de Saint-Martin de Ruffiac, au diocèse d'Agen. (Min. Géraud Delvernh). Le 8 septembre 1512, Jean Lavernhe, de Vielle, lui vend, pour la somme de 4 livres tournois, la terre *del cap delbos*, qui confronte avec la terre de Pierre Vachan, prêtre du même village, et autres confronts. (*Ibid.*, Registre EE, fol. 245). Le 27 juillet 1517, il achète de Pierre Lavergne un journal de pré situé au village de Lavergne, pour le prix de 12 livres tournois. (Min. Vigerii, registre in-8°, carré.)

A une date incertaine, qu'on ne peut indiquer même à peu près, il avait acquis diverses propriétés des héritiers de Jean et autre Jean Capmas. Ce fut la matière d'un procès entre lui et Antoine Godel, d'Aurillac, un des ayants-droit, procès qui fut porté devant la cour du Baillage. Antoine prétendait que ces biens avaient été acquis à vil prix, la moitié de leur valeur. L'abbé soutenait au contraire qu'il en avait donné le juste prix, attendu qu'il n'avait pas été payé des sommes qui lui étaient dues, comme appert d'un titre d'obligation reçu par le notaire Jacques Capolet.

Grâce à l'entremise d'amis communs, les deux parties s'accordèrent, l'une en restituant 15 écus d'or, l'autre en renonçant à toute répétition de droits et de dépens. (Min. Vigerii, fol. 142, 143.)

Nous avons vu déjà, qu'il avait été pourvu avant 1510 de la cure de Saint-Martin de Ruffiac, diocèse d'Agen. Mais c'était un curé commendataire, un curé amateur qui, n'étant pas astreint à la résidence, habitait Ytrac, se faisait suppléer dans les fonctions pastorales, et se contentait de percevoir les revenus de son bénéfice dont il fit d'ailleurs un bon usage. Un pressentiment de sa fin prochaine lui fit faire plusieurs fois son testament. Par le dernier, reçu par M° Jean Boissadel, notaire d'Aurillac, il fonda la chapellenie del Capmas ou de Lacarrière desserviable dans l'église paroissiale, et désigna comme premier titulaire Guillaume Lacarrière, son neveu. Il donna pour cette fondation : 1° un pré appelé de Lacarrière, amodié en 1739 à Pierre Fourouge, fermier de Leybros, 56 livres ; 2° un quart de pré et une seterée de terre englobée dans le tènement de Leybros, et affermée à la même époque 3 liv. 15 sols. Le service de la chapellenie consistait en une messe basse, chaque semaine, à perpétuité. (Pouillé, mss. de Saint-Géraud, p. 26, 27, papiers personnels, Livre d'arpentement). Nous aurons dit tout ce que nous savons sur ce communaliste, quand nous aurons ajouté que le minutaire Radulphi le mentionne seulement avec son titre de prêtre, à la date du 8 octobre 1498 (Registre in-8°. fol. 220). On ne trouve pas la date de sa mort ; mais on sait que les Lacarrière étaient ensevelis sous les dalles de l'église.

1495-1508. — **Armand Lavernha**. — Sa vie s'écoula à Foulan, et dans une grande quiétude, car son existence n'est garantie que par un contrat dressé à Aurilllac par le notaire Géraud Matharas, le 4 février 1494, c'est-à-dire 1495 d'après notre comput.

Un litige s'était élevé entre Pierre et Agnès de Cavanhac résidant à Cahors et Jean et Pierre Cavanhac du hameau du même nom, paroisse de Crandelles, au sujet de la plus-value du pré de *la Ribieyra* que Guillaume leur père avait vendu à ces derniers. Le procès pendant à la cour du bailliage et siège présidial d'Aurillac se termina par une solution amiable. Pierre et Agnès se firent représenter par Jean Cavanhac, natif *(oriundus)* d'Espinassol, habitant de la paroisse de Bivès, au diocèse de Lectoure. Il fut décidé que les acheteurs garderaient le pré à condition de payer 11 douples tournois et le cens annuel. Armand Lavernha prêtre et Jean Brepmar de Foulan, habitants de la paroisse d'Ytrac furent les témoins de cette transaction : *Presentibus domino Armando Lavernha presbitero et Johanne Bremar mansi de Folon parochie Ytraci habitatoribus.* (Min. Matharas fol. 132-133.)

On le trouve à Aurillac le 31 août 1508. Il intervient comme témoin à l'aliénation d'un jardin appelé de *la planquette*, faite par Jacques Desholms, marchand d'Aurillac, au profit de François Armand. *Dno Armando Lavernha pbro mansi de Folong parochie Ytracci*. Ici s'arrêtent les renseignements qui le concernent. (Min. G. Delvernh. reg. 1506-1508, fol. 291$^{v o}$).

1496-1528. — **Jacques Boriet**. — Frère du précédent. On ne peut avoir aucun doute sur l'existence de ce prêtre. Non seulement nous connaissons sa famille, mais nous avons son titre clérical dressé par le ministère de Jean Orbreri, notaire à Aurillac, Il comprenait une pension alimentaire dans la maison du constituant Pierre Boriet, son oncle; l'argent nécessaire pour poursuivre les ordres sacrés, depuis le sous-diaconat jusqu'à la prêtrise inclusivement; le jour de son premier évangile, une robe de brunète, un bonnet de la valeur de 5 sous; le jour de sa première messe, une robe et *capuce capucum*, un bonnet de la valeur de 10 sous, une paire de souliers de 15 sous; un bréviaire et, de deux ans en deux ans, une robe ou soutane.

Dans le cas où il ne voudrait pas cohabiter, le constituant consent à lui faire édifier, attenant à sa maison, une chambre bonne et suffisante; lui donner sa vie durant 6 setiers de blé, la jouissance de la moitié de deux terres sises aux appartenances du Bex; un lit, un *culcitram*, un coussin (?) garni de plume, une paire de linceuls, et pour la viande et le *companatgic, companatgio,* 22 sous tournois ; enfin, particularité à noter, on y ajoute l'entretien d'une vache et de son veau. Le 2 janvier 1502 pour 1503, Jacques, prêtre du Bex, passait avec son frère Pierre Boriet une transaction ou accord, au sujet de leurs droits respectifs, qui mit fin à des contestations existantes entre eux. L'acte fut passé à Aurillac devant Mre Radulphi, notaire royal. Sept années après, le 7 septembre 1510, nous le voyons intervenir comme témoin d'une vente consentie par Géraud Laborie, du Cambon, paroisse d'Arpajon, au profit de Pierre Laurens, tailleur d'habits d'Aurillac (acte reçu par Radulphi). Un titre de propriété mentionne sa présence à Aurillac, le 5 septembre 1528. Ce jour-là, il acquit, au prix de 10 livres tournois, d'Antoinette Castanié, veuve Delbetz, et de Pierre, son fils, une parcelle sur cinq du champ Delbetz, assis au village du même nom et contenant 40 setérées de terre. Le 19 octobre suivant, noble Françoise d'Alègre, douairière de Marmiesse, homologua la vente et perçut de droit de lotz. (Min. J. Textoris, Reg. D, 1526-1529, fol. 200.)

1496- . — **Gui Boriet**. — Oncle des deux précédents, naquit au Bex. Nous le voyons apparaître pour la première fois à Aurillac le 13 décembre 1496. A cette date il était déjà entré dans la cléricature et sur le point d'être promu à la prêtrise (qu'il dut recevoir deux ans après). C'est ce que nous apprend son titre clérical qui lui fut institué par son frère le 13 décembre 1496, devant le notaire Jean Obreri ; et comme cette pièce, sauf quelques légers détails, n'est que la reproduction de l'acte cité plus haut, il serait superflu d'en donner l'analyse.

1496-1516. — **Jean Maury**. — Né à Leinhac, dans la seconde moitié du XVe siècle passe dans nos documents comme une figure voilée.

Le 29 août 1496, suivant acte régistré par le notaire Vigeri, Jean Lavernhe de Vieille lui vendit à pacte de rachat ou de réméré, pour le prix de 7 livres, une parcelle du pré vulgairement appelé *Domergue*, sis aux appartenances du village de Vieille, sur lequel le frère hôtelier de St-Géraud percevait 12 deniers de cens annuel : *ven-*

didit dnô Johanny Maury, presbitero mansi de Leinhac eiusdern parochie Ytraci...

Le 14 octobre 1516, Antoine de Laroque, curé de Béduer et de Rinhac, au nom d'Albusson, hôtelier en commande du monastère, ratifia cette vente. L'acte de ratification fut dressé par le notaire Géraud Delvernh, en présence de deux témoins, après que l'acheteur eut déclaré son intention de se comporter en bon et fidèle emphytéote et de payer *au prorata* la redevance du cens annuel. Le sort de ce communaliste, postérieurement à la date précitée, nous est inconnu.

1497. — **Guillaume Veyrine**. — Fils de Jean, né au hameau de Veyrine où il habitait, nous est connu par plusieurs chartes où il figure tantôt comme témoin, tantôt comme vendeur, tantôt comme acquéreur. Le premier acte qui le mentionne et déclare son caractère sacerdotal est daté du 4 mars 1497, et reçu par le notaire Pierre Clerici : *Guillelmo Veyrinas pbrô parochie Ytraci.* Il figure comme témoin dans un titre de divisions de biens, du 16 août 1512, passé devant Pierre Laboal, notaire de Sansac-de-Marmiesse. Le 20 août 1516, il vendit à Jean Palach, licencié en droit civil et canonique, une part du pré *Delprat*, à la charge par l'acheteur de payer à l'hôtelier de St-Géraud le cens annuel de 8 deniers tournois. L'année suivante, 24 avril, il fit cession au même pour la somme de 15 livres tournois, de plusieurs journaux de pré ; ce dernier s'engagea à payer à l'hôtelier du monastère la redevance annuelle de 2 sous tournois. Ces deux contrats de vente furent dressés par le notaire sus-nommé. Le 20 octobre 1516 et le 13 juin 1517, noble Antoine de La Roque, curé de Béduer et de Rinhac (1), en qualité de procureur de Jacques d'Aubusson, abbé de Seurin ou Séverin, hôtelier du monastère, ratifia ces deux ventes. Le notaire Géraul Delvernh consigna dans un instrument public cette approbation et homologation. On y apporta la solennité et les soins dus à un acte de religion, puisque le serment y intervenait, *super sancta Dey*

---

(1) Béduer diocèse de Cahors, Rignac, diocèse de Rodez.

evangelia corporaliter tacta, et d'intérêt puisqu'on y réglait les droits et les devoirs des parties contractantes. Le 13 mai 1516, par suite d'un pacte de rachat, il avait acquis de Raymond Lasanhe, de Lamartinie, la moitié d'un pré situé au village Delborn (Min. Radulphi). Ce qui nous a frappé dans ces diverses pièces, particularité que nous n'avons plus rencontrée, c'est qu'il est qualifié *de prebitero mediocri,* de prêtre d'un rang inférieur. On voulait sans doute le rappeler aux sentiments d'humilité qui convenaient à sa modeste position.

1497. — **Jean Lacarrière**. — Fils de Guillaume dit Guilhot de Lacarrière, était clerc en 1497. C'est ce qui ressort de son titre presbytéral que son père lui constitua, devant M⁰ Manhal, notaire d'Aurillac, le 6 mars de la même année. Il reposait sur le domaine dudit constituant, sis à Lacarrière. Il ne diffère de ceux que nous avons cités que par cette particularité : Guilhot promet de lui donner tous les vêtements et de faire tous les frais des fêtes de sa première messe. (Min. Manhal, registre in-8⁰, fol. 24). Il disparaît après cela des documents, ou du moins nous ne l'y avons pas rencontré jusqu'ici.

1497-1524. — **Pierre Boysso**. — Reçut le jour à Espinat. La date de sa naissance flotte entre 1475 et 1480. Il portait les saintes livrées de la cléricature en 1497. C'est ce qui ressort d'une vente faite par Jean Boysso, tailleur d'Espinal, à Antoine Cruèghe, de Messac. Furent présents : Pierre Boysso, clerc dudit Espinat et Jean Fromental, clerc de Saint-Paul de Salers. *Presentibus petro Boysso, clerico dicti mansi d'Espinat, et Johanne Fromental, clerico parochie Sti Pauli subtus Salernum habitatore.* (Min. Vigerii, Registre 1493-1504, fol. 206). — A une époque incertaine, mais qui se rapproche de 1500, il fut élevé à la prêtrise et affilié à la communauté. On trouve le nom de Pierre Boysso dans un titre de vente dressé par le notaire Delvernh et un acte reçu par le même notaire le 9 janvier 1515, d'après notre comput. (Registre 1513-1514, fol. 291, 353.) (1)

---

(1) Cf. Min. Capolet ou Cros. 12 avril 1519.

1497. — **Géraud Alteserre.** — Le deuxième de nom et de prénom était fils de Pierre, du village d'Haute-Seire, où il vint au monde vers 1475. Son père, *honestus vir petrus Daltaserra,* lui assigna pour titre presbytéral, le 12 février 1497 : le vivre dans la maison de famille; une robe de 4 ans en 4 ans; pour son habitation, une chambre appelée *lostalo,* située au même village; un journal du pré *Berto;* 7 seterées de la terre de *la clède;* enfin, pour ledit clerc, l'entretien d'une cavale et de son poulain; et dans le cas où il ne pourrait cohabiter avec le constituant ou ses héritiers, ceux-ci seront tenus de lui payer chaque année 22 sous tournois et de faire les frais de la fête de sa première messe. Acte reçu par le notaire Vigerii (Registre 1493-1504), en présence d'Almauri Pra, prêtre, et Jean Pra, de Roanne.

S'il paraît ensuite dans les documents, il est malaisé de le distinguer de son homonyme; ceux antérieurs à 1499 sont d'une attribution sûre, mais après 1500 il se peut que des actes attribués au premier Géraud doivent l'être au second. *Sub judice lis est* (1). Nous éprouvons ici le même embarras qui se présente chaque fois qu'il s'agit d'un nom communément porté par plusieurs prêtres ou *plusieurs familles.* Nous aimons à donner cet avertissement, afin qu'on ne puisse pas nous imputer à tort les erreurs involontaires que la rareté de documents précis rend encore plus faciles.

1498-1515. — **Armand Lacarrière.** — C'est encore aux notes manuscrites de Lagarrigue ou Pouillé sus-mentionné que nous empruntons le nom de ce filleul, frère du précédent. Son père Guillaume lui constitua son titre clérical le 19 février 1498 devant Manhal, notaire. Il comprenait, sa vie durant : la nourriture et le vêtement, une chambre appelée *l'ostal bas,* et la moitié d'un pré sis à Espinassol; dans le cas où il ne pourrait s'accorder avec le constituant et ses héritiers : 8 setiers de blé, mesure d'Aurillac et 20 sous pour viande salée, *vigenti solidos pro carnibus salsis.* Son ordination sacerdotale et son affi-

---

(1) Horace. Art poétique.

liation à la communauté eurent lieu entre 1498 et 1501. Le 14 juin 1502, Pierre Palach, marchand d'Aurillac, lui consent, au prix de 18 livres tournois, la vente d'une terre appelée *longabeta,* située au village d'Espinassol. Dans cet acte il figure avec la qualification de prêtre. Enfin, en 1515, il reçoit le legs ci-dessus relaté. En dehors de ces deux dates extrêmes, nous ne trouvons plus trace de lui. (Min. Manhal, registre in-f°, fol. 58, fol. 135.)

1499- . — **Jean Boysso (Bouissou.** — Naquit à Belbès vers 1475 ; c'est ce qui résulte de son titre clérical. Il lui fut institué par son père Jean Boysso, *habitator loci de Bellovidere,* le 7 mars 1499. Il s'engagea à lui donner une honnête subsistance dans la maison paternelle, et dans le cas où il ne pourrait s'entendre et cohabiter avec le donateur ou ses héritiers, il lui donne une maison et un jardin situés à Belbès sa vie durant seulement ; et pour pension viagère 10 setiers de blé, un porc de la valeur de 20 sous tournois, moyennant quoi notre jeune clerc se déclara suffisamment pourvu, *sufficienter titulatum* et renonça à sa portion légitime et « frèresche », *frayreschiam,* dans les biens paternels. Furent témoins : Guillaume Dupuy, marchand d'Aurillac, Mre Géraud Frayssines, prêtre, habitant de Belbès (Min. Manhal, grand registre in-8°, fol. 60).

1499- . — **Géraud Frayssines**. — Né à Belbès d'une famille depuis longtemps disparue. Voici le précieux texte qui est le certificat authentique de son existence : *Presen... Dno Geraldo Frayssines presbitero dicte loci de Bellovidere habitatore.* Le 7 mars 1499, il assista à Aurillac à la constitution du titre clérical de son voisin, Jean Boysso, dont l'acte fut dressé par le notaire Manhal (Registre in-8°, fol. 60). Il était peut-être desserviteur de la chapelle du château de Belbès.

1501- . — **Pierre Despinassol**. — Nous ne savons à quelle famille le rattacher, car outre la noble famille des seigneurs Despinassol, il y avait sur la paroisse des familles roturières du même nom. Nous avons relevé celui de ce jeune clerc au bas d'une quittance délivrée devant Mᵉ Jean Radulphi, notaire, par Antoine Veyre, bourgeois d'Aurillac, sous la date du 13 septembre 1501. (Registre de 1502 et suiv.)

1504- . — **Jean Brepmar**. — Né à Foulan, affilié à la communauté de la paroisse, Jean Brepmar fut investi, en 1504, par Christophe de Conquans, seigneur de Monthély, fondé de pouvoir de Guy de Montpeyroux, prieur d'Ytrac, d'une portion de terre qu'il venait d'acquérir de Jean Campan, du lieu de Campan. L'investiture se fit par la tradition d'une petite pierre que le seigneur de Monteyli tenait entre ses mains. (Voir plus haut, p. 106 et 107). A cette époque (22 juin 1504), Jean Brepmar demeurait au couvent des Frères mineurs d'Aurillac... *per dominum Johannem Brepmar presbiterum mansi de Folon nunc vero commorantem in conventu fratrum minorum*. Etait-ce à titre de postulant, de novice, de tertiaire ou de familier du monastère? La charte ne le dit pas. (Min. Vincent Brozat.)

Il figure dans une reconnaissance de cens annuel dû au prieur d'Ytrac et aux prêtres de Notre-Dame sous la date du 22 juin 1504. (*Ibid.*, fol. 61 et suiv.) Le 8 juin 1509, il assiste comme témoin aux conventions passées devant le notaire Radulphi, entre Jeanne Dulaurens, veuve de Philippe Rogas, marchand de la ville d'Aurillac, et Jean Delolm, au sujet d'un cens annuel de 5 livres et demie que ladite dame avait acquis des frères mineurs : *Dnô Johanne Brepmar presbitero parochie Ytraci*. Le 24 novembre 1515, Jean fut présent à un acte notarié en faveur du chapitre de Saint-Géraud (Min. François Juery, cote 637, fol. 297-299.)

15 - . — **Guy Bru**. — Il existe en réalité deux documents qui établissent que Guy Bru était prêtre de la paroisse, sans un simple souvenir du lieu d'origine.

Le premier est un arbitrage de Guy Bru par lequel il mit la paix entre Pierre et Jean Cruèghe, de Messac, Géraud et Marguerite Cruèghe, de Chaumon de Besse. Ils étaient en conflit et avaient de longs démêlés au sujet de la succession et du domaine de feu François Cruèghe, leur père. Guy, que les deux parties avaient choisi pour arbitre avec Jean Fortet, bourgeois d'Aurillac, et Jean Besse, du village de Besse, mit fin au différend de la manière suivante: Il adjugea le « Boriaige de Chaumon de sobre Bessa » à Pierre et à Jean. Quant à Géraud et à sa sœur, ils eurent par cet accord la somme de 8 livres tournois, payable moitié à la Saint-Urbain, moitié à la Sainte-Anne.

Nous transcrivons ici cette sentence arbitrale de Guy Bru, écrite en vieux patois d'Auvergne, intéressante par sa langue et par sa date.

« Nos Guy Bru, pbre, Jehan Fortet, borgès habitant Daureliac... per nostra sentenssa arbitrad de voler et consentamen de las partidas aven dit, ordonat, disen et ordonam que lesd Pierre et Jehan de Cruège seron tengust de pagar ald Guiral de Cruegha filh deld francès tant per se que per so sore la soma de huech lieuras tournois per asquesta moniera que senseg : So es assaber quatre lieuras a la Saint Urba prochan, las autre quatre lieuras restans a sancta Anna lors apres enseguen et per tot drech action legitima per tot porcion que lod Guirald et sa sorore avian ou podian avere que lor podia apportendre old Boriatge tant a causa de la succession deld Francès paire que autremen. Meytan en lad lad soma de VIII l. lod Guiral de Cruege tant per se que per sad sore quitara et sera tengut de quitar, remettre old Pierre et Jehan de Cruegha lod Boriatge lot drech action legitima part et porciou que lor appartenhia podia apparteni tant per moyen de sond payre? que autremen, que ren plus ne seryan deu ald de Cruegha old Boriatge. Et per may de fermetat nos Guy Bru et Fortet tant per nos que per (notaire) et per aultre avens senhade la presente ordonnance fach senha ald notary subz signat Lo XXVIIe jor del mes dobri lan mil cinq cens dos en presencia de peyre Boysso del mas Despinatz dytrac Bernat serier de lo paroquia de Sanct Symon Tesmoing anaisso appelatz anaisso signats Guy Bru pbre, Jehan Fortet arbitres dessusd. Radulphi notary. » Sa signature vient clore à la suite des autres l'acte dressé par le notaire Radulphi. *In presentia Guidonis Bru, presbiteri, parochie de Ytraco, Johannis Fortet, burgencis Aureliaci, arbitrorum.* — Il est encore mentionné dans une minute du notaire Manhal, auquel il sert de témoin le 29 janvier 1504 (nouveau style, registre in-fol. *in finem.*)

14 -1506. — **Pierre Cruèghe**. — Extrêmement succincts sont les détails que nous avons sur ce prêtre ; mais leur brièveté n'est pas une raison pour le supprimer, du moment qu'on a la preuve certaine de son existence.

Son nom est obscurément écrit au bas d'une vente de biens faite le 7 septembre 1506, par Géraud Bodet d'Aurillac et Catherine Laveissieyra, sa femme, au profit de Jeanne Clerici de la même ville *Presentibus : dno petro de Cruegha, pbro loci et parochie Ytraci.* Ce texte si court nous apprend : 1° son endroit d'origine : Ytrac ; 2° sa qualité de prêtre et de communaliste ; 3° l'époque où il vivait.

Il appartenait par sa naissance, ses études et probablement son sacerdoce au XVe siècle ; par le reste de sa vie dont nous ne connaissons pas le terme au XVIe siècle. (Min. Géraud Delvernh, reg. 1506-1508 fol. 73-75.)

1507-1512. — **Jean Bargues**. — De Bargues, village de la paroisse d'Ytrac, aujourd'hui du Bex, dont ses ancêtres portaient le nom ou qui, peut-être, l'ont donné au village qui a été leur berceau, aux terres défrichées ou améliorées, de père en fils, par leurs soins laborieux. Ce que nous savons plus sûrement c'est qu'il acquit pour la communauté séculière, d'Antoine et Géraud Cavanhac, au prix de 10 livres tournois, un journal du pré *del Camp*, situé dans les dépendances d'Espinat, par acte du 29 août 1507, reçu par le notaire Spinassol. *Die 29 augusti 1507 ad requisitionem dni Johannis de Bargues pbri... et aliorum presbiterorum dicte ecclesie Ytraci.* Il est mentionné comme témoin dans un titre de 1509, cité à l'article de Raymond Cruèghe, Cf. p. 318. Le 12 novembre 1512, le frère Hotelier du monastère de Saint-Géraud, en qualité de suzerain, par son procureur Jean de La Roque, curé de

Béduer, donna son approbation et investit l'acquéreur, acte auquel assistèrent Jean Lavra de Crandelle et Guillaume Mercadial, prêtre de Junhac. Nous ne croyons pas qu'il soit le même personnage que le suivant qui paraît en 1574, car prêtre en 1507, alors il aurait eu plus de cent ans, et nous aurions trouvé quelque part note ou mention d'un fait extraordinaire et assez rare. Il est encore témoin à une confirmation de vente faite par Rigal de La Salle le 5 juillet 1513. (Min. Spinassol; Regist. 1513-1514 fol. ill. in capite libri; Min. G. Delvernh. reg. EE., 1511-1512 fol. 278.)

1508- . — **Pierre Brepmar**. — L'existence de ce jeune clerc, originaire de Foulan, nous est révélée par son titre clérical, qui lui fut constitué par acte reçu par le notaire Géraud Delvernh, le 25 février 1508, en présence de Guillaume Chaumon, autre clerc de notre paroisse. *Titulus presbiteralis Petri Bretmar clerici mansi de Folong.* Il était donc à la veille de recevoir les ordres sacrés. (Min. G. Delvernh, registre 1506-1508 *in finem.*)

1508- . — **Guillaume Chaumon**. — Fils de Jean, du bourg d'Ytrac, nous est manifesté par le titre sacerdotal de Pierre Brepmar où il intervint comme témoin. *Presen....... Guillelmo Chaumon, clerico, filii Johanis loci et parochie de Ytraco habitatore.* Sans sa présence à cet acte, il eut échappé à nos recherches. (Min. G. Delvernh, *ibid.*)

1508- . — **Jean Done**. — Clerc du village de Done, fils de feu Antoine, *Johanne de Dona filio quondam authonii mansi de Dona, parochie de Ytraco,* figure avec la qualité sus-exprimée dans un acte dressé le 19 août 1508 par le notaire François Juery, fol. 8, d'un cahier détaché placé au milieu du registre de 1509-1519. Il n'a pas laissé d'autres traces de son existence et de ses relations.

1508-1510. — **Pierre Bru**. — Né au hameau d'Antuejouls. La première partie de sa vie, qui appartient à la fin du XVᵉ siècle, nous est demeurée inconnue. De la seconde, qui s'écoule dans le premier quart ou moitié du siècle suivant, la plupart des actes sont restés dans l'oubli ; trois dont le souvenir nous a été conservé se réfèrent à l'époque qui nous occupe.

A trois dates différentes, on le voit à Aurillac, intervenant comme témoin aux contrats suivants : 1° à un acte dressé par le notaire Géraud Delvernh, le 31 juillet 1508, en faveur de Pierre Dugono, prêtre de la communauté de Notre-Dame : *Presentibus dnô Petro Bru pbrô mansi Lantueghol parochie Ytraci.* (Regist. 1506-1508, fol. 258) ; 2° au traité de mariage de Marguerite Gard, d'Aurillac, avec Georges Chanut, marchand de la ville, passé devant le notaire Géraud Radulphi, le 2 décembre 1508 (Regist. 1508-1509, fol. 77) ; 3° à la vente consentie par Pierre Delpla à Bérenguier Spinassa, d'Aurillac, au prix de 92 livres tournois, d'une rente de cens annuel de 4 livres 12 sous 6 deniers, à prélever sur une boutique assise dans la rue qui va de l'église paroissiale au portail des Frères mineurs. *Presentibus dnô Bru pbro mansi damptueghol parochie Ytraci.* Acte reçu par le notaire Manhal, le 3 mai 1510. (Regist. n° 39, 1509 et 1512.)

1509. — **Raymond de Cruèghe**. — Il est fait mention de ce communaliste dans deux chartes qui n'indiquent pas son village d'origine et dont voici la substance : 1° Le 23 juin 1509, la communauté avait acheté de Guillaume Del Perost le pré *Delpon,* situé à Caraizac, au prix de 15 livres tournois. Le 29 septembre de cette année, Raymond de Cruèghe, prêtre de l'église d'Ytrac, *Raymondo de Cruegha, pbro, dicte ecclesie d'Ytraco,* représentant le recteur et les autres prêtres, en fut investi par Géraud Gard et Guillaume Dulaurens, d'Aurillac. Nul ne l'ignore, l'investiture servait de complément indispensable aux actes de vente qui n'établissaient que des droits à la possession, sans mettre le titulaire à même d'entrer en jouissance. La cérémonie de l'investiture eut lieu par la tradition d'une motte.

2° Dans le courant de l'année 1513, Rigald Trémolet, licencié ès lois, fit l'acquisition du pré de *Lafon,* de

Jacques Lafon, lapidaire d'Aurillac, et d'Antoine Brepmar, de Foulan. La ratification de cette vente par Rigald de La Salle eut lieu le 5 juillet 1513, en présence de Raymond de Cruèghe et de Jean Bargues, prêtres des lieu et paroisse d'Ytrac. *Presentibus Raymundo de Cruegha et Johanne Bargues pbris loci et parochie de Ytraco.* (Min. Delvernh, Reg. 1513-1514, fol. illisible, *in capite libri.*)

1511- . — **Géraud Del Betz**. — Tire son nom et son origine du village du Bex où cette famille, depuis longtemps éteinte, était possessionnée. Il était prêtre en 1511. Il comparut à Aurillac le 28 février de cette année et intervint comme témoin à la constitution du titre presbytéral de Jean Madunhac, du village de Madunhac, paroisse de Roanne-Saint-Mary : *Duô Geraldo Delbets presbitero mansi Delbetz parochie Ytraci.* (Min. Vigeri registre in-8ᵉ carré.)

1512- . — **Pierre Vachan**. — N'est inscrit qu'une seule fois dans une minute du 8 septembre 1512 citée à l'article de Jean Lacarrière. Le titre qui le mentionne fait suivre son nom de la qualification de prêtre, et laisse entrevoir que Vielle fut son berceau, puisqu'il y possédait quelques biens : *terram sitam in pertinenciis dicte mansi (de Viala) confrontantem cum terra petri Vachan presbiteri.* Comme on ne le voit plus paraître dans les actes, il est rationnel de supposer qu'il ne dut pas longtemps survivre à cette dernière date. (Min. G. Delvernh, registre EE, fol. 245.)

1512- . — **Durand Lavernhe**. — Son existence est constatée par une aliénation de biens que Cécile D'usso consentit à Aymeric Noirit, de Cavanhac, paroisse de Jouu. Cette aliénation fut ratifiée le 1ᵉʳ février 1512 (nouveau style) par Géraud Laurens, Raymond Belloguet, marchands de la ville, fermiers des Baronies d'Aurillac et de Conros, en présence de Durand Lavernhe, prêtre de la paroisse d'Ytrac : *Pres... Durando Lavernha, presbitero parochie de Ytraco.* (Min. Taveighe, registre cote 60, fol. 116). — Nous ne trouvons dans les papiers de l'époque aucune autre mention de ce prêtre communaliste.

1513-1532. — **Etienne Altaserra** (Haute-Serre).
— Altaserra est une forme latinisée d'Haute-Serre. Mais il est évident que si Haute-Serre tourné en latin a donné Altaserra, cette forme latine retournée en français doit reprendre son orthographe primitive et que Altaserra n'a pas de raison d'être.

Né au hameau dont il portait le nom, Etienne était fils de Pierre. Son père ne vivait plus le 9 février 1519. (Vieux style pour 1520).

En 1512, il fut investi par le choix de ses confrères de l'office de baile et de procureur de la communauté. Son ordination sacerdotale est donc antérieure de quelques années à cette date; car il n'est pas probable que l'on confiât ces fonctions à de tout jeunes débutants.

En 1511, il avait acquis au profit des filleuls, de Pierre Lacarrière, savetier d'Aurillac, au prix de 10 livres tournois, le pré dénommé *Domergue,* assis dans les dépendances du village de Vielle. Ce pré payait au monastère de St-Géraud, auquel il avait primitivement appartenu, un droit de cens et relevait de sa directe avec droit de prélation et de lods. Jean de la Roque, curé de Béduer et de Rinhac, fondé de pouvoir de l'Hôtelier du monastère, perçut le droit de vente et accorda l'investiture au baile sus-nommé après qu'il eut déclaré son intention d'occomplir exactement ses devoirs de bon et fidèle emphytéote. (Min. Delvernh.)

A la date du 9 février 1520, il souscrivit une obligation de 42 livres tournois à Etienne Dugono, marchand d'Aurillac; il s'engagea à les payer à la prochaine fête de St Urbain ou à défaut de paiement à céder la terre *Delafon* située dans les appartenances d'Haute-Serre. (Min. G. Delvernh, reg. 1519-1521 fol. 111).

Le 22 juillet 1522, on le rencontre avec Etienne Altaserra, fils de Siméon, dans la maison de Seyrac près le portail d'Aurinque *apud domum de Seyrac prope portallum Aurince ville Aurelhaci.* Il racheta conjointement avec son parent, d'Etienne Hugue, marchand d'Aurillac, au prix de 42 livres tournois, divers biens assis dans les dépendances d'Haute-Serre. C'étaient la terre *Delafon* contenant 2 séterées; le jardin *de la Rivieyra* 3 cartelées; la terre *del Sinadel* et *des térondels* avec bois et terre de 3 sétérées; autre terre *Delsinadel* 4 sétérées; la terre où boigue *dels calmels*. La vente fut passée en présence de François, fils de Pierre et de Jean Vigier de Brossette. Dans cet acte on leur donne la qualification de prêtre. Le vendeur les mit en possession de ces divers immeubles, *posuit dictos duos stephanum et alterum stephanum de Alteserra presbiteros presentes... in predictis possessionibus.* (Min. J. Textoris, reg. 1521-1522, fol. 195.)

Neuf ans après, le 21 décembre 1531, il figure comme témoin à la constitution du titre clérical de Guillaume Garde, clerc d'Aurillac. (Min. J. Garric, reg. A, fol. 274-275).

Une nouvelle affaire le ramena à Aurillac, le 6 décembre 1532. Honorable homme, maître Martin de Vaurs, licencié-ès-lois, noble Marguerite de Pleaux(1), veuve de Pierre Gard, agissant comme tuteurs des enfants Gard, et administrateurs de leurs biens, retrocédèrent à Etienne, prêtre, fils de Pierre, au prix de 10 livres, 10 sous tournois, le cens annuel de 3 setiers de seigle, mesure d'Aurillac, 12 deniers, une géline, que ledit Alteserra avait vendue pour le même prix à Maître Pierre Gard par acte passé devant le notaire Pierre Vayre, le 10 août 1513; et cela sans préjudice d'autre cens ancien que feu M. Pierre Gard avait le droit de percevoir, sur le boriage dudit Etienne Altaserra. (*Ibid*, fol. 420-421).

Suivent 23 années sur lesquelles nous n'avons rien. Le 8 mars 1555, est nommé dans la liste des communalistes réunis en assemblée délibérante un Etienne Altaserra, mais comme ici le nomenclateur n'a pas fait suivre son nom de celui de son père, il n'est pas facile de dire de quel Etienne il s'agit.

1513-1549. — **Guillaume Doue.** — Ainsi nommé du lieu de son origine et de son domicile. Il était clerc à

---

(1) Cette Marguerite de Pleaux n'est pas mentionnée dans le *Nobiliaire* de Bouillet.

la fin de l'année 1513, comme le constate une pièce authentique du 13 décembre 1513, au bas de laquelle il est mentionné comme premier témoin : *Dnô Guillelmo de Dona Clerico parochie Ytraci.* C'est ce qui nous permet d'indiquer approximativement la date de sa naissance vers 1490 et celle de sa prêtrise en 1515. Suivent 28 ans pendant lesquels nous perdons sa trace. Le 27 janvier 1543, Jean Done, son frère, lui souscrit une obligation de 9 livres 7 sols tournois « pour amiable prêt que luy aurait promis comptant tous profits et instrument sur ce fait. Or, faute d'y satisfaire », il lui vendit conditionnellement un pré appelé *Lalande,* sis à Done. Et le 28 novembre 1549, Jean reçoit en augmentation de prix 7 livres tournois, afin que Guillaume puisse retenir, en paiement des sommes dues, le pré susdit qui passa en héritage à son neveu Géraud. D'après la pièce que j'ai sous les yeux, la date de sa mort est nécessairement renfermée entre 1549 et 1555 puisqu'il intervint dans l'acte de 1549 et qu'il ne figure pas parmi les prêtres filleuls en exercice dans le procès-verbal, sus-relaté, de 1555. Ce qui est absolument certain c'est qu'il est mentionné comme défunt en 1560. Il fit héritier son neveu Géraud de Done. (Min. G. Delvernh, reg. 1513-1514, fol. 119; Jean Textoris, reg. 1544, fol. 174, reg. 1549-1551, fol. 196; J. Carrière, 3ᵉ reg., fol. 32.)

1514- . — **Géraud Despinassol** — Nous constatons sa présence à deux actes dressés le même jour (9 septembre 1514) par le notaire Géraud Delvernh. Le premier est la ratification d'une vente que fit Jean Olivier, prêtre et baile de la communauté de Notre-Dame, au profit d'Astorg Laborie, de Reilhac. Le second est encore une vente consentie à la même date. Dans ces deux titres, Géraud, probablement témoin, est qualifié prêtre d'Ytrac. *Pres... Dnô Geraldo Spinassol, pbro parochie Ytraci.* (Registre 1513-1514, fol. 284, 285.)

1515- . — **Antoine Lacarrière**. — Nous avons relevé ce prêtre avec la date correspondante de 1515 dans le Pouillé manuscrit de Saint-Géraud, p. 272. Nous le trouvons associé aux œuvres pies et charitables qui ont fait bénir la mémoire de son frère Jean. Il testa le 13 mai 1515 devant Pierre Cros, vicaire d'Ytrac. Après avoir recommandé son âme à Dieu, fixé sa sépulture et fait des legs pieux que ne désigne pas le Pouillé, il lègue un pré appelé *Redon* à Armand Lacarrière, son frère, à la charge de célébrer sa vie durant cinq messes basses. Après son décès, le pré passera à d'autres prêtres de la famille, substitués successivement par le testateur avec la même charge. Il termine en instituant ses héritiers Pierre et Guillaume, ses frères. (Voir Pièces justificatives).

1516. — **Géraud Madunhac** était du Bex où il passa sa vie sur laquelle nous n'avons que les détails ici consignés. Le 3 avril 1516 devant Mᵉ Pierre Boal. (Laboal) Antoinette Laborie, femme de Pierre Mommula et Bernard Bargues, d'Hautevaurs, cédèrent à Géraud Madunhac, prêtre du village Delbetz, paroisse d'Ytrac, au prix de 5 livres tournois, le pré dénommé *de Lafon* situé au hameau de Laborie, dépendant du village d'Hautevaurs : *precio quinque librarum dno Geraldo Madunhac presbitero mansi Delbetz eiusden parochie Ytraci de prato vocato Lafon situm in pertinenciis dicti mansi de Laboria d'Altavaurs.* Le 20 mai suivant, au château de Marmiesse, noble Jacques Rolland ratifia cette vente en présence d'Amaulry Pradal et de Jean Bargues, de Bargues, et en investit l'acquéreur qui promit de payer le cens annuel. (Min. Radulphi, regist. 1508-1525).

1516. — **Guillaume Bargues**. — Tout ce que les Archives nous ont transmis sur ce Guillaume se réduit jusqu'ici à un seul document qui nous garantit son existence et nous indique son berceau et sa résidence à Ytrac. Il figure comme témoin à un contrat passé, le 11 décembre 1516, par Astorg Escudier, procureur de la ville d'Aurillac, en faveur de Guillaume Aiguesparses, de la Bastide, paroisse de Saint-Simond : *Presentibus dnô Guillelmo Bargues presbitero loci d'Ytraco...* Ses antécédents et ses destinées ultérieures demeurent voilés d'un nuage que nos investigations n'ont pas encore dissipé. (Papiers personnels.)

1524-1564. — **Pierre Bru**. — Du XV° siècle par sa naissance a franchi la moitié du siècle suivant, car sa mort est postérieure à 1564. Nous avons des actes qui mettent hors de contestation ces trois points importants : sa naissance et sa vie à Espinat; son sacerdoce antérieurement à 1524, et par le fait même sa filiation au clergé paroissial. Voici par ordre les principaux actes auxquels il prit part.

Il fut présent, le 14 novembre 1524, à une acquisition faite par Mre Pierre Boysso, prêtre d'Espinat, et le 27 du même mois à l'approbation ou confirmation qui en fut donnée par noble Marguerite de Pleaux, veuve de Pierre Gard, en qualité de tutrice de ses deux enfants et d'héritière universelle de son mari. — Nous pouvons encore citer sa présence aux promesses de mariage de Blanche de Spinassol, fille de feu Pierre Despinassol, qui épousa Guillaume Limanhes, fils de Jean de Vielle. — Marie Spinassol, fille d'Izarn Spinassol, du village du même nom, fut mariée en 1560 à Géraud Laparra, d'Espinat. Le 7 février 1559 (lire 1560), Guillaume, son frère, lui assura sa dot et ses vêtements nuptiaux; il fut assisté au contrat par « maistre Pierre Bru, prêtre du village d'Espinatz ».

On trouve sa souscription à un pacte de rachat du 5 mars 1563, c'est-à-dire 1564, consenti par Me Pierre Jonquière, prêtre du lieu d'Ytrac, à Jean Lavernhe et Hélips Laborie, sa femme. — Enfin, le 23 octobre de la même année, collectivement avec plusieurs de ses confrères, il passa une transaction avec les cohéritiers de Pierre Viers, qui termina les désaccords qui étaient entre eux.

A dater de ce moment, il n'est plus fait mention de lui. Il ne dut pas survivre longtemps. S'il doit être identifié avec Pierre Bru, prêtre désigné dans un acte de 1498, mais dont malheureusement j'ai oublié de noter la minute, il serait parvenu à une extrême vieillesse. (Min. Pierre Dumolin. Recueil en 7 ou 8 vol. d'actes rangés pêle-mêle et sans ordre chronologique; Min. J. Garric, 1er reg., fol. 8, 14; Min. Carrière, 3° reg., fol. 11, 280; 4° reg., fol. 20.)

1526- — **Guillaume Lacarrière**. — Il résulte du texte du Pouillé, manuscrit sus-relaté, qu'un Guillaume Lacarrière, fils de Pierre était clerc à la date du 9 mars 1526. S'il renonça à la cléricature pour entrer dans le monde, il ne put bénéficier des dispositions testamentaires de son oncle. S'il devint prêtre est-ce de lui ou de son cousin germain Guillaume qu'il est question dans les pièces citées de 1555, 1556, 1559? Enigme difficile à déchiffrer, car, les chartes ne précisant pas la filiation, nous n'avons pas d'argument concluant en faveur de l'un plutôt que de l'autre. Tout ce que nous savons de lui se trouve dans la pièce que nous donnons plus loin, laquelle nous garantit en même temps, son origine, sa famille et sa cléricature.

1526-1556. — **Guillaume Lacarrière**. — Né à Lacarrière à la fin du XV° siècle ou au début du XVI°, d'une de ces robustes et patriarcales familles en qui l'on ne sait ce qu'on doit le plus admirer, ou du nombre des enfants, ou de la force de la constitution physique, ou de l'énergie de la foi et des vertus chrétiennes. Dans un tel milieu la vocation sacerdotale se dessine vite : aussi en 1526 il était déjà prêtre.

Le 9 mars 1526, Jean Lacarrière, prêtre, son oncle, par son testament, reçu par le notaire J. Boissadel, donna à M. Guillaume Lacarrière, prêtre, fils de Guillaume, et à Guillaume Lacarrière, fils de Pierre, ses neveux, les héritages ensuivants, sis au village del Capmas, paroisse d'Ytrac, savoir : un pré appelé prat *Long* et un autre pré appelé de *Laboigne, contenant* le pré *Long* environ 4 œuvres, et *Laboigne,* 3 œuvres, joignants ensemble, ayant pour confronts : le commun dudit village, le pré de Pierre Capmas, le pré du sieur Labroha, ruisseau au milieu, le pré et terre de Pierre Capmas; plus une grange confrontant avec le jardin de Raymond Capmas; plus un champ appelé *del Camp grand,* à la charge d'une messe basse chaque semaine et prières pour la famille du donateur.

« Voulant néanmoins, au cas où ledit clerc ne se fasse prêtre, ledit Guillaume en jouisse seul ». (Pouillé mss. de l'Archiprêtre de Saint-Géraud, p. 24-26.)

Membre de la communauté, on lui confia les fonctions de « Clavier » c.-à-d., la garde des archives et du trésor. Il l'était pour l'année 1555 et il est possible qu'il ait quitté et repris plusieurs fois ces fonctions. Le 14 juin 1555, « maistre Guillaume Carrière, procureur et baile de l'année », agissant au nom de ses confrères, acheta de Jean Veyrine, prêtre communaliste, pour le prix de 30 livres, la terre de la *planca* quitte et franche de toute redevance. (fol. 27). Il est inscrit dans l'acte de réception de Jean Laurens, 6 avril 1556, et dans le premier testament de Pierre Cros, daté du 5 novembre 1556. (Min. Carrière, regist. de 1554 à 1559, fol. 27, 77, 96-99.)

1533-1576. — **Jean Veyrines**. — Originaire du village Delborn où il résidait. C'était près de Cambian, si ce n'était pas Cambian.

Le 17 décembre 1533, Jean Veyrines, son père, lui constitua par devant Mre Pierre Spinassol, son titre clérical qui consistait : « en dix-sept setiers de seigle, mesure d'Aurillac, deux livres pour un lard, une robe de trois ans en trois ans de la valeur de cinq livres; une chambre, dans la maison des héritiers de Guillaume Veyrine, une cartelade de Jardin dans le jardin dudit constituant etc. » Mais il n'en jouit pas paisiblement, car quelques années plus tard (18 mars 1560) il dut transiger avec son frère Jean, dit Camaria, qui lui paya pour arrérages dudit titre presbytéral 10 setiers de seigle, 4 livres 10 sols tournois, une robe de six livres (Minutes Carrières 3e reg. fol. 120).

Ordonné prêtre un ou deux ans après, il fut aussitôt incorporé à la société séculière, et exerça en 1568 les fonctions de baile. On le voit figurer avec cette désignation, dans deux subrogations de vente datées l'une du 28 avril et l'autre du 16 mai de la même année. (Ibid 4e reg. fol. 265, 269, 270).

Ses voisins et parents lui donnaient des occupations moins agréables : ils lui disputaient la possession de sa propriété *de la clerga* au village de Delborn. L'abbé se défendit ; le procès fut porté devant le bailli d'Aurillac qui lui donna gain de cause par un compromis ou sentence prononcée le 13 août 1553. (Original en parchemin dans mes archives).

Le 29 octobre 1564, conjointement avec les deux bailes de l'année et seize filleuls, il traita de nouveau, sur procès, avec les héritiers de Pierre Viers. A ce traité intervinrent comme témoins, et peut-être comme médiateurs et garants, noble Annet de Veyre, seigneur de Leybros, et Jean Payri, marchand du Bourlès. (Min. Carrière, 4° reg. fol. 20-21).

Nous savons qu'il vivait encore en 1576. Le 12 avril de cette même année, Jean fit son testament. Le notaire Cruèghe vint de Saint-Paul-des-Landes au mas Delborn, et reçut, dans un acte public, ses dernières volontés. Il légua 2 sol tournois, 6 deniers, aux curé et prêtres d'Ytrac qui étaient nombreux. Hugues Montmèghe reçut un écu à charge de rendre un oblige de 10 livres. Il donna à Agnès Delpuech, sa chambrière, la vie à la maison de son héritière et en cas de désaccord une pension viagère, à savoir : « 6 setiers de seigle, 30 sols pour la chair et une cartelade de jardin ». Il fit un legs à chacun de ses parents et institua Marguerite Lassanhe, son héritière universelle. Parmi les témoins se trouvaient : Olivier de la Teulière, seigneur dudit lieu, Mre Pierre Cavaniac, prêtre d'Espinat... Vraisemblablement il ne tarda pas à s'éteindre, mais rien ne vient confirmer cette supposition.

1543. — **Pierre Conhaguet.** — A peine évoqué par son nom, ce prêtre se meut dans une demi-obscurité qui ne nous permet pas de connaître son berceau, ni de distinguer sa physionomie respective.

Il est mentionné dans une minute notariale de Jean Textoris, datée du 1er mars 1543, (regit. 15, fol. 114-115). A une époque qui n'est pas indiquée, il acheta pour le prix de 15 livres la terre appelée *de Laparra*, avec un petit pradel, confrontant avec la terre dénommée *Delbon*, et la terre *del ordio* confrontant avec la terre de Jean Maury, les deux terres mouvant en censive de noble dame Jeanne de

Balzac, dame de Montal, au cens annuel d'une carte de blé de seigle. L'achat fut fait à Françoise Monreisse de Caumon.

A part cette acquisition, nous ne savons plus rien de Pierre, s'non qu'il ne vivait plus à cette date du 1er mars 1543. «Comme soit ainsi que lad. de Monreisse avait vendu à feu messire Pierre Conhaguet, prêtre d'Ytrac, quand vivait etc...)). Il était sans doute parent, l'oncle ou le frère de Bérald Conhaguet.

1543-1556. — **Pierre Viers**. — Le Pont-Neuf, alias Pauniou, fut l'endroit de sa naissance et de sa vie. (Archives de M. le baron Delzons, Min. Barata, fol. 300.) Le premier acte authentique qui mentionne sa présence et son titre de prêtre filleul est de 1543. (*Ibid*. Min. Michel Mercier, fol. 20.)

Le 20 septembre 1556, il se rendit à Ytrac, accompagné de son neveu, Armand Viers, baile de l'année, et deux autres communalistes, pour l'acquisition du pré *del Sarrat* que leur vendit Etienne Lasborelhes, au prix de 23 livres. Géraud Cinquarbres, marchand d'Aurillac, et Jean Lavernhe, hôtelier d'Ytrac, furent témoins des stipulations arrêtées.

Par son testament reçu par Antoine Grimal, notaire à Aurillac — le texte que j'ai sous les yeux n'indique pas la date — il désigna pour ses héritiers universels Armand Viers, son neveu, et Antoine Rodaire, son cousin, prêtres de la communauté. Il légua aux curés et prêtres de la paroisse 100 livres à charge d'une messe le lundi de chaque semaine. Il donna aussi pour cette fondation perpétuelle : « le pré de *la Fon,* situé es appartenances du villaige de Folontz, contenant huit œuvres de pré ou entour confrontant avec la rivière d'Aultre, à la rue allant au lieu et paroisse d'Ytrac au château des Broas (Leybros), un pré de feuz maistre Francoys Lefaivre ou Laffaire (?), etc... » Ces dispositions testamentaires furent déférées au tribunal civil et ecclésiastique dont la décision n'est pas connue; mais un accord intervint entre les colitigants.

Il était encore de ce monde le 20 septembre 1556, il

avait cessé de vivre le 6 septembre 1559. C'est dans l'intervalle que survint sa fin sans qu'on puisse en préciser la date. Il est rappelé comme défunt dans des Actes de 1559 et 1562. (Min. Carrière, reg. 1554-1559, fol. 87, 4ᵉ reg., fol. 20-22.)

1550-1568. — **Pierre Lacarrière.** — Né à Lacarrière, vers 1526 ou 1527, s'offrit jeune encore à l'Eglise. Il était clerc tonsuré en 1549... Le 2 février 1549, c'est-à-dire 1550 d'après notre comput, suivant acte reçu par le notaire Jean Textoris, son père, considérant que son « fils escollier avait estudié aux escolles, était à présent ydoine et capable de se faire promouvoir aux sacrés ordres de prêtrise » lui donna en titre presbitéral : le vivre « en sa maison bien et honnestement selon son estat de prestrisse » (sic) et au cas où la cohabitation deviendrait difficile ou impossible une rente de 10 setiers de seigle ; 35 sols « pour la chair » ; une maison et un jardin, sis à Ytrac ; une œuvre du pré d'*Entraigue* situé dans les dépendances de Lacarrière ; 10 livres tournois pour faire une grange ; une robe de six ans en six ans, de la valeur de 6 livres tournois ; le blé sera livré à la Saint-Julien et l'argent à la Saint-André.

Sa promotion à la prêtrise et son affiliation à la communauté datent de 1551 ou 1552. A cette époque, le siège de Saint-Flour était occupé par Antoine de Lévis, *nondum munere consecrationis suscepto* qui ne reçut que plus tard la consécration épiscopale et ce fut sans doute Antoine Pascal, son suffragant ou auxiliaire, qui lui conféra les saints ordres.

Antérieurement à 1560, il fut pourvu de la cure d'Artis, au diocèse de Cahors, sa paroisse ne lui donnait pas beaucoup de soucis, car il séjournait à Ytrac, se contentait de toucher les revenus de son bénéfice et d'y faire quelques lointaines apparitions dont nous n'avons pas même la preuve.

Nous avons vu plus haut que, le 13 mai 1560, Berald Conhaguet, en considération des services qu'il avait reçus de Pierre Lacarrière et qu'il espérait en recevoir lui fit donation entre vifs de son bouriage de Lavinal, paroisse de Sansac-de-Marmiesse, confrontant aux affars et ténements des villages del Caillac (Cayla) de Bregmaro, Serra le Borlès, Layraldie, Albussac, Labrossa. Mais il se réserva, sa vie durant, l'usufruit de ce domaine. L'investiture eut lieu par la tradition du bréviaire entre les mains du donataire. Pour donner plus de force à cette donation, le serment fut prêté sur les saints évangiles, et l'acte passé devant le notaire Jean Carrière, sous le sceau du roi, tenu par Pierre Castel.

Les transactions se pressent ici sous notre plume. Il est témoin ou présent : à un acte du 6 décembre 1564, par lequel Jean Payri, marchand du Bourlès, procureur de Jeanne de Montal, dame de la Broue, de Drignac et d'Ytrac, investit l'acheteur et le quitte du droit de lotz ; à une acquisiton du 6 juin 1565, consentie par Etienne Jalès en faveur de Jean Jalès, du village du même nom ; il souscrit une vente du 8 juin 1565 faite par Jean Megha d'Arpajon au profit d'Agnès Cambuon de Lenta ; il appose son seing à une vente du 26 octobre 1567, cette vente est faite moyennant le prix de 15 livres tournois que Guillaume Jalès, dit Vigier, de Viescamp-sous-Jalès, s'engage à payer à Antoine Combe, du village de Lacombe, paroisse d'Omps. Le 14 mars 1568, il intervient à une subrogation de droit conclue par Guillaume Borelles en faveur de Jean Viguier ; le 28 avril de la même année il assiste à une autre subrogation souscrite par Jean Veyrine et Pierre Puech bailes de la communauté à Hugues et Jean Monreisse de Caumon.

Nos efforts pour découvrir son sort ultérieur sont demeurés sans résultat décisif. (Min. Carrière, 3ᵉ reg. fol. 71 ; 4ᵉ regist. fol. 20, 24, 31, 72, 165, 244, 262, 265).

1551-1561. — **Durand Payri**. — La biographie de ce prêtre a trouvé sa place au chapitre qui précède p. 163. Depuis l'insertion de sa notice nous avons trouvé des titres, un surtout, qui fixent clairement une question que nous n'avions pu trancher et qui mettent hors de conteste trois points importants .

1° Durand appartenait à une famille de commerçants établie au Bourlès ; 2° il doit être mis au rang des prêtres de notre église; 3° son endroit de naissance et de vie fut le Bourlès où il fit sa résidence jusqu'en 1557, où il devint titulaire de la cure. Cela résulte de la manière la plus indubitable d'une obligation du 10 octobre 1551, par laquelle « Durand Payri prêtre de la paroisse d'Ytrac et sire Jehan Payri, habitans du vilaige Delborellès (dans d'autres minutes Jean et ses homonymes sont qualifiés de marchands) — ont confessé debvoir à damoyselle Jehanne de Montal la somme de mille livres tournois ». Et le seing des deux contractants vient clore l'acte notarié reçu par Pierre Dumolin.

A son décès, la cure ou son bénéfice échut à Jacques Gache mentionné dans une foule d'actes; nous avons sous les yeux un grand nombre de contrats et transactions où il (M. Gache) assista comme témoin ou médiateur; il était souvent pris comme arbitre ou garant des stipulations arrêtées.

1551-1565. — **Jean Laurens** tirait son origine d'Aurillac où il fut baptisé, vers 1530, dans l'ancienne église de Notre-Dame. Il n'était pas encore adolescent lorsque ses parents vinrent s'établir à Ytrac. Il entra presque aussitôt au service de M. le curé, Pierre Cros, qui lui apprit à lire, à chanter, l'instruisit dans les arts libéraux *artibus liberalibus* et les connaissances nécessaires pour être élevé graduellement aux divers ordres et à la prêtrise en 1555. — Guillaume Monreisse de Cologne lui constitua son titre clérical, le 14 mars 1551, lisez 1552; moyennant lequel Jean Laurens se désista « de tous les droits qui pourraient lui compéter sur les biens » dudit constituant.

Bien qu'il ne fut pas *né et rené* sur la paroisse, le 8 mars 1555, c'est-à-dire 1556, il postula pour être agrégé à la communauté de Saint-Julien. Il adhéra le même jour au contrat réglant les conditions d'entrée dressé devant notaire, en présence des prêtres, des luminiers et des notables. Le nouveau recteur, Jean Cros, donna son approbation le 6 avril 1556 et le mit en possession des fruits, émoluments et prérogatives des communalistes.

Telle était la prédilection de Pierre Cros pour son ancien serviteur et disciple qu'il lui délaissa divers immeubles et le choisit pour l'un de ses exécuteurs testamentaires; aussi bien, le 21 septembre 1560, les fondés de pouvoirs des filleuls lui donnaient quittance des sommes léguées pour fondation de messes et répons.

Le 20 août 1561, il fit avec Jean Figeac, hôtelier du bourg, le partage des « maison, curtil, grange, jardin *del sartre*, qu'il tenait de la libéralité de son bienfaiteur prénommé. Le 5 octobre suivant, en qualité d'accenseur de la chatellenie de Bessanès comme procureur de noble Pierre de Naucaze, seigneur dudit lieu, il approuva l'achat du pré *del pyro* (?) situé à Bessanès, fait au prix de 25 livres tournois, par Pierre Monreisse de Caumon, surnommé Barasquet, à condition d'en fournir reconnaissance féodale et payer le cens annuel de 2 sols tournois. Il lui accorda l'investiture par la tradition du titre de vente et le quittança du droit de lods. Enfin, ainsi qu'on le verra à l'article d'Antoine Combe, il transigea, le 27 août 1565, avec noble dame Jeanne de Balzac, épouse d'Amaury de Montal, baron de la Roquebrou. (Cf. Bouillet Nobiliaire, t. VI, p. 29. Min. Carrière, reg. 1552-1558, sans pag.; 3ᵉ reg. fol. 71, 145, 146, 160; 4ᵉ reg. fol. 101, 102.)

1552. — **Géraud Bru.** — Une charte en parchemin de 1552, conservée dans nos archives particulières, nous révèle son domicile d'origine et son caractère sacerdotal. Le Pontet fut le lieu de son berceau et de sa résidence. Il y vit le jour à la fin du XVᵉ siècle ou au commencement du XVIᵉ.

Le 8 octobre 1552, il céda à Florette Danjean ou Dangeny absente, mais représentée par sa mère Jeanne Done et par son tuteur Jean Telh, prêtre de Jussac, au prix de 25 livres tournois, un chazal, un jardin appelé *lort blanc* et sa part des communaux du village relevant des desserviteurs de la maison de Labroa, au cens annuel d'une géline. Trois chapelains, Jean Gard, licencié-ès-lois, Jean Bodet, Barthélemy Vayre perçurent le droit de lods et conférèrent l'investiture à l'acquéreur.

Cette charte, la seule qui le mentionne, ne nous apprend rien touchant sa famille et ses antécédents. Géraud n'est pas compris dans la nomenclature détaillée des filleuls, en 1555, ni dans les listes subséquentes et partielles de 1556 et de 1564. C'est assez pour conjecturer, avec quelque raison, que sa mort survint dans l'intervalle de 1552 à 1555. dans un âge voisin de la vieillesse.

15 -1555. — **Durand Delborelles ou Borrelle**. — Nous avons, depuis le 18 septembre 1911, la preuve irrécusable de la vie de Durand. Désormais sa place est assurée sur la liste de nos prêtres, quoique, en dehors de son nom et de sa désignation de filleul, nous n'ayons découvert de lui qu'un fait peu notable : son assistance à une convention passée, le 8 mars 1554 (lisez 1555) entre Jeanne Caumon, épouse de Guillaume Branviel, Bérald et Guillaume Conhaguet du village Delasolz, pour assoupir un long procès, apaiser les dissensions existantes au sujet de la dot de ladite Jeanne et de l'héritage de feu messire Guillaume Branviel et Jean Maury. Témoins : Mrs Durand Delborelles, Jean Lavernha et Jean Montreissa, prêtres d'Ytrac. Ce texte ne dit rien de son domicile d'origine qui, selon toute apparence, fut le Boürlès ou Caraizac où étaient possessionnées des familles du même nom comme on l'a déjà vu. (Min. Pierre Dumolin, Recueil en 7 vol. des actes de ce notaire rangés pêle-mêle et sans ordre chronologique.)

1555-1560. — **Jean Puech**. — Probablement parent et du même endroit que le suivant. Il paraît dans les testaments et le codicile du Curé Cros. Il n'était alors que simple clerc.

« Pour les agréables services qu'il lui a faictz et lui fait journellement, il lui lègue 40 livres tournois pour se faire promouvoir aux ordres sacrés de prêtrise » et veut que l'année qui suivra son décès « il puisse avoir en la maison dudit testateur son habitation et demeurance » (1555-1558). Mais, plus tard, le 11 janvier 1559, c'est-à-dire 1560 d'après notre manière de compter, il modifia ses dispositions et lui donna conjointement avec maistre Jean Laurens ses maison, jardin, curtil, grange, situés à Ytrac, avec les charges dont il a été parlé.

Son sort ultérieur est ignoré. Peut-être ne persévéra-t-il pas? Nous sommes amenés à cette supposition par l'absence totale de tout autre témoignage; mais ce n'est là qu'une pure hypothèse. (Min. Carrière, reg. 1554-1559, fol. 96-99; 154-155; 212-214.)

1555-1568. — **Pierre Puech**. — Domicilié d'origine à Ytrac, né entre 1530 et 1540, était écolier et clerc en 1555, d'après la pièce que nous allons analyser. Preuve nouvelle que nos prêtres se livraient avec succès à l'enseignement et préparaient de jeunes aspirants au sacerdoce.

Le 13 mars 1555, Jean Laurens, du Bourg, lui assigna pour titre clérical le pré de *Pradines* contenant 9 œuvres et la terre del *Cambo*, sis à Ytrac. Moyennant cela, le jeune lévite renonça à tous ses biens paternels et maternels. Sa promotion aux ordres, à la prêtrise, son admission au rang des communalistes, suivirent de près, entre 1555 et 1560.

Le 29 octobre 1564, il est au nombre des prêtres filleuls qui posèrent les bases d'un arrangement avec les héritiers de Mᵉ Pierre Viers. Le 2 mars 1565, il achète de Mᵉ Pierre Conhaguet, pour se bâtir une maison, un chazal contenant deux œuvres trois toises avec ses droits de curtillage et autres servitudes, détenus en fief par Jeanne de Montal, au cens annuel de trois deniers. Deux ans après, on lui confia, conjointement avec Jean Veyrines, les fonctions de baile. Accompagné de Pierre Lavernha, de Pierre Carrière, il se rendit à Aurillac, le 28 mars 1564, pour rétrocéder à Hugues et Jean Monraisse, héritiers d'Antoine, le pré *del sarrat* qu'il avait précédemment acheté desdits acquéreurs.

Le 4 avril suivant, il proroge à Hugues Lavernha, de Done, l'acquisition du pré appelé le prat grand de *payrot*, sis à Done. Plus tard, le 16 mai 1568, nouvelle prorogation faite à Jean Veyrines, dit *Camara*, de la vente du pré de la *planca*, situé au hameau de Veyrines. — Enfin, nous aurons épuisé la série des actes qui le citent, connus de nous, lorsque nous aurons dit qu'il fut présent et témoin à l'acte de cession du *pré de la boissonnade*, situé à Saint-Paul, consentie par Jean Pélicier, dit *Bac-*

calo, d'Escouder, au profit de Mᵉ Pierre Cruèghe, notaire à Saint-Paul. (Min. Carrière, 4ᵉ reg., fol. 20, 245, 265, 269, 270, 279.)

1553-1559. — **Jean Figeac**. — Nous avons deux preuves irrécusables pour établir la légitimité de son insertion dans notre liste des filleuls :

1° Une charte sur parchemin tirée de nos cartons, et écrite en français. « Maistre Jean Figeac, de Caraighat, prêtre de la paroisse d'Ytrac » fut présent à un traité conclu le 13 août 1553, entre Jean Veyrine, prêtre d'une part, et Antoinette Lassagne de l'autre, Il avait pour but de mettre fin à un différend qui s'était élevé au sujet du bouriage ou domaine Delborn, près Cambian. Le titre dans lequel il figure comme témoin a gardé le sceau royal qu'y fit apposer Pierre Clavières, licencié en droit, juge et garde dudit scel.

2° Le dernier est le testament du recteur Pierre Cros, portant la date du 11 janvier 1559, lisez 1560, où il est énoncé avec la seule désignation de prêtre de la paroisse. Nous manquons de données sur ses antécédents et sur sa fin ; les actes précités étant les dernières traces qu'il en reste. (Min. Carrière).

1555-1564. — **Pierre Lavernhe** [1]. — Il était né au village de Done et y résidait. Une charte en parchemin nous fait constater sa présence à Aurillac le 13 août 1553. Jean Veyrine, prêtre de la communauté, l'y avait appelé comme témoin pour traiter et terminer heureusement une affaire délicate, épineuse, embrouillée, relative à son domaine *de la Clerga* situé au village Delborn. La transaction fut rédigée par le notaire Carrière, passée sous le sceau royal. « En présence de maistre Pierre Lavernha de Dona, prêtre de la paroisse dytrac. »

Dans son premier testament, sous la date du 5 novembre 1556, M. le Curé Cros lui fait un legs de 5 sols

[1] Les noms qui suivent jusqu'à celui d'Etienne Reyt, sauf deux : Jean Veyrines et Guillaume Lacarrière, énoncés plus haut, sont classés dans l'ordre et avec la date du titre où ils ont été tous relevés, bien qu'ils figurent dans des documents plus anciens, mais postérieurement découverts.

tournois « s'il luit plaist habiller son corps après son décès », mais il n'est pas mentionné dans le codicille qui suivit ni dans le testament du 11 janvier 1559-1560.

Son nom est encore inscrit dans des actes déjà cités : le procès-verbal d'agrégation de Jean Laurens, du 8 mars 1555; et l'accord, du 23 octobre 1564, relatif à l'assoupissement d'un procès que les communalistes avaient intenté aux héritiers de Pierre Viers.

On ne sait ce qui advint ensuite, ni quand arriva le terme de ses jours.

1555-1564. — **Pierre Viguier**, vicaire. Cf p. 231.

1555-1564. — **Jean Lavernhe**. — Nous le croyons, avec quelque apparence de raison, né à Vielle; toutefois, comme nous n'en avons pas la preuve décisive, nous n'en saurions garantir l'absolue certitude. Il était entré dans le sacerdoce et le clergé paroissial antérieurement à 1555. Mais de combien ? Encore un détail ignoré parce qu'il ne nous a pas été transmis. C'est avec ses titres que nous le voyons désigné dans les pièces où il est question de lui.

Il vient au dixième rang sur la liste des prêtres filleuls qui, le 6 avril 1556, assistèrent à la prise de possession de la cure par Durand Payri. Nous ne savons pas s'ils ont été classés par rang d'ancienneté. Nous ne le voyons reparaître que huit ans après. Le 23 octobre 1564, seize communalistes s'étaient réunis dans l'église en assemblée capitulaire pour s'accommoder avec les héritiers de M. Pierre Viers. Jean prit part à cette délibération et aux actes de cette assemblée.

Enfin nous ajouterons comme dernier renseignement et pour rien perdre de ce que nous savons de ce prêtre que, le 11 octobre 1565, il comparut à Aurillac, devant le notaire Carrière, avec sire Jean Payri, marchand du Bourlès, son proche parent. Pour reconnaître ses agréables services il lui fit de grandes libéralités. Par donation entre vifs il lui abandonna les biens meubles et immeubles qu'il avait recueillis dans la succession de son père Pierre, ne se réservant qu'une pension annuelle et viagère de sept setiers de seigle qui devaient lui être portés chaque année à la Saint-Julien, etc. (Min. Carrière, reg. 1552-1558, sans pagination in finem, et 4ᵉ reg. fol. 20, 118.)

1555-1564. — **Jean Bordes**. — Né à Hautevaurs, ne se manifeste qu'en 1555, alors qu'il était prêtre et faisait, depuis longtemps, peut-être, partie de la communauté. Nous constatons, le 8 mars 1555, son assistance au Conseil des filleuls réunis en assemblée dans l'église, à la suite duquel Jean Laurens fut agrégé à la communauté. Ses antécédents ont échappé à nos recherches.

Neuf ans après, le 19 juin 1564, fut présent et témoin à la constitution de dot faite par M. Antoine Combe à Marguerite Combe, sa nièce « maistre Jehan Bordes, prêtre, habitant dudit Ytrac ». Une minute du 23 octobre suivant mentionne sa présence à la réunion des communalistes qui transigèrent avec les héritiers de M. Pierre Viers. L'année suivante, le 19 mai, Jean Cinq Arbres (1), professeur royal d'hébreu et de syriaque au collège de France où il fit fleurir pendant 33 ans l'étude des langues orientales, en qualité de desserviteur de la maison et collège Broha, fit ratifier par trois prêtres desserviteurs, Barthélemy de Veyre, Pierre Longuebutte, Amaulry de Talon, ses fondés de pouvoir, l'achat, au prix de 100 livres, du pré *Daultra*, fait par Jean Bordes au profit de la communauté.

Le 30 mai de la même année, nouvelle acquisition par ledit baile du pré *Sarrat* situé au Bourlès. Le 2 juin 1565, pour le même pré *Daultra*, sis au Pontet, il paie une augmentation de 20 livres, en présence d'Antoine de Veyre, chanoine de St-Géraud. En 1565 encore, nous le trouvons à Aurillac, le jour de Monsieur Saint-Michel, pénultième de septembre, où il est témoin et signataire du contrat de mariage d'Antoinette Combe, fille de Gille d'Hautevaurs, avec Jean Borie, de la Vaissière, paroisse de La Salvetat : « Présent à ce maistre Jean Bordes, prebtre du villaige daltavaurs. » (Min. Carrière, 3ᵉ reg., fol. 253 ; 4ᵉ reg., fol. 20, 55, 67, 68, 110.)

---

(1) Lecteur du roi ès-lettres hébraïques et caldaïques

1555-1584. — **Henri Leyraldie**. — De Leyraldie, aujourd'hui Laslaudie. Au XVIII⁰ siècle, ce village avait déjà pris le nom de Laslaudie. C'est ce qui ressort d'une reconnaissance passée devant les notaires Lagarrigue et Denevers, le 8 septembre 1751 « du village de Lairaldie à présent Laslaudie. (Expédition collationnée par Denevers le 27 septembre 1751, papiers de la famille Conthe.)

A cette époque, il était prêtre et communaliste. Nous le trouvons mentionné dans l'achat du pré de la *planca*, 14 juin 155 (Min. Carrière, reg. 1554-1559, fol. 27); dans testament de Pierre Cros du 11 janvier 1559, ou plutôt 1560 (*Ibid,* 3⁰ reg.); dans un acte notarié par Jean Textoris (reg. 1556-1558, fol. 268); dans la vente du pré de *Lalaussa* du mois de mars 1557 (Min. Carrière).

Le 3 octobre 1558, Antoine Albussac, de Viala (Vielle), a vendu à messire Henry Leyraldie, au prix de 41 livres tournois, un affar appelé de *Laprada* composé de boigue, lande et brossio (brousse), contenant six seterées de terre ou environ, assis dans les dépendances du village de Leynaldie. (Min. Textoris, reg. 1556-1558, fol. 268.)

En 1560, le 23 mars, il assiste à Ytrac à une vente de divers immeubles, conclue, pour le prix de 102 livres 10 sols tournois, par Pierre Leyritz, de Bessanès, avec Pierre Viguier, de Caraizac. « Présent à ce : M⁰ Henry Leyraldia, de Leyraldia, paroisse susdite, prêtre » (Carrière, 3⁰ reg., fol. 119).

En 1561, la tutelle de son neveu lui avait été attribuée. Le 4 janvier de cette année, Jean Payri, du Bourlès, procureur de Jeanne de Montal, dame d'Ytrac, l'investit en qualité de tuteur du pré de la *rivière qu'il* avait acquis d'Antoine Albussac, au prix de 132 livres. L'investiture se fit par la tradition de l'acte. (*Ibid,* 3⁰ reg., fol. 132.)

Vingt-trois ans se passent sans qu'on trouve aucun souvenir de lui. Il vivait encore en 1584. C'est ce qui ressort de deux pièces authentiques. Le 14 mai 1584, il assista au château d'Espinassol à une reconnaissance en emphitéose et pagesie faite à noble de Roquemaurel, seigneur d'Espinassol : par Antoinette Delbac, veuve Boissou, de Leyraldie, de maison, jardin, curtils, terre, commun y dénommés, sis audit village, au cens annuel d'une carte de blé, d'une carte d'avoine, d'une géline qui seront portés au château d'Espinassol, le grain, à la Saint-Julien, la géline, à la Noël. Henri ne fut pas seulement présent, il apposa son seing à l'acte. (Min. Crueghe, Expédition, collationnée par le notaire Charmes, le 13 mars 1782. Arch. particulières de la famille Conthe.) Sa sœur Delphine, veuve de feu Raymond Leyritz, testa à Caraizac, le 7 septembre 1584, devant Crueghe, notaire de Saint-Paul. Dans ce testament, celle-ci avait inséré la clause suivante : « Je donne et lègue à Henry Leyraldie, mon frère, prêtre, pour un trentenary troys sols. » La testatrice l'institua son héritier universel ainsi que Pierre Gialles, son beau-fils.

1555-1560. — **Pierre Jonquières.** — Du bourg d'Ytrac. La première mention de son nom et de ses qualités se trouve dans le procès-verbal d'agrégation de Jean Laurens du 8 mars 1555. Il se manifeste pour la seconde fois dans une circonstance solennelle : l'installation de Durand Payri qui eut lieu le 6 avril 1556. (Min. Carrière, reg. 1552-1558, sans pagination).

Le 11 juin 1560, François de Scorailles seigneur de Cologne, par contrat registré par le notaire Mercier avait vendu son boriage d'Ytrac à M. Beraud Conhaguet. Comme celui-ci, cité devant la cour du bailliage, ne payait pas, le 20 juin 1560, suivant acte reçu par le notaire Carrière, il substitua en son lieu et place Pierre Jonquières qui devint possesseur des prés, terres y dénommés (3ᵉ regist. fol. 42-44). Son nom est inscrit sur un titre d'achat fait au profit des filleuls le 23 septembre 1556 (*Ibid.* fol. 72).

Elu baile en 1561, il travailla à accroître les biens de la communauté par de nouvelles acquisitions. C'est ainsi que le 20 février 1561, Pierre Leyritz, de Bessanès, lui céda au prix de 40 livres, le pré *long* sis à Bessanès (*Ibid.* fol. 113). Le 20 septembre il acquit de Guillaume Lacarrière, pour 42 livres 10 sols tournois, un jardin sis à Ytrac, relevant en droit et justice de la dame d'Ytrac. Le procureur de Jeanne de Montal lui accorda l'investiture par la tradition du contrat de vente. (*Ibid. fol. 192.*)

Pour favoriser le mariage de son frère Pierre avec Marguerite Reyt de Lacarrière il lui fit donation entre vifs de la moitié de ses biens meubles et immeubles et s'en réserva l'usufruit sa vie durant. Il souscrivit à ces conventions matrimoniales, le 22 septembre 1562, ainsi que Jonquières ermite *Heremita*, Pierre Reyt, Pierre Carrière, curé d'Artis ou Dalie, Jean Capmas, curé de La Capelle Viescamp. (*Ibid.* fol. 192-194).

Le 26 mars 1564, il transigea au sujet du jardin susnommé avec noble et puissante dame Jeanne de Balzac, dame de Montal qui lui fit, en la même forme, une nouvelle investiture. (*Ibid.* fol. 264). Il comparut à Aurillac, le 6 décembre 1565, où devant le notaire déjà cité, l'abbé Conhauguet, lui vendit, au prix de 135 livres la terre *del Soteyra* « située aux appartenances du lieu d'Ytrac ». (4ᵉ registre, fol. 135.) Enfin, le 27 mai 1567, une nouvelle transaction le ramena à Aurillac où Géraud Montmegha, tisserand du bourg, en qualité d'héritier de feu Bérard Conhaguet lui céda, pour le prix 25 livres tournois « toutes prestations, pacte de rachat, et aultre droit et action que ledit Géraud peut avoir sur deux près sis à Ytrac ». (*Ibid.* fol. 214.) Là, s'épuise la série des documents relatifs à ce communaliste.

1555-1574. — **Jean Bargues.** — Parent du précédent, cf. p. 316, né à Bargues. Il se révèle pour la première fois le 8 mars 1555, à l'assemblée des prêtres réunis pour délibérer sur l'agrégation de Jean Laurens.

Par son testament, du 27 février 1559, nouveau style, Antoine Monraisse prêtre de Caumon, l'institua son héritier universel et son exécuteur testamentaire. Les immeubles légués comprenaient à Caumon : la terre de *Laparra haute*, le pré *du Garric;* à Bessanès une grange avec son curtil d'une cartelée de terre, le jardin *des Ezas* d'une émine de terre, le jardin *del Claux* de 3 cartelées, la terre de *la stendas*, 2 sétérées, 3 émines d'autre terre qui n'est pas dénommée; sa part de paturages et communaux. Les parents du défunt Hugues et Jean Monraisse père et fils, les revendiquèrent énergiquement. De là un procès porté devant la cour du Bailliage. Les biens en litige étaient alors jouis par Jean Bargues. Pour vider le procès et diminuer des frais onéreux les parties transigèrent sous la médiation d'amis communs, le 10 avril 1562. Jean Bargues, consent à ce que les colitigants rentrent en possession de la moitié des immeubles, moyennant quoi il reçoit 35 livres tournois dont il se déclare satisfait.

Trois ans après, par donation du 21 mai 1563, il disposa de la moitié des biens qu'il tenait de la libéralité d'Antoine Monraisse, en faveur de Jean Monraisse, fils de feu Guillaume de Caumon, à charge par le donataire de payer la moitié « des légatz, deptes et aultres chouses passives du défunct ». C'était généreusement récompenser de loyaux services car la succession se composait de « maisons, granges, étables, près, terres, bois, pâturages, et aultres héritaiges ».

Le 23 février 1563, (vieux style, correspondant à 1564) Durand Peyri, dit *Duranto*, du Bourlès, racheta de Jean Bargues, agissant en qualité de baile, le pré de *Riou*, situé dans les dépendances du Bourlès. Le 23 octobre 1564 il assista avec 15 de ses confrères à l'assemblée tenue dans l'église pour régler le différend survenu entre la communauté et les héritiers de M. Pierre Viers. Enfin le 16 août 1574, il assista à la procure donné par Pierre Chaumon, d'Ytrac, fils de feu Durand, à Marguerite Gaubert sa mère, pour comparaître devant les tribunaux et aliéner le *claux* et pré de *Lespinasse*, au prix que bon lui semblera. C'est la dernière mention que nous avons trouvée de ce filleul. (Min. Textoris, reg. 1558-1560, fol. 1, Min. Carrière 3° reg. fol. 174-176, 240-279 ; 4° reg. fol. 20, Min Varata ou Barata ; archives de la famille Vermenouze de Besse.)

1555- . — **Jean Jonquières**. — Le procès-verbal de la réunion tenue le 8 mars 1555 l'inscrit au neuvième rang des trente prêtres capitulants. Procès-verbal de carence : rien, néant, sauf cette brève mention qui ne dit pas son endroit de vie, ne permet pas de conjecturer la date même approximative de sa naissance et de son ordination.

Le 6 avril 1556, Jean, vicaire du recteur, *vicarius rectoris,* c'est-à-dire, s'il n'y a pas de méprise de notre part, vicaire choisi pour la circonstance, en d'autres termes comme mandataire du curé, fut chargé de publier au prône de la messe les bulles de provision et la prise de possession de la cure par Durand Payri. Le 25 octobre 1558, il procéda à l'installation solennelle de Jacques Gache à qui échut ce bénéfice (Cf. p. 163, 165). On ne croit pas qu'on doive l'identifier avec autre Jean Jonquières qui vivait en 1619. Il serait mort plus que nonagénaire. (Min. Carrière, reg. 1552-1558.)

1555 - — **Guillaume Lafon**. — Nous n'avons recueilli d'autres traces de ce filleul que la mention de son nom et de son caractère sacerdotal, avec la date du 8 mars correspondante, dans le titre d'agrégation de Jean Laurens, passé sous le sceau de l'officialité, tenu par Sébastien de Veyre, juge de la cour spirituelle d'Arpajon. (Min. Carrière, loc. citat). Cette charte étant la seule que nous connaissions concernant ce communaliste, il nous est impossible d'indiquer son berceau, même sa résidence et le rang de sa famille Ce défaut, de données plus certaines, laisse peu d'espoir qu'on puisse aller un jour au-delà de ce laconique renseignement.

1555-1564. — **Armand Viers**. — Neveu du précédent, et natif du hameau de Viers. On rencontre pour la première fois son nom et ses qualifications dans un titre du 8 mars 1555.

L'année suivante, il fut appelé à remplir les fonctions de baile ou de procureur. En cette qualité, il augmenta les biens de la communauté. Le 18 mai 1556, il acquit, de Jean Cambuan, au prix de 36 livres, le pré de *lay laigue,* sis à Cambian. Le 30 juin suivant, il acheta d'Hugues Monreisse, de Calmon, moyennant 20 livres, une œuvre du pré dénommé *la pra Nuou,* situé à Caumon ; le 20 septembre de la même année, Etienne Lasborrelhes lui céda, pour le prix de 23 livres, le pré *Sarrat,* sis aux appartenances du Bourlès. (Min. Carrière, reg. 1554-1559.)

En 1562 (nouveau comput), il fut encore élu baile et nous le rencontrons à Aurillac, le 31 janvier, pour régler une affaire concernant les communalistes. En vertu d'un arrêt de la cour présidiale, ils avaient fait saisir les biens de Jean Cruèghe, de Crandelle, en paiement de certaines sommes. Esclarmonde de Cruèghe, avec le consentement de Géraud Lafon, son mari, fit opposition et obtint une sentence de la cour lui adjugeant 45 livres tournois, reliquat de sa dot dont nos filleuls devaient lui payer 25 sols chaque année jusqu'à complète solution de ladite somme. Or, à la date sus-relatée, Esclarmonde quittançait Armand Viers et ses confrères. L'année d'après, il reçut d'Antoine Rodaire un legs de 10 livres tournois. (*Ibid,* 3ᵉ reg., fol. 168, fol. 206-208.)

Par son dernier testament, Pierre Viers, son oncle, le fit son héritier avec Antoine Rodayre. Ce testament fut la source d'un grand nombre de difficultés entre les héritiers et les légataires. — Armand eut à soutenir un procès devant la cour du bailliage et de l'officialité d'Arpajon, contre Antoine et Hugues Rodayre. Mais le différend se régla par un accommodement qui fut conclu le 6 septembre 1559. — La succession de Pierre suscita d'autres litiges. Il avait légué 100 livres et un pré pour une fondation de messes à perpétuité. Or, les héritiers prétendaient que le legs du pré n'était pas valide pour deux raisons : 1° Pierre l'avait donné par codicille subséquent à Jeanne, sa sœur; 2° le testateur l'avait vendu auparavant à Amaulry, son frère. — Les prêtres légataires soutenaient le contraire : 1° la vente était nulle n'ayant pas été faite devant trois témoins; 2° et quant à la réserve de la vente faite à Almaury, ce n'était qu'une oblige personnelle et conditionnelle sur laquelle on ne pouvait alléguer droit de tiers. Les parties en étaient venues à un procès qui fut porté devant la cour du bailliage et les légataires avaient interjeté appel au Parlement de Paris.

Ces débats reçurent une solution amiable le 23 octobre 1564. Des termes de l'arrangement, il ressort ceci : 1° Les prêtres ont consenti à ce que la sentence sorte son plein et entier effet et ont renoncé à l'appel précédemment interjeté; 2° ils ont reconnu avoir reçu les 100 livres tournois léguées par le testateur et en ont quitté les héritiers avec pacte de ne plus rien leur demander pour ladite somme; 3° Pour les dépenses du procès et instances, ils seront tenus de payer 52 livres tournois dont 35 furent payées en écus anglais (?) (1) aux dits Viers et Rodayre et pour les 117 livres qui restent, ils se sont engagés à les payer le lundi de la septuagésime, qui est jour de foire à Aurillac. Furent présents à cet accord : noble Annet de Veyre, seigneur de Leybros, et sire Jean Payri, marchand du Bourlès. (Min. Carrière, 4° reg., fol. 20,21,22.)

1555-1568. — **Pierre Cruèghe**. — Un bail, que nous avons dans nos dossiers, établit sa prêtrise et sa filiation à la société séculière antérieurement à 1550, et nous apprend le genre de vie ou les travaux auxquels il s'adonnait.

Suivant acte dressé à Avignon par le notaire Antoine Hollyé, le 14 avril 1550, Charles de Joyeuse, protonotaire apostolique, prieur de Saint-Paul-des-Landes, commandeur de Saint-Antoine, donna pouvoir à noble Antoine de Beauregard pour affermer le temporel de son bénéfice de Saint-Paul. En vertu de cette procure, le 20 décembre 1550 il (M. de Beauregard), arrenta les revenus et la maison du prieuré pendant deux ans, à Pierre Cruèghe, prêtre d'Espinat, pour « la somme de dix-sept cent vingt livres tournois (340 livres), à raison de chaque année huict vingtz dix livres tournois (170 livres). Cela fait Pierre Cruèghe compta vingt escuz dont il reçut quittance.

Il assista à l'accord, conclu le 4 août 1551, entre Hélips Papy, veuve de Pierre Bru, et Amaury Viers, tuteur d'Hélips Viers; à la séance capitulaire du 8 mars 1556; à la sentence arbitrale du 1ᵉʳ décembre 1558 qui mit fin aux démêlés existants entre Hélips Leyrits et Pierre Monreisse, de Caumon. Ce même jour, il vendit à Géraud Roger (?) et Antoine Desbans (?), d'Antueghol, une chambre avec une parcelle de terre à prendre d'un jardin et d'un pré appelé de *devons lhostal,* sis à Brepmar.

Il figure pour un legs de 5 sols tournois au testament de Jean Laborie de Lavernhe, du 15 avril 1560. Il alla à Aurillac le 7 mai de la même année et fut témoin du rachat, au prix de 20 livres 15 sous tournois, du pré de Lalande, sis à Done et dont Géraud Done fit retour à autre Géraud Done. Il était à Ytrac le 8 avril 1562 présent à la vente du pré de *Lalande* que Pierre Rodayre du Pont-Neuf céda

---

(1) Probablement écu d'or à l'agnelet.

à Guillaume Vachan de Naucelles. Témoins « maistre Pierre Cruèghe pbre d'Espinatz ». Il s'y transporta le 1ᵉʳ juillet 1568, à l'époque du mariage de sa nièce Marguerite Cruèghe, fille de maître Antoine et de Marie de Balmetz, avec Pierre Rodayre du Pont-Neuf, et, conjointement avec Pierre Balmetz, oncle maternel de Marguerite, lui donna en dot 200 livres et ses vêtements nuptiaux. (Papiers personnels, Min. Pierre Dumolin, Min. Carrière, 3ᵉ reg. fol. 29, 32, 177).

1556-1564. — **Guillaume Reyt.** — Enfant baptismal de la paroisse, du village de Bremmarou près de Serre et du Bourlès, aujourd'hui disparu(1). L'époque précise où il fut promu à la prêtrise et affilié à la communauté est ignorée. Mais ce qui est sûr c'est qu'il est mentionné avec son titre de prêtre et de communaliste dans le testament de M. Pierre Cros, recteur, du 5 novembre 1556; qu'au mois de mars 1557, il remplissait les fonctions de baile, et, comme tel, il acquit de Cessonne Bru, au prix de 20 livres tournois, le pré vulgairement appelé *Lalaussa*, situé à Espinat. (Min. Carrière, reg. 1554-1559.)

Le 21 septembre 1560, encore en qualité de baile, il quittançait les héritiers de Pierre Cros, savoir : Antoine Cros, prêtre de Crandelle, Pierre Cros, notaire, Jean Laurens et Jean Puech, d'Ytrac, des intérêts ou fruits de la somme de 55 livres tournois léguée pour la fondation de messes chantées et d'un répons sur son tombeau.

Le 23 septembre de la même année, conjointement avec Antoine Combes, l'un et l'autre élus bailes, accompagnés de Béral Conhaguet, de Pierre Jonquières, Jean Figeac, Pierre Lavernha, Pierre Viguier, Pierre Cavanhac, Pierre Cruèghe dit Chaumon, Pierre Puech, Jean Bargue, prêtres, agissant au nom des autres filleuls, il acquiert de Jean Payri, pour le prix de 50 livres tournois, un pré situé au Bourlès. Enfin, le 5 mars 1564, il est témoin et signataire d'une vente faite par Pierre Jonquière, prêtre, en faveur de Jean Lavernha et d'Hélips Laboria, sa femme. (Min. Carrière, 3ᵉ registre, fol. 72 ; 280.)

---

(1) Bremmarou, domaine ruiné, Commune d'Ytrac, village de Bremmarou 1684 (Arc. dép. S.C.) E. Amé. *Dictionnaire Topographique* du département du Cantal, p. 74.

Ensuite nous ne le suivons plus dans les étapes de sa carrière qu'il termina on ne sait en quelle année.

1523-1566. — Jean Capmas. — Les Capmas étaient possessionnés anciennement au village dont ils avaient pris le nom conformément à un usage assez répandu dans les familles non annoblies, d'adopter comme nom patronymique celui de leur domicile d'origine. Le premier document qui se réfère à ce communaliste est du 19 décembre 1523. C'est un traité intervenu entre Pierre Lavernhe dit Poiro du village de Vielle et Jean Capmas prêtre du village de Capmas. L'acte fut dressé *apud mansun del Capmas* par Guillaume Brozat, notaire d'Aurillac. (Min. Guill. Brozat, fol. 204.) — Il figure parmi les vingt-neuf prêtres filleuls en exercice le 28 mars 1555 désignés dans le procès-verbal d'agrégation de Jean Laurens. — Cinq ans après, nous voyons le mentionné, parmi les témoins du testament de Pierre Cros, recteur de la paroisse, du 11 janvier 1560. (Min. Carrière). — Dans l'intervalle des trente-sept ans qui s'écoulent entre la première et la dernière date, et, en dehors de ces deux dates extrêmes, nous n'avons pu recueillir aucun renseignement sur sa vie. Il faudrait bien se garder, malgré la similitude des noms de confondre ce prêtre avec un autre Jean Capmas, originaire d'Aurillac, qui prit possession de la cure de La Capelle-Viescamp, le 24 mars 1554, et l'occupait encore en 1567. Le 20 octobre 1566, il fut présent à arrangement conclu entre Géraud Boysso d'Ayrens et Pierre Chaumon d'Ytrac. (Min. Carrière, reg. 1552-1558, sans pag. in modio libri Min. Dumolin.)

1555-1567. — Bérald ou Béraud Coṇhaǵuet. — naquit au début du XVIe siècle entre 1501 et 1504. C'était faire son entrée dans le monde à une époque douloureuse qui vit éclater le Luthérianisme, la plus formidable tempête qui se soit élevée contre l'Eglise. Il sortait d'une famille laborieuse et honorable qui avait des biens au hameau Delassolz. Dans la suite il acquit lui-même quelques immeubles à Ytrac qui sont mentionnés dans quelques actes notamment dans son testament. Ceux, sis à Ytrac, qui lui venaient de François de Scorailles, seigneur du lieu, passèrent, en 1560, à un autre communaliste, ainsi que nous l'avons vu à l'article Jonquières, p. 339. De ses frères, on connaît Guillaume, marié à Marguerite Cros et possesseur d'une étude de notaire au village Delassolz, Pierre Conhaguet et Catherine mariée à Jean Bros. (Min. Carrière, 3ᵉ reg. fol. 42-45).

Sa vocation se manifesta de bonne heure. Le 28 mars 1525, Antoine Conhaguet constituait à son fils Bérald, clerc tonsuré, pour titre clérical : 16 setiers de seigle par an livrés à la St-Michel ; 30 sous pour la chair ou un porc de la valeur de 30 sous d'or : *item pro carnibus suis quolibet anno trignita solidos auri, unum porcum valoris triginta solidorum;* une robe de bonne couleur, *boni coloris,* de trois ans en trois ans à la Ste Luce ; la moitié du pré dénommé *Del boscatel* et la terre de *parcsto;* une chambre bonne *usque ad clavem* dans ledit village ; enfin pour son chauffage, le bois mort pris dans les biens dudit constituant. (Min. P. Cros registre 1525-1527).

Elevé aux ordres dans les deux années qui suivirent (1526-1527), sous l'épiscopat de Louis de Joyeuse qui vraisemblablement fut le collateur, il fut admis dans la société sacerdotale et y remplit tantôt les fonctions de simple filleul, tantôt celles de baile ou syndic.

En 1532, devant Mᵉ Garric, notaire, Jean Masson, licencié en médecine de la ville d'Aurillac, lui revendit ainsi qu'à Guillaume, son frère, le pré appelé *Mal* qu'ils lui avaient cédé, en 1523, à titre de réméré. (Min Garric, reg. A. fol. 366, 367). Le 24 février 1548, vieux style, paraît, en qualité de témoin à un acte reçu par le notaire Pierre Cros, maître Bérald Conhaguet, prêtre du village de Delassolz, demeurant à Ytrac (Min. Cros).

Il est fréquemment mentionné dans les registres de Jean Carrière de 1559 à 1567, et on y voit son seing apposé à des minutes du 22 février 1563 ; du 6 décembre 1565 ; du 8 juin 1566 ; du 2 mars 1565 ; et du 2 juin 1565 (voir 3ᵉ registre, fol. 279 ; 4ᵉ registre, fol. 62, 135, 145, 165).

Pierre Lacarrière, curé d'Atis, diocèse de Cahors, mais résidant à Ytrac, lui avait rendu d'éminents services, aussi le 13 mai 1560, lui fit-il une magnifique libéralité, en le gratifiant, par donation entre vifs de son boriage et domaine de Lavinhal, paroisse de Sansac, comprenant : maison, grange, écurie, prés, terres, bois, communs et pâturages. Le 15 mai suivant, atteint de grave maladie, la pensée de la mort lui fit rédiger son testament. Cette pièce nous permet d'entrer dans la demeure du vénérable communaliste et de jeter un regard furtif sur son ameublement : c'était bien la simplicité non moins antique que chrétienne. Il donne à Hélips Boysso (Bouissou) à titre d'aumône et de reconnaissance, le meilleur de ses deux manteaux de brunete, une écuelle, une assiette, une autre écuelle à oreilles, une pinte de vin, le tout d'étaing ; à Pierre Carrière, sus-mentionné, son grand *Chalit* et les rideaux qui y sont ; puis des legs aux enfants du notaire Guillaume, son frère etc. (Ibid. 3e reg. fol. 35-36). Cet acte de ses dernières volontés fut renouvelé le 6 février 1562, nouveau style 1563. Outre le désir exprimé par testateur d'être enseveli au cimetière d'Ytrac, dans la tombe de ses ancêtres, ce testament contient des dispositions au profit de Pierre Conhaguet, fils de feu Guillaume son héritier universel, de ses parents et amis ; des legs pieux, pour la fondation de deux obits ; aux prêtres de la paroisse ; à la frairie du précieux corps de N.-S.J.-C. ; aux bassins des âmes du purgatoire et de Ste Anne. Il désigna pour son héritier universel, Pierre Conhaguet, fils aîné de feu messire Guillaume, son frère, et en cas de décès lui substitua successivement autre Pierre et Loys Conhaguet. — Le 20 mai 1563, par donation entre vifs, il cède à Guillaume Branviel, hôtelier d'Ytrac, « le sol utile, propriété et possession de la forge et curtillage » qu'il possède au bourg d'Ytrac. (Ibid. 3e reg. fol. 215-217).

Trois ans après on le rencontre à Aurillac apposant son seing à une vente du 8 juin 1566. Il est rappelé comme défunt dans un acte du 27 mai 1567. Bien qu'aucun titre ne précise la date de sa mort, elle est nécessairement renfermée entre le 8 juin 1566 et le 27 mai 1567. Min. Carrière fol. 165, 214.)

1555-1562. — **Antoine Monreisse** était né à Caumon dans le dernier quart et peut-être l'extrême fin du XVe siècle d'une famille ancienne et honorable. Le château et fief de Monreisse, sur le territoire de St-Mamet, a donné son nom à une famille noble et distinguée. Celle d'Ytrac, paraît être un rameau détaché de la tige. La châtellenie de Bessanès passa, pour un temps, des de Naucaze ou des de Cambefort, aux Monreisse possessionnés à Foulan, et aussi à l'Hôpital d'Albinhac, paroisse St-Paul-des-Landes. *Nobilis vir Ludovicus de Monreyssa habitator mansi de Brepmar parochie Ytraci;* — *Apud mansum de Folong constitutus nobilis vir Ludovicus de Monreyssa habitator dicti loci.* (Min. Garric, regist. 1524, fol. 3, 15.) — *Apud mansum de Folom parochie Ytraci personoliter constitutus nobilis vir petrus de Monreyssa et Anthonia de Monte Alto eins uxor habitatores loci hospitalis de Albinhaco, parochie Sancti Pauli de landis.* (Ibid. fol. 130; Min. Textoris, regist. 1526-1528, fol. 99-101). Cf. Bouillet Nobil. III, p. 13. Diction. statit. t. IV, p. 97.

Antoine, fils de Géraud, f.ère d'Hugue et de Guillaume avait aussi des biens à Bessanès. Nous ne dissimulerons pas cependant que, malgré la similitude des noms et le voisinage des possessions, il est très possible que les trois prêtres dont nous nous occupons n'appartinssent pas à la même souche. Les chartes qui les énoncent ne leur donnent ni du *nobilis* ni du *discretus et egregius vir* réservé aux gens d'Eglise bien nés.

Le 20 avril 1527, il paraît pour la première fois avec la qualification de prêtre de Caumon, dans l'acte d'aliénation temporaire du pré *Dels boigatz,* sis à Bessanès, que lui firent Agnès Bremar, veuve Pelicier et Jean son fils, au prix de 6 livres et demie tournois, à la charge de payer le cens annuel au suzerain. *Dno Anthonio Monreyssa plrô mansi de Calmon parochie d'Ytraci.* Le 1er juin suivant, M. Antoine Cabrol, docteur en médecine de la ville d'Aurillac, lui accorda l'investiture par la tradition de l'acte notarié et perçut le droit de lotz. En 1529 et le 9 novembre, les mêmes vendeurs lui cèdent, au prix de 3 livres tournois, la plus-value du pré sus-énoncé.

Après un long intervalle de 26 ans sur lesquels on ne trouve rien, on le voit assister à l'assemblée générale du 8 mars 1555, déjà tant de fois citée.

Malade et pressantant sa fin prochaine, il comprit qu'il était temps de s'y préparer: le 27 février 1558, pour 1559, il fit son testament *nuncupatif* c'est-à-dire, écrit sous la dictée du testateur. Il veut être inhumé au cimetière de « lesglise parochielle St-Julien », au tombeau de ses parents et prédécesseurs. Il lègue : à chaque prêtre qui assistera à sa sépulture, neuvaine et bout d'an, 2 sous tournois ; à chaque bassin de ladite église, des âmes du purgatoire, de Ste Anne et de Notre-Dame, comme nous l'avons vu précédemment, 20 deniers tournois ; aux prêtres qui porteront « son corps dud villaige à lad église pour le mettre à ecclésiastique sépulture », 15 deniers tournois ; à Antoine Borreles, prêtre son filyol (filleul), 10 livres tournois ; au sacristain, 5 sous tournois ; à l'évêque de St-Flour, 5 sous tournois. Il nomme son légataire universel, M. Jean Bargues, prêtre du village de Bargues de lad paroisse dytrgac (sic) et veut et ordonne qu'il soit tenu de payer ses dettes legats, de satisfaire « à tous ceulz qui se querelleront de luy estaus gens dignes de foy ». Il survécut encore trois ans et mourut le 25 mars 1562. Sa cendre était à peine refroidie que les frères, neveux ou cousins du défunt assignèrent l'héritier universel en restitution des biens du testateur. Ils composèrent le 10 avril 1562 (Cf. p. 340-341) ; c'est cette transaction qui nous a appris la date de son décès. Ce testament, d'ailleurs, est un témoignage authentique de la piété, de la charité et modestie du testateur.

1555-1556. — **Jean Monreisse**. — Né à Caumon, vers 1500, au commencement de ce seizième siècle, qui devait produire de si douloureux fruits et laisser aux premières années du siècle suivant, particulièrement dans la ville d'Aurillac et dans cette paroisse, un si lamentable héritage. Il était sûrement parent du précédent ; frère, neveu ou cousin. Nous apprenons des actes ci-dessous que sa naissance a été précédée ou suivie de celle d'une sœur, Françoise Monreisse ; mais ils se taisent sur son père et sur sa mère.

Messire Jean Monreisse, prêtre, et Françoise Monreisse, aliénent à Hugue et Guillaume Monreisse, leurs parents, au prix de 3 livres tournois, un cazal avec curtil assis aux dépendances de Caumon, au cens annuel d'un denier payable aux desserviteurs de la maison de Bonne-Pinche et de Broha. Acte reçu par le notaire Jean Textoris, le 23 mars 1541. (Reg. K, 1540-1542, fol. 27). Le 29 mai suivant, M. Pierre Lacarrière, garde du scel royal, procureur des chapelains, approuva la vente et perçut le droit de lotz. Le 1er mars 1544, (1545) nouvelle aliénation faite par les mêmes aux sudits acquéreurs, de la terre *del Puech,* au prix de 17 livres tournois, à la charge de payer aux chapelains sus-énoncés, la redevance annuelle de 2 cartes de seigle. L'investiture fut accordée le 25 juillet suivant, en présence de François Abeil, prêtre d'Aurillac, et d'Hector Rigal, du village de Labeau, paroisse de St-Simond. (Min. Textoris, Reg. 1543-1551, fol. 276.)

Il est encore rappelé dans un titre du 1er mars 1544, c'est-à-dire 1545, où sa sœur intervint tant pour elle, que pour messire Jean son frère, au sujet de la cession de la terre de *Laparra,* pour le prix de 20 livres tournois. Il fut stipulé que sur 20 livres, 15 seraient « baillées » à Antoine Lacarieyra et 5 à ladite Françoise. (Ibid reg. 15, fol. 114-115.) Douze ans après on le voit assister à la prise de possession de la cure par Durand Payri, qui eut lieu le 6 avril 1556, en présence de quinze communalistes et d'une grande affluence de fidèles. (Min. Carrière, reg. 1552-1558, sans pagination.)

Il disparaît ensuite des documents; on peut donc conjecturer qu'il dut bientôt clore sa carrière.

1555-1565. — **Jean Monreisse.** — Né à Caumon, au début du XVIe siècle, après avoir franchi successivement les divers degrés de la cléricature, fut promu à la prêtrise et affilié à la congrégation sacerdotale antérieurement à 1555. Quelques actes le désignent avec le qualificatif de *junior* sans dire son degré de parenté avec les précédents. (Min. Carrière, reg. 1552-1558.)

Au mois de mars 1555, dans l'assemblée de 29 communalistes il donna son adhésion à la réception de Jean Laurens, prêtre étranger à la paroisse, mais qui y avait établi sa résidence depuis plusieurs années. Un peu plus tard, le 6 avril 1556, il assista à l'installation de Durand Payri.

La cérémonie fut magnifique; toute la paroisse y était représentée. (*Ibid.*)

Ces trois assertions sont incontestables; les faits qui vont suivre le concernent probablement, mais nous n'avons pas la certitude que son homonyme ne puisse en réclamer la mention. Il est fort difficile, avec l'imprécision de certains documents, d'attribuer à chacun le contingent qui lui est propre. Cette observation faite, nous espérons qu'on voudra bien nous tenir compte des difficultés et nous pardonner les confusions dans lesquelles nous aurions pu involontairement tomber.

Quelques années après (1561), on le voit assister au testament de Marguerite Cruèghe, épouse de Jean Monreisse, de Caumon. A une époque incertaine, mais peu éloignée de cette dernière date, Jean Lavernhe, « en son nom propre et comme mari et seigneur des biens dotaux d'Hélips Laborie, sa femme, lui avait cédé le pré de *Pradines*, sis à l'affar de Pradines; sur quoi, il y eut un grand différend et procès devant le bailli des montagnes d'Auvergne. Des amis communs, Jean et Antoine Albussac, proposèrent leur intervention. Les deux partis acceptèrent cet arbitrage ou plutôt cette médiation et obtinrent un concordat sur la contestation existante. Le 6 mai 1565, on convint, de part et d'autre, qu'Hélips Laborie serait déboutée de ses prétentions « sur l'effect de lettres royaux » et que la vente faite à Jean Monreisse sortirait son plein effet moyennant le prix de 28 livres tournois. Nous ne savons quand il arriva au terme de ses jours. (Min. Carrière, 3° reg., fol. 162, 163; 4° reg., fol. 53-54.)

1555-1568. — **Antoine Lavernha**. — Né à Vielle, vers 1520 ou 1525, on lui donna au baptême le nom d'Antoine. Après son noviciat ecclésiastique, il fut ordonné prêtre et reçu au rang des filleuls à une date antérieure à 1555. Il figure avec ces deux titres dans le procès-verbal, plusieurs fois cité, d'admission de Jean Laurens.

Nous le rencontrons pour la seconde fois, le 27 juin 1560, en l'étude de M° Carrière, à Aurillac, signant une quittance de 20 sous tournois à Armand Lavernha, son homonyme et son parent. Cette quittance nous apprend qu'Antoine était prêtre de Vielle et que la somme quittancée était destinée à régler un droit de servitude et de passage sur des terres et pré sis à Bessanès. Il figure aussi dans les actes que nous avons cités à l'article Jean Borde et qu'il serait fastidieux de reproduire ici. On lui avait remis les fonctions de baile qu'il avait précédemment occupées.

Le 25 janvier 1567 — correspondant à 1568 —, il souscrivit, en l'étude du notaire susdit, au contrat de mariage d'Antoine Picard, de Sansac-de-Marmiesse, avec Marguerite Megha, fille de Pierre, natif (*oriendus*) du Bousquet d'Arpajon, et résidant présentement à Campan. Le même jour, il assiste également, comme témoin, aux conventions matrimoniales de Nicolas Megha, de Campan, avec Césarie Laporta, fille de Pierre, métayer de la dame de Marmiesse.

La tutelle de ses neveux, Antoine et Pierre, lui ayant été confiée, en son nom propre et en qualité de tuteur et d'administrateur de leurs biens, il eut un procès à soutenir contre Hélips Lavernha, tutrice de Jean, Estienne et Pierre Lavernha, au sujet d'un droit de passage et de pacage sur deux de ses terres. Ces contestations et ce litige furent tranchés à l'amiable par un traité conclu le 29 mai 1568, que nous nous bornons à indiquer en renvoyant le lecteur aux sources où il en est fait mention.

Nous pouvons terminer cette courte notice par ce mot d'un chroniqueur : *de fine ejus et aliis actibus nihil habemus* (1). (Min. Carrière, 3ᵉ reg., fol. 46, 208, 210. 4ᵉ reg., fol. 55, 67, 68, 70, 272.)

1555-1565. — **Antoine Combe**. — Né à Hautevaurs, vers 1503, clerc tonsuré avant le 25 mars 1525, il assiste à cette date à la constitution du titre clérical de Béraud Conhaguet : Presentibus... *Anthonio Combe Clerico mansi daltavaurs parochie Ytraci habitatore*. Il faut donc reporter sa consécration sacerdotale et sa réception de filleul à un ou deux ans en arrière, 1526 ou 1527. Des années qui s'écoulent jusqu'en 1550, il ne nous reste aucun souvenir.

---

(1) Jean d'Ypres, Novus thes aned col. 559

Deux cèdes du minutaire Cros l'énoncent aux dates du 10 août et du 9 mai 1551. Cette dernière nous apprend qu'il possédait à Ytrac une maison où il faisait alors sa résidence « maistre Anthoine Combe dautabaurs à présent demeurant à Ytrac ». Le recteur, Pierre Cros, le choisit comme garant de ses dernières dispositions en 1556 et en 1560. Il participa aux actes capitulaires du 8 mars 1555 et du 23 octobre 1564 dont il a été si souvent question.

Le 21 septembre 1560, en qualité de syndic, il quittançait les héritiers du curé Cros, Jean Laurens et Jean Puech, des sommes léguées à la communauté par ledit testateur. Le 19 juin 1563, il constitua 108 livres à Marguerite Combe, sa nièce, en la mariant avec Bertrand de Aura, fils puîné de Raimond, habitant le repaire d'Entraigues, paroisse de Boisset. Le même jour, le futur lui donna quittance de la dot constituée, en présence d'Antoine d'Anthoine, d'Aurillac, et de maistre Jean Bordes, prêtre d'Ytrac.

Il transigea sur procès, le 27 août 1565, avec noble et puissante Jeanne de Montal, au sujet des rentes à prélever sur les maisons, granges et autres héritages appelés *del sartre* ayant appartenu à feu Jacques et Antoine Cruèghe, dit *del sartre*. La noble dame avait acheté ces immeubles d'Antoine Combe, Jean Laurens et Jean Puech. Le titulaire de la cure, Jacques Gache, et Jean Payri, marchand du Bourlès, servirent d'intermédiaire à la conclusion du contrat. Jeanne de Balzac leur fit rétrocession des propriétés sus-énoncées, au prix de 20 livres tournois; mais il fut stipulé que les cessionnaires ou leurs successeurs seraient tenus : 1° de lui en faire reconnaissance féodale; 2° de payer le cens annuel : 2 cartes de seigle, mesure d'Aurillac, 2 sols tournois et à fournir un manœuvre à faucher; 3° à payer les arrérages. Les stipulations arrêtées furent acceptées le même jour par les parties qui jurèrent de les respecter.

Un arrangement de famille l'amena à Aurillac un mois après. « Le jour de Monsieur Sainct Michel pénultième de septembre », il assista et apposa son seing au contrat de mariage d'Antoinette Combe, fille « de saige homme Gilles de Combe », avec Jean Boria de la Vaissière, paroisse de la Salvetat. Et Jean Palisse, du hameau de la Martinie (?), tuteur du futur, déclara avoir reçu des mains « de vénérable personne maistre Anthoine Combe » la dot promise. A ce contrat intervinrent aussi comme témoins et signataires Jean Borde, prêtre filleul, et Jean de Motlobos (Montlobos), curé de Sansac-de-Marmiesse.

Après cette date, nous ne trouvons plus rien. — (Min. Cros, reg. 1525-1527 — 1550-1551 ; Min. Carrière, 3ᵉ reg. fol. 71, 72, 253 ; 4ᵉ reg. fol. 101, 102, 109, 110.)

1555-1576. — **Pierre Cavanhac**. — Fils d'Antoine du village d'Espinat, reçut la tonsure en 1514, et, selon toute apparence, la prêtrise en 1515, ou dans le courant de 1516. Cela ressort de la vente d'un journal de pré consentie par Ramond Cruèghe, de Messac, à Pierre Cavanhac, clerc de notre paroisse, ou plutôt de l'homologation qui en fut faite par Antoine de la Roque, au nom de l'hôtelier du monastère de Saint-Géraud, en qualité de suzerain : *Petro Cavanhac, clerico, filio Anthonii parochie Ytraci.*

Après un long intervalle de 40 ans, sur lesquels nos archives sont muettes, il est nommé dans un procès-verbal du 8 mars 1555 sus-mentionné ; sept ans plus tard, dans les testaments de Géraud Boysso, d'Espinat, en date du 23 février 1562, c'est-à-dire 1563, et dans un titre d'achat, du 16 mai 1555, par lequel les prêtres filleuls deviennent acquéreurs, au prix de 100 livres, de 8 œuvres de prés situés sur le territoire d'Espinat.

Postérieurement à cette date, il souscrivit au contrat intervenu entre lui et Géraud Boysso, dit Dastorg, relatif à une conduite d'eau dans les prés y dénommés, et propriété dudit Pierre. Cet accord, réalisé à Aurillac, est du 20 avril 1566.

Jean Veyrine le désigna, le 12 avril 1576, comme l'un de ses garants testamentaires, conjointement avec noble Olivier de la Teulière, Guillaume Lintilhac, clerc de Lintilhac. Il mourut dans un âge avancé. (Min. G. Delvernh. Reg. 1514-1515, fol. 230 ; Min. Carrière, 3ᵉ reg., fol. 219 ; 4ᵉ reg., fol. 20, 54, 154 ; min. Cruèghe).

1555-1582. — **Antoine Borrelhe**. — Son nom est parfaitement authentique et il est donné à ce prêtre par diverses pièces de l'époque sous les formes de Las Borelhes, Borrelhes, Borrelic et Borrèle. Au surplus, il n'est pas difficile de savoir d'où lui venait ce nom. Le Bourlès, par corruption Borrelhes, est un village de la paroisse dont sa famille avait pris le nom conformément à un usage assez répandu dans les familles roturières d'adopter comme nom patronymique celui de leur domicile d'origine. Du Bourlès, ses ancêtres étaient venus s'établir à Caraizac d'où était notre communaliste, « M⁰ Antoine Borrelhes, prêtre dud. villaige de Carreghac ».

Tenu sur les fonts baptismaux par Antoine Monreisse, prêtre de Caumon, il fut un de ses légataires. Il figure dans la vente du pré de *Lalausse,* à Espinat, en mars 1557, et dans le codicille du curé Cros, 25 février 1558.

Le 17 novembre 1563, il assista en qualité de témoin au testament de Pierre Vernhe, son beau-frère, passé à Caraizac, devant maître Cruèghe, notaire de Saint-Paul.

Le 8 avril 1564, on le rencontre à Aurillac où il fut témoin et souscrivit à l'acte de vente d'une terre et d'un pré conclu par Jean Terrade, de La Capelle-Viescamp, en faveur de Pierre Jalès, de la même paroisse. Il y était encore, le 1ᵉʳ août 1565, pour assister au contrat de mariage de Pierre Viguier, de Caraizac, avec Catherine Laboigue, de Branviel, qui fut revêtu de sa signature. Il figure aussi dans la transaction plusieurs fois citée du 23 octobre 1564, au sujet du testament de Pierre Viers.

Il testa lui-même le 5 mars 1582. Entre autres dispositions, il choisit sa sépulture au cimetière d'Ytrac, au tombeau de ses prédécesseurs ; il donne aux curé et prêtres d'Ytrac « à chacune de ses obsèques et funérailles, deux solz et un trentenary payable par ses héritiers » ; il distribue un legs à chacun de ses parents : à son beau-frère Jean Pélicier d'Escouder les obligations de Chaptal et celles qu'il a de lui, « veult que luy soyent rendue la cavalle que tient de lui, veult qu'il demeure à mieghe et avec luy » ; à son neveu Loys Bourellies, 3 écus 20 solz payables après son décès ; à sa belle-sœur Marguerite

Lasanhe *(Lasania)* une robe de drap de brunette; à ses nièces Guillaumette et Agnès Pélicier une nappe; à son neveu Géraud Pélicier 2 écus après son trépas; à son filleul Antoine Viguier, un écu payable après son décès; il institue sa sœur Agnès et son neveu Jean Borrelhe ses héritiers universels. Acte reçu par le notaire Cruèghe et signé par le testateur en présence de trois témoins.

Nous venons de voir qu'il veut être enterré au cimetière du lieu; nous ignorons quand cette dernière volonté reçut son exécution. (Min. Carrière, 3ᵉ reg. fol. 98, 290; 4ᵉ reg. fol. 98. Min. Cruèghe. Min. Textoris, reg. 1558-1560, fol. 1).

1555-1556. — **Etienne Haute-Serre.** *(Alteserra).* — Fils de Siméon, parent, probablement cousin germain du précédent. Né comme lui à Haute-Serre vers l'extrême fin du XVᵉ siècle, vécut dans la première moitié du XVIᵉ. Il avait perdu son père de bonne heure : *filius quondam Simeonis*. L'intérêt qui s'attache aux orphelins dut le rendre cher aux prêtres qui présidèrent à son éducation. Il se consola de ses douleurs de famille en goûtant leurs conseils et leurs leçons qui l'inclinèrent vers le sacerdoce. Nous ne pouvons préciser la date de son ordination.

Il paraît pour la première fois le 22 juillet 1522 avec sa dignité de prêtre et sa qualité de filleul. Ce jour-là, solidairement avec son homonyme, il acquit de nouveau d'Etienne Hugues les divers immeubles dénommés à l'article précédent, cf. p. 320. Antérieurement à cette date, le 8 sept. 1520, Agnès Lacaze, veuve de Jean d'Anjohany (Dangeny), en qualité de tutrice de ses filles Jeanne et Marguerite, lui souscrit une obligation de 5 livres par acte reçu par Mᵉ Jacques Capolet. Quatre ans après, le 20 novembre 1524, sans doute en paiement de l'obligation sus-énoncée, Agnès et ses filles lui vendirent solidairement le pré appelé *de las Sansugues*, de la contenance d'un journal de pré, et la terre ou devèze de *la Crotz*, de 6 seterées, à la charge par l'acquéreur de payer le cens annuel au seigneur de Montal. Etienne, absent, se fit remplacer par son procureur Pierre Leyritz, dit Catalha, et par Mᵉ Jean Garric, notaire. L'acte fut dressé en présence de Pierre Careghac, marchand d'Aurillac, et de Guillaume Péros, du village de Caraizac, paroisse d'Ytrac. Plus tard, l'an de Notre-Seigneur 1526 et le 26 janvier — il ne faut pas oublier que l'an de l'Incarnation est en retard d'une année pour les trois premiers mois, — il quittançait par l'intermédiaire de son procureur susnommé, Agnès Lacaze, veuve Dangeony, et ses deux filles de la somme de 5 livres tournois.

Nous avons relaté un certain nombre d'actes dans lesquels figurent ces deux homonymes; mais comme leur nom a été jusqu'ici presque toujours accompagné de celui de leur père, il était impossible de s'y méprendre. Deux titres à notre connaissance, le premier du 8 mars 1555, le second du 6 avril 1556, rappellent un Etienne Altaserra, prêtre de notre église, sans plus rien ajouter. Son identité n'est pas facile à reconnaître. Tous les filleuls y sont nommés, moins un des deux Etienne. Etait-il absent? Etait-il mort? On pourrait le supposer avec quelque fondement, car c'est la dernière mention que nous trouvons de ce nom d'Altaserra. Ni l'un ni l'autre ne paraissent plus dans les minutes notariales. D'où nous pouvons conclure que l'un était décédé et que l'autre ne tarda pas à le suivre dans la tombe. Nous ignorons quelle cause lui avait attiré le surnom de Cardinal : *Duo Altaserra dict Cardinal presbitero*. (Min. Capolet; Min. Garric, reg. 1524-1529 fol. 12 et 1ᵉʳ reg. fol. 14; Min. Carrière, reg. 1552-1558.)

.555-1581. — **Pierre Cruèghe**. — Né selon toute apparence, à Chaumont de Besse, fut ordonné prêtre et admis au rang des filleuls à une date imprécise mais antérieure à 1555. — Il est, en effet, mentionné au vingtième rang, parmi les communalistes réunis en assemblée générale, le 8 mars de cette année, pour délibérer sur l'incorporation de Jean Laurens qui n'était pas *né et reuë* sur la paroisse; mais comme nous connaissons pas le système adopté pour cette classification nous ne pouvons rien en inférer. Nous croyons cependant qu'ils sont énumérés par rang d'âge ou d'ancienneté.

Il est encore nommé dans le testament de Pierre Cros du 11 janvier 1559 c'est-à-dire 1560. Ces deux actes révèlent trois particularités importantes : 1° qu'il était de Chaumon, et comme, à notre connaissance du moins, il n'y a pas eu de famille de ce nom à Chaumont-sous-Brannel, on en déduit logiquement qu'il s'agit de Chaumont-de Besse; 2° qu'à cette époque il était prêtre et faisait partie de la Communauté; 3° qu'il fut témoin au testament sus-relaté. — Enfin Catherine Cruèghe de Cambian, par clause testamentaire du 17 août 1781 « lègue à Me Pierre Cruèghe, prêtre son fraire, seize escus deux tiers descus d'or au soleil revenant à la somme de 50 livres payables après son trespas ». Acte reçu par Me Cruèghe, notaire à Saint-Paul. (Min. Carrière, reg. 1552-1558 et reg. 1559-1564, fol. 211-214.)

1556. — **Etienne Reyt**. — D'Etienne Reyt nous savons seulement : 1° qu'il était originaire de Reyt; 2° qu'il était déjà prêtre en 1556, ce qui lui donne au moins un âge mûr à cette date. Le testament de Jean Laborie, de Lavergne, reçu par Me Carrière, le 16 avril 1556, qui nous fournit ce renseignement, le mentionne en ces termes : « Et a prié et requis... M. Estienne Reyt, prêtre de Reyt... illec présent estre recordz de ci-dessus et se porters tesmoiyns ». Il appartenait à cette famille de Reyt, aussi recommandable par le mérite personnel de ses membres que par sa fortune et dont nous avons parlé au chapitre II, page 65.

1556-1568. — **Géraud Vaysseyra**. — Nous le voyons figurer dans six actes dont deux lui donnent Belbex pour berceau et résidence.

La première fois qu'on le voit paraître, c'est à l'installation solennelle du recteur Durand Payri qui eut lieu le lundi de Pâques, 6 avril 1556. Son nom est inscrit au procès-verbal dressé par le notaire Jean Carrière. Le 15 mars 1562 (lisez 1563), il alla au village de l'Auriola pour assister au testament de Guillaume Lavernhe reçu par le susdit notaire qui le mentionne en ces termes : « Maistre Géraud Vaysseyra, prêtre habitant du lieu de Belver » (Belbex). L'année suivante, il fut élu baile avec Jean Bargues. Comme tel, le 22 février 1563, c'est-à-dire, d'après notre comput, 1564, il signa l'acte de revente du pré dénommé de *Riou,* situé dans les dépendances du Bourlès, consentie à Durand Payri, du même village. Ce contrat fut aussitôt revêtu du seing de trois autres communalistes : Pierre Viguier, Béraud Conhaguet et Jean Bargues.

Il fut présent à l'accommodement conclu entre les héritiers de M° Pierre Viers et les communalistes. Pour plus de solennité, l'accord fut passé dans l'église, le 23 octobre 1564, devant une partie des filleuls composant alors la communauté. Le 19 mars 1564 (c'est-à-dire 1565), eut lieu la revente du pré de *Lafont,* situé à Albussac, au profit de Pierre Albussac. A ce contrat intervint Géraud conjointement avec plusieurs de ses confrères. C'étaient, outre Jean Bordes et Antoine Lavernha, Jean Monreisse, Guillaume Reyt, Pierre Bru, Pierre Puech, Armand Viers et Antoine Rodaire.

On trouve encore son nom au bas d'une quittance du 27 juin 1568 par laquelle Jacques Viguier, de Caraizac reconnait avoir reçu de Jean Viguier, du même village, la somme de 100 livres tournois en présence de « M. Géraud la Vaissieyra, prêtre de Belvé. » Après cette date nous n'avons plus de lui aucun souvenir.

(Min. Carrière, reg. 1552-1558, sans pagination ; 3° reg. reg., fol. 279, 220 ; 4° reg., fol. 20, 42, 278.)

1557. — **Hugues Montmège**. — Cf. Notice des recteurs, p. 167.

1557-1566. — **Philippe Carrière**. — Ou plutôt Lacarrière, du village du même nom. On peut fixer approximativement sa naissance vers 1535. Il reçut sa première éducation sous les yeux de son père Antoine qu'il perdit de bonne heure.

Sa famille comptait des alliances honorables. François de Montal, son parent, lui constitua, par acte passé le 20 mars 1557, son titre clérical qui reposait sur le domaine de Lacarrière. Il consistait en une rente annuelle « de 12 setiers seigle et quatre livres pour la *chair* » ; une chambre ou maison, avec jardin devant ; une parcelle du pré grand ; les frais pour se faire promouvoir aux ordres, « avoir à sa première messe robe de fanon, chausses de brunette et bonnet rond ; et après, de 4 ans en 4 ans, une robe de partenans ». (Les immeubles devront faire retour au constituant, au décès de Philippe qui, pour son titre, renonça à tous les droits qu'il pouvait avoir sur les biens de François de Montal.

Ordonné prêtre avant 1562 il fut aussitôt incorporé à la communauté. — Le 12 mars 1563, c'est-à-dire 1564, il signe une transaction ou partage de biens entre Durand Payri, fils de Florette, et sire Jean Payri du Bourlès. Il est compris parmi les seize prêtres communalistes réunis en assemblée, le 23 octobre 1564, pour pacifier une querelle avec les héritiers de Mre Pierre Viers. — Il fut appelé comme témoin au contrat de mariage de Jean Jalès de la Capelle-Viescamp avec Marguerite Limanhes de Vielle et il souscrivit à la quittance de dot faite à Antoine Limanhes (17 juin 1566).

Le 16 novembre 1566, en qualité de baile de la communauté, il revendit à Jean Payri, au prix de 11 livres tournois, divers biens que celui-ci leur avait cédé le 22 septembre 1560. — Le même jour agissant encore comme baile, au nom de ses confrères, il acheta à réméré, au prix de 110 livres tournois, le pré de la *Rivière,* sis à Done, contenant 2 œuvres que leur céda Guillaume Done, fils à Geraud. Ces titres furent également souscrits par lui, ce qui porte à quatre les actes dont il est signataire. (Min. Carrière, 3e reg., fol. 283 ; 4e reg., fol. 20, 166, 184, 185.)

1557- . — **Jean Bargues junior**. — Il y avait à cette époque, dans la communauté, deux filleuls du même nom et, selon toute vraisemblance, de la même famille. Celui-ci était le plus jeune. Le 12 septembre 1557, il assista à la prise de possession solennelle du prieur François de Montal. Le prêtre installateur fut Durand Payri, curé de la paroisse. Le même jour, conjointement avec Vincent Bénech, clerc de la ville d'Aurillac, il servit de témoin au procès-verbal qui fut dressé par le notaire Jean Carrière : *in presentia Vincentii Bénech, clerici ville Aurelliaci et dni Johannis Bargues presbiteri junioris.* Nos minutaires n'ont relaté aucun renseignement sur sa vie, son décès et sa sépulture. (Regist 1552-1558.)

1559-1564. — **Guillaume Jonquière**. — Vicaire. (Voir page 233.)

1560. — **Pierre Laboigue** — Nous est uniquement connu par le procès-verbal d'installation du prieur Guy Badail qui lui donna pouvoir de prendre possession en son nom du prieuré de Saint-Julien d'Ytrac. Donc, le 29 septembre 1560, Pierre Laboigue, prêtre, se présenta à la porte de l'église priorale, tenant en mains les bulles de provisions du titulaire, pria Pierre Viguier, vicaire de la paroisse, de procéder à l'installation qui eut lieu solennellement, en présence d'Antoine Bargues, Astorg Moynac, jurats de l'année, d'un grand nombre de fidèles : *Duus petrus Laboigue, presbiter, ut procurator expressus fratris Guidonis Badail... qui tenens in manibus suis provisionem apostolicam... in présentia Anthonii Bargas, Astorgii Moynac juratorum, dictus vero Viguier ut receptor, etc.* — Aussitôt après, il enjoignit au notaire de lui donner acte de la mise en possession : *De quibus premissis dictus Laboigue petiit michi notorio instrumentum quod sibi duxi condonare.*

D'où était ce communaliste ? de Vielle probablement, mais ce n'est là qu'une simple conjecture. En dehors de cette pièce authentique, il n'est plus parlé de lui, et il faut renoncer à y ajouter quelque chose d'assuré sur le lieu de sa naissance, sur sa vie, et sur sa mort.

(Min. Carrière, grand registre d'insinuations.)

1560-1565. — **Antoine Rodayre**. — Né au Pont-Neuf, vers 1538, était fils d'Hugues et d'Antoinette Viers. Ils n'eurent pas la joie de le voir monter à l'autel; ils ne vivaient plus le 14 septembre 1560.

A cette date, Guillaume Dandurand, de Péruéjouls, paroisse de Marmanhac, qui avait épousé Antoinette Rodayre lui assigna pour titre clérical : 20 setiers de seigle, mesure d'Aurillac; trois œuvres du pré d'*Escanaulz,* situé dans les dépendances du Pont-Neuf, la terre *del Cambo* de la contenance de 3 sétérées « lesquelles possessions appartiendront à perpétuel aud. Rodayre lequel en pourra disposer à son plaisir et volonté... et moyennant, ce led. Rodayre a déclaré être bien titulé pour venir aud. estat de prêtrise ». Ses ordinations eurent lieu cette année même et les années suivantes, car il apparaît avec sa dignité de prêtre à la fin de 1562.

Durant une maladie grave et dans la prévision d'une mort prochaine, il assura, par de prudentes dispositions, la paix entre ses héritiers; mais, jeune alors, il parvint à conjurer le mal et survécut encore plusieurs années. Ce testament fut fait dans sa maison du Pont-Neuf, par le notaire Jean Carrière, en présence des témoins nommés dans l'acte, le 10 janvier 1562, ou plutôt 1563 pour réduire en style moderne les indications chronologiques qui sont marquées d'après l'ancien style.

De graves dissentiments qui se prolongeaient depuis quelques années avaient éclaté entre la communauté et lui au sujet des messes et anniversaires précédemment fondés pour le repos de l'âme de son cousin, M. Pierre Viers, et de ses parents et ancêtres. Il fallut les déférer à la cour du Bailliage d'Aurillac. Nous ne connaissons pas le jugement qui intervint sans mettre fin à leurs débats. Afin de terminer à tout jamais ce différend, un traité fut conclu le 23 octobre 1564, en présence d'une partie des filleuls réunis, de noble Annet de Veyre, seigneur Dès Broas (Leybros), Durand Payri, marchand del Borlès (Bourlès). (Min. Carrière, fol. 20-22).

A notre connaissance, le dernier acte qui le rappelle est du 24 septembre 1565. C'est une quittance d'une partie de la dot de Marguerite Desastre, consentie par son mari, Raymond Laborie, praticien d'Aurillac. Le notaire ou le copiste a commis une erreur en avançant qu'il était « prêtre del Pontet », et c'est de sa part une simple faute d'attention.

Au mois de janvier, nous venons de le voir, il fit son testament par lequel il légua : aux prêtres qui assisteront à ses trois offices 2 sols, 6 deniers, au *Salve Regina*, devant sa porte, 4 deniers; aux confrères de la frairie du corps précieux de Jésus-Christ, 5 sols tournois; aux curés et prêtres pour la fondation à perpétuité d'une messe « à haulte voix » tous les lundis, 100 livres tournois; aux mêmes, pour la fondation de trois *obits* les jours de Saint-Etienne, de Saint-Jean, et le mardi d'après, 3 livres tournois pour être prié Dieu pour le repos de l'âme d'Hugues Rodayre, son père, Pierre Rodayre, son frère, et Antoinette Viers, sa mère; à révérend Père en Dieu, le seigneur évêque de Saint-Flour, 5 sols tournois.

A Pierre Aymar, Rigault, Pierre et autre Pierre Dandurand ses neveux, à chacun 20 livres tournois; à Antoinette Dandurand, sa nièce, 40 livres tournois; à maîtres Hugues Montmegha et Armand Viers, ses cousins, à chacun 10 livres tournois; à Antoine Hébrard, prêtre du village de Colognette (Colinette) paroisse de Naucelles, 7 livres tournois; à Pierre Rodayre, fils à autre Pierre 4 livres tournois; à Géraud Viers, 20 livres tournois; à Géraud Michel, de Reilhaguet, diverses obligations. Il institua pour son héritier universel Antoine Rodayre, son neveu et filleul, fils de Guillaume Dandurand et d'Antoinette Rodayre, à charge de porter le nom de Rodayre, lui substituant successivement, en cas de décès, sans enfants, Rigauld Dandurand, et à Rigauld Dandurand, Pierre Dandurand, deuxième de nom, toujours à charge de « pourter le cognom de Rodayre », etc... Cette substitution n'eut probablement pas d'effet. Il prescrivit sa sépulture près de la tombe de son père, dans le cimetière de l'église d'Ytrac. L'acte fut passé sous le sceau royal qu'y fit apposer Mᵉ Pierre Castel, licencié-ès-lois, conseiller du roi et garde dudit sceau. (Min. Carrière, 3ᵉ reg., fol. 206-208; 4ᵉ reg., fol. 106.)

1561-1592. — **Géraud Ray**. — Fils de Michel, était né à Leyraldie vers 1536 ou 1540. Le 27 février 1560, Jean, son frère, lui constitua pour titre clérical une pension annuelle et viagère consistant en : « 10 setiers de blé, 12 livres tournois pour *la chair,* une œuvre du pré de *la Darsa;* une cartelée du jardin appelé de *devant lostal;* une robe, de 3 ans en 3 ans, de la valeur de 6 livres, le bois de chauffage, une maison « de hault en bas »; les frais nécessaires pour la poursuite des saints ordres, chanter évangilles, et sa première messe, plus « les droits accoutumez estre payés par chacun prêtre voulant être agrégé en la communauté des prêtres de lesglise parochielle dud. Ytrac. Moyennant cela, Géraud a renoncé à tous les biens de ses père et mère et aultres collatéraux, et a quicté révérend Père en Dieu monsieur l'évesque de Saint-Flour, son diocésain ou aultres, desquels il recevra les saints ordres de tous subsides qu'il pourrait contre eux quereller de droict pour raison de sa cléricature. » (Min. Carrière, 3ᵉ reg., fol. 70.)

Nous ne connaissons de sa vie que trois faits de peu d'importance, les voici dans l'ordre chronologique : Le 27 août 1574, il paraît comme témoin à la procuration donnée par Pierre Chaumon, fils de Durand, du bourg d'Ytrac, à Marguerite Gaubert, sa mère. (Min. Cruèghe, papiers personnels.) Le 4 juin 1583, il assiste à une reconnaissance consentie aux prêtres de l'église de Notre-Dame d'Aurillac par les bailes de Saint-Etienne de Capels ou de Carlat. (Min. François Barata, reg. 1580, fol. 54.) Du 20 juin 1592, nous avons l'acte par lequel agissant au nom des autres filleuls, il céda à Jean Veyrines la terre de *la planca*. (Min. F. Barata, reg. 1599 à 1603, fol. 177-179.) On sait, qu'en 1555, le père de Jean avait vendu à réméré cette terre à la communauté pour le prix de 30 livres. (Min. Carrière, reg. 1554-1559, fol. 27.)

1561 - **Antoine Vernhes**. — Prêtre communaliste de Vielle. Son existence nous est révélée par l'accord intervenu entre lui et Jean Aubussac (*sic*) pour Albussac, habitant du même village. Ce dernier promit à Antoine, prêtre dudit village et paroisse d'Ytrac, de « ne faire ni jeter aulcung berrial de fénestre à ung Capial de maison que led. Aubussac édifie au village de Vielle devers le jardin dud. Vernhes appellé de la grange attouchant à lad. maison ». L'acte fut rédigé dans le cabinet de Mᵉ Cruèghe, notaire à Saint-Paul-des-Landes, en présence de Pélicier, d'Escouder, et de messire Pierre Brosset, prêtre du lieu et paroisse de Sainct-Pol des Landes.

Nous ne connaissons aucun autre détail de la vie d'Antoine Vernhes.

L'orthographe de l'époque n'ayant de constant que ses variations, cet Antoine Vernhes pourrait bien être le même qu'Antoine Lavernha, de Vielle. Nous nous en tenons à ce qui est écrit en attendant que des documents plus explicites viennent éclairer d'un jour nouveau cette question épineuse.

1563-1565. — **Guillaume Reyt**. — Du village de Belbès. Des documents authentiques lui assignent Belbès pour endroit d'origine. Le 20 août 1563 il se rendit à Aurillac pour assister au contrat de mariage de Jean Bardier (?), originaire de Saint-Mamet, avec Jeanne Boysso, de Cambian. On l'y trouve le 8 octobre suivant pour servir de témoin à une transaction conclue par Antoine Alzot et Antoinette Laborie sa femme, avec François Theil et Jeanne Laborie sa femme, au sujet d'un partage de biens. (Min. Carrière, 3ᵉ reg., fol. 263-266.) Le 11 août 1565, à Aurillac encore, il fut présent aux conventions de mariage de Pierre Lavernha, de Belbès, avec Françoise Limanhes, de Leyraldie. (Acte reçu par le même notaire. 4ᵉ reg., fol. 100-101.) Ces trois titres le mentionnent en ces termes : Maistre Guillaume Reyt, de Belver, prêtre de la paroisse d'Ytrac. Il n'y a donc pas de confusion possible avec son homonyme.

1598-1623. — **Etienne Albussac**. — Né à Vielle dans la seconde moitié du XVIᵉ siècle. Nous ne savons rien de lui avant 1598, mais, à partir de cette date, il en est bien souvent question et voici, par ordre chronologique, les principaux actes auxquels il prit part.

Le samedi 25 avril 1598, il fut présent au testament de Jean Lacarrière, de Lavergne, reçu par le notaire Jean Boissadel. (Reg. 1598, fol. 100.) Deux ans après, le 20 juin 1600, il signe le contrat de mariage de Géraud Espinassol, de Vielle, avec Antoinette Grimal, de la Condamine. Le contrat fut passé à Espinat, devant M. de Cambefort, avocat au siège présidial d'Aurillac. Dans cette pièce il est dit prêtre d'Albussac, mais il y a là un *lapsus calami,* car tous les autres actes lui donnent Vielle pour lieu d'origine et de résidence. (Min. Boissadel, reg. 1600, fol. 57.) De 1610, nous avons de lui une quittance dont nous avons oublié de marquer la cote.

Le 4 novembre 1612, de concert avec Hugues Montméghe, le premier en qualité de baile, le second en qualité de syndic, avec le consentement d'Antoine Parizot, curé d'Ytrac, il conclut une transaction relative à la vente et fermage du pré *del Bounez*, situé en la rivière d'Authre, pour mettre fin aux difficultés soulevées par Antoine Laboygue, de Lacarrière. (Min. Fournols et Cailar, tirée de nos cartons.) Le 8 mars 1615, nous le rencontrons à Chaumon de Besse. Avec noble Géraud de Lapanouze, il fut témoin et signataire d'un acte notarié par lequel Méral Abeil délivre la somme de 40 livres en déduction de la dot qu'il a constituée à Marguerite Lassanhe, femme de Jean Lavernhe, de Vielle. (Min. Anthoine Despinasse, notaire de Chaumon de Besse, dans nos archives particulières.)

Ce prêtre, comme bien d'autres, d'ailleurs, se livrait aux travaux agricoles. Le 23 février 1613, devant M° Almaury Destablie, notaire, il avait affermé, « par un bail à mieghe », la métairie sise à Vielle, de Demoiselle Catherine de Cambefort, veuve Andrieu, d'Aurillac. Et, en 1616 (quantième et mois illisible), ladite dame « satisfaicte de messire Estienne Albussac, prêtre du village de Vielle, le quittançait du fermage dû ». (Min. Boissadel.)

Le 22 décembre 1619, il prit part à l'assemblée des notables et à la délibération qui se tint à l'issue de la grand' messe. Elle avait pour objet les réparations du pont de Lacarrière. Nous avons donné ailleurs l'analyse de cette pièce. (Papiers personnels.)

Le dernier acte que nous ayons de lui est une « quittance de 50 livres fecte par messire Estienne Albussac et Anthoine Albussac en faveur d'Anthoine Mazière », père d'Isabeau Mazière, femme d'Antoine.

1506-15 . — **Géraud Laborie**. — Nous n'avons qu'un seul témoignage en faveur de sa cléricature. Le 12 mars 1605, Antoinette Lassanhe, de Veyrines, fit ses dernières dispositions et choisit pour un de ses témoins « Géraud Laborie, clerc du vilaige de Lavernhe... paroisse dudit Ytrac ». Elles furent écrites sous la dictée de la testatrice par le vicaire d'alors, Guillaume Jonquières. Nous en possédons une expédition collationnée signée et paraphée de la belle et nette écriture de ce vicaire. Géraud apposa son seing à l'original. S'il devint ensuite prêtre, nous n'en savons rien.

1619- — **Jean Jonquières**. — Nous n'avons recueilli dans nos cartons, relativement à ce Jean, qu'une seule pièce originale comme pour signaler son existence en 1619. Cette charte, du 22 décembre 1619, le désigne avec le titre de prêtre communaliste, sans nous apprendre la date et le lieu de sa naissance. La date flotte entre 1550 et 1595, et, selon toute probabilité, ce filleul tirait son origine du bourg où nous avons trouvé une famille et un prêtre de ce nom.

La municipalité ou la commune avait épuisé ses ressources. Pour surcroît d'infortune, les ponts de Lacarrière et du Quitiviers avaient été entièrement emportés ou détruits. Les consuls avisent au moyen de les rétablir et se décident à présenter une requête aux présidents élus de Saint-Flour pour obtenir l'autorisation d'imposer, en sus de la taille ordinaire, les manants et habitants d'Ytrac.

La teneur de cette charte est assez curieuse. Elle montre les habitants de la paroisse, s'assemblant au son de la cloche, à l'issue de la grand'messe (c'était un dimanche), devant la principale porte de l'église. Les consuls élus pour l'année prochaine d'abord, puis les prêtres et les notables sont successivement nommés. C'est la seule mention que nous ayons trouvée de ce prêtre. Il prit part à cette délibération conjointement avec Pierre Lintilhac, vicaire, Etienne Albussac, Pierre Limanhes, Jean Vermenouze et Antoine Boussac, prêtres de la paroisse. Après cela, il n'en est pas fait plus ample mention, ou, à vrai dire, nous n'avons découvert rien autre.

1619-1626. — **Antoine Boussac**. — Etait fils de Guillaume, possessionné à Foulan, qui ne vivait plus en 1625. Le nom de sa mère n'est pas parvenu jusqu'à nous. On ne s'éloignerait pas de la vérité en reportant sa naissance dans le dernier quart du XVIe siècle et sa mort dans le second quart du XVIIe, avant 1648, puisqu'elle n'est pas relatée dans nos registres qui ne remontent qu'à cette époque.

L'existence de ce communaliste nous est révélée par plusieurs documents : une délibération des consuls, et des minutes notariales. Il ne faut pas le confondre avec un autre « Anthoine Boussac, pbre du lieu de Marmanihac demeurant de présent Regiant au coullège de la présente ville ». (Acte reçu par Guillaume Boigues, notaire, 3 décembre 1619, fol. 177, verso.)

Le premier titre où il figure est une cession de droit sur la succession de Bernard Julhe, d'Arpajon, consentie, le 15 novembre 1619, par Guillaumette Mollet, veuve d'Hugues Jonquières, d'Ytrac, en faveur d'Antoine Mollet, son frère, d'Aurillac, « présent à ce messire Anthoine Boussac, pbre du villaige de Foulan, soubzsigné ». (Acte reçu par le même notaire). Il mit sa souscription avec les autres prêtres de la paroisse à la délibération sus-relatée, relative à l'urgence des réparations à faire au pont de Lacarrière et du Quitiviers, 22 décembre 1619. Le 30 octobre 1620, il est témoin et signataire d'une obligation passée devant le notaire Boissadel au profit d'Antoine Albussac (Registre 1620, fol. 120).

Le 7 juin 1626, on le rencontre à Aurillac où il assista au contrat de mariage de Guillaume Boussac, son frère, avec Astruguette Pelicier, du Bouissou, paroisse de Crandelles, et y apposa sa signature (Acte dressé par le notaire Boigues). — Le 7 mai 1626, il se rendit à Crandelles et fut parrain du premier-né de ce mariage auquel il donna son prénom. — A dater de cette époque, on ne le voit plus paraître dans les actes.

1632-16 . — **Jean Abeil**. — Fils de Méral et de Catherine Veyrine, de Chaumont-de-Besse, fut baptisé par Pierre Lintilhac, vicaire, le 19 juin 1622. Il eut pour parrain son frère, Jean Abeil, et pour marraine Antoinette Cros, née Abeil, sa tante paternelle.

En 1643, il avait perdu sa mère, et le 4 septembre de cette même année, son père connaissant « depuis longtemps son intention d'estre d'esglise », lui constitua son titre clérical sur le domaine de Besse et lui assigna une pension de 50 livres payable en deux termes. En outre, il promit « de l'entretenir au collège comme il a toujours faict, de luy fournir les frais pour suivre lesd. ordres, luy fournir aussi les habits sacerdotaux comme robe, bréviaire, aube et bonnet carré et sothane, et, en oultre, faire les frais pour le faire agréger au nombre des prêtres de la communauté d'Ytrac ». L'acte fut passé à Aurillac par Lacoste, notaire royal, en la maison et présence de Mᵉ Pierre de Malvezin, juge ordinaire du baillage, et de Guillaume Andrieu, procureur au siège présidial.

C'est au collège d'Aurillac qu'il fit ses classes. Charles de Noailles, évêque de Saint-Flour, lui donna la tonsure dans l'église des Frères mineurs de l'Observance d'Aurillac, le 7 mars 1637, les quatre moindres dans la chapelle du collège des Jésuites, le 18 décembre 1638. C'est aux Quatre-Temps de septembre 1643 qu'il fut promu au sacerdoce comme le prouve le certificat dont la teneur suit : « Je, vicaire de la paroisse soubs signé, certifie que j'ay proclamé par trois divers jours de dimanche, faisant mon prosne que Mᵉ Jean Abeil... se faict pourvoir aux ordres de prestrise. En foi de ce j'ay signé... faict le 14 septembre 1643, Lintilhac, vicaire ». (Papiers personnels.)

1633-1636. — **Jean Vermenouze**. — Cf. p. 111.

1633-163?. — **Antoine de Roquemaurel**. — Cf. p. 174.

1640-1642. — **Pierre Limanhes**. — Cf. p. 174.

1642-1677. — **Gabriel de Roquemaurel**. — Prieur. (Page 112).

1648-1654. — **Pierre Cruèghe**. — Vicaire, (p. 234).

1649-1675. — **Pierre Besse**. — La première mention qui se réfère à ce communaliste, natif et habitant du chef-lieu de la paroisse, est du 2 décembre 1649. Pierre Pipy, du village de Lacarrière, fut condamné, par jugement du Présidial, et en vertu de « Lettres royaulx, obtenues par le deffendeur, à payer à Mᵉ Pierre Besse, l'un diceulx ayant décharge de la communauté, 12 livres pour le louaige du pré de Bournès et pareille somme pour les années 1648 et 1649, avec l'intérêt. (Papiers personnels.)

Le 20 mai 1664, nous le voyons assister avec Jean Castel, vicaire d'Ytrac, à la transaction passée entre le seigneur d'Espinassol, M. de Cruèghe, Louise et Rose de Roquemaurel. (Min. Delarmandie, notaire.)

« Le livre des baptesmes, mariaiges et mortuaires de la paroisse » le mentionne avec une grande sobriété de détails. Le 5 juillet 1668, fut présent au baptême d'Antoinette Bonnet « ministre Pierre Besse, pbre du lieu ditrat ». Le 17 mars 1669, « messire Pierre Besse, prebtre de la communauté ditrat », leva des fonts Pierre Gazards.

Il mourut le 19 mai 1675, et fut inhumé dans l'église paroissiale ainsi que le constate son acte de décès : « Le 19e du mois may 1675, décéda Me Pierre Besse, prebtre de lesglise ditrac et feust ensevely dans la mesme esglise le vingtième. Puech, vicaire.

1654-1670. — **Jean Capmas**. — C'est à Espinassol qu'il naquit vécut et mourut. On rencontre son nom dans nos registres aux dates suivantes : Le 23 décembre 1654, il confère le baptême à Catherine Bros, fille de Jean et de Marguerite Monreisse. Le 29 avril 1659, il fut parrain de Marguerite Belmon de Branviel. Le 22 février 1667, il assiste, en qualité de témoin, au mariage de Jean Fresquet et de Jeanne Caumeil, du Bourlès.

Au mois d'avril 1670, atteint d'une maladie grave, dans la plénitude de ses facultés, il fit ses dernières dispositions devant Me Delarmandie, notaire à Foulan. Il légua dix livres dix sols pour un trentain de messes aux sieurs curé et prêtres d'Ytrac, et la somme de sept livres dix sols payable aussitôt après le divin service faict; à sa nièce, Marguerite Capmas, dix livres après son décès; il institua Astruguette Capmas son héritière universelle et la chargea du soin de ses funérailles. Il succomba cinq jours après. Voici son acte d'inhumation :

Ce 22e avril est décédé Me Jean Cammas, pbre du villaige d'Espinassols et fut enseveli le 23e dud. mois dans l'église ditrac en foy de quoy me suis signé : Lalande, pbre, vicaire.

1655-1685. — **Etienne Andrieu**. — Etait fils de Jean Andrieu et de Françoise Pradal, du village de Vielles. Il fut baptisé par l'abbé Bros, vicaire, le

21 novembre 1655, ayant pour parrain Etienne Chaumont, son oncle, et pour marraine Françoise Cros.

Le 1ᵉʳ septembre 1678, Etienne Chaumont et Françoise Pradal, sa mère, « espérans seconder aultant qu'il leur est possible la bonne intention et louable dessein que Mᵉ Etienne Andrieu, clerc tonsuré, leur fils et nepveu, a de parvenir aux ordres saccretz » affectèrent à son titre clérical une pension viagère de 60 livres ». Ils promirent de lui donner « une habitation honeste et convenable dans le villaige de Vielle, de meubler une chambre de meubles nécessaires pour son usaige », de pourvoir aux frais de son éducation sacerdotale jusqu'à sa promotion à la prêtrise. L'acte fut rédigé par le notaire Delarmandie, en présence d'Antoine Puech, vicaire d'Ytrac, de Jean Mauri et Méral Vigier, de Caumon.

Le 12 février 1685, suivant testament reçu par le même notaire Etienne Andrieu de Vielle « donne et lègue à Mᵉ Etienne Andrieu, prêtre, son neveu et filleul, présent et acceptant, la somme de vingt livres payables en cinq ans ».

En mourant, Etienne Chaumont avait fait Isabeau Andrieu, sœur d'Etienne, son héritière universelle, avec la charge de payer toutes les dettes de Jean Andrieu, leur père. Les créanciers qui étaient Jean Vigier, Antoine et Géraud Laboigue, père et fils, firent saisir tout ce qui provenait de ladite hérédité. Notre communaliste se vit obligé, le 22 mai 1685, d'adresser une supplique au Bailli d'Auvergne pour se faire payer une partie de sa pension cléricale qui, à titre de dette privilégiée, devenait intangible et devait être acquittée avant tout autre créance. Nous ne savons plus rien de lui. (Registres de la Mairie; papiers personnels.)

1656-1657. — **N. Bonhomme**. — Vicaire p. 235.

1656-1663. — **Jean de Roquemaurel**. — Vicaire p. 235.

1658-1661. — **Guillaume Vachan**. — Frère, peut-être même fils de feu Pierre et de Marie Roudayre, du

Pont-Neuf. Jean, son frère ou son neveu, épousa, le 1ᵉʳ octobre 1673, Marie Maletie.

Bien peu nombreux sont les renseignements que nous avons sur ce prêtre. Il ne nous est connu que par la signature qu'il apposa, en qualité de parrain, à l'acte de baptême de Guilliaume Gazars, le 25 novembre 1658, et par son acte obitnaire.

« L'an mil six cens soixante-deux et le vingt-trois du mois de juillet mourut messire Guilliaume Vachan, prestre du villaige de Pouniou, paroisse d'Ytrac, en foy de ce ay signé : J. Roquemorel, vicaire. »

1658-16 . — **Jean Rossiŋhol**. — Son souvenir demeure lié à la visite ou plutôt au procès-verbal de visite des ponts de la commune presque tous effrondrés ou détruits en 1658. M. Senergues « commissaire-convoyeur des chemins, ponts et passages de la Généralité de Riom » fut envoyé pour constater l'état des lieux et proposer des améliorations nouvelles. Il fut conduit par un Consul ou Jurat, « Mᵉ Cruèghe Montade » au pont de « *Quitibel* » (Quitiviers), au pont du chemin d'Espinassol jeté sur un bourbier « grandement profond », dans un pré de Germain Lacarrière, puis au pont de Vielle dénommé *Laplaus saullaurasse,* sur le chemin d'Aurillac à Saint-Paul. De retour à Ytrac, on fit dresser devant notaire procès-verbal de cette visite, et « Jean Rossinhol, clerc dud. Ytrac », mit, à la suite des autres, sa souscription. En dehors de ce fait insignifiant, on ne trouva plus rien de lui. (Min. J. Delarmandie, dans nos archives particulières.)

1663-1665. — **Pierre Albussac**. — On peut fixer vers 1640 la date de sa naissance puisqu'en 1663, il avait pris l'habit des clercs. Le 18 mars de cette année, son père Antoine et son frère Jean lui constituèrent un titre clérical. Ils s'engagèrent solidairement à lui donner : une chambre meublée « selon sa qualité », une pension de cinq setiers de seigle, mesure d'Aurillac, payable annuellement à la fête de Saint-Géraud, la jouissance de deux prés : du pré appelé de *Salgin* et *del Négremont* de la contenance de quatre œuvres, du petit pré dénommé de la *Boiguotte* de la contenance d'une œuvre. Ils s'engagèrent de plus à faire tous les frais nécessaires pour « estre receu à l'estat de prestrize et aussy à sa première messe, à luy fournir les habits sacerdotaux convenables pour un prêtre », les herbes potagères du jardin et le bois du bûcher desdits Albussac père et fils. L'acte fut dressé par Delarmandie, notaire royal, en présence des témoins qui furent : Antoine Guitard, du Pontet, Jean Canis, d'Ytrac.

Il fut promu au sacerdoce en 1665. Nous le voyons, en effet, mentionné deux fois dans nos registres avec sa qualité de prêtre : une première fois, le 23 juillet 1665, comme parrain de son neveu Pierre Albussac; une seconde fois, comme témoin et signataire, le 10 août de la même année.

Il termina prématurément sa carrière le 6 octobre 1666. « Ce 6ᵉ octobre est décédé maistre Pierre Albussac, prêtre du villaige d'Albussac et ensevely le 7ᵉ par moy soubsigné, dans leglise ditrac. Lalande, prebtre, vicaire. »

1664-1692. — **François Belmon**. — Est né à Hautevaurs, le 6 janvier 1664, ainsi qu'il résulte de l'acte suivant transcrit sur les registres de catholicité :

Lesd. jour et an a esté baptisé François Belmon, fils à Jean et à Hélène Laborie, mariés, habitans au villaige dautevaurs paroisse ditrac, son parrain a été François Laborie, sa marraine Antoinette Delor du villaige de Lascanaux, paroisse d'Aurillac par moy vicaire soubzsigné : Castel, vicaire.

Son titre presbitéral, constitué solidairement par sa sœur, Jeanne Belmon, et son beau-frère, Antoine Lavergne, consistait en une rente viagère de 60 livres hypothéquée sur un pré et une terre sis à Hautevaurs. Ils s'engageaient aussi : « à fournir les frais qu'il conviendra faire au séminaire de Monseigneur l'illustrissime et révérendissime evesque de Saint-Flour et aultres fraictz en ce nécessaires pour parvenir aux ordres sacrés de prêtrise ». Les témoins de cet acte notarié furent Pierre Maury, vicaire, et Pierre Lacarrière, prêtre de la communauté (21 juin 1687).

On trouve pour la première fois son nom et sa signature sur les registres paroissiaux à la date du 27 septembre 1689. Il tint sur les fonts Anne Pagis, « fille à Géraud et à Marguerite du villaige dautevaurs paroisse dytrac; Belmon pbre ».

Il termina prématurément sa carrière à Aurillac, le 26 juin 1692, et eut son tombeau dans l'église de Notre-Dame. « Me François Belmon, pbre de la paroisse dytrat, est décédé le 26 juin 1692 après avoir reçu le sacrement de pénitence, viatique, et le sacrement de l'extrême-onction, a esté inhumé dans l'église paroissiale (Registre de la Mairie d'Aurillac, Dossier 61). Il n'avait que 28 ans, 6 mois, 21 jours.

1665-1680. — **Jean Vidal**. — Le village de Foulan fut le berceau et lieu de résidence de Jean Vidal. On connaît peu sa parenté par suite des lacunes qui existent dans nos registres. Il n'est pas douteux qu'il appartenait à la classe moyenne qui n'est pas loin d'être riche.

Sa sœur, nommée Agnès, s'était alliée, en 1665, à une famille importante, titulaire de l'étude notariale de Foulan. De plus, un monitoire de l'*Official* de Saint-Flour adressé à la requête de Pierre Delarmandie, notaire, aux paroissiens d'Ytrac, pour faire déceler les auteurs d'un vol considérable en argent, en or, bijoux, diamants, etc. (voir p. 182-183), prouvent surabondamment l'aisance matérielle de ces deux familles.

Nos recherches pour déterminer l'époque de son admission au sacerdoce, à la communauté paroissiale, n'ont pas abouti : elle eut lieu cependant avant le 23 juillet 1665 ; à cette date, il figure comme tel, dans nos registres.

1667-1718. — **Jean Deaura**. — Sa famille paternelle, originaire de Boisset, appartenait à cette vieille bourgeoisie de notre province qui remonte par titres à plus de trois siècles, et qui a occupé un rang distingué dans les baillages, la magistrature et donné à l'Eglise des prêtres recommandables parmi lesquels on compte : Frère Bertrand Deaura, prieur de Pont-Charat (1538); François Deaura, curé de Boisset, 1669 ; Jean Deaura, recteur de Saint-Hilaire en Quercy, 1665.

Jean naquit au Pont-Neuf, le 9 septembre 1667. Il fut présenté au baptême par Jean Fourouge, négociant de la ville d'Aurillac, et damoiselle Françoise du Bourg, veuve de M. Déaura d'Entraygues, paroisse de Boisset. Il était le troisième des dix enfants de Bérenguier Deaura, seigneur de Puech-Gary (1) et de Marie Spinadel. On voit par la longue carrière que parcourut le dernier rejeton de cette vertueuse famille — et que plusieurs de ses aînés ont atteint comme lui? — que la sève de cette souche n'était pas moins vigoureuse que féconde (2).

Ses pieux parents cultivèrent avec soin l'inclination qui le portait vers la cléricature et s'efforcèrent de lui inspirer l'estime de cette sainte vocation. Ordonné prêtre en 1691, il fut affilié à la communauté de Saint-Julien dont il partagea les travaux jusqu'en 1718. Sa participation aux fonctions religieuses de la paroisse est signalée aux dates suivantes : 17 et 29 juillet 1692 ; 18 janvier, 28 et 30 juin 9 août 1693 ; 11 et 29 avril 1694 ; 20 mars, 3 et 8 mai, 5 juillet 1695. A dater de ce moment nous ne suivons plus sa trace.

Dieu le rappela à lui dans un âge peu avancé. Il s'endormit dans la paix du Seigneur le 11 août 1718, dans la 51° année de son âge et la 27° de son sacerdoce. Ses funérailles furent célébrées le lendemain et ses restes déposés dans l'église d'Ytrac. — Le onzième du mois d'août mil sept cens dix huit environ les dix heures du soir, au village de Ponniou est décédé M° Jean Deaura prêtre et a esté enseveli dans l'église dytrac le douze du susdit mois et an, en foy de quoy j'ay signé Lacarrière, vicaire.

1666-1672. — **Jean Lalande**. — (Voir p. 179.)

1669-1699. — **Géraud Abeil**. — Neveu du précédent. Fils d'Antoine et de Marie Joulhe, de Chaumont de Besse, naquit le 9 août 1669, fut présenté au baptême le

---

(1) Puech-Gary, seigneurie de la Commune d'Ytrac.
(2) Jean-François Deaura, † le 2 avril 1770, à l'âge de 92 ans.

11 du même mois, ayant pour parrain Géraud Joulhe, prêtre d'Arpajon, et pour marraine Antoinette Abeil, née Caumel. Les témoins de la cérémonie furent Pierre Cruèghe, de la Montade, et Antoine Joulhe, de Maussac, paroisse d'Arpajon.

Il fit ses humanités au collège d'Aurillac. Un fragment de cahier de littérature, écrit en latin, porte cette signature : *Geraldus Abel, Rhetor anno Domini 1688*.

En 1691, il prit les saintes livrées de la cléricature. Le nouveau clerc honora l'habit qu'il venait de revêtir, et, on sait avec quelle exactitude il assistait en surplis aux offices de l'Eglise, avec quelle piété il s'y tenait, avec quelle ponctualité il s'acquittait de toutes les cérémonies qu'on lui confiait, ainsi qu'il appert de l'attestation suivante : « Nous, curé soubsigné, certifions que Géraud Abeil de notre paroisse, est de fort bonne vie et mœurs, qu'il a porté pendant deux années la soutane et qu'il a faict les fonctions de clerc avec beaucoup de modestie, d'exemple et de piété, et qu'il estudie actuellement en théologie. Fait à Ytrac, le huitième mars 1693... Cailar, curé.. »

Ordonné prêtre en 1694, il signa, en cette qualité, son premier acte le 10 février 1695. A dater de cette époque, il est fréquemment mentionné dans nos registres. Le 24 mars 1699, il leva des fonts Géraud Abeil, son neveu, qui entra aussi dans les ordres. C'est la dernière fois qu'il figure dans les actes, et nous ignorons la date de sa mort.

16 -1669. — **Géraud Albussac**. — D'une famille, de nos jours éteinte, et qui a donné, à la fin du XVe siècle, un curé à Saint-Illide. Nos registres le mentionnent sans indiquer son endroit d'origine qui, selon toute vraisemblance, fut le hameau d'Albussac d'où il a tiré son nom. Ils nous apprennent seulement qu'il était et prêtre et communaliste en 1669. Deux actes de baptême, le premier du 11 août 1669 et le second du 9 novembre de la même année sont revêtus de sa signature d'une écriture très nette et très ferme.

1672-1683. — **Antoine Puech** Cf. p. 237.

1672-1674. — **Pierre Gazars**. — *Ibid*.

1677-1680. — **Jean Vidal**. — Du bourg d'Ytrac. Un titre authentique du 26 mars 1677 et une expédition collationnée du 3 juillet 1681 signalent un Jean Vidal qualifié de prêtre, obituaire dans la seconde pièce, mais les deux le disent du lieu d'Ytrac et non de Foulan. Nous étions incliné à voir là un *lapsus calami*, une erreur de copiste et à l'identifier avec le précédent, vivant à la même époque. Toutefois, une étude comparée des deux signatures établit de fortes présomptions contre cette identification. Nous sommes bien en présence d'un nouveau communaliste sur lequel nous n'avons pas d'autres détails. (Papiers personnels. Min. Delarmandie, notaire à Foulan. Min. Maniaval, notaire à Bournazel-en-Rouergue.)

1677-1728. — **Jean-François Deaura**. — Frère du précédent, était le neuvième des dix enfants de cette honorable famille. Né le 9 janvier 1677, il fut tenu sur les fonts par Jean-François d'Eaura (1), sieur de Bosredon, habitant du château d'Entraygues, paroisse de Boisset, qui se fit représenter par Guillaume Lalande de Branviel, et par Marie Imber, de Puech-Méséry, paroisse de Saint-Gérons.

Bien jeune encore il fut orphelin ; son père mourut le premier. La date de sa mort flotte entre 1680 et 1692, sans qu'on puisse l'indiquer avec exactitude. Sa mère le suivit au tombeau le 8 mai 1693 et ne vécut pas assez pour le voir monter à l'autel ; mais quand on laisse derrière soi de tels enfants, on peut s'endormir avec confiance dans la paix du Seigneur. Sa sœur aînée, qui avait quinze ans de plus que lui, prit soin de son éducation. Il eut des motifs personnels ou suggérés par ses directeurs de se croire appelé aux saints ordres.

La première mention que font de lui nos registres est du 24 juin 1703 : il signe Jean-François Deaura prêtre. Il apparaît de nouveau le 6 octobre 1704 ; le 20 janvier et le 9 octobre 1707 ; le 4 février et le 20 mars 1712 ; le 23 mars 1713. — Le 29 septembre il assista au mariage de Guillaume de Fontanges, de Lascelles, avec Catherine de

---

(1) Cf. Bouillet, Nobiliaire T. VI. p. 354.

Roquemaurel. La cérémonie se fit avec pompe dans la chapelle de l'antique manoir d'Espinassol, en présence de Raymond de Peyrol de Jugeals, baron de Treillans et de La Bontat, de Hugues Gausseraud, écuyer, seigneur de Roannes. — D¹¹e Françoise Deaura, sa sœur, veuve de Jean-Joseph Le Prince, marchand de la ville, était redevable de 957 livres 10 sols à M. Jean Burg, procureur au Baillage d'Aurillac. Le 22 juin 1722, il s'acquittait pour elle et M. Burg le quittança en bonne et due forme. Mais pour éteindre cette créance il avait souscrit, le même jour, une obligation de 957 livres à demoiselle Jeanne Deaude, veuve d'Antoine Guinot, chirurgien, qu'il s'engageait à lui rembourser en dix ans. (Min. Delon, fol. 537-539).

Du 20 décembre 1714 au 15 juillet 1727 il est mentionné seize fois dans les actes de catholicité. Il mourut le 23 décembre 1728, à l'âge de 51 ans, et fut inhumé le lendemain dans l'église paroissiale. « Le vingt trois décembre mil sept cent vingt huit au village de Ponniou est décédé maître Jean-François Deaura, prêtre de la communauté d'Ytrac et a esté ensevely le lendemain dans lesglise dudit Itrac, en foy de quoy, ay signé : Lacarrière, vicaire.

1680-1734. — **Pierre Lacarrière**. — Prieur ·p. 111·.

1682-16 . — **Pierre Vouioles**. — Né à Ytrac, fut promu au sacerdoce et agrégé à la communauté séculière de sa paroisse natale, à une date inconnue. Nous le voyons figurer avec son titre de prêtre communaliste dans l'acte de constitution du titre clérical de Médard Ray. (20 août 1682.) Il fut un des témoins et signataires de cet acte dressé par Delarmandie, notaire royal. Le titre n'indique pas l'endroit de sa naissance, cependant une induction plausible fait présumer qu'il était le second enfant issu du mariage en secondes noces de Jean Vouioles et d'Antoinette Chaumont, d'Ytrac. (Registre de la Mairie, 25 octobre 1651.)

1682-1714. — **Méral ou Médard Ray**. — Né à Espinat le 14, baptisé le 19 novembre 1656 par N. Bonhomme, vicaire, Médard était fils d'Hugues Ray, de Laslaudie, et de Antoinette Veyrines, d'Espinat. Son père mourut le 18 janvier 1659, le laissant orphelin sous la tutelle de sa mère. Mariée le 20 juin 1655, elle est restée veuve avec un fils, attendant un second enfant qui vint au monde sept mois plus tard, 17 août 1659, et reçut le nom de Thérèse (1). Elle porta seule le poids de leur éducation.

Le 23 août 1682, à Foulan, devant M° Delarmandie, notaire, pour seconder le dessein et bonne intention de son fils de parvenir aux ordres sacrés elle lui constitua pour titre sacerdotal une rente de 60 livres, payable en deux termes égaux. Le constituante s'engagea de plus à lui fournir une chambre meublée de tous les meubles nécessaires à un prêtre et à faire les frais du séminaire. Elle hypothéqua cette rente sur tous ses biens et particulièrement sur le pré appelé *Jonquières* de la contenance de six œuvres; sur la terre appelée *Dollaire,* dont il jouira et percevra les fruits si la rente de 60 livres ne lui était pas servie. Dans le cas où il ne serait pas promu aux ordres sacrés, le présent contrat demeure nul et sans effet. Témoin et signataire de cet acte, Pierre Vouioles, prêtre de Saint-Julien d'Ytrac, etc...

Son ordination et son admission au rang des filleuls dont nous n'avons trouvé nulle part les dates précises, eurent lieu avant le 25 mars 1685. Le 15 mai 1689, conjointement avec Pierre Maury et Antoine Puech, communalistes, il fut témoin et signataire du testament de Pierre Renaud, garde-bois du village du Bex. Il est souvent rappelé dans nos registres et on y compte soixante fois sa signature.

L'obituaire paroissial relate en ces termes le décès de Médard Ray : « Le 16° jour du mois de novembre 1714 a esté enterré dans l'église d'Ytrac, Médard Rays, prêtre de la communauté dudit Ytrac, présents à ce Jean Treille et Médard Laparra qui n'ont su signer de ce requis par moy signé Lacarrière, vicaire. Il avait exactement 58 ans, un mois.

---

(1) Epousa, le 14 février 1675, Jean Delfour de Conros.

1689-1750. — **François Caumeil**. — Né à Espinat, baptisé le 10 avril 1689, sous le nom de François, était le troisième enfant issu du mariage de Guillaume Caumeil et de Agnès Auriacombe. Il avait été élevé avec soin et sa carrière fut toute tracée.

Après avoir été élève des Pères Jésuites, il entra au séminaire en 1720. Une rente de 60 livres, reposant sur leur domaine d'Espinat, lui fut assignée pour titre clérical, le 23 octobre 1725, par Pierre et Anne Caumel, son beau-frère et sa sœur. Il s'engagea définitivement dans l'Eglise en recevant les premiers ordres sacrés en 1722.

Ordonné prêtre et agrégé à la communauté en 1723, ou en décembre 1722, M. l'abbé Salmon, docteur en théologie, abbé de Valette, aumônier du Duc de Noailles, le chargea du service de la chapellenie ou prieuré de St-Avit de Marmiesse, et lui donna chaque année 52 livres pour honoraires. Ce service dura pendant quatre ans de 1724 à 1728. En 1729 ce fut un autre communaliste qui remplit ces fonctions.

Nos archives le mentionnent quelquefois du 28 mars 1723 au 30 juillet 1735; il est rappelé dans un acte passé devant le notaire Roussy le 6 juin 1742; puis nous perdons sa trace jusqu'en 1750, date de son décès. Il rendit son âme à Dieu, le 27 avril 1750, après avoir reçu tous les sacrements et escorté des prières que la sainte Liturgie met dans la bouche des assistants dans ces tristes occasions. On célébra ses funérailles le surlendemain 29 avril, et on l'inhuma dans l'église. Nous trouvons encore un rappel posthume dans le minutaire Mabit, à la date du 13 janvier 1758. (Papiers personnels, état civil, Min. Mabit fol. 577, et fol. 11).

1693. — **Pierre Maury, vicaire**. — Cf. p. 238.

1697-1756. — **Pierre Cruèghe**. — Vit le jour au hameau de la Montade, sur le territoire de la paroisse, le 4 mai 1697. Son père Pierre Cruèghe et sa mère Hélis Culan, dont il était le premier enfant, s'empressèrent de le faire baptiser le jour même de sa naissance. Ses parents dans l'espoir de voir naître en lui une vocation religieuse le placèrent aux Ecoles. — L'épreuve la plus cruelle l'attendait à la fin de ses études et durant son vicariat en Quercy. Le 2 octobre 1718 il perdit sa mère; et le 28 février 1738, son père.

Le 2 juin 1722, Pierre Cruèghe, et Catherine Cruèghe, épouse de Géraud Mercadier, constituèrent à Pierre Cruèghe, clerc minoré, leur fils et frère, étudiant en théologie, au séminaire de Saint-Flour, un patriomoine clérical de 60 livres. Dans l'intervalle de juin 1722, au mois de juillet 1723, il reçut tous les ordres majeurs.

Il se manifeste pour la première fois le 3 août 1723. Ce jour là « messire Pierre Cruèghe, prêtre de la communauté d'Ytrac » conféra le baptême à un enfant d'Espinat. Le 23 décembre suivant, son père lui fait donation de 200 livres. On trouve son nom et sa signature dans nos registres aux dates suivantes: 1er et 3 août 1723; 21 octobre 1725; 15 juillet 1737.

Il fut au nombre des communalistes qui émigrèrent à l'étranger, c'est-à-dire hors du diocèse. En 1737 il remplissait les modestes fonctions de vicaire à Félines, diocèse de Cahors; mais le séjour qu'il y fit dura peu: il revint au pays natal où le rappelaient ses affections et ses intérêts de famille. Il y était de retour en 1741 et les années suivantes on le voit prendre part aux cérémonies religieuses de la paroisse.

Le 5 mai 1756 il fut frappé tout à coup d'une attaque d'appoplexie; il ne put recevoir les sacrements dans les combats du mal qui l'emportait brusquement dans la cinquante neuvième année de son âge. Dieu lui donna la récompense d'assez bonne heure et lui épargna par une mort prompte mais non imprévue les tristesses des longues souffrances et les affres d'une lente agonie. Il était né dans le mois de mai, il est mort dans le mois de mai. Il est bon d'arriver en ce monde avec le sourire de Marie, il est mieux encore d'en partir sous sa protection et de s'envoler de cette terre d'exil enveloppé dans ses bras maternels. Ses obsèques furent célébrées le surlendemain et on l'enterra dans l'église. A la suite de son acte de baptême on a écrit: *Fuit sacerdos et obiit die 5 mai anno 1756.* (Registre de l'Etat Civil; Min. Delon, fol. 402, et fol. 585.)

1699-1768. — **Géraud Abeil** — Issu d'une chrétienne et patriarchale famille de Chaumont de Besse. Ses parents, Médard et Marie Armandie, jouissaient de cette aisance que donne le travail, et de cette considération qui ne s'acquiert que par la vertu. Ils le firent baptiser le jour même de sa naissance, le 24 mars 1699, et lui donnèrent pour parrain, son oncle prêtre de la communauté, dont il vient d'être parlé. Il était l'aîné de dix enfants, quatre garçons et six filles.

Sa vocation se révéla sur le tard. Nous voyons, en effet, à la date du 15 juillet 1729, « Géraud Abeil escolier ». Il étudia chez les Pères jésuites qui possédaient un domaine et une chapelle à Besse. Sa vocation ecclésiastique s'était affermie dans ce milieu ; il le quitta pour suivre les cours de théologie du séminaire de Saint-Flour. Mgr d'Estaing lui conféra la tonsure le 18 juin 1734 ; les ordres mineurs le 7 septembre 1734 ; le sous-diaconat le 17 septembre 1735. La cérémonie eut lieu dans la chapelle du Palais épiscopal. Il reçut le diaconat et la prêtrise en 1737 et fut affilié à la congrégation sacerdotale. Nos registres signalent souvent sa présence aux actes religieux accomplis dans la paroisse.

Il mourut le 11 décembre 1768. Voici son acte de décès : « Le onze decembre mil sept cent soixante hut au village de Chaumon de Besse est décédé Mº Géraud Abeil, prestre après avoir confessé et reçu l'extrême-onction, âge d'environ soixante dix ans et a été inhumé lendemain dans lesglise dytrac en foy de ce ay signé : Lescure vicaire ». Il avait exactement 69 ans, 8 mois, 17 jours. (Lettres d'ordination dans nos papiers.)

1712-1741. — **Pierre Lacarrière**. — Vicaire, voir p. 239.

1716-1752. — **Pierre Cantournet**. — Docteur en théologie. — Le 21 mars 1715, dans la Chapelle du château d'Espinassol, fut célébré le mariage de Pierre Cantournet et de Marie Périer d'Espinat. Neuf enfants, sept garçons et deux filles furent le fruit de cette union. Le premier vint au monde le 29 janvier 1716. Il reçut le baptême le même jour et Dom Pierre Lacarrière, bénédictin de Maurs, prieur d'Ytrac, fut son parrain.

Ses parents vivaient, comme tant d'autres, de leur travail dans des conditions de privation et d'économie comme le font les gens de la classe ordinaire. Une éducation solidement chrétienne le prépara à sa future vocation. Quand vint l'heure de choisir une carrière il se décida pour l'état ecclésiastique.

Nous le trouvons étudiant en théologie, le 10 août 1738 ; diacre le 16 octobre 1740. Elevé à la prêtrise, à l'ordination de Noël de cette même année ou du Carême de l'année suivante, il fut aussitôt après admis dans les rangs des prêtres filleuls. Un acte du 11 août 1748 lui donne le titre de Docteur en théologie, un acte du 25 mars 1749 le qualifie de prêtre obituaire d'Ytrac. Selon toute probabilité ce fut dans l'intervalle de 1741 à 1748 qu'il alla suivre les cours de quelque Université et conquérir les palmes doctorales.

Il remplissait les devoirs d'un bon communaliste, aidant le curé dans ses fonctions pastorales, acquittant les messes de fondation, s'employant au service de la paroisse, lorsque la mort l'enleva prématurément, le 19 novembre 1752, à l'âge de 36 ans. — « Le dixième novembre mil sept cent cinquante deux au village d'Espinax est décédé M. Pierre Cantournet après avoir confessé et reçu l'extrême onction et a été inhumé le onze dans le cimetière dudit Ytrac. En foy de ce ay signé : Cailar, curé. Particularité à noter : De nos prêtres, il fut un des rares qui reçurent la sépulture, en dehors de l'enceinte de l'église, dans la fosse commune.

1716-1793. — **Guillaume Caumel**. — Né à Espinat, fut baptisé le 16 août 1716, par M. Cailar, curé. Dès qu'il fut adolescent son père lui donna pour précepteur un ecclésiastique d'Aurillac ; l'entourant ainsi de tous les soins que demandent la religion et les bonnes mœurs. Ce précepteur qui avait nom Pierre Maury mourut dans l'exercice de ses fonctions, le 12 juillet 1736, après l'avoir conduit par la main jusqu'au sanctuaire.

Il reçut les ordres majeurs en 1739 et la prêtrise l'année

suivante. Le 29 novembre 1739 pour obéir à l'ordonnance de Mgr l'intendant il fit la déclaration de tous les biens fonds qu'il possédait. Ces biens dont l'énumération est assez longue composaient le domaine qu'il avait reçu en héritage de Guillaume Abeil, son parrain. Si nous ajoutons à cela son patrimoine de famille, il faut convenir que c'était un personnage assez bien renté pour l'époque, et qu'il jouissait de ce que le poète a si bien nommé : *Aurea mediocritas*.

Aussitôt après son élévation à la prêtrise il fit partie de l'association sacerdotale. On le voit figurer souvent dans les actes de baptême en qualité de ministre, de parrain ou de témoin. Il paraît pour la dernière fois le 22 août 1792, à la sépulture d'Hélène Loudières.

A cette époque troublée et sanglante, après avoir prêté le serment, il eut la faiblesse d'accepter le titre de vicaire constitutionnel de Sansac de Marmiesse. Son intrusion, fut de courte durée. Il revint à Espinat malade, il n'y arriva guère que pour mourir. La date de sa mort est le 15 mai 1793. Il avait soixante-seize ans et neuf mois ainsi que le constate l'acte ci-après :

« Ce jourd'hui seizième jour de mai mil sept cent quatre vingt treize, l'an second de la république française, à cinq heures du soir, par devant moi, Fabien-Claude Gordien, Fulgence-Jacques Dégouth, membre du conseil général de la commune d'Ytrac, département du Cantal, élu le quinzième novembre dernier pour recevoir les actes destinés à constater les naissances, mariages et décès des citoyens, sont comparus en la maison commune les citoyens Géraud Mercadier, âgé de trente ans, cultivateur et Pierre Mercadier, âgé de vingt-trois ans, aussi cultivateur, tous deux domiciliés au village d'Epinat de ladite commune ; le premier, neveu, le second, petit-neveu du citoyen Guillaume Caumel, âgé de soixante-seize ans et neuf mois, prêtre et vicaire de Sansac-de-Marmiesse, demeurant actuellement en ladite commune audit Espinat où il était né, fils légitime à défunts Guillaume Caumel et Marie Caumel. Lesquels Géraud Mercadier et Pierre Mercadier ont déclaré que ledit Guillaume Caumel est mort hier, à six heures du soir, en son domicile, audit Espinat. »

D'après cette déclaration je me suis, sur le champ, transporté au lieu de ce domicile, je me suis assuré du décès dudit Guillaume Caumel et j'en ai dressé le présent acte que Géraud Mercadier et Pierre Mercadier ont signé avec moi. Fait en la maison commune les jour, mois et an que dessus. »

1725-1766. — **Pierre Vieillevie**, vicaire. (Cf. p. 241.)

1730-1805. — **Pierre Cros**. — Fils puîné d'Antoine Cros et de Marie Bordes de Cambian. Son baptême eut lieu le jour même de sa naissance le 31 décembre 1730. Pierre Bordes de Cambian et Françoise Cros de Chaumon furent les répondants de l'élu. Après avoir puisé dans les exemples domestiques les premiers éléments d'une éducation chrétienne il fit ses classes au collège.

Clerc minoré en 1755, il reçut, le 19 octobre de cette année, son titre clérical qui lui fut constitué par sa tante paternelle, Françoise Conte, née Cros, de Chaumon-sous-Branviel, en présence de plusieurs parents et de Géraud d'Ouvrier, écuyer, sieur de Lasaigne. Il fut promu à la prêtrise le 23 décembre 1758 et, peu après, affilié à la Communauté à laquele il resta lié dix ans. Il devint aussitôt titulaire d'une des chapellenies del Capmas, fondées par M° Antoine Lacarrière. Il avait droit à la seconde que lui refusaient les collateurs. Il se la fit attribuer par voie judiciaire en vertu d'une sentence de Mre Verdier de Puycastel, bailli des Montagnes. Le 7 mars 1760, accompagné du notaire Mabit qui dressa l'acte, de Pierre Vieillevie, vicaire, de Bernard Picard, prêtre, il alla prendre possession du pré *Redon* ou *Desclauzels*, affecté à la susdite fondation, situé dans les dépendances de Lacarrière. Il parcourut le pré, prit des pierres, les y jeta, coupa des branches du tertre, « et par ces cérémonies et autres, en tel cas requises, il fut installé » en la jouissance dudit pré et possession de la chapellenie sus-nommée. (Min. Mabit, 330, 50, 53.)

En 1765, il fut appelé à prêter ses services au vénérable curé de Sansac, accablé par l'âge et les infirmités, en qualité d'auxiliaire d'abord (1765), puis de vicaire Régent (1766-1769). Sur la résignation que fit en sa faveur

J.-B. Bouchican, il fut pourvu de ladite cure par bulles pontificales de Pie VI, données à Rome le 19 des Calendes de septembre 1769. Mgr de Ribeyre visa ces provisions le 10 octobre suivant. (Registre d'insinuations ecclésiastiques 1742-1772.)

C'est là que le trouva la Révolution. L'amour de la vérité nous oblige à dire qu'il adhéra au schisme et fut porté sur la liste des fonctionnaires ecclésiastiques qui avaient prêté serment. (Arch. Nat. D. XIX, 21). Ce gage donné aux idées nouvelles lui valut d'être curé constitutionnel de la même paroisse où il fut installé selon les formes prescrites par le décret schismatique. Il ne s'en tint pas là; il abdiqua ses fonctions le 19 pluviôse an II (17 fév. 1794). (Arch. Nat. F. 19, 872). Pendant la Terreur, on peut encore plaider en sa faveur les circonstances atténuantes de la peur et de l'affolement.

Il se rétracta après thermidor, car, le 17 brumaire an IV (8 novembre 1795) « prêtre insermenté, ex-curé, etc. » Il demande à cause de sa vieillesse et de ses infirmités à vivre dans sa famille. Il y est autorisé sous la surveillance de l'agent national de sa commune. — Le 12 ventôse l'administration arrête qu'il sera reclus au Buis, mais toutefois l'autorise à demeurer deux mois encore sous la surveillance de la municipalité attendu que son état est toujours le même et que l'humanité exige qu'un délai lui soit accordé. (Arch. du C. L. 157). — Le 3 brumaire an VI (24 oct. 1797), « Prêtre insermenté ». Pierre Cros demanda à rester dans ses foyers, attendu qu'il est plus que sexagénaire et par conséquent compris dans l'exception portée dans la lettre du Ministre de la Police du 3 brumaire à la loi du 19 fructidor. On le lui accorda, mais en le plaçant sous la surveillance la plus sévère de la municipalité (Arch. du C. k., 51). — En vendémiaire an X il ne fut pas porté sur la liste des prêtres du département que le gouvernement peut employer.

Démissionnaire à la fin de 1903, M. Cros se retira dans sa maison de Braisse, hameau au sud de Sansac. Il y mourut le 4 mars 1805. On trouve son acte de sépulture dans les registres de la paroisse de Sansac, ce qui permet d'espérer qu'il avait mis ordre à sa conscience. Il est enterré au vieux cimetière.

1734-1809. — Pierre Fonrouge. — Leybros où se passa l'enfance et l'adolescence de M. Fonrouge était un beau et grand domaine, propriété de la famille de Fortet. Le château était un sévère bâtiment du XIVe ou du XVe siècle, flanqué de deux tours. Les fenêtres partagées en quatre par des meneaux dessinaient la croix. Non loin du sombre manoir était la maison de ferme qu'habitaient ses parents, honnêtes et laborieux cultivateurs. Des onze enfants issus du mariage de Pierre Fonrouge avec Hélis Vidalenc d'Arpajon, Pierre était le sixième. Son acte de baptême porte la date du 25 avril 1734. La paroisse fut témoin de sa piété naissante, de sa première communion et des études qui l'orientèrent vers le sanctuaire.

Dans l'intervalle de 1755 à 1759, il étudia la théologie et obtint les saints ordres. L'époque de sa prêtrise marque aussi son affiliation à la communauté rurale. Toutefois du Communaliste on ne possède guère d'autres données que ce qui nous est révélé par cinq ou six actes de catholicité, tous de 1765, où il intervient une fois comme témoin et quatre fois comme ministre du baptême. — Les 25 ans qui le séparent de 1790 sont perdus dans l'obscurité ; mais la Révolution mit en relief son courage et sa vertu.

Il refusa courageusement le serment à la constitution civile du clergé. Soumis à la loi de déportation il aima mieux courir les risques des peines dont cette loi le menaçait que d'abandonner les catholiques de sa contrée. Il demeura dans sa famille établie à Albussac depuis 1749 ou 1750. Au fond de cet asile il sut se rendre utile aux fidèles par l'exercice secret du saint ministère. — Quelques mois de réclusion avec toutes les privations et toutes les tortures physiques et morales réservées aux prêtres incarcérés furent la récompense de sa vertu. Le 8 avril 1793, il fut enfermé au couvent du Buis dont on avait fait une prison. La prière habita de nouveau ces murailles bâties pour la prière ; nombre d'ecclésiastiques du diocèse, trop vieux pour obéir à la loi de l'exil, reprirent ici, au fond de leurs cachots le *Laus perennis,* un instant interrompu et continuèrent, séparés les uns des autres, mais louant Dieu dans un sublime unisson, le cantique de la souffrance acceptée.

Le 27 fructidor an III (dimanche 13 septembre 1795), il se présenta devant les officiers municipaux, déclara, en conformité avec la loi du 11 prairial, vouloir remplir le ministère du culte catholique dans l'étendue de la commune et se soumettre aux lois de la République. Le 28 vendémiaire an IV (20 octobre 1795), il prêta le serment dit de souveraineté dont voici la formule : « Je déclare que l'universalité du peuple français est le souverain et je promets soumission et obéissance aux lois de la République. » Le conseil, sur sa réquisition, lui donna acte de sa soumission. Ce qui lui permit de tirer parti des lois existantes et de profiter de la liberté assez parcimonieuseuent mesurée, et de se livrer à son ministère sacré de l'automne de 1795 jusqu'à l'automne de 1797.

Du 18 fructidor an V (4 septembre 1797) au 18 brumaire, an VIII (9 novembre 1799), la persécution devint plus terrible que jamais. Retiré dans sa cachette qui devait être souvent renouvelée, il ne sortait que rarement la nuit, déguisé, pour aller visiter les malades ou célébrer les saints mystères, dans quelque retraite bien dissimulée. Encore fallait-il qu'il se tînt en garde contre les espions et les dénonciateurs et s'entourât des plus prudentes précautions.

Sous le Consulat, de 1799 à 1803, escomptant les dispositions favorables du Premier consul, il reprit ostensiblement les fonctions de son ministère sans être inquiété. Nous avons de lui plusieurs actes de baptême ou de mariage tous signés : Fonrouge, prêtre insermenté, ou Fonrouge prêtre catholique.

Quand la paix fut rendue à l'Eglise avec le Concordat de 1801, Mgr de Belmont le fit, le 29 novembre 1803, succursaliste ou desservant de Crandelles. Il parut au milieu de sa population avec l'auréole des confesseurs, mais avec des forces épuisées par les privations et les souffrances. Il travaillait avec zèle à réparer les ruines amoncelées par la Révolution, et déjà, sous sa direction, la piété et la régularité y refleurissaient, lorsque la mort l'enleva le

23 octobre 1809, à 4 heures du soir. Il avait atteint sa 75ᵉ année.

1735-1750. — **Pierre Lacarrière.** — Prieur Cf. ch. III p. 119.

1758-1793. — **Jean-François Lescure**, vicaire. (Cf. p. 242.)

1760-1842. — **Jean-François Laboygue**, vicaire. (Cf. p. 243.)

***

Les prêtres dont la notice suit ne firent point partie de la Communauté.

1723-1784. — **Raymond Calvinhac.** — D'une honorable famille de bourgeoisie, qui possédait maison de ville et maison des champs avec domaine à Bargues. Le 26 janvier, Bernard Calvinhac, son père, lui assigna pour titre clérical une rente de 60 livres, reposant sur sa maison d'Aurillac, rue Neuve ou du Prince. Sa vie, en son adolescence, fut attristée par un grand deuil. A cette date, Anne Lapauque, sa mère, ne vivait plus.

Ordonné prêtre à la fin de 1723, après ses études au grand séminaire de Saint-Flour, il opta pour la communauté de Notre-Dame. Néanmoins, comme il venait souvent à Bargues, nos registres constatent sa participation aux actes du saint ministère accomplis dans notre église, notamment en 1725, 1729, 1732, etc., et 1772.

Au mois de février 1767, en qualité de tuteur des enfants de feu Géraud Calvinhac, son frère, il afferma durant neuf ans, pour le prix de 93 livres d'argent et 27 setiers de seigle, le domaine de Vigouroux, paroisse de Saint-Mamet. Le 24 décembre suivant, il amodia à Jean Mirou, de Roannes, le domaine de Bargues. Il prolongea son existence jusqu'au 26 novembre 1784 et fut inhumé le 27 dans le cimetière de l'église de Notre-Dame. Il était âgé d'environ 89 ans. (Min. Mabit, Archives particulières de la famille Calvinhac; Etat civil d'Ytrac et d'Aurillac.)

1726-1734. — **François Calvinhac.** — Frère du précédent, nous appartient par sa famille possessionnée à Bargues, comme on vient de le voir. Il reçut son titre clérical le 9 février 1726 pour lequel furent hypothéqués deux prés du domaine de Vigouroux, paroisse de Saint-Mamet, autre propriété des Calvinhac. Clerc minoré en 1726, élevé au sacerdoce en 1727, il fut du nombre de nos prêtres émigrants. La quittance ci-après en fournit le certificat authentique : « Je soussigné François Calvinhac, prêtre et vicaire de Capdrot en Périgord, déclare devoir à ma sœur la cadette la somme de 100 livres... Fait à Bargues le vingt-septième mai 1734. » Termina-t-il sa carrière en Périgord ou revint-il mourir au pays natal? Nous ne voudrions rien affirmer à cet égard ; les archives n'ont pas été assez explorées pour qu'on n'ait point à craindre de recevoir un démenti par suite de quelque découverte future. (Mêmes références que ci-dessus.)

173 -1764. — **Pièrre Cruèghe**, Docteur en théologie. — Etait fils de Louis Cruèghe, du Meyniel, et de Jeanne Tourtoulou, de Reilhac. — De Crandelles par sa famille paternelle, de Saint-Pons de Thomières par sa carrière professorale, Pierre nous appartient par ses derniers jours passés à Besse et par sa sépulture dans notre église.

Entré dans la cléricature en vertu d'une vocation très prononcée, il suivit les cours d'une de nos Universités, prit aussitôt le bonnet de docteur en théologie et fut nommé professeur au grand séminaire de Saint-Pons de Thomières. Il y devint dès le début un maître consommé en science aussi bien qu'en sainteté. Mais bientôt épuisé par le travail et le climat amollissant du Midi, il vint se reposer à Besse auprès de sa sœur, mariée à Pierre Capmas. C'est là qu'il fut prématurément rappelé à Dieu.

« Le 30 juillet 1764, au village de Besse, paroisse d'Ytrac, après avoir reçu tous les sacrements nécessaires en pareil cas avec la piété signe de son caractère, est décédé M⁰ Pierre Cruèghe, prêtre, docteur en théologie et premier professeur en la même Faculté au séminaire de Saint-Pons, originaire du village du Meyniel, paroisse de Crandelles, et a été inhumé le trente-un du susdit mois, dans l'église dudit Ytrac et tombeau des ancêtres de Pierre Capmas, son beau-frère, en présence de M⁰ Pierre Vieillevie, ptre et vicaire, M⁰ Géraud Abeil, prêtre, M⁰ Guillaume Caumel, ptre et M⁰ François Lescure, tous communalistes aggrégés à la communauté de lad. église soussignés avec moi. Crozet, curé. » Il n'avait pas vécu 33 ans, car le mariage de ses parents fut célébré le 20 février 1730, dans l'église de Reilhac.

1727- — **Jean Monreisse**. — Cf. ch. vii p. 411.

1733- — **Philippe Cantuel**. — Cf. ch. vii p. 412.

1745- — **Charles Célery**. — Cf. ch. vii p. 415.

1748- — **Jean Joseph de Boschatel**. — Cf. ch. vii p. 418.

1757-1816. — **Bernard Picard**. — Né à Lascombes, village de Saint-Mamet, en 1735, pendant le séjour qu'y firent temporairement Louis et Jeanne Grillère, ses parents. La mort du père ramena au Bex, sur notre territoire, cette famille nombreuse et bénie. Trois garçons et trois filles, ses aînés y avaient vu le jour. Les autres sont inscrits sur les registres de Saint-Mamet. — Son titre sacerdotal fut constitué sur le domaine de son oncle, Jean Bargues, du Bex, le 28 septembre 1757. Les années 1758, 1759 virent son entrée dans les ordres majeurs et sa promotion à la prêtrise.

Le 2 avril 1760, il fut mis en possession des bâtiments du collège, et le 2 avril 1762 de la chaire de rhétorique qu'il tint jusqu'en 1790. Il fut un professeur plein goût autant que de piété et dont les exemples valaient les leçons. Dans l'intervalle, il devint titulaire de la Chapellenie de Montagnac, desservie dans l'église des Cordeliers, 7 novembre 1772 ; et du prieuré simple de Saint-Avit, 28 janvier 1789. Dans les loisirs que lui laissaient le professorat, il résidait à Hautevaurs, et nos registres signalent plus d'une fois sa présence à Ytrac (1755, 57, 1760, 65, 1786).

En 1790, attiré par la famille de Peyronenc, il se retira à Maurs. Le 2 février, il fit devant la municipalité de cette ville la déclaration des revenus de la chapellenie susdite. Le 10 fructidor an III (27 août 1795), il fit, avec M. Glanes, sa soumission aux lois, pour exercer le culte catholique à Maurs. Soit qu'il eut refusé le serment, soit qu'il l'eut rétracté, il eut à souffrir pendant cette période tourmentée. S'il échappa temporairement à la réclusion, ce fut grâce à une maladie, en vertu de l'autorisation de rester deux mois chez lui qui lui fut accordée le 7 ventôse an IV (26 février 1796). — Le 10 germinal an XI (31 mars 1803), M. Riou, préfet, arrête le traitement de Bernard Picard, prêtre, demeurant à Maurs, et titulaire du prieuré sus-énoncé. Il s'éteignit dans cette ville, à l'âge de 81 ans, le 1er mai 1816. (Min. Mabit; Regist. d'Ytrac et de Maurs, arch. du C., G. L, G. K, 72.)

1755-1828. — **Jean-Baptiste de Boschatel.** —

Né à Aurillac le 7 juin 1755, sortait d'une famille qui avait acquis en 1652 (?) le fief et château de Lamartinie, et dont le sang s'est perpétué dans la race des Bouygues d'Ytrac et de Polminhac. La noblesse des de Boschatel ne se perd ni dans la nuit des siècles ni dans l'éloignement des temps.

Bouillet, qui ne les a point compris dans le *Nobiliaire d'Auvergne,* cite une seule fois, en le marquant d'un astérisque, le nom d'un Jean-Joseph de Boschatel, secrétaire du roi en 1715, office qui d'ordinaire s'accordait dans un but d'acheminement à la noblesse, mais très rarement à des nobles (T. VII, p. 491, Liste de provision d'offices conférant la noblesse). Or, d'après l'avis placé en tête, deux motifs semblent l'avoir détourné d'en faire plus ample mention : D'abord l'absence de preuves suffisantes et puis le défaut de renseignements généalogiques, car les titres qui les concernent sont restés jusqu'ici précieusement clos dans le chartrier seigneurial, espérons que le dépouillement de ces précieuses archives donnera de plus abondants renseignements sur les ancêtres de Jean-Baptiste, ainsi que sur sa biographie personnelle. Leurs armoiries sont : *de sable, à un château d'or,* d'après le *Dictionnaire héraldique* de Bouillet. L'auteur les distingue très soigneusement des autres par un astérisque, dans la pensée, est-il dit dans l'*Introduction,* p. XIII, qu'elles n'ont pas été confirmées malgré l'arrêt du 19 mars 1697.

En 1779, il quitta l'Auvergne, probablement pour la Normandie. Il avait alors 24 ans. Ce qui est très sûr, c'est que l'Archevêque de Rouen le pourvut de la cure de Pommereval, canton de Bellecombe, arrondissement de Dieppe. Nommé le 26 novembre 1785, le 28 du même mois il prit possession de ce bénéfice qu'il conserva jusqu'en septembre 1791. (Communication de M. Jean Delmas.)

A cette époque, il dut s'expatrier et ne rentra au pays natal qu'après le Concordat. En mars 1823, il demanda et obtint une pension de l'Etat comme ancien curé de Pommereval. La ville d'Aurillac où il avait fixé son séjour fut sa dernière étape ici-bas et resta gardienne de sa tombe. C'était le 20 septembre 1828. Il avait vécu 73 ans.

1760- — **Etienne de Boschatel.** — Issu le 10 octobre 1760, d'une famille d'Aurillac et de Lamartinie, favorisé des biens de la fortune, le jeune de Boschatel pouvait tourner ses regards vers le monde; mais il ne le fit pas. Docile à l'appel divin, il embrassa la carrière ecclésiastique pour laquelle son père lui constitua un titre clérical sur le domaine de Lamartinie, le 15 novembre 1783.

Il fut tonsuré et minoré le 14 juin 1783, élevé au diaconat le 5 juin 1784, initié à l'ordre sacerdotal le 18 décembre de la même année. — En 1785, il habitait au manoir paternel; rien n'indique où il choisit plus tard sa résidence. Une pièce de nos archives municipales le porte sur la liste des émigrés. Ce texte est d'autant plus à retenir qu'on ne rencontre nulle autre mention de ce compatriote.

Nous n'avons pu découvrir à quelle époque s'accomplit son retour de l'émigration et de l'exil. Sa vie fut endeuillée par de nombreux décès : il eut à pleurer la mort de sa mère; de Jean-Joseph le 6 mars 1766, âgé de 5 ans; de François Boschatel le 25 mars 1792; de Marie-Geneviève le 15 frimaire an X (6 décembre 1801); de son père le 12 fructidor an XI (30 août 1803); de Guillaume, maire d'Ytrac, le 10 août 1832, si tant est qu'il ait survécu à ce dernier. Là s'arrêtent les renseignements que nous possédons sur ce prêtre.

1763- . — **Antoine Abeil.** — Chap. VII, p. 419-423.

1793-1877. — **Guillaume Abeil.** — Naquit au Bex, le 1er janvier 1793, dans les mauvais jours de la Terreur : les pratiques du culte étaient abolies, les églises changées en magasins ou en hôpitaux, les prêtres proscrits et mis à mort. Deux de ses oncles s'exilèrent pour la foi. Ce fut dans les exemples et les récits de ces gens de bien que ce fils de paysan puisa la première pensée de sa vocation.

Promu au sacerdoce à Saint-Flour, le 23 décembre 1820, M. Abeil se voua, avec l'agrément de son évêque, au ministère à la fois si rude et si consolant des missions. Après quatre ans de travaux apostoliques, il fut investi de la vicairie de Marcolès en 1824; de la succursale de Crandelles en 1827; de Pers en 1845; de la Salvetat en 1862. En 1870, il se retira au Bex, son village natal. L'annexe du Bex, située à 5 kilomètres du bourg, fut l'objet de ses soins et le compte au nombre de ses bienfaiteurs. Il avait contribué à la faire ériger, en 1829, en chapelle vicariale et enfin en succursale en 1844. C'est de là que lui vinrent l'épreuve et la contradiction : ce projet souleva une vive opposition et fut énergiquement combattu par les Fabriciens et les notables d'Ytrac. Mais rien ne déconcerta son zèle et ne lassa sa patience. En 1875, il accepta les fonctions de chapelain et d'aumônier du Bon-Pasteur, à Aurillac, où il mourut le 8 mars 1877.

Bien des infortunés trouvèrent auprès de lui la plus libérale assistance. Le testament de cet homme de bien est une œuvre admirable où se résume la science de la charité. Dans ces pages mûrement réfléchies, M. Abeil dispose des derniers débris de son beau patrimoine pour ces deux fins qui ont inspiré les actes de sa vie. Il fonde à perpétuité, dans le grand séminaire de Saint-Flour, une bourse complète pour un enfant de la paroisse d'Ytrac se destinant à l'état ecclésiastique, et dans le petit séminaire de Pleaux six demi-bourses. La Fabrique du Bex eut une large part dans les préoccupations du pieux testateur; celle d'Ytrac n'échappa pas davantage à sa touchante sollicitude. Seule la famille de M. Abeil pourrait peut-être se plaindre de la part très modeste qui lui est faite dans la succession du cher disparu ; mais cette plainte ne se produisit pas, et celui dont le cœur n'a oublié personne savait bien que sa mémoire serait à jamais bénie par tous les siens.

1809-1849. — **Louis Daguzon.** — Dieu l'avait fait

naître à Lavergne, le 3 novembre 1809, d'une famille honorable et chrétienne, au sortir de la révolution française dans les jours de réparation qui marquèrent en France le commencement de ce siècle.

Son entrée au séminaire de Saint-Flour date du mois d'octobre 1835. Il reçut la tonsure le 13 juin 1835, les ordres mineurs le 19 décembre suivant, des mains de Mgr Cadalen. Ce fut Mgr de Marguerie qui lui imposa le sous-diaconat le 20 mai 1837, le diaconat le 23 décembre 1837, l'ordination sacerdotale le 9 juin 1838. Pendant les vacances il remplissait les fonctions de précepteur, dans une très honorable famille du pays, la famille de Falvelly de Gresse, avec laquelle il ne cessa d'entretenir les plus cordiales relations.

Au sortir du séminaire il fut envoyé, le 1er juillet 1838, à Chalvignac, et transféré, le 22 décembre 1845, de cette vicairie à celle de La Capelle-Viescamp. Il vint mourir au foyer de ses pères. Il expira avec la sérénité du juste, le 27 mars 1849, à 5 heures du matin. Ses obsèques eurent lieu le lendemain au milieu de l'attendrissement de la population d'Ytrac et de La Capelle qui vint saluer pour la dernière fois le prêtre pieux dont la vie fut un exemple et la mort une leçon. *Consommatus in brevi explevit tempora multa.*

1798-1860. — **Jean-François Bac**. — Etait fils de Pierre et de Marie Larmandie. Sa naissance remonte à la fin du XVIIIe siècle, 13 février 1798, à ces tristes jours où l'on ne baptisait que dans le secret ; mais son front n'attendit pas longtemps l'eau qui régénère ; il fut baptisé le 15 du même mois par M. Labouygue, prêtre, commis par M. le Curé.

Après des études classiques rapidement faites, il prit sans hésiter le chemin du grand séminaire où il reçut la tonsure et les ordres moindres le 12 mars 1825, le sous-diaconat le 17 décembre 1825, le diaconat le 11 mars 1826, la prêtrise le 31 mars 1827. — Il occupa tour à tour les postes de Saint-Mamet comme vicaire le 11 août 1827, de La Capelle Delfrayssi comme succursaliste le 10 décembre 1837 ; d'Alex le 24 mai 1845. Démissionnaire le 1er octobre

1860, il mourut le 25 novembre suivant. — Partout, il fit rayonner d'attrayantes qualités : la bonté, la charité, la piété. Il trouva des familles divisées, il sut pacifier leurs querelles et rétablir la bonne harmonie entre Saint-Victor et Alex. Il ne battit pas monnaie, se souvenant que les héritiers du prêtre sont les pauvres et les malheureux.

L'argent brûlait sa main et pesait à son cœur, a dit le poète en parlant du séraphique saint François. Ne pourrait-on pas en dire autant de M. Bac puisqu'il ne s'est pas comporté autrement que le pauvre d'Assise dont il portait le nom. L'apothéose d'un pasteur est de mourir sans argent et sans dettes. Le curé d'Alex dépensa au delà de ses revenus, emprunta pour donner et serait mort insolvable si la vente de son mobilier n'avait suffi à couvrir ses dettes.

1828-1900. — **Jean-Louis Trin**. — Né à Ytrac et levé des fonts le 20 février 1828, commença ses études dans le lieu de sa naissance, les continua à Aurillac où les biberons laïques n'étaient pas encore acclimatés, ni attendus et les acheva au Petit Séminaire de Pleaux, alors en pleine prospérité.

Son cours de théologie eut lieu à Saint-Flour où Mgr de Marguerie lui conféra les saints ordres et Mgr Lyonnet lui imposa l'onction sacerdotale le 5 juin 1852. Il resta trois ans au Petit Séminaire de Saint-Flour comme professeur de classe élémentaire de français d'abord, puis de septième en 1853. Il quitta cet établissement pour le vicariat de Saint-Santin-Cantalès en 1854 et le vicariat de Saint-Santin pour celui de Boisset, en 1860. C'est à ce poste que Monseigneur le prit pour en faire le desservant de Saint-Etienne de Maurs, paroisse à esprit chrétien, aux mœurs douces où il se dépensa avec zèle pendant 40 ans. Simple, d'une grande bonté, pieux, ne recherchant que le bien des âmes tel était M. Trin. Sa vie s'est écoulée dans l'accomplissement du devoir sans bruit, mais non sans fruit pour la gloire de Dieu.

En mai 1900, l'âge, les fatigues du ministère, et les premières atteintes de la maladie qui devait l'emporter le décidèrent à aller chercher, parmi les soins attentifs de deux sœurs dévouées, le repos du pays natal. Ses angoisses,

ses longues souffrances supportées sans murmure, et surtout la plus cruelle de toutes pour un prêtre pieux, celle de ne pouvoir célébrer la sainte messe qu'à de rares intervalles pendant les derniers mois de sa vie, ont été son purgatoire sanctifiant. Il vit venir sa fin avec un calme parfait et sollicita lui-même les derniers sacrements qu'il reçut avec émotion et piété. Dès lors, son cœur, comme un encensoir, se ferma du côté de la terre pour ne s'ouvrir que du côté du ciel. La mort l'enleva le 9 novembre 1900, dans la 72ᵉ année de son âge, la 48ᵉ de son sacerdoce.

Le nouveau titulaire de la cure avait fait avec un goût sévère les apprêts de la cérémonie des obsèques, après laquelle le corps fut porté au cimetière d'Ytrac. Il a voulu reposer au milieu des siens, à l'ombre du clocher de son village, de l'église où il a été baptisé, où il a fait sa première communion, dit sa première messe. Il dort là à côté de ceux qu'il a aimés.

1829-1902. — **Géraud-Julien Vigier**. — Est né le 2 septembre 1829 d'Isaïe Vigier et de Marie Martal, propriétaires à Caumon. M. de Chazelles lui conféra le baptême le jour même de sa naissance. Envoyé de bonne heure aux écoles, il fit ses humanités à Pleaux et sa théologie à Saint-Flour.

Il fut tonsuré le 14 juin 1851, minoré le 5 juin 1852, sous-diacre le 19 février 1853, diacre le 21 mai 1853. Mgr Lyonnet l'ordonna prêtre le 10 juin 1854, l'envoya vicaire à Auriac, le 10 juin 1854, à Parlan le 5 juin 1855.

Soit qu'il ait eu des déboires au début de son ministère, soit qu'il ait été attiré par ses proches qui habitaient le Quercy, il passa au diocèse de Cahors. Mgr Bardou le nomma vicaire à Bagnac, en 1860, et, dans la même année, desservant de Saint-Jean-Lagineste, canton de Saint-Céré.

Cette paroisse qu'il dirigea pendant 42 ans, lui doit une chapelle et un pèlerinage de Saint-Joseph. C'était un noble présent à sa terre adoptive et comme le testament de son affection pour elle. C'est là que, le 4 octobre, la mort est venu cueillir l'âme du pieux septuagénaire (74 ans), sans le prendre à l'improviste, car il se préparait à sa venue avec la plus édifiante résignation. Saint-Jean a gardé la dépouille mortelle du bon pasteur.

1846-19 — **Pierre-Emile-Antoine Abeil**. — Né au Bex en 1846, ordonné prêtre en 1871, occupa successivement les vicairies de Tessières-les-Bouliès (1871-1874) ; du Vigean (1874-1876) ; de Cayrol (1876-1879) ; de La Capelle-Viescamp (1879-1885) ; les cures du Trioulou (1885-1889) ; de Roumégoux (1889-1907) ; du Bex en 1907.

Si nous avons inscrit M. l'abbé Abeil sur notre liste, ce n'est point pour tracer le *curriculum vitæ* d'un vivant, mais pour payer notre dette de gratitude : Avec la meilleure grâce, il a mis à notre entière disposition ses archives de famille et les titres dont il est le gardien vigilant, mais non jaloux. Il nous a permis d'y puiser à pleines mains, et si dans la chapitre qui va suivre nous avons pu consacrer quelques pages à la mémoire de trois prêtres des plus distingués de notre clergé, ses oncles, c'est à sa bienveillance que nous en sommes redevable.

1847-19 — **Antoine-Léopold Vermenouze**. Cf. chap. VII, p. 425.

CHAPITRE VII

Dignitaires de l'église d'Ytrac

*I. Préliminaire. — II. Tableau chronologique.
III. Brèves notices.*

I

Ce chapitre ne sera pas long, et n'a besoin que d'un court préambule. — Les hommes remarquables par leur savoir et leur piété sont l'honneur de leur pays et leur gloire rejaillit sur les lieux qui les ont vu naître et qui les ont donnés à la petite patrie; c'est de là qu'ils se sont élevés comme des astres lumineux pour briller sur le monde. Ce sol est celui qu'ont foulé leurs pas; cet horizon est le même qui a frappé leurs premiers regards. Les habitants de leur village s'estiment fiers d'être leurs compatriotes, et en lisant dans l'histoire le récit de leurs vertus, ils se sentent grandir eux-mêmes en pensant qu'ils sont eux aussi les fils de cette terre généreuse qui les a produits. Dans les villes on donne leurs noms aux rues et aux places publiques, on leur érige des statues; dans les bourgs et dans les villages on montre la maison où ils sont nés, et on entoure de respect ces lieux qui ont été témoins de leur enfance. Leur mémoire semble s'être attachée à ces murs, à ces champs, à ces coteaux qui furent les premiers objets de leurs affections; et si leurs descendants subsistent encore, surtout avec le même nom, cette glorieuse parenté leur est une véritable noblesse reconnue et respectée de tous.

N'y aurait-il pas ingratitude non seulement à oublier, mais à rester indifférent envers ces gloires de la petite patrie? *Ingrati civis officium si quis exterarum historiarum de sola patria taceat. Clarorum virorum facta moresque posteris tradere antiquitus usitatum* comme l'a dit Tacite (Vie d'Agricola I). Après avoir déchiré un coin de voile derrière lequel ils se cachent, ou, pour parler sans figure, après avoir exhumé leurs noms de la poussière des archives, ne sied-il pas de mettre en relief ceux de nos compatriotes qui se sont élevés par leur mérite aux dignités de l'Eglise. Qui ne le sait : le diocèse de Saint-Flour a un honorable, un glorieux contingent de personnages marquants, de notabilités ecclésiastiques, au lecteur de décider si notre localité y forme convenablement sa part contributive.

Beaucoup de nos prêtres se distinguèrent par leur science et leur vertu. Rares néanmoins sont ceux qui atteignirent les sommets de la hiérarchie ecclésiastique. Tandis que Crandelles a donné un évêque à la Chine, aucun des nôtres n'a reçu le fardeau de l'épiscopat. Disons-le cependant, car c'est un fait passé dans la tradition. La prélature (de Séez ?) fut offerte par le roi à l'abbé Abeil. Il en redouta la charge et déclina un honneur dont il était plus digne que personne et qu'il eût porté sans jamais fléchir. — Par contre nous avons deux abbés mitrés et crossés bien authentiques : un abbé d'Aurillac et un abbé de Saint-Chinian ; trois archiprêtres : un archiprêtre d'Entre-deux-Mers, de Saint-Séverin et de Notre-Dame de Paris ; un Princier, sans doute primicier de l'église Sainte-Foi de Conques ; un Doyen de Saint-Amans ; de Relizane en Algérie, un chanoine du Chapitre cathédral de Rodez ; un chanoine de Saint-Géraud ; un chanoine de Beaune ; un chanoine titulaire et un chanoine honoraire de l'église métropolitaine de Paris et d'Oran ; un vicaire général du Mans ; deux chanoines honoraires de Saint-Flour ; un prieur de Pleaux, et six prieurs d'Ytrac, petite dignité si l'on veut, mais souvent convoitée et quelquefois fortement disputée.

Chose curieuse et digne de remarque : parmi les prêtres ou vicaires, ceux qui restèrent fidèles ou attachés au sol natal végétèrent dans les plus humbles postes, tandis que nos émigrants ne tardèrent pas à conquérir ailleurs une position éminente ; l'abbé Monreisse devient archiprêtre d'Entre-deux-Mers ; l'abbé Abeil, curé de la métropole parisienne ; l'abbé Cantuel obtient des lettres de noblesse la cure et l'archiprêtré de St-Séverin; l'abbé Bardy, le doyenné de St-Médard-en-Jalle et un canonicat honoraire à Bordeaux; l'abbé Vermenouze, une des cures les plus importantes du diocèse d'Oran. Ce fait semble devenu comme une règle générale n'ayant que de rares exceptions.

II

Tableau chronologique des dignitaires de l'Église d'Ytrac

XIe	1075-1085	Géraud du Bex, abbé d'Aurillac
	....	....
XVe	1429-1472	Jordan de la Salle, prieur d'Ytrac
	1472-1492	Jean de La Salle, » »
	1470-1500	Guil. de La Salle, abbé de St-Chinian
	1495-15 ?	Géraud de Tourdes doy. de St-Amans
XVIe	1543-1600	Antoine de Veyre, ch. de St-Géraud
	1595-1600	Hugues Montmège, prieur de Pleaux
XVIIe	1616-16 ?	Annet de Selve, princier de Conques
	1616-16 ?	Antoine de Selve, chan. de Rodez
	1633-16 ?	Jean Vermenouze, prieur d'Ytrac
	1642-1677	Gabriel de Roquemaure, prieur d'Ytrac
	1698-1734	Pierre Lacarrière, » »
XVIIIe	1735-1750	Pierre Lacarrière, prieur d'Ytrac
	1754-1772	Pierre Martin, prieur d'Ytrac
	1755-1814	Jean Monreisse, archiprêtre d'Entre-deux-Mers
	1733-1812	Ph. Cantuel, archiprêtre de St-Séverin
	1745-1808	Charles Celerv, doct. en thé., vic. gén.
	1785-1822	Jean Jos. de Boschâtel, ch. de Beaune
XIXe	1820-1830	Antoine Abeil, arch. de N.-D. de Paris
	1800-1886	Pierre Bois, chanoine honoraire
	1820-1885	Pierre-Math. Moissinac, ch. hon. de St-Flour et de Langres
	1847-1910	Léop. Vermenouze, curé-doyen de Relizane

1075-1085. — **Géraud du Bex** 9e abbé d'Aurillac. — Le premier prêtre et dignitaire, originaire de la paroisse d'Ytrac, dont les chroniques nous aient conservé le souvenir, vivait dans la seconde moitié du onzième siècle.

C'est Géraud du Vaix ou du Bex, ainsi nommé du lieu de sa naissance, qui est un village situé à peu de distance d'Aurillac : *distans unâ leucâ ab Aureliaco*. Il quitta le monde pour prendre le froc bénédictin, sans doute dans l'abbaye de Saint-Géraud, déjà illustrée par Gerbert et à l'apogée de sa gloire.

Placé par les suffrages de ses frères à la tête de l'abbaye, il ne tint la crosse abbatiale que peu de temps. L'autorité dont il fut investi était trop pesante ; ses épaules fléchirent sous le fardeau, il n'était pas de la race des hommes par qui le salut pouvait être opéré en Israël (I. Machab., V, 62) ; il n'eut ni la force, ni le courage, ni la volonté peut-être, de maintenir la discipline monastique. Au point de vue temporel, son administration ne fut pas meilleure : il laissa Géraud de Cabrières, seigneur du Bex, usurper les biens du monastère et s'emparer de ses châteaux : *Bona monasterii diripuit Geraldus de Caturcia nobilis incola de Vaxia, et monasterii quoque munitiones occupavit*.

Cet abbé périt victime d'un accident. Il fit une chute si malheureuse qu'elle lui occasionna la mort. On l'ensevelit sous un arceau à droite du grand portail de la basilique, les pieds tournés vers le mur, près du tombeau de Raymond de Lavaur, noble cadurcien et septième abbé d'Aurillac. Le *Breve chronicum auriliacensis abbatiæ* publié dans le grand recueil du docte Mabillon : *Vetera analecta*. Le *Gallia Christiana* et Mgr Bouange nous ont fourni les éléments de cette courte notice.

1472-1514. — **Jean de La Salle**, prieur. — Cf. chap. III, p. 103-105 ; chap. IV, p. 153-157 ; chap. VII, p. 404-405.

1470-1505. — **Guillaume de la Salle**, docteur ès décrets, licencié ès lois, abbé de Saint-Chinian. — Voici un de nos prêtres les plus remarquables et dont la Providence avait préparé le succès par une naissance illustre. Nous avons dit ailleurs, p. 101, les illustrations de cette souche antique dont un rameau devenu un grand arbre s'est divisé en 19 branches. La dixième, La Salle-La

Barrière, La Salle d'Ytrac et de Monthély, barons d'Yolet, s'était transplantée dans notre région dès le quatorzième siècle. C'est à cette dernière qu'appartenait Guillaume de La Salle. Le nom de sa mère est ignoré. Michel, son père, seigneur de Monthély et autres lieux, était domicilié à Ytrac en 1430 (Invent. des Arch. S. E., 851). Ses parents tenaient un rang distingué parmi la noblesse du pays, riches des dons de la fortune et de la grâce, ils menaient une vie pleine de vertu et d'édification.

Guillaume, ayant puisé la vie à une source si pure, passa par une enfance formée au bien et par une jeunesse consacrée aux lettres, aux fonctions les plus honorables et les plus saintes. En 1470, il était déjà investi du prieuré de La Foulhouse, dans la paroisse Culhat, diocèse de Clermont. C'était une commanderie de l'ordre du Temple, échue à celui des hospitaliers de Saint-Jean de Jérusalem, après l'abolition des Templiers, en 1310. On conçoit que les bénéfices dont fut doté le jeune Guillaume, n'exigeant pas à cette époque la résidence, influèrent peu sur sa manière de vivre et ne l'empêchèrent pas de se livrer aux études et aux travaux de la carrière qu'il avait embrassée ; il continua à profiter des lumières que l'abbaye bénédictine de Saint-Géraud lui ménageait ainsi que les savants personnages avec lesquels il était en relation. Il suivit les cours de quelque Faculté où il passa par les divers grades qui le conduisirent au doctorat en décrets et à la licence ès lois.

Après avoir reçu le bonnet de Docteur, il succéda à Antoine de La Salle dans la charge de prieur de Saint-Illide (1486) et ne tarda pas à être pourvu en commande de l'abbaye de Saint-Chinian, au diocèse de Saint-Pons de Thomières. Le pape Innocent VIII lui donna cette marque de son estime. Le nouvel élu laissa la direction spirituelle à un prieur claustral qui, sans doute, ne faisait rien sans sa participation et son consentement. Des 14 ou 15 années de son administration, nous ne savons rien. Du reste, Guillaume a manqué jusqu'ici à la série des abbés de Saint-Chinian et est resté inconnu des biographes. Le *Gallia Christiana vetus,* le *Gallia Christiana Nova,* même l'édition de Palmé, et d'autres historiens, Dom Vaissette, Fisquet,

Dom Piolin, ne l'ont pas mentionné dans leurs catalogues, mais plusieurs chartes conservées dans les archives du Cantal révèlent son existence et lui donnent ce titre : *nobilis et egregius vir Guillelmus de La Sala, decretorum doctor et in legibus licenciato, abbas commendatorius abbacie sancti Anianii, ordinis sancti benedicti, diocesis sancti Poncii thomeriarum, ac prior commendatorius Sti Illidii.*

Mais revenons sur nos pas.

Il fut chargé de la tutelle des enfants mineurs de son frère Pierre dont l'aîné, Rigald, n'avait que 12 ou 13 ans en 1466. Avant cette date, il avait fait réédifier à ses frais le château dont nous avons parlé ailleurs (p. 103) et qu'il prit pour lieu de sa résidence. C'était anciennement un repaire ou maison forte, c'est-à-dire une habitation suffisamment protégée pour résister à un coup de main de peu de gens et incapable de soutenir un siège. La pièce qui nous l'apprend fait partie des archives du baron Delzons qu'une précieuse obligeance a bien voulu nous ouvrir. Elle offre un autre intérêt, car elle nous fait connaître les biens qu'il possédait à Ytrac et nous apprend qu'ils relevaient en fief franc et noble, partie de l'abbaye de Maurs, partie de la vicomté de Carlat. Mais, par l'inattention du copiste, la date a été faussée, car il résulte d'une minute d'Hugues Gard (fol. 90) que Pierre de La Salle vivait en septembre 1467, et d'un acte notarié par Géraud Matharas que Rigald de La Salle était encore sous la tutelle de son oncle au mois d'août 1495 : *Noveritis quod coram Geraldo Matharas clerico notario apud villam aurelliaci pers. const. venerabilis et circunspectus vir dnus Guillelmus La Sala decretorum doctor ut tutor et curator nobilis Rigaldi La Sala cius nepotis... Datum die 8ª mensis augusti anno dni 1495.*

Antoine de Naucaze et Guillaume de Naucaze, son fils, lui vendirent à réméré la chatellenie de Bessanès avec les deux étangs *vetus et novum* situés entre Bessanès et Vielle, avec les propriétés et repaire ou château de Bessanès, par acte reçu par Mre Royre, cité par Jean Radulphi, *Castrum sive reparium de Bessanès situm in parochia de Ytraco cum omnibus et singulis censibus et redditibus,* la date n'est pas indiquée. Il en resta possesseur jusqu'à sa mort et les laissa en héritage à Rigald, son neveu, qui les vendit en 1521 à

Rigaud Tremolet, licencié ès lois, habitant de la ville d'Aurillac, dont acte fut dressé par Mre Granet, notaire, le 16 septembre 1521.

Le 28 octobre 1470, il acquit de Durand et Géraud Bru, sieurs de Montmège, l'affar ou boriage de La Malpélie (1), paroisse d'Ytrac, par acte dressé devant Mre Hugues Gard, notaire royal (fol. 107). Dans cette pièce, il est dit prêtre, licencié en droit civil et canonique, prieur de La Foulhouse, habitant du lieu d'Ytrac : *honorabili viro dno Guillelmo La Sala, presbitero, in utroque jure licenciato, priore prioratus de La Folhosa, habitatore loci et parochie de Ytraco.*

Le 26 mars 1493, Guillaume, accablé par la multiplicité des affaires extérieures que lui suscitaient la tutelle de ses neveux, et le retard apporté à la solde des revenus du commendataire, se donna deux procureurs : Vincent Consort, prêtre, et Benoît Despinatz, pour l'aider à recouvrer les revenus de son abbaye de St-Chinian et de ses autres prieurés. Quoiqu'il n'appartînt pas à l'ordre monastique et qu'il jouît de l'Abbaye à un titre qui, trop souvent, ne servît qu'à déguiser et favoriser l'amour des richesses, il n'en employa pas moins le revenu à la gloire de la Religion, et ce qu'il ne fit pas pour son abbaye doit être imputé à sa position, c'est-à-dire à son éloignement et non à un défaut de zèle. — On a aussi de lui des baux à ferme du prieuré de Saint-Illide : le premier du vendredi 16 mars 1486, et le deuxième du 28 novembre 1499 ; par ce dernier, le prieuré était affermé 570 setiers de seigle, 300 setiers d'avoine, duquel blé Guillaume déclare avoir reçu du preneur Jacques Consort, bourgeois d'Aurillac, 23 setiers et 3 cartes (Min. Radulphi).

Pierre Jonquières et Guillaume Lacarrière transigèrent sur procès au sujet de l'exemption de servitude d'un jardin que le premier avait acquis des seigneurs d'Ytrac. A cet accord conclu à Aurillac, le 8 août 1495, intervint Guillaume de La Salle, en qualité de tuteur de Rigald, son neveu, suzerain des lieux vendus (Min. Matharas ; Cf. p. 298, 299).

---

(1) Dom. ruiné, Cne d'Ytrac.

Le 9 juin 1500, Antoine de La Salle quittançait « vénérable et scientifique personne messire Guillaume de La Salle, docteur en décret, licencié ès lois, son oncle » de tous les droits légitimaires qu'il pouvait avoir sur la succession de Michel de La Salle, son aïeul, de feu Pierre de La Salle, son père, et de feue Léone Laveissière, sa mère. Cet Antoine de La Salle n'est pas mentionné dans la Généalogie de la maison de La Salle ; c'est pourtant à ce titre que sa signature vient clore l'acte passé en faveur de son oncle et tuteur (Min. Radulphi).

Cette même année ou l'année suivante, soupirant après le bonheur d'une vie cachée, désirant se soustraire à une responsabilité pesante, Guillaume se démit de l'abbaye de Saint-Chinian et du prieuré de Saint-Illide en faveur de Jean de Lagarde. La condition de cette résignation fut une pension que Guillaume se réserva sur la mense abbatiale en cédant celle-ci à Jean : *venerabilis et egregius vir Guillelmus de La Sala, decretorum doctor, in legibus licenciatus, nuper abbas monasterii sancti Anianii... nunc et in presenti pensionarius dicti monasterii* (titre du 4 novembre 1502, Min. Radulphi). Avant les réformes opérées par le Concile de Trente, il y avait dans la possession des bénéfices ecclésiastiques, même majeurs, de singuliers usages dont on a peine à se rendre compte de nos jours. Les commendes, les administrations, les expectatives, les résignations avec réserves et retour et autres procédés de ce genre avaient introduit une multitude d'abus choquants auxquels il est impossible de ne pas se heurter quand on parcourt l'histoire de ces siècles. Rien de plus commun alors que de voir un titulaire résigner à un parent une abbaye ou un prieuré dont il gardait les revenus, sauf une faible part, et même le titre.

Une fois démissionnaire, il put passer ses dernières années dans la méditation paisible des vérités éternelles. Nous le verrons cependant figurer encore dans quelques affaires. Par acte enregistré par Mre Raymond Capolet, le 31 août 1503, reproduit par le notaire Jean Carrière (3e regist., fol. 159), Jean Tourde, seigneur de Leybros, lui céda, au prix de 220 livres, les cens, rentes, droits de seigneur, de justice haute, moyenne et basse, à prélever sur les villages suivants : le Mont, le Masmarty, Cavanhac, de Crandelles, et Lamartinie d'Ytrac.

Le 29 août 1504, il ratifia et homologua la vente de la borie, maison, cazal, grange, prés, bois, jardin, terres incultes et défrichées, consentie par Antoine Veyre, bourgeois d'Aurillac, en faveur des frères Barthélemy Daguzon, et sur lesquels il avait droit de domaine direct comme il conste par une minute du 22 juillet 1504 du notaire Guillaume Brozat.

L'abbé de La Salle et les de Naucaze, étant en discussion et procès au sujet de l'acquisition du repaire, des propriétés et étangs de Bessanès, dont il a été parlé, s'accommodèrent par une nouvelle transaction le 5 février 1504 et en nouveau style 1505. Il fut stipulé qu'au prix de 2.207 livres tournois, Guillaume de La Salle en resterait propriétaire. (Min. Radulphi, Regist. 1504-1507, fol. 81.)

D'après le Nobiliaire de Bouillet, t. VI, p. 120, un Guillaume de La Salle était garde des sceaux du baillage des montagnes en 1489. C'était le nôtre, s'il faut s'en rapporter à la Généalogie de la famille de La Salle-Rochemaure. Cependant, nous avons eu sous les yeux un grand nombre de contrats et de transactions où il assista, et aucun ne lui donne ce titre. Presque toujours il y est qualifié d'*honorable, vénérable, scientifique, noble, pieux et discret homme,* docteur ès décret, licencié ès lois.

Ce savant et vertueux abbé qui avait renoncé à l'autorité avant que la mort vînt l'en dépouiller, ne vivait plus lors du contrat intervenu le 16 septembre 1521 entre Rigald de La Salle, son neveu, chevalier et seigneur d'Ytrac, et Rigaud Trémolet, licencié ès lois habitant d'Aurillac. Son décès eut lieu entre le 5 février 1505 et le 16 septembre 1521. Nous n'avons pu retrouver ni le sceau, ni la tombe de cet abbé.

1495-150 — **Géraud de Tourdes**, Doyen de Saint-Amans de Rodez. — Appartenait à notre paroisse par sa famille qui avait acquis de Julien de Griffeuilhe le fief et manoir de Leybros. Abandonnant le monde à ses frères, il fut d'Eglise et obtint le décannat de St-Amans de Rodez. *Apud Aureliacum coram venerabilibus et egregiis* *viris dno de Tordas, presbitero, decano ecclesic nove sancti Amancii... dno Raymundo de Talo, presbitero...* C'est ce que nous apprend une sentence émanée de lui, de Raymond Talon, prêtre de la ville, et autres, arbitres choisis par les deux parties pour régler et terminer un litige qui avait pour objet le paiement de la dot de sa sœur, Mondine de Tourdes. Jean de Talon, bourgeois d'Aurillac, mari de Mondine, prétendait qu'une partie de la dot de sa femme n'avait pas été payée; noble Jean de Tourde, fils de Pierre, de son vivant chevalier et seigneur de Leybros, soutenait le contraire. Les colitigants s'en rapportèrent à la décision des arbitres. Cette sentence arbitrale, rédigée et enregistrée par le notaire Radulphi, le 15 juin 1495, eut pour témoins Antoine Dupuy, *De Podio*, tailleur d'habits, Benoit Bonhore *(Bonora)*, pelletiers, habitants d'Aurillac. C'est, à notre connaissance, le seul acte qui lie ce dignitaire à l'histoire de notre église. Son sort, postérieurement à l'acte précité, nous est inconnu.

1543-160? — **Antoine de Veyre**, chanoine de l'insigne église de Saint-Géraud. — Fils de Pierre, seigneur de Leybros, et « de damoiselle Marie de La Volpilière, », prit la coule bénédictine au monastère de Saint-Géraud d'Aurillac. La cérémonie de sa vêture date de 1542 ou de 1543, ainsi qu'il appert d'une minute du notaire Dumolin ou d'un titre de famille que nous avons dans nos cartons. Selon toute vraisemblance, sa profession eut lieu l'année suivante. On lui confia l'office d'infirmier du monastère, il conserva jusqu'à la fin ces fonctions. Après la sécularisation de l'Abbaye, en 1561, il devint chanoine de l'insigne église abbatiale. Il avait cessé de vivre avant 1621, mais il nous a été impossible de découvrir en quelle année précise eut lieu sa mort. Il avait un oncle du même nom, moine, infirmier du monastère, chanoine comme lui, plus tard curé d'Ytrac, official de l'évêque de Saint-Flour. Tous deux vinrent, à des époques différentes, reposer à l'ombre de l'insigne basilique d'où se répandaient sur ses bienfaiteurs d'abondantes prières. Cf. p. 337.

1595-1616. — **Hugues Montmège**, prieur de Pleaux. Cf. p. 167-169.

1616-1622. — **Annet de Selve**, princier de l'église de Sainte-Foi de Conques. — Seigneur de Montvert, canton de Laroquebrou, et de Branviel, sur notre territoire. Assis sur une hauteur d'où la vue s'étend sur une plaine opulente et embrasse toute la chaîne des monts du Cantal, Branviel est un site des plus agréables, aussi Annet, en dehors de ses services, en fit-il son principal séjour. Ce pieux gentilhomme quitta le siècle pour entrer dans l'état ecclésiastique. Il reçut un canonicat dans l'église de Sainte-Foi de Conques et s'éleva à la dignité de princier : c'était le sixième des neuf dignitaires du Chapitre. Ces faits nous sont révélés par un acte minuté par Jean Cailar, notaire de la ville d'Aurillac, en date du 15 novembre 1616. C'est la donation du domaine de Branviel faite à son frère Antoine de Selve, chanoine de Rodez, donation révoquée le 27 octobre 1622 et consentie en faveur du curé d'Ytrac. Nous en avons parlé à l'article Parizot, p. 173, nous y renvoyons le lecteur. Pour les années qui vont de 1622 à celle de sa mort que nous ignorons, nous ne sommes pas initiés aux détails de sa vie. (Min. Cailar, Min. Boigue, reg. 1619, fol. 239; Nobil. d'Auvergne, t. IV, p. 239.)

1616-16 — **Antoine de Selve**, chanoine de l'église cathédrale de Rodez. — Frère du précédent. Tout incline à croire qu'il nous appartenait comme le doyen de Sainte-Foi ; mais nous n'en avons pas la preuve documentaire. Sous le bénéfice de cette réserve, nous l'avons maintenu sur la liste de nos dignitaires. — Il resta dans les rangs du clergé séculier et fut nommé chanoine du Chapitre cathédral de Rodez. C'est ce que prouve surabondamment le titre sus-mentionné.

A ceux qui demanderaient une notice plus copieuse, nous laissons le soin de consulter les archives du chapitre cathédral, conservées dans la tour de l'évêché de Rodez. Le nécrologe de cette église les fixera aussi sur la date de son trépas. (Cf. chap. VI, p. 295.)

1633-16?. — **Jean Vermenouze**, prieur. — Depuis l'insertion de la notice de ce prieur à la page 111 de cette Monographie, nous avons pris sur titre, le renseignement suivant, que nous nous empressons de consigner ici.

Dans une minute du notaire Barata (reg. 1602 à 1615, fol. 558), on trouve une transaction dont voici la substance : Honorable homme Jacques du Mas cède à Méral Abeil la terre appelée de la *Pesta* ou *Festa,* moyennant 40 livres tournois et choisit pour témoin et signataire de ladite vente Jean Vermenouze.

1642-1677 — **Gabriel de Roquemaurel**, prieur d'Ytrac.

1698-1734 — **Pierre Lacarrière**   »   »

1735-1750   **Pierre Lacarrière**   »   »

1754-1772 — **Pierre Martin**   »   »

La biographie de ces cinq personnages secondaires a trouvé sa place au chapitre III qui précède ; nous n'avons rien à y ajouter. Ils sont dignes de figurer ici et de vivre dans la mémoire et le cœur de leurs concitoyens ; ils ont passé en faisant le bien et laissant après eux le souvenir de leur bienfaisance et de leurs vertus.

1755-1814. — **Jean Monreisse**, archiprêtre d'Entre-deux-Mers . — Issu, en 1725, d'une honorable famille originaire de la paroisse émigra de bonne heure dans le diocèse de Bordeaux. On ne le fit pas languir dans les postes inférieurs : en 1755, il était nommé archiprêtre d'Entre-deux-Mers ou de Génissac. De temps immémorial, le titulaire de ce bénéfice a joui d'une grande considération dans cette prévôté ou dans cette partie du Bordelais. On sait, qu'en 1235, Vital, archiprêtre d'Entre-deu-Mers, fit partie de la députation envoyée au roi d'Angleterre pour lui représenter les excès commis en son nom et le solliciter d'y mettre fin par son autorité royale. (Cf. Hist. de la Grande Sauve, l. II, p. 181-182.)

Sa patrie d'adoption ne lui fit pas oublier son pays natal et sa famille avec laquelle il entretenait d'étroites relations. En 1765, désigné pour tenir sur les fonts Catherine Monreisse, sa nièce, fille de Pierre et d'Elisabeth Bos, du village d'Albussac, il fut représenté par Noël Delbac, du village de Messac. Sans sa participation à ce baptême (18 février 1765) qui nous révèle son existence nous ne l'aurions jamais connu. Il dirigea son troupeau dans les temps les plus calmes et les plus troublés. On peut dire avec Bossuet qu'il connut toutes les extrémités des choses humaines. La Révolution le trouva à la tête de sa paroisse, il lui demeura fidèle. Le calme rétabli, après le Concordat, Mgr d'Aviau, de sainte mémoire, qui travaillait avec une grande activité à la réorganisation de son archidiocèse ne crut pas mieux faire que de l'y maintenir. Il l'occupa assez longtemps pour réparer les désastres de la tourmente révolutionnaire. Il fournit l'exemple d'un des plus longs pastorats qu'on puisse citer : il tint ce poste 59 ans et passa à une vie meilleure le 6 mars 1814, à l'âge de 89 ans, presque nonagénaire (1).

1733-1812. — **Philippe Cantuel**, archiprêtre de Saint-Séverin, chanoine honoraire de Paris, curé de Saint-Jean-Saint-François. — Fut baptisé le jour même de sa naissance, le 27 février 1733. Il était le sixième des 14 ou 15 enfants issus du mariages de Clément Cantuel avec Marie Figeac, modestes hôteliers du Pontet. Une enfance simple et pure, une jeunesse studieuse passée dans le collège des jésuites d'Aurillac, le préparèrent à sa vocation. Son titre clérical lui fut constitué le 15 janvier 1755 devant Mes Delarmandie et Séryes, notaires apostoliques. Il était alors clerc minoré du Séminaire de Saint-Flour. Il reçut le sous-diaconat la même année, le diaconat l'année suivante et la prêtrise en 1757 des mains de Mgr de Ribeyre, de grande mémoire.

Devenu prêtre, il alla continuer ses études à la Faculté de Paris et conquérir les palmes du doctorat en droit canon. Il obtint ensuite un préceptorat dans une famille opulente ou princière qui, dit-on, en reconnaissance de ses services, lui fit octroyer des lettres de noblesse et lui laissa le château de Blémur (2), dont il joignit le nom au sien. Il convenait de rapporter ici un fait intéressant pour sa biographie, mais dont malheureusement certaines circonstances restent obscures. Il fut précepteur dans une famille opulente, laquelle ? De naissance roturière, quand reçut-il

---

(1) Lettres de M. le curé de Génissac, de M. l'abbé Henri Lelièvre, archiviste de l'archevêché de Bordeaux.
(2) Situé sur la paroisse de Piscop, canton d'Ecouen (Seine-et-Oise).

ses lettres d'anoblissement? Comment le manoir de Blémur lui fut-il transmis, par héritage, par donation ou par acquisition? Nous n'avons pas de réponse aux questions que nous venons de poser, nous ne pouvons que nous en rapporter à une tradition de famille qui établit la substance du fait et laisse dans l'ombre toutes les circonstances qui serviraient à l'expliquer.

En 1776, un prélat, dont le nom est demeuré grand dans l'Eglise, Mgr de Beaumont, n'hésita pas à lui confier la paroisse et l'archiprêtré de Saint-Séverin. Mgr Grimaldi, ou Mgr de Gaussans, évêque du Mans, lui conféra le titre de vicaire général honoraire. M. Cantuel de Blémur avait pris ou développé en lui, dans le milieu aristocratique qu'il fréquentait une distnction de manières et de langage qui contrastait avec l'humilité de sa naissance.

D'une éducation distinguée, il se mouvait à l'aise dans la société la plus élevée. Une lettre publiée par M. le duc de la Salle, montre qu'il entretenait de cordiales relatins avec ses ancêtres et qu'il vint avec ses amis, l'abbé de Mably et l'abbé de Condillac, les visiter dans leur château de Clavières. Il fut élu, en 1789, l'un des 334 électeurs de second ordre pour la nomination des députés aux Etats Généraux. Le 27 avril, on le choisit encore pour être l'un des 25 commissaires chargés de la rédaction du cahier de doléances du clergé de Paris *intra muros*. Le 13 février 1790, il présenta la déclaration des biens et revenus de sa paroisse. (Arch. Nat. G. 3.501, n° 187.) On entend déjà les premiers grondements de l'orage révolutionnaire.

Le schisme constitutionnel mit encore en relief cette noble figure. C'était l'heure où le clergé avait à choisir entre la loi de Dieu et la loi de l'Etat. Sur son refus de prêter serment, il fut expulsé de sa cure et forcé de se réfugier à Tournai. C'est ce que laisse entrevoir M. l'abbé Grente dans son ouvrage : *Le Culte catholique à Paris*. Contraint par les événements d'abandonner Tournai, il passa en Angleterre, se rendit au château royal de Winchester qui abrita jusqu'à 700 prêtres qui y vivaient en commun avec la règle et la régularité d'un grand Séminaire. (*Ibid.*)

Après le rétablissement du Culte, il rentra à Paris et fut

nommé chanoine honoraire de la métropole. Il figure le second sur la liste imprimée en octobre 1802 dans l'Almanach ecclésiastique. Le premier, M. Chillaud Desfieux, étant mort en 1803, M. Cantuel de Blémur fut, de 1803 à 1812, le premier inscrit sur la liste des chanoines honoraires. Le 6 septembre 1804, le cardinal de Belloi le nomma desservant de la paroisse Saint-François-d'Assise, dénommée plus tard Saint-Jean-Saint-François, en souvenir de la cure supprimée de Saint-Jean en Grève. Son installation eut lieu le 26 frimaire an XII (13 septembre 1804). Les temples étaient ruinés, les paroisses en friche, et la plupart des prêtres ressemblaient à des missionnaires au milieu des infidèles. M. Cantuel s'employa activement à relever les ruines matérielles et morales et s'y dévoua jusqu'à la fin de son honorable carrière.

L'abbé Cantuel quitta la vie le 18 janvier 1812, plein des tristes images du désordre et de la confusion qui régnaient encore et alors dans tous les esprits

Voici en quels termes son acte de décès est transcrit sur le registre des actes de sépultures de la paroisse de Saint-Jean-Saint-François :

« Le mardi, vingt un janvier mil huit cent douze a été présenté en cette église le corps de vénérable discrète et scientifique personne Messire Philippe Cantuel de Blémur, docteur de l'ancienne Faculté de droit canon, ancien vicaire général du diocèse du Mans, ancien archi-prêtre et curé de Saint-Séverin, chanoine honoraire de Notre-Dame et curé de cette paroisse, décédé le dix-huit de ce mois en sa maison, rue de Berry, n° 12, en présence de M. Abeil, vicaire de Saint-Sulpice, demeurant rue du Petit-Lion-Saint-Sulpice, n° 23. L'office et la cérémonie d'inhumation ont été faites par Messieurs les chanoines députés *ad hoc* par le chapitre de l'Eglise de Paris et ont signé avec nous. »

M. B. Abeil, de Maurs, possède un beau portrait au pastel de M. Cantuel de Blémur, son grand-oncle, exécuté avec grand soin. Ce portrait mesurant 0 m. 50 sur 0 m. 60, porte la signature de M. Petit et la date de 1806. Une copie en grand de ce portrait, due au talent de Mlle de Belleville, est conservée au presbytère ou à la sacristie de

Saint-Jean-Saint-François. (Regist. d'Ytrac, Min. Charmes; comunications de MM. Abeil de Maurs, Paul Pisani, chanoine de Paris, Daix, archiviste de l'Archevêché, Guilhas, curé de Saint-Jean-Saint-François, etc.)

1745-1808. — **Charles Céléry**, docteur en Théologie, vicaire général. — Fils de Pierre, horloger à Aurillac, et de Marie Coste, reçut le baptême le lendemain de sa naissance, le 18 octobre 1745, de la main de M. Combe, major, vicaire à Notre-Dame. Il sortait d'une famille justement considérée, qui avait un domaine à Espinat. Par sa mère il était originaire d'Aurillac, par son père il appartenait à notre paroisse. Suivant une tradition locale ou une conjecture qu'aucun texte ne justifie, il fut confié à son oncle Jean Céléry, prêtre de la communauté de Notre-Dame et élevé chez les Jésuites et les prêtres du diocèse qui tinrent après eux le collège de la ville.

Après une enfance pieuse, une adolescence vertueuse, il alla à Paris suivit les leçons de l'Université et les couronna par l'obtention des palmes doctorales. Il porta les prémices de la prêtrise à la paroisse de Saint-Sulpice et obtint en commende le prieuré de Foissac en Quercy. Le 24 novembre 1777, M. l'abbé J.-B. Sérieys se démit en sa faveur de la cure de Saint-Simon; mais cette résignation consignée dans le recueil des actes administratifs du diocèse indique simplement un projet qui ne put être réalisé. Charles ne fût pas envoyé à Saint-Simond pour régir spirituellement cette paroisse car nous le trouvons en octobre 1785 toujours vicaire de St-Sulpice et titulaire du prieuré quercinois. Quelque temps après, le 2 avril 1778, par l'entremise de son oncle, Jean Céléry, prêtre de N.-D., il fait notifier ses grades et requérir de Mgr de Barral, abbé d'Aurillac, ou plutôt, en son absence, de J.-B. Sérieys, son vicaire général, le premier bénéfice qui viendra à vaquer dans le chapitre de Saint-Géraud; mais ce fut sans succès. Le 25 avril de la même année, nouvelle réitération de grades devant M^{res} Louis Geneste et François Charmes, notaires apostoliques, infructueuse comme la première.

M. Céléry n'était pas destiné à achever sa carrière à

Paris. Mais quand il revint au pays natal, on était à la veille des mauvais jours; de tristes événements se préparaient. Comme tous les prêtres fidèles il eut à souffrir la persécution pendant la période révolutionnaire. Fidèle à Dieu, inébranlable dans les principes orthodoxes, M. Célery refusa le serment du schisme et de l'apostasie, quitta la ville pour sa maison des champs et séjourna quelque temps à Espinat ainsi que l'établit la pièce suivante qui donne son signalement et que nous reproduisons avec son orthographe pour lui laisser toute sa saveur : « Nous maire et officiers municipaux attestons... que Charles Célery prêtre âgé d'environ cinquante ans, taille de cinq pies trois pouces, cheveux et sourcils blonds, yeux blus, nez long et aquilin, bouche moyenne, menton crux, front large et dégarni, visage long ovale, a résidé sans interruption audit Lieu despinats, susdite commune d'Ytrac dans sa propre maison depuis le mois de mai mil sept cent quatre vingt douze Vx stile jusques au premier novembre mil sept cent quatre vingt treize... fait en la maison commune le huitième jour de vendemière an quatrième de la république...

S'il put se soustraire à la loi de déportation, il ne fut pas à l'abri de multiples tracasseries. Le 16 avril 1793, les commissaires nommés à cet effet, firent des perquisitions domiciliaires chez le ci-devant prieur où ils ne trouvèrent rien de suspect. Ces perquisitions furent renouvelées le 23 du même mois pour désarmer tous les citoyens compris « dans la classe de suspicion et d'incivisme » et « chez le sieur abbé Célery, ex-prieur prêtre insermenté, résidant à Espinat depuis quelque temps mais errant ne l'ayant vu depuis plus d'un mois dans cette commune. »

Le 1er novembre 1793, il se rendit volontairement à la Maison de Justice. Le 13 brumaire an III (3 novembre 1793), le conseil du département, vu les certificats des citoyens Cruèghe et Durat-Lassalle, officiers de santé, arrête son transfert au Buis; de plus, il ordonne le séquestre de ses biens et lui accorde une pension alimentaire de 400 livres. Le 11 novembre 1793, deux commissaires du Comité de surveillance et trois commis se transportèrent à Espinat pour mettre les scellés sur les effets et établir, au besoin, un gardien solvable des dits meubles.

Le 16 brumaire an III (6 novembre 1794), on le fit passer en la maison Etienne d'où un arrêté du Comité de sûreté générale du 4 ventôse an III (dimanche 22 février 1795), lui permit de sortir le 14 ventôse (16 mars 1795). Il apprit alors qu'on avait vendu son mobilier et fait poser des affiches pour la vente de ses immeubles. Le lendemain, 17 mars 1795, il s'empressa de faire adresser aux administrateurs du district une pétition pour obtenir d'être mis en possession de ses immeubles et du prix provenant de la vente de son mobilier. Fut-il fait droit à sa supplique? Aucun document ne le dit. — Ces pénibles épreuves furent marquées par un événement plus consolant. Le 19 octobre de cette année, il pu donner la bénédiction nuptiale à sa nièce Marguerite Raulhac.

Mgr de Ruffo, ou M. de Rochebrune, le dépositaire de son autorité dans le diocèse, l'avait investi d'une mission de confiance en lui donnant les pouvoirs les plus étendus, car c'est lui qui dresse, paraphe et numérote les feuillets du registre qui contient la plupart des actes religieux de cette époque auxquels nous le trouvons occupé avec ses confrères pendant les années 1795-1796 et suivantes.

A la séance municipale du 5 ventôse an IV (24 février 1796), on lit une pétition de Charles Célery demandant à rester auprès de sa famille. On le lui refuse et il est de nouveau incarcéré au couvent du Buis devenu comme celui de Notre-Dame une maison d'arrêt. Le 11 floréal an IV (2 mai 1696), il put être transféré à l'hospice pour y recevoir les soins qu'exige le triste état de sa santé. Le 2 frimaire an V (22 novembre 1696, il est autorisé à quitter l'hospice pour aller dans la famille Raulhac.

A partir de ce moment, nous le perdons de vue jusqu'en 1800. Le 29 mai de cette année, il célèbre le mariage de son neveu le médecin Jean Raulhac. En 1802, en vertu des pouvoirs extraordinaires qu'il tenait de la confiance de son Evêque, il bénit un mariage, dans sa maison d'Espinat, et figure avec son titre de vicaire général d'Aurillac.

Nous n'avons pu contrôler la réalité de ce titre; mais nous tenons ce renseignement d'un érudit consciencieux dont nos importunités n'ont jamais lassé l'obligeance, nous devons donc le maintenir jusqu'à preuve du contraire.

En 1801, lorsque la tourmente révolutionnaire commençait à s'apaiser, il fut du nombre des ecclésiastiques attachés, sous la direction de M. Lolier, au service de l'église de Saint-Géraud. A cette époque, le clergé avait été décimé ou exilé et le nombre des prêtres était loin de suffire au besoin des paroisses. Toujours semblable à lui-même, M. Céléry se distingua dans ses nouvelles fonctions par son zèle à seconder ses confrères et par son courage à supporter les pénibles travaux que les circonstances lui imposaient. Il est mort dans le baiser du Seigneur, le 5 septembre 1808, et ses œuvres l'ont accompagné devant le Juge suprême. Il laissa par son testament olographe du 9 avril et son codicile du 1er juillet 1808, des legs charitables : Aux pauvres des paroisses de Saint-Géraud et de Notre-Dame-aux-Neiges, 600 livres ; aux sœurs de Saint-Vincent-de-Paul : 1° divers effets mobiliers consistant en tableaux, linge, draps de lit, serviettes ; 2° une rente perpétuelle de 2.800 livres. Ces legs furnt autorisés par décret impérial donné au Camp de Madrid, le 11 décembre 1808. (Min. Delsuc, Arch. com. d'Ytrac ; com. de M. J. Delmas. Reg. d'Insin. eccl., Arch. du C. K. 51-72 ; L. 166-309 ; Arch. Nat. F. 74.981, F 1, 9.856 ; Mgr Bouange, *Vie de saint Géraud,* ch. 11, p. 450 ; Arch. de N.-D. Régist. de 1794 à 1801 ; Arch de Mme Astorg-Raulhac.)

1748-1822. — **Jean-Joseph de Boschatel**, chanoine de l'insigne église collégiale de Notre-Dame de Beaune. — Appartenait par sa naissance (11 déc. 1747), à Aurillac, et par sa famille au château de Lamartinie où elle résidait autant qu'en ville. Il était fils de Jacques, seigneur de Lamartinie, Garde-Corps de Sa Majesté, et de dame Jeanne Pomayrols. Si les prétentions nobiliaires de cette famille, qu'un Saint-Simon aurait raillé avec sa verve habituelle, sont fondées, elle a vraisemblablement acquis la noblesse dans l'exercice de la charge de secrétaire du roi, dont l'un de ses membres fut revêtu en 1715, ou dans l'exercice de Garde de Corps de Sa Majesté, si toutefois elle réunissait les conditions fixées par les édits sur cette matière.

Le 8 octobre 1760, il tint sur les fonts de l'église de Notre-Dame d'Aurillac, son frère Jean-Joseph qui mourut, âgé de 5 ans, le 6 mars 1766, et fut inhumé le 7 dans l'église d'Ytrac. Son titre clérical fut institué, en 1783, sur le domaine de Lamartinie. Il sortit du diocèse en 1765, et, nous a-t-on dit, reçut les ordres des mains d'Henri Talleyrand de Périgord, archevêque de Reims. Ses lettres d'ordination que nous n'avons jamais pu voir, sont dans les archives du château de Lamartinie. Après son ordination à la prêtrise, on lui assura un canonicat dans l'insigne collégiale de Notre-Dame de Beaune. C'est ce qu'établit un titre de famille mentionné dans l'*Inventaire* des Archives du Cantal, série E, 124 p. 22. Un prêtre bien versé dans l'archéologie beaunoise nous écrit : « qu'il était titulaire de la chapelle sainte Marguerite à Notre-Dame de Beaune et prébendé de Rouvres. »

Après avoir confessé la foi dans l'exil pendant la Révolution il revint en Auvergne. Mgr de Belmont « évêque digne des premiers siècles » (1) en fit un succursaliste de Rouziers le 1er messidor an XII (20 juin 1804) ; mais il n'accepta pas cette modeste cure de village. Il préféra jouir de sa pension, se retira à Aurillac, dans la maison du sieur Bousquet, porte d'Aurinque où il décéda le 12 mars 1822, à l'âge de 74 ans. Un de nos érudits l'a porté sur la liste des chanoines de Dijon et le fait mourir en cette ville ; mais ces deux assertions sont manifestement erronées. (Etat-civil d'Ytrac, d'Aurillac, Arch. d. C. ; communication de M. l'abbé Chevallié, secrétaire général de l'évêché de Dijon.)

1763-1744. — **Antoine Abeil,** Docteur en théologie de la maison de Navarre, chanoine titulaire, archiprêtre de Notre-Dame de Paris, reçut le jour au Pontet, le 28 septembre 1763 et le 29 du même mois le baptême dans l'église d'Ytrac. Il était par sa mère neveu de l'abbé Cantuel,

---

(1) Mot de Napoléon 1er.

archiprêtre de Saint-Séverin. Ses heureuses dispositions engagèrent ses parents à l'envoyer de bonne heure au collège d'Aurillac qui, depuis le départ des Jésuites, était dirigé par une société d'écclésiastiques, non moins distingués par leurs vertus que par leur science. Sous ces maîtres habiles le jeune élève fit de rapides progrès : à seize ans il avait fini sa philosophie. Ses succès semblaient annoncer la carrière distingué qu'il devait parcourir.

Attiré à Paris par son oncle, il fut admis au Séminaire de Saint-Sulpice et fit dans cette célèbre école son cours de théologie. M. Abeil eut toujours pour Saint-Sulpice cette estime, cette vénération qui, depuis Fénelon (1), a toujours distingué leurs plus éminents disciples. Son ordination sacerdotale date du 27 septembre 1787. Mgr Dubourg Miroudot de Saint-Ferjeux (2), évêque *in partibus* de Babylone, lui imposa les mains dans la chapelle du palais archipiscopal. Devenu prêtre il alla à la Maison de Navarre poursuivre la licence et le doctorat. Il prit en mars 1790 le grade de Docteur en théologie et se retira à Saint-Séverin auprès de son oncle.

N'ayant pas voulu prêter serment à la Constitution civile du clergé, il émigra en 1791, se rendit à Munster, puis passa en Angleterre. Là il trouva dans ses aptitudes et ses talents le moyen de se procurer des ressources qui adoucirent pour lui et pour son oncle les détresses de l'exil.

Lorsque le décret d'Amnistie eut permis aux prêtres émigrés de rentrer en France, M. Abeil revint à Paris, s'attacha à Saint-Sulpice où il eut, de 1804 à 1813, le titre de premier vicaire. Le 4 mai 1808, il fut chargé, en qualité de diocésain, de présider à la translation de la dépouille mortelle de Mgr de Belmont, évêque de Saint-Flour au cimetière de Vaugirard. Lorsque M. le curé de

---

(1) Fénelon disait au XVIIe siècle : On ne peut rien voir de plus apostolique et de plus vénérable. Lettre du 6 janvier 1715 au P. Le Tellier. Œuvres de Fénelon. Edit. Vivès, t. VI p 804

(2) Né à Vesoul en 1716, religieux de Cîteaux, sacré évêque de Babylone, dans l'église de Saint Louis à Paris, le 31 juin 1776, par Mgr. de Durfort archevêque de Besançon, nommé Consul de France à Baydad, prêta ses mains au schisme en consentant à assister Talleyrand de Perigord évêque d'Autun dans le sacre des deux premiers évêques constitutionnels, perdit la pension que lui faisait la Propagande et mourut à Paris, le 24 mai 1798, à l'hospice des incurables.

Vaugirard se présenta pour recevoir ce noble dépôt, M. Abeil prononça une éloquente allocution qui fut publiée dans le *Journal des Curés* ou Mémorial de l'Eglise Gallicane (numéro du 4 mai, Biblioth. Nat.) Le 5 janvier 1813 on le nomma curé de Saint-François-Xavier ou des Missions, en remplacement de M. Desjardin, prisonnier d'Etat. Par un trait de générosité admirable, au retour des Bourbons, en 1814, quand M. Desjardin fut rendu à la liberté, il lui rendit son poste, donna sa démission, l'accompagna d'une lettre publiée dans « *L'Ami de la Religion* » qui l'honore et alla prendre rang parmi les prêtres habitués de Saint-Sulpice.

Le 25 novembre 1817, M. Lemercier, le futur évêque de Beauvais, quitta la situation Chevecier des Quinze-Vingts pour la cure de Sainte-Marguerite et fit agréer M. Abeil pour son successeur. Il occupa ce poste jusqu'au 5 mai 1820 où il passa à la cure de Saint-Antoine aux Quinze-Vingts.

Le 17 septembre 1821, un prélat dont le nom est demeuré grand dans l'Eglise, le cardinal de Perigord le pourvut d'un canonicat titulaire, et le 18 du même mois de l'Archiprêtré de Notre-Dame devenant une quatrième dignité dans son Chapitre Métropolitain. Cette nomination fut agréé par ordonnance royale du 6 octobre 1821. Mgr de Quélen, appréciant comme ses illustres prédécesseurs, les grandes qualités de M. Abeil le créa vicaire général titulaire le 13 juin 1825. Cette mission d'honneur et de confiance lui fut conservée jusqu'à la mort du prélat. Les habitants de la cité se souviendront longtemps de ce vénérable curé, d'une impeccable dignité sacerdotale, d'une doctrine sûre, d'une grande expérience dans la direction des âmes, d'un amour jamais endormi du devoir, d'un zèle fécond en industries de sanctification pour les âmes, d'une inépuisable charité qui, en neuf ans, lui fit distribuer de ses deniers 30.000 fr. d'aumônes. Accueilli, honoré par tout dans les opulentes comme dans les plus modestes demeures, il exerça, une influence considérable qu'il sut faire tourner au profit des âmes et de la Religion.

La Révolution de 1830 brisa son cœur : les lettres menaçantes qu'il reçut alors lui firent souhaiter de se démettre de sa cure ainsi que de son canonicat, et de se retirer dans l'Ile Saint-Louis. Mgr de Quében résista à ses désirs, et s'il céda à de plus vives instances, ce ne fut pas sans le prier de conserver ses pouvoirs et sa place au conseil. Il vécut quatorze ans dans sa retraite, édifiant tout le monde, se familiarisant tous les jours d'avantage avec la pensée de la mort. De peur d'être surpris il avait réglé d'avance ses dernières volontés. Il avait marqué le lieu de sa sépulture et déterminé lui-même avec les détails les plus précis l'ordre et le caractère de ses obsèques.

Son testament, daté du 6 mai 1842, contient des preuves de sa générosité envers le diocèse de Paris et le diocèse de Saint-Flour. Au diocèse de Paris, il légua douze actions pour les prêtres âgés et infirmes, et les élèves pauvres des grands et petits séminaires ; au séminaire de Saint-Flour, son diocèse natal, des rentes perpétuelles pour payer la pension des élèves pauvres présentés par son neveu Guillaume Abeil, ou à son défaut, par M. le curé d'Ytrac. L'amour de la Religion et sa tendre affection pour sa famille en avait dicté toutes les dispositions ; tous ses parents y ont trouvé des souvenirs de cœur. Il a montré sa reconnaissance par de pareils témoignages aux personnes qui l'ont servi, à M. Thureau d'Angin, son exécuteur testamentaire, qui lui était particulièrement attaché. Il prie ce dernier de vouloir bien accepter un diamant de la valeur de mille francs.

Atteint de graves infirmités les derniers mois de sa vie, la mort l'en délivra le 2 décembre 1844, dans la quatre-vingt unième année de son âge et la cinquante-septième de son sacerdoce. Les larmes du pauvre et les regrets du riche lui servirent d'oraison funèbre.

Nous avons une empreinte du sceau ou cachet de M. Abeil qui s'était donné des armes parlantes. Cachet ovalaire de 20 millimètres sur 25, à la bordure d'un filet. Armorial : écu ovale : *d'azur à une ruche de... accompagnée (dans le champ) d'abeilles d'or*. En guise de banderole ou de listel une étole entoure l'écu et porte cette devise : *Sicut Nomine utinam opere*. Jamais abeille n'a travaillé à sa ruche avec une industrie plus soutenue. On n'y recueille que le miel exquis de la science, de la piété et de la charité.

On aurait pu graver sur sa tombe ces paroles de Saint

Jérôme : *Non memini me legisse mala morte mortuum qui libenter opera charitatis exercuit, habet enin multos intercessores et impossibile est multorum preces non exaudiri.*

(Regist. d'Ytrac; Archives particulières de M. l'abbé Abeil, ancien curé de Roumégoux. Renseignements fournis par M. P. Pisani, chanoine de Paris ;*Ami de la Religion* t. CXXIV p. 485, 28 février 1845).

1800-1886. — **Pierre Bois,** chanoine honoraire de Saint-Flour. — Sarrus, village détaché, en 1807, de Saint-Cernin, pour faire partie de la création de Freix-Anglards, fut le berceau de sa famille. Il y naquit le 2 février 1800, au sortir de la Révolution française, et fut de cette génération sacerdotale qui devait catéchiser la moitié du XIXe siècle et le ramener à la connaissance et à la pratique de la foi.

Mgr de Salamon lui conféra les ordres de 1821 à 1822, et la prêtrise le 3 avril 1824. Son monistère, commencé à Jussac en avril 1824, s'est continué à N.-D.-auxNeiges du mois de juin 1826 jusqu'en 1883.

Dans l'intervalle, il devint paroissien d'Ytrac. En 1849, il acheta avec ses parents le beau domaine de Labrunie. Le vieux château devint la maison de famille qu'il ne cessa d'affectionner et où il aimait à passer les rares loisirs que lui laissait le saint ministère.

Il s'y livra jusqu'en 1883, jusqu'au complet épuisement d'un tempérament physique vigoureusement constitué. M. Bois n'a jamais consenti à accepter la charge pastorale. Il avait une telle affection pour son vicariat d'Aurillac qu'il a voulu y rester attaché par les liens de l'honorariat. Retiré en 1883, il continua d'habiter son modeste appartement de la rue d'Aurinque. C'est là que la mort vint le chercher, sans le surprendre, le 4 juillet 1886, à la suite d'une attaque qui l'avait laissé à demi paralysé. M. Réveilhac, curé-archiprêtre et vicaire général, lui avait administré les derniers sacrements.

Ses funérailles eurent lieu le 6, dans l'église de N.-D.-aux-Neiges. Un nombreux cortège de prêtres et de laïques, dans lequel on remarquait M. de Parieu, ancien sénateur, membre de l'Institut, et plusieurs autres notabilités aurillacoises, accompagna à sa dernière demeure cet ecclésiastique zélé dont le confessionnal fut, pendant plus d'un demi-siècle, assiégé par la foule des pénitents. On sait, dit le *Moniteur*, qu'il avait en outre la spécialité des réconciliations *in extremis* et de l'allègement des consciences pliant sous la poids des misères longuement accumulées. M. Bois était chanoine honoraire de Saint-Flour depuis 1857. (Arch. de l'Evêché ; obligeante communication de M. Maziol, conservateur des hypothèques ; Sem. Cath.)

1820-1885. — **Pierre-Mathieu Moissinac** chanoine honoraire de Saint-Flour et de Langres, naquit à Albussac le 21 septembre 1820 et fut baptisé le 22 dans l'église d'Ytrac. On vit sans tarder qu'il était marqué du doigt de Dieu et prédestiné au sacerdoce. Sorti de l'établissement de Pleaux, où il eut des succès scolaires, il entra au séminaire de Saint-Flour pour l'étude de la théologie, sa formation ecclésiastique et la réception des saints ordres.

Ordonné prêtre le 17 mai 1845, il reçut d'abord le titre de vicaire de Lascelle ; puis de Montsalvy, en 1849, où, en dix mois il obtint au moyen de quêtes et de souscriptions les fonds nécessaires à la restauration de l'église paroissiale telle qu'elle est aujourd'hui. Il fut en 1850 envoyé à l'aumônerie du Saint-Enfant-Jésus d'Aurillac. Il y est resté 35 ans. Trente-cinq années de piété fervente, de zèle parfait, de tact, de dévouement absolu. Il était de tous le guide le plus sûr, le conseiller le plus fidèle, l'ami le plus sincère. Aussi en 1777, Mgr Baduel le fit chanoine honoraire de Langres. C'était le témoignage de la plus haute estime qu'un prêtre put ambitionner.

Le 23 mars 1885, il fut enlevé prématurément à son laborieux et consolant ministère. Sa fin inattendue fut un deuil général, mais plus douloureux encore pour la famille religieuse dont il était le Père vénéré. Un nombreux et sympathique cortège rendit un pieux témoignage d'estime et de regrets au saint prêtre, en l'accompagnant à sa seconde demeure : *domus secunda donec tertia*. Il fut inhumé dans la sépulture ordinaire du Clergé de la ville.

1847-19 . — **Antoine-Léopold Vermenouze.** — chanoine honoraire d'Oran, curé-doyen de Relizane. — Frère de l'illustre poète, eut le bonheur de naître, le 17 septembre 1847, dans une paroisse où la foi a jeté de profondes racines, et surtout dans une de ces familles anciennes où la vertu se communique avec le sang, et où l'on compte parmi les exemples domestiques celui de connaître, d'honorer et de servir Dieu. L'école paroissiale et l'école supérieure des Frères d'Aurillac le comptèrent au nombre de leurs meilleurs élèves. Jeune encore, il partit pour l'Espagne et semblait destiné à y vivre dans l'exercice du négoce ; mais une vocation plus haute vint, au milieu de ses travaux solliciter son âme généreuse et l'orienter vers le sanctuaire. En 1845, il commença les études de latin chez M. l'abbé Argéliès, prêtre habitué à Aurillac, et les termina en trois ans.

Entré en philosophie au séminaire de Saint-Flour au mois d'octobre 1847, il y passa cinq ans. Ce furent cinq ans de studieuse ferveur pendant lesquels il reçut les saints ordres des mains de Mgr de Pompignac. Son ordination sacerdotale eut lieu le 25 mai 1872. Le surlendemain il eut, au milieu de sa famille et de ses concitoyens, la joie d'une belle première messe. Ses débuts furent la vicairie de Saint-Santin (1872) et deux ans après celle de Labrousse (1874-1878). Mais son zèle demandait un champ plus vaste. Au commencement de l'année 1878, il partit pour l'Algérie et se fit incorporer au clergé Oranais.

Tous les évêques d'Oran ont honoré M. l'abbé Vermenouze comme il méritait de l'être. Mgr Vigne, ce prélat d'une si grande douceur et d'une si exquise bonté, qui fit resplendir sur les sièges épiscopaux d'Oran et de Digne, et sur le trône archiépiscopal d'Avignon les vertus qui font les saints Pontifes, le nomma successivement curé de Pont-de-l'Isser (1er juillet 1898), aumônier militaire et curé de Lalla-Maghrnia, près Oudja, à quelques kilomètres du Maroc, en février 1880. Mgr Gaussail, qui termina sa carrière sur le siège de Perpignan, illustré par les Gerbert et les Ramadié, le désigna pour le poste d'Oued-el-Hamman, et de Dublineau en novembre 1884. Mgr Soubrier, notre compatriote, de pieuse et douce mémoire, le transféra à Bou-Sfer en 1889, à Perregaux en 1891, et le créa dignitaire de sa cathédrale en 1894.

Pendant la vacance du siège qui suivit la mort du vénérable et regretté Mgr Soubrier, M. l'abbé Vermenouze reçut de nouveaux témoignages d'estime de l'administration capitulaire ou diocésaine. Il fut appelé à Tiaret en mars 1898, et en septembre de la même année à l'importante cure de Relizane (1) avec le titre et la charge de Vicaire forain.

Lorsque la succession de Mgr Soubrier fut imposé par le pape Léon XIII à Mgr Cantel, un des prêtres aimés et respectés du clergé de Paris, qui couronna ses vertus de l'auréole d'un zèle ardent et infatigable, le nouveau prélat lui continua la confiance qu'avaient en lui ses prédécesseurs. Il regarda comme un devoir de lui donner la mosette de chanoine honoraire de sa cathédrale (septembre 1890). Démissionnaire, pour raison de santé, M. Vermenouze quitta Relizane le 15 janvier 1908 et vint se retirer à Vielle, dans sa famille.

Des désirs qui nous ont été exprimés, arrêtent ici cette notice. Nous la terminons par cette parole d'un écrivain :

« Le bonheur que nous avons de le posséder nous empêche de faire son éloge. Le silence est souvent un hommage qu'on rend à la modestie. On ne doit louer, dit le grand Pope, que les morts et les absents. » Puisse, à ce prix, l'éloge de notre distingué compatriote et ami être réservé à nos derniers neveux.

(1) Ville de 8.000 âmes.

CHAPITRE VIII

Confréries et Dévotions spéciales

I. *Notions préliminaires.* — II. *Confrérie du Saint-Esprit.* — III. *Du corps Dieu ou Saint-Sacrement.* — IV *De Notre-Dame.* — V. *De Sainte Anne.* — VI. *De Saint-Jean-Baptiste.* — VII. *De Saint-Julien.* — VIII. *— De Saint-Louis.* — IX. *Saint Roch.* — X. *De Saint Martin.* — XI. *De Sainte Agnès.* — *Dévotions :* XII. *A Saint Antoine.* — XIII. *A Saint Blaise.* — XIV. *Aux âmes du Purgatoire ou Culte des Morts.* — XV. *Etat actuel.*

I

Il nous faut maintenant pénétrer, s'il est possible, dans la vie religieuse de nos pères à ces époques où la foi était si profonde. Ce que nous venons de dire donne déjà un peu de lumière sur les habitudes et les pratiques pieuses qui faisaient d'eux des chrétiens sérieux et zélés. Ce court chapitre va nous convaincre que leur foi ne se restreignait pas alors dans leur for intérieur, mais s'appliquait à leur vie privée et publique; il nous montrera l'importance qu'avait pour eux le centre paroissial : l'église.

Une communauté de prêtres, et une communauté ancienne, nombreuse, dans une paroisse de 15 à 1800 âmes, prouve en faveur de l'esprit religieux de ses habitants. C'est ce que démontre aussi l'existence d'un grand nombre de confréries ou d'associations pieuses.

Dès le Moyen âge, on avait compris combien l'association donne de puissance et de solidité aux efforts individuels. La force, la puissance d'une association dépend du nombre de ses membres et de leurs qualités personnelles. Plus ces membres sont nombreux, plus ils se distinguent par leur valeur individuelle; plus l'association acquiert de force et travaille efficacement au but qu'elle poursuit.

L'Eglise a toujours favorisé les associations religieuses sous la tutelle d'un patron céleste. Elles ont une merveilleuse puissance sur les âmes; elles raniment, elles perpétuent, au sein des diverses conditions, la vie chrétienne et le sentiment religieux, trop souvent en voie de s'affaiblir et de disparaître. Tel artisan ne se souviendrait peut-être plus de sa qualité de chrétien, si, par un heureux lien, sa profession ne le rattachait à la profession du christianisme. C'est ainsi que, dans plusieurs contrées de l'Europe méridionale, dit un grand évêque, la confrérie supplée utilement la paroisse, et l'image du saint patron rassemble chaque dimanche sous sa bannière des catégories d'hommes que la cloche ne parviendrait pas à réunir dans l'assemblée commune des fidèles. Toutefois, il est un ordre de choses meilleur et plus parfait : c'est lorsque la confrérie, au lieu de supplanter la paroisse, s'y ajoute, au contraire, comme un surcroît et un supplément, c'est lorsque le glorieux patron du ciel, au lieu de faire concurrence au ministère du pasteur ecclésiastique, en devient plutôt l'auxiliaire efficace et le puissant recruteur. Tout est pour le mieux, lorsque les membres les plus zélés de nos sociétés sont en même temps les plus habitués des offices paroissiaux.

Aussi, notre paroisse, comme les autres, comptait une élite de chrétiens pieux, groupés en diverses confraternités sous le patronage d'un saint.

L'image des patrons était peinte sur les bannières des confréries. Ces chères bannières, elles marchaient en tête des corporations, en toutes les occasions solennelles; elles étaient à la peine, elles étaient à l'honneur, un peu comme celle de Jeanne d'Arc. Et on était si bien habitué à confondre chaque corporation avec son drapeau qu'on donna le nom de bannières aux communautés elles-mêmes. Mais la dévotion des confréries ne se bornait pas à cette trop facile assistance aux processions. Il y avait des fêtes qu'on célébrait tous les ans et le lendemain un office pour les morts. Certains groupes étaient plus dévots et faisaient dire des messes à des époques déterminées.

Enfin, c'était l'usage des corporations d'assister aux enterrements de chacun de leurs membres ou tout au moins d'y envoyer une députation nombreuse. Au Moyen âge, cette coutume s'étendait aux baptêmes, aux noces.

Qui oserait condamner la joyeuse et très utile multiplicité de ces fêtes. Ils ne sont pas chrétiens ceux qui ne savent pas le christianisme joyeux. Les mots *Gaudium* et *Lætitia* abondent dans la Bible, dit Léon Gautier; ils abondent dans notre liturgie; ils abondent dans les livres de ceux qui ont enfanté l'Eglise (1).

Au-dessus de toutes ces dévotions, il faut placer l'observation du précepte dominical, les lois du christianisme, les pratiques essentielles et caractéristiques de la vie chrétienne : la confession et la communion. En ce temps-là, les paroisses présentaient un beau spectacle le dimanche : tous les travaux chômaient, le repos était universel, les églises étaient pleines, la joie brillait dans tous les yeux. La théorie et la pratique du respect n'avaient pas encore disparu de la terre, la charité était dans l'air.

On sait, d'ailleurs, comme elle eut toujours à s'exercer et comment elle s'exerce toujours au sein de nos pieuses confraternités. Il y avait beaucoup de pauvres en ce temps-là, beaucoup de malades; il y avait aussi des veuves et des orphelins. D'aucuns même ont prétendu qu'il y avait plus de misères corporelles que de notre temps. En tout cas, on les secourait vaillamment. Ils savaient se cotiser ensemble et donner chacun suivant ses facultés. La charité n'était pas administrative en ce temps-là; elle avait ses délicatesses, sa poésie. Aux pauvres, on donnait du bois pour l'hiver et on leur distribuait des aumônes extraordinaires pendant l'année, en temps de maladie, et suivant leurs besoins. Chacun avait son petit rituel charitable.

Mais c'est mal comprendre la charité, c'est la comprendre à la manière des hérétiques et de tous les cerveaux étroits, a dit Léon Gautier, que de la restreindre à l'amour de l'homme. Les catholiques de tous les âges ont aimé Dieu plus que leurs frères, et, tout en jetant leur manteau sur la nudité des pauvres, ils n'ont pas oublié

---

(1) Voyage d'un catholique autour de sa chambre, p. 64.

la nudité de leurs temples. Ils ne se sont pas lassé d'embellir l'épouse de Jésus-Christ, et ne s'en lasseront jamais ; c'est notre devoir de parer immortellement cette immortelle amie des âmes. On avait, du reste, une certaine fierté à l'endroit de sa confrérie : on la parait volontiers, en la faisant belle (1). Les uns n'entendaient pas que les autres eussent une plus riche chapelle que la leur. Heureuses et pacifiques rivalités auxquelles nous ne devons pas des chefs-d'œuvre, mais qui n'ont jamais fait couler ni le sang chrétien, ni le sang français.

Renfermées dans ces limites, les confréries essentiellement paroissiales étaient ouvertes à toutes les bonnes volontés ; tous les fidèles pouvaient en faire partie. Il suffisait pour cela de se présenter aux bailes en exercice et d'être agréé par l'assemblée des associés. A partir de ce moment, on bénéficiait de tous les avantages et de toutes les prérogatives attachées à la confrérie, à condition d'en supporter les charges et d'en remplir les obligations.

Les prérogatives dont jouissaient les associés consistaient surtout dans le droit d'assister aux assemblées, dans certaines préséances aux processions, et à l'église.

Les associés avaient des avantages spéciaux qui tenaient à leur titre. Ces avantages étaient matériels et spirituels. Au point de vue temporel, ils avaient une place de choix à l'église ; s'ils étaient pauvres, ils étaient inhumés aux frais de la confrérie. Au point de vue spirituel, ils avaient des secours tout particuliers. L'association se préoccupait du salut de leurs âmes. Après la mort de chacun d'eux, elle prescrivait des prières et faisait faire un service auquel tous les confrères étaient tenus d'assister. Le lendemain des obsèques, une messe était dite pour le repos de l'âme de l'absent en présence de tous les associés et le jour qui suivait la fête du patron, on célébrait un office et on faisait une aumône pour tous les sociétaires décédés.

Les confréries n'avaient d'existence légale qu'autant que les ordonnances royales les autorisaient. A défaut de cette autorisation, des confréries très anciennes avaient été abolies. La condition était d'importance, car elle conférait

---

(1) Cf. 29, 31.

à ses associations le droit de recevoir des legs et des donations.

Deux conciles de Bourges, sans parler des autres (1), s'étaient occupés des confréries pour délimiter leurs devoirs et leurs droits. Le premier, tenu en 1528, s'exprime ainsi : « On n'érigera point de confréries sans le consentement de l'Ordinaire. On ne fera point de festins, ni de danses, à l'occasion de ces confréries; l'argent sera employé aux œuvres pies ; on défend les contrats usuraires, sous prétexte de procurer le bien de ces confrères (6° canon) ». Le second, tenu en 1584, formule quatre canons, dont voici le précis : « On ne conservera que les confréries où l'on verra régner la piété, et où l'on observera les lois du christianisme, et, si elles ne sont pas telles, l'évêque les réformera et l'on n'en établira aucune sans sa permission. S'il y a des confréries interrompues ou abolies, leurs revenus seront employés à de pieux usages suivant la volonté de l'évêque, et surtout à l'entretien des séminaires ». Charles de Noailles semble s'être inspiré de l'esprit de ces canons dans les règlements et les ordonnances qu'il a portées sur cette matière : « Deffandons qu'aucune confrérie d'hommes ou de femmes soit érigée sans notre permission et approbation, et quant à celles qui auront esté cy devant establies, ordonnons que les statuts en soient portez devers nous pour estre approuvez ou réglez selon qu'il sera besoin, deffendant aux curés de permettre aucune assemblée ou exercice des dictes confréries jusques à ce qu'ils verront notre approbation. En outre, deffendons aux confréries par nous approuvées de tenir aucunes assemblées, n'y faire aucuns exercices en public ou en particulier en tour de dimanche et festes solennelles aux heures que la grand'-messe ou les Vêpres se diront, ni au temps que la prédication ordinaire se fera dans notre Eglise cathédrale ou dans les Eglises parrochiales du lieu » (2).

La confrérie dûment autorisée avait le droit de posséder, d'élire des administrateurs ou bailes pour gérer ses affaires. Epuisons rapidement la question matérielle du

---

(1) Cf. Migne, Diction. des Confréries, Introduc. p. 31-35.
(2) Règlements Généraux et Instruction pour les curés Diocèse de St-Flour p. 15.

budget des confréries. Puisque nous ne pouvons échapper à ces strictes considérations, hâtons-nous de nous en délivrer. Les confréries avaient leurs petites finances : L'offrande pécuniaire, comme don de joyeux avènement, les cotisations qui leur étaient imposées annuellement, les offrandes spontanées ou reinages, les amendes réservées pour la boîte ou caisse de la confrérie. Outre ces sources de revenus ordinaires, les confréries en avaient d'autres. Chaque membre devait payer certaines redevances en nature : c'était un cierge pesant une ou deux livres; c'était le pain bénit que chacun devait rendre à son tour. Chaque confrérie avait ses bailes, ou administrateurs particuliers, qui veillaient à la défense des intérêts de toute la société. Ils étaient au nombre de deux dans les confréries ordinaires, au nombre de quatre dans les communautés importantes. Ils étaient renouvelé tous les ans.

Chaque confrérie avait ses statuts qui sont aujourd'hui introuvables. Ces statuts renfermaient les règlements concernant les offices de la confrérie, ses privilèges, redevances, casuel, etc. Ils furent approuvés, tour à tour, par trois évêques de Saint-Flour : Charles de Noailles, Jérôme de la Mothe-Houdancourt (1), Paul de Ribeyre (2).

Ont encore échappé à nos explorations, les bulles ou titres d'indulgences accordées par les papes à nos diverses associations, qui nous en découvriraient les meilleurs avantages et nous initieraient à des pratiques bien connues de nos pères et un peu oubliées aujourd'hui.

Le laconique aperçu que nous donnons sur chacune d'elles, — on en comptait au moins dix — doit être attribué à la disette de pièces originales. Parmi les manuscrits qui nous ont servi d'éléments, nous en citons trois ou quatre sauvés et conservés encore dans nos archives particulières. Ces dix confréries, qui ont chacune un court article, travaillaient à éveiller dans les âmes les sentiments d'une piété et d'une charité ardentes.

---

(1) Cf. Ordonnances synodales Mss. dans nos cartons.
(2) Cf. Ordonnances synodales Tit vii. p. 49.

II

Confrérie du Saint-Esprit. — La France entière était couverte d'associations ou confréries du Saint-Esprit. La sanctification de leurs membres par l'union fraternelle et par la charité était l'âme de ces institutions précieuses dont l'origine se perd dans la nuit de ces siècles que l'on a voulu signaler comme une ère de servitude et de ténèbres, parce qu'on n'y avait pas encore proclamé l'émancipation de la raison ni découvert le suffrage universel. C'était le Saint-Esprit en action. Elles existaient notamment dans la plupart des paroisses d'Auvergne. Jusqu'à nos jours, la paroisse privilégiée de Notre-Dame aux Neiges a été assez heureuse pour en conserver d'assez beaux vestiges.

Les repas publics auxquels prenaient part tous les confrères ont donné lieu de penser que les associations du Saint-Esprit tirent leur origine des agapes. Le plus souvent ces repas avaient lieu sur la pelouse, en pleins champs. Les temps ayant changé, les repas publics furent convertis en aumônes générales, tant pour conserver la mémoire de l'ancienne discipline que pour soulager plus efficacement les pauvres honteux.

Par les époques où elles avaient lieu ainsi que par la nature des objets distribués, on voit que les aumônes avaient pour but de procurer aux confrères, ou quelques joies innocentes si douces aux déshérités de ce monde, ou des secours matériels nécessaires à l'accomplissement des lois disciplinaires de l'Eglise. Ainsi, en quelques endroits, la distribution d'huile de noix se faisait au commencement du Carême parce qu'alors on ne pouvait accommoder les aliments avec du beurre. La distribution du lard avait lieu le samedi saint afin que les fidèles pussent préparer au gras leur nourriture pendant le temps pascal. Mais à l'époque où toute l'Eglise est dans la joie et où les solitaires les plus rigides relâchaient de leurs austérités, n'avoir que de pauvres aliments accommodés au gras, c'était peu. Aussi le lundi de Pâques se faisait une distribution de pain et de vin. Quand arrivait l'Ascension, alors que le bétail commençait à gravir sur les montagnes, venait une distribution de sel. Enfin le lundi ou le mardi de la Pentecôte, fête patronale de la confrérie, avait lieu une distribution de potage, de vin, de lard qui permettait aux plus pauvres d'oublier un instant leurs privations habituelles. Plus tard, ces aumônes qui n'avaient point lieu partout d'une manière uniforme, furent réduites à deux distributions : celle du commencement du Carême et celle du samedi saint.

Les âmes n'étaient point mises en oubli et c'est là le côté spirituel. Au premier rang figure le soin des âmes des confrères défunts. Les statuts de la Frairie d'Aurillac auxquels les nôtres devaient beaucoup ressembler, s'ils n'en étaient la fidèle copie, prescrivaient le lendemain de l'enterrement deux messes basses : l'une du Saint-Esprit, l'autre de la Vierge, et une messe haute de *Requiem*. Chaque membre était tenu de faire célébrer annuellement une messe basse pour les sociétaires trépassés, et ceux qui ne pouvaient fournir l'honoraire de la messe étaient tenus à des prières déterminées. Où trouver quelque chose de mieux entendu ?

Les archives départementales et paroissiales ne nous apprennent que peu de chose sur la confrérie d'Ytrac. L'époque de son érection est aujourd'hui un problème difficile à résoudre. Un texte authentique du XVIe siècle affirme son existence dans notre paroisse et dans les paroisses environnantes. Mettons-les sous les yeux de nos lecteurs. C'est de la grande éloquence chrétienne avec ce beau parfum d'antique simplicité dont le secret est perdu :

« Item a donné et légué à messieurs les confraires de la
« frairie du Sainct-Espdit de lad. paroisse et aultres
« paroisses toutes consortes de lad. frairie la somme de
« dix livres tournois payable une fois auxd. confraires
« par sesd. héritiers soubzescrits le lendemain de novene,
« lequel jour a voulu et ordonné cesd. confraires solemp-
« niser ses novènes et obsèques en lad. esglise dytrac ainsin
« qu'il est accoustumez de faire suivant les statutz de lad.
« confrairie. » (Testament de maistre Pierre Cros, jadis curé dytrac. Min. Carrière, fol. 96-99.)

C'est donc dans la moitié du XVIe siècle que florissait en notre église comme dans les églises d'alentour cette pieuse confraternité. C'est la seule mention que nous ayons trouvée, mention précieuse, sans doute, mais mention trop laconique qui ouvre la porte à toutes les conjectures sur l'origine et le déclin de cette frairie. Sans lui attribuer une si haute antiquité que celle de Notre-Dame érigée dans le XIIe siècle, on peut raisonnablement supposer qu'elle fut établie ou réorganisée dans notre paroisse, en 1512, lors de la nouvelle érection canonique des Pénitents du Saint-Esprit faite à Aurillac par les soins d'Antoine de Cardaillac, abbé de cette ville. Dans la suite elle dut subir les mêmes vicissitudes et être unie à la confrérie du Saint-Sacrement. Il semblerait que cette union était opérée en 1656, car dans le cahier de comptes et de dépenses de cette même année et des années subséquentes, il n'est plus question de la Confrérie du Saint-Esprit.

Sous le souffle de l'esprit du mal, ces admirables associations ont disparu. Mais pourquoi ne pas les rétablir partout où on le peut. Pour cela que faut-il? Le vouloir de grand cœur et résolument, *corde magno et animo volenti*, attendu que ce qui est nécessaire se fait toujours. Aux alentours de la fête de la Pentecôte, qui est particulièrement la fête du Saint-Esprit, à la fête de la Confirmation ne pourrait-on pas réaliser ce projet?

Rien ne coûte à Satan pour étendre les frontières de son triste domaine, recruter ses suppôts, les enrôler dans des congrégations ténébreuses, en des confréries d'iniquité pour mieux réussir dans ses infernales entreprises. « Comme le champ excavé par les taupes, le sol de la France est miné par les noirs pionniers du satanisme : sous peine de périr, notre devoir est de faire la contre-mine. » Soyons membres et membres dévoués de la grande armée du Saint-Esprit, l'Eglise catholique. Formons-nous en groupes offensifs et défensifs. Aux confréries de Satan opposons les cronfréries du Saint-Esprit : l'union fait la force. Seul l'Esprit du bien peut vaincre l'Esprit du mal, c'est assez dire, ce nous semble, que tout ce qui peut accroître la dévotion, étendre le règne du Saint-Esprit, doit être maintenant, plus que jamais, à l'ordre du jour, surtout depuis l'admirable encyclique de Léon XIII *Divinum illud munus.* »

III

Confrérie du Saint-Sacrement. — On n'est pas d'accord sur l'origine de la confrérie du saint-Sacrement. Les uns font remonter cette institution au XVI⁰ siècle et en attribuent l'honneur au dominicain Thomas Stella qui aurait érigé la première confrérie du saint-Sacrement dans l'église de la Minerve à Rome. D'autres réclament la priorité pour la ville de Montdidier qui, en 1401, possédait une confrérie du *Corpus Christi*. — C'est à Urbain IV qu'il faut restituer une gloire qu'on lui dispute. Ce pape immortalisa son règne si court par deux institutions chères à tous les cœurs catholiques. En 1264, dans une bulle solennelle il établit la Fête-Dieu, et quelques mois avant sa mort, par un autre bulle il institua à Troyes, sa ville natale, la première confrérie du Très saint-Sacrement. Léon XIII a, en quelque sorte, confirmé ces nobles attributions en érigeant, par un bref du 6 mai 1881, la confrérie de Troyes au rang d'archiconfrérie.

Le dominicain Thomas Stella a pu réorganiser, fonder même ces confréries en Italie, mais on ne peut nier qu'elles existassent en France dès la fin du XIII⁰ siècle. C'est alors que se formèrent ces confréries du Corps-Dieu qui eurent pour mission principale de l'accompagner un cierge à la main dans tout le parcours de la procession. — Il est également certain que les religieuses populations de l'Auvergne rivalisèrent de zèle dans cette œuvre. Nos dépôts publics et privés conservent des documents en grand nombre qui attestent qu'au XVI⁰, XVII⁰, XVIII⁰ siècles presque toutes nos églises avaient une confrérie du saint-Sacrement.

Notre paroisse ne fut pas la dernière à donner cette marque de foi et d'amour au Dieu de l'Eucharistie. Il est difficile de déterminer avec précision l'époque où commença cette pieuse institution ; mais nous avons quatre documents qui témoignent de sa haute antiquité. Par son testament du 15 avril 1560, Jean Laborie du village de Lavernhe « donne, à la frayrie du précieux cors de Dieu, vingt-cinq solz tournois pour estre employés à l'achapt dung missel pour dire et célébrer messes en lad esglise dytrac ». — Le 10 janvier 1562 (vieux style), Pierre Rodayre « lègue aux confraires de la frayrie du Corps précieux de Jésus Christs la somme de cinq solz tournois » — Le 6 février 1563 (nouveau style) Berald Conhaguet, prêtre « donne aux confraires du corps précieulz de lesglise dytrac de laquelle il est confraire, baille la présente année, la somme de vingt solz tournois » — Le 23 octobre 1563, Pierre Chaumon du village de Chaumon lez ytrac a voulu estre distribué par ses héritiers « a la frairie du corps précieuls de Jésus Christ trente solz ». — (Min. Carrière, 3ᵉ reg. fol. 28; 206-208; 215-217; 270).

Quoiqu'il en soit des temps antérieurs, l'histoire authentique de cette dévotion commence avant 1560. A cette époque on lui fait des legs, nos registres en parlent comme d'une dévotion florissante qui devait exister depuis déjà un certain temps. — Pendant les guerres religieuses qui désolèrent nos contrées elle dut subir une éclipse et un temps d'arrêt. Mais relevée de ses ruines au XVIIᵉ siècle, Charles de Noailles reconnut sa nouvelle existence, approuva ses statuts, aujourd'hui perdus. Nous n'avons pour l'établir aucun texte positif; mais cette interprétation est suffisamment accréditée par d'autres exemples analogues et par un passage, déjà cité, des Ordonnances de cet évêque publiées en 1634.

Une note insérée dans un registre de la confrérie, antérieur à la Révolution, nous apprend qu'elle reçut une nouvelle organisation en 1754. Après cette note suivent les noms des confrères. Les inscriptions commencées en 1783 vont jusqu'en 1792. Nous y avons relevé le nom de 114 hommes et de 207 femmes. Ces détails, peut-être minutieux, nous montrent en quel honneur étaient autrefois les confréries du Saint-Sacrement, avec quel respect nos ancêtres traitaient tout ce qui touche à la divine Eucharistie et combien leur confiance était grande en l'auguste sacrement. Ces longues listes qui remplissent des registres entiers, qui contiennent le nom du noble et du roturier, du chatelain et du paysan, du savant et de la femme du peuple, sont une démonstration touchante de la vitalité religieuse d'une paroisse; à cette époque chacun était fier de pratiquer sa religion sans crainte et sans respect humain ; on voulait être et on était des chrétiens sans peur et sans reproches.

L'association très large, ouverte à toutes les classes de la société, fut en pleine prospérité jusqu'en 1790. Le fonctionnement régulier fut suspendu de 1791 à 1803, époque où M. Salernier, reconstitua définitivement l'œuvre pieuse qui n'a plus été interrompue depuis. En 1841, sous l'épiscopat de Mgr de Marguerie qui donna une si vive impulsion à toutes les œuvres de piété, de zèle et de charité, M. Vigier essaya de lui donner un nouvel essor. Après avoir pris soin de nous dire qu'il fit une allocution de circonstance « un discours analogue à la cérémonie », reçut les fidèles de l'un et de l'autre sexe qui se présentèrent au nombre de 131, par une distraction qui tient du prodige, il oublia de les inscrire. A cette date du 13 juin 1841 le chiffre total des membres de la Confrérie s'élevait à 182. Faut-il le dire ? Oui, puisque c'est l'exacte vérité, ses successeurs ne furent pas mieux avisés. Toutes les pages du registre sont encore en blanc, sauf les deux premières feuilles qui contiennent l'une le diplôme et l'ordonnance de Mgr de Marguerie sous la date du 11 février 1841 et l'autre le procès verbal d'érection du 13 juin suivant.

IV

Confrérie de Notre-Dame. — Le culte de Marie fait partie intégrante du catholicisme. Toute paroisse qui tient ce culte en honneur est marquée d'un signe de vitalité chrétienne ; toute paroisse qui la néglige voit s'amoindrir l'intensité de sa vie religieuse ; malheur à celle qui la rejette, elle marche à grand pas à la ruine de la vie surnaturelle. Ce culte répond à des besoins généraux, à des convenances particulières tellement prononcées qu'on peut assurer qu'il vivra dans l'amour des chrétiens autant que l'Eglise, elle-même, autant que les immenses besoins de l'esprit et du cœur.

Aussi nos pères s'empressaient-ils de recourir à ses intercessions maternelles ; de lui recommander leurs personnes, leurs âmes, celles de leur famille, tous leurs intérêts matériels, mais plus vivement que tous les autres leurs intérês spirituels, l'heure suprême de leur trépas. Dès que la langue des enfants commençait à se délier on leur apprenait à bégayer le nom de la divine Mère; au seuil redoutable de la jeunesse et de la virilité, c'est à la sainte Madone que leurs prières demandaient les lumières et les forces dont ils avaient besoin pour les rudes combats de la vie; quand ils émigraient loin de leur patrie c'est encore à Notre-Dame qu'ils se recommandaient; lorsqu'ils revenaient des pays lointains c'est elle qu'ils venaient remercier au pied de l'autel de l'humble église du village. Si la foi pratique s'éteignait en eux, la confiance en Marie survivait encore à tous les nauffrages et dans leurs épreuves ils l'invoquaient. Presqu'aucun d'eux n'échappait à cette loi qui les honore. — Ils aimaient à placer ses images dans leurs maisons comme gage de sa protection, de porter pieusement sa médaille, d'ériger des autels, à celle que dans la simplicité et la vérité de leur langage ils appelaient Notre-Dame comme s'ils sentaient que la puissance qui lui est donnée nous appartient plus qu'à elle; Notre-Dame, la leur, celle qui préside à leur vie, qui est la protectrice de leurs travaux. Ils aimaient, enfin, à s'affilier aux confréries établies en son honneur.

De temps immémorial, nous l'avons dit au chapitre premier p. 25, Marie a eu son autel dans notre église paroissiale. Prêtres, fidèles et associés rivalisèrent à lui constituer des rentes ou plutôt des dons. A une époque qui ne peut être déterminée même approximativement, s'organisa une « frairie » qui persista jusqu'à la Révolution. Il n'est pas question de cette confrérie dans les dispositions testamentaires que nous avons compulsées; mais d'autres documents, en attestent l'existence d'une manière non douteuse. Elle était en plein exercice en 1656 d'après un registre que nous possédons dans nos papiers et conséquemment érigée bien avant cette date. Le jour de l'Assomption de cette année fut élu roi : Patrice de Crueghe de Montal, qui donna 4 livres 13 sols. La reine fut Damoiselle de Leybros. La cotisation des « confraires » s'éleva à 28 sols. On dépensa en viande 43 sols, 6 deniers; en petites chandelles 24 sols; pour la messe des « confraires » 15 sols; pour le diner des prêtres 20 sols.

La disparition des autres registres nous prive de la satisfaction qui nous serait à cœur de reconstituer la physionomie de l'association en faisant connaître la part contributive de chaque famille ou des diverses classes sociales. Comme toutes les autres, cette confrérie avait ses fêtes, ses assemblées, ses prières, ses offices. Dans son sanctuaire si parfumé de la dévotion envers la Mère de Dieu, des messes en son honneur étaient dites ou chantées à son autel à des jours déterminés.

La dévotion locale ne suffisant pas pour satisfaire leur piété, les associés et les habitants de la paroisse ne reculaient pas devant les difficultés d'un voyage, dans un temps où les routes et les moyens de locomotion étaient loin d'être ce qu'ils sont aujourd'hui, pour aller visiter Marie dans ses sanctuaires privilégiés

Le reinage de la Sainte Vierge semble plus en faveur auprès des fidèles qu'aucun des autres, et il en est encore ainsi aujourd'hui. La dévotion populaire se portant principalement vers Notre-Dame. Les familles les plus recommandables du pays tiennent à honneur d'affirmer ainsi leur foi et leur dévotion envers Marie.

V

Confrérie de Sainte-Anne. — Sainte Anne eut pour fille la reine de tous les saints, la mère de Dieu. C'est ce qui a toujours excité la piété des fidèles et poussé des foules innombrables à l'honorer, à l'invoquer, à la choisir pour leur patronne. La nature et la foi, le sentiment chrétien et l'histoire s'accordaient à leur faire comprendre quelle sainte a été sur la terre, et quelle protectrice est maintenant dans le ciel, cette femme inexprimablement bénie, à qui a été départie cette gloire étonnante d'être la mère de la Vierge immaculée, et l'aïeule vénérée du Messie. C'est une des rares saintes dont le nom ait été adopté par des hommes, des évêques même (1), auxquels on ne donne ordinairement que des noms de saints. Les motifs pour lesquels on l'a spécialement invoquée se rapportent à la vie de famille. Symbole et modèle des vertus domestiques, idéal de l'épouse et de la mère, on lui demande de conserver au foyer des familles la soumission et la piété filiale, le respect de l'autorité paternelle, la pureté de l'union conjugale, toutes choses qui font les familles fortes et prospères.

On comprend dès lors que nos fidèles l'aient honorée d'un culte particulier en lui dédiant un autel (Cf., p. 29), et en créant « une frairie » en son honneur. Ce culte se manifeste dans le troisième quart du XVIe siècle, vingt ans avant la date mémorable du 26 juillet 1584, où Grégoire XIII ordonna la célébration de la fête dans le monde entier. En 1556 et 1560, les ecclésiastiques manifestaient leur propre dévotion par des dons et des largesses au luminaire et au « bassin » de sainte Anne. Les fidèles imitaient cette piété du clergé séculier.

Après ce premier rayonnement du culte de l'aïeule vénérée du Sauveur, il faut traverser une nuit d'un siècle où ne se rencontre aucun vestige de cette dévotion. Mais au milieu du siècle suivant, le voile se déchire et nous la voyons rayonner de nouveau. L'année 1656 nous laisse un souvenir du roi de la frairie qui offrit 6 livres, 13 sous, six deniers; la reine, qui n'est pas nommée, fit don d'un cierge de cinq livres.

Voici d'ailleurs le compte rendu de la dépense du jour « la feste de lad. année 1656 :

« Pour la despanse dud. jour en viande pour les disné, « XLVII sols; plus pour celui qui a dict la messe des « confraires, XV sols; plus pour les aultres prestres de « la communaulté, pour leur disné, XX sols; plus pour « les petites chandelles, XXIIII sols. »

L'établissement de cette confrérie se rattache-t-il à

---

(1) Henri-Anne Brugier de Rochebrune ; Anne-Alexandre Thibault, év. du Cantal ; J.-B.-Marie-Anne-Antoine de Latil, év. de Chartres; J.-B.-François-Anne-Thomas Landriot, arch. de Reims ; Louis-Anne Nogret, év. de St-Claude ; Louis-Anne Dubreil, arch. d'Avignon.
(2) Cf. Testament de M. Pierre Cros, Bérald Conhaguet, Min. Carrière, loc. citat.

l'année 1584 où la fête de sainte Anne fut étendue à tout l'univers catholique, où à l'année 1622, où Grégoire XV, guéri d'une grave maladie par la sainte, mit sa fête au nombre des solennités de précepte entraînant l'abstention des œuvres serviles. Nous ne le savons pas.

La rareté ou, pour mieux dire, l'absence de preuves documentaires ne nous permet pas de constater sa prospérité ou son déclin dans les âges suivants jusqu'à la date fatale de 1790 qui la vit disparaître sans retour.

VI

Confrérie de Saint-Jean-Baptiste. — Parmi les enfants des hommes, il ne s'en est pas trouvé de plus grand que le témoin et le précurseur du Fils de Dieu. *Non surrexit major* (Math. X, 11). Sa naissance miraculeuse mit fin au mutisme de Zacharie et depuis il a gardé le pouvoir de rendre aux *fibres* vocales leur souplesse perdue : *Ut queant laxis resonare fibris.*

Le culte de saint Jean-Baptiste occupait autrefois une place d'honneur dans la piété chrétienne. Il était très populaire au Moyen âge. Dans certaines parties de la Haute-Auvergne, la fête de saint Jean ramène chaque année l'antique usage des *feux de joie*. Nos documents s'en taisent et font supposer que la fête avait un caractère exclusivement religieux.

Parmi les touchantes manifestations de l'instinct catholique de nos ancêtres, il faut signaler l'érection d'un autel, d'une chapelle dans notre église et d'une confrérie en l'honneur du saint qui fut immolé à la honteuse passion d'Hérodiade. Deux actes isolés, épaves échappées aux diverses révolutions, nous la montrent fonctionnant simultanément comme les autres, et florissante dans la seconde moitié du XVIe siècle.

Le premier est un « Mémoire de ce que nous avons receu des confraires de l'année 1656 pour la feste de Saint-Jean-Baptiste :

Receu de Guillaume Pinede, IIII l. X sols; et de la Reyne Jeanne Maury, VIII l. X s.; et aussy des confraires de lad.^{te} frayrie, la somme de sept livres dix-sept sols; et pour la despance dud. jour en cire, III l. XVI s.; et de la despance en pain ou vin, et pour Celluy qui a dicte la messe, XV s.

Le second est un acte de 1682 par lequel Géraud Rossinhol de Leinhac « en qualitté de baille des frairies de « la communauté de lad. esglise Saint-Julien, dud. « Ytrac l'année 1679 a confessé avoir prins et receu « d'honneste femme Jeanne Arnal, veuve de Jean Labertrandie « vivant Marchanct du lieu del Pontet, la « somme de dix-neuf livres à quoy se montait le renaige « de Saint-Jean-Baptiste, prix par lad. Arnal pour François Labertrandie, son fils. » C'était alors une somme assez considérable, c'est ainsi que se formait le trésor et qu'on apportait à l'association tous les éléments possibles de prospérité.

La Révolution a tout emporté et ce culte n'existe plus qu'à l'état de souvenir, souvenir ignoré de beaucoup. Assurément, il reste encore aujourd'hui, parmi les bons chrétiens, une dévotion solide envers celui qui fut le révélateur et l'ami du Messie. On peut affirmer néanmoins que cette dévotion n'a pas, à beaucoup près, sa popularité des anciens jours, qu'elle n'est plus ni aussi comprise, ni aussi goûtée.

A quoi faut-il attribuer l'espèce de discrédit qui semble envahir la mémoire du saint Précurseur. La lecture du troisième chapitre de saint Mathieu fera connaître pourquoi cette dévotion s'est effacée, pourquoi nous n'aimons pas à nous rappeler le saint Précurseur. Il disait : « Faites pénitence ! » Il est l'expression de la mortification et de l'austérité de vie. En marchant devant Jésus-Christ, il apprend comment le règne nouveau doit s'ouvrir dans toutes les âmes par la pénitence. Et c'est pourquoi nous évitons la rencontre de l'austère prédicateur des bords du Jourdain. Nous voulons une manière d'être chrétiens qui dispense de cette introduction. Il se pourrait bien malheureusement que cette explication fut la vraie.

Toujours est-il que, depuis la tourmente révolutionnaire, chapelle, autel, confrérie et reinage ont disparu.

VII

Confrérie de Saint-Julien. — Ytrac se glorifiait de posséder des reliques de saint Julien. Il fut évidemment le premier saint honoré ici d'un culte particulier puisqu'il fut, dès l'origine, le titulaire du prieuré et de l'église comme aussi le patron de la localité. Nous avons dit au chapitre Ier, p. 13, les motifs qui ont pu inspirer ce choix à nos ancêtres. Au XIXe siècle, quelques enfants reçurent au baptême le nom de Julien, et, au début de ce XXe siècle, nous l'avons vu imposer deux ou trois fois ; il rappellera à ces chers enfants les mâles vertus, les sentiments nobles et élevés de ce grand chrétien de l'Eglise primitive. On n'oserait affirmer que cette appellation fut autrefois bien répandue dans notre pays.

Le cahier annuel de 1656, qui a passé sous nos yeux, ne fait pas ressortir, d'une manière évidente, l'institution d'une confraternité établie dans notre paroisse en l'honneur de son glorieux patron. Arrivée à sa fête, c'est à peine si elle consigne le nom du roi, Antoine Albussac, et la cotisation de la reine qui donna quarante sols et n'est pas même dénommée. Mais le titre : « Mémoire de ce que nous avons receu des confraires de l'année 1656, 1°... etc. », et la conclusion de la pièce qui indique le total des recettes « des frairies de l'année 1656 » et de ce qui reste en caisse, déduction faite des dépenses, laisse croire à son existence. Nous manquons d'autres renseignements originaux sur elle.

Quoi qu'il en soit, si cette pieuse association a été autrefois bien organisée, ayant sa fête, ses rénages, ses assemblées, la Révolution lui a porté un coup mortel. Des traditions du passé, le rénage seul a survécu. Des trois qui subsistent encore, il est resté le moins populaire : sans l'inscription de quelques âmes pieuses, et de trois ou quatre familles des plus honorables et des plus en vue, ce ne serait pas la peine d'en parler.

VIII

Confrérie de Saint-Louis. — Nos devanciers pénétrés du double amour que nous devons à saint Louis comme chrétiens et comme Français, le choisirent comme patron secondaire. Et ils n'ont pas été mal inspirés en plaçant cette localité sous le patronage de ce grand saint, modèle de piété et de patriotisme, s'honorant plus du baptême de Poissy que du sacre de Reims, disant son bréviaire, jeûnant, se flagellant, toujours prêt à s'abaisser devant ceux en qui le sacerdoce, la souffrance ou la pauvreté lui manifestaient les privilégiés du ciel.

Il a aujourd'hui sa statue (1), comme il avait autrefois sa chapelle (2) et sa confrérie dans notre église. Faut-il s'attarder à faire des conjectures sur l'époque de sa création. Mieux vaut avouer sans détours et sans embarras que nous n'en savons rien. Le document original qui en constate l'existence n'apparaît qu'au milieu du XVIIe siècle, en 1656. Reproduisons-le dans toute son éloquente simplicité : « Plus pour la frairie de Saint-Louys » :

« Bernard Abeil, roy, qui doit le Reynaige qui ce « monte VII l. XIII s. IIII d. ; et receu de la Reyne, « Jeanne Pipy, IX l. XX sols ; et pour la despance dud. « jour en viande III l. XIII s. ; Plus pour la messe des « confraires, XV s. ; et de plus pour les aultres prebtres (3), XX s. »

Peu prolixe, en vérité, est ce renseignement, il a toute l'aridité et la sécheresse d'un livre de compte. Combien il serait à désirer d'avoir des textes plus abondants et plus précis pour nous indiquer le caractère particulier de cette corporation, ses degrés de prospérité aux divers âges, le rang social de ses membres, la classe qui fournissait le meilleur contingent. Nous n'aurons probablement jamais ces précieux détails. Ce qui est malheureusement hors de doute, c'est qu'elle a sombré dans la grande trombe révolutionnaire qui n'en a pas laissé subsister le moindre vestige.

IX

Confrérie de Saint-Roch. — Ce jeune héros de la charité, né à Montpellier (1284), pèlerin et pénitent

---

(1) (2) Cf. Chap. I, p. 26, 31.
(3) Le Dîner des prêtres.

volontaire dans plusieurs villes d'Italie, et jusque dans Rome, mais qui est revenu terminer sa courte existence dans sa cité natale (1319), et dont le nom, populaire entre tous, est demeuré synonyme des plus merveilleux prodiges de dévoûment, ne tarda pas à être entouré d'honneur et d'amour. Notre paroisse ne pouvait oublier cet illustre saint, que le P. Dominique de Jésus, nous dit avoir appartenu à la lignée du saint comte d'Aurillac; nous y trouvons sa dévotion et sa confrérie très anciennement établies.

On ignore les circonstances et la date de son institution dont les archives pas plus que la tradition n'ont perpétué le souvenir. Elle devait se rattacher à l'apparition d' « un mal qui répand la terreur », de quelque fléau meurtrier. Si on nous demandait de déterminer approximativement l'introduction du culte de saint Roch chez nous, dans notre localité, nous indiquerions les dates de douloureuse mémoire de 1579 à 1595 ou de 1626 à 1630. Ces époques sont marquées dans la Haute-Auvergne et à Aurillac par des épidémies contagieuses qui désolèrent le pays. Autrefois, en effet, saint Roch était très invoqué en temps d'épidémie. La renommée de son crédit, accrue par des bienfaits nouveaux, rendit son culte populaire.

Un seul document échappé aux ravages du temps, qui détruit tout suivant le mot d'Ovide. *Edax rerum* (Metam. XV, 234), ne laisse que de laconiques détails qui nous obligent à renvoyer à l'observation, à l'avertissement donné à l'article Saint-Julien.

« Plus pour la feste de saint Roch receu du Roy,
« XL sols; et pour la Reyne, IV l. XIII s. IV d.; et
« pour la despance dud. jour saint Roch en pain, vin ou
« aultre viande, XXVIII s. »

Selon toute vraisemblance, cet achat de pain, de vin, de viande était pour le dîner des confrères et des prêtres.

Si cette confrérie a existé, si même elle a été florissante jadis, elle a perdu sa splendeur primitive. Des pieuses coutumes et des traditions consacrées par le temps il n'existe plus que le reinage qui est demeuré le plus en faveur après celui de la sainte Vierge, et la bénédiction du pain et du sel le jour de la fête. L'antique image d'avant la Révolution, vermoulue et grossièrement sculptée d'ailleurs, est depuis longtemps remplacée par une statue nouvelle et polychromée, dont on peut lire la description au chapitre I, p. 27.

X

Confrérie de Saint-Martin. — Soldat, moine et évêque, « le plus grand homme de l'Eglise gauloise », a dit Montalembert (1). Sa charité avait rendu sa mémoire populaire dans toute la chrétienté. On peut même dire que saint Martin a été le plus universellement populaire de tous les saints. La dévotion à ce grand thaumaturge des Gaules remonte, chez nous, à une haute antiquité, au XIVe et au XVe siècles. On le verra plus loin, son oratoire, dont les ruines même ont disparu, *etiam pcriere ruinæ* (2), est peut-être le plus ancien qui ait été bâti sur le territoire paroissial. Quant à la confrérie érigée en son honneur, on ne peut affirmer son existence, à l'instar des deux précédentes, qu'avec une prudente réserve. Les titres de son origine ont été perdus comme tant d'autres documents précieux. Le registre sus relaté nous présente, — mais avec quelle sobriété de détails ! — le rénage existant en 1656, et intronisant comme roi M. Vigier de Campan, bourgeois, et propriétaire de l'Oratoire ou Ermitage de Saint-Martin ; et, conséquemment, la confrérie, s'il faut s'en rapporter à la teneur des lignes qui viennent le clore :

« Du pnt cayer qui comprend la recepte fete par Jean Abeil des frarries de l'année 1656, résulte la somme de quatre-vingt-cinq livres huict deniers et la despense se monte la somme de cinquante-neuf livres un sol six deniers, ainsy led. Abeil comptable demeure chargé de la somme de trente-cinq livres, led. compte arrêté par moy soussigné, le 13e may 1657 en pnse (présence) dud. Abeil, baille de Me Jean Capmas, prêtre et baille qui

---

(1) Les Moines d'Occident t. I p. 226.
(2) Lucain, Pharsale. IX.

ont signé et de Jean Maury, baille de la pnte année. »
On a vu plus haut que les membres de l'association n'étaient pas toujours exacts à verser, au jour fixé, leur cotisation et que des rénages de 1679 n'étaient acquittés qu'en 1682. Ne serait-ce pas là le motif pour lequel, dans ces trois cas, le cahier annuel ne mentionne pas la dépense faite soit pour la messe, soit pour le banquet des confrères. Quoi qu'il en soit, là où le texte ne distingue pas nous ne devons pas distinguer, il faut s'en tenir à la lettre.

Au XVIIe siècle ou au XVIIIe siècle, on vit une longue file de pèlerins se dirigeant, sous les plis de leur bannière, vers l'église de Marcolès où ils allaient vénérer les reliques de l'apôtre des Gaules.

Oratoire, rénage, confrérie, la grande tempête du dernier siècle a tout emporté, la dévotion même à ce grand évêque qui montrait la plus grande indépendance de toutes les conventions de la vie en est sortie singulièrement amoindrie. Le nom de celui qu'il convient d'appeler le grand saint Martin ne remue plus nos populations attiédies. Les esprits raffinés et qui s'usent dans la fiction et la nuance se sont détournés de saint Martin, une des âmes les plus simples, les plus droites et partant les plus fortes que Dieu ait donnée à son église. Cf. p. 58.

XI

Sainte Agnès. — Est célèbre dans tout l'univers : l'amour, le respect, l'enthousiasme des siècles s'unirent pour former sa couronne. L'Eglise a inséré son nom dans le canon de la messe; par un privilège unique qu'elle n'a accordé à aucune autre sainte, elle lui a consacré deux fêtes et elle a prodigué dans son office les trésors de la plus merveilleuse poésie. Saint Ambroise a jeté sur sa mémoire les fleurs de sa séduisante et douce éloquence, Saint Augustin a relevé en termes émus les triomphes de cette jeune fille de treize ans qui subit le bûcher, le glaive, pour conserver intacte la virginale blancheur de son âme. Tous les âges s'éprirent pour elle d'une passion ardente.

Une Providence spéciale a veillé pour raviver sans cesse son souvenir et maintenir en quelque sorte sa présence sensible au sein de l'Eglise pour laquelle elle a vécu. Après l'exaltation solennelle de son corps qui fut célébrée en 1621 par le pape Paul V avec une splendeur incomparable, le culte de la jeune martyre brilla d'un plus vif éclat.

Les P.P. Jésuites qui dirigeaient le collège d'Aurillac fondèrent dans cette ville, sous la tutelle céleste de la jeune vierge romaine, une « pieuse et dévote confrérie ou congrégation de filles comme l'appelle Clément XI, *pia et devota puellarum confraternitas seu congregatio*. A la fin du XVII° et au commencement du XVIII° siècle elle s'établit dans les paroisses environnantes et dans tout le diocèse. Toutefois ce n'est qu'après 1707 qu'elle fut créée à Ytrac. Se consacrer à Dieu tout en vivant dans le monde, garder intacte la plus belle des vertus, pratiquer la perfection chrétienne en observant une règle commune à toutes, « sans ombre de brevets ni de lettres d'obédience », surtout dans les villages et les hameaux, apprendre à lire, enseigner le catéchisme aux enfants, le rappeler aux adultes, visiter, exhorter les malades, tels étaient les devoirs qu'elles devaient remplir dans la mesure de leurs forces et selon l'opportunité des circonstances.

Le titre de fondation de la confrérie n'a pas été conservé ; mais un document officiel, la déclaration de biens faite à l'Intendant, nous la montre existant en 1739. Le voici, tel que nous l'avons relevé :

« Menettes d'Ytrac — sur le bien de Géraud Limbertie habitant du lieu d'Ytrac, une rente constituée de la somme de dix livres en faveur des menettes d'Ytrac. — Je Jeanne Lescure, fille dévote habitante du lieu d'Ytrac, élection d'Aurillac pour obéir à l'ordonnance de Mgr l'intendant en date du premier aoust dernier, je déclare que je loue une maison de Jeanne Vieillevie Vve dud. lieu trois livres et que n'ai aucun bien dans la paroisse. — Je Marie Lalande, fille dévote, habitante du lieu d'Ytrac pour obéir à l'ordonnance de Mgr l'intendant en datte du premier aoust dernier, je déclare que je n'ay aucun bien dans lad. paroisse et que je loue dans led. lieu de

Géraud Limbertie une salle basse quatre livres ». (Arch. munic. Livre d'Arpentement ou de déclaration de biens, n° 18, 21). — Le 2 août 1754, devant les notaires de Larmandie et Roussy « Helis Larmandie, l'une des filles dévotes de Sainte Agnès de la paroisse dytrac, habitante du village de Caumon, laquelle faisant en son nom propre et privé que pour les autres filles dévotes de Sainte Agnès, de lad. paroisse » déposa entre les mains de Jean-Baptiste Vigier, marchand, habitant de Leinhac, la somme de 240 livres « lequel pour cet effet, a créé et assigné en faveur desd filles dévotes de Sainte-Agnès la rente annuelle et perpétuelle de douze livres, au fort capital de la susd somme de deux cents quarante livres, laquelle il promet payer, scavoir le vingt janvier la moytié qu'est six livres, et les autres six livres le sept août de chaque année. (Min. Larmandie et Roussy, fol. 118).

De ces pièces officielles, du registre de sépulture qui fait toujours suivre leur nom de la désignation de « fille dévote », il résulte que les membres de cette confraternité ou congrégation étaient peu nombreux, isolés, disséminés dans le bourg et dans quelques villages ou hameaux. Les bonnes sœurs vivaient simplement, austèrement, se dévouant au salut de leur famille, des pauvres et des petits, et, dans leur humble sphère, apportant leur pieux concours au clergé séculier.

Cette confrérie a survécu dans beaucoup de paroisses aux ruines et démolitions révolutionnaires ; rien ne put la renverser, et, après le Concordat, on la voit refleurir et prospérer comme aux premiers jours. Dans la nôtre, nous n'avons pas trouvé trace d'une organisation nouvelle, elle disparut sans retour.

**

Parmi les dévotions spéciales en honneur dans la paroisse, il convient de signaler : la dévotion à saint Antoine, à saint Blaise et la dévotion aux âmes du purgatoire ou le culte des morts.

XII

Saint Antoine. — Vers la fin du Xe siècle, le corps de saint Antoine, transporté de Constantinople par un seigneur dauphinois, fut déposé dans l'église priorale de la Motte-St-Didier (appelée depuis St-Antoine-de-Viennois) laquelle devint chef d'ordre et eut plusieurs commanderies sous dépendance parmi lesquelles on compte celle de St-Antoine, canton de St-Mamet. A partir de ce moment, son culte se répandit très rapidement en France.

Ytrac lui dédia une chapelle et un autel dans l'église de St-Julien. Nous ne connaissons pas assez l'histoire pour conjecturer la date même approximative de l'introduction de son culte chez nous. Peut-être le fondateur de la chapelle qui était de la famille Abeil de Besse (1) où le prieur Antoine Felgines qui, en 1608, fit de grandes réparations à l'église (2) ont-ils contribué à populariser la dévotion de leur saint patron dans notre localité. Cette époque fut marquée par la terrible peste de 1628 à 1630, une des plus meurtrières dont notre pays ait souffert, au cours des siècles, et qui exerça ses ravages dans toute l'Europe (3). On peut croire, sans sortir des probabilités historiques, que ce fut pour les paroissiens d'Ytrac l'occasion de se mettre sous la protection du saint patriarche qui avait le pouvoir d'éteindre les ardeurs mortelles qui consumait les corps.

Ce fut là, sans doute, l'origine de ce grand mouvement de pèlerinages qui porta les fidèles à aller vénérer ses reliques dans le sanctuaire de St-Antoine, près Marcolès, dépendant de la célèbre abbaye Viennoise. « Avant la Révolution, il s'y faisait un concours prodigieux. On y venait en procession de toutes les paroisses des environs jusque d'Ytrac, comme on le voit par un titre conservé dans les archives de l'Eglise de Marcolès où il est dit que la procession d'Ytrac, venant de St-Antoine, entra dans l'église de Marcolès pour y vénérer les reliques de saint Martin » (4). La Révolution vint arrêter cet élan de foi et de piété, et fit disparaître l'autel, la chapelle et le culte du créateur de la vie cénobitique.

---

(1) Cf. chap. 1, p. 31, 32.
(2) Chap. 3, p. 109, 110.
(3) Cf. Marcellin Boudet et Roger Grand, Documents inédits sur les Grandes épidémies.
(4) Obligeante communication de M. l'abbé Figeac, curé de St-Antoine.

XIII

Saint Blaise. — La dévotion à saint Blaise est demeurée très vive en Orient, surtout en Arménie. Son culte, introduit en Occident à l'époque des Croisades, y a toujours été très populaire. Le Moyen âge le rangea parmi les saints auquel il donna le titre si expressif, dans son éloquente simplicité, de *secourables.*

Il n'est donc pas étonnant de rencontrer son culte vulgarisé en Auvergne. Le diocèse de Clermont comptait vingt-deux paroisses et six prieurés sous son vocable. Dans notre diocèse, il est titulaire de six paroisses, sans compter l'arrondissement de Brioude qui appartenait autrefois à Saint-Flour (1), et de huit chapellenies (2).

Le saint évêque de Sébaste, martyrisé vers 315, sous l'empereur Licinius, est spécialement invoqué contre les maux de gorge, toutes les maladies ou affections du gosier, du cou et même des dents. Le rituel romain de 1584 contient une oraison qui exprime la confiance dont l'Eglise se sent pénétrée ou l'efficacité de son secours. Un *Gogos,* ou cantique castillan, chante son puissant et merveilleux pouvoir dans la guérison des maux de gorge. Le calendrier de Saragosse appelle le même saint Avocat de la gorge : *Albogado della garganta.* Il est invoqué en plusieurs contrées comme le protecteur de ceux qui cultivent les céréales.

Tels sont les principaux motifs pour lesquels on se mettait sous la protection de saint Blaise. Cette dévotion est marquée dans nos annales par une relique à laquelle on donna une place d'honneur. Elle se manifesta par l'érection d'un autel et d'une chapelle sous le vocable du saint martyr. Aucune charte n'est venue indiquer l'époque de cette érection ; mais ils sont mentionnés dans plusieurs titres, documents et testaments du XVIe siècle. En 1557 et en 1560, deux prêtres, Pierre Cros et Berald Conhaguet, léguèrent cinq sols tournois au luminaire de l'autel et

---

(1) Apchon, Chaliers, Chaudesaigues, Glénat, Marcenat, Le Trioulou.
(2) Laveissenet, Paulhenc, Coltines, L'Hôpital, Brioude, Fontanges, St-Cirgues.

« au bassin » de saint Blaise. Elle avait aussi son expression dans un tableau représentant un des principaux miracles de la vie du saint : l'enfant délivré d'une arête qui lui était restée dans la gorge. En 1721, Pierre Armandie de Branviel fit restaurer l'autel et le tableau. L'inscription latine destinée à en perpétuer le souvenir : *Suis me simul et altare decoravit Dom Petrus Ludovicus Armandie e vico de Branviel,* donna lieu à une singulière méprise, elle laissa croire à quelques bonnes gens, *O sancta simplicitas,* au portrait d'un évêque originaire du hameau de Branviel. Il fut facile de les tirer de l'erreur, et, depuis, cette curieuse légende n'a plus cours.

Les actes qui précèdent établissent suffisamment que nos devanciers ne se contentaient pas d'honorer les saints par des prières et des solennités ; ils s'appliquaient à rendre leur culte, leur dévotion populaire par des libéralités qui contribuaient au décor de l'autel, de la chapelle, à l'entretien du luminaire, etc. De ces nobles souvenirs, de ces signes matériels de l'antique dévotion de nos aïeux envers saint Blaise, que reste-t-il ? Rien, car n'est vraiment rien que les débris d'un tableau qui n'est plus susceptible de réparation.

Un demi-siècle a suffi pour faire oublier un culte jadis bien populaire. Il faut dire que, dans ce demi-siècle, se trouve comprise la période si lamentable de 89, époque de haine où fut prononcé le divorce contre tout ce que nos pères nous ont laissé pour nous rappeler leurs mœurs, leurs affections, leurs croyances ; époque de dévastation où ont péri bien des souvenirs et où aurait péri notre histoire elle-même, sil eût été donné à cette barbarie de l'intérieur de réaliser tous ses desseins.

XIV

Dévotion aux âmes du purgatoire ou culte des morts. — On peut apprécier la valeur morale d'une population sur la mesure des honneurs qu'elle accorde aux générations disparues ou qui ne sont plus. Le respect des morts, la religion des tombeaux, cette religion de seconde majesté comme on l'a appelée, est la meilleure garantie de l'honneur et de la vertu des familles, parce qu'elle est le signe le plus éclatant de la croyance invincible à la survivance, à l'immortalité de l'âme sous le beau nom de vie éternelle; à la persistance d'une certaine société entre ceux qui sortent de ce monde actuel et de ceux qui y demeurent, à cette « intimité voilée » dont l'Eglise nous fait un dogme, qu'elle appelle la communion des saints; à l'existence certaine du purgatoire, et à l'efficacité non moins certaine de la prière, des bonnes œuvres pour les âmes qui y sont détenues.

La croyance au purgatoire inspira très souvent à nos pères des legs pieux dans l'intérêt de leur âme, de celle de leurs parents, bienfaiteurs ou amis. Ce sont des sommes attribuées tantôt aux prêtres, — la dévotion des morts devenait ainsi l'occasion d'une œuvre de charité envers le clergé, — tantôt à l'église paroissiale, tantôt à des chapelles ou oratoires de dévotion populaire, tantôt à un monastère, celui des Cordeliers ou des Carmes d'Aurillac, tantôt à un hôpital, tantôt à une confrérie, par exemple, celle de saint Jacques de la même ville, pour y instituer des fondations et s'assurer ainsi pour eux-mêmes ou pour leurs aïeux, s'ils doivent passer par les expiations d'outre-tombe, une suite non interrompue de sacrifices qui viennent les y rafraîchir ou les en arracher. Dans leur dernière maladie, plusieurs fois, même quand ils étaient en bonne santé, par une salutaire prévoyance, ils écrivaient ou dictaient leur testament. Nous en avons cité un grand nombre dans le cours de cette Monographie, pour ne pas trop allonger cette sèche nomenclature d'actes notariés, nous nous contenterons de mentionner celui de Pierre Salvage de Leinhac, où nous avons le plaisir d'y recueillir un renseignement qui avait échappé à nos investigations : le prix du droit de tombeau.

« L'an mil six cent quatre vingtz dix et dix neufiesme jour du mois de janvier advant midi au villaige de Leinhac, paroisse d'Ytrac, et maison de Pierre Salvatge, manant... fut presans et constitué en sa personne ledict Salvatge, lequel estans dans son lit malade du corps, mais saing de l'esprict, dans le parfaict usaige de sa raison.... a faict son testamant comme s'ensuict :

« Premièrement. Comme un bon chrétien cest muni du vénérable signe de la très saincte croix, disant : au nom du Père et du Fils, *Amen,* a recommandé son âme à Dieu, le créateur, et à la benoicte Vierge Marie sa digne mère, et à tous les sainctz et sainctes du paradis de voulloir intercéder pour luy après le salut de son âme et icelle séparée d'avecq son corps a vollut sond corps estre inhumé et enseveli dans lesglise parochielle dudict Ytrac et au bas et tombeau qu'il plaira Monsieur le Curé dudict Ytrac luy bailher, à condition que luy sera paié pour le droict de son tombeau la somme de *cinq livres* qu'il veult estre paié audict sieur curé après son decez et pour le regard de ses festes et honneurs s'en remect à la discreption de son héritière bas nommée luy prohibans toute despanche, hort que pour luy faire dire des messes en sus des aulmones aux paubvres pourquoi fere il ne prescrit rien, voullant qu'elle en uze comme elle entendra. *Item,* donné à messieurs les curé et prebtres dudict Ytrac la somme de sept livres à la charge de luy dire et célébrer trante messes basses de *Requiem* pour le repos de son âme et de ses aultres parans et amis trespassés. De plus, charge sadicte héritière luy faire dire des messes basses de *Requiem* dès l'heure après son décez dans lad. esglise d'Ytrac. — *Item,* lègue aux révérans pères de l'observance de Monsieur sainct François des faux bourgs de la ville d'Aurillac, pareille somme de sept livres dix sols payables les susd. sommes aux prebtres d'Ytrac et révérans pères après le divin service dict et célébré. *Item,* charge de plus sa dicte héritière de luy faire dire deux messes l'une haulte devant Nostre-Dame du Puy, et l'aultre basse deant Nostre-Dame de consollation de Tiézac. » Après ces premiers legs faits à Dieu, le testateur commence à distribuer tout son bien à sa famille.

On voit par cet exorde ce qu'étaient encore les notaires dans ce temps-là, et dans quelle religieuse gravité et beauté ils rédigeaient les actes de la vie civile.

Ces traits entre cent autres que nous pourrions alléguer nous montrent comment se comportaient alors nos aïeux. Ils pratiquaient, inspirés par leur foi, un double respect pour les morts ; respect pour les corps auxquels on donnaît sur une terre sanctifiée une tombe en rapport avec leurs services ou leurs vertus; respect envers les âmes auxquelles on assurait l'oblation répétée du sacrifice libérateur, afin de hâter leur entrée en paradis. Noble passé, dans lequel la croyance au purgatoire, à l'autre vie, faisait germer de si beaux sentiments dans les cœurs et de si généreux desseins dans les esprits.

La Révoluiton de 89, éclose de la Réforme et de l'incrédulité du XVIIIe siècle; la loi de Séparation de 1905, œuvre de la Franc-maçonnerie, en confisquant les biens qui alimentaient les fondations malgré la loi et la sainteté de leur destination qui les rendaient doublement intangibles; les entraves apportées par la législation et la jurisprudence contemporaine à la liberté de tester et de recevoir des legs pieux, ont pu interrompre momentanément les touchantes manifestations de la piété catholique; mais n'ont pu briser le lien qui unit les vivants avec ceux qui ne sont plus.

Malgré la diminution croissante de la foi et par suite de la charité, Ytrac a conservé vivant et pratique le culte des morts, et, nulle part, la piété envers les défunts n'est plus vivement sentie. Nos fidèles ne connaissent pas ce rationalisme moderne qui met tout en œuvre pour éloigner la pensée de la mort et le souvenir de ceux que Dieu a appelés à lui.

Ils n'oublient pas : 1° de mettre une obole dans le plateau qui circule à la messe pour faire célébrer le saint sacrifice pour les trépassés; 2° d'assister à l'office des fêtes d'âmes qui sont instituées dans la paroisse; 3° de faire célébrer solennellement l'anniversaire des défunts et un service funèbre pour les membres décédés de la parenté le lendemain du mariage des enfants, les ancêtres ont ainsi part à ces fêtes qu'ils ont préparées par leurs travaux et leurs vertus; 4° ils aiment à visiter assidûment le cimetière. Autrefois, on le pouvait sans difficulté, il se trouvait autour de l'église dont il est le prolongement naturel. Aujourd'hui qu'un motif d'hygiène l'a fait éloigner, on ne craint pas d'aller, au prix de quelque fatigue, s'agenouiller sur la tombe des chers disparus pour réciter un *De profundis,* et de quels soins pieux ces tombes sont entourées, nous disons les tombes, car, quant au cimetière, on est profondément peiné de voir les allées et les chemins non sablés, négligés, couverts de mauvaises herbes par suite de l'incurie et de l'insouciance de l'administration communale, *de minimis non curat prœtor*. Pourquoi n'aurait-il pas cet état convenable de propreté qu'on constate ailleurs, par exemple à La Capelle-Viescamp, qu'on peut citer comme modèle. Plaignons le prêtre, vraiment prêtre, dont le zèle échoue contre cette honteuse indifférence. 5° Ce n'est pas sans une émotion profonde et sans une consolation bien douce, que, pendant onze ans, le lendemain de la Toussaint, nous avons vu chaque famille envoyer de nombreux représentants visiter la terre sacrée à laquelle ils ont confiés leurs morts bien aimés. Oui, chaque année, le retour de la fête des Trépassés, comme l'appelle le peuple dans son langage expressif, la foi endormie se réveille pour éclater dans l'une de ses manifestations les plus émouvantes : le funèbre pèlerinage au champ du repos. Tandis que les cloches égrennent leurs notes graves, le chant des psaumes, les ineffables mélodies de l'absoute, la récitation du rosaire éveillent tous les échos de ces lieux témoins de leurs plus vives douleurs et de leurs larmes les plus amères, ils se sentent davantage en communion avec eux. « *En communion* », quel beau mot, c'est celui de l'Eglise qui ne sépare pas les vivants des morts dans cet admirable dogme de la communion des saints.

Ah ! que cette population reste fidèle à ce culte sacré ; il relève les cœurs, il fortifie tous les nobles sentiments, il console par le souvenir, il rappelle les exemples de ceux qui nous ont précédés dans la vie et dans la mort, il ranime la foi en l'immortalité bienheureuse, la résolution d'en mériter les joies et la confiance d'y entrer un jour par la grâce de Jésus-Christ.

Beaucoup de signes matériels, grand nombre de documents écrits, plusieurs traditions locales et vivantes nous ont démontré que nos aïeux avaient une foi profonde pour les morts, pour le Saint-Sacrement, pour le Saint-Esprit, pour Notre-Dame, les saints patrons et quelques saints en particulier. Ce rapide aperçu, d'un côté bien restreint, de l'histoire de la piété locale, nous montre que nos aïeux étaient plus habiles que nous, car ils savaient, en établissant des confraternités qui n'existent plus aujourd'hui qu'à l'état de souvenir, célébrer des fêtes à la fois religieuses et communales, secourir les âmes et solidariser les cœurs. Elle nous a donné enfin la preuve que l'esprit d'association était poussé chez eux à un degré incompréhensible de nos jours et se traduisait par des idées de bienveillance et de charité capables de subvenir à tous les besoins les plus délicats de l'âme des petits et des grands.

XV

Les anciennes confréries établies à Ytrac, n'ont pas, il est vrai, reparu avec leur antique organisation, les privilèges qu'elles avaient reçu des souverains pontifes, mais la piété catholique qui a le don de susciter en chaque siècle des associations qui sont plus en rapport avec l'esprit et les mœurs du temps n'a pas laissé d'inspirer au zèle des pasteurs qui ont successivement dirigé cette paroisse les plus utiles institutions que l'Eglise bénit avec empressement et auxquelles elle se plaît à accorder de si nombreuses et de si précieuses indulgences.

Confrérie du Saint-Sacrement. — La première de toutes incontestablement est celle du *Corpus Domini*. Il faut bien lui donner la place d'honneur qui lui appartient. Elle est, par son objet, la reine des confréries comme la dévotion à l'Eucharistie est la reine des dévotions, comme l'Eucharistie elle-même est le centre vivant de la Religion chrétienne, et, selon la belle trilogie entrevue par saint Augustin, elle est le sacrement de piété, le centre de notre unité, le lien de notre charité : *sacramentum pretatis, centrum unitatis, vinculum caritatis* (1). Pour tout dire, en un mot, c'est la confrérie du bon Dieu.

---

(1) S. Aug. Tract. 26 in Joan, Bréviaire, Feria 2ª infra octavam corporis Xti, Lect. IX.

Ravivée en 1831, sous le pastorat de M. de Chazelle, reconstituée en 1841, on ne saurait dire ni le nom ni le nombre de ceux et de celles qui s'enrôlèrent dans la pieuse association, les successeurs de M. Vigier ayant, comme lui, omis de les inscrire alors sur ce livre de vie. Et c'est sans doute ce qui a contribué à la rendre moins vivante, moins agissante pour atteindre chaque catégorie de paroissiens et de paroissiennes. Si elle est peu nombreuse, peut-être est-il avantageux qu'il en soit ainsi, puisqu'elle se distingue par la qualité plutôt que par la quantité de ses membres toujours disposés aux actes de piété qui ont pour but le culte du Saint-Sacrement : Adoration perpétuelle, procession de la Fête-Dieu, Octave solennelle du Très-Saint Sacrement, remise en honneur depuis 1904, cotisation pour donner au culte divin plus d'éclat, parer, illuminer l'autel aussi splendidement que possible, entourer de la pompe convenable la divine Hostie.

Congrégation des Enfants de Marie. — Elle fut instituée canoniquement par M. Baduel, de charitable mémoire, le 9 décembre 1866, sous le vocable de l'Immaculée Conception et avec, pour patronne secondaire, sainte Clotilde. Trente personnes, dont huit vivent encore, furent reçues solennellement et cette fois on n'oublia pas d'inscrire leur nom sur la liste de ce livre d'or. Elle fut érigée de nouveau non moins canoniquement, le 7 mars 1898, par M. Lizet, qui lui donna pour seconde patronne sainte Rose de Lima, la première fleur de sainteté de l'Amérique méridionale, la gloire du Tiers-Ordre dominicain. Approbanistes au sortir de la première communion, congréganistes plus tard, elles forment entre elles une famille. Dans les habitudes de piété, sanctification du dimanche, réunion et communion mensuelles, communion réparatrice et premier vendredi du mois, assistance à la messe sur semaine quand elles le peuvent, elles se soutiennent et s'encouragent mutuellement. Elles sont naturellement dans la paroisse le centre de la dévotion à la Sainte Vierge, prêtant leur concours aux chants, au mois de Marie, le mois des fleurs et de tous les épanouissements, au mois du Rosaire, le mois des fruits, des fortes et généreuses vertus, et aux solennités établies en son honneur. Elles vont, portant partout avec elles, le parfum de la pureté et la sève de la vaillance au service de Dieu.

La Confrérie du Rosaire, à laquelle sont affiliées plus de 200 personnes, y recrute dans la paroisse, dans tous les rangs de la vie sociale, bien des âmes qui, pour mieux se soutenir dans les voies du salut se lient à Marie par cette douce chaîne de prières dont le rosaire se compose. Elle languissait avant 1840, et le découragement gagnait les plus persévérants réduits à un petit nombre (20), lorsqu'elle fut très validement reconstituée par M. Vigier, le 3 septembre 1841, en vertu d'un indult que Mgr de Marguerie avait obtenu de Rome. Ce même jour, il lui donna 130 nouveaux associés, mais il n'eut pas le soin de relever les noms sur le registre *ad hoc*. M. Baduel en inscrivit de sa propre main 42 en décembre 1863, 16 en décembre 1864, et 8 en décembre 1865. Depuis lors, les inscriptions ont été interrompues jusqu'en 1901, époque où furent posées les bases d'une rénovation sérieuse.

Après cette éclipse de 35 ans, sous le souffle de la parole enflammée, lumineuse, de deux dominicains, la confrérie reparaissait rajeunie et revivifiée, ainsi que l'atteste le procès-verbal dont la teneur suit :

« L'an 1901 et le 3 mars, nous soussignés R. P. Rouch et R. P. Beauvais, religieux dominicains de la maison de Toulouse, à la suite d'une mission prêchée par nous dans l'église paroissiale d'Ytrac (Cantal), M. l'abbé Chaludet étant curé, et M. l'abbé Geneste étant vicaire, avons constaté dans ladite église l'existence canonique de la confrérie du T.-S. Rosaire, laquelle érigée le 3 septembre 1841, en vertu d'une ordonnance de Mgr l'évêque de Saint-Flour, autorisé par rescrit apostolique, en date du 10 juillet 1840, a été ensuite reconnue le 26 septembre 1896 par un Diplôme du Maître Général de l'Ordre des Frères-Prêcheurs, selon la prescription de la constitution apostolique « *Ubi primum* » ainsi qu'en fait foi le Diplôme exposé dans la chapelle de la T.-S. Vierge et église d'Ytrac. Vu le 2 octobre 1896. Fait à Ytrac, le 3 mars 1901. Signé : fr. M. J. Rouch, fr. Jean Beauvais. » —

Pendant cette consolante mission, les RR. PP. recueillirent 144 adhésions, et ce chiffre s'est depuis augmenté par de nouvelles recrues.

Rosaire perpétuel. Si « Dieu, avec le temps, prend plaisir à son œuvre », comme disait le P. Lacordaire (1), Marie, peut-on dire, fait de même et perfectionne toujours ce qu'elle a commencé. Un autre fruit de cette mission fut l'association du *Rosaire perpétuel,* formée avec les membres de la confrérie sus-énoncée qui, par la récitation ininterrompue du Rosaire a pour but de rendre à Marie un *perpétuel hommage* et d'obtenir d'elle un *perpétuel secours.* Cette association forme ici-bas la *Garde d'honneur* de la Reine des Vierges, et les membres s'étant distribué toutes les heures du jour et de la nuit s'honorent du glorieux titre de *Chevaliers de Marie.* Bien organisée, elle ne peut que faire fleurir la piété dans la paroisse en donnant à la confrérie du Rosaire plus de force et de vie.

Tiers-Ordre dominicain. L'impulsion vigoureuse donnée au bien, le zèle ardent et éclairé de ces deux Frères Prêcheurs, auxquels nous sommes heureux de rendre un hommage mérité, suscita la création d'une autre œuvre qui fut encore un des plus grands bienfaits de cette mission, nous voulons dire le Tiers-Ordre de Saint-Dominique, qui « introduit la vie religieuse au foyer domestique et au chevet du lit nuptial » (2), qui est tout simplement l'Institut monastique pénétrant dans le siècle avec son cortèges de grâces, de pratiques religieuses et de mérites pour le ciel. En ces derniers temps, Léon XIII, par son Encyclique *Humanum genus,* a spécialement recommandé ces *Milices de Jésus-Christ,* milices de la prière, de la pénitence et de l'apostolat. Aussi fortement sollicités par la grâce de la mission, quelques nouveaux fidèles éprouvèrent le désir de s'agréger à ce Tiers-Ordre enrichi de tant d'indulgences et qui compte dans le monde tant d'associés. Chez nous, il n'atteint forcément

---

(1) Lacordaire. Vie de St-Dominique, chap. XVI, p. 281.
(2) Ibid., p. 28.

que le petit nombre. Recrutés parmi l'élite des fidèles, ces tertiaires se recommandent bien plus par leur ferveur que par le nombre, fidèles à leur mission d'apostolat de prêcheurs et de prêcheresses, ils secondent de leur mieux le ministère du pasteur et du prêtre.

Confrérie de Notre-Dame du Mont-Carmel. — Le diplôme d'érection et le registre d'inscription n'ayant pas été conservés, les noms des associés sont relevés sur le registre du Carmel d'Aurillac. A la messe d'action de grâces, le lendemain de la première Communion, petits garçons et petites filles reçoivent solennellement le scapulaire du Carmel, de tous le plus célèbre et le plus répandu. On n'oublie pas de leur rappeler les trois avantages si précieux qu'il assure à ceux qui le portent : 1° protection de Marie et participation à tous les biens spirituels de l'Ordre des Carmes; 2° l'Enfer évité par celui qui mourra revêtu de ce saint habit; 3° la prompte délivrance du purgatoire. Le bénéfice de cette dernière faveur, dite de la bulle sabbatine, requiert la récitation quotidienne du petit office de la Sainte Vierge, et, pour ceux qui ne savent pas lire l'observation des jeûnes prescrits par l'Eglise et l'abstinence tous les mercredis et samedis. — Personne ne doit l'ignorer, et nous n'avons jamais omis de le rappeler tous les ans; Mgr de Marguerie, par Rescrit du 10 janvier 1843, fut autorisé à commuer toutes les observances, soit de piété, soit de pénitence, imposées à ceux qui veulent participer au privilège de la bulle sabbatine en la récitation quotidienne des litanies de la Sainte Vierge. Et même, dans sa condescendance maternelle, l'Eglise permet que les litanies de la prière habituelle puissent, sans être répétées, suffire à cette intention. Ce rescrit, le pieux prélat le mit à exécution pour tout son diocèse par son ordonnance du 6 février de la même année. Il rendit ainsi plus facile à mériter la grâce si précieuse accordée par la souveraine dispensatrice des divines miséricordes (1). On reçoit aussi en tout temps,

---

(1) Cf. Lettre circulaire n° 86, portant publication des indulgences accordées aux confréries canoniquement érigées dans le diocèse.

mais particulièrement le 16 juillet, jour de la fête de Notre-Dame du Mont-Carmel, les fidèles qui le désirent, et ils y sont instamment exhortés.

Confrérie des catéchistes volontaires ou des dames catéchistes, affiliées, par Mgr notre Evêque, à l'archiconfrérie de Paris. Il serait injuste de passer sous silence le nom des dames et demoiselles catéchistes qui prodiguent à l'enfance chrétienne des soins et un dévoûment non moins apprciables. Ces âmes, profondément pieuses, d'un zèle éclairé, guidées aussi par des sentiments très surnaturels ont obtenu les résultats les plus consolants. Nous sommes heureux de le dire bien haut, combien de nos pauvres enfants attardés leur doivent, bien plus qu'à M. le Curé ou à son vicaire, les joies inoubliables de leur première communion. Mais pour répondre aux vœux si instamment et si éloquemment exprimés par Monseigneur, ce n'est pas seulement aux enfants de la première Communion, mais aux petits de 6 à 9 ans, qu'elles s'empressent de se consacrer sans réserve. Ce mot délicieux de Lamartine :

Il fait toucher le ciel aux plus petites mains,

elles s'efforcent de le réaliser, elles en font leur devise. Elles savent aller au devant d'eux, et, dans ces réunions du dimanche et du jeudi, délier leurs lèvres, ouvrir leur cœur, leur parler de Jésus, de son divin Evangile, de ses commandements si nécessaires à connaître dès le premier éveil de la raison. Elles ne sont pas moins ingénieuses à leur faire réciter matin et soir une petite prière pour leurs parents, une petite communion spirituelle plus opportune que jamais depuis le décret *Quam singulari* de notre Saint Père le Pape Pie X.

Cher Enfant, pour obtenir la bénédiction de Dieu, soyez la joie de vos parents par votre obéissance et par votre piété, et tous les jours dites pour eux les prières qui suivent :

Le matin. — O divin Enfant Jésus, faites que tous les jours de ma vie j'ai le bonheur d'aimer et de respecter mes parents, comme vous avez aimé et respecté votre sainte Mère !

Le soir. — O bon Jésus, je vous en conjure, conservez la santé à Papa et à Maman, afin qu'ils m'élèvent dans votre sainte crainte et votre saint amour ! Ainsi soit-il.

Communion spirituelle. — O Jésus, mon Sauveur, quand viendra donc l'heureux jour où je vous recevrai dans mon cœur !

Je bénis de grand cœur les enfants qui diront cette prière. PAUL, Ev. de St-Flour.

4 novembre 1906.

La messe du jeudi, — *Messe des enfants ou des Ecoles,* — favorise singulièrement les réunions chez les catéchistes du centre paroissial, c'est-à-dire du Bourg. Voici les circonstances qui nous ont amené à l'établir en nov. 1900, et la manière dont elle est organisée. — C'est un fait d'expérience, l'enfant laissé à lui-même ne prie pas : il regarde, se retourne, babille et cherche des distractions. La surveillance la plus active, quand ce petit monde est en troupe, n'empêche pas toujours les conversations et les irrévérences. — Pour y remédier, les enfants furent placés assez près de l'autel pour qu'ils puissent entendre la voix du prêtre et suivre sans effort les diverses parties du sacrifice. Les prières de la messe telles qu'on les trouve dans le *Petit Paroissien des Enfants* (1), prières charmantes, pleines d'onction, de piété, composée exprès pour eux; l'intercalation de cinq dizaines du Rosaire, récitées à diverses intentions : la 1re pour les enfants de la Première Communion et de la Persévérance; la 2e, pour leur parents; la 3e, pour les bienfaiteurs de l'église et de la paroisse; la 4e, pour les malades; la 5e, pour la conversion des pécheurs, les agonisants et la délivrance des âmes du purgatoire; voilà pour les unir, les intéresser à la grande action à laquelle ils ont le bonheur d'assister. Les enfants suivant les prières que lit le prêtre qui préside, ou une des catéchistes présentes. — Le chant, cette

---

(1) Marc Bardou, éditeur, Limoges.

puissante atraction, ne pouvait être négligé. Invariablement, un cantique bien choisi, qui sert d'appât à cette jeunesse, commence et termine l'exercice. On le chante aussi quelquefois à l'offertoire ou à l'élévation. — Depuis onze ans, plusieurs fois des ecclésiastiques distingués ont honoré de leur présence notre Messe des enfants. Tous nous ont offert à ce sujet leurs félicitations et leur complète approbation. Nous avons tout lieu de croire que cette pratique aura porté ses fruits et, au surplus, favorisé l'œuvre par excellence de nos admirables et dévouées catéchistes volontaires. Signalons Mlles Bos, du Bourg, et Mlles Cathalot, du Pontet.

La Propagation de la Foi qui consiste à fournir aux missionnaires le moyen de tirer des ténèbres de l'idolâtrie tant de millions d'hommes qui ne connaissent pas Jésus-Christ est heureusement implantée dans la plupart des familles, elle y a pris racine; presque toutes donnent leur cotisation, il ne s'agit plus que d'en augmenter peu à peu la quotité. La lecture des *Annales*, répandues dans les familles, ne peut manquer d'intéresser les fidèles aux travaux, aux espérances, aux douleurs des missionnaires, et de les encourager à participer aux efforts et aux mérites de leur apostolat. Ces récits sont des histoires *vécues* qui sont mille fois plus attachants que les romans les plus en vogue. « Ces chères *Annales de Propagation de la Foi* peuvent à bon droit passer pour le meilleur de tous les livres populaires, a dit Léon Gautier. Il est vrai qu'on y trouve beaucoup de récits de martyres. Mais par ces temps de persécutions, rien ne saurait être plus actuel, et le martyre est un métier que tous les catholiques doivent apprendre » (1). Pour compléter la structure et le fonctionnement de cette œuvre si admirable par la simplicité de son mécanisme qui la met à la portée de tous, il faut ajouter qu'à côté d'elle, cheminent deux œuvres similaires.

La Sainte-Enfance. — A côté de la première se présente son angélique *petite sœur* qui est la Sainte-Enfance

---

(1) Lettres d'un catholique p. 318.

qu'elle tient par la main et qui vient faire aussi « sa cueillette » et recevoir quelques miettes dans la distribution de nos oboles. Au moyen d'une légère aumône, elle assure le baptême à tant de pauvres petites créatures qui ne pourraient l'avoir sans cela, et les rachète de la double ignominie de l'esclavage et de la corruption. Ses annales en font foi; par les baptêmes qu'elle multiplie, elle donne peut-être plus d'élus au ciel que sa *grande sœur,* la Propagation de la Foi. Elle est sympathique aux mères qui, préocupées de l'âme de leurs enfants, les inscrivent de bonne heure, les sacrent apôtres dès le berceau pour ainsi dire, et les placent sous la garde tutélaire des anges de ces petits enfants des missions. Elle excite l'enthousiasme de nos chers petits enfants, Dieu sourit à leur charité précoce et laisse tomber sur eux des bénédictions qui seront la sauvegarde de toute leur vie.

Œuvre de Saint-François de Sales. — L'association fondée sous le patronage de saint François de Sales pour conserver, défendre la foi, ranimer la vie chrétienne dans les pays catholiques, que Pie IX, de sainte et glorieuse mémoire, a bénie en l'appelant : *la Propagation de la Foi à l'intérieur,* n'est pas assez connue chez nous. Pourquoi ne pas l'avouer, nous n'avons point sur ce *tableau d'honneur* la place que doit ambitionner une paroisse populeuse et riche comme la nôtre.

Denier de Saint-Pierre. — Ytrac est dans l'heureuse habitude d'offrir son obole au Père commun de la grande famille catholique en détresse; mais il est très utile le dimanche qui précède la quête de rappeler, en quelques mots clairs et précis, le but et la portée de cette aumône tant attaquée par la mauvaise presse. Nous n'y avons jamais manqué et c'est là, croyons-nous, le meilleur moyen de multiplier la collecte annuelle.

Denier du Culte. — La religion étant le premier besoin de l'homme, l'impôt destiné à l'entretien de ses ministres est le plus nécessaire et le plus obligatoire de tous. Cette œuvre est généralement bien comprise dans notre paroisse. Elle ne se laisse pas distancer par les autres, et, comme on devait l'attendre de sa vieille foi et de sa générosité, elle a toujours fourni jusqu'ici la part contributive demandée par Mgr l'Evêque. Nous ne doutons pas que, dans un avenir plus ou moins prochain, il ne se trouve des personnes *généreuses* pour assurer l'avenir de l'œuvre en la dotant d'une fondation régulière.

D'ailleurs le *denier du clergé* n'est pas nouveau dans la paroisse : il a été inauguré au début du XIXe siècle, lorsque Napoléon n'était pas encore à même de fournir partout l'indemnité concordataire réclamée par le Saint-Siège. Il n'y avait alors qu'une seule différence tout à l'éloge des paroissiens : C'étaient le maire et des laïques notables et influents qui fixaient les cotisations des familles et se chargeaient de les recueillir. En 1806, le produit de la subvention paroissiale s'éleva à plus de 1.000 fr. ; si on fait attention à la valeur du numéraire à cette époque on verra qu'elle dépassait de 4 ou 500 francs la quotité de la contribution actuelle (1).

Nous l'avons vu, nos pères avaient un tempérament essentiellement catholique, une vie religieuse très intense. La vie catholique se manifeste par des pratiques de piété, s'impose par des vertus, se propage par des œuvres.

Que mes chers paroissiens veuillent bien me permettre de conclure ce chapitre en leur disant avec un éloquent prélat, devenu le modèle de l'évêque après l'avoir été des pasteurs : « *Accentuez votre vie catholique*. Hommes
« et jeunes gens, soyez au premier rang dans la grande
« bataille du bien contre le mal. Rien ne se fera sans
« vous, car vous êtes la tête du pays, les chefs de la cité,
« les dirigeants de la paroisse et les promoteurs néces-
« saires du progrès religieux ! Et vous aussi, femmes
« chrétiennes, mettez votre activité pour faire avancer
« le règne de Dieu, tout ce qu'il y a d'ingénieux, de
« communicatif et de conquérant dans vos âmes si natu-
« rellement apostoliques. C'est la femme qui a bercé
« l'Eglise naissante à Nazareth. Ce sont deux femmes,
« Clotilde et Jeanne d'Arc, qui ont apporté à la France

---

(1) Arch. municip. Papiers personnels.

« son baptême, sa vocation et son salut. Le Moyen âge
« connut les Croisades d'enfants, le XXe siècle verra la
« croisade des âmes féminines, pures, généreuses, héroï-
« ques, qui feront violence au ciel et qui convertiront la
« terre! » (1)

.*.

Ici finit la tâche que nous nous étions imposée. Puissent ces pages, écrites sans prétention, où nous avons essayé de raconter quelques-uns des titres de cette belle paroisse à notre vénération et à nos respects, être autant de fleurs jetées sur son passé silencieux et oublié. Partout il offre l'image incessante et progressive des vicissitudes humaines : nous avons dû en rappeler les phases principales, elles se lient parfois aux grands souvenirs de nos annales et présentent, par intervalle, des faits importants des renseignements précieux, des peintures de mœurs attachantes. En même temps pouvions-nous passer sous silence une série de détails de minime intérêt lorsqu'ils se rapportaient à notre sujet ? Bien que futiles en apparence, n'ont-ils pas aussi leur utilité, leur ensemble n'exerce-t-il pas sa part d'influence sur les événements qu'il importe de préciser.

Ces menus faits, que nous avons prodigués avec amour et qui parsèment un récit sans charme, nous le savons, sont toujours, il est vrai, l'inévitable écueil des travaux semblables au nôtre; nous avons dû pourtant nous résoudre à en grossir notre livre, dans l'espoir que nos lecteurs indulgents y verront plus que des longueurs inutiles, qu'ils seront, comme l'a si bien dit le comte de Montalembert : « Ces dégustateurs avisés qui savent reconnaître dans les menus détails la trame de l'histoire » (2).

Notre paroisse lui appartient désormais : tout ce qui s'y rattache doit être soigneusement recueilli. Nous avons commencé, d'autres achèveront. Puissent ces suaves et religieux souvenirs, ces restes presque effacés d'un âge meilleur, qui furent la joie et le bonheur de nos pères, ranimer dans nos cœurs leurs sentiments de foi et d'amour. Puissent

---

(1) Mgr Gibier. *Apostolat opportun*, p. 123.
(2) Œuvres, Mélanges d'Art et de Littérature, p. 538.

enfin ces récits, sans autre ornement que la vérité, exciter dans nos âmes, non une admiration platonique et stérile, mais un désir sincère d'imiter les vertus dont ils nous ont retracé de si beaux exemples, pour avoir notre part à la récompense dont jouissent, dans le sein de Dieu, ceux qui nous les ont donnés!!!

Ytrac, 22 mai 1911, jour anniversaire de notre ordination sacerdotale (1875).

Références : Sur les Confréries en général, Cf. Migne, *Dictionnaire des Confréries* ; *Diction. d'Iconographie*, note 12, col. 961-968 ; Abbé Brune, *Histoire des confréries du Saint-Esprit* ; Poëte, archiviste paléographe, *Histoire complète de ces confréries* ; Elie Jaloustre, *Histoire d'un village de Limagne, Gerzat* ; J.-B. Bouillet, *Histoire des communautés de l'Auvergne avant 1789*, Introduction xx, xxi, xxii ; Ch. de la Bâtie, *Monographie des Anciennes Corporations du Puy en Velay* ; Congrès euch. de Paray-la-Monial.

CHAPITRE IX

Notes additionnelles et rectificatives

I. *Observation préliminaire.* — II. *Chapelles : Ermitage de Campan; oratoire de Lamartinie.* — III. *Prieurs: Nouveaux prieurs : Jean Calmonties, Claude de Montz; inversion dans l'ordre de succession : Guy Badail, François de Montal, Antoine Daude.* — IV. *Curés : Jacques Gache; Jean-Pierre Crozet Delbouys; Jean-François Caylar; Antoine de Chazelles; — Réparations, Acquisitions, Dons, de 1900 à 1911.* — V. *Dernière observation.*

I

Les travaux du genre de celui-ci, hérissés de noms et de dates, sont toujours susceptibles d'améliorations et de corrections. C'est ainsi, *si licet parva componere magnis*, qu'on trouve dans chaque volume du *Gallia Christiana*, des feuilles supplémentaires qui, sous le titre *Addenda et emendanda*, offrent des additions et des rectifications nombreuses. Ne pouvant prétendre à suivre, même de loin, les illustres Bénédictins sous le rapport de l'érudition, nous tâchons de les imiter du moins dans les scrupules de leur conscience. — A mesure que nous poursuivions nos recherches, de nouvelles découvertes documentaires sont venues modifier quelques points des premiers fascicules déjà imprimés de cette Monographie. Nous avons l'intention de réserver un court chapitre à des rectifications et des additions qui sont devenues nécessaires; c'est là que nous retouchons à nouveau certaines parties de notre premier essai où nous avions parfois montré trop de confiance en des documents de seconde main. Nos erreurs y sont, autant que possible, minutieusement effacées. Tous ceux qui s'occupent d'études similaires savent, du reste, combien il est facile de tomber en de certaines méprises : ils auront pour nous cette indulgence qui est à la fois un encouragement et une récompense.

II (1)

1° Ermitage de Campan. — De nouvelles découvertes, récemment faites, nous apprennent l'existence d'un ermitage sacellaire sur la terre de la Garouste, à Campan. On n'a pas distingué fort souvent dans nos Histoires ecclésiastiques et dans nos Vies de Saints les ermites des reclus ; cependant il ne faut pas confondre la cellule isolée, mais accessible de l'ermite, avec la rigide et impénétrable logette du reclus. J'aurais mauvaise grâce à intenter procès à La Fontaine, « le plus français de nos poètes », pour avoir commis cette erreur. Il fait du rat qui s'est retiré du monde un pauvre reclus. Il fait dialoguer, porte ouverte, son solitaire (2). Son rat dévot ouvrait et fermait sa porte : « Le nouveau saint ferma sa porte ». Il n'était donc pas reclus, il était ermite ; mais le fabuliste était-il obligé de connaître ces distinctions ascétiques, ignorées de plus d'un théologien.

Quelques cénobites avaient choisi, dès le neuvième siècle, les lieux les plus déserts et les plus sauvages, les landes couvertes de bruyères, pour s'y livrer en toute liberté à la contemplation. Ces pieux solitaires défrichaient des landes incultes, *rastroque intacta, nec ullis saucia vomeribus* selon l'expression d'Ovide, qui se prolongeaient pendant des lieux sans trouver d'habitation. Dans cet isolement, ils pratiquaient toutes les austérités et les vertus de la cénobie. Les pieux canons imposaient comme devoir à l'ermite la prière et le gite pour les voyageurs (3). Quand un pauvre chrétien s'était égaré dans

---

(1) Les numéros II, III et IV correspondent aux mêmes chapitres de ce volume,
(2) *Fables*, Liv. vii. Fab. 11.
(3) *Concil. gall.*, tome i, p. 528. — *Gallia Christiana*, t. iv, Appendix, p. 6 et 7.

le désert, sans trouver sa trace, l'ermite lui préparait une frugale réfection, le servait de ses mains sur sa modeste huche et lui servait de guide dans les sentiers périlleux. L'ermite était vénéré par tous les habitants d'alentour; quand on le voyait venir de loin appuyé sur son bâton blanc, vêtu de bure comme les serfs du manoir; on lui prodiguait le respect qu'inspire une vie de sainteté et de solitude. L'ermite était l'arbitre des différends, le consolateur des affligés; les grands se recommandaient à ses prières. Les vertus de ces solitaires édifièrent longtemps la province et leur attirèrent des aumônes; ils purent édifier une cellule ou petit bâtiment construit en chaume, et non loin de l'ermitage un oratoire. Les seigneurs ou de riches particuliers leur firent des legs dans leurs testaments; plus tard, ils finirent par doter ces ermitages, transformés ainsi en petits bénéfices.

Les ermitages les plus connus de la Haute-Auvergne étaient : Saint-Etienne, à Massiac, qui abrita au neuvième siècle les austérités érémitiques de saint Léon; Saint-Curial, à Vic-sur-Cère; Saint-Mary, à Roannes; Saint-Martin de la Garrouste de Campan, à Ytrac.

Nous avons dit ailleurs, ch. II, p. 57, de cet ouvrage, que l'oratoire de Campan était antérieur au dix-septième siècle; mais il remonte bien plus haut que nous le pensions. Nous avons un testament daté du 13 décembre 1439, qui le mentionne. Guibert Campalm, du hameau du même nom, entre autres legs pieux, donne un mouton d'or pour réparer la chapelle de Saint-Martin : *Item lego repparationi ecclesie sti Martini de las garrostas unum mutonem auri semel solvendum*. L'oratoire était déjà ancien puisqu'il nécessitait des réparations. On peut avec assurance et sans crainte de se tromper reculer l'époque de sa fondation jusqu'au XIVe siècle, peut-être même jusqu'au XIIIe qui vit surgir tant de merveilles et tant d'œuvres saintes. Nous savons donc, non par tradition, mais par des chartes authentiques, que des ermites vinrent se fixer dans ce lieu inculte et couvert de bois et qu'antérieurement, au XVe siècle, ils y avaient bâti une cellule et un oratoire; quant à la date précise de cette fondation, rien ne l'indique ni ne vient en aide pour la découvrir.

Il y aurait profit pour nous à connaître les pieux solitaires qui vinrent goûter en ce pays les âpres délices de la vie érémitique, l'Histoire de leur vie héroïque et leurs bienfaits. Malheureusement, ils sont restés oubliés dans leur solitude, et dans les nombreuses chartes compulsées nous n'avons relevé que deux noms :

1470. — Pierre Rossi, intervint comme témoin, le 4 mars 1470, en style moderne 1471, à la constitution du titre clérical de Bernard Périer, du lieu et paroisse de Saint-Sinion : *Presentibus duo Petro de Rossi, hermita sti Martini parochie de Ytraco.* (Min. Taveighe, reg. 1443-1470, fol. 93-94).

1562. — Pierre Jonquière, ermite, fut présent et souscrivit au contrat de mariage de Pierre Jonquière, son parent, avec Marguerite Reyt, du village de Reyt, passé devant Mᵉ Carrière, le 21 septembre 1562 : ainsy signez : Jonquières *heremita*. (3ᵉ reg. fol. 193.)

Ces ermitages furent détruits pour la plupart dans le cours des siècles; cependant bien que depuis longtemps il n'y eut plus d'ermites, l'oratoire de Saint-Martin subsistait encore avant la Révolution. Nous ne pouvons que déplorer la haine sacrilège qui renversa tant d'œuvres utiles; donner libre cours à la tristesse qui s'empare de notre âme devant l'oubli injurieux où gisent ces débris vénérables, et former le souhait qu'une main chrétienne vienne relever et embellir ce dernier vestige des anciens jours ou du moins en marque la place par quelque pieux souvenir. (Cf. p. 56 à 59.)

2° CHAPELLE DE LAMARTINIE. — Si l'origine de l'oratoire de Saint-Martin de Campan se perd dans l'antiquité ou l'obscurité du Moyen âge, par contre la chapelle de Lamartinie est beaucoup moins ancienne. Loin d'être contemporaine du manoir féodal, comme nous l'avions conjecturé tout d'abord, elle ne remonte qu'au début du dix-septième siècle. Elle n'était pas sous le vocable de Saint-Pierre ès liens comme nous l'avaient assuré, sans le savoir, les propriétaires du château. Nous avons répété, de bonne foi et sans examen, cette affirmation. (Cf. p. 63 à 65.) L'origine et l'unique raison de cette erreur est une icone du chef des apôtres représenté emprisonné et enchaîné, qui se trouvait, paraît-il, dans l'oratoire. Mais ce tableau personne ne l'a vu, ou du moins il a été toujours introuvable quand nous avons exprimé le désir de le voir.

Depuis lors, grâce à l'aimable bienveillance d'un érudit, nous avons eu connaissance du titre de fondation, minuté par le notaire Cailar et qui avait échappé à nos recherches. Elle fut érigée, en 1614, par Isaac Olier, qui la dédia à la Sainte-Trinité, à la Sainte Vierge, et la dota d'un revenu annuel de six livres. La pièce originale en est une preuve trop intéressante pour ne pas en donner la teneur :

« Personnellement estably noble Izaac Olier, seigneur de la Martinhe porte espée et manteau de parement du Roy habitant de la presante ville d'Aurilhac, lequel plain de dévotion à l'honneur de la Sainte Trinité et de la glorieuse Vierge Marie, a dict avoir faict édifier à nœuf une chapelle en son chasteau et place de la Martinhe en la paroisse d'Ytrac, que a esté suivant la permission du seigneur evesque de Sainct-Flour bénigte par Révérend père François de Margastan, de la Compaignie de Jésus, le 17e jour du présent mois et an et que lors de lad. bénédiction de lad. chapelle en présence dud. de Margastan et de Monsieur Mre Jehan Broquin, conseiller du Roy et lieutenant général pour Sa Majesté au bailliage et siège présidial estably aud. Aurillac et de plusieurs autres personnes illec presans icelluy sieur Olier aurait de son gré et bonne volonté fondé comme il fonde par les presantes de revenu annuel la somme de six livres en ladicte chappelle pour estre dict et célébré en icelle une messe basse le premier dimanche de chascung mois de chascung an à l'advenir, laquelle somme de dix livres tournois de revenu annuel led. sieur Olier pour luy et les siens heoirs et successeurs à l'advenir a promis et s'est obligé payer chacung an à l'advenir au prestre qu'il eslira et nommera et qui sera esleu et nommé par cy après par ses héritiers et successeurs à l'advenir pour cellebrer lad. messe à deux termes sçavoir à la Saint-Jehan-Baptiste, trois livres et les autres trois livres à la feste de Noël et ainsy l'a promis et juré, etc., renoncé, etc. obligés tous et chascung de ses biens meubles et immeubles presans et advenir, etc. Faict et passé en lad. ville d'Aurillac et maison dud. sieur Olier l'an 1614, ez presance desd. sieurs de Margastan et Broquin, lieutenant général et hoonrables hommes, M⁰ François Serviage, docteur en médecine, et honorables hommes M⁰ François de Tournemire, habitans dud. Aurillac, soubszignés avec led. sieur Olier et moy.

S. Olier, François de Margastan, de la Compagnie de Jésus, Broquin, Serviage, présent, De Tournemire, présent, Cailar, notaire royal. » (Arch. départ. Minutes Cailar, 1614.)

III

Jean Calmonties, Claude de Montz — Voici deux noms nouveaux qui viennent renouer la série interrompue de nos prieurs, toutefois sans combler une lacune de 25 ans qui va de 1530 à 1555.

1°. — 1555. — **Jean Calmonties**

En 1555, le prieuré fut occupé par Jean Calmontie. La pièce originale qui nous l'apprend ne révèle ni le lieu où il reçut la vie, ni le rang de sa famille. Il ne fut point pourvu par bulles pontificales. Jean de Montal, abbé de Maurs, donna les lettres de collation datées du 9 mai 1555 et scellées de son sceau en cire rouge. Le nouvel élu se fit installer le 15 juin suivant par l'entremise le Jean de Froquières, licencié ès lois, son procureur. La cérémonie eut lieu avant la grand'messe, avec la solennité accotumée, an présence du recteur Jean Cros, et d'une nombreuse assistance. L'acte de prise de possession fut incontinent rédigé par le notaire Jean Carrière, en présence de Pierre Bru et d'Armand Viers, prêtres de la paroisse.

La *Gallia Chrisitana* place après Jean de Montal dans la liste officielle des abbés de Maurs, un N. de la Calmontie, serait-ce notre prieur. Enigme difficile à déchiffrer. Trois mois après il avait un successeur ou un compétiteur qui fut :

2· 1525-1557. — **Claude de Montz.** — Elu par bulles datées de la première année du pontificat de Paul IV,

Claude prit possession par procureur. Il nomma Pierre Bonhora, prêtre du hameau de Collet, paroisse de Notre-Dame d'Aurillac, son fondé de pouvoirs. Celui-ci se présenta à Ytrac, le 25 août 1555, et requit Mre Etienne Reyt, prêtre du diocèse de Saint-Flour, *pber diocesis Sti Flori*, de le mettre en la réelle et corporelle possession du prieuré. Ce qui fut fait en la forme ordinaire, et, séance tenante, le notaire rédigea le procès-verbal d'installation. Bien que cet Etienne ne soit pas désigné avec sa qualification de filleul, il paraît être le même que celui énoncé à la p. 359. Son priorat fut de courte durée : l'année 1557 vit la démission de son successeur et l'installation de son remplaçant. (Min. Carrière, Reg. 1552-1558).

*
* *

Il faut rétablir ici l'ordre de chronologie et de succession. Le priorat de Guy Badailh, inauguré après 1555, finit en 1557. Celui de François de Montal commencé le 12 septembre 1557, se prolonge vraisemblablement jusqu'en 1569. (Cf. chap. III, p. 107 et 108.)

3°. — 1557-15(?). — **Guy Badailh**. — Vient après Claude de Montz. On ignore comment il fut pourvu, et si cette nomination eut lieu par suite de la résignation ou du décès du précédent. D'après le procès-verbal relaté à l'article suivant, Guy résigna son bénéfice en septembre ou en août 1557. Plus tard, regrettant d'avoir démissionné, il fit écrire à Rome pour solliciter auprès de Pie IV les provisions apostoliques. Il réussit dans son entreprise et, en 1560, il se fit installer de nouveau (Cf. p. 107). Après son installation, on ne rencontre plus aucun souvenir de lui ; peut-être fut-il bien vite débouté de ses prétentions par son compétiteur puissant dont le crédit le contraignit à quitter promptement le prieuré.

4°. — 1557-1568. — **François de Montal**. — Posséda le prieuré de Saint-Julien après Guy Badailh. Antoine Lavidic, vicaire général de l'abbé de Maurs, susénnoncé, lui conféra ce titre. Issu d'une noble maison, il était peut-être de la famille de ce prélat, seigneur de Calmon, près Figeac. — Noble frère Toussaint de Livernon vint prendre possession pour lui, le dimanche 12 septembre 1557. Durand Payri, curé d'Ytrac, publia devant une grande affluence de fidèles les pièces officielles de cette installation solennelle dont acte fut dressé par le notaire sus-nommé en présence de Vincent Bénech, clerc d'Aurillac, de Jean Bargues *junioris*, prêtre de la communauté. François de Montal devint titulaire de ce bénéfice par la résignation que lui en fit Guy Badailh : *medio resignationis facta par Guidonem Badail, ultimum pacificum possessorem* et par la collation de l'abbé ; mais cette institution ne lui procura pas la paisible jouissance du prieuré. C'était l'époque où les usages reçus dans l'Eglise de France occasionnaient tant de difficultés et de variations dans la collation des bénéfices. (Cf. p. 407). Il trouva un compétiteur dans le résignataire qui se fit adjuger le prieuré par le Pape et se fit installer de nouveau en 1560 (Cf. p. 107). Combien de temps dura cette compétition ? Se termina-t-elle par une transaction entre les deux prétendants ? On n'en sait rien. Un fait qui suivit de près celui que nous venons d'énoncer est l'amodiation des dîmes du prieuré que fit, en 1562, François de Montal (Cf. p. 108. Il semble au moins probable qu'il dut conserver la charge de prieur jusqu'à l'avènement d'Antoine Daude, en 1569. (Min. Carrière, Reg. 1552-1558.)

***

5°. — 1569-1572. — **Antoine Daude**. — Reçut la dignité de prieur en 1568 ou plutôt en 1569, d'après notre manière de commencer l'année ; mais on ignore si ce fut par le choix de l'abbé de Maurs ou par provision apostolique. Il prit possession en personne de la sacristie de Maurs et par procureur du prieuré y annexé, le 7 mars 1568 (1569). Il avait donné sa procure à Pierre Carrière, ou plutôt Lacarrière, prêtre de la communauté qui a son article plus haut (p. 329). Celui-ci, lecture faite des pièces officielles accomplit la cérémonie avec les formalités d'usage, et le notaire Carrière en prit acte en présence de Bernard Pronsac, jurat de l'année présente, de N. Alleymand, de Guy Palhès (?) paroissiens et amis de frère Anotine Daude (Regist. 1560-1572, fol. 111). Son administration fut très salutaire. C'est lui, on l'a vu p. 108, qui mit tous ses soins à réparer les ravages matériels causés à l'église priorale par les protestants.

IV

1°. — 1558-1578. — **Jacques Gache**. — On l'a vu p. 331, fut souvent choisi comme témoin ou garant des stipulations arrêtées, notamment par « damoyselle Jeanne de Montal, dame de la Broue et d'Ytrac ». Une ou deux fois, elle le constitua son procureur pour ratifier une vente et percevoir le droit de lods. — On lit son nom sur des actes des années 1563, 1565, 1566, 1567, 1568, non mentionnés à son article p. 164-167. Parmi les neuf auxquels il apposa son seing, on remarque l'investiture d'un jardin, dit de la commanderie, sis à Saint-Etienne-de-Capel, accordée à Pierre Castel, garde du sceau royal : par noble et vénérable personne frère Thomas de La Tour, chevalier de l'ordre de Saint-Jean-de-Jérusalem, commandeur de la commanderie de Carlat. — Sous son régime, en vertu du consentement donné, le 4 juillet 1568, par les jurats de l'année, les manants et habitants de la paroisse, on fit refaire « une des petites cloches qui a faict chute du clocher en sonnant pour la conservation des biens de la terre ». On la sonnait sans doute pour conjurer la foudre et *l'esprit des tempêtes*. La paroisse paya les frais de refonte. (Min. Carrière, Reg. 1552-1558; 3ᵉ reg., fol. 275 ; 4ᵉ reg., fol. 64, 68, 72, 73, 135, 140, 152, 153, 214, 216, 230, 243, 244.)

1°. — 1725-1759. — **Jean-François Cailar**. — D'une famille de robe, dont plusieurs membres embrassèrent l'état ecclésiastique. Durant le dix-septième et le dix-huitième siècles, les Cailar se partagent ainsi entre le Parlement et l'Eglise. Presque à chaque génération, ils sont représentés par un avocat, un conseiller, un procureur, du Bailliage, un aumônier, un curé, etc. Jean-François fut baptisé dans l'église paroissiale de Notre-Dame-aux-Neiges, vers 1698. Le collège des Jésuites et le grand séminaire le comptèrent parmi leurs élèves. Il reçut son titre clérical le 10 janvier 1721. Son père « Paul Caylard, avocat, originaire de la ville d'Aurillac, demeurant à présent en sa maison de Jaulhac, paroisse de Celles en Jordane » lui constitua une rente de 60 livres reposant sur son domaine de Jaulhac. (Min. Delon, fol. 23-24. — Cf. Notice, p. 185.)

2°. — 1759-1774. — **Pierre-Jean Crozet Delbouys d'Auterive**. — Nous devons rectifier ce que nous avons dit sur la foi d'un érudit qui lui donne une origine aveyronnaise. (Cf. p. 186.) Il naquit à Aurillac, vers 1725, de M. Guillaume Crozet, sieur d'Hauterive, conseiller du Bailliage et siège présidial de la ville, et de Toinette Esquirou. (Min. Mabit, fol. 294.) Il y commença ses études. De ce fait, il appartient assurément au diocèse de Saint-Flour; mais celui de Rodez posséderait bien quelque droit également à le revendiquer un peu. Il pourrait dire d'abord que la race des Crozet était possessionnée dans les environs de Mur-de-Barrez, qu'une branche habitait Cassos, commune de Roussy; que les ancêtres étaient des Rouergats bien authentiques; il pourrait ajouter ensuite qu'il donna à l'église ruthénienne de Lanssac les premières et les dernières années de sa sa carrière sacerdotale. L'un eut son berceau, l'autre sa tombe. (La suite p. 187-188.)

3°. — 1828-1834. — **Antoine de Chazelles**. — Pour compléter sa notice (p. 210-212) et ne pas omettre une parcelle du bien fait par cet excellent curé, *particula boni doni non te prætercat*, il faut ajouter que, sous son court pastorat, il fit donner deux missions. La première, en 1830, fut dirigée par M. Usse, devenu curé de Sainte-Christine et mort chanoine titulaire. Nous tenons cet renseignement du très honorable et très érudit M. R. de Ribier, auquel nous nous plaisons à donner un nouveau témoignage de notre gratitude. La seconde fut prêchée, en 1834, par le bon Père Murat, de sainte mémoire. Il la clôtura par l'érection d'un Chemin de Croix ou *Via Crucis*. Le procès-verbal signé par lui et conservé dans nos archives en fait foi.

4°. — 1900-1911. — **Louis-Antoine-M.-D.-Arthur Chaludet**. — Notre ministère commencé à Ytrac le

18 octobre 1900 a pris fin le 20 juillet 1911. Qu'on veuille bien nous permettre, — non pas d'esquisser une autobiographie, — mais de dire simplement une partie de ce qui a été fait au point de vue matériel, puisqu'il a été parlé ailleurs du côté spirituel. Nous le rangeons sous ses trois titres :. Réparations, acquisitions, dons.

I. — RÉPARATIONS. — A l'église, au presbytère :

A. *A l'église*. — 1° chœur, les lézardes de la voûte ont été fermées et le chœur tout entier repeint en couleur paille.

2° Chapelle des Fonts baptismaux : en même temps que les réparations du chœur furent exécutées celles encore plus urgentes de la chapelle des Fonts. (Voir chap. I, p. 25.)

B. *Au presbytère*. — 1° Prolongement du corridor jusqu'à la seconde porte d'entrée. La cuisine servait de passage aux allants et venants. Cette modification a eu le double avantage de la rendre indépendante d'abord, et, ensuite, moins froide l'hiver. Quand la saison était rigoureuse, elle était presque inhabitable. — 2° A la fenêtre au-dessus de la porte qu'ouvre sur le jardin par où il était facile de pénétrer dans la maison curiale, pose d'une grille en fer forgé; aux soupiraux de la cave, traverses en fer qui en défendent l'accès.

II. — ACQUISITIONS. — Mobilier, linge et ornements : ments.

A. *Mobilier*. — 1° Une pendule tableau, corniche en bois pour la sacristie;

2° Un bel harmonium, transpositeur, deux jeux et demi, marque Bugand, de 420 fr. avec un don de 200 francs de Mme veuve Henri Maisonobe, de Caumon.

3° Une boîte argent, intérieur vermeil, pour la custode du Saint-Sacrement, avec un don de 50 francs de Mme Roquetanière, de Vielle.

4° Deux boîtes écrin pour le calice et les burettes en vermeil.

5° Deux colonnes décoratives, en bois ciré, monocylindriques, arrondies au tour, avec cannelures, chapiteaux sculptés de style roman comme le mobilier de l'église.

6° Bancs d'église en chêne ciré, avec agenouilloir et dossier-accoudoir, 5 pour les petits garçons, 4, plus un appui-accoudoir pour les petites filles, avec un don de 200 fr. de M. Emile Dandurand, de Done, contrôleur principal des Contributions directes à Rodez. Le prix total s'éleva à 300 francs.

7° Monument pour le reposoir de la Fête-Dieu, composé de plate-forme, table-autel, et table-support pour la niche du Saint-Sacrement. Ce reposoir peut être dressé en peu de temps, il est facile d'en varier les décors. Pourquoi ne le dirions-nous pas, grâce aux arbustes, aux plantes, aux fleurs offerts par les âmes de bonne volonté, les généreuses ouvrières de la maison de Dieu ont su élever sans frais, le gracieux et élégant édifice où Notre-Seigneur vient reposer pour nous bénir, répandre ses miséricordes et ses grâces.

8° Bancs porte-cierges pour la première communion.

9° Plate-forme destinée à recevoir les prie-Dieu et fauteuils des mariages de première classe, toujours placés, conformément aux règles, en dehors du chœur du côté de l'Epître.

10° Deux rangées de patères appliqués sur cimaise aux murs de la sacristie. — Tapis. — Guirlandes repliantes vert clair, fleurs, écussons et articles divers pour décoration religieuse de la maison Ferry, de Nancy.

B. *Linge*. — Cordons, purificatoires, corporaux, surplis pour les petits clercs, surplis pour les prêtres ; aube unie en fil pour les offices funèbres, confectionnés par les religieuses du Carmel d'Aurillac.

C. *Ornements*. — 1° Conopé blanc, soie moirée avec broderies or fin et soie en couleur, avec un don de Mme Vve Henri Maisonobe, de Caumon. — 2° Conopé blanc en damas ou soie unie, à festons et à franges dorées pour les fêtes de seconde classe. — 3° Conopé en fil au crochet, pour tous les jours, fait par Mme Poignet, de Vielle. — 4° Antipendium et conopé violet, damas soie, festons et franges argentés. — 5° Antipendium violet en mérinos, enveloppes des chandeliers pour les offices funèbres. — 6° Antipedium et conopé rouges, ornés de festons découpés avec franges or, soie antique, venue d'Espagne, offerte par Mme Cibial. — 7° Chasuble de velours blanc pour les jours ordinaires. — 8° Ombrelino rond, damas blanc soie, broderie soie jaune, galon et frange soie jaune ; chape double, damas vert soie d'un côté, damas violet de l'autre, chaperon des deux couleurs, galons et franges d'or, avec un don de 200 francs de Mme Paul Cazard, née Delort de Cambian. — 9° Chape, soie moirée blanche, galons et franges or, avec un don de 100 francs de Mme Frédéric Bos, du Nègre. — 10° Chape, damas soie blanche, appliques de broderies, or en relief d'un vieux pluvial, refaite à neuf avec un don de 50 francs de Mme Robert-Baysse, d'Ytrac.

III. — DONS. — Dons faits par M. le Curé à son église :

1° Deux beaux bouquets, gerbes de lis et de roses, pour le maître-autel, offerts à M. le Curé, à son départ du Carmel, par les religieuses Carmélites. — 2° Siège du célébrant, tabouret en chêne verni, pieds tournés à cannelures et à rosaces, traverses à moulure sculptée, garni de velours d'Utrecht. — 3° Quatre *scabellum* en chêne verni, exécutés d'après le modèle donné par le cérémonial des Evêques, pour les petits clercs. — 4° Six flambeaux ou torches des céroféraires pour l'élévation et la bénédiction. — 5° Six soutanelles rouges.

6° Honoraires des Prédicateurs qui ont donné trois missions dans l'intervalle de 1901 à 1911 : des RR. PP. Dominicains en 1901 (Cf. p. 460-461) ; de M. l'abbé Colomb, ancien sulpicien, missionnaire du diocèse de Rodez, qui prêcha avec beaucoup de zèle et de fruit le jubilé de 1904 ; des RR. PP. Antoine Blavignac, Germain Fouilhac, du tiers-ordre régulier de Saint-François, en résidence à Notre-Dame de Belpeuch, diocèse de Tulle.

N.-B. — Voilà, avons-nous dit, une partie de ce qui a été modestement accompli, au point de vue matériel. Ajoutons pour conclure : après avoir mis toute notre attention à collectionner les registres de catholicité de 1799 à 1890, nous les avons fait soigneusement relier en plusieurs volumes. Les archives ont été mises en ordre ;

nous laissons à de plus habiles le soin de les compléter et d'y mettre cette inscription protectrice : *Archives paroissiales.*

V

On le remarquera, dans un petit nombre de pages ou de notices, les références manquent peut-être. Nous nous bornons à renvoyer le lecteur aux indications de l'avant-propos, ou à nos archives particulières. Des chartes authentiques, des expéditions collationnées minutieusement colligées par nous, des actes littéralement copiés de notre main sur les originaux, nous avons formé plusieurs layettes réunies dans quatre ou cinq gros dossiers ou cartons. Dans l'impossibilité où nous sommes de les imprimer, ce travail devant être trop coûteux et nous entraîner trop loin, nous croyons bien faire, pour les conserver, de les destiner aux archives diocésaines ou départementales. Nous aurions désiré pour l'aspect et l'intérêt de ce modeste essai, pour la plus grande facilité du lecteur, ne pas intercaler les références dans le texte, les mettre, en note, au bas des pages, leur place naturelle, mais des difficultés particulières nous ont obligé à y renoncer.

(1) *A la page précédente, article III, après 5°, ajouter* :

Costume du Suisse, conforme aux prescriptions liturgiques. — Cet officier de la police de l'église, établi par nous à Ytrac, a inauguré son emploi le jour de Noël 1900. Nous lui avons donné un petit Code ou Manuel pratique de ses fonctions qu'il remplit avec zèle et savoir-faire.

CHAPITRE SUPPLÉMENTAIRE

La première visite pastorale de Mgr Lecœur à Ytrac

Le 27 avril 1907 restera dans nos annales une date inoubliable. Cette journée fut pour la paroisse particulièrement belle. Rien ne manquait pour en faire une de ces fêtes qui laissent au cœur des populations d'impérissables souvenirs. Le beau temps et le soleil ne firent pas défaut. Le printemps n'a pas de plus beaux jours.

Mgr l'Evêque, assisté de M. l'abbé Prolhac, vicaire général, daignait nous visiter pour la première fois et imposer les mains aux confirmands d'Ytrac, du Bex, de Saint-Paul et de Sansac. La population s'était empressée de se mettre à l'œuvre pour lui souhaiter dignement la bienvenue. L'église avait été décorée pour cette circonstance avec goût. Les écussons du Saint-Père, de Monseigneur, des devises latines, des couronnes de marguerites et de roses ornaient le sanctuaire; des oriflammes, des guirlandes de verdure et de fleurs complétaient la parure de l'édifice sacré. A l'extérieur, la façade était également décorée. De l'église à l'entrée du bourg, de nombreux drapeaux flottant de chaque côté de la rue, des guirlandes reliant des arbustes formaient une charmante avenue. Au milieu, un arc de triomphe avait été dressé, il simulait un portique ogival et n'avait pour inscription que ces paroles dictées par le cœur et qui devaient aller au cœur de notre évêque : *Benedictus qui venit in nomini Domini*.

Monseigneur est arrivé à huit heures précises, et a été reçu avec tous les honneurs canoniques. Escorté du clergé, d'une foule impatiente de contempler ses traits, avide d'entendre ses éloquentes paroles, il a été conduit sous le dais à l'église. Après les prières d'usage, M. le Curé lui a souhaité la bienvenue et l'a complimenté en ces termes :

« Monseigneur,

« Quand Dieu voulait consoler son peuple après de longues tristesses, il lui rappelait tous les titres qui pouvaient justifier sa confiance ; et quand il avait énuméré comme à plaisir toutes les marques de son affection, sa miséricorde mettait le dernier trait au tableau par une promesse qui semblait épuiser toutes les tendresses de sa bonté. « Je vous donnerai, leur disait-il, des pasteurs selon mon cœur. »

« Il nous semble, Monseigneur, que Dieu a réalisé pour nous sa promesse. Votre bonté a déjà conquis tous les cœurs. Vous êtes au milieu de nous après un an et demi de labeurs sur lesquels Il a répandu ses plus visibles bénédictions. Il a soutenu vos forces à la hauteur de votre zèle. Il vous a permis de visiter une partie importante de votre diocèse. Il a justifié la confiance que, dès la première heure, vos prêtres avaient mise en vous. Il a consacré les sentiments de vénération et de respect dont vos diocésains ne cessent de vous entourer depuis que sa Providence vous a donné à eux.

« Pour nous, Monseigneur, nous sommes plus heureux que nous saurions le dire de vous posséder, de jouir de votre présence et de recevoir toutes vos bénédictions. Nous voyons en vous un père que le bon Dieu nous a donné dans sa munificence, un père dont le cœur s'élargit pour nous enserrer dans les étreintes de son affection. Nous saluons avec respect jusqu'aux sandales de vos pieds. Ne sont-ils pas les pieds d'un successeur des apôtres qui vient nous prêcher la paix et le bonheur ? Nous baiserons avec amour vos mains vénérées chargées de moissons spirituelles. Nous tiendrons nos oreilles attentives à cette bouche éloquente qui a déjà émerveillé plusieurs villes de France, et qui ne veut s'ouvrir que pour nous parler du royaume de Dieu. C'est avec soumission que tous ici, prêtres et fidèles, nous inclinerons sous la houlette du pasteur à qui le bien-aimé Pie X a confié la noble mission de nous conduire dans les sentiers de la vérité et de la justice, dans le chemin du ciel.

« Je ne vous dirai point, Monseigneur, que cette population a conservé sa foi antique et sa religieuse prospérité d'autrefois. Mais dans le présent comme dans le passé, elle s'honore d'avoir à sa tête un magistrat et une municipalité toujours disposés à favoriser le bien ; des membres distingués du conseil paroissial qui nous apportent, à mon digne collaborateur et à moi, un précieux concours ; des catéchistes volontaires qui instruisent nos enfants avec un inlassable dévouement ; des familles chrétiennes et adonnées aux bonnes œuvres. Ces maisons sont ma joie, ma consolation, ma parure d'honneur, et je remercie la divine bonté de les avoir groupées et multipliées autour de nous.

« Interprète des sentiments de cette paroisse, il m'est doux de déposer aux pieds de votre Grandeur l'hommage des sentiments de piété filiale, d'admiration, de reconnaissance et de vénération qui font tressaillir le cœur de vos enfants.

« Que Dieu entende nos vœux, qu'il vous donne de réaliser les grands desseins de votre foi et de votre charité au milieu des ruines amoncelées par la persécution religieuse. Que tout le diocèse dise combien le Seigneur est bon de lui avoir donné un premier pasteur dont il peut encore être fier.

« Avec nos vœux nous dirons notre espérance. Elle m'apparaît sous un gracieux emblème : l'ange de nos églises et l'ange de votre épiscopat faisant alliance, gracieusement penchés au-dessus de votre tête, et nous disant du regard : *Il vous restera toujours.* »

Monseigneur eut de délicates et bienveillantes paroles pour tous, de ces paroles qui vont au cœur, consolent et réconfortent. La messe fut dite par Sa Grandeur. Avant d'administrer la confirmation, elle prononça une éloquente allocution qui impressionna vivement les cœurs. Aussitôt après la cérémonie, le prélat se dirigea processionnellement vers le presbytère, donnant son anneau à baiser, bénissant en particulier les petits enfants que les mères étaient si heureuses de lui présenter.

La *Semaine Catholique* nous fournit d'autres détails de

cette touchante solennité. Nous les lui empruntons ainsi qu'une pièce de poésie qu'on ne lira pas sans intérêt :

« Samedi, à Ytrac, M. Bouygues de Lamartinie harangue Monseigneur sur la place publique. L'église est d'une exquise propreté, les cérémonies se font avec le concours d'une véritable phalange d'enfants de chœur.

« Au presbytère, à l'heure des toasts, M. l'abbé Fau lit une délicieuse poésie de M. Arsène Vermenouze. Le grand poète, que son état de santé prive de la joie de se rendre en personne auprès de Monseigneur, tient à marquer la visite de Sa Grandeur à son pays natal, par ce délicat témoignage de piété filiale :

A Monseigneur Lecœur
à l'occasion de sa Visite Pastorale à Ytrac.

Pour saluer Votre Grandeur
En des vers aux rythmes épiques,
Je voudrais avoir, Monseigneur
La force et le souffle vainqueur
Des grands athlètes olympiques.

Je voudrais avoir les poumons
De ces fiers sonneurs de fanfare,
Chasseurs d'aurochs et de bisons
Qui faisaient rugir sur nos monts
Des cornes rauques et barbares.

Mais je n'ai ni souffle ni voix,
Je n'ai plus d'essor, ni de flamme,
Et Dieu m'a chargé d'une croix
Qui me meurtrit, et dont le poids
Fait plier mon corps et mon âme.

Pourtant, au nom du sol natal,
Je veux, en langue de poète,
Saluer d'un mot filial
L'Apôtre que tout le Cantal
Est heureux d'avoir à sa tête.

Ce sol d'Ytrac, humble vallon
N'a pas le puissant caractère
Des puys sauvages et des plombs,
Colosses dont les vastes fronts
Encerclent notre vieux cratère.

Ytrac est loin de ces monts fiers
Qu'il voit bleuir sous les cieux clairs;
Et ses bois, ses coteaux, sa lande
N'ont pas, comme en terre Normande,
L'enveloppement de la mer.

Notre église est vieille et petite,
Mais grâce à la plume érudite
De notre vénéré pasteur,
Ecrivain et savant notoire,
Ce sanctuaire a son histoire
Qui remonte à son fondateur.

Notre race, d'âme accueillante,
N'a pas la rudesse vaillante
De l'âpre pays montagnard,
Mais dans notre vallon tranquille
Jamais la discorde civile
N'a déployé son étendard.

Nous aimons le Christ et la France;
Chez nous, la haine ou l'ignorance
N'oserait aller décrocher,
Pour en façonner l'effigie
D'un insulteur de la Patrie,
Les cloches de notre clocher.

Au nom de ce clocher que j'aime,
Car il a sonné mon baptême,
Au nom de nos bois murmurants,
De nos landes fraîches et roses,
Et de toutes ces douces choses
Dont j'ai dit le charme attirant;

Au nom de l'étroit cimetière,
Où les miens, sous la croix de pierre,
Me gardent ma place auprès d'eux ;
Au nom d'Ytrac qui vous fait fête,
Monseigneur, moi, son vieux poète,
Je vous dis notre amour, nos vœux.

Je vous dis ma reconnaissance,
Car c'est bien à votre indulgence
Beaucoup plus qu'à mon humble effort,
C'est à vous que ma boutonnière,
Devenue imposante et fière,
Doit sa floraison rouge et or.

Monseigneur, que Dieu vous seconde
Et rende votre œuvre féconde,
Car les évêques d'aujourd'hui
Ont vraiment une tâche immense :
Ils ont à rebâtir la France
Ainsi qu'au temps de saint Remi.

A. VERMENOUZE.

Monseigneur partit à une heure, laissant tous ceux qui purent l'approcher sous le charme de sa parole et ne tarissant pas d'éloges sur l'affabilité de son accueil et la distinction de ses manières. Ce sera sans contredit un des plus beaux jours d'Ytrac, une des plus belles pages de son histoire que ce moment inappréciable où un Prélat bien-aimé lui a procuré tant d'honneur et de si douces jouissances.

APPENDICE

PIÈCES JUSTIFICATIVES

Nous avions d'abord eu l'intention de consigner ici, à l'appui de notre travail, bon nombre de citations, textuellement extraites des minutes de notaire, inédites et transcrites en général sur les originaux, ou d'après des expéditions collationnées.

Notre pensée était de justifier immédiatement par un texte chacune de nos assertions. N'est-ce pas la meilleure manière d'écrire l'histoire et d'inspirer la confiance des lecteurs, que d'exposer à leurs yeux les pièces du procès en les laissant complètement juges?

Déjà les textes choisis étaient prêts à être livrés à l'impression, mais la crainte d'ajouter de nouvelles longueurs à notre œuvre déjà longue, celle non moins fondée de mettre à une trop rude épreuve la patience de ceux qui auront la bonté de nous lire, nous a engagé à restreindre nos additions. Nous nous bornerons donc à transcrire quelques pièces justificatives, et, par intervalles, quelques textes abrégés, en renvoyant le lecteur aux sources où nous avons puisé nous-même, sources que toujours nous nous sommes efforcés de suivre et de citer avec une consciencieuse exactitude.

1

Chap. II, p. 67-68. — Papl Ribeyre, par la Miséricorde de Dieu et la grâce du Saint-Siège apostolique Evêque de Saint-Flour, Conseiller du Roy en tous ses Conseils, vu la requête à nous présentée par le sieur Deaura, procureur ez cours de la ville d'Aurillac et greffier de notre officialité en l'archiprêtré d'Aurillac, disant que le village de Pontniou, sur la paroisse d'Ytrac en notre diocèse, est éloigné du chef-lieu de la paroisse d'une lieue, et les chemins une rivière et un ruisseau difficiles à frayer et à guéer surtout lorsque la rivière déborde, ce qui fait que son père bourgeois et sa mère infirmes, de même qu'une tante fort âgée sont privés souvent d'entendre la messe, ne pouvant s'y rendre pour les causes cy-dessus mentionnées, qu'il nous plût permettre de faire bâtir une chapelle domestique joignant le pavillon de leur maison audit village de Pontniou, au bas de laquelle requête est notre ordonnance pour que M. De Cebié se transporte sur les lieux et faire la vérification de l'exposé dans la susdite requête, ensemble dresse procès-verbal de l'état actuel de ladite chapelle, ensemble des ornements, vases sacrés, linges et autres choses nécessaires pour le saint sacrifice de la Messe pour le tout à nous rapporté et réordonné ce qu'il appartiendra. Vu aussi : en date du dix-neuf avril dernier le procès-verbal de M. De Cebié par lequel il conste que ladite chapelle est dans la décense convenable, munie généralement de toutes choses nécessaires à la célébration du saint sacrifice de la Messe et que le sieur Crozeits D'autherive curé de la susdite paroisse d'Ytrac, acquiesce et croit nécessaire la construction de ladite chapelle.

Nous, A ces causes avons permis et permettons par ces présentes audit sieur Deaura de faire dire et célébrer dans ladite chapelle le saint sacrifice de la Messe par tout prêtre commis et approuvé, après que la Bénédiction aura été faite tant de ladite chapelle que des ornements avec les cérémonies accoutumées et en tel cas requises par M. De Cebié, notre vicaire général et official en l'archiprêtré d'Aurillac, ou par tel autre prêtre député de sa part, qu'à ce faire avons commis et commettons, excepté néanmoins les jours de Pâques, Ascension, Pentecôte, Fête-Dieu, Assomption, Toussaint, Noël, la Dédicace de l'Eglise et la fête du patron de la Paroisse à condition qu'on n'y admettra aucun paroissien les dimanches et les fêtes, pour y entendre la Messe, si ce n'est en cas de nécessité et du consentement du vénérable curé, et si quelques offrandes y étaient faites, elles seront au profit du curé, et sera ladite chapelle soumise à notre visite. Donné à Saint-Flour sous le seing de notre Vicaire général, le sceau de nos armes, et le contreseing de notre secrétaire, le six octobre mil sept cent soixante-sept.

DE MONS, vicaire général.   Par Monseigneur :
BASTIDE.

(Registre de Mgr de Ribeyre, 1742-72, page 356 V°. Arch. de l'Evêché, aujourd'hui aux arch. départ.).

2

Chap. III, p. 136, 183. — Très humbles, très respectueuses et très justes doléances des habitants de la paroisse d'Ytrac.

1° Les habitants de ladite paroisse se plaignent de la surcharge excessive des impôts et désirent qu'ils soient également répartis sur les trois ordres de la nation sans exception, distinction ny privilège.

2° Ils font des vœux pour que la répartition des impositions soit faite avec exactitude sur toutes les provinces du Royaume à raison de leur produit et de leur richesse et notamment sur la Basse et la Haute Auvergne, cette dernière ayant été opprimée depuis longtemps au grand soulagement de la Basse.

3° Ils désirent encore que le sort des curés soit amélioré de manière qu'ils ayent de quoi vivre honêtement dans leur état sous la condition toutes fois que le cazuel qu'ils sont dans l'usage de percevoir demeurera supprimé.

4° Enfin ils font des vœux pour que les abus qui règnent dans l'administration de la justice et des finances soient réformés.

Lesquelles plaintes et doléances ont été faittes par les habitants de ladite paroisse d'Yyrac et signées par ceux qui savent le faire en notre présence (1) le 11 mars 1789.

3

Chap. IV, p. 188-199. — Le 9ᵉ de juin dix sept cent trente-cinq a été baptisé par moy curé soubsigné, François Salarnier fils à Antoine tailleur d'habit et à Marguerite Julhe mariés de ce bourg. Parrain François Julhe assisté de Marie Combe Le parrain a signé.

RONGIER, curé.

(Arch. municip. de Polminhac.)

— *13 février 1792* —

Cejourd'hui traize février mil sept (cent) quatre-vingt-douze, le conseil général de la comune, de la municipalité d'Ytrac extraordinairement convoqué en la maison dicelle par le procureur de la commune lequel a dit que dans le cours de la cérémonie de la grand'messe paroissiale du jour d'hier au grand étonnement de lassemblée fidèle le sieur Salarnier curé a osé déclarer hautement que depuis qu'il a prêté le maudit serment datté du vingt mars précédent il en est resté inquiet qu'il avait pensé en pretant ce sermant quil ny avait rien de contraire a letat eclesiastique quil setait cependant réservé den faire retractation sil y trouvait quelque obstacle que setant presenté des circonstances et plusieurs motifs qui y metaient des entraves desquelles il voulait profiter afin de faire solennelement la retractation de ce maudit sermant, laquelle layant porté toute transcrite et signée de sa main aurait fait lecture conçu en ces termes,

Retractant le sermant emis le vingt mars dernier et ne voulant, comme jay cependant toujours entendu me separer de l'unité de l'église catholique apostolique et romaine, je jure de veiller avec soin sur les fideles dont la conduite ma été confiée par leglise dobeir a la loi a la nation et au roi, et de maintenir de tout mon pouvoir la constitution décrétée par l'assemblée nationale et sanctionnée par le roi, après laquelle aurait ajoute et declare que les fonctions et seremonies quil avait faites jusques ici etaient bien faites, mais que dans le temps critique notamant au sujet dun mariage propose entre Pierre...... et Marie...... parens au quatrième degré obligés concéquement dobtenir dispense et comme il ne pouvoit point reconnaitre le sieur Tibeau eveque constitutionnel sa conscience ne le lui permetant pas, quil esti-

---

(1) Jean Claux, avocat en parlement, au bailliage et siège, Présidial d'Aurillac, juge ordinaire de la présente paroisse, envoyé pour présider l'élection des députés chargés de rédiger et de présenter le cahier des doléances. Ces députés furent : Pierre Maury, Pierre Labouygues, Jean-Pierre Lavigne.

Dans le procès-verbal d'élection, il est dit, particularités à noter : 1° que « la paroisse est composée de deux cent trois feux » ; 2° que l'ordonnance royale et « l'ordonnance de M. le Bailly de la Haute-Auvergne », ont été lues et publiés « au prône de la messe paroissiale », ce qui confirme ce que nous avons dit ailleurs chap. III, p. 144,

mait mieux aler fouir la terre que de sexposer a se demner, et a listant l'instant) haussant la voix auroit demande au sieur Lescure vicaire sil voulait en faire autant donant meme a entendre quil devrait le faire a quoi celui cy repondit quil netait pas encore décidé, ledit sieur curé serait sorty immediatement apres avoir fini de dire la messe furieux et inquiet sans officier les vepres au grand escandale de lassemblée et de plusieurs membres de la municipalité quils se seraient bornés a lui donner signe de leur mecontantement sans lui faire aucun reproche de son inconduite et de peu de satisfaction quil leur avait donné et se serait retire vers la maison commune pour y aviser et prandre les mesures convenables pour obvier a un plus grand desordre et

Et a cest effet le procureur de la comune aurait invite le conseil neral de se rendre au lieu d'Ytrac et en la maison comune d'icelle ce jour'dhui vers les huit heures du matin, ou setant rendu la plus part des membres dicelui a été unanimement delibéré et arreté que MM. les administrateurs du directoire du departement seront pries et sollicités :

1° D'enjoindre au sieur Salarnier cure non seulement de sortir de la maison presbitérale, mais encore du territoire de la paroisse et municipalité d'Ytrac dans le delai de vingt-quatre heures............... (1).

— *25 mars 1792* —

Cejourd'hui vingt cinquième mars lan quatre de liberté, Nous maire officiers municipaux et notables de la paroisse dYtrac regulia:rement convoqués. Sur ce qui nous a été représenté par le procureur de la commune qu'un attroupement seditieux setant forme l'on avait accouru chez la veuve Vigier au village de lavergne meme paroisse dYtrac, laquelle on avait forcée a main armée a bailler une barrique de vin appartenant au sieur Salarnier pretre, que le peuple emeuté pourrait se porter à commettre de plus grand maux, qu'il etait necessaire de reprimer de pareils excès et de prendre des mesures pour faire cesser le dsordre et ramener le calme, Nous maire et officiers municipaux considerant que nous sommes tenus de veiller à ce que la sureté des personnes et des proprietes ne soit point compromise et de maintenir le bon ordre conformement aux loix, nous sommes transportés suivis du commandant de la garde nationale au lieu de latroupement pour le dissiper si faire se pouvait la douceur plus propre à calmer les esprits est premierement mise en usage, mais inutilement lon setonne quun pareil complot puisse etre desaprouvé vainement leur representera ton que les proprietes doivent etre respectées, vainement, dis je leur obectera ton que les loix s'y opposent, vainement enfin leur dira ton que la force doit etre employée pour repousser toute voye de fait ; de tels discours bien loin de ramener a la raison ses esprits egares ne servent au contraire qua les aigrir, on demande si cest contre des patriotes que la force doit etre mise en usage, on ne cesse de repeter quon n'en veut qu'au vin de lescuré dans lequel disent-ils nous allons ensevelir le fanatisme quil savait si bien precher et quil commençait déja à introduire parmi nous, dapres cella qui est qui aura dit on assés de courage pour

---

(1) La fin de la délibération a été insérée dans la notice, p. 190.

lapuier, qui est que qui osera prendre son parti, le maire et commandant de la garde nationale leur adressent encore la parole, disant quune telle conduite suffisait pour deshonorer des patriotes et ne serait jamais regardée comme un effet de patriotisme mais deja lon commence a murmurer, des voix se font entendre de tous cotés ils sont taxés d'aristocratie et menacés de mort et obligés enfin de se retirer et de se mettre en sureté, en foi de quoi avons dressé le présent procès verbal signé par nous maire officiers municipaux procureur de la commune et citoyens notables de la paroisse et ordonnons qu'il sera depose au greffe de la municipalite pour y servir et valoir a telles fin que de raison. Fait à Ytrac en notre maison commune le meme jour et an que dessus.

(Registre des délibérations pour l'année 1792 et suivantes.)

— 3 avril 1793 —

Dans la déclaration faite à la séance du 3 avril 1793, devant le commissaire du district, au sujet des suspects, les officiers municiapux disent *qu'il y a bien quelques autres personnes séduites par François Salarnier ex-curé et autres prêtres rebelles, mais qui ne sont point, on ne le pense pas, dangereuses*

(Cette note, ou plutôt le renvoi en marge, semble écrit de la main de Dégouth, curé constitutionnel.)

— 11 novembre 1793 —

Le Conseil général de la commune a nommé.................... commissaires pour se transporter au village d'Espinats............ prendre des informations chez les particuliers de cette commune, qui recele et sont en possession des meubles appartenant au citoyen Salarnier, prêtre excuré d'Ytrac, et verifier si les déclarations qui ont ete faites à l'égard de ce dernier sont veridiques, en les rendant responsable de tout événement quelconque.

*
* *

Cejourd'hui douze novembre 1793, l'an second de la République française une indivisible et impérissable, nous commissaires soussignés, nommés par le conseil général de cette commune d'Ytrac par arrêté du jour d'hier, accompagnés de deux notables et de deux membres du comité de surveillance de lad. commune, soussignés, nous sommes transportés : 1º chez le citoyen Pierre Bos cultivateur habitant du lieu d'Ytrac chez qui le ci-devant curé d'Ytrac Salarnier pretre desaprésent a la maison de reclusion du district, avoit laissé des meubles, lequel consistaient :

1º En treize toises et demi de planche de chene,
2º En deux barriques et un poinson, lesquels effets ont eté laisses au pouvoir dud. Bos pour les représenter lorsquil en sera requis.
2º Chez Pierre Crueghe habitant dud. lieu chez qui led. Salarnier avoit déposé les effet cy apres :
1º Une cage a tenir la viande fraiche et un autre pour la volailhe, lesquels effet resteront chez led. Crueghe qui les representera lorsquil en sera requis.
3º Chez Jean Louis Lalande habitant du village de Lavernhe ou nous

avons trouvé deux bois de lit, dont lun avec ses traincles de fer et un echevau le tout laissé en depot chez La Lande.

Enfin chez Jean Conthe habitant du village de Vielles ou nous avons trouvé un grand armoire, une croix en leton, une poille bien usée, un canon destiné pour souffler au feu, la moitié dune lampe en cuivre, un manche de cacherole, un vieux chandelier en fer blanc, une petite fourche en fer, un foulharet servant a la menuiserie, quatre vieux paniers avec des vieux siffons, une petite boucle en argent deux en fer et un petit cachet en cuivre jaune, lesdits effets deposés chez led. Conthe chargé de les representer lorsquil en sera requis, en foi de quoi avons dressé le present procès verbal pour servir et valoir en tant que de raison. Fait audits lieux les meme jour mois et an que dessus.

* *
*

N° 1.

Ce jour dhui 11 novembre le second de la République une et indivisible, nous commissaires de la comune d'Itrac nous etat transporté dans la maison de citoyen Bos, du lieu pour vérifier les biens appartenants au ci-devant curé Salarnier; on nous a repondu navoir en son pouvoir que les effets ci-après nommés, primierement

Treize toises et demi plance, ve sené

Deux barriques, et un ponson.

Et a declaré navoir autre chose du ci devant curé.

Fait à Ytrac ce 11 jour et an que dessus.

N° 2.

Le sus dit jour nous commissaires nous etant transporté dans la maison du citoyen Pierre Crueghe, pour y faire la verification des biens appartenants au ci-devant curé, Salarnier nous a déclaré navoir en son pouvoir que les effets suivants, un case a tenir les bolalies et un autre pour tenir la biande freche.

Et signé n'avoir autre chose en son pouvoir. Fait à Ytrac ce onze novembre lan second de la République une et indivisible.

— 2 août-6 septembre 1794 —

Cejourd'hui quinze termidor de l'an troisième de la République Française une et indivisible en la commune est comparu le citoyen François Salarnier lequel a déclaré quil se propose d'exercer le ministère d'un culte connu sous la dénomination de culte catholique apostolique et romain dans l'étendue de cette commune et a requis qui lui soit décerné acte de soumission à la loi de la République, de laquelle soumition il lui a été décerné acte conformément à la loi du onze prairial de l'an troisième; en conséquence led. François Salarnier pretre incermenté se soumet aux susd. lois en tout ce qui n'est pas et ne sera pas contraire aux loix de Dieu et à celles de Leglise catholique apostolique et romaine auxquelles il veut être soumis jusqu'à la mort avec le secour de la grâce de Dieu et a signé à Ytrac les jours mois et an que dessus.

SALARNIER, pretre insermenté.

* *
*

Cejourd'hui vingt fructidor de l'an troisième de la République...... en la maison commune d'Ytrac est comparu le citoyen François Salarnier prêtre lequel a declaré qu'il se propose dexercer le ministère d'un culte connu sous la dénomination de culte catholique apostolique et romain dans letandue de cette commune et a requis qu'il lui soit decerné acte de sa soumission aux loix de la République de laquelle déclaration il lui a décerné acte conformément à la loi du onze prairial dernier et a signé avec nous maire et officiers municipaux à Ytrac les jours mois et an que dessus.

— *18 octobre 1795* —

Cejourd'hui vingt huit vendémiaire de l'an 4ᵉ de la République Française...... devant nous maire et officiers municipaux de la commune dYtrac soussignés, est comparu le citoyen François Salarnier habitant de cette commune, lequel a fait declaration dont la teneur suit ; je reconnais que l'universalité des citoyens français et le souvarain et je promets soumission et obeissance aux lois de la République nous lui avons donné acte de cette déclaration et il a signé avec nous le même jour et an que dessus.

         François SALARNIER.
(Registre pour l'année 1791, p. 39.)

— *30 janvier 1795* —

Vu la pétition présentée par François Salarnier prêtre (1), reclus dans la Maison ditte du Buys tendant à ce quil soit fait main-levée du sequestre mis sur ses effets, ou à ce que ses hardes, linge et autres effets nécessaires à son usage personnel désignés dans lad. pétition lui soient délivrés.

Vu le procès-verbal de recollement et prisce des effets de l'exposant fait le 3° prairial dernier par le citoyen Dupuy comᵣᵉ nommé par l'administration du district et contenant énumération des effets réclamés.

Considérant que par arrêté de l'administration du département du 8 messidor dernier il a été accordé main levée à Jacques Anne et Marie Salarnier frère sœur et mère de l'exposant de la majeure partie des effets énoncés au susd. procès verbal, et que le surplus ne consistant qu'en un petit chaudron, un prie-dieu, une commode et un petit armoire au dessus deux petites tables quatre chaises, quatre mauvais draps de lit, une vieille couverture piquée, une vieille paire de bas, neuf serviettes, deux nappes, un traversin, deux mauvaises pièces de rideaux, une pente de lit de rase verte, trois chemises, une soutane, une veste une petite marmite, cinq fourchettes de fer, six cuillères d'étain et six assiettes de fayance, que ces objets sont de modique valeur, qu'ils suffiraient à peine aux frais de

L'agent Naal entendu,

Le conseil du district est d'avis qu'il soit fait main levée à l'exposant des effets ci-dessus énoncés, à la charge par lui den fournir recepissé au gardien qui au moyen de ce demeurera valablement déchargé

Fait au district d'Aurillac le 11 pluviôse, 3ᵉ année républicaine.

 Collationné.

         COURBEBAISSE Pʳᵉ.

---

(1) Cette pétition est insérée dans le texte, p. 193.

Cejourd'huy vingt-cinq ventose de lan second de la République française une et indivisible, le conseil général de la commune d'Ytrac réunis à la maison des séances sont comparus les citoyens Jean et Pierre Pradenhes père et fils cultivateurs à Autesserres de cette commune a leffet de nous faire leurs déclarations suivant le décret de la Convention nationale du neuf dud. mois qui assugetit au serment les filles ou femmes attachées au cidevant congregation de leur sexe, ont déclaré que après avoir obligé Marie Pradenhes fille de Jean et sœur de Pierre Pradenhes de preter son serment exigé par le susdit décret et lad. Marie Pradenhes leur a répondu que absolument sa netait pas sont intantion de faire led. serment et qu'elle voulait se rendre a la maison de reclusion. C'est tout ce qu'ils ont dit savoir; fait devant nous a la maison commune a Ytrac les jour mois et an que dessus, et ont lesd. déclarans signé avec nous.

PRADENHES père, PRADENHES fils.

(Arch. municip. d'Ytrac. Registre de 1794, p. 13).

4

Chap. IV, p. 201-207. — Nous maire, officiers municipaux, procureur de la commune et notables de la paroisse d'Ytrac soussignés suivis de notre secretaire greffier, Cejourd'hui huit avril mil sept cent quatre-vingt-douze a dix heures du matin avant la messe de paroisse, nous sommes transportés en l'église paroissiale St Julien d'Ytrac, en laquelle le peuple était assemblé pour assister à cette messe ou etant sieur Fabien Claude gordien fulgence Jacques Degouth nommé par les électeurs du district d'Aurillac a la cure de lad. paroisse de St Julien d'Ytrac suivant le procès verbal du vingt cinq mars dernier de cette année, est comparu et nous a exhibé l'institution canonique a lui donnée par Mr Anne Alexandre Marie Thibault eveque du departement du Cantal le trois avril de la susdite année sous le sceau de l'eveche, le seing de Mr leveque et le contreseing de Mr Griveau secretaire; et en consequance en vertu des decrets de lassemblee nationale a preté en notre presence et celle du peuple, le serment de veiller avec soin sur les fidelles de la cure qui lui est confiée, dettre fidelle a la nation a la loi et au roi et de maintenir de tout son pouvoir la constitution decretée par lassemblée nationale et acceptée par le roi; duquel sermant nous lui avons donné acte et de ce dessus dressé le présent proces que nous avons signé et fait transcrire en execution des decrets de lassemblée nationale sur les registres de leglise tenu a cest effet, par notre secretaire greffier a Ytrac le meme jour et an que dessus.

DEGOUTH, curé d'Ytrac.

En marge. Copie de la lettre d'examen.

Anne Alexandre Marie Thibault, par la misericorde de Dieu, et dans la communion du saint siège apostolique, eveque du departement du Cantal, a tous ceux qui liront ces presentes; salut et benediction en Notre-Seigneur Jésus-Christ.

Notre cher fils en Jésus-Christ, le sieur fabien claude gordien fulgence, jacques Degouth vicaire de la ville daurillac cetant presente a nous, avec le proces verbal de son election et proclamation a la cure dYtrac canton daurillac par lassemblée electorale du district daurillac dans le departement du cantal notre diocese, ledit proces verbal, en date du vingt cinq mars de lannee de grace mil sept cent quatre vingt douze, et de la liberte, le quatrieme.

Nous avons examiné, en presence de notre conseil, ledit sieur jacques Degouth, sur sa capacité, sa doctrine et ses mœurs, et layant trouvé digne et capable, nous avons exigé de lui le sermant de profession de la foi catholique, apostolique et romaine, et lui avons donné et donnons par ces presentes la confirmation et linstitution canonique, avec tous les pouvoirs dont il peut avoir besoin dans lexercice du ministere pastoral, le tout conformément a la loi sur la constitution civile du clergé;

Donné a Saint-Flour, dans notre maison episcopale le trois avril mil sept cent quatre-vingt douze et de la liberté lan quatrieme sous notre seing, notre sceau et le contre seing de notre secretaire. Signé Anne Alexandre Marie eveque du Cantal, par mandement Griveau secretaire copie de la susdite lettre a ete faite par nous s^{re} greffier soussigné ce 8 avril 1792.

Cejourdhuy vingt trois septembre 1792 lan quatrieme de la liberté et le p^r de legalité le sieur degouth curé de la paroisse dytrac conformement aux loix du 14 et 15 aout 1792 aprete en notre presence le serment detre fidele a la nation et de maintenir la liberte et legalité ou de mourir en la defendant, le tout selon le decret qui dit que tout francais recevant traitement ou pension de letat, sera sence y avoir irrevocablement renoncé, s'il ne joustifie que dans la huitene de la publication du susd decret, il a prete devant la municipalite du lieu de son domicile le susd. serment, duquel nous lui avons donné acte et a led s^r degouth signé avec nous, Ytrac le meme jour et an que dessus.

DEGOUTH, cure dYtrac.

Cejourdhuy quinze novembre mil sept cent quatre vingt douze lan premier de la republique francaise le conseil général de la commune dYtrac assemble dans la maison de leur seances a leffet de nommer un officier public conformement au titre deux de loi du vingt septembre 1792 qui ordonne que les conseils generaux des communes nommeron parmi leurs membres des personnes chargés de recevoir et de conserver a lavenir les actes destinés a constater les nessances mariages et desses; et conformement au titre trois de la meme loi les nominations seront faites a la pluralité absolue des suffrages et quelles seront publiées et affichées;

en consequence lapail au tour de la liste et chaque membre a depose son scrutin et par levenement dicelui ouvert et depouillé il se trouve que le citoyen degouth cure et membre du conseil a obtenu la pluralité absolue des suffrages et a ete proclame officier public qui a accepte et signe avec nous. DEGOUTH, officier Public.

Cejourd'hui 23 mars 1793 l'an second de la républ'que francaise le conseil général de la commune d'Ytrac reunis à la maison de seances, après avoir assemblés les citoyens de lad commune au chef lieu d'icelle pour completer sans desemparer le contingent de lad commune d'après les arretés des directoire du département et du district du 19 mars année courante et avoir par tous les moyens en notre pouvoir excité les garçons et veuf sans enfans à executer lesd arretés en présence de la gendarmerie nationale commendée par le citoyen estiene Couderc marechal de logis et les représentations que nous aurions faites n'ayant pas eu d'effets attendu que les garcons et veuf sans enfans n'avaient qu'une mauvaise volonté et etaient totalement éloignés de se soumettre a tel mode que les citoyens assemblés auraient voulu adopter pour fournir les hommes que la loi leur ordonnait.

En consequence de ce nous étant transportés sur la place publique avec gendarmerie nationale ou lesd garcons et veufs sans enfans eta:ent assemblés, armés de gros batons, pour leur persuader d'obeir transquillement à loi du recrutement et a faire les hommes par eux a fournir; et dès le moment ou nous ayant fait des menaces et à la gendarmerie qu'ils invectivaient avec nous; en protestant qu'ils voulaient de toute force avoir connaissance des ordres que la gendarmerie portait pour faire fournir les hommes; et que nonobstant la conna:ssance qu'on leur avait donné des susd arretés; ils avaient persisté opiniatrement a ne vouloir en faire dautres : ce que voyant le maréchal de logis pour faire écarter les garçons par la crainte mit le chabre à la main afin d'empecher qu'ils ne les assaill:ssent de coups de batons : ce qui ne les ayant pas intimidés un garcons des plus mutins avansait toujours le baton a la main au lieu de reculer et faisant beaucoup de menaces recut un leger coup de sabre derrier la tête : par ce moyen on fit une issue et il fut facile de se retirer chez le citoyen curé avec la gendarmer:e qui pour eviter de grands maux prit cette précaution, cependant les garcons se rassemblerent devant la maison du citoyen curé, menassant la municipalité et la gendarmerie qui se vit obligée de resister la bayonnete en avant pour les empecher d'entrer, le calme etant un peu retabli les garcons dirent quils exigeaient de toute force que la municipalité les garentit de manière quils ne fussent ni obliges ni contraints de tirer et de fournir aucuns soldads, cela leur fut octroyé premierement sur papier commun : mais ayant pris conseil entr'eux ils redemanderent du papier marqué qu'on leur delivra a linstant vu que ce moyen etait le meilleur pour les tranquiliser, et aussitôt le calme fut retabli; et dessuitte avons dressé le present procès verbal pour faire connaitre les auteurs, moteurs du trouble quil constate, et pour instruire ladministration de tous les renseignements propres a lui designer les plus coupables qui sont a savoir Jean Gauzentes dit tronquière agé denviron vingt ans restant en qualité de second bouvier chez la veuve mercadier du village despinats dytrac le nomme Antoine illegitime restant en qualité de domestique chez le citoyen roquemaurel au village despinassol, le nommé baptiste Fal'es restant en qualite de bouvier chez Jacques prunet fermier à Espinassol, le nomme Antoine engelvi dit Quelhe restant en qualité de bouvier chez marianne bonefonds Vve larmandie du village de Lacarrière, le nommé pierre philip restant en qualité de bouvier chez le citoyen Boschatel au hameau de Lamartinie, le nommé pierre Combeles restant en qualité de bouvier chez pierre Jonquière a Ytrac, le nommé Antoine Menoris restant en qualité de bouvier chez la veuve Souquière du village despinassol, le nomme Jean Souléliage, restant en qualité de bouvier chez Antoine Cantuel du village du Ver ; en foi de quoi avons signé à Ytrac le même jour et an que dessus.

DEGOUTH, prêtre.

Cejourd'hui dix neuf ventose de l'an second de la République fr. le conseil général de la commune d'Ytrac réuni a la maison de seances, pour faire droit à la demande du citoyen fulgence Jacques Degouth ci-devant curé d'Ytrac ex religieux de la commune de Verdun sur Garone, et pour certifier à qui il appartiendra, de sa residance non interrompue dans lad commune, de sa bonne conduite, non émigration, payements des contribution et de son civisme.

Sur ce oui lagent nationnal il a été arrete qu'il serait délivré aud Degouth un certificat de résidance non émigration payement des contributions et de civisme. Fait en conseil général de la commune d'Ytrac les meme jour moi et an que dessus (27 février 1794).

Arrêté pour faire observer le jour de Décadi au lieu du dimanche.

Cejourdhuy vingt six ventose de l'an second de la république française une et indivisible le conseil général permanent de la commune d'Ytrac réuni a la maison des séances un membre a dit que le jour de décadi nétait point observe et que plusieurs citoyens de cette commune nassistaient point au temple de la raison a la lecture des décrets et arrêtes et qu'il s'agissait que le Conseil général soccupat a prendre un arrêté a se sujet.

En concequence le conseil général après avoir oui lagent national a arrêté qu'on fairait observer le jour de décadi, qu'on avertirait tous les citoyens de cette commune a se rendre les jours des décadis au temple de la raison pour entendre la lecture des décrets et en prendre connaissance que le présent arrêté sera publié pendant deux décadis afin que personne n'en prétende cause d'ignorance et que d'après les publications tout citoyen de lad. commune qui n'obéirait pas aud. arrété serait regardé comme suspect, traité comme tel et puni selon la loi. Fait en séance publique a Ytrac les jour, mois et an que dessus.

Cejourdhuy dixsept prairial de lan second de la république française une et indivisible le conseil permanent de la commune d'Ytrac réuni à la maison des scéances après avoir été fait lecture de larrété du représentant du peuple Bo en datte du trois prairial présent mois, qui charge les mptés à prendre un arrêté pour veiller à ce que les travaux de lagriculture soient en plaine activité les ci-devants jours de fêtes et dimanches :

en concequance le conseil général oui le citoyen N... agent national arrête que lesd travaux de lagriculture sont et seront en plaine activité les jour des ci-devant fêtes et dimanches et que ceux qui se refuseraient ou négligeraient par indiférance ou par esprit de fanatisme de seconder lesd travaux par une dist'nction ridicule desd cidevant jour de fêtes et dimanches seront regardés comme suspects et traités comme tels, fait en lad maison commune les jour mois et an que dessus.

Cejourd'huy 15 messidor de lan second de la république française une et indivisible, le conseil général de la commune d'Ytrac réuni à la maison de scéance, un membre a représenté à lassemblée qu'il s'agissait que le conseil s'occupat à prendre un arrêté pour défendre à tous les aubergistes de cette commune de donner du vin les cidevants jours de fettes et dimanches a aucun citoyen de lad. commune qui sont en activité du travail pour lagriculture.

en côncequence le conseil général oui lagent national arrête que tout aubergiste de cette commune qui donnera à boire du vin à tout citoyen qui est en activité de travail pour lagriculture, les ci-devants jours de fettes et dimanches sera puni d'une amende de quinze livres pour la première fois et de double en cas de récidive arrete aussi que lesd aubergistes seront tenus de nous dénoncer tout citoyen de cette commune qui entrera chez eux avec les habits desd. ci devants jours de fettes et dimanches sous peine d'être regardés suspects et traités comme tels; a Ytrac les jour mois et an que dessus.

Cejourd'huy vingt-six messidor de lan second de la république française une et indivisible le conseil général de la commune d'Ytrac, réunis à la maison des scéances afin de délibérer sur des affaires particulières chacun chez eux; sur la pace publique est comparu devant lesd. membres le citoyen français engelvi métre bouvier du citoyen jean baptiste Larmandie de lacarrière en disant qu'il voulait savoir qui lui avait défendu de travailler ce jour; Le procès verbal commencé ci-dessus a été ajourné pour avoir led. engelvi fait le serment d'obéir ponctuelement a la loi et à larrêté du représentant du peuple Bo qui porte que les travaux de lagriculture seront mis en activité les ci-devants jours de fettes et dimanches et les jours de décadis rigoureusement observé et d'obéir à la municipalité et a son maître en ce quil lui commandera, en foi de ces avons dressé le présent procès verbal pour servir et valoir a telles fins que de raison en cas de refus dud. engelvi sera procédé vigoureusement en justice contre lui et led. engelvi a signé avec nous le présent à Ytrac les jour mois et an que dessus.

5

Chap. VI, p. 273-274. — In nomine Dni, Amen. Universis presentes licteras inspecturis Sebastianus de Veyra, in decret:s baccalarius, judex curie spiritualis Arpaionis pro Reverendo in X° patre et dno dno

Anthonio de levis miseratione divina sancti flori epi et dni salutem. — Noveritis quod hodie, octava mensis martii anno dni millesimo quingentesimo quinquagesimo quinto infra parochialem ecclesiam sancti Juliani de Ytraco diocesis predicte, coram nobis, in judicio sendentibus, comparuit magister Johannes Laurens oriundus parochie ville Aurelhaci, nunc vero habitator loci predicti de Ytraco, qui in presentia dominorum Johannis Lavernha, Johannis Veyrines, Johannis Bordes, henrici Layraldia, petri Lavernha, petri Viguier, petri Jonquières, Johannis bargues, Johannis Jonquières, Guillelmi Lafon, Guillelmi Carrière, Armandi Viers, petri Carrière, petri Cruegha despinat, petri Viers, Guillelmi Reyt, Johannis Capmas, Beraldi Contraguet, Anthonii motreissa, Johannis Motreissa senionis, Johannis motreissa junioris de Calmon anthonii Lavernha, petri Bru, anthonii Combes, petri Cavanhac, anthonii Borrelhes, Stephani Altaserra et petri cruegha de Chamon presbiterorum filiorum baptismalium einsdem ecclesie de Ytraco ibidem presentium, comparentium. — Et comparitionibus sic factis, dictus Laurens dixit quod eins pater et mater tempore suæ nativitatis erant incole dicte ville et parochie aurelhiaci, et eo medio ipse fuit baptisatus in fontibus baptismalibus ecclesie parochialis aurelhaci, attamen decem et octo annis citra commoratus fuit in dicto loco ytraci serviendo dno petro de Cros rectore in dicte ecclesie de Ytraco, sub quo et aliis instructus fuit in artibus liberalibus precipue ad legendum cantandum quare nunc desiderat promoveri ad sacros ordines, ea de causa supplicavit et humiliter requisivit dictos presbiteros einsdem ecclesie de Ytraco ibidem congregatos facientes maiorem et saniorem partem presbiterorum einsdem ecclesie et pro dno Johanne de Cros presbitero, rectore einsdem quatinus ipsum vellent recipere sen recipi permittere in communitate rectoris presbiterorum einsdem ecclesie de Ytraco, et ad gaudendum de fructibus emolumentis et prerogativis einsdem ecclesie, etc., etc... (Min. Carrière, reg. 1552-1558.)

6

Chap. VI, p. 322-323. — Extrait du testament d'Antoine Lacarrière :
Item lego et relinquo dno Armando Lacarriera presbitero fratri meo, ad ipsius Armandi vitam dumtaxat quoddam pratum vocatum Redon, *quod acquisivi a dicto Antonio Brepmar, confrontatum cum affariis dicti mansi de Calmum, cum affariis de Lavergne et cum affariis de Lacarriere, ... et volo et ordino quia dictus dominus Armandus teneatur celebrare quolibet anno, eius vita durante, quinque missas de mortuis pro remedio animæ meæ et parentum meorum item volo et ordino quod dictum pratum revertatur post decessum dicti dni Armandi Guillermo Lacarriera, filio petri fratres mei, casu quo dictus Guillermus sit presbiter, et casu quo non esset presbiter, volo quia dictum pratum pertineat et spectet Antonio Lacarriera, filio petri fratris mei casu quo sit presbiter, et casu quo dicti Guillermus et Antonius non essent presbiteri, volo et ordino quia dictum pratum pertineat et espectet primo presbitero domus meæ pro vita quia ille qui erit prespiter teneatur celebrare quolibet anno, eius vita durante, quinque missas de*

mortuis pro remedio animæ meæ parentum meorum; item plus volo et ordino quia dicti presbiteri non possint vendere nec alienare ipsum pratum redum superius confrontatum, sed semper pertineat presbitero dicte domus de uno ad alium. (Min. Mabit, fol. 50.)

(Min. Mabit, fol. 50.)

TABLE DES MATIÈRES

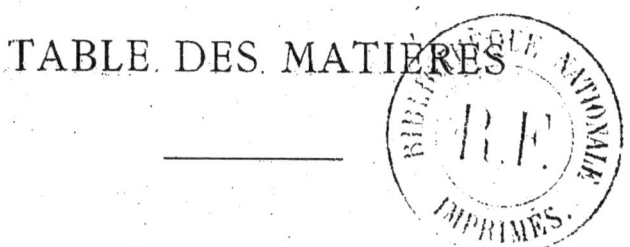

Dédicace.. 5

Avant-Propos... 7

Chapitre I. — **L'Eglise et ses dépendances.**

I. *Titulaire de l'Eglise, Notice. — II. Eglise, Histoire. — III. Description de l'Eglise actuelle. — IV. Ses anciennes chapelles. — V. Le Clocher. — VI. Les Cloches. — VII. Le Cimetière*........................... 13

Chapitre II. — **Chapelles privées ou Oratoires domestiques.**

I. *Bargues ou Saint-Avit de Marmiesse. — II. Hautevaurs. — III. Campan. — IV. Belbex. — V. La Martinie. — VI. Reyt. — VII. Pont-Neuf. — VIII. Besse. — IX. Leybros. — X. Espinassol*.............. 47

Chapitre III. — **Le Prieuré**.

I. *Indications sommaires sur les origines de l'Abbaye de Maurs.* — II. *Fondation du prieuré d'Ytrac, son annexion à la sacristie du monastère de Maurs.* — III. *Le prieur, ses ressources ou revenus.* — IV. *Ses charges.* — V. *Ses prérogatives et droits honorifiques.* — VI. *Tableau chronologique des prieurs.* — VII. *Succinctes notices* 79

Chapitre IV.— **La Cure ou Vicairie perpétuelle**.

I. *Définition.* — II. *Curé primitif, vicaire perpétuel.* — III. *Nomination et installation.* — IV. *Habitation.* — V. *Moyens de subsistance.* — VI. *Occupations.* — VII. *Droits et prérogatives.* — VIII. *Vertus, Science.* — IX. *Longs pastorats.* — X. *Chronologies des curés.* — XI. *Notices sommaires*...................... 127

Chapitre V..— **Les Vicaires d'Ytrac**.

I. *Généralités ou Notions préliminaires.* — II. *Liste chronologique des Vicaires.* — III. *Brèves notices*... 226

Chapitre VI. — **La communauté séculière des Prêtres Filleuls.**

I. *Origine et existence.* — II. *Statuts.* — III. *Moyens de subsistance ou ressources diverses.* — IV. *Administration.* — V. *Organisation et mode de recrutement.* — VI. *Education et formation.* — VII. *Importance numérique.* VIII. *Occupations.* — IX. *Emigration.* — X. *Ordre et classement.* — XI. *Réponse à une objection.* — XII. *Tableau chronologique.* — XIII. *Tableau topographique.* — XIV. *Notices sommaires*............. 255

Chapitre VII. — **Dignitaires de l'église d'Ytrac.**

I. Préliminaire. — II. Tableau chronologique. III. Brèves notices. 400

Chapitre VIII. — **Confréries et Dévotions spéciales.**

I. *Notions préliminaires. — II. Confrérie du Saint-Esprit. — III. Du corps Dieu ou Saint-Sacrement. — IV De Notre-Dame. — V. De Sainte Anne. — VI. De Saint-Jean-Baptiste. — VII. De Saint-Julien. — VIII. — De Saint-Louis. — IX. Saint Roch. — X. De Saint Martin. — XI. De Sainte Agnès. — Dévotions : XII. A Saint Antoine. — XIII. A Saint Blaise. — XIV. Aux âmes du Purgatoire ou Culte des Morts. — XV. Etat actuel.* 427

Chapitre IX. — **Notes additionnelles et rectificatives.**

I. *Observation préliminaire. — II. Chapelles : Ermitage de Campan; oratoire de Lamartinie. — III. Prieurs: Nouveaux prieurs : Jean Calmonties, Claude de Montz; inversion dans l'ordre de succession : Guy Badail, François de Montal, Antoine Daude. — IV. Curés : Jacques Gache; Jean-Pierre Crozet Delbouys; Jean-François Caylar; Antoine de Chazelles; — Réparations, Acquisitions, Dons, de 1900 à 1911. — V. Dernière observation* 470

Chapitre Supplémentaire. — **La première visite pastorale de Monseigneur Lecœur** 484

Appendice. — *Pièces justificatives* 491

Aurillac. — Imprimerie Moderne.

www.ingramcontent.com/pod-product-compliance
Lightning Source LLC
Chambersburg PA
CBHW071607230426
43669CB00012B/1860